ANKNÜPFEN – PRAXISIDE.
für die Konfirmandenarbeit

Herausgegeben vom Pädagogisch-Theologischen Zentrum Stuttgart
und dem Religionspädagogischen Institut Karlsruhe

Redaktion:
Jörg Conrad, Thomas Ebinger, Martin Hinderer
und Bernd Wildermuth

Calwer Verlag Stuttgart

Der Herausgeber und die Redaktion danken allen Autorinnen und Autoren für ihre Mitarbeit:

Ralf Albrecht, Ulrike Auffahrt-Kurschat, Thomas Binder, Ralf Brennecke, Stefan Brückner, Gabriele Conrad, Jörg Conrad, Thomas Ebinger, Thomas Erne, Ute Fassel, Siegfried Fischer, Albrecht Fischer-Braun, Martina Fleig, Sascha Flüchter, Elke Goldmann, Martin Hinderer, Annedore Hohensteiner, Wolfgang Ilg, Gerald Jetter, Sabine Jocher, Steffen Kaltenbach, Stefan Kammerer, Jens Keil, Dieter Kern, Christian Kögler, Ruth Koßmann, Christina Krause, Cornelia Krause, Roland Krause, Martin Kreuser, Ralph Lang, Esther Manz, Ulrich Marstaller, Susanne Matthies, Jochen Maurer, Elisabeth Nitschke, Rainer Oberländer, Anne Polster, Andreas Quattlender, Gerhard Reich, Anne Katrin Scheffbuch, Katharina Schlumberger, Martin Schmid, Wolfhard Schweiker, Birgit Sendler-Koschel, Tobias Tränkle, Silvia Trautwein, Thorsten Trautwein, Theodor Tröndle, Martin Trugenberger, Alexander Varga, Hans Veit, Ralf Vogel, Heike Volz, Matthias Vosseler, Gabriele Waldbaur, Hans Peter Weiß-Trautwein, Ulrike Weißer, Sandra Weller-Steinmetz, Barbara Wenzlaff, Andreas Wiedenmann, Bernd Wildermuth, Birgit Wildermuth, Gerhard Ziener

Ein herzlicher Dank gilt Christa Bächtle, die das Layout der Zeitschrift anknüpfen verantwortet, für manche Bildauswahl und die Gestaltung zahlreicher Arbeitsblätter.

Das Werk folgt der reformierten Rechtschreibung. Ausnahmen bilden Texte, bei denen künstlerische, philologische und lizenzrechtliche Gründe einer Änderung entgegenstehen.

Abkürzungen und Symbole:

EG	Evangelisches Gesangbuch (Württembergische Ausgabe)
KA	Konfirmandenarbeit
KGR	Kirchengemeinderat
KU	Konfirmandenunterricht
M	Materialblatt
N. N.	Nomen nominandum
UE	Unterrichtseinheit
	Begleitbuch *anknüpfen – Meine Konfirmation*
	Beitrag (Text und Material) in diesem Buch und im PDF-Format auf CD-ROM
	Beitrag (Text und Material) im PDF-Format auf CD-ROM
Word	Als Fließtext ohne Bilder auch auf CD-ROM

Bibliografische Information der Deutschen Bibliothek

Die Deutsche Bibliothek verzeichnet diese Publikation in der Deutschen Nationalbibliografie; detaillierte bibliografische Daten sind im Internet über *http://dnb.ddb.de* abrufbar.

ISBN 978-3-7668-4250-3
2., völlig neu überarbeitete Auflage 2013

Umschlaggestaltung: Ronald Parusel, Mössingen
Satz und CD-Erstellung: NagelSatz / Robert Dreher, Reutlingen
Druck und Verarbeitung: AZ Druck und Datentechnik GmbH, Kempten

Internet: www.calwer.com / E-Mail: info@calwer.com

Inhalt

Vorwort . . . 12 . . . 12

Zu diesem Buch . . . 13 . . . 13

Konfirmation – eine Einführung . . . 14 . . . 14

Jahresplan

Jörg Conrad
Konfirmandenarbeit –
Theologische und didaktische Grundprinzipien . . . 16 . . . 16

Wie arbeite ich mit dem Begleitbuch *anknüpfen – Meine Konfirmation*?

Martin Hinderer
Grundsätzliches zur Arbeit mit dem Buch *anknüpfen – Meine Konfirmation* . . . 25 . . . 25

Martin Hinderer
Impulse zur Taufe und Konfirmation . . . 27 . . . 27

Thomas Ebinger
Kirche, Gebet, Zehn Gebote, Zweifel und andere Religionen . . . 30 . . . 30

Bernd Wildermuth
Abendmahl und Glaubensbekenntnis . . . 34 . . . 34

Themenbausteine

Abendmahl

Die Konfirmand/innen und das Abendmahl . . . 38 . . . 38

Sascha Flüchter und Ruth Koßmann
»Das tut zu meinem Gedächtnis«
Ein Konfirmandenabendmahl mit Kettmaterialien . . . 40 . . . 40

Bernd Wildermuth nach einer Idee von Sandra Weller-Steinmetz
Am Tisch des Herrn
Konfirmandinnen und Konfirmanden erarbeiten ein Anspiel für einen
Abendmahlsgottesdienst zum Abschluss einer Einheit zum Abendmahl . . . 45 . . . 45

Bernd Wildermuth
Langsam hineinwachsen
Mit Konfirmandinnen und Konfirmanden das Abendmahl einüben . . . 52

Diakonie

Die Konfirmand/innen und die Diakonie . . . 47 . . . 63

Cornelia Krause und Ute Fassel
Diakonie vor Ort . . . 49 . . . 65

Bernd Wildermuth
Neue Schritte auf alten Pfaden
Die Haussammlung . . . 74

Freundschaft / Identität / Lebenswelt

Die Konfirmand/innen, ihre Identität, Lebenswelt und Lebensthemen . . . 56 . . . 76

Stefan Kammerer
Zwei sind besser als einer allein!
Freundschaft als Konfi-Thema . . . 58 . . . 78

Esther Manz und Stefan Brückner
Gewinnen und verlieren
Biblische Erzählungen zur Genderfrage . . . 67 . . . 121

Rainer Oberländer
Unverkennbar »ICH« – Was zu mir gehört! . . . 136

Heike Volz
Aufgeben gilt nicht . . . 147

Jörg Conrad
Marcel und Tina oder »Das 1 x 1 der Liebe« . . . 152

Heike Volz
Schönheit . . . 166

Gebet

Die Konfirmand/innen und das Gebet . . . 72 . . . 174

Bernd Wildermuth und Jörg Conrad
Ein Lebensbegleiter – das Vaterunser . . . 74 . . . 176

Dieter Kern
Hausaufgabe Beten
Gebetsübungen als Wochenaufgabe in der Konfirmandenzeit . . . 79 . . . 181

Thomas Ebinger
In jeder Lage zu Gott beten – Sprachübungen für Anfänger/innen . . . 81 . . . 187

Martin Hinderer und Bernd Wildermuth
»Himmelhoch jauchzend, zu Tode betrübt«
Zwischen Klage und Lob – beten mit Psalmen . . . 196

Ralf Vogel und Katharina Schlumberger
Gebetsräume schaffen . . . 202

Gebote

Die Konfirmand/innen und die Zehn Gebote .... 86 ... 213

Ralf Brennecke
Gebote – Räume der Freiheit .... 88 ... 215

Thomas Ebinger
Sonntagsarbeit in Karlsdorf .... 97 ... 228

Bernd Wildermuth
Liebestraum und Treueschwur – ein Baustein zum 6. Gebot .... 99 ... 234

Andreas Quattlender
»Absprachen sind nötig«
Einführung in den Dekalog unter besonderer Berücksichtigung der Situation von Aussiedlern 239

Susanne Matthies
Polizei hautnah
Eine Begegnung im Rahmen der Unterrichtseinheit »Zehn Gebote« 248

Siegfried Fischer und Birgit Sendler-Koschel
Lernstraße Gebote 250

Gemeinde

Die Konfirmand/innen und die Gemeinde .... 102 ... 270

Gabriele Conrad und Martin Kreuser nach einer Idee von Ralf Brennecke
Konfirmand/innen fragen – Gottesdienstbesucher/innen antworten
Eine Fragenaktion im Vorstellungsgottesdienst .... 104 ... 272

Jens Keil und Thomas Ebinger
Gemeindepraktikum im Überblick
Ablauf und Durchführung .... 108 ... 277

Thomas Ebinger
Die Kirchen-Entdecker-Tour – ein Konfisamstag zum Auftakt der Konfirmandenarbeit 282

Glaubensbekenntnis

Die Konfirmand/innen und das Glaubensbekenntnis .... 111 ... 285

Bernd Wildermuth unter Mitarbeit von Martin Hinderer
Dazu stehe ich! .... 113 ... 287

Gerald Jetter
Dein Glaube – unverwechselbar und wertvoll .... 120 ... 303

Gott

Die Konfirmand/innen und Gott .... 125 ... 318

Bernd Wildermuth und Martin Hinderer
Von der Black-Box zum Altar
Neue Wege der Gotteserkenntnis .... 128 ... 321

Thomas Ebinger
Andere glauben anders – (k)ein Grund, sich zu streiten? .... 136 ... 339

Gottesdienst

Die Konfirmand/innen und der Gottesdienst .... 142 ... 347

Martin Hinderer
»Hier spüre ich Gott« – Gestaltungs- und Spielräume des Glaubens entdecken
Kirchenpädagogische Übungen mit Konfirmandinnen und Konfirmanden .... 144 ... 349

Martin Hinderer
Die Sprachen des Gottesdienstes entziffern
Ein Fragebogen zum Gottesdienst .... 152 ... 360

Jörg Conrad
»Tut mir auf die schöne Pforte …« – was ich vom Gottesdienst erwarte .... 156 ... 365

Martin Hinderer
Im »Kraftraum der Kirche« – der Altar 382

Birgit Wildermuth
»Die Kirche ist eine andere Welt, da kommt eine andere Dimension ins Leben, so von oben!«
Den Weg durch das Konfirmandenjahr und den Gottesdienst erkunden mit *anknüpfen – Meine Konfirmation* 391

Silvia Trautwein und Hans Peter Weiß-Trautwein
Der Sonntagsgottesdienst als Werkstattgottesdienst der Jugendlichen 395

Gruppe

Die Konfirmand/innen und die Konfi-Gruppe .... 161 ... 405

Gerhard Reich, Tobias Tränkle und Alexander Varga
»Jetzt geht's los!«
Ein Kennenlernprojekt für die ersten Stunden des Konfirmandenunterrichts .... 163 ... 407

Wolfgang Ilg
Kirchenschlaf als Pflichtprogramm – Ein Bericht 414

Heiliger Geist

Die Konfirmand/innen und der Heilige Geist .... 167 ... 416

Bernd Wildermuth
Die apokalyptischen Reiter oder Geister gibt es überall .... 169 ... 418

Jesus Christus

Die Konfirmand/innen und Jesus . . . 172 . . . 421

Bernd Wildermuth und Jörg Conrad
»Wie soll ich dich empfangen und wie begegn' ich dir ...«
Eine Annäherung mit Fotos und Bildern . . . 174 . . . 423

Birgit Sendler-Koschel und Cornelia Krause
Jesus Christus von der Auferstehung her gesehen . . . 180 . . . 433

Stefan Kammerer
durchKREUZt
Mit Konfirmand/innen einen Kreuzweg malen . . . 449

Bernd Wildermuth
Werbung für Jesus
Ein Abschluss für die Einheit »Jesus Christus« . . . 463

Schöpfung

Die Konfirmand/innen und die Schöpfung . . . 191 . . . 465

Birgit Sendler-Koschel
Ich danke dir dafür, dass ich wunderbar gemacht bin . . . 194 . . . 468

Birgit Sendler-Koschel
»Was ist der Mensch, dass du seiner gedenkst?«
Menschenräume – ein Rundgang für Konfirmandinnen und Konfirmanden durch Aspekte menschlichen Daseins . . . 486

Cornelia Krause und Martin Schmid
Kleiner Schöpfungslehrpfad . . . 500

Susanne Matthies
Schöpfung bewahren konkret
Konfirmand/innen bauen Nisthilfen für Wildbienen . . . 503

Spiritualität / Rituale

Die Konfirmand/innen und die Spiritualität . . . 203 . . . 511

Elke Goldmann, Jochen Maurer und Thomas Ebinger
Die »Spirikiste« – Marke Eigenbau . . . 205 . . . 513

Christina Krause
Ausgang und Eingang
Den Konfirmandenunterricht mit einem Ritual beginnen und schließen . . . 527

Thomas Ebinger, Annedore Hohensteiner und Gabriele Waldbaur
Das evangelische Gesangbuch – eine Schatzsuche
Ideen zur Erschließung des Gesangbuches . . . 532

Taufe

Die Konfirmand/innen und die Taufe .... 211 ... 542

Martin Hinderer und Theodor Tröndle
Taufe – meinem Leben auf der Spur .... 213 ... 544

Jörg Conrad
Wer sagt mir, wer ich bin? .... 224 ... 562

Theodizee

Die Konfirmand/innen und die Frage »Warum lässt Gott das zu?« .... 231 ... 601

Thomas Ebinger
»Shit happens«
Wie Weltreligionen und Weltanschauungen mit der Frage nach dem Leid umgehen .... 232 ... 602

Thomas Erne
Warum lässt er das zu?
Theodizee in der Konfirmandenarbeit 619

Gerhard Ziener unter Mitarbeit von Thomas Ebinger
Wie kann Gott das zulassen?
Baustein zur Frage nach der Theodizee 625

Cornelia Krause
Gott und das Leid 636

Tod und Sterben

Die Konfirmand/innen und das Thema Sterben und Tod .... 235 ... 651

Wolfgang Ilg und Andreas Wiedenmann
Wenn Steine reden …
Konfi-Nachmittag auf dem Friedhof .... 236 ... 652

Bernd Wildermuth
Hat Opa einen Anzug an?
Ein Baustein zum Thema Tod mit einem Kinderbuch von Amelie Fried .... 241 ... 658

Thomas Ebinger
Ich schreibe mein Testament .... 243 ... 660

Martin Hinderer und Thomas Binder
Sterbehemd und Urnengrab
Besuch im Bestattungsunternehmen .... 246 ... 671

Martin Hinderer und Ralph Lang
»Unvergessen«
Gottesdienst zu Tod und Sterben 681

Übergreifende Themen

Bibel

Unterrichtsthema Bibel ... 251 ... 690

Matthias Vosseler unter Mitarbeit von Thomas Ebinger
Dein Denkspruch lautet …
Der Konfirmationsdenkspruch – ein ganz besonderer Bibelvers?! ... 253 ... 692

Thomas Ebinger
Bibelclouds – die Bibel aus der Vogelperspektive ... 706

Martin Trugenberger
»Gib mir irgendwas, das bleibt« –
Ein Weg zur Aneignung von Konfirmations- oder Denksprüchen ... 719

Thorsten Trautwein
Methoden zum Umgang mit der Bibel im Konfirmandenunterricht ... 729

Elternarbeit

Konfirmanden-Elternarbeit ... 257 ... 737

Thomas Ebinger
Eltern und Kinder kommen ins Gespräch
Ein Anmeldeabend für Konfirmand/innen und ihre Eltern ... 260 ... 740

Martin Hinderer
Elternabend zur Konfirmation ... 263 ... 745

Ralf Albrecht und Christian Kögler
»Was hat Segelfliegen mit Konfirmandenarbeit zu tun?«
Der erste Konfirmandenelternabend ... 750

Albrecht Fischer-Braun
»… mit Eltern einsteigen«
Kleingruppen zum Anfang des Konfirmandenunterrichts 7–8 ... 753

Gerhard Reich
»… wenn Eltern in ein schwieriges Alter kommen«
Ein Gottesdienst von und mit Konfirmanden-Eltern ... 756

Gottesdienste

Jörg Conrad
Tauferinnerungsgottesdienst
Ein Gottesdienst für die Konfirmand/innen ... 267 ... 760

Thomas Ebinger
»Eigentlich bin ich ganz anders, ich komm nur viel zu selten dazu«
Die Frage nach der eigenen Identität als Thema eines Vorstellungsgottesdienstes ... 269 ... 762

Elisabeth Nitschke
Konfirmationsgottesdienst zum Thema »Kleider machen Leute« (Kolosser 3,9b–14) ... 788

Thomas Ebinger
Konfirmationsgottesdienst zum Thema »Feuer« 791

Thomas Ebinger
Konfirmationsgottesdienst zum Thema »Engel und Teufel – der Bessere soll gewinnen« 795

Steffen Kaltenbach
Konfirmationsgottesdienst zum Thema »Schön, dass es dich gibt!« 806

Steffen Kaltenbach
Konfirmationsgottesdienst zum Thema »Gemeinsam sind wir stark!« 814

Ulrich Marstaller
Gottesdienst zur Taufe 823

Bernd Wildermuth
Du hast mich angesprochen
Konfirmationsgottesdienst in der Sindelfinger Christuskirche 834

Thomas Erne
Geld oder Segen – GeldSegen?
Konfirmationsgottesdienst in Köngen 837

Roland Krause
Inspiration durch ein Leitthema –
Symbole im Konfirmations-Gottesdienst 843

Inklusion

Wolfhard Schweiker
»Es ist ganz normal, verschieden zu sein« – Inklusive Konfirmandenarbeit . . . . . 275 . . . 848

Sabine Jocher und Wolfhard Schweiker
Drinnen oder draußen?
Mobbing und »Gemeinschaft der Heiligen« 850

Martina Fleig und Wolfhard Schweiker
Ein Stück Himmel
Ein Kooperationsprojekt der Körperbehindertenschule und der evangelischen Kirchengemeinde Mössingen 862

Wolfhard Schweiker
Mit Handicaps begabt
Ein Erfahrungsparcours 866

Wolfhard Schweiker
Tabelle zur Inklusion
Inklusion – Vielfalt der Formen 872

Teamer

Birgit Sendler-Koschel
Zur Arbeit mit Konfiteamern . . . . . 277 . . . 874

Anne Katrin Scheffbuch
Das »Konfi-Mentoren-Projekt« . . . . . 279 . . . 876

Vom In- und Auswendiglernen

Martin Hinderer
Vom In- und Auswendiglernen im Konfirmandenunterricht . . . . 284 . . . 881

Organisation und Planung

Einladungsschreiben

Anmeldung (Birgit Wildermuth) 885
Konfirmandenfreizeit (Birgit Wildermuth) 886
Einladungsblatt Elternabend (Martin Hinderer) 887
Elternbriefe (Martin Hinderer) 888–889

Öffentlichkeitsarbeit

Aufruf zur Anmeldung in Zeitungen / Mitteilungsblättern 890–891
Ankündigung der Konfirmation und Vorstellung der Konfirmand/innen 892–895
Vorstellung eines KA-Projekts in der Zeitung 896–898
Grußworte bei der Konfirmation 899–900

Planer

Checkliste zum Jahresplan (Anne Polster) 901
Checkliste für die Vorbereitung, Durchführung und Auswertung
eines Konfi-Wochenendes (Thomas Ebinger) 902–903
Alternativer Jahresplan (Thomas Binder, Thomas Ebinger und Hans Veit) 904–906
Feedbackbogen zur Selbstevaluation / Kontrakt / Probephase (Hans Veit) 907–961
Fragebogen für Konfirmandeneltern (Ulrike Weißer und Ulrike Auffarth-Kurschat) 962–963

Register und Verzeichnisse

Methodenregister . . . . 288 . . . 964
Stichwortverzeichnis 972
Autorenverzeichnis . . . . 296 . . . 974
Text- und Bildnachweis . . . . 303 . . . 981

Zusatzmaterialien

Siegfried Fischer, Birgit Sendler-Koschel und Barbara Wenzlaff
Das Abendmahl-Spiel (Spielvorbereitung, Spielmaterial und Spielplan)

Bernd Wildermuth
Wochenendkonfirmandenfreizeit »Abendmahl« – Übersichtsplan

Klangbeispiel zum Themenbaustein Spiritualität/Rituale, Die Spirikiste – Marke Eigenbau

Excel-Dokumente zum Jahresplan für die Jahrgänge
2013/2014
2014/2015
2015/2016

Excel-Dokument »Religionszugehörigkeit in Deutschland«

Vorwort

»Die Arbeit mit Konfirmandinnen und Konfirmanden ist ein zentrales Bildungsangebot der evangelischen Kirche und aufgrund ihrer Reichweite zugleich eines der bedeutendsten außerschulischen Bildungsfelder in Deutschland. Nach reformatorischem Verständnis entspricht die Konfirmandenarbeit dem Bildungsauftrag der Kirche, der auf ein verständiges und mündiges Christsein zielt und zur religiösen Orientierung junger Menschen beitragen will«. Mit diesen Worten beschreibt die erste der 12 Thesen des Rates der Evangelischen Kirche in Deutschland den hohen Stellenwert der Konfirmandenarbeit im kirchlichen und gesellschaftlichen Kontext.

Verschiedene Studien und Veröffentlichungen »Konfirmandenarbeit erforschen und gestalten« haben den Stellenwert der Konfirmandenarbeit bei Konfirmandinnen und Konfirmanden, aber auch bei deren Eltern nachgewiesen. Sie enthalten wichtige Hinweise zur Didaktik und Methodik, aber auch zur Bedeutung der Vernetzung der Konfirmandenarbeit. Die Ergebnisse dieser Studien werden in der Konfirmandenarbeit im Sinne einer ständigen Qualitätsverbesserung weiterverfolgt und aufgenommen. Auch die jüngste baden-württembergische Sinus-Studie »Brücken und Barrieren – Jugendliche auf dem Weg in die Evangelische Jugendarbeit« nimmt auf die Bedeutung der Konfirmandenarbeit Bezug und schlägt die Brücke zwischen Konfirmandenarbeit und Jugendarbeit.

Die Zeitschrift *anknüpfen, anknüpfen update* sowie die daraus jeweils erwachsenen *anknüpfen Praxisideen* leisten seit vielen Jahren einen wichtigen Beitrag für eine auftrags- und zeitgemäße Konfirmandenarbeit. Dabei nimmt sie von Anfang an wichtige inhaltliche und didaktisch-methodische Themen auf, die in den verschiedenen Studien angezeigt sind. Mit den Stichworten »doppelter Perspektivenwechsel, Lebensweltorientierung, Gottesdienste mit Konfirmandinnen und Konfirmanden, die Vernetzung mit ehrenamtlich Mitarbeitenden und der Jugendarbeit, die Bedeutung einer gelingenden Konfirmandenarbeit für die persönliche Glaubensbiographie sowie die Einstellung zur Kirche« sind nur einige wenige zentrale Aspekte benannt.

Mit dieser Ausgabe der Praxisideen beginnt zugleich aber auch ein neuer Abschnitt. Künftig erscheinen alle *anknüpfen*-Produkte in gemeinsamer Herausgeberschaft des Pädagogisch-Theologischen Zentrums der Evangelischen Landeskirche in Württemberg und des Religionspädagogischen Instituts der Evangelischen Landeskirche in Baden. Auch weiterhin wird die Arbeit von einem – nun baden-württembergischen – Redaktionsteam unter Federführung der beiden religionspädagogischen Institute verantwortet. Damit setzt sich im Bereich der Konfirmandenarbeit die bewährte gemeinsame Herausgeberschaft religionspädagogischer Materialien über den schulischen Bereich hinaus fort.

Wir freuen uns über die Weiterentwicklung der Zusammenarbeit der beiden religionspädagogischen Institute und danken allen Verantwortlichen, dem Redaktionsteam, den Autorinnen und Autoren sowie dem Calwer Verlag ganz herzlich für die bisherige und weitere Ermöglichung der vielfältigen Veröffentlichungsreihe mit dem programmatischen Titel *anknüpfen*. Auch weiterhin werden die zahlreichen Praxisimpulse und Ideen dazu beitragen, dass der gesellschaftliche Stellenwert und die persönliche Relevanz der Konfirmandenarbeit gefördert werden.

Die Herausgeber

Stefan Hermann
Direktor des PTZ

Dr. Uwe Hauser
Direktor des RPI

Zu diesem Buch

anknüpfen Praxisideen zweite Auflage. Das ist mehr als nur der zweite Abdruck der bisherigen Praxisideen. Seit der ersten Auflage sind acht Jahre ins Land gezogen. Die Praxisideen haben sich bewährt und sie haben Zuspruch erhalten; das freut uns. Aber in diesen acht Jahren hat sich so manches verändert in der Konfirmandenarbeit. Konzeptuell hat sich der durch den doppelten Perspektivenwechsel angestoßene Wandel vom Konfirmandenunterricht zur Konfirmandenarbeit weiter durchgesetzt.

Die Studie zur Konfirmandenarbeit in Deutschland hat es gezeigt: Schon viele Schritte zu einer subjektorientierten und lebensdienlichen Konfirmandenarbeit sind gegangen worden. Dabei sind auch neue Bausteine entstanden und schon vorhandene Bausteine überarbeitet worden. Über die letzten Jahre hinweg wurden diese Neuentwicklungen in der Reihe *anknüpfen update* veröffentlicht. Sieben Bände sind seit den Praxisideen aufgelegt worden. Neue Themen sind aufgenommen worden: Bibel, Tod, Theodizee, Diakonie, Spiritualität, Gottesdienst, erlebnisorientierte und lebensrelevante Konfirmandenarbeit. Einige dieser neuen Bausteinartikel aus den updates finden nun Eingang in das neue Sammelwerk.

Neu sind:

- Ein Jahresplan, in dem wir zeigen, wie mit den Praxisideen ein Konfi-Jahr gestaltet werden kann.
- Ein thematisches Stichwortregister, das über die Katechismusrubriken hinaus einen Zugriff auf entsprechende Baustein-Artikel erlaubt.
- Ein Methodenregister, durch das die entsprechenden Bausteinartikel zu bestimmten Methoden gefunden werden können.
- Vermehrte und inhaltlich besser ausgearbeitete Bezüge zum Konfirmanden-Begleitbuch *anknüpfen – Meine Konfirmation* einschließlich einer Einführungseinheit für das Buch selbst, so dass beides noch stärker als bisher als Konzept aus einem Guss eingesetzt werden kann.

Wir hoffen damit, einige Hilfestellungen zur schnelleren Orientierung und zur eigenen Adaption der Bausteine zu geben.

Das Buch enthält alle Bausteinartikel zu den Themen des Jahresplanes sowie eine Einleitung in das den Bausteinen zugrunde liegende Verständnis der Konfirmandenarbeit.

Die beiliegende CD bietet die Artikel des Buches im PDF- und teilweise zur individuellen Bearbeitung im Word-Format. Darüber hinaus finden sich weitere bewährte Bausteinartikel, die als Alternativen und Ergänzungen zu den im Buch veröffentlichen Bausteinen eine Lektüre wert sind. Wir freuen uns auch, dass es gelungen ist, die für die Bausteine benötigten Medien (Fotos, Bilder und Materialien) auf der CD unterzubringen und somit allen, die das Buch gekauft haben, zugänglich zu machen.

In bewährter Zusammenarbeit haben der Calwer Verlag, das PTZ, das RPI und die *anknüpfen*-Redaktion viel Energie in diese Neuauflage gesteckt. Wir hoffen, sie trägt dazu bei, dass die Konfirmandenarbeit vor Ort gelingt und Verantwortliche und Jugendliche gemeinsam weitere Schritte auf dem Weg des Glaubens gehen können.

Die Redaktion

Jörg Conrad, Thomas Ebinger, Martin Hinderer und Bernd Wildermuth

Konfirmation – eine Einführung

Die Konfirmation ist der Abschluss der Konfirmandenzeit. Sie ist ein Höhepunkt im Leben der Gemeinde und im Leben der Jugendlichen und ihrer Familien. Die Gemeinde feiert einen Gottesdienst, bei dem die Konfirmandinnen und Konfirmanden mit ihren Familien (Eltern, Großeltern und Paten) besonders in den Blick kommen.

Für sie, wie für die Jugendlichen, ist dieses Fest eine biographische Zäsur und damit ein bedeutungsvolles Ereignis in ihrem Leben. Volkskirchlich gilt die Konfirmation vor allem als Segenshandlung in der lebensgeschichtlichen Übergangssituation von der Kindheit zum Erwachsenenalter, heute muss man eher sagen ins Jugendalter. Sie macht den Übergang von der Kindheit ins Jugendalter bewusst, feiert und proklamiert ihn öffentlich. Die Konfirmation gehört laut Umfrage der EKD-Mitgliedschaftsbefragung zu den wichtigsten Merkmalen des Evangelisch-Seins. Dabei ist aber auffällig, dass sie von den Kirchenmitgliedern primär lebensgeschichtlich-familiär interpretiert wird. Die Religionssoziologie sieht darin eine »Tendenz zur religiösen Biographisierung«, d.h. Religion wird am Lebenslauf, an der Biographie des Einzelnen bzw. der Familie festgemacht. Die Motive, die im Konfirmationsgottesdienst zum Tragen kommen, sind daher vielgestaltiger Art:

- Fortsetzung des in der Taufe begonnenen Weg des Glaubens.
- Verkündigung des Evangeliums und Einstimmen in das Bekenntnis als Zeichen religiöser Mündigkeit.
- Die Teilnahme am Abendmahl.
- Segen für den Lebensweg.
- Gleichberechtigte Teilhabe an der Gemeinde.
- Fest zu Ehren der Jugendlichen.
- Passageritus bzw. Symbolisierung einer biographischen Entwicklung.
- Familienfeier zum Abschluss einer biographischen Phase.

Theologische und anthropologische Anteile verschränken sich. Es ist Aufgabe der Pfarrerinnen und Pfarrer, die lebensgeschichtlich-familiäre Bedeutung nicht herunterzuspielen, sondern sie theologisch zu deuten und liturgisch im Gottesdienst zu verorten. In der gegenwärtigen Diskussion um die Theologie der Konfirmation gibt es zwei Ansätze, die sich nicht gegenseitig ausschließen, aber unterschiedliche Akzente setzen.

Konfirmation ist Segen auf der Lebensreise (begleitender Charakter)

Konfirmation ist die Begleitung in einer bestimmten Lebenssituation und damit Kasualgottesdienst. Sie ist ein Fest, das die Familie zu Ehren der Heranwachsenden feiert und sie erinnern lässt, wofür sie dankbar sein können und was ihnen Sorge macht. Es geht weniger um das nachgeholte Taufbekenntnis als um die Verheißung des Segens für den zukünftigen Lebensweg. Damit ist die Konfirmation nicht die Bestätigung der Taufe durch die Jugendlichen, sondern die Bekräftigung der Taufzusage durch die Kirche. Der Aspekt der persönlichen Begleitung wird hervorgehoben durch die zentrale Stellung der Segenshandlung. Namensnennung und Handauflegung bringen zum Ausdruck, dass der Zuspruch Gottes dem Einzelnen ganz persönlich gilt. Die Segenshandlung ist auch für die zuschauenden Eltern bedeutsam. Ihnen wird Mut gemacht, darauf zu vertrauen, dass ihre Kinder auch dort von Gott begleitet werden, wo sie als Eltern sie nicht mehr begleiten können.

Konfirmation ist die Darstellung mündigen Christseins zu einer bestimmten Zeit an einem bestimmten Ort (konfessorischer Charakter)

Im Konfirmandenunterricht werden die Konfirmanden und Konfirmandinnen in das Bekenntnis der Gemeinde eingeführt und mit wesentlichen Glaubensinhalten (Katechismus) vertraut gemacht. Ziel ist die persönlich verantwortete Aneignung. Die Konfirmation wird zur Feier der Religionsmündigkeit. Sie ist ein Akt auf Gegenseitigkeit und beinhaltet die Selbstverpflichtung der Gemeinde, die Stimmen aller Konfirmand/innen zu hören ebenso wie das verantwortliche Einstehen für das Reden und Handeln der Konfirmand/innen vor der Gemeinde. Daher spielt in der Konfirmation das Bekenntnis eine große Rolle: das gemeinsam mit der Gemeinde gesprochene ebenso wie eigene Bekenntnisse. Das vor der versammelten Gemeinde gesprochene »JA« gibt dazu die Möglichkeit, ebenso die Darstellung eigener Texte zu Themen des Konfirmandenunterrichts.

Die Konfirmation sollte nicht erst am Ende der Konfi-Zeit in den Blick geraten, sondern schon von Beginn an mit ihren verschiedenen Dimensionen angesprochen werden. Eigenes Thema kann die Konfirmation in dreierlei Hinsicht werden:

- Unterrichtliche Vorbereitung der Präsentation von Katechismusstücken im Gottesdienst (bzw. in verschiedenen Gottesdiensten) gemeinsam mit den Jugendlichen.
- Erarbeitung des Bekenntnisses und der Verschränkung von apostolischem Glaubensbekenntnis und den festgehaltenen Positionen der Jugendlichen.
- Gemeinsame Vorbereitung des Konfirmationsgottesdienstes.

Für die Jugendlichen steht sicherlich zum einen die Herausforderung, »vorne in der Kirche zu stehen und etwas sagen zu müssen«, an erster Stelle ihrer Auseinandersetzung mit der Konfirmation. Daneben tritt – als ebenfalls wichtiger Aspekt – der Wunsch gesegnet zu werden. Und dann sind da noch die Erwartung eines Festes und vieler Geschenke. Es gehört zu den Aufgaben der Unterrichtenden, diese verschiedenen Motive für die Jugendlichen so zu verschränken, dass sie zu einem guten Erleben ihrer Konfirmation kommen.

Mit der Konfirmation geht eine gemeinsame Zeit zu Ende. Das ist im Unterricht vorzubereiten und genügend zu beachten. Neben einer Rückschau auf die gemeinsame Zeit sollte nach einer Möglichkeit gesucht werden, miteinander Abschied zu feiern nach dem Motto: »Angekommen sein und Weitergehen«.

Im Folgenden stellen wir beispielhaft drei Konfirmationsgottesdienste vor, die exemplarisch die vorgestellten Ansätze verdeutlichen.

- Den Ansatz des segnenden Handelns stellt Bernd Wildermuth vor. Bei ihm stehen die einzelnen Konfirmanden und Konfirmandinnen ganz im Mittelpunkt des Geschehens, indem sie ihre Denksprüche gestalten, die wiederum Grundlage jeweils individueller »Personenpredigten« sind. »Du hast mich angesprochen« (S. 834).
- Eine Variante davon ist der symboldidaktische Ansatz, vorgestellt von Roland Krause. Er versucht mit diesem Ansatz eine Brücke zu schlagen zwischen einem begleitenden und dem konfessorischen Konfirmationsverständnis. »Inspiration durch ein Leitthema – Symbole im Konfirmations-Gottesdienst« (S. 843).
- Den konfessorischen Ansatz zeigt Thomas Erne auf. Die Konfirmandinnen und Konfirmanden gestalten und leiten fast ausschließlich selbst ihre Konfirmation. In Anspielen stellen sie ihre Fragen und Antworten der Gemeinde vor, die sie während ihres Konfirmandenunterrichts gefunden haben. »Geld oder Segen – GeldSegen?« (S. 837).

Jahresplan

Jörg Conrad

Konfirmandenarbeit – Theologische und didaktische Grundprinzipien

»Die Kirche schuldet den jungen Menschen die verständige Klarheit des Glaubens und den überzeugenden Aufweis der Wohltaten Christi.« Philipp Melanchthon

(1) Ausgangspunkte

Die Kirche hat eine Bringschuld den Jugendlichen gegenüber, so könnten wir den obigen Satz Melanchthons wohl verstehen. Und tatsächlich haben sich die Akteure der Konfirmandenarbeit aufgemacht, der ihr gestellten Aufgabe immer besser nachkommen zu können. Wichtiger Ausgangspunkt der jüngsten Entwicklungen ist die Orientierungshilfe der EKD »Glauben entdecken. Konfirmandenarbeit und Konfirmation im Wandel« von 1998. Darin wird eine Öffnung des Konfirmandenunterrichts hin zu den Jugendlichen und hin zur Gemeinde gefordert. Dieser doppelte Perspektivenwechsel (Perspektive der Jugendlichen und der Gemeinde) ist von der Rahmenordnung für die Konfirmandenarbeit der Evangelischen Landeskirche in Württemberg (RO) im Jahr 2000 – wie in anderen Landeskirchen auch – aufgenommen und fortgeschrieben worden. Und so wurden viele Neuerungen und Impulse aus den Gemeinden aufgenommen und als für die Konfirmandenarbeit wesentlich festgehalten. Denn in vielen Gemeinden wurde und wird schon längst so Konfirmandenarbeit gemacht.

Die in diesem Band versammelten Unterrichtsbausteine sind geprägt von dem Bemühen, die programmatischen Sätze der württembergischen Rahmenordnung didaktisch und methodisch umzusetzen. So ist der sprachliche Wechsel vom »Konfirmandenunterricht« hin zur »Konfirmandenarbeit« zugleich ein inhaltliches und methodisches Merkmal.

Einige der Kernaussagen der Rahmenordnung seien deshalb hier in Erinnerung gerufen:

- Die KA ist nachgeholter Taufunterricht: *»Mit der Taufe von Kindern übernimmt die Gemeinde die Verpflichtung, die Heranwachsenden in die Überlieferung des Glaubens einzuführen, sie zu einem eigenständigen christlichen Leben zu ermutigen und ihnen bei der Suche nach Wahrheit und Orientierung zu helfen.«* (RO, 7) In der Konfirmandenarbeit (KA) bietet Kirche ihren jugendlichen Mitgliedern die Möglichkeit, den grundlegenden christlichen Traditionen auf eine werbend-bezeugende Art begegnen zu können. Dieser Begegnung dienen die verschiedenen Aktivitäten und Formen der KA: Der Unterricht ebenso wie die Freizeit, das Gemeindepraktikum, der Gottesdienst, die Begleitung durch Mentoren, das Konfi-Camp, Projekte und Konfi-Samstage und die Begegnung mit Teamern.
- Ziel der KA ist, dass die Jugendlichen durch die Auseinandersetzung mit der christlichen Tradition
  - → wesentliche Inhalte der biblischen Botschaft verstehen und auf ihr Leben beziehen,
  - → auf dem Weg des christlichen Glaubens begleitet und zu eigenen Ausdrucksformen des Glaubens ermutigt werden,
  - → erfahren und erleben, dass sie als Gemeindeglieder willkommen und anerkannt sind,
  - → einen eigenen Standpunkt entwickeln und lernen Verantwortung in ihren Lebenswelten wahrzunehmen. (RO, 7)
- Die Jugendlichen sind Ausgangs- und Zielpunkt der KA: *»Die Zielsetzungen, Anforderungen und Inhalte der Konfirmandenarbeit müssen von den Lebenswirklichkeiten, den Erfahrungswelten sowie den Entwicklungsaufgaben der Kinder und Jugendlichen her gedacht werden. Diesen Perspektivenwechsel immer wieder zu vollziehen bedeutet, die Kinder und Jugendlichen aktiv im Rahmen ihrer Möglichkeiten an der Planung und Gestaltung der Konfirmandenarbeit zu beteiligen. Sie sollen mit ihren aktuellen Lebensfragen und religiösen Themen zu Wort kommen und sie auf die Inhalte des Glaubens beziehen lernen.«* (RO, 9) Für die KA bedeutet das, dass es Aufgabe der Gemeinde ist, den jungen Menschen dabei zu helfen, die Relevanz des Glaubens (dessen Lebensdienlich- und -förderlichkeit) für sich selbst und die eigene Lebensorientierung zu erkennen.

  Dabei ist zu beachten, dass neben dieser eher individuellen Perspektive die Jugendlichen eben auch als Gruppe zusammenkommen und das im Horizont der Kirchengemeinde. Die KA ist also ebenso sehr ein Gruppenprozess und erst als solcher auch Ort individueller Glaubensentwicklung.

▶ Die Gemeinde ist als Lernort ernst zu nehmen: »*Entscheidend für die Konfirmandenarbeit ist der Lernort Gemeinde. Sie ist der Lebensraum, in dem Konfirmandenarbeit geschieht. Im Gottesdienst und in der Begegnung mit Personen und Gruppen, die sich in der Gemeinde engagieren und ihren Glauben leben, wird der Leib Christi sichtbar und erfahrbar.*« (RO, 14)

(2) Aktuelle Einsichten und Herausforderungen

Die Ergebnisse der bundesweiten Studie zur Konfirmandenarbeit aus dem Jahr 2009 zeigen, dass sich KA tatsächlich hin zum doppelten Perspektivenwechsel weiterentwickelt hat. So konstatieren die Autoren: »Die Konfirmandenarbeit in Württemberg … ist ein vitales Arbeitsfeld, für das sich viele – Hauptamtliche wie Ehrenamtliche – in bewundernswerter Weise engagieren und auf dem deutliche Erfolge zu erkennen sind.« (Reform von Konfirmandenarbeit, 274f) Die Studie belegt eine hohe Zufriedenheit mit der Konfi-Zeit bei den Jugendlichen ebenso wie bei den Mitarbeitenden. Es zeigt sich aber auch, dass noch einige Optimierungsmöglichkeiten bestehen:

▶ Jugendliche als Ausgangs- und Zielpunkt der KA: Die Jugendlichen geben in der Mehrzahl an, dass sie mehr über Gott und den Glauben erfahren haben, dass sie wichtige Grundlagen bekommen haben, um zu einem selbstbegründeten Urteil über den Glauben zu kommen, und dass sie im Glauben an Gott gestärkt wurden. Andererseits aber ist wahrzunehmen, dass die Jugendlichen den Eindruck haben, dass die Themen und Inhalte der Konfirmandenzeit wenig Lebensrelevanz besitzen. Vielen Jugendlichen scheinen ihre Lebensthemen wenig mit den Glaubensthemen der KA zu tun zu haben. Zudem erleben sie es nicht oder nur selten, dass sie als Subjekte die Themen des Unterrichts mitbestimmen und mit ihren Fragen und Antworten das Geschehen im Unterricht prägen können. »Ebenfalls noch wenig gegriffen zu haben scheinen die Reformen im Blick auf die Themen, die im Rahmen der Konfirmandenarbeit bearbeitet werden. Fragestellungen wie etwa Freundschaft, die den Jugendlichen besonders wichtig sind, werden nicht genügend wahrgenommen und in ihrer Bedeutung oft unterschätzt. … Vielleicht ist es darauf zurückzuführen, wenn so viele Jugendliche auch nach der Konfirmation bezweifeln, dass die Kirche über eine für ihre eigenen Fragen bedeutsame Deutungskompetenz verfügt.« (Reform von Konfirmandenarbeit, 283)

▶ Arbeitsformen: »Verglichen mit den vielfältigen Vorschlägen der Rahmenordnung (S. 24–26) bleibt die vorherrschende Form des Konfirmandenunterrichts in einer Mischung liturgischer und schulisch-gymnasialer Arbeitsformen erstaunlich stark am klassischen Methodenset orientiert. Die Einsicht aus der Rahmenordnung, dass die Mischung von Schülern verschiedener Schularten eine Vielfalt an Methoden erfordert, wird, angesichts der Dominanz kognitiver Arbeitsweisen, in der Praxis noch nicht angemessen eingelöst.« (Reform von Konfirmandenarbeit, 223)

▶ Lernort Gemeinde: In vielen Gemeinden gibt es mittlerweile Angebote, die Gemeinde als Lernort zu nutzen: Gemeindepraktika, Begegnungen mit Menschen, die in der Kirchengemeinde aktiv sind, oder auch die Einbeziehung gemeindlicher Besonderheiten und Örtlichkeiten in den Unterricht (Kirchenraum, Friedhofbesuch, Diakonische Einrichtungen, usw.). »… wobei die Prozentzahlen umgekehrt auch deutlich machen, dass ein ebenfalls erheblicher Teil der Gemeinden sich in dieser Hinsicht noch stark zurückhält: 41 % der Gemeinden haben eben (noch) kein Gemeindepraktikum, 46 % (noch) keine Projekt(halb)tage. Ein noch nicht hinreichend genutztes Potenzial liegt in der Kooperation mit anderen Kirchengemeinden. Gemeinsam lassen sich Angebote wie spezielle Konfi-Gottesdienste oder Konfirmanden-Ralleys einfacher ›auf die Beine stellen‹, und die [Jugendlichen] erleben außer der eigenen Gemeinde auch noch andere [kirchliche] Kontexte.« (Reform von Konfirmandenarbeit, 281)

▶ Miteinander von Haupt- und Ehrenamtlichen und die Kooperation mit der Jugendarbeit: Die Studie kann zeigen, dass es für die Konfirmandenarbeit ein Gewinn ist, wenn neben den Pfarrerinnen und Pfarrern weitere Haupt- oder Ehrenamtliche mitarbeiten. »In 84 % der Gemeinden begegnen die Jugendlichen während ihrer Konfirmanden-Zeit neben dem Pfarrer auch anderen Vertreterinnen und Vertretern der Kirchengemeinde (neben den Ehrenamtlichen auch Diakonen/Jugendreferenten, engagierten Eltern oder sonstige Mitarbeitenden). So werden personale Brücken zur Gemeinde gebaut und das Potenzial für Übergangsangebote in die Jugendarbeit geschaffen. Allerdings bezieht sich diese Verbreiterung des Personals noch kaum auf den regelmäßigen Konfirmandenunterricht.« (Reform von Konfirmandenarbeit, 280)

▶ Gottesdienst: Die Studie zeigt, dass Jugendliche über eine aktive Beteiligung (Mitgestaltung) und durch das Mitfeiern von verschiedenen Gottesdienstformen (besonders Jugendgottesdienste) ein positiveres Verhältnis zum Gottesdienst aufbauen können, als ohne solche Erfahrungen. Es braucht also mehr als die verpflichtende Teilnahme am sonntäglichen Gottesdienst, damit die Jugendlichen den Gottesdienst als eine Wohltat erleben können. Herausfordernd war insbesondere das Ergebnis, dass die Jugendlichen den Gottesdienst immer langweiliger finden, je öfter sie ihn besucht haben.

(3) Zur didaktischen Grundhaltung der Praxisideen

Dem doppelten Perspektivenwechsel entspricht eine didaktische Grundhaltung, in der die Jugendlichen als Subjekte ihres eigenen Lernens angesprochen werden und nicht als Objekte der Belehrung. Es sollen die Jugendlichen selbst sein, die der Lebensrelevanz der biblisch-christlichen Tradition auf die Spur kommen. Konfirmandenunterricht wird dadurch zu einem konstruktiv-kreativen Akt, in dem die Jugendlichen gemeinsam mit den Unterrichtenden die Lebensdienlichkeit des Glaubens erkunden, erforschen, erproben und einüben. Es geht um die wechselseitige Durchdringung von Leben und Glauben, von Alltagswelt und Gottesreich, von lebensweltlichen Herausforderungen und geistlichen Glaubenseinsichten.

Das didaktische Grundprinzip einer am doppelten Perspektivenwechsel orientierten Konfirmandenarbeit lässt sich damit so in Worte fassen: Die Inhalte des christlichen Glaubens und die Themen der Jugendlichen sind in einem konstruktiv-kreativen Prozess so miteinander zu verschränken, dass die Jugendlichen zu einem tieferen Verständnis sowohl ihrer Themen wie des Glauben gelangen.

- Dabei ist es egal, ob die biblisch-kirchliche Tradition oder die Alltagswelt der Jugendlichen den Ausgangspunkt bilden. Wesentlich ist, dass es zu einem Prozess des Erkundens der Beziehung beider kommt, in dem die Jugendlichen zusammen mit den Unterrichtenden Spuren der Lebensrelevanz des Glaubens entdecken und sich an diesen abarbeiten bzw. sie selbst erproben können.
- Es geht darum, miteinander nach Antworten darauf zu suchen, wie Gott in dieser Welt am Werke ist und wie wir entsprechend leben können und sollen. Die Jugendlichen werden also weniger in schon Bestehendes einfach eingeführt und eingewiesen, sondern sie beteiligen sich an der schon Jahrhunderte währenden Aufgabe, nach den Konsequenzen und Möglichkeiten des Glaubens zu fragen und diese zu erproben.
- Die Herausforderung für den Unterricht und die Unterrichtenden besteht darin, die mit der Taufe oder dem Abendmahl oder den Zehn Geboten verbundenen Inhalte des Glaubens in den von den Jugendlichen präsentierten Lebensthemen so zur Geltung kommen zu lassen, dass eine Verschränkung und wechselseitige Vertiefung möglich wird.
- Dazu braucht es in der Konfirmandenarbeit Räume, in denen die Jugendlichen
  - über die Bedeutsamkeit des Glaubens angesichts konkreter Herausforderungen nachdenken können (allein für sich und gemeinsam),
  - die Lebensbedeutsamkeit des Glaubens (teilnehmend) wahrnehmen und erleben können (z. B. im Gottesdienst, bei Begegnungen mit Glaubenden, mit diakonisch Tätigen, …),
  - probeweise die Lebensbedeutsamkeit des Glaubens austesten können (z. B. Freizeit, diakonisches Praktikum, »Hausaufgabe Beten«, …) und
  - in eigener Verantwortung tätig werden und zwar im Horizont dessen, was sie für gut und wichtig halten (Gemeindeprojekt o.Ä.).
- Ein solcher Unterricht ist riskant, denn offene Prozesse können so oder so ausgehen. Der Lernerfolg liegt nun primär in den Händen der Jugendlichen und zwar in einem doppelten Sinn: Der Lernerfolg ist das, was die Jugendlichen sich selbst erarbeiten und sie definieren selbst, was für sie ein Erfolg ist. Für die Unterrichtenden bedeutet dies, dass sie die Ergebnisse des Unterrichts zu einem großen Teil aus der Hand geben, in der Überzeugung, dass durch die Offenheit der Lernprozesse mehr erreicht werden kann als durch die Präsentation von fertigen Inhalten. Durch die dafür notwendige Offenheit werden die Unterrichtenden selbst in den Prozess des Erkundens und Erprobens der Lebensrelevanz des Glaubens hineingezogen, in dem sie selbst auch eigene, neue, vertiefende Entdeckungen machen können.

(4) Übergreifende didaktische Prinzipien und Lernarrangements

Die in diesem Band zusammengestellten Unterrichtsbausteine versuchen je auf ihre Weise diesem didaktischen Grundprinzip unterrichtliche Gestalt zu verleihen. Einige leitende, die verschiedenen Bausteine übergreifende Gesichtspunkte seien noch angeführt:

- Liturgische Umsetzungen: Vielfach werden in den vorgestellten Bausteinen Unterrichtsergebnisse in liturgischer Weise zur Darstellung gebracht oder eine vertiefende Erarbeitung liturgisch abgeschlossen. Damit wird zum einen dem Vollzugscharakter von Religion entsprochen, so dass aus dem Reden über etwas eine erfahrbare Handlung wird. Zum anderen wird damit auch von der Möglichkeit Gebrauch gemacht, mit dem Erarbeiteten vor Gott selbst zu treten, sei es mit Klage oder Bitte, mit Lob oder Dank.

▶ Anlässe und Ergebnisse: Jugendliche kommen äußerst selten einfach so ins Nachdenken, Diskutieren, Arbeiten oder kreative Gestalten. Es braucht dazu in der Regel einen Anlass: etwas, das die Jugendlichen zum Arbeiten verführt, sie schon so mit einer Herausforderung oder Fragestellung verwickelt, dass sie mittendrin sind und motiviert, an dieser Stelle weiter zu machen. Gute Geschichten können ein solcher Anlass sein oder ein provozierendes Problem, etwas Tagesaktuelles oder etwas, das allen unter den Nägeln brennt. Anlässe sind dabei mehr als ein bloßes Sprungbrett oder ein kurzer Aufgalopp, um dann endlich mit dem loslegen zu können, was man vorbereitet hat. Sie entfalten ihre Kraft genau dann, wenn sie gut mit dem zu bearbeitenden Thema verbunden sind und im weiteren Unterrichtsverlauf erneut aufgegriffen werden können.

Bei den Ergebnissen unterrichtlicher Schritte gilt das Gleiche. Auch sie müssen Sinn machen und Sinn haben. Gut ist es, wenn sie selbst wieder zum Anlass für weitere Schritte werden. Es geht nicht um Beschäftigung der Jugendlichen, sondern darum, dass sie für sich Wertvolles erarbeiten können bzw. durch die Erarbeitung für sie Wertvolles entsteht. Entsprechend sind die Ergebnisse dann auch im Unterricht wieder aufzunehmen, zu würdigen und zu diskutieren.

▶ Bedeutung der Prozesse: Neben den Ergebnissen legen die vorgestellten Bausteine vielfach besonderen Wert auf den Erarbeitungsprozess selbst. Dieser ist nicht nur als Weg zu einem Ergebnis angelegt, sondern selbst wesentliches Element der Glaubenserkundung. Denn im kreativ-konstruktiven Arbeiten bilden sich die Jugendlichen schon ihre Meinungen und Ansichten. Sie kommen im gemeinsamen Nachdenken, Planen und Gestalten dem Zusammenhang von Glauben und Leben auf die Spur: Genau das ist das Ziel der Konfirmandenarbeit.

▶ Die Umgebung unterrichtet mit: Lernen geschieht nicht nur mit dem Kopf, sondern mit allen Sinnen. Deshalb macht es einen Unterschied, wo gelernt wird. Die Kirchraumpädagogik hat dies in besonderer Weise wahr- und ernstgenommen und daraus ein eigenes Unterrichtsprogramm entwickelt. Aber auch für die anderen Themen gilt, dass der Raum immer mitunterrichtet. So lohnt es sich, mehr Aufmerksamkeit als üblich auf die Gestaltung des Raumes und des Lernarrangements zu verwenden. Das gilt natürlich erst recht beim Lernort Gemeinde. Dieser ist als Lebensraum von Christen ein wichtiger Lernort, der im Rahmen eines Gemeindepraktikums erschlossen werden kann. Im Gespräch mit älteren und erfahreneren Christen können die Jugendlichen konkret erleben, wie der Glaube den Alltag prägt.

▶ Bedeutsamkeit und mögliche Folgen: Für viele Jugendliche ist die Frage der Theodizee und die philosophische Diskussion darüber abstrakt. Sie bewegt eher die Frage, ob sie damit rechnen können, dass Gott für sie oder andere in diese Welt eingreift. Ob Gott also überhaupt als personales Gegenüber angenommen werden kann, ohne dass diese Annahme zu Enttäuschungen im Alltag führt. Dieser Ebene sollte sich der Unterricht nicht entziehen, auch wenn es oft mühsam und herausfordernd ist, sich den Anfragen der Jugendlichen zu stellen. Genau darum aber soll es doch gehen, dass miteinander darum gerungen wird, welche Lebensmöglichkeiten der Glaube bietet, auch und gerade angesichts der Erfahrung von Leid und Ungerechtigkeit.

▶ Themenkorridor und Zielfelder: Gegenstand des Unterrichts sind die Themen der Jugendlichen und die Inhalte des Katechismus. Beide sollen miteinander in einem offenen Prozess so verschränkt werden, dass sie einander zu einem tieferen Verständnis verhelfen. Dabei sind die Jugendlichen mit ihren Meinungen und Ansichten als Gesprächspartner ernst zu nehmen und ihren Äußerungen ist Raum zu geben. Den Unterrichtenden ist damit die Aufgabe gegeben, für eine offene Atmosphäre zu sorgen und sich auf die (Gedanken-)Gänge der Jugendlichen einzulassen. Gleichwohl ist es Aufgabe der Unterrichtenden dafür zu sorgen, dass die Gruppe am Thema bleibt. Deshalb macht es Sinn, sich im Vorfeld zu überlegen, was alles noch zum Thema gehören kann in einer Diskussion und ab wann man das Thema verlässt.

Ein so bestimmter Themenkorridor gibt den Unterrichtenden Sicherheit und sorgt dafür, dass die Jugendlichen als Gesprächspartner ernst genommen werden können und zugleich die Diskussion »im Rahmen« bleibt. Ebenso sind die Unterrichtenden als Vertreter/innen der Kirchen dafür zuständig, dass erkennbar wird und bleibt, was biblisch-christlicher Tradition entspricht und was nicht. Nicht also das, was richtig ist, wird vorab festgelegt, sondern das Feld wird abgesteckt, das noch die Fülle der biblisch-christlichen Tradition eröffnet und zwar so, dass deutlich wird, ab wann dieses Feld verlassen wird.

(5) Die Dramaturgie einer Unterrichtsstunde

Das Treffen am Mittwochnachmittag oder gar das Treffen zu einem Konfi-Tag ist nicht einfach nur Unterricht. Es ist ein Geschehen, das eine eigene »Dramaturgie« besitzt, in der über das Lernen hinaus Wichtiges Platz finden kann. Es ist gut, sich diese »Dramaturgie« einmal bewusst zu machen, um dann gekonnt mit ihr zu spielen und zu variieren. Zugleich wird es für die Jugendlichen ein Gewinn sein, wenn bestimmte Strukturen wiederkehren, so dass sie wissen, was auf sie zukommt.

Eine mögliche Dramaturgie ist die folgende: Ankommen – Beginn/Andacht – Einstieg ins Thema – Arbeitsprozess – Präsentation – Vertiefung/Feedback – Abschluss – Auseinandergehen.

- Ankommen: Gut ist es, schon einige Zeit vor dem Unterricht anwesend zu sein. Der Raum ist schon gerichtet. Die Jugendlichen können ankommen, warm werden, sich austauschen und auch schon einen ersten Kontakt mit den Unterrichtenden aufnehmen. Ein »Warm-up« kann gut tun.
- Andacht: Der eigentliche Beginn ist in der Regel mittlerweile ein liturgischer und das ist gut so. In diesem Band finden sich vielfältige Anregungen dazu, den Unterricht mit einer kleinen Liturgie, Andacht, Aktion zu beginnen. Damit findet die Gruppe zueinander und der Raum für eine Begegnung mit Gott wird eröffnet. Dieser Beginn sollte klar und einfach sein, möglichst kurz und – wenigstens für eine bestimmte Zeit – das gleiche Ritual sein.
- Einstieg in das Thema: Die Überleitung von der Andacht zur Unterrichtseinheit muss gut »inszeniert« werden, um die Konfirmanden/innen für das Thema zu motivieren und einzustimmen. Es bewährt sich, mit einem kleinen Impuls eine »Spur« zu legen, damit die Konfirmanden/innen ein inneres Bild entwickeln können, was sie in der kommenden Stunde erwartet.
- Kreativ-konstruktive Arbeitsprozesse: Um dann vertiefend ins Arbeiten zu kommen braucht es Anlässe und/oder Erarbeitetes »Material«, anhand dessen geredet wird, und nicht freies Assoziieren. Die Arbeitsanweisungen müssen möglichst klar und präzise sein. In dieser Phase sollen die Jugendlichen die Möglichkeit haben, methodisch angeleitet die Verschränkung von Glaubensinhalten und Lebensthemen zu erkunden.
- Präsentation: Die Präsentation ist ein heikler Punkt, da oft wenig Interesse zu spüren ist, die Ergebnisse der anderen zu wahrzunehmen. Daher ist grundsätzlich zu klären, was die Aufgabe der Präsentation ist: Vorstellen und Würdigen der Ergebnisse, dann steht das Produkt im Mittelpunkt, oder Bericht über Gruppenprozess, dann steht die Beschreibung des Prozesses im Mittelpunkt. Bei beidem ist zu unterscheiden, ob die Gruppenergebnisse einander vervielfältigen und der Sinn darin lag, in kleineren Gruppen zu arbeiten, oder ob sich die Ergebnisse ergänzen. Dementsprechend ist die Haltung der Zuhörer festzulegen: wahrnehmen, beurteilen, Stellung beziehen, ergänzen, …
- Vertiefung und/oder Feedback: Wenn sich die Konfirmanden/innen mit einem Thema aus ihrer Wahrnehmung beschäftigen ist es wichtig, neben der Selbstwahrnehmung noch eine Fremdwahrnehmung als Kontrastierung und Gesprächsanlass zu setzen. Mit der Gruppe werden nochmals die Ergebnisse festgehalten und reflektiert. Die Jugendlichen formulieren, was sie als Erkenntnis und als weitere Fragen mitnehmen.
- Abschluss: Der Unterricht soll rechtzeitig einen Abschluss finden, der in vielen Fällen nochmals in eine kleine Liturgie führen kann. Das wirkliche Ende markiert dann eine gemeinsame Verabschiedung, vielleicht ein Segen.
- Auseinandergehen: Wie beim Ankommen kann auch das Auseinandergehen bewusst gestaltet werden. Wenn es die Zeit zulässt, dann können die Unterrichtenden sich nochmals bewusst den Jugendlichen zuwenden und ansprechbar sein, bevor dann aufgeräumt wird. Und die Jugendlichen können vielleicht noch Zeit bekommen, etwas im Gemeindehaus zu bleiben und Zeit miteinander zu verbringen.

(6) Der Jahresplan

❑ Einleitung

Im Folgenden haben wir einen Jahresplan für die KA entworfen, der sich an dreierlei orientiert:

- den Themen der Konfirmandenarbeit (Katechismus und Lebenswelt),
- der Dynamik einer Gruppe,
- den besonderen Zeiten des Kirchen-, Kalender- und Schuljahres.

Wir haben Blöcke erstellt, die zwischen Ferienzeiten eingespannt sind. Natürlich sind immer auch andere Themen oder Kombinationen denkbar. Und wir meinen keineswegs, dass nur so, wie in diesem Jahresplan, sinnvoll Konfirmandenarbeit geplant werden könnte. Gleichwohl scheint es uns ein möglicher sinnvoller Ablauf zu sein. Und auf jeden Fall kann er als Folie dienen, die eigene Planung zu erstellen.

Der Jahresplan umfasst:

- ▶ 27 Unterrichtsnachmittage
- ▶ 3 Samstage
- ▶ 5 gemeinsam vorbereitete Gottesdienste
- ▶ Gemeindepraktikum
- ▶ Konfi-Freizeit (2 oder 3 Übernachtungen)
- ▶ Konfi-Camp
- ▶ 3 Elternabende

❑ Kommentar zum Jahresplan

Vor den Sommerferien: Der Start – Gruppe, Gottesdienst

In zeitlicher Nähe zu den Konfirmationssonntagen bringen wir die Anschreiben an die potentiellen neuen Konfirmand/innen auf den Weg. Immer wichtiger wird dabei die öffentliche Werbung, da der Kreis der potentiellen Konfirmand/innen über die Familien in unseren Karteien hinausgehen.

Zur Anmeldung zur Konfirmation laden wir in einen Gottesdienst ein. Beim anschließenden Stehempfang findet ein erstes Kennenlernen statt. Bei einer kurzen Frage- und Antwortrunde können erste Fragen geklärt werden. Mehr Zeit dafür und einander kennenzulernen bietet der angesetzte Info-Abend für Eltern und Jugendliche.

Bewusst startet das Konfi-Jahr noch in Klasse 7. Der gemeinsame Auftakt vor den Sommerferien soll dazu dienen als Gruppe schon etwas zusammenzuwachsen. Vor den Sommerferien steht weniger die Regelmäßigkeit der Treffen als ein guter Start und erste gemeinsame Erlebnisse im Vordergrund. Denkbar sind deshalb zwei Konfi-Tage oder eine Aufteilung auf vier Mittwoche. Thematisch geht es im ersten Block um die Gruppe, die Konfirmation und den Gottesdienst. Gruppe und Konfirmation sind zu Beginn die beiden Gegebenheiten, die schlicht da sind: Eine neue Gruppe kommt zusammen, um Konfirmation zu feiern, und nimmt dazu die gemeinsame Vorbereitungszeit in Kauf.

Der Gottesdienst als zweites Thema bietet sich deshalb an, damit von Anfang an der Gottesdienst leichter mitgefeiert werden kann und auch Gottesdienstbesuche in den Sommerferien an anderen Orten einbezogen werden können.

Zwischen Sommer- und Herbstferien: Gott begegnen – Taufe, Bibel, Gebet

Zunächst gilt es, als Gruppe wieder zusammenzufinden.

Mit dem Thema Taufe bringen wir einen zentralen Bezugspunkt der Konfirmation ins Spiel. Falls noch nicht getaufte Jugendliche in der Gruppe sind, dient die Einheit der Vorbereitung ihrer Taufe in einem gemeinsam gestalteten Gottesdienst. Ansonsten kann mit der Tauferinnerungsfeier deutlich werden, dass Gott mit den Jugendlichen schon eine Geschichte hat.

Die Bibel ist kein eigenes Thema in unserem Jahresplan und auch einen Baustein zur Bibel findet sich in den Materialien nicht. Die Bibel ist für uns als Querschnittsthema in vielen Bausteinen präsent. Sie soll gelesen, gebraucht und ins Spiel gebracht werden als hilfreiche Gesprächspartnerin. So auch im ausgewählten Baustein zu Gewinnen und Verlieren.

Es gibt ganz unterschiedliche Arten, wie Gott den Menschen begegnet, und ebenso gibt es verschiedene Weisen, wie sich Menschen zu Gott hin öffnen. Das Gebet ist eine viele Menschen verbindende Form in vielerlei Gestalt – diese sollen vorgestellt und erprobt werden. Und zugleich soll den Jugendlichen die Möglichkeit gegeben werden, eigene Formen von Spiritualität zu entdecken und zu gestalten.

Mit der Church-Night hat sich ein Format entwickelt, das Jugendlichen die Themen der Reformation auf geeignete Weise nahe bringen kann. Sicherlich lohnt sich der Besuch einer Veranstaltung im Bezirk. Ansonsten kann natürlich auch eigenes auf die Beine gestellt werden.

Zwischen Herbst- und Weihnachtsferien: Das Leben hat den Tod überwunden – Jesus Christus, Sterben und Tod, Zehn Gebote

Wir setzen an den Beginn eine Einheit zu Jesus Christus, weil bald Advent ist und weil wir das Thema Tod nicht ohne die Rede vom auferweckten Gekreuzigten beginnen wollen.

Tod und Sterben sind durch das Kirchenjahr im November positioniert.

Denkbar wäre eine Fortsetzung des Unterrichtes zu Jesus Christus. Wir aber legen diesen zweiten Teil auf die Zeit vor Ostern. Und bringen dafür die Zehn Gebote ins Spiel. Sie sollen als Regeln der Freiheit und des Guten Lebens gegen Tod und Ausbeutung zur Sprache gebracht werden.

Die Konfi-Freizeit denken wir uns zum Thema »Abendmahl«. Im Vorfeld der Karwoche ist sie sicherlich gut platziert und kann z. B. mit einer Aktion am Gründonnerstag fortgeführt werden.

Der hier angesetzte Elternabend sollte frei von Informations- und Organisationsthemen der gemeinsamen Beschäftigung mit einem Thema dienen, das die Eltern interessiert. Sicherlich dürfte dabei die Situation ihrer pubertierenden Jugendlichen ein guter Ausgangspunkt sein.

Zwischen Weihnachts- und Faschingsferien: Ich glaube an Gott … – Glaubensbekenntnis, Gott, Theodizee, Gemeindepraktikum

Wir wollen zentrale Themen des Glaubens (Wer ist Gott und wie ist er in unserem Leben präsent?) von der Frage nach dem Bekenntnis her zum Thema machen und damit aus der Perspektive der Jugendlichen. Der Block ist gerahmt vom Gemeindepraktikum. Wir meinen, dass die Begegnung mit Menschen aus der Gemeinde hier einen guten Ort hat, so dass Jugendliche und Gemeindeglieder miteinander ins Gespräch darüber kommen, wie sie an Gott glauben und was das für Auswirkungen auf ihr Leben hat.

Besonders gelungen ist die Auswertung des Gemeindepraktikums, wenn sie in einer größeren Runde (Gemeinde, Eltern, Mitarbeiterschaft, KGR) erfolgt und zum gemeinsamen Nachdenken über Gemeinde und Engagement führt.

Wir reservieren den letzten Mittwoch für eine Einstimmung auf Weihnachten.

Zwischen Faschings- und Osterferien: Das Leben lieben lernen – Freundschaft, Liebe, Abendmahl, Schöpfung, Auferstehung Jesu

In diesem Block verbinden wir zentrale Themen der Jugendlichen mit dem Kern christlichen Glaubens unter der Überschrift »das Leben lieben lernen«. Mit den Bausteinen zu Liebe, Freundschaft und der Frage, was der Mensch ist, soll die Lebensrelevanz des Glaubens in einem wichtigen Lebensfeld der Jugendlichen ausgeleuchtet werden.

Ebenso ist es nahe liegend, nun noch einmal Jesus Christus zum Thema zu machen und Unterricht und Ostergottesdienste miteinander zu verzahnen.

Der hier angesetzte Elternabend dient der Vorbereitung der Konfirmation im Sinne von Information und Organisation.

Zwischen Osterferien und Konfirmation: Was mir wichtig ist … – Bekenntnis, Konfirmation

Nun rückt die Konfirmation immer näher. Sie wird unter dem Gesichtspunkt des Bekenntnisses und der Frage nach dem Geist, der uns bewegt, zum Thema. Gut ist es sicherlich, die Konfirmation und das damit verbundene Bekenntnis bzw. die damit verbundene Frage selbst auch einmal zum Thema zu machen.

Werben wollen wir für die Idee eines Nachtreffens in zeitlicher Nähe der Konfirmation, das noch einmal einen Abschluss im Rahmen der Gruppe bietet (z. B. gemeinsames Bilderschauen).

❑ Der Jahresplan im Überblick

Der folgende Vorschlag muss natürlich an die Verhältnisse vor Ort angepasst werden. Besondere Vernetzungsaktionen und Schwerpunktsetzungen sind noch nicht enthalten, aber sehr empfehlenswert. Auch die Vorbereitung auf die Konfirmation sollte in der Regel individuell sein und nicht schematisch dem Vorschlag des Jahresplans folgen. Eine Checkliste mit hilfreichen Kriterien zur Erstellung eines individuellen Jahresplans findet sich auf der CD-ROM (S. 901), ebenso vorbereitete Excel-Dokumente für die Jahrgänge 2013/14 bis 2015/2016 (siehe Zusatzmaterialien).

Vor den Sommerferien: Der Start – Gruppe, Gottesdienst

1 März/April

▶ Anschreiben an potentielle »Neue« und Werbung in Gemeindebrief, Gemeindebote und Schulen
→ Einladungsbrief, S. 887
→ Kontrakte, S. 907

2 Juni

▶ Anmeldung zum Konfirmanden-Jahr im Anschluss an einen Gottesdienst mit Stehempfang

▶ Informationsabend für die neuen Konfis und ihre Eltern
→ Eltern und Kinder kommen ins Gespräch, S. 260, S. 740

▶ KA-Samstag: Als Gruppe auf dem Weg der Konfirmation
→ »Jetzt geht's los!«, S. 163, S. 407

▶ Vorstellungsgottesdienst der Konfirmand/innen
→ Eigentlich bin ich ganz anders, S. 269, S. 762
→ Konfirmand/innen fragen – Gottesdienstbesucher/innen antworten, S. 104, S. 272

3 Juli

▶ KA-Samstag: Miteinander Gott feiern
→ »Hier spüre ich Gott«, ↗ S. 144, ◉ S. 349
→ »Tut mir auf die schöne Pforte …«, ↗ S. 156, ◉ S. 365
→ Die Sprachen des Gottesdienstes entziffern, Teil I, ↗ S. 152, ◉ S. 360

▶ Gemeinsamer Gottesdienstbesuch
→ Fragebogen aus: Die Sprachen des Gottesdienstes entziffern, ↗ S. 152, ◉ S. 360

▶ Abschlusstreffen am Mittwoch vor den Ferien
→ Die Sprachen des Gottesdienstes entziffern, Teil II, ↗ S. 152, ◉ S. 360

4 Zwischen Sommer- und Herbstferien: Gott begegnen – Taufe, Bibel, Gebet

September

▶ KA-Mittwoch: Ankommen und Taufe
→ Taufe – meinem Leben auf der Spur, ↗ S. 213, ◉ S. 544

▶ KA-Mittwoch: Was ist die Taufe?
→ Taufe – meinem Leben auf der Spur, ↗ S. 213, ◉ S. 544

▶ KA-Mittwoch: Gott sagt mir Gutes in der Taufe
→ Wer sagt mir, wer ich bin?, ↗ S. 224, ◉ S. 562
→ eventuell Vorbereitung Taufgottesdienst (nach Taufe – meinem Leben auf der Spur), ↗ S. 213, ◉ S. 544

▶ Gottesdienst für die Konfirmand/innen: Tauf(-Erinnerungs-)Gottesdienst
→ Taufgottesdienst oder/und
→ Tauferinnerungsgottesdienst, ↗ S. 267, ◉ S. 760

5 Oktober

▶ KA-Mittwoch: Impulse aus der Bibel
→ Gewinnen und verlieren, ↗ S. 67, ◉ S. 121

▶ KA-Mittwoch: Gebet I
→ In jeder Lage zu Gott beten, ↗ S. 81, ◉ S. 187
→ Hausaufgabe Beten, ↗ S. 79, ◉ S. 181

▶ KA-Mittwoch: Gebet II
→ Ein Lebensbegleiter – das Vaterunser, ↗ S. 74, ◉ S. 176
→ Hausaufgabe Beten, ↗ S. 79, ◉ S. 181

▶ KA-Samstag: Formen, Gott zu begegnen
→ Die »Spirikiste« – Marke Eigenbau, ↗ S. 205, ◉ S. 513

▶ Church-Night
→ Eigenes Angebot oder Einladung zu Angeboten im Bezirk

Zwischen Herbst- und Weihnachtsferien: Das Leben hat den Tod überwunden – Jesus Christus, Sterben und Tod, Zehn Gebote

6 November

▶ KA-Mittwoch: Jesus Christus I
→ »Wie soll ich dich empfangen und wie begegn' ich dir …«, ↗ S. 174, ◉ S. 423

▶ KA-Mittwoch: Jesus Christus II
→ Jesus Christus von der Auferstehung her gesehen, Baustein 1, ↗ S. 180, ◉ S. 433

▶ Elternabend zu einem Thema
→ »… wenn Eltern in ein schwieriges Alter kommen«, ◉ S. 756

▶ KA-Mittwoch: Tod und Sterben I
→ Wenn Steine reden …, ↗ S. 236, ◉ S. 652

▶ KA-Mittwoch: Tod und Sterben II
→ Ich schreibe mein Testament, ↗ S. 243, ◉ S. 660
→ Hat Opa einen Anzug an?, ↗ S. 241, ◉ S. 658

7 Dezember

▶ KA-Mittwoch: Zehn Gebote I
→ Sonntagsarbeit in Karlsdorf, ↗ S. 97, ◉ S. 228

▶ KA-Mittwoch: Zehn Gebote II
→ Gebote – Räume der Freiheit, 1. Teil, ↗ S. 88, ◉ S. 215

▶ KA-Mittwoch: Weihnachten

Zwischen Weihnachts- und Faschingsferien: Ich glaube an Gott … – Glaubensbekenntnis, Gott, Theodizee, Gemeindepraktikum

8 Januar

▶ KA-Mittwoch: Einführung Gemeindepraktikum
→ Gemeindepraktikum im Überblick, ↗ S. 108, ◉ S. 277
→ Diakonie vor Ort, ↗ S. 49, ◉ S. 65

▶ KA-Mittwoch: Glaubensbekenntnis I
→ Dein Glaube – unverwechselbar und wertvoll, ↗ S. 120, ◉ S. 303

▶ KA-Mittwoch: Gott I
→ Von der Black-Box zum Altar, Teil 1, ↗ S. 128, ◉ S. 321

9 Februar

▶ KA-Mittwoch: Gott II
→ Von der Black-Box zum Altar, Teil 2, ↗ S. 128, ◉ S. 321

▶ Elternabend: Vorbereitung der Konfirmation
→ Elternabend zur Konfirmation, ↗ S. 263, ◉ S. 745

▶ KA-Mittwoch: Theodizee
→ »Shit happens«, ↗ S. 232, ◉ S. 602

▶ KA-Mittwoch: Auswertung Gemeindepraktikum

Zwischen Faschings- und Osterferien: Das Leben lieben lernen – Freundschaft, Liebe, Abendmahl, Schöpfung, Auferstehung Jesu

10 März

▶ KA-Mittwoch: Freundschaft
→ Zwei sind besser als einer allein!, S. 58, S. 78

▶ KA-Mittwoch: Freundschaft/Liebe
→ Liebestraum und Treueschwur, S. 99, S. 234

▶ Konfi-Freizeit: Abendmahl
→ Am Tisch des Herrn, S. 45, S. 45

▶ KA-Mittwoch: Schöpfung
→ Ich danke dir dafür, dass ich wunderbar gemacht bin, S. 194, S. 460

▶ KA-Mittwoch: Jesus Christus III
→ Jesus Christus von der Auferstehung her gesehen, Baustein 4, S. 180, S. 433

11 April

▶ KA-Mittwoch: Jesus Christus IV
→ Jesus Christus von der Auferstehung her gesehen, Baustein 5, S. 180, S. 433

Zwischen Osterferien und Konfirmation: Was mir wichtig ist … – Bekenntnis, Konfirmation

▶ KA-Mittwoch: Heiliger Geist
→ Die apokalyptischen Reiter, S. 169, S. 418

▶ KA-Mittwoch: Glaubensbekenntnis II
→ Dazu stehe ich!, Teil 1, S. 113, S. 287

▶ KA-Mittwoch: Glaubensbekenntnis III
→ Dazu stehe ich!, Teil 2, S. 113, S. 287

12 Mai

▶ KA-Mittwoch: Vorbereitung Konfirmation

▶ Konfirmationsgottesdienst

▶ Nachtreffen/Abschluss

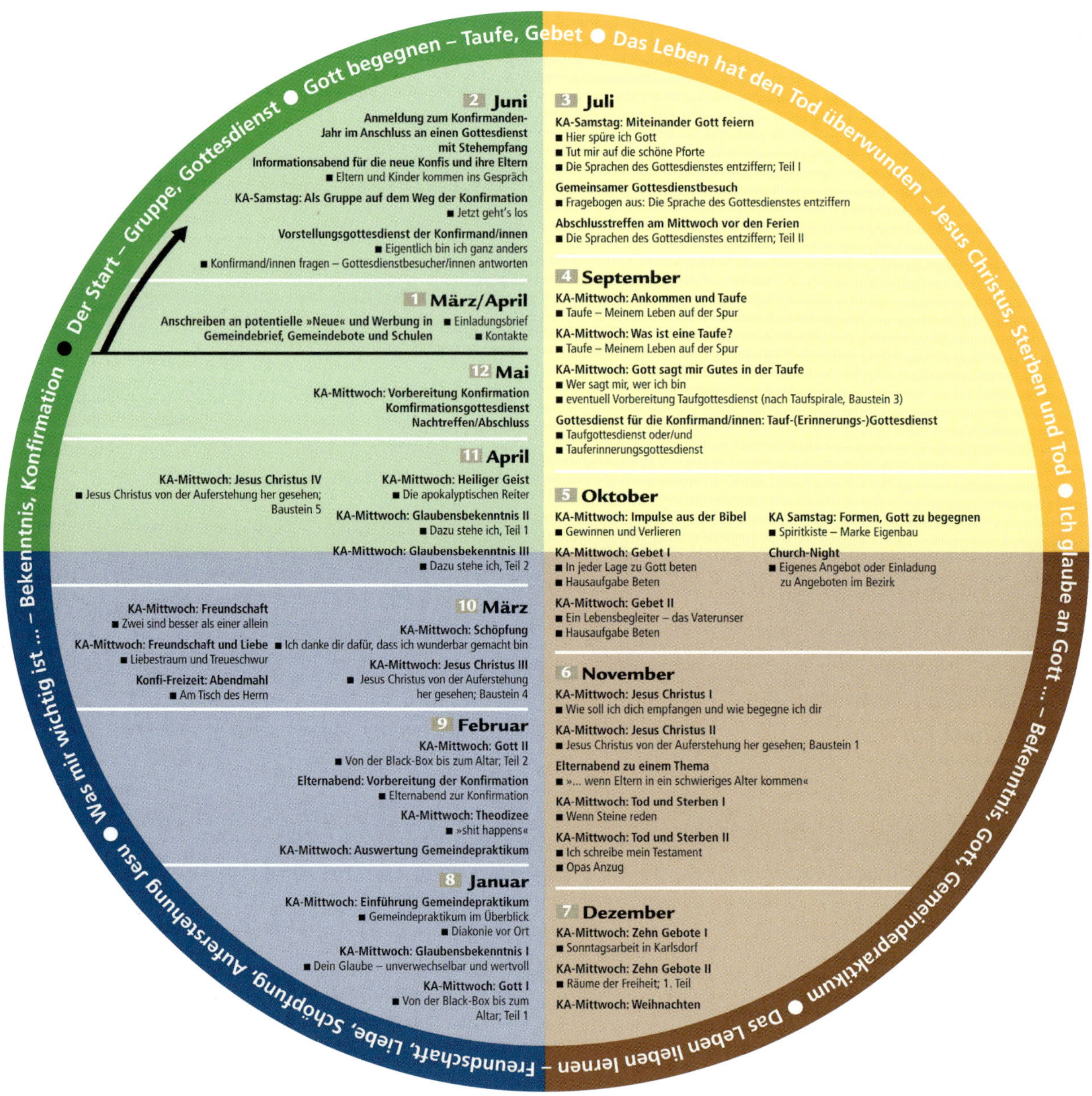

Wie arbeite ich mit *anknüpfen – Meine Konfirmation*?

Martin Hinderer

Grundsätzliches zur Arbeit mit dem Buch *anknüpfen – Meine Konfirmation*

I. Zum Selbstverständnis des Buches: Begleitbuch auf dem Weg zur Konfirmation

Das Konfirmandenbuch »Meine Konfirmation« trägt einem doppelten Wunsch von Pfarrerinnen und Pfarrern Rechnung:

- Man möchte den Konfirmandinnen und Konfirmanden etwas »Schönes« und »Bleibendes« mitgeben, das auch noch über die Konfirmandenzeit hinaus Bestand hat, in dem sie gerne blättern und lesen, auch zu Hause und auch noch nach ihrer Konfirmation.
  Die Texte sind bewusst elementar gehalten, so dass niemand von der Stofffülle erschlagen wird, wie das bei Mappen die Regel ist. Gleichzeitig ist das Buch mehr als eine zusammenkopierte Loseblattsammlung und bietet eine entlastende Zusammenfassung der Themen, eventuell auch solcher, die im Unterricht zu kurz kamen.
- Zugleich findet man im Buch eine Lerntextsammlung, wie sie in der württembergischen Rahmenordnung als Memorierstoff festgelegt ist, übersichtlich und ästhetisch ansprechend aufbereitet.

Auf 50 Seiten werden die Themen »Taufe«, »Abendmahl«, »Gebet«, Zehn Gebote«, »Glaubensbekenntnis« bearbeitet, die Themen »Kirche« und »Konfirmation« rahmen die fünf Hauptstücke des Katechismus. Das Buch stellt die zentralen Kernstücke des Glaubens vor, begründet in knapper Weise deren Bedeutung und stellt Bezüge zur Lebenswelt der Jugendlichen her. Prägnante Bilder, kurze Sachtexte, elementare Fragen oder Geschichten geben Impulse für die selbstständige Aneignung.

Das Buch versteht sich in erster Linie als Begleitbuch auf dem Weg zur Konfirmation und als Lerntextsammlung. Daher ist es sinnvoll, es den Konfirmandinnen und Konfirmanden bereits am Anfang des Konfirmandenjahres in die Hand zu geben, z. B. als Geschenk der Kirchengemeinde, überreicht beim Vorstellungsgottesdienst, an die Konfirmandinnen und Konfirmanden.

II. Die Konzeption: Basics des christlichen Glaubens

Das Buch hat eine elementare Struktur, die sich bei jedem Thema – in der Regel auf drei Doppelseiten – wiederholt.

- 1. Doppelseite: »Das Thema«
  Eröffnet wird jedes Thema mit einem einprägsamen, großformatigen Bild, das einen bildhaft-symbolisch verfremdeten Zugang zum Thema herstellt und sich vorzüglich als Impuls eignet. Auf der zweiten Seite stehen die Lerntexte zum Thema.
- 2. Doppelseite: »Was ist das?«
  In knapper Weise wird hier in kleinen Texteinheiten und anregenden Bildern die (theologische) Bedeutung des Themas vorgestellt.
- 3. Doppelseite: »Was hat das mit dir zu tun?«
  Hier wird die Bedeutung des Themas in der Lebenswelt der Jugendlichen gesucht, indem ihre Fragen, Antworten und Meinungen aufgegriffen und praktische Tipps für den Alltag gegeben werden.

Mit dieser Konzeption bringt das Konfirmandenbuch die »Basics« christlichen Glaubens in knapper, ansprechender Weise zur Sprache und knüpft auf völlig neue Weise an die alte Katechismustradition Luthers an, die fragt: Was ist das? Und was hat das mit deinem Leben zu tun?

III. Wie mit diesem Buch arbeiten?

Erst in zweiter Linie ist das Buch als Arbeitsbuch gedacht und kann in vielfältiger Weise im Unterricht eingesetzt werden. Es bietet sich als ideale Ergänzung zu den *anknüpfen Praxisideen* an, da es dort, abgesehen von unterrichtsbezogenen Arbeitsblättern, keinen festen Bestand an Unterrichtsmaterial gibt, das die Konfirmandinnen und Konfirmanden mit nach Hause nehmen können. In den *Praxisideen* wird immer wieder auf das Buch *Meine Konfirmation* verwiesen und mögliche Verknüpfungen hergestellt.

▶ Eröffnungsbild

Jedes Thema wird mit einem großformatigen Bild eröffnet. Es sind Bilder, die nicht einfach das Thema abbilden, sondern einen verfremdeten und zum Teil auch sperrigen Zugang zum Thema haben, der erst auf den zweiten Blick sichtbar wird (vgl. Abendmahlsbild als Cocktailbecher). Das ist absichtlich und gewollt. Mit diesem spannungsvollen Verhältnis zum Thema kann gearbeitet werden. Noch besser wirken die Bilder, wenn nicht jeder in sein Buch sehen muss, sondern das Bild groß präsentiert wird. Das Bild kann dazu gescannt und auf Folie gezogen werden und als Einstieg in die Unterrichtseinheit oder Zusammenfassung verwendet werden. Man kann mit ihm einen Andachtsimpuls gestalten oder ein eröffnendes Unterrichtsgespräch entwickeln. Anregungen finden sich auf den folgenden Seiten.

▶ Lerntextsammlung

Die Memoriertexte finden sich übersichtlich auf der zweiten Seite oder durch rot gestrichelte Rahmung gekennzeichnet auf den Folgeseiten. Dadurch sind die Texte nicht losgelöst und als Pflichtstoff irgendwie auswendig zu lernen, sondern stehen immer in Beziehung zum Thema. Der Sitz im Leben wird sichtbar durch die rahmenden Bilder, die gleichzeitig zur Lernhilfe werden. Idealerweise sind die Lerntexte nicht »Hausaufgaben«, die abgefragt werden, sondern – wenn nicht im Unterricht bearbeitet – Bestandteil des Eingangsrituals.

▶ Erläuterungstexte (»Was ist das?«)

In kleinen lexikonartigen Artikeln wird grundlegendes Wissen zum jeweiligen Thema in einfacher Sprache erläutert. Was bedeutet etwa die Taufe oder das Heilige Abendmahl? Zum Teil findet sich hier auch der Wortlaut der liturgischen Stücke im Gottesdienst. Auch hier wird durch Bilder der Sitz im Leben verständlich.

▶ Bedeutung des Themas für die Jugendlichen (»Was hat das mit dir zu tun?«)

Hier wird danach gefragt, was das Thema mit dem Leben der Jugendlichen zu tun hat. Ihre Fragen, Zweifel, Vorstellungen, aber auch ihr Glaube kommen in den Texten zum Ausdruck, um so zur eigenen Auseinandersetzung anzuregen und damit zu einer eigenen Meinung zu gelangen. Auch hier gibt es wieder kleine Aufgaben. (»Kennst du deinen Taufspruch? Frag zu Hause oder sieh in eurem Familienstammbuch nach«, S. 15)

▶ Kleine Aufgaben

An manchen Stellen gibt es Hinweise (kursiv und rot) auf kleinere Aufgaben. Dies sind Vorschläge, was die Konfirmandinnen und Konfirmanden erkunden, herausfinden oder machen könnten. Beispiel: »Lass dir einmal vom Mesner bzw. Küster die verschiedenen Paramente, die es in eurer Kirche gibt, zeigen und versuche sie zu entschlüsseln«, S. 3.

Hinweis zur Einführung

Eine schöne Einführung, wie man mit dem Buch *Meine Konfirmation* arbeiten kann, findet sich in den Praxisideen auf CD-ROM: »Die Kirche ist eine andere Welt« von Birgit Wildermuth, S. 391.

Martin Hinderer

Impulse zur Taufe und Konfirmation

❑ Konfirmation

Titelbild: Mädchen am Seil (und S. 44 f)

Das Bild zeigt eine Jugendliche, die sich in luftiger Höhe an einem Seil von Fels zu Fels hangelt. Wenn man genau hinschaut, dann sieht man, dass es ein gespiegeltes Bild ist, d. h. der Fels im rechten wie linken Bild ist der gleiche. Die Jugendliche ist über einen Karabiner und Klettergurt am Seil gesichert, so dass sie nicht abstürzen kann. Trotzdem braucht es sicherlich ganz schön Mut, diesen Schritt zu wagen. Die Person am Ende könnte so ein »Mutmacher« sein. Das Seil ist gut gesichert und am Felsen festgemacht. Im Hintergrund das Gipfelkreuz, das symbolisch gleichsam auf Gott verweist und so eine religiöse Dimension ins Spiel bringt.

Bildeinsatz

Das Bild eignet sich gut als Einstimmung auf die Konfirmation. Aufgrund seiner hohen symbolischen Kraft kann es die Bedeutung der Konfirmation als »Festmachen« verdeutlichen. Woran machen wir uns fest? Wer ist der Garant? Das Bild kann auch bei einem Elternabend eingesetzt werden. Und natürlich eignet sich das Bild auch als Leitbild für den Konfirmationsgottesdienst. Ein Karabiner könnte ein symbolisches Geschenk an die Konfirmandinnen und Konfirmanden und so eine bleibende Erinnerung an die Konfirmation sein.

Möglicher Impuls/Andacht in der Konfigruppe zur Vorbereitung auf die Konfirmation (oder bei einem Elternabend)

Was ist die Konfirmation für dich? Was bedeutet sie dir? Was würdest du antworten? Das Foto sagt etwas Entscheidendes über die Konfirmation aus. Aber was hat das Fest der Konfirmation mit dieser Person, die sich an einem Seil zu einem Felsen hangelt, zu tun? Wenn eine Beziehung oder Freundschaft die ersten Krisen überstanden hat und man das Gefühl hat, so schnell bringt uns niemand auseinander, reden wir von einer festen Beziehung. Am Tag eurer Konfirmation macht ihr euch vor den Augen der Gemeinde und der anwesenden Verwandten und Freunden an dem fest, der schon lange eine feste Beziehung mit euch eingegangen ist: GOTT. Ihr verbindet euer Leben mit Gott. Ihr sagt an diesem Tag JA zu dem, der schon längst JA zu euch gesagt hat in eurer Taufe. Ihr hakt euch ein, wie mit einem Karabiner in ein Seil, das ein anderer gespannt hat und es sichert. Ihr seht ja die andere Person auf dem Felsen und das Kreuz, das uns an die Verbindung Gottes zu uns Menschen erinnert. So lässt sich manche Klippe und Schwierigkeit des Lebens überwinden. Das heißt nicht, dass alles glatt und gut gehen wird in eurem Leben. Aber das heißt, dass ihr euch festmachen könnt an dem, der euch zugesagt hat: Ich bin bei euch alle Tage bis an der Welt Ende. Dieses Seil hat Gott gespannt und nun hakst du dich mit der Konfirmation ein und machst dich fest an Gott. Damit sagst du: Ich vertraue darauf, dass Gott mich begleiten will in meinem Leben. (Auszug aus einem Zeitungsartikel zur Konfirmation von Pfrin. Gudrun Bertsch, Hagelloch)

Impulsfragen

- *»Konfirmation ist für mich …« (Einzelarbeit und anschließende Austauschrunde)*
- *»Meine Konfirmation« heißt der Buchtitel und hat dieses Titelfoto. Habt ihr eine Idee, was dieses Bild mit der Konfirmation zu tun haben könnte?*
- *Konfirmation heißt »sich festmachen«. Worauf kommt es an, wenn man sich festmachen möchte?*

❑ Konfirmation in der Kirche und in der Familie (S. 46 f)

Einsegnung (S. 47)

Das Bild zeigt zwei Mädchen beim zentralen Akt der Konfirmation: der Einsegnung. Der Segen hat eine Sprach-, Handlungs-, und Erlebensebene. Wichtig ist, dass die Jugendlichen mit allen drei in Berührung kommen. Gebärden sprechen oft stärker als bloße Worte. Der Segen ist dann eine Art »Haltepunkt« für alle Beteiligten, der im Gottesdienst bedacht und gefeiert wird. Für die Jugendlichen ist der Segen eine Ermutigung im Blick auf ihre Zukunft. Für die Eltern ist

... und in der Familie

Die Konfirmation wird gefeiert in Kirche und Familie. Die Konfirmation ist dein erstes Fest, das öffentlich und so groß gefeiert wird. Du stehst im Mittelpunkt!

Mehr als Essen und Trinken ...

Damit ein Fest gelingt, ist einiges zu planen.

- Wie soll dein Konfirmationsfest aussehen? Was wäre dir wichtig und unverzichtbar?
- Wen musst du einladen und wen würdest du gerne einladen?
- Was gibt es für Spiel- und Gestaltungsideen, damit das Fest gelingt?
- Wer führt durch das Programm und wer hält eine Rede?

Vielen Dank!

Die Konfirmation ist der Ort, an dem du deinen Eltern und Paten danken kannst, die dich bislang begleitet haben.

- *»Liebe Eltern und Paten, danke, dass ihr mich bisher begleitet habt! Ihr habt mit mir gelacht, wenn es mir gut ging, und mit mir geweint, wenn es mir schlecht ging. Danke! Und danke für das schöne Fest, das ihr heute für mich gestaltet!«*

Und wenn es schwierig wird?

Mit der Konfirmation sind viele unterschiedliche Erwartungen, Ängste und Hoffnungen verbunden, die im Vorfeld zu klären sind.

- Was machen wir, wenn wir ganz unterschiedliche Vorstellungen vom Fest haben?
- Was ist, wenn zwischen meinen Eltern oder in der Verwandtschaft Streit herrscht?

48 Konfirmation

Ich lasse mich konfirmieren, weil ...

- Mir ist wichtig, dass in meinem Leben Gott an meiner Seite ist. Deswegen möchte ich, dass ich konfirmiert werde. *Lisa*
- Konfirmation hängt für mich mit der Taufe zusammen. Denn mit der Konfirmation bestätigt man den Glauben selber, den die Eltern bei der Taufe für einen ausgewählt haben. *Dani*
- Manche Erwachsene denken, wir lassen uns nur konfirmieren wegen dem Geld. Natürlich freut man sich aufs Fest und auf die Geschenke. Aber ich lasse mich auch konfirmieren, weil ich mehr von Gott erfahren will. *Luca*
- Am Anfang machte ich eigentlich nur mit wegen dem Geld. Aber Gott und alles andere interessiert mich immer mehr. *Maike*
- Ich hatte viele Fragen, die im Konfiunterricht besprochen wurden. Zum Beispiel, wieso die Menschen überhaupt an Gott glauben. *Laura*

Warum lässt du dich konfirmieren?

die Einsegnung der Kinder zugleich Abschied aus der engen Beziehung. Die Sorge, was aus ihren Kindern wird, übergeben sie nun einem anderen, in dessen Händen sie gut behütet sind.

Bildeinsatz

Das Bild und die ganze Seite ist eine Einführung in den Gottesdienst der Konfirmation. Was wird da gefeiert, was sind die zentralen Motive bei der Konfirmation? Und was bedeutet der Gottesdienst für mich persönlich?

Impulsfragen

- *Ich lasse mich konfirmieren, weil ...*
- *Wenn du an den Konfirmationsgottesdienst denkst, was ist da für dich das Wichtigste?*
- *Was bedeutet dir der Segen an der Konfirmation?*
- *Was denken und fühlen wohl die beiden Mädchen?*
- *Wenn du einen Segensspruch aussuchen könntest, welchen würdest du aussuchen und warum? (Segen in Auswahl bereitstellen.)*
- *In der Taufe sind deine Eltern und Paten gefragt worden, nun wirst du selbst nach deinem Bekenntnis zum christlichen Glauben gefragt (S. 45). Kannst du dazu »Ja, mit Gottes Hilfe« sagen?*

Tischrede eines Konfirmanden (S. 48)

Das Bild zeigt einen Konfirmanden im Kreis seiner Familie, vermutlich bei der Begrüßung oder seiner »Rede« an die Gäste und Eltern. Konfirmation ist nie nur Fest der Kirche, sondern auch Fest der Familie. Es gibt wenig Anlässe, bei denen die Familie als Ganze sich so begegnet und miteinander feiert. Runde Geburtstage, Beerdigung und Hochzeit vielleicht. Daher sind diese Feste für die Familie so wichtig und haben solch große Bedeutung. Die Familie will sich nach innen und außen gut präsentieren. Das gibt nicht selten Stress.

Bildeinsatz

Vor der Konfirmation kann man sich überlegen (im Unterricht wie auch an einem Elternabend): Wie kann es gelingen, dass die Konfirmation nicht in ein Fest der Kirche und ein Fest der Familie auseinanderfällt? Dazu kann man konkrete Beispiele sammeln. Es gibt keine Erfolgsrezepte, aber zum Gelingen kann beitragen: Wenn z. B. ein Symbol des Gottesdienstes oder der Konfirmationsspruch am Nachmittag wieder auftaucht. Wenn der/die Konfirmand/in im Mittelpunkt steht und nicht nur das Essen. Wenn die Gäste am Programm beteiligt sind durch Beiträge.

Impulsfragen

- *Der Konfirmand hält gerade eine kleine Tischrede. Wie könnte die lauten? Schreib deine eigene Tischrede an Eltern, Paten, Verwandte und Freunde.*
- *Wie soll deine Konfirmationsfeier aussehen, damit du tatsächlich im Mittelpunkt stehst? Schreibe eine Checkliste, was dir wichtig ist (auch in Kleingruppen möglich).*
- *Wie könnte ein Element des Konfirmationsgottesdienstes noch am Nachmittag eine Rolle spielen? Sammelt dazu Möglichkeiten (auch in Kleingruppen möglich).*
- *Was ist, wenn zwischen den Eltern oder in der Verwandtschaft Streit herrscht? Gibt es Möglichkeiten, wie man trotzdem ein schönes Fest feiern kann?*

Was bleibt? (S. 50)

Bild: Kletterwand

Ein Junge ist an der Kletterwand ganz nach oben geklettert, ja sogar überhängend an der Decke ist er nun. Erstaunen, Stolz und große Freude scheint er zu empfinden, angekommen – ganz oben! Es hat Kraft und Anstrengung gekostet, aber es hat sich gelohnt.

Ein Sinnbild für die Konfirmandenzeit. Vielleicht hat es auch manches Mal Kraft und Anstrengung gekostet, jeden Mittwochnachmittag in die Konfigruppe zu gehen. Was bleibt am Ende? Was bleibt, von dem man sagen kann, dass es sich gelohnt hat?

Und wie und wo geht es weiter? Wohin soll die Lebensreise gehen? Nur eins steht fest: Gott begleitet einen auf diesem Lebensweg, das verspricht er mit seinem Segen, der den Jugendlichen in der Konfirmation in besonderer Weise zugesprochen wird.

Bildeinsatz

Diese letzte Seite eignet sich ganz am Ende der Konfirmandenzeit. Es gilt Rückblick zu halten auf die Konfirmandenzeit und Ausblick auf das, was kommt. Die formulierten Bitten könnten ins Fürbittgebet im Konfirmationsgottesdienst einfließen.

Impulsfragen

- *Wenn du an die Konfi-Zeit zurückdenkst, was war für dich besonders schön, was war schwierig?*
- *Was ist dir in diesem Jahr wichtig geworden, von dem du sagen kannst, das »bleibt«?*
- *Deine Zukunft liegt offen vor dir. Aber Gott verspricht dir im Segen, dich zu behüten und zu begleiten. Formuliere ein Gebet an Gott, wofür du ihm dankst in der zurückliegenden Konfizeit und um was du ihn bittest für deine Zukunft.*

❑ Taufe

Unter- und auftauchen (S. 10)

Das Bild stammt aus einer Serie, die Mitglieder einer kirchlichen Jugendgruppe auf drei Ebenen zeigt: himmlisch, irdisch und unterirdisch. Fotograf Michael Fuchs hat sich für Unterwasserbilder entschieden, um die Ebene unter der Erde darzustellen. Als die Bilder für eine Ausstellung in Kirche und Gemeindehaus gehängt wurden, war sofort klar: Dieses Bild gehört zum Taufstein. Es zeigt wunderbar den Schwebezustand unter Wasser und die Rolle, die Luft dabei spielt. Und sie lässt den Moment des Auftauchens erwarten. Dieses Bild zeigt, dass es bei der Taufe um etwas Ganzheitliches, Existentielles geht. Es greift Aussagen von Paulus auf, die das Untertauchen bei der Taufe mit Sterben und das Auftauchen mit dem Beginn des neuen Lebens als Christ in Verbindung bringen. Wasser spielt bei der Taufe – zusammen mit dem Deutewort – eine zentrale Rolle. Wasser hat ambivalente Eigenschaften: Es ist überaus positiv besetzt, ist lebensnotwendig und zugleich bedrohlich und gefährlich. Bei der Bildbesprechung kann man diesen Zusammenhang herausarbeiten.

Bildeinsatz

Dieses Bild eignet sich als stummer Impuls zum Thema »Taufe«. Die wenigsten Konfirmandinnen und Konfirmanden werden sich an ihre Taufe erinnern können und an die Gefühle, die damit verbunden sind. Aber Wasser hat alltägliche Bedeutung im Leben der Jugendlichen. Und speziell das »Unter- und Auftauchen« hat eine vielfache Bedeutung, die es auf die Taufe hin zu öffnen gilt. Es gibt ja nicht wenige christliche Konfessionen, bei denen das Untertauchen zum festen Taufritus gehört.

Impulsfragen

- *Was könnt ihr auf dem Bild sehen und welchen Titel würdet ihr dem Bild geben? Was hat das mit der Taufe zu tun?*
- *Wenn man ins Wasser unter- oder eintaucht, dann sieht man die Welt mit anderen Augen und hört Dinge mit anderen Ohren. Bekommt man mit der Taufe auch eine andere Sicht auf die Dinge? Schreibt auf, welche das sein könnte.*
- *Wasser ist doppeldeutig, löst schöne und schreckliche Gefühle aus. Schreibt (in Gruppen) eine (Tauf-)Geschichte zu diesem Bild.*

▶ Du bist Du (S. 14 f)

Die Bilder zeigen die Gesichter lachender Jungen und Mädchen. Jede und jeder hat sein ganz individuelles Aussehen, seine und ihre Art zu denken und zu fühlen. Insbesondere als Junge und Mädchen. Zu diesen ganz unterschiedlichen Menschen hat Gott in der Taufe sein JA gesagt.

Du bist Du

Vergiss es nie: Dass du lebst, war keine eigene Idee,
und dass du atmest, kein Entschluss von dir.
Vergiss es nie: Dass du lebst, war eines anderen Idee,
und dass du atmest, sein Geschenk an dich.

Vergiss es nie: Niemand denkt und fühlt und handelt so wie du,
und niemand lächelt so, wie du's grad tust.
Vergiss es nie: Niemand sieht den Himmel ganz genau wie du,
und niemand hat je, was du weißt, gewusst.

Vergiss es nie: Dein Gesicht hat niemand sonst auf dieser Welt,
und solche Augen hast alleine du.
Vergiss es nie: Du bist reich, egal ob mit, ob ohne Geld,
denn du kannst leben! Niemand lebt wie du.

Du bist gewollt, kein Kind des Zufalls, keine Laune der Natur,
ganz egal, ob du dein Lebenslied in Moll singst oder Dur.
Du bist ein Gedanke Gottes, ein genialer noch dazu.
Du bist du, das ist der Clou,
ja der Clou, ja du bist du.

Jürgen Werth

In der Taufe sagt Gott
»Ja« zu dir: »Ich begleite dich, ich lasse dich nicht allein mit deinen Hoffnungen und Wünschen, mit deinen Fragen und Zweifeln. Ich, dein Gott, bin mit dir!«
Es gibt Worte, die verletzen uns, die tun uns weh. Sie trennen uns voneinander.
Es gibt Worte, die stärken uns, die hören wir gerne, die brauchen wir, damit es uns gut geht. Ein solches gutes Wort, das dich begleitet, ist der Segensspruch, der dir bei der Taufe mit auf den Weg gegeben wird: »Fürchte dich nicht, ich habe dich erlöst, ich habe dich bei deinem Namen gerufen, du bist mein.«

Die Taufe entfaltet ihre Wirkung in deinem Leben, wenn du dich daran erinnerst: Ich bin getauft, ich bin ein Kind Gottes, so wie es das nebenstehende Lied beschreibt.

Der Tauftag ist dein Geburtstag als Christ. Deshalb kannst du ihn ähnlich gestalten. Du kannst deine Taufkerze auf den Tisch stellen und anzünden. Du kannst die Bilder deiner Tauffeier anschauen.

1. Kennst du deinen Taufspruch? Hat er eine Bedeutung für dich? Frage zu Hause und sieh in eurem Familienstammbuch nach.

2. Frage deine Eltern, warum sie diesen Spruch ausgesucht haben.

14 Taufe

Bildeinsatz

Das Bild ist am Ende der Taufeinheit nochmals eine gute Zusammenfassung. Darum geht es letztlich: um Gottes »JA« zu den Menschen. Wie aber kann dieses »JA« Gottes zum Ausdruck kommen? Die Bilder und das Lied sind an sich schon sprechend und jede und jeder hat vermutlich einen Taufspruch, in dem ihr/ihm das zugesagt wird.

Impulsfragen

- *Wer lacht, der freut sich über etwas. Suche im Gesangbuch, in der Bibel, etc. ein schönes (Spruch-)Wort aus, das dir gefällt, von dem du denkst, dass es dir »gut tut«. Schreibe es in schöner Schrift auf ein Kärtchen, stecke es in einen Briefumschlag und lege es in die Mitte. Jede und jeder darf sich eins nehmen und vorlesen.*
- *Kennst du deinen Taufspruch? Frag zu Hause oder sieh in eurem Familienstammbuch nach.*
- *Was verbindest du mit deinem Taufspruch? Hast du eine schöne Erinnerung, gibt es dazu eine Geschichte?*

Thomas Ebinger

Kirche, Gebet, Zehn Gebote, Zweifel und andere Religionen

❑ Kirche

Menschenkirche (S. 8f)

Das Bild zeigt eine Kirche, die nicht aus »totem« Stein gebaut ist, sondern aus lebendigen Menschen (vgl. 1. Petrus 2,5). In diesem Fall sind es Mitglieder einer Dagersheimer Konfirmandengruppe. Die Bewegung der einzelnen Menschen hin zur Kirche deutet die Bewegung der »ekklesia« an, von Christus (Kirche = zu Christus gehörend) heraus- und zu einer Gemeinschaft zusammengerufene Menschen.

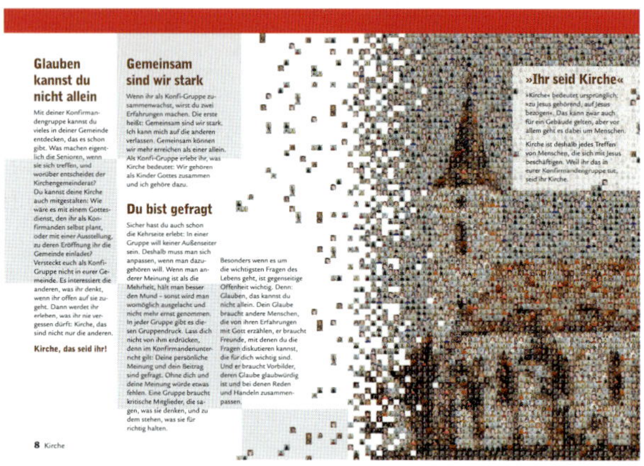

Bildeinsatz

Werden Konfirmand/innen gefragt, was für sie »Kirche« ist oder dürfen sie auf einem Plakat ihre Assoziationen zu »Kirche« niederschreiben, wird sicherlich die Kirche als Gebäude oder zumindest als Institution im Vordergrund stehen. Dieses Bild kann als Impuls den Blick dafür öffnen, dass vor allem Menschen und besonders die Mitglieder der Konfirmandengruppe Kirche sind. Das Bild eignet sich auch zur Nachahmung. Mit einer Digitalkamera und dem im Internet kostenlos erhältlichen Programm Centarsia (Download noch möglich z. B. unter http://centarsia.softonic.com) lässt sich mit Hilfe eines Bildes der eigenen Kirche leicht ein ähnliches Bild erstellen. Eine andere Möglichkeit ist, aus lebendigen Steinen (Schuhkartons), die das Porträt der Konfirmand/innen tragen oder von ihnen gestaltet werden, eine Kirche zu bauen und diese z. B. beim Vorstellungsgottesdienst zu präsentieren.

Impulsfragen zum Bild

- *Woran denkst du zuerst, wenn du das Wort »Kirche« hörst? (Antworten können auf Flipchart gesammelt werden.)*
- *Auf wen hast du dich in dieser Gruppe besonders gefreut? / Wen müsstest du im Gottesdienst treffen, um dich dort wohl zu fühlen? Nenne eine konkrete Person.*
- *Welche Personengruppe fehlt in dem Bild? – Evtl. kontrastieren mit Gemeindebrief oder Schaukasten, was zeigt, dass es viele Gruppen in der Kirche gibt, die alle zusammen die Kirche ausmachen, aber auch als einzelne Gruppe Kirche sind.*

❑ Thema Gebet

Welt im Auge (S. 22)

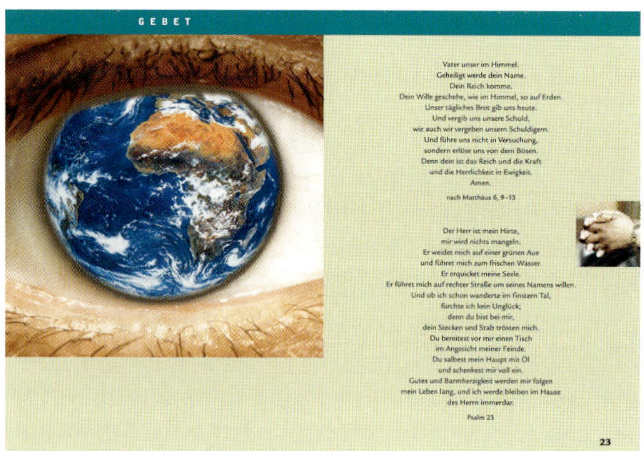

Zum Bild

Das Bild zeigt eine Welt im Auge bzw. als Augapfel. Es ist ein Bild, das mit Gegensätzen spielt. Da ist einerseits der intime, verletzliche Augapfel, andererseits die große, weite Welt. Das Auge wirkt wie vor Schreck weit aufgerissen vor dem, was in der Welt passiert. Gleichzeitig werden die Augen nicht verschlossen vor der Not dieser Welt. Die Welt ist im Gebet ganz nah, sie geht mich etwas an, andererseits ist der Blick auf die Welt ein sehr entrückter, himmlischer, göttlicher. Das Bild zeigt: Wer betet schließt vielleicht die Augen, aber er verschließt sie nicht vor dem Schönen und Schwierigen in dieser Welt und im eigenen Leben.

Bildeinsatz

Das Bild lässt sich gut als abschließendes Bild zum Thema Gebet nutzen. Die Konfirmand/innen werden gebeten, für eine Minute die Augen zu schließen und genau zu beobachten, was sie sehen. Nach einer Austauschrunde wird das Bild gezeigt und ein Gespräch mit den Impulsfragen eröffnet. Es wird deutlich: Auch wer die Augen schließt, sieht etwas. Wer zum Gebet die Augen schließt, bekommt einen anderen Blick. Eine weitere Möglichkeit ist, die Zeile des Vaterunsers »Dein Wille geschehe, wie im Himmel, so auf Erden« mit Hilfe des Bildes zu vertiefen. Beten schärft den Blick für Gottes Sicht der Welt und der Dinge und für seinen Willen.

Impulsfragen zum Bild

- *Was siehst du auf dem Bild?*
- *Welchen Eindruck macht das Auge auf dich? Welche Art von Blick ist hier gemeint (neugierig, erschrocken, freundlich, verängstigt …)?*
- *Wem könnte dieses Auge gehören? (Gottes Sicht auf die Welt als menschliches Auge.)*
- *Welcher Kontinent steht im Mittelpunkt? (Afrika) Könnte dies eine Bedeutung haben? (Gottes Perspektive für die Armen und Hilfebedürftigen.)*
- *Was will wohl der Künstler mit diesem Bild zum Thema Gebet sagen?*

❑ Thema Gebet

Gebetshaltungen (S. 24 f)

Auf S. 24 f sind einige Gebetshaltungen dargestellt, weitere finden sich im Text »Beten ist eine innere Haltung …« auf S. 25.

Die Bilder laden dazu ein, die Bedeutung der verschiedenen Gebetshaltungen zu erklären und einige von ihnen auszuprobieren. Allerdings sollte für das Ausprobieren ein passender Rahmen gewählt werden, etwa im Rahmen einer Meditationszeit auf einem Konfi-Wochenende oder an einem Blocktag.

❑ Thema Zehn Gebote

Schiedsrichter (S. 28)

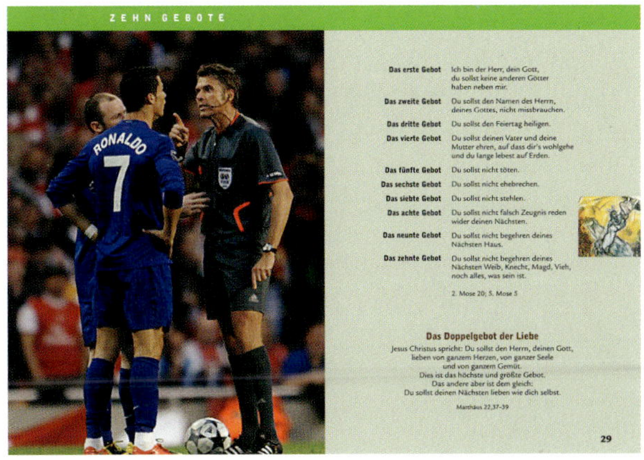

Zum Bild

Das Bild zeigt Roberto Rosetti, einen international anerkannten Schiedsrichter im Gespräch mit Cristiano Ronaldo. Die Haltung zeigt deutlich, wer hier das Sagen hat und bestimmt, wann das Spiel weitergeht. Obwohl die Spieler mehr verdienen und bekannter sind, müssen sie sich auf dem Spielfeld dem Schiedsrichter und seiner Interpretation der Regeln unterordnen.

Bildeinsatz

Das Bild eignet sich gut zum Einstieg in das Thema Gebote. Da der Kontext des Bildes Konfirmand/innen sofort deutlich ist, kann es einerseits als stummer Impuls eingesetzt werden, andererseits können anhand des Bildes die Strukturmerkmale eines besonderen Regelsystems, der Fußballregeln, herausgearbeitet werden: Im Fußball gibt es Menschen, die gemeinsam etwas tun. Spiel und Wettbewerb dürfen sich nicht ausschließen. Wenn es keinen Schiedsrichter gibt und nicht klar ist, welche Regeln gelten, braucht man Zeit, um die Regeln zu diskutieren. Es gibt einen Unterschied zwischen Fairness (Geist der Regeln) und wörtlicher Regelbefolgung (Buchstabe der Regeln). Regeln werden weniger streng eingehalten, wenn es keine Sanktionen gibt (rote Karte, Spielsperre). Ein guter Schiedsrichter kann ein Spiel auch ohne Sanktionen fair halten, während ein schlechter Schiedsrichter trotz zahlreicher Strafen ein Spiel nicht im Griff haben kann.

Die nebenan stehenden Zehn Gebote und das Chagall-Bild mit der Überreichung der Gesetzestafeln an Mose laden dazu ein, das Regelsystem des Fußballs mit dem »Regelsystem des Lebens«, den Zehn Geboten, zu vergleichen. Neben vielen Parallelen gibt es einen entscheidenden Unterschied: Die Zehn Gebote sind keine Erfindung für ein Spiel, das auch anders aussehen könnte, sondern es sind die Regeln, die in der Logik des menschlichen Zusammenlebens liegen und von Gott bei der Erschaffung der Menschen mitgedacht wurden. Gott hat dabei alle Rollen gleichzeitig inne: Er hat die Spieler und das Spielfeld gemacht, die Regeln des Zusammenlebens gehen auf ihn zurück und sind in ihrem Grundbestand unveränderlich, er ist der Schiedsrichter, der auf verschiedene Weise für die Durchsetzung seiner Regeln sorgt – sogar dadurch, dass er bei Regelverletzungen Gnade vor Recht ergehen lässt.

Impulsfragen zum Bild

- *Was siehst du auf dem Bild?*
- *Welchen Eindruck macht der Schiedsrichter auf dich? Wie könnte es auf dem Spielfeld gerade aussehen?*
- *Woran ist erkennbar, dass es sich um einen Schiedsrichter handelt?*
- *Wie verläuft ein Spiel, bei dem es keinen Schiedsrichter gibt? Was ist anders?*
- *Warum »gelten« die Fußballregeln? Wer hat sie geschaffen?*
- *Rechts stehen die Zehn Gebote (evtl. lesen lassen). Welche Parallelen fallen dir ein zum Regelsystem des Fußballs?*
- *Gibt es auch Unterschiede?*

Fünf Regelsysteme (S. 30f)
Die fünf Abbildungen verschiedener mehr oder weniger alltäglicher Regelsysteme zeigen, dass es ohne Regeln nicht geht. Spannender als diese, bei Konfirmand/innen in der Regel vorhandene Einsicht ist die Frage, wie sich der Sinn der Regeln von ihrer wörtlichen Befolgung unterscheidet. Mit folgendem Auftrag wird versucht, die göttlichen Gebote in die Alltagswelt hineinzudeklinieren:

Impuls
Ihr seht auf S. 30f fünf Beispiele, die zeigen, dass Regeln im Leben eine wichtige Rolle spielen. Für jedes Bild gibt es einen Unterschied zwischen der wörtlichen Befolgung der Regeln und dem Leben nach ihrem Sinn. Zum Beispiel: »Im Straßenverkehr sollte man sich so verhalten, dass man weder das eigene Leben noch das anderer Menschen gefährdet. Das ist mehr als die Straßenverkehrsregeln genau zu befolgen.« Oder: »Als Musiker sollte man nicht nur die Noten spielen, die da stehen, sondern so spielen, dass man sich selbst und anderen Menschen mit der Musik eine Freude macht.« Solche übergeordneten »göttlichen Gebote« lassen sich für alle Regelsysteme finden. (Weitere sammeln) *Eure Aufgabe ist es nun, in Gruppenarbeit ein eigenes Beispiel zu überlegen, wo im Leben Regeln wichtig sind und dies als Pantomime den anderen vorzuspielen, die raten müssen, worum es ging. Anschließend sollt ihr der Gruppe auf Flipchartpapier ein »göttliches Gebot« präsentieren, wie man sich in diesem Bereich verhalten sollte.*

Jeder Gruppe wird ein Bereich zugeteilt, aus dem sie ein Beispiel darstellen soll: Gesellschaftsspiel, sportlicher Wettkampf, Gerichtsbarkeit/Rechtswesen, Schule, Familie, soziale Netzwerke usw. (Straßenverkehr und Musik kamen als Beispiel bereits vor).

❑ Thema Zweifel und Theodizee

Angeregt durch die Ergebnisse der groß angelegten Studie zur Konfirmandenarbeit in Deutschland (vgl. die Reihe »Konfirmandenarbeit erforschen und gestalten«) wurden die Themen Zweifel, Theodizee und der Umgang mit anderen Religionen neu in das Begleitbuch für Konfirmand/innen aufgenommen.

Zum Bild (S. 42)
Das Bild greift die paulinische und neutestamentliche Redeweise vom Leben der Christen als (Wett-)Lauf auf. Während Paulus in 1. Korinther 9,24–27 stark den erforderlichen Einsatz des Menschen für das Erreichen des Ziels betont, ist in Römer 9,14–16 stärker die Wirksamkeit der göttlichen Gnade betont. Weitere Bibelstellen sind 2. Timotheus 4,7f; Hebräer 12,1f u.a. Der Läufer überquert wohl gerade die Start- bzw. Ziellinie. Große Laufevents werden heute meist mit individuellen Laufchips organisiert, bei denen ein um den Fuß getragener Transponder eine individuelle Zeitnahme ermöglicht.

Impulsfragen zum Bild

- *Was für eine Art von Wettlauf ist wohl dargestellt?*
- *Wie weit ist der Läufer wohl vom Ziel entfernt? (Start oder Ziel?)*
- *Paulus vergleicht das Leben von Christen immer wieder mit einem Lauf, der manchmal ganz schön anstrengend sein kann. In welchen Situationen fällt es schwer, am Glauben festzuhalten? Wo gibt es häufig »Durststrecken«? Was kann man dagegen tun?*
- *Wie bereitet man sich auf einen Wettlauf vor?*
- *Was sind typische Fehler, die man als Läufer vermeiden sollte?*
- *Was lässt sich vom sportlichen Lauf auf den Lebens-Lauf übertragen?*

Bevor die Fragen in der Mitte der Doppelseite (Ich verstehe nicht, warum ...) gelesen werden, können die Konfirmand/innen in Partnerarbeit eigene Fragen formulieren, die es schwer machen, ein Leben lang an Gott zu glauben.

Impuls
Zweifel und Fragen gehören zum Glauben, so wie es wohl keinen Langstreckenläufer gibt, der sich nicht irgendwann fragt, wofür er das alles macht und ob es einen Sinn hat. Sammelt einmal zu zweit möglichst viele solche An-Fragen an Gott, die einem das Leben als Christ manchmal schwer machen.

Die Fragen werden vorgestellt. Jeweils zwei Teams tauschen ihre Fragen.

Impuls
Versucht jetzt auf die Rückseite der Zettel Anregungen zu geben, wie eine Antwort aussehen könnte oder wie man mit dieser Herausforderung an den Glauben umgehen kann.

Die Antworten werden präsentiert, die Autoren der Fragen bekommen jeweils die Gelegenheit zu erklären, ob sie die gefundenen Antworten wenigstens teilweise zufrieden stellen. Abschließend können die Fragen und Glaubens- bzw. Hoffnungs-Antworten im Buch auf S. 43 daraufhin untersucht werden, ob sie in dieser Form überzeugen.

❑ Thema andere Religionen

Der abgedruckte Facebook-Dialog lädt dazu ein, selbst einen solchen Dialog mit Andersgläubigen zu versuchen. Dazu können in einer Gruppenarbeit Fragen gesammelt werden, die man den Vertretern anderer Religionen gerne einmal stellen würde. Anschließend werden die Fragen so verteilt, dass jeder als Hausaufgabe eine mit nach Hause nimmt und versucht, in einem Onlinedialog oder direkt im Gespräch eine Antwort zu bekommen. Mögliche Fragen sind z. B.: Gibt es bei euch auch so etwas wie eine Konfirmation? Wie oft gehst du in die Moschee? Hast du einen eigenen Koran?

Bernd Wildermuth

Abendmahl und Glaubensbekenntnis

Provokation, Gag, ein Indiz dafür, dass in dieser Welt nichts mehr heilig ist oder die Zugangsmöglichkeit zu einem Sakrament, das ansonsten für junge Menschen scheinbar nichts mehr »hergibt«? Abendmahl und Cocktail – was verbindet und was trennt diese beiden Welten? Der Kelch, verfremdet als Cocktailglas, steht im Licht, die Kirche liegt im Dunkeln. Das Licht, das den Kelch erhellt, kommt nicht durchs Fenster, aus »der Welt«. Fast erratisch steht der Kelch da in einem eigenen Glanz. Das »dämpft« die Provokation der Cocktailspieße und lenkt die Gedanken der Betrachter gleich auf die Frage: Was ist das Abendmahl?

Bildeinsatz

Für die Konfirmand/innen ist Bild ein starker Reiz und Impuls. Es provoziert Äußerungen von Konfirmand/innen. Es ist ein Foto, das nicht einfach überblättert werden darf. Es kann gleichermaßen als Einstiegs- wie als Vertiefungsmedium genutzt werden.

Impulsfragen

- Schaut Euch bitte das Bild auf Seite 16 an. Was kommt euch zuerst in den Sinn?
- Was für Gefühle löst das Bild aus? Ist es »cool« oder eher »daneben«? Was ist daran »cool« und was ist in euren Augen »daneben«?
- Stell dir vor, das Foto und der Text S. 17 wären eine Werbedoppelseite für den Besuch einer Abendmahlsfeier.
  - Was wäre die Werbebotschaft?
  - Wie sollte so eine Feier sein?
  - Müsste sich am Abendmahl, so wie ihr es erlebt habt, etwas ändern?

❑ **Abendmahl – die besondere Begegnung mit Jesus Seite** (S. 18/19)

Abendmahl – die besondere Begegnung mit Jesus

Kurz vor seinem Tod feierte Jesus mit seinen Jüngern eine besondere Mahlzeit, das jüdische Passamahl. Dabei gab er dem Brot und dem Wein, die auf dem Tisch standen, durch die »Einsetzungsworte« eine neue Bedeutung. Sie sollten die Jünger erinnern an diese besondere Begegnung mit ihm. Seit diesem ersten Abendmahl ist Jesus bei jedem Abendmahl gegenwärtig: Wo diese Worte gesprochen und gehört werden, schließt Jesus die dort versammelten Menschen auf unsichtbare Weise zusammen, indem er sich selbst hingibt. Das ist seine Botschaft mit dem großen Geheimnis: Du bist ein Teil der Gemeinschaft und alle gemeinsam seid ihr mit Gott verbunden. Das, was du falsch gemacht hast in deinem Leben, deine Sünden, vergebe ich dir.

Wenn du in einer evangelischen Kirche zum Abendmahl gehst, wird dir vielleicht eine kleine, aber wichtige Ankündigung nicht groß auffallen: »Wir feiern heute das Abendmahl. Dazu laden wir im Namen Jesu Christi herzlich ein!« Nicht die Kirche oder sonst wer, Jesus selbst lädt dich und alle anderen zum Abendmahl ein.

Alle sind eingeladen!

Sündenbekenntnis
Mit dem Sündenbekenntnis bereitest du dich gemeinsam mit den anderen Gottesdienstbesuchern auf die Feier des Abendmahls vor. Es wird im Gottesdienst vom Pfarrer stellvertretend für alle gesprochen. Nach der Zustimmung der Anwesenden zu diesem Bekenntnis wird allen Gottes Vergebung zugesprochen.

Einsetzungsworte
Die Einsetzungsworte hat Jesus bei seiner letzten gemeinsamen Mahlzeit mit seinen Jüngern gesprochen. Seine Worte haben etwas verändert. Eine einfache Mahlzeit wandelt sich zu einer Begegnung mit Jesus selbst. Wenn diese Worte im Gottesdienst wiederholt werden, dann wirst du in diese Begegnung und Gemeinschaft hinein genommen.

Friedensgruß
Der Friedensgruß vor der Austeilung des Abendmahls zeigt dir, wie sehr du mit den anderen zu einer Gemeinschaft verbunden bist und dass Christus diese Gemeinschaft gestiftet hat. Meist geschieht der Friedensgruß in der Form, dass jeder und jede dem Nachbarn die Hand reicht und dabei sagt: »Friede sei mit dir!«

Brot und Wein
Brot und Wein sind mehr als Lebensmittel. Sie stehen für das Notwendige und Besondere des Lebens. Das Brot für den Alltag, der Wein für das Fest.

Dankgebet
Nach jedem Abendmahl wird ein Dankgebet im Wechsel gesprochen. Es beginnt meistens mit den ersten Versen des 103. Psalms.

18 Abendmahl

Auf dem Foto der Doppelseite ist eine Abendmahlsfeier in einem Konfirmationsgottesdienst zu sehen. Die Konfirmand/innen stehen im Kreis, in den sich der Altar mit dem Kruzifix einreiht. Einzelkelche werden den Konfirmand/innen auf einem Tablett gereicht. Die Blicke der Gottesdienstbesucher sind auf die Jugendlichen gerichtet. Der Blumenschmuck ist üppig. Unter dem Kruzifix steht, symbolhaft, ein Gemeinschaftskelch. Bild und Text laden dazu ein, sich noch einmal die einzelnen Elemente einer Abendmahlsfeier zu vergegenwärtigen.

Abendmahlstisch (S. 20/21)

Impuls

Schau dir das Abendmahlsbild einmal genau an. Sieben Personen, zwei Hände, Brot und Wein oder Saft und ein Tisch sind zu sehen. Wer sitzt an diesem Tisch, welche Personen haben sich eingefunden? Was geschieht an diesem Tisch? Um diese Frage beantworten zu können bekommt ihr folgende Aufgabe als Hilfestellung:

Jesus kommt auf den Tisch

Hast du schon gemerkt, dass im Abendmahl eine dramatische Geschichte steckt? Sie spielt sich innerhalb von nur vier Tagen ab. Gleich nach seinem letzten gemeinsamen Essen mit den Jüngern (Gründonnerstag) wird Jesus verhaftet, verhört und verurteilt. Er wird gefoltert und nur ein paar Stunden später am Kreuz hingerichtet (Karfreitag). Doch zwei Tage darauf geschieht die große Wende: Jesus steht auf von den Toten (Ostern)!
Dieses Geschehen, vom letzten gemeinsamen Mahl Jesu mit seinen Jüngern bis zu seiner Auferstehung, ist in jedem Abendmahl enthalten, bewahrt wie in einer Schatzkiste, verborgen in einem Schluck Wein und in einem Bissen Brot. Die ganze Geschichte Jesu kommt auf den Tisch, wenn in deiner oder einer anderen Kirche vorne auf dem Altar Brot und Wein stehen. Wenn du zum Abendmahlstisch gehst, kommt dir diese Geschichte Jesu entgegen. Und du bringst deine Geschichte mit an den Tisch.
So wirst nicht nur du Teil der Geschichte Jesu, wenn du seinen Leib isst und sein Blut trinkst, sondern auch deine Geschichte wird Teil des Lebens Jesu. Je nachdem, was für ein Tag gerade ist oder wie deine Lebensgeschichte aussieht, wird der eine oder andere Teil dieser Geschichte im Vordergrund stehen und die Form der Feier für dich prägen.

Frage Kirchengemeinderäte oder den Pfarrer bzw. die Pfarrerin, welche Möglichkeiten des Feierns es in deiner Gemeinde gibt. Ihr könnt sie auch im Unterricht ausprobieren oder nachstellen. Welche Form erscheint dir angemessen? Welche ist dir persönlich angenehm? Stelle dir vor, du wärst Pfarrer/in oder Kirchengemeinderat. Wie würdest du die Abendmahlsfeier verändern?

Der Abendmahlstisch ist
kein Richtertisch, vor dem du stehst und an dem über dich geurteilt wird,
kein Ladentisch, an dem dir irgendjemand etwas verkaufen möchte,
kein Schreibtisch, an dem du Schularbeiten oder sonst etwas erledigen musst,
kein Stammtisch, zu dem du nur kommen kannst, wenn du die anderen alle kennst und sie dich einladen.

20 Abendmahl

Unter dem Bild finden sich lauter Sätze, was der Abendmahlstisch alles nicht ist: kein Richtertisch, kein Ladentisch, kein Schreibtisch, kein Stammtisch.

Setzt diesen Tischen andere Tische entgegen, die positiv zum Ausdruck bringen, was der Abendmahlstisch ist. Die vier Sätze haben dann diese Form:
Der Abendmahlstisch ist …
kein Richtertisch, sondern ein __________tisch, denn …
kein Ladentisch, sondern ein __________tisch, denn …
kein Schreibtisch, sondern ein __________tisch, denn …
kein Stammtisch, sondern ein __________tisch, denn …

Anschließend tragen die Konfirmand/innen ihre Vorschläge vor und überlegen welcher Tischname ihrer Meinung nach am ehesten das Geschehen auf dem Bild von Sieger Köder beschreibt. Als Ergänzung bzw. Vertiefung kann das Bild auf DIN A4 kopiert werden und die Konfirmand/innen legen den Personen mittels Sprechblasen Worte oder Gedanken in den Mund.

❑ Thema Glaubensbekenntnis (S. 34/35)

Hintergrundwissen
Titel des Bildes: Himmelsstürmer / Man walking to the sky, Documenta 1992
Künstler: Jonathan Borofsky
Standort: Kassel vor dem Kulturbahnhof

Auf der Mitte des Friedrichsplatzes in Kassel stand während der 9. Documenta (1992) der heimliche Publikumsliebling: »Man walking to the sky« – der Himmelsstürmer – von Jonathan Borofsky. Dieses 25 m lange Stahlrohr mit einem himmelwärts schreitenden Mann aus Fiberglas, auf 2/3 Höhe steht jetzt auf dem Platz vor dem Kulturbahnhof.

Der Himmelsstürmer fand bei den Kasseler Bürgern im Laufe der 9. Dokumenta so viel Anklang, dass das Kunstwerk angekauft wurde. Ein Großteil der Kaufsumme von rund 350.000 Euro, nämlich ca. 300.000 Euro, wurden durch eine Bürgerinitiative

gesammelt, weitere ca. 50.000 Euro spendete die Telekom. (Quelle: http://www.kassel.de/kultur/documenta/kunstwerke/ objekte/08262/index.html)

Bildeinsatz
Das Bild hat einen öffnenden, geradezu mitnehmenden Charakter und ist durch seine Farbgebung einladend. Das Auge verweilt wie von selbst. Es eignet sich sehr gut als Einstiegsmedium zum Thema Glaubensbekenntnis und kann auch in den Mittelpunkt einer Andacht gestellt werden.

Impulse während der Betrachtung (auf Pausen achten!)
»Schaut euch das Bild an. –
Es eröffnet das Kapitel ›Glaubenskenntnis‹ in eurem Buch. Das Bild hat nur drei Elemente: Die Figur – den Himmel – den weißen Laufstab. ›Der Himmelsstürmer‹ ist der Titel des Bildes. Welchen Glauben hat die Figur im Bild? Und wozu bekennt sie sich? – Was ist ihr Lebensziel? Was leitet sie? – Könnte sie die Sätze sprechen, die jetzt im Buch neben ihr stehen, Sätze auf dem Weg zum Himmel!?«

Weiterführende Impulse können sein

- *Wenn ihr in das Bild das Wort »Glaubensbekenntnis« hineinschreiben solltet, wo würdet ihr es hinschreiben?*
- *Welche Bedeutung kann ein Glaubensbekenntnis für den Glauben haben?*
- *Warum hat »der Himmelsstürmer« (Bildinfo siehe oben) so vielen Kasseler Bürgern gefallen?*

Ich glaube an Gott den Vater … (S. 36/37)

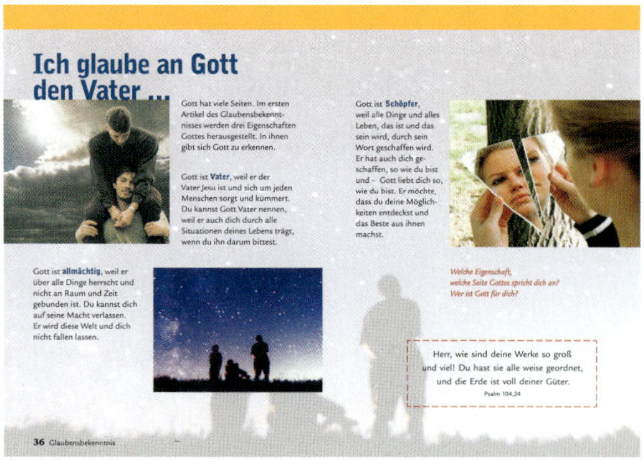
Ich glaube an Gott den Vater …

Gott hat viele Seiten. Im ersten Artikel des Glaubensbekenntnisses werden drei Eigenschaften Gottes herausgestellt. In ihnen gibt sich Gott zu erkennen.

Gott ist **Vater**, weil er der Vater Jesu ist und sich um jeden Menschen sorgt und kümmert. Du kannst Gott Vater nennen, weil er auch dich durch alle Situationen deines Lebens trägt, wenn du ihn darum bittest.

Gott ist **Schöpfer**, weil alle Dinge und alles Leben, das ist und das sein wird, durch sein Wort geschaffen wird. Er hat auch dich geschaffen, so wie du bist und – Gott liebt dich so, wie du bist. Er möchte, dass du deine Möglichkeiten entdeckst und das Beste aus ihnen machst.

Gott ist **allmächtig**, weil er über alle Dinge herrscht und nicht an Raum und Zeit gebunden ist. Du kannst dich auf seine Macht verlassen. Er wird diese Welt und dich nicht fallen lassen.

Welche Eigenschaft, welche Seite Gottes spricht dich an? Wer ist Gott für dich?

Herr, wie sind deine Werke so groß und viel! Du hast sie alle weise geordnet, und die Erde ist voll deiner Güter.
Psalm 104,24

36 Glaubensbekenntnis

Drei Eigenschaften werden Gott im ersten Glaubensartikel zugesprochen und von ihm bekannt. Er ist allmächtig, er ist Vater und er ist Schöpfer. Die drei Bilder untermalen diese Eigenschaften in einer sehr emotionalen Bildsprache. Sie bieten Erzählreize zu den Fragen:

- Welche Seite Gottes spricht mich an?
- Und wer ist Gott für mich?

Methodisch können diese Fragen auch mit einem Drei-Ecken-Spiel unterlegt werden.

Impuls
»Schaut euch die Bilder auf den Seiten 36 und 37 an. Welches Bild drückt für dich am ehesten aus: Ja, so ist Gott (für mich)!« Den Bildern werden drei Orte im Raum zugeordnet [hilfreich ist es, wenn diese Orte mit den drei Stichworten ›allmächtig‹, ›Vater‹ und ›Schöpfer‹ markiert werden], an die sich die Konfirmand/innen je nach ihrer Präferenz stellen. Anschließend werden zwei pro Gruppe exemplarisch zu ihrer Wahl befragt.

… und an Jesus Christus (S. 38f)

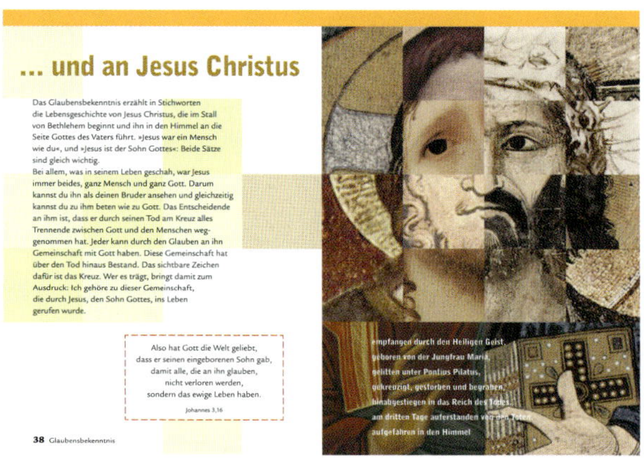
… und an Jesus Christus

Das Glaubensbekenntnis erzählt in Stichworten die Lebensgeschichte von Jesus Christus, die im Stall von Bethlehem beginnt und ihn in den Himmel an die Seite Gottes des Vaters führt. »Jesus war ein Mensch wie du«, und »Jesus ist der Sohn Gottes«: Beide Sätze sind gleich wichtig.
Bei allem, was in seinem Leben geschah, war Jesus immer beides, ganz Mensch und ganz Gott. Darum kannst du ihn als deinen Bruder ansehen und gleichzeitig kannst du zu ihm beten wie zu Gott. Das Entscheidende an ihm ist, dass er durch seinen Tod am Kreuz alles Trennende zwischen Gott und den Menschen weggenommen hat. Jeder kann durch den Glauben an ihn Gemeinschaft mit Gott haben. Diese Gemeinschaft hat über den Tod hinaus Bestand. Das sichtbare Zeichen dafür ist das Kreuz. Wer es trägt, bringt damit zum Ausdruck: Ich gehöre zu dieser Gemeinschaft, die durch Jesus, den Sohn Gottes, ins Leben gerufen wurde.

Also hat Gott die Welt geliebt, dass er seinen eingeborenen Sohn gab, damit alle, die an ihn glauben, nicht verloren werden, sondern das ewige Leben haben.
Johannes 3,16

38 Glaubensbekenntnis

empfangen durch den Heiligen Geist,
geboren von der Jungfrau Maria,
gelitten unter Pontius Pilatus,
gekreuzigt, gestorben und begraben,
hinabgestiegen in das Reich des Todes,
am dritten Tage auferstanden von den Toten,
aufgefahren in den Himmel

Impuls
»Wenn ihr Euch das Bild auf Seite 39 anschaut, werdet ihr schnell feststellen, dass der obere Teil des Bildes aus 16 Quadraten zusammengesetzt ist, die jeweils einem anderen Jesusbild entnommen sind. Es ist ein Puzzle aus verschiedenen Bildern und trotzdem erkennt jeder sofort – auch ohne die Überschrift auf der Seite daneben: Hier ist Jesus Christus dargestellt. Woran erkennt man eigentlich, dass es sich hier um Jesus handelt?«

Die Konfirmand/innen erkennen sofort die Dornenkrone, auf den zweiten Blick auch den ›Heiligenschein‹.

Impuls
»Dornenkrone und göttlicher Strahlenkranz kommen in diesem Puzzle zusammen. In einem Bekenntnis der alten Kirche heißt es: Jesus war wahrer Mensch und wahrer Gott. In dem einen Bildausschnitt ist er leidender Mensch, in dem anderen verherrlichter Gott. Auch die Augen sind ganz unterschiedlich dargestellt. Im rechten ist eine Träne zu sehen, das linke blickt fest und entschlossen nach vorne.

*Ihr alle kennt ganz unterschiedliche Jesusgeschichten. [Je nach Wissensstand der Gruppe kann in Blitzlichtform reihum in wenigen Sätzen jeder Konfirmand eine Geschichte vorstellen.] Ihr bekommt jetzt ein DIN-A4-Blatt mit 16 Quadraten (**M 1**). Versucht mit einer Überschrift oder einem Stichwort Jesusgeschichten nebeneinanderzustellen, von denen ihr sagt: Hier erscheint mir Jesus ganz menschlich und in dieser Geschichte ist er für mich Gott.«* Anschließend stellen sich die Konfirmanden ihr Jesus-Puzzle gegenseitig vor und erläutern ›ihre Wahl‹.

Ich glaube an den heiligen Geist (S. 40/41)

Ich glaube an den Heiligen Geist

Der Heilige Geist ist die Kraft, mit der Gott in uns Menschen wirkt. Wenn Gott Menschen verändert, dann geschieht dies durch das Wirken des Heiligen Geistes.

Die **heilige christliche Kirche** ist nicht einfach ein Ort wie jeder andere. Sie ist die sichtbare, oft auch unsichtbare Gemeinschaft aller Christen auf der Erde. Gemeinsam bilden alle Christen auf geheimnisvolle Weise den Leib Christi. Auch du bist ein Teil dieser großen Kirche, dieses Leibes. Ohne dich würde ihm etwas fehlen.

Die **Gemeinschaft der Heiligen** ist nicht eine Gruppe von auserwählten Christen, sondern meint die Gemeinschaft, die sich in der Feier des Abendmahls bildet. Sie ist heilig, weil der Heilige Geist diese Gemeinschaft von Menschen, die sich zum Teil gar nicht kennen, stiftet.

Die **Vergebung der Sünden** spricht Gott allen Menschen zu, die vor ihm eingestehen, was die Beziehung zu ihm oder zu anderen gestört hat. Das können Beleidigungen, Wut oder Hass, aber auch Nachlässigkeit und Unachtsamkeit sein.

Die **Auferstehung der Toten** verwandelt nicht verweste Leichen in eine Art Zombies, sondern überwindet in einer neuen Existenz Raum und Zeit. Jesus war der erste Auferstandene. Wer an ihn glaubt, den lässt er an der Auferstehung teilhaben. Deshalb beginnt die Auferstehung schon jetzt in diesem Leben.

Das **ewige Leben** ist keine unendlich ausgedehnte Zeit, sondern die Fülle des Lebens in Gottes Nähe. Ein Vorgeschmack dieses Lebens wird schon jetzt im Glauben erfahren.

Gott hat uns nicht gegeben den Geist der Furcht, sondern der Kraft und der Liebe und der Besonnenheit.
2. Timotheus 1,7

41

Anders als beim ersten und zweiten Artikel des Glaubensbekenntnisses, gibt es beim Heiligen Geist keine ›griffigen‹ Bilder und keine anschaulichen biblischen Geschichten. Das Bild auf Seite 40 unterlegt den Satz »Der Heilige Geist ist die Kraft, mit der Gott in uns Menschen wirkt« emotional. Meer, Gischt, Himmel und ein weißer Vogel eröffnen vielfältige Assoziationsfelder. Der Heilige Geist wird auf diese Weise ›anschaulich‹, ohne seine Weite und seine ›Nicht-Greifbarkeit‹ zu verlieren.

Impuls
»Schaut euch bitte das Bild auf Seite 40 an. Auf dieser Doppelseite seht ihr ein Bild und die große Überschrift ›Ich glaube an den Heiligen Geist‹. Was haben Bild und Überschrift miteinander zu tun?«

Ein weiterführender Impuls kann sein: *»Das Bild hat drei Elemente, das Meer, den Himmel, und den weißen Vogel. Welches Element spiegelt für euch wider, was der Heilige Geist ist?«*

M 1

JESUS – PUZZLE | Thema Abendmahl

Versuche mit einer Überschrift oder einem Stichwort in den einzelnen Quadraten Jesusgeschichten nebeneinanderzustellen, von denen du sagst: Hier erscheint mir Jesus ganz menschlich und in dieser Geschichte ist er für mich Gott.

Themenbausteine

Abendmahl

Die Konfirmand/innen und das Abendmahl

Die Praxis des Abendmahls ist für einen großen Teil der Konfirmand/innen ein fremdes Ereignis. Das gefeierte Abendmahl erscheint in seinem gottesdienstlichen Setting ungewöhnlich und exotisch. Die Divergenz zur eigenen Esskultur verstärkt das Gefühl der Fremdheit. Dazu bekommt das Abendmahl für einen Teil der Konfirmand/innen noch immer eine geheimnisvolle Aura, die ihren Grund zum einem im Mysterium des Abendmahls selber hat, zum anderen aber auch in der beobachteten Ernsthaftigkeit der Erwachsenen im Umgang mit dem Abendmahl. Teilweise durch die immer wiederkehrenden Spekulationen um den Gral oder Ähnliches. Die Kenntnisse von Herkunft, Bedeutung und Praxis des Abendmahls sind gering. Diese Ausgangssituation kann allerdings in Gemeinden, in denen Kinder zum Abendmahl eingeladen werden, anders sein. Nach dem Beschluss der württembergischen Landessynode sind schon Kinder grundsätzlich zum Abendmahl eingeladen und sollen entsprechend ihrem Alter darauf vorbereitet werden, etwa durch einen zweiphasigen KU (KU 3/8). Erfahrungsgemäß sind Konfirmandinnen und Konfirmanden für das Abendmahlsgeschehen aufgeschlossen, nicht zuletzt weil es mit dem sinnlichem Erleben von Essen und Trinken verbunden ist. Zumindest für einige dürfte auch das Faszinosum des Mysteriums eine Rolle spielen. Konfirmand/innen sind neugierig und haben viele Fragen an das Abendmahl:

- Warum feiern die Erwachsenen das?
- Was ist daran so »feierlich« und geheimnisvoll? Was passiert da wirklich?
- Wie soll man sich das vorstellen, dass wir in Brot und Wein (Saft) Christi Leib und Blut essen und trinken? Ein »essbarer« Gott ist doch Unsinn.

An so einer Fragestellung werden die Schwierigkeiten des häufig noch eindimensional-wörtlichen Symbolverständnisses in diesem Alter deutlich. Konfirmand/innen verstehen den Verweisungscharakter von Symbolen und die übertragene Bedeutung symbolischer Aussagen, aber Symbole werden noch immer als das angesehen, wofür sie stehen. Symbole können deshalb nur geehrt oder links liegen gelassen werden. Konfirmand/innen sollten daher nicht nur über Praxis und Herkunft des Abendmahls informiert werden, sondern müssen einen eigenen Bezug herstellen können. Die Sehnsucht nach Gemeinschaft, die Problematik eines Ausgrenzungsverhaltens sowie auch das Bedürfnis, Identität durch Symbole auszudrücken, sind gute Anknüpfungspunkte, um Jugendliche an der Unterrichtseinheit »Abendmahl« zu beteiligen. Am besten geschieht dies über den praktischen Vollzug selbst (Am Tisch des Herrn, ↗ S. 45, ◎ S. 45). Die Entwicklung neuer liturgischer Formen in den Gemeinden haben in den letzten Jahren dazu beigetragen, dass Jugendlichen durch schlichte Teilnahme eine neue Sichtweise auf das Abendmahl ermöglicht wurde (Langsam hineinwachsen, ◎ S. 52).

Theologische Intention

Das Abendmahl hat vielfältige Wurzeln und seine Deutung viele Dimensionen. Es erinnert an:

- die Mahlgemeinschaften, die Jesus mit Sündern und Zöllnern sowie seinen Jüngerinnen und Jüngern gefeiert hat (Lukas 15,24; Markus 2,13 u.a.);
- die Mahlgemeinschaft mit Jesus als Auferstandenem (Lukas 24 und Johannes 21);

- die Verheißung des eschatologischen Freudenmahles (Jesaja 2,59). In der Mahlgemeinschaft wird die vorbehaltlose Zuwendung Gottes zu allen Menschen erfahrbar.

Brot und Wein sind sichtbare Zeichen der Gegenwart Jesu Christi. So gewinnen Angenommensein, Versöhnung und Rechtfertigung Ausdruck und Gestalt. Hier gibt es für die Jugendlichen etwas zu sehen und zu schmecken. Die Zuwendung Gottes zum Menschen wird im Abendmahl geistlich und sinnlich erfahrbar. »Das Abendmahl feiert die segensreiche und siegreiche Überwindung des Widerstandes der Menschen gegen Gottes Gegenwart und die damit festliche, friedvolle Gemeinschaft der Menschen miteinander, indem Christi Hingabe für die Menschen durch Brot und Wein sinnfällig vergegenwärtigt wird.«[1] Seine geschichtlichen Bezüge hat das Abendmahl in der Befreiungstradition des Alten Bundes, wie sie im Passahfest gefeiert wird. Die Befreiungstradition Israels wird mit der Befreiung aller Menschen durch das Evangelium in einen sakramentalen Kontext gestellt. Im Abendmahl verdichtet sich das Geheimnis des Glaubens: Die rettende Gemeinschaft mit dem Gottessohn, die den Tod überwindet und zum Leben im Reich Gottes befreit. Das Abendmahl wird damit zur Herausforderung an alle Christen für diese Befreiung einzustehen. Brot und Wein sind Wegzehrung und Stärkung auf dem Weg in die Freiheit.

Vier Aspekte werden hier besonders hervorgehoben:

1. Beim Abendmahl wird »richtig« gegessen und getrunken. Den Jugendlichen kann dabei etwas von der Sinnhaftigkeit des Feierns aufgehen. Ihre Sichtweise zum Thema Essen können sie neu deuten.
2. Jugendliche entdecken eine neue Achtsamkeit füreinander, weil sie im gemeinsamen Essen Begegnung und Gemeinschaft erleben. Sie werden miteinander verbunden und entwickeln ein Zusammengehörigkeitsgefühl.
3. Im gemeinsamen Mahl Jesu erleben die Jugendlichen den Zuspruch der Vergebung und Versöhnung. Sie bekommen die Möglichkeit, darin die vorbehaltlose Zuwendung Gottes zu entdecken. So eröffnet sich ihnen eine neue Handlungsdimension.
4. Das Abendmahl lässt immer schon etwas aufblitzen vom Festmahl am Ende der Zeit und davon, dass Gott mit allen zu Tisch sitzen wird. So verweist das Abendmahl auf die Hoffnung des Gottesreiches, in dem Friede, Freude und Gerechtigkeit herrschen werden und Gott mit seinen Menschen Gemeinschaft hat. So wird das Abendmahl zur Wegzehrung durch die Zeit.

fest - gemeinschaft - vergebung - zukunftsblick - Wegzehrung

Damit kann das Abendmahl als Zuspruch und Hilfe im Horizont folgender elementarer Fragen der Jugendlichen verstanden werden:

- Wer steht an meiner Seite? Wer kümmert sich um mich? Bei wem kann ich Geborgenheit finden?
- Wie kann ich dem begegnen, was mir missglückt ist? Wem kann ich sagen, was mich bedrückt? Wie werde ich wieder los, wo ich Schuld auf mich geladen habe?
- Was trägt mich durch die Probleme der Zeit? Was eröffnet Zukunft und gibt Hoffnung angesichts all der Gefahren dieser Welt? Woher bekomme ich Kraft, mich den Problemen meiner Lebenswelt zu stellen?
- Wo finde ich andere, die sich um diese Welt sorgen? Wer stellt sich an meine Seite, um für Frieden und Gerechtigkeit einzustehen?

»Das tut zu meinem Gedächtnis«, ↗ S. 40, S. 40
Am Tisch des Herrn, ↗ S. 45, S. 45
Langsam hineinwachsen, S. 52

1 Welker, M.: Was geht vor beim Abendmahl?, Gütersloh 1999, S. 107.

Sascha Flüchter und Ruth Koßmann

»Das tut zu meinem Gedächtnis«

Ein Konfirmandenabendmahl mit Kettmaterialien

Einleitung

Das Abendmahl als »sichtbares Wort« macht die Gegenwart Jesu in der Gemeinde sichtbar und schmeckbar, so dass hier »die Mitte des Erlösungsglaubens gleichsam mit Händen zu greifen«[1] ist. Das Abendmahl vergegenwärtigt den gekreuzigten und auferstandenen Christus und die durch ihn in der Vergebung der Sünden für alle Menschen eröffnete neue Gemeinschaft mit Gott. Besonders in Markus 14, 12–26 werden dabei hinter dem Einsetzungsbericht unterschiedliche Bezüge sichtbar:

- die Tischgemeinschaften Jesu, in denen er sich mit den Zöllnern und Sündern an einen Tisch setzt, sich mit ihnen solidarisiert und sich ihnen so bereits jetzt hingibt.
- die Passionserzählung und die damit verbundene Krise der Jüngerschaft. Deshalb ist das Abendmahl auch als Zurüstung der Nachfolgegemeinschaft zu verstehen.
- das Passah-Mahl, dessen Kontext Jesu Abschiedsmahl in Bezug auf die Sinngebung und den Stiftungscharakter entscheidend mitbestimmt hat. Jesus gibt seinen Jüngern in diesem Mahl schon jetzt Anteil an der zukünftigen Gemeinschaft des Gottesreiches. Wie das Passah-Mahl kein reines Erinnerungsmahl ist, so steht auch in der Aufforderung »Das tut zu meinem Gedächtnis« (1. Korinther 11, 24) die gegenwärtige Bedeutung des Heilshandeln Gottes im Vordergrund.

Empirische Untersuchungen haben gezeigt, dass die Haltung Jugendlicher zum Abendmahl von einer starken Ambivalenz gekennzeichnet ist. Während die gemeindlichen Abendmahlfeiern häufig auf Ablehnung stoßen, empfinden Jugendliche Feierabendmahle z. B. auf Kirchentagen als schön. »Die Suche nach einer intensiven inneren Beziehung zu Gott und der Wunsch, in lebendiger Gemeinschaft zu feiern, diese beiden Motive bilden das Koordinatenkreuz für die Abendmahlsvorstellungen der meisten Jugendlichen.«[2]

Der Lebenssituation von Jugendlichen, ihrer Sehnsucht nach Geborgenheit und Zuwendung, kommt das in der geschwisterlichen Tischgemeinschaft Jesu erlebbare intensive Zusammensein entgegen. Bei ihrer Suche nach Orientierung angesichts von Zukunftsangst und Unsicherheit hilft ihnen die Nähe Gottes im Abendmahl. Ihrem wachsenden Bewusstsein von Schuld und Versagen kommt der Zuspruch der Vergebung im Abendmahl entgegen. Der Suche der Jugendlichen nach dem Geheimnis des Glaubens und angemessenen Ausdrucksformen ihrer »Erfahrungsreligiosität«[3] entspricht das Zusammenspiel von leiblichem Spüren und geistlicher Deutung im Sakrament.

Didaktisch versucht dieser Baustein entsprechend dem ganzheitlichen Charakter der Heilszueignung im Abendmahl auch den Lernprozess ganzheitlich und beziehungsorientiert zu gestalten.

Zentraler Inhalt des Bausteins ist der Einsetzungsbericht nach Markus. Er bietet nicht nur alle beschriebenen Anknüpfungspunkte an die Lebenssituation der Jugendlichen, sondern auch die zentralen Stücke der gemeindlichen Abendmahlsliturgie. Der Baustein setzt voraus, dass bestimmte Aspekte (Essgewohnheiten der Jugendlichen und deren Erfahrungen mit der grundlegenden Bedeutung des gemeinsamen Essens; vgl. hierzu auch den Beitrag »Langsam hineinwachsen«, S. 52, sowie »Die Tischgemeinschaften Jesu in ihrem Bezug auf sein Wirken und seine Botschaft«, »Das jüdische Passah-Mahl mit seinem Vergegenwärtigungscharakter im Blick auf das Rettungshandeln Gottes«, »Die Emmauserzählung in Verbindung mit der Erfahrung der Jugendlichen mit Erinnerungs- und Vergegenwärtigungszeichen«), den Jugendlichen bekannt oder bereits Gegenstand des Konfirmandenunterrichts gewesen sind.

1 Das Abendmahl. Eine Orientierungshilfe zu Verständnis und Praxis des Abendmahls in der Evangelischen Kirche, vorgelegt vom Rat der Evangelischen Kirche in Deutschland, Gütersloh 2003.
2 Schmidt, Heinz: Jugend und Abendmahl, in: ZThK 84 (1987), S. 215–231.
3 Winterhager-Schmid, Luise: Das Jugendalter – Zeit der Entwicklung, in: Handbuch für die Arbeit mit Konfirmandinnen und Konfirmanden, hg. v. Comenius-Institut in Verbindung mit dem Verein KU-Praxis, Gütersloh 1998, S. 41–57.

Baustein »Das tut zu meinem Gedächtnis«

Ziele

- Die Abendmahlselemente Brot und Wein sollen in ihrer Herkunft und Bedeutung verstanden werden. (kognitiv)
- Ihr Zusammenhang mit zentralen Jesusgeschichten, mit seiner Botschaft und seinem Wirken soll deutlich werden. (kognitiv)
- Die sinnenhafte Erfahrung der Gegenwart Jesu im Abendmahl sollen für den Gruppenprozess fruchtbar gemacht werden. (affektiv)

Organisation und Durchführung: Der Baustein eignet sich besonders für eine KU-Freizeit. Die bietet neben der intensiven Erfahrung des gemeinsamen Lebens auf Zeit auch freizeitpädagogische Möglichkeiten zur Förderung des Gruppenprozesses. Im Vorfeld sollten das Passah-Mahl und die Erzählung von den Emmaus-Jüngern eingeplant werden. Das Konfirmandenabendmahl schließt die KU-Freizeit am Sonntagmorgen ab. Es sollten dafür insgesamt 60 Min. vorgesehen werden. Ebenfalls kann man den Baustein zum Abschluss eines Konfisamstags zum Thema Abendmahl durchführen.

Material: Die Anzahl der einzelnen Materialien richtet sich nach der Anzahl der Jugendlichen, die an der Einheit teilnehmen. Die Materialien für die Methoden der RPP sollten grundsätzlich sorgfältig gewählt werden und den Eindruck von Einzigartigkeit und Werthaftigkeit vermitteln. Dabei ist die Verwendung von Naturmaterialien ratsam.

Im Einzelnen wird Folgendes benötigt:

- Je 1 (Spring-)Seil (Länge mindestens 1m) pro Teilnehmer/in
- 12 verschiedenfarbige Baumwolltücher (80 x 80 cm)
- 1 große, schöne Kerze
- 1 Krug mit Wein bzw. Traubensaft
- 12 Tonbecher bzw. Kelche oder Gläser für den Wein bzw. Traubensaft
- 1 Korb mit Brot
- Je 1 rundes, farbiges Filzdeckchen (ca. 34cm) p.T.
- Je 3 Steine p.T.
- Je 1 Teelicht p.T. im Teelichthalter
- 2–3 lange, dünne Kerzen zum Anzünden der Teelichter

Themenschwerpunkt ist die Erzählung vom letzten Abendmahl in Markus 14,12–26. Die Abschiedssituation trifft sich mit der Situation der Jugendlichen am Ende der Freizeit, die gleichzeitig auch fast das Ende des Konfirmandenunterrichts insgesamt bedeutet. Die gemeinsame Zeit, die im Rahmen der Freizeit zu einer Intensivierung des Gruppenprozesses geführt hat, geht zu Ende und das Erlebte ist noch deutlich präsent. Die Gruppe befindet sich in der Differenzierungsphase. Sie erlebt sich als stabile Einheit, in der die einzelnen Mitglieder in ihrer Individualität und mit ihren unterschiedlich ausgeprägten Beziehungen zueinander einen Platz gefunden haben. Diese Gemeinschaft kann zum Anknüpfungspunkt für die Tischgemeinschaft der Jünger bei Jesu Abschiedsmahl werden und den Jugendlichen das Abendmahl als Zurüstung der Nachfolgegemeinschaft Jesu erschließen. Die unmittelbar vorangegangene Stunde hat durch die Behandlung der Emmaus-Erzählung unausgesprochen die Frage impliziert, warum die Jünger Jesus gerade in der Tischgemeinschaft und in Brot und Wein erkannt haben. Sie soll nun ausgesprochen und anhand von Markus 14,12–26 beantwortet werden. Ziel ist es, die Jugendlichen in die Dynamik des Geschehens in Markus 14,12–26 hineinzunehmen, ihnen einen Platz an Jesu Tafel anzubieten und seine ermutigende Gegenwart in Brot und Wein im Vollzug der Feier des Abendmahls zu erleben. Als Methode kommen, neben der narrativen Verknüpfung von Markus 14,12–26 mit den in den vorangegangenen Stunden erarbeiteten intertextuellen Bezügen, Elemente der »Religionspädagogischen Praxis« (RPP) nach Franz Kett (siehe dazu Kett [2002] und Schneider [1996]) zum Einsatz, um die Jugendlichen auf der Erlebnis- und Handlungsebene mit der Erzählung in Berührung zu bringen.[4]

Schritt 1: Ankommen in der Gemeinschaft (5 Min.)

Entsprechend der Teilnehmendenzahl wird ein Stuhlkreis gestellt. Die Materialien werden auf einem Tisch hinter dem Platz des Erzählers/der Erzählerin bereitgelegt.

Impuls: **Lied:** Komm, sag es allen weiter (EG 225)
»Unser Wochenende/Tag geht seinem Ende entgegen. Wir haben eine Menge erlebt und viel Spaß zusammen gehabt. Viele haben sich noch einmal ganz neu und anders kennen gelernt und es ist eine richtig stabile Gruppe entstanden, in der jeder und jede seinen bzw. ihren Platz gefunden hat.«

4 Siehe dazu: Kett, Franz: Ganzheitliche, sinnorientierte Pädagogik – Ein Weg religionspädagogischer Praxis, in: Methodisches Kompendium für den Religionsunterricht 2. Aufbaukurs, hg. v. G. Adam u. R. Lachmann, Göttingen 2002, S. 128–143. Schneider, Martin: Religionspädagogische Praxis als Weg ganzheitlicher Erziehung. Ein Darstellungs- und Interpretationsversuch, Landshut 1996.

Arbeitsanweisung: *»Jeder und jede bekommt ein Seil. Knotet es rechts und links bei dem der Nachbarn an, so dass es uns alle verbindet!«*

Hinweis: Das Sitzen im Stuhlkreis ist ein äußeres Zeichen für das, was inhaltlich geschehen soll. Die Gruppe erlebt die gewachsene Gemeinschaft am Ende der Freizeit. Die Aktion des Seil-Knüpfens vertieft dieses Erleben und bringt die Jugendlichen in gemeinsames Handeln.

Schritt 2: Die Erzählung vom Abendmahl (5 Min.)

Impuls: »Wir haben schon von den Emmaus-Jüngern gehört, denen Jesus auf dem Weg begegnet ist, ohne dass sie ihn erkannten. Erst als er Brot und Wein mit ihnen geteilt hat, wussten sie plötzlich, wer er war. – Was ist an Brot und Wein so besonders, dass sie ihn daran erkennen konnten? – Um das zu verstehen, muss man wissen, was am letzten Abend geschah, kurz bevor Jesus verhaftet wurde. – Davon möchte ich euch heute Morgen erzählen …«

»Die Festtage stehen bevor und Jesus ist mit seinen Jüngern nach Jerusalem gekommen. Um am Abend das Passah-Mahl zu feiern, hat Jesus zwei der Jünger losgeschickt, um alles dafür vorzubereiten: das ungesäuerte Brot, den Wein, die bitteren Kräuter, das Salzwasser, den Früchtebrei und das Passa-Lamm. In einem Saal mit vielen gemütlichen Polstern decken sie den Tisch. Drinnen ist es ruhig, von all dem Trubel und Lärm auf der Straße ist fast nichts zu hören. Als es Abend wird, kommt Jesus mit seinem engsten Jüngerkreis zusammen. Sie versammeln sich um die Tafel, reden und lachen. Jesus schaut sich um. Es sind alle da, alle zwölf. Die, die schon lange mit ihm unterwegs sind. Er kennt sie gut. Schließlich sind sie im Laufe der Zeit zu seiner Familie geworden.«

Arbeitsanweisung: *»Legt das Seil, das uns verbindet, vor euch auf den Boden!«*

Hinweis: In Anknüpfung an die Emmaus-Jünger wird die implizite Frage nach der Einsetzung des Abendmahls ausgesprochen und der Themenschwerpunkt der Stunde benannt. Das Erzählen von Markus 14,12–26 nimmt das bereits Erarbeitete auf und macht die Bezüge zur Einsetzung des Abendmahls deutlich. Durch die Aktionen werden die Jugendlichen in das Geschehen der Erzählung eingebunden. Das Seil aus der Eröffnung symbolisiert jetzt den Raum, in dem das Abschiedsmahl Jesu stattfindet. So beginnen die Jugendlichen damit, dem Thema der Stunde in der Mitte des Stuhlkreises sichtbare Gestalt zu geben.

Schritt 3: Die Jünger am Tisch Jesu (5 Min.)

Das folgende Auslegen der Tücher geschieht möglichst ohne mündliche Anweisungen. Der Erzähler/die Erzählerin geht auf eine/n Jugendliche/n zu und bedeutet ihm/ihr, mit ihm/ihr das Tuch auszubreiten und zu halten. Er/sie dirigiert ihn/sie mit dem Tuch an die richtige Stelle und sie legen das Tuch gemeinsam ab. Mit den zwölf Tüchern für die Jünger entsteht ein buntes Rechteck inmitten des Stuhlkreises, das den Tisch für das Abendmahl symbolisiert.

Impuls: »Da sind die beiden Brüder. Nett, freundlich und hilfsbereit. *[Zwei Tücher ausbreiten]* Dann gibt es einen, der ist ein ziemlicher Angeber. Der hat immer eine große Klappe und hält sich für den Größten. Aber wenn es dann ernst wird, dann zeigt sich meist, dass da nicht viel dahinter ist. *[Tuch ausbreiten]* Dann ist da noch einer, der ist nicht gerade der Hellste. Der braucht meistens ziemlich lange, bis er etwas versteht. Den anderen ist das ziemlich peinlich. *[Tuch ausbreiten]* Ein anderer hat nur Augen für Geld. Er verwahrt das Geld der Jünger und passt unheimlich auf, dass es nur für Dinge ausgegeben wird, die er sinnvoll findet. Einige sagen von ihm, dass er für Geld sogar seinen besten Freund verraten würde. *[Tuch ausbreiten]* Dann ist da einer, der hat eigentlich immer Angst, vor allem und jedem. Den müssen sie oft regelrecht an die Hand nehmen, damit er sich traut mitzukommen. *[Tuch ausbreiten]* Dann ist da noch der Witzbold der Gruppe. Egal was kommt, er hat immer den passenden Spruch auf Lager. Da haben die anderen manchmal Bauchschmerzen vor Lachen. *[Tuch ausbreiten]* Ja, und dann ist da noch einer, der hat an allem etwas auszusetzen. Der nörgelt ständig rum und es gibt scheinbar nichts, was ihm recht ist. Aber trotzdem ist er schon lange dabei. *[Tuch ausbreiten]* Ein anderer ist ein ganz ruhiger Typ. Er sagt nur selten etwas und dabei weiß er beinahe alles. Wer ihn nicht kennt, der kann sich wirklich über ihn wundern. *[Tuch ausbreiten]* Dann ist da einer, der klebt an Jesus wie eine Klette. Ständig hält er sich in dessen Nähe auf. Von allen hat er die engste Beziehung zu ihm. Deshalb nennen sie ihn auch den Liebling. *[Tuch ausbreiten]* Dann ist da noch einer, der ist deutlich älter als die anderen. Den kann nichts aus der Ruhe bringen. Er hat schon viel erlebt, ihm kann man so leicht nichts vormachen. *[Tuch ausbreiten]* Schließlich ist da noch einer, der ist unglaublich stark. Wenn er auf jemanden zugeht, dann bekommt man es leicht mit der Angst zu tun. Mit dem legt sich keiner gerne an. *[Tuch ausbreiten]*«

Schritt 4: Der gedeckte Tisch (3 Min.)

Impuls: »Das sind sie, die Zwölf. Jesus kennt jeden von ihnen, kennt ihre Stärken und Schwächen. Er findet es gut, dass sie alle so verschieden sind und er mag sie alle. Jesus verbindet sie. Wegen ihm sitzen sie alle zusammen an einem Tisch.« *[Kerze anzünden und Brot und Wein auf die Tücher stellen]*

Der Erzähler/die Erzählerin deckt den bunten Tisch mit Brot und Wein. Er/sie stellt eine große Kerze in der Mitte auf, die die Gegenwart Jesu symbolisiert, durch den die Gemeinschaft zustande kommt.

Schritt 5: Die Konfirmand/innen am Tisch Jesu (3 Min.)

Impuls: »Die Gemeinschaft Jesu gibt es bis heute. Als Christinnen und Christen gehören wir dazu und tragen seinen Namen. Auch wir sind ganz verschiedene Menschen. Auch wir haben alle unsere eigene Geschichte, mit Höhen und Tiefen. Wir alle haben unsere Stärken und Schwächen. – Und auch wir sind von Jesus eingeladen, am Tisch seiner Jüngerinnen und Jünger zu sitzen.« *[Filzdecken austeilen]*

Arbeitsanweisung: »Breitet die Filzdecke, die ihr nun bekommt, vor euch aus!«

Indem die Jugendlichen die Filzdecken wie Stühle um den Tisch legen, finden sie selber einen Platz am Tisch Jesu.

Schritt 6: Schuldbekenntnis (5 Min.)

Impuls: »Die Jünger sind an diesem Abend zusammen, um das Passah-Mahl zu feiern, das an die Rettung des Volkes aus Ägypten erinnert. Eigentlich ist das nichts Besonderes. Das Fest feiern sie jedes Jahr. Doch diesmal ist etwas anders. Jesus spricht davon, dass er sterben wird. Dass er verhaftet und als Verbrecher verurteilt wird zum Tod am Kreuz. Und er spricht davon, dass sie alle, seine Jünger und Freunde, ihn verlassen werden. Dass sie ihn in den schwersten Stunden seines Lebens im Stich lassen werden. – Zuerst macht sie das traurig, weil Jesus ihnen so etwas zutraut. Doch dann wird ihnen klar, dass er vielleicht Recht haben könnte. Schließlich sind sie nicht immer gute Freunde. Manchmal passiert es, dass sie gerade den Menschen wehtun, die sie am meisten mögen. Und gerade wenn es schwierig wird, wenn es tatsächlich um Leben und Tod geht, dann weiß keiner, wie sie sich verhalten werden. Sie bekommen Angst. Auch wir sind nicht immer nur gute Freunde. Auch wir tun anderen weh oder lassen sie im Stich. Auch in unserem Leben gibt es nicht nur helle, sondern auch dunkle Seiten. Auch wir kennen Trauer und Angst.«

Arbeitsanweisung: »Ihr bekommt nun einige Steine. Sie sollen die dunklen Seiten in unserem Leben symbolisieren. Ihr könnt sie für eure Angst, eure Trauer, eure Fehler auf eure Filzdecke legen.«

Schritt 7: Zeichen der Gegenwart Jesu (5 Min.)

Impuls: »Jesus weiß, wie es seinen Freunden geht. Er weiß ganz genau, wie schwer es für sie sein wird, wenn er sterben und sie allein lassen muss. Er sucht etwas, das die Jünger seine Nähe spüren lässt, auch wenn er nicht mehr bei ihnen ist. Er sucht etwas, das er ihnen geben kann, damit sie darin Trost und Hoffnung finden. Das sie zusammenhält, so wie er sie zusammengehalten hat. – Da fällt sein Blick auf den Tisch: Brot und Wein! Das Mahl soll sie zusammenhalten. Es soll sie daran erinnern, dass an seinem Tisch für jeden Platz ist. Dass alle kommen dürfen, wie sie sind. Dass gerade auch die eingeladen sind, die sonst niemand haben will. Das Mahl soll sie daran erinnern, dass sie zusammengehören. Wie Schwestern und Brüder in einer großen Familie. Das Mahl soll sie daran erinnern, dass Gott, der Vater, seine Kinder nicht alleine lässt. Dass er auch heute Menschen rettet und befreit, damit sie voller Hoffnung und Mut in die Zukunft schauen. So wie er damals das Volk Israel aus Ägypten befreit hat. Und mehr noch: Das Mahl soll der Ort sein, an dem er selber bei ihnen sein wird. An dem sie seine Nähe spüren können, sehen und schmecken in Brot und Wein. Sie sollen es nicht nur hören, sondern erleben können, was er ihnen versprochen hat: Ich bin bei euch alle Tage! Die Jünger auf dem Weg nach Emmaus haben das erlebt. In Brot und Wein war Jesus ihnen nahe, obwohl sie ihn nicht mehr sahen. Da wussten sie, dass er lebt!

Wenn wir das Abendmahl feiern, ist das auch heute so. Jesus ist spürbar bei uns. Sein Mahl verbindet uns mit ihm und untereinander.« *[Teelichter verteilen, anzünden und auf die Filzdecken stellen.]*

Arbeitsanweisung: »Ihr bekommt nun ein Teelicht. Ihr könnt es an der großen Kerze anzünden und auf eure Filzdecke stellen.«

In der Erzählung wird an die Mahlgemeinschaft Jesu mit den Zöllnern und Sündern angeknüpft, die von Jesus an seinen Tisch eingeladen werden. Brot und Wein und die Tischgemeinschaft im Namen Jesu werden in der Erzählung als sichtbare und schmeckbare Zeichen der Nähe Jesu dargestellt. Die Feier des Abendmahls stiftet Gemeinschaft in Jesu Namen und ermutigt und stärkt seine Gemeinde durch seine Gegenwart. Das Anzünden der Teelichter symbolisiert die Gegenwart Jesu und knüpft an die Geschichte von den Emmaus-Jüngern an.

Schritt 8: Feier des Abendmahls (20 Min.)

Lied: Er ist das Brot, er ist der Wein (EG 228)

Impuls: »Wir wollen nun miteinander das Abendmahl feiern. Jesus selber lädt uns dazu ein. Wir erinnern uns dabei an das Abendmahl, das er kurz vor seinem Tod mit seinen Jüngern gefeiert hat:
Unser Herr Jesus Christus, in der Nacht, da er verraten ward und mit seinen Jüngern zu Tische saß, nahm er das Brot, sagte Dank und brach's, gab es seinen Jüngern und sprach: Nehmet hin und esset. Das ist mein Leib, der für euch gegeben wird. Das tut zu meinem Gedächtnis. Desgleichen nach dem Mahl nahm er den Kelch, sagte Dank, gab ihnen den und sprach: Nehmet hin und trinket alle daraus. Das ist mein Blut des neuen Bundes, das für euch und für viele vergossen wird zur Vergebung der Sünden. Das tut zu meinem Gedächtnis.«

Lied: Vater unser, Vater im Himmel (EG 188)

Brot und Traubensaft werden geteilt.
»Jesus Christus spricht: Siehe, ich bin bei euch alle Tage, bis an das Ende der Welt. Geht hin im Frieden des Herrn. Amen.«

Die Feier des Abendmahls bildet den Höhepunkt der Stunde. Die einfache liturgische Gestalt konzentriert sich auf das Erleben der Gemeinschaft im Teilen von Brot und Wein im Vollzug dessen, was gerade gemeinsam erarbeitet worden ist. Die Einsetzungsworte müssen für andere Landeskirchen an die jeweilige Agendenformulierung angepasst werden.

Lied: Wenn das Brot, das wir teilen …

Impuls: »Nehmt das Seil in die Hand und lasst uns zum Segen aufstehen!
Möge Gott euch den Mut zum Träumen geben und die Kraft, jeden Tag neu den Aufbruch zu wagen. Möge Gott euch voran ziehen und zugleich euer Schutz sein. Möge Gott euch ein Leben in Fülle schenken, damit ihr das Lied der Erlösung singt. Möge eure Freundschaft erhalten bleiben, auch wenn eure Wege euch auseinander führen.

So segne und behüte euch der allmächtige und barmherzige Gott, der Vater, der Sohn und der Heilige Geist. Amen.«

Bernd Wildermuth nach einer Idee von Sandra Weller-Steinmetz

Am Tisch des Herrn

Konfirmandinnen und Konfirmanden erarbeiten ein Anspiel für einen Abendmahlsgottesdienst zum Abschluss einer Einheit zum Abendmahl

Einleitung

Der folgende Baustein versucht, die Aspekte der Beziehung und Teilnahme am Abendmahl hervorzuheben. Ausgangspunkt ist das bekannte Bild von Leonardo Da Vinci »Das letzte Abendmahl«. Zunächst wird durch Nachstellen die Tischgemeinschaft des letzten Abendmahls erkundet (Schritt 1). Dann wird die Szene geöffnet (so wie das Bild zum Betrachtenden hin geöffnet ist) und erarbeitet, wer alles wie am Tisch Jesu Platz findet. So soll es den Konfirmandinnen und Konfirmanden wie auch der Gemeinde neu bewusst werden, dass sie mit ihren eigenen Erwartungen und Hoffnungen an den Tisch des Herrn geladen sind.

Baustein
Am Tisch des Herrn

Material

- Beamer, Laptop,
- Das letzte Abendmahl (**M 1a**), Das letzte Abendmahl mit Namen der Jünger (**M 1b**)
- Tische, Stühle, weiße Tischdecken
- Brot und Kelch
- Rollenkarten mit Text (**M 2**)
- Namenskarten der Jüngerfiguren

Schritt 1: Standbild mit Leonardo da Vincis »Letztem Abendmahl« (30 Min.)

▶ Hinführung
Impuls: »Das wohl berühmteste Abendmahlsbild der Welt hat unsere Vorstellung der Abendmahlsszene mitgeprägt. Das Bild hat Leonardo da Vinci gemalt und sein Titel lautet schlicht ›Das letzte Abendmahl‹. Es ist 1494 gemalt und vor kurzem restauriert worden.« (Bild zeigen) »Beschreibt, was ihr seht!«
Die Jugendlichen beschreiben das Bild.

▶ Die Jünger auf dem Bild
Weiterführender Impuls: »Die Jünger und Jesus nehmen jeweils eine eigene, sich voneinander unterscheidende Position ein. Einige Jünger kennt ihr vielleicht etwas näher, die anderen sind eher unbekannt. In der Bibel wird nicht viel über sie berichtet. Man weiß jedoch, wer auf dem Bild welcher Jünger ist. Ich zeige euch das einmal« (**M 1a** einblenden).

▶ Bild nachstellen
Impuls: »Wir werden dieses Bild jetzt einmal nachstellen. Dazu brauchen wir Tische, 13 Stühle und weiße Tischdecken.« (Die Jugendlichen bauen eine lange Tafel auf und sammeln sich davor. Am besten so, dass das Leonardo-Bild vom Tisch aus gesehen werden kann.)

Anschließend werden 13 Jugendliche ausgewählt, besser sind Freiwillige, und jede/r erhält die Namenskarte einer Jüngerfigur (Karten bitte selbst gestalten). Der mittlere Platz wird freigehalten. Die anderen Jugendlichen werden zu »Erbauern«. Je nach Gruppengröße sind sie für eine oder mehrere Personen zuständig. Erst wenn alle Jüngerfiguren fertig sind, setzt sich Jesus in die Mitte und nimmt dessen Haltung ein. Haben alle ihre Position und Haltung eingenommen, geht der/die Unterrichtende von Jünger zu Jünger und interviewt jeden einzelnen. Interviewfragen können lauten:

- Wie geht es dir (Name des Jüngers)?
- Was fühlst und denkst du?

Weiter kann nach Beziehungen und Haltungen gefragt werden.

- Du schaust ja gar nicht auf Jesus. Was ist los?
- Johannes, du lehnst dich so an Petrus an. Hat er dir etwas zu sagen?

Jeder Person werden zwischen drei und fünf Fragen gestellt. Die letzte lautet für alle gleich: *Wenn du einen Satz zu deiner Befindlichkeit sagen könntest, wie würde der lauten?*

Jesus wird als letzte Person interviewt. Anschließend werden alle gebeten, noch einmal genau die Haltung einzunehmen, die ihnen die Erbauer zugewiesen haben, und sprechen alle in der Reihenfolge, in der sie interviewt worden sind, ihren Satz.

Schritt 2: Erarbeitung eines Gottesdienstanspiels (45 Min.)

Impuls: »Ihr habt es wahrscheinlich schon selbst gemerkt. Das Bild Leonardo da Vincis ist zum Betrachter/zur Betrachterin hin offen. Es ist eine Einladung, sich zu den Jüngern und Jesus an den Tisch zu setzen. Das wollen wir jetzt in vielfältiger Art und Weise tun. Wir setzen Personen dazu, die ihr schon aus der Bibel kennt, und auch fiktive andere Personen.« (**M 2** wird ausgeteilt.)

Die Konfirmanden und Konfirmandinnen wählen ihre Rollen selbst aus. Manche der Jugendlichen wollen vermutlich eine bestimmte Rolle, teils weil sie sie als Herausforderung sehen, teils weil sie sich wohl einer Figur nahe fühlen. Die Konfirmanden und Konfirmandinnen haben die Aufgabe, ihrer ausgewählten Person am Abendmahlstisch Jesus gegenüber Worte zu geben. In Kleingruppen tragen sie ihr Vorwissen über die jeweiligen biblischen Figuren zusammen und erarbeiteten ihre Texte für das Anspiel.

Die von den Jugendlichen erarbeiteten Texte werden abgeschrieben, vervielfältigt und mit der ganzen Gruppe in der Kirche geübt. Eltern können sich am Aufbau einer langen Abendmahlstafel vor dem Altarraum für das Anspiel beteiligen. Weitere Beteiligungsmöglichkeiten der Konfirmanden und Konfirmandinnen sind das Sprechen der Einsetzungsworte sowie Hilfestellung bei der Austeilung des Abendmahls.

Hinweis zur Durchführung im Gottesdienst:
Zu Beginn des Anspiels zündet ein Konfirmand / eine Konfirmandin eine (von den Jugendlichen im Rahmen der Taufeinheit verzierte) Christus-Kerze an der Osterkerze an und stellt sie an den Platz Jesu in der Mitte des Abendmahlstisches. Die Jugendlichen setzen sich als Gäste Jesu nacheinander an den Tisch und richten ihre Worte von Dank, Klage, Bitte, Freude und Erstaunen an Jesus. Der Tisch füllte sich so mit den Eingeladenen wie: Petrus, ein Konfirmandenvater, Maria Magdalena, zwei Konfirmanden und andere, unterbrochen durch ein Abendmahlslied der Konfirmanden und Konfirmandinnen. Jede/jeder zündet nach den zu Jesus gesprochenen Worten seine/ihre mitgebrachte Kerze an der Christus-Kerze an. Die Abendmahlstafel bleibt zur Gemeinde hin offen und lädt so in Anlehnung an Leonardo da Vincis Bild die Gemeinde als Gäste zur anschließenden Abendmahlsfeier ein.

Materialien zu diesem Beitrag auf CD-ROM

M 1a DAS LETZTE ABENDMAHL: LEONARDO DA VINCI, AM TISCH DES HERRN

M 1b LEONARDO DA VINCIS ABENDMAHL MIT NAMEN

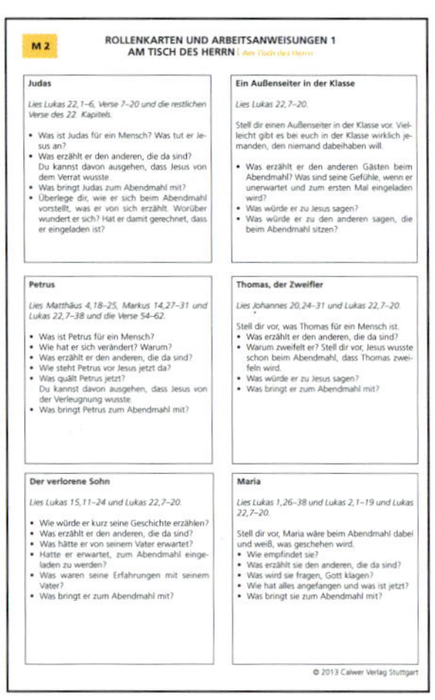
M 2 ROLLENKARTEN UND ARBEITSANWEISUNGEN 1 AM TISCH DES HERRN

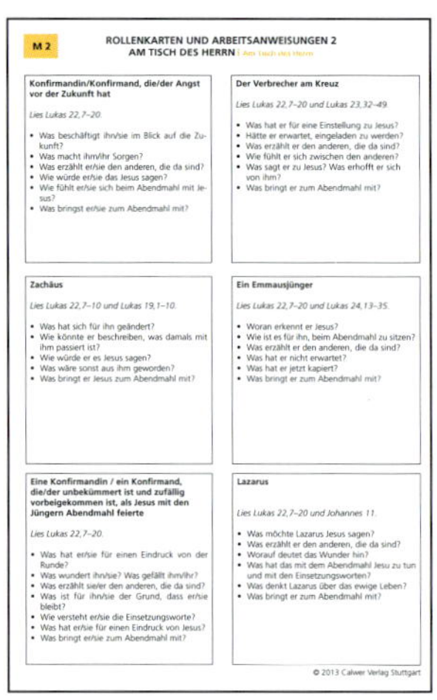
M 2 ROLLENKARTEN UND ARBEITSANWEISUNGEN 2 AM TISCH DES HERRN

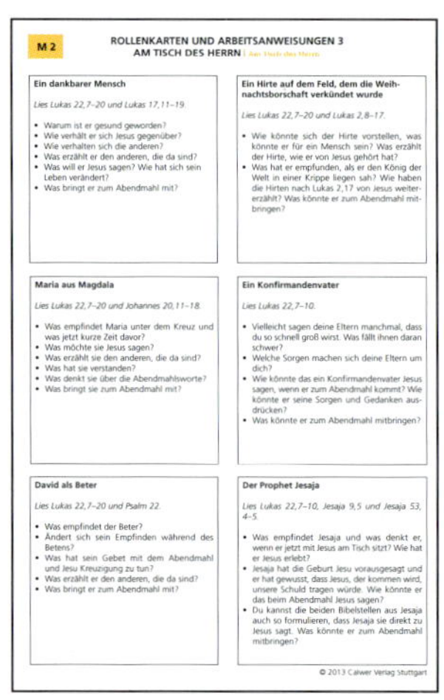
M 2 ROLLENKARTEN UND ARBEITSANWEISUNGEN 3 AM TISCH DES HERRN

Die Konfirmand/innen und die Diakonie

Die Jugendlichen und das Thema

Vielen Konfirmand/innen wird die Diakonie nur von den Fahrzeugen in der Straße oder von den Plakaten präsent sein, auf denen für Spenden geworben wird. Die Begegnung mit Menschen in Not ist für die Konfirmand/innen meist nicht Alltagserfahrung. Alte Menschen (vielleicht auch die Großeltern), Menschen mit Behinderungen leben oft in entsprechenden Einrichtungen, so dass die Erfahrung von Begegnung weitgehend fehlt. Solche Begegnungen müssen allererst wieder ermöglicht werden.

Für viele Jugendliche ist es dann aber eine eindrückliche Erfahrung, im Rahmen eines diakonischen Praktikums anderen Menschen zu helfen. Sie erleben sich dabei, etwas Gutes und Sinnvolles zu tun. Und sie werden mit Lebensschicksalen konfrontiert, denen sie so vielfach in ihrem Alltag noch nicht begegnet sind. Dadurch werden sie herausgefordert, sich mancher »Zumutung« zu stellen. Sie erleben eigene und fremde Möglichkeiten und Unmöglichkeiten und machen in all dem die Erfahrung, gebraucht zu werden.

Dabei kommt es immer wieder zu ähnlichen Fragen, die im Zusammenhang mit dem diakonischen Handeln aufkommen:

- Warum müssen Menschen leiden? Warum gibt es Behinderung und Krankheit?
- Warum hilft Gott nicht? Warum lässt Gott das zu?
- Was gehört zu einem (noch) guten Leben dazu? Können Alte, Kranke, Behinderte auch (noch) gut leben?
- Ist es gerecht, dass es manchen so gut geht und andere unter Armut und Ausgrenzung zu leiden haben?
- Was kann ich tun? Wie kann geholfen werden?
- Wie können Menschen das aushalten, jeden Tag anderen zu helfen, die krank sind oder behindert oder unansehnlich?

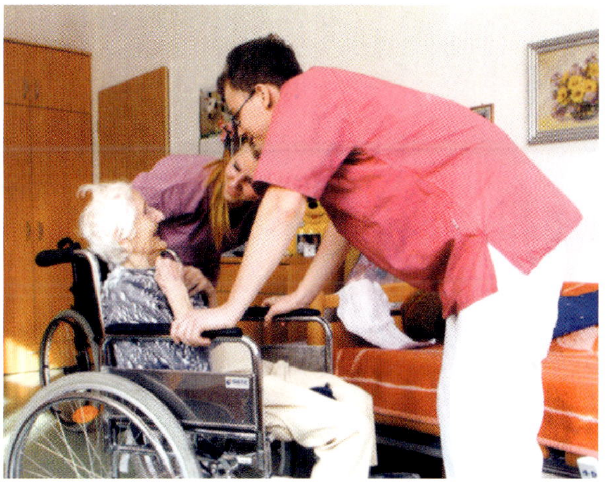

Damit sind als elementare Fragen benannt:

- Die Frage nach dem Leid und der Verantwortung Gottes.
- Die Frage nach dem guten Leben, der Lebensqualität.
- Die Frage nach der (sozialen) Gerechtigkeit.
- Die Frage nach der Glaubwürdigkeit und dem Wesen von Kirche.
- Die Frage nach der eigenen Verantwortung und Hilfsbereitschaft.

Das Thema »Diakonie« zeigt sich so als ein sehr produktives und zentrales Thema der Konfirmandenzeit. Diakonie ist gelebtes Evangelium. Wird dieser Zusammenhang zum Thema, dann bekommen die Konfirmand/innen die Möglichkeit, die für sie wichtige Frage nach der Übereinstimmung von Reden und Tun also der Glaubwürdigkeit, der Kirche und ihres eigenen Handelns ins Gespräch zu bringen. Denn Jugendliche sind kritisch und prüfen streng auf Authentizität und Glaubwürdigkeit.

Kirche und Glaube sind somit auf dem Prüfstand. Sie können sich gerade im diakonischen Handeln in ihrer Alltagsrelevanz und Glaubwürdigkeit darstellen.

Theologische Impulse und pädagogische Intentionen

Diakonie ist als Lebensäußerung der Kirche gelebtes Evangelium.

- Diakonie ist ein wesentliches Merkmal der Kirche – so wie der Gottesdienst (leiturgia), das Zeugnis (marturia) und die Gemeinschaft (koinonia). Der barmherzige Samariter, Jesu Rede vom Weltgericht in Matthäus 28, die Berichte von der Urgemeinde, sie alle zeigen, dass die Hilfe für den Nächsten eine Grunddimension des Glaubens ist.

- Diakonie ist das »Gesicht der Kirche«. Für viele Menschen ist die Arbeit der Diakonie das, was sie von Kirche wahrnehmen und zumeist positiv einschätzen. Daran kann in der KA angeknüpft, vielleicht sogar mit seinem Pfund gewuchert werden. Dabei kommt es nun darauf an, den Zusammenhang von Diakonie und Gottesdienst, von Glaubensinhalten und Glaubensleben deutlich zu machen. Diakonie ist eben nicht die etwas andere Kirche, sondern Teil und wesentliches Element der einen Kirche.

- Diakonie macht deutlich: Kirche ist in der Gesellschaft verankert und hat eine Mitfürsorge für das Gemeinwohl. Die Kirche ist Hilfsgemeinschaft, sie sorgt für »die Brüder und Schwestern« und sie wendet sich der »Welt« zu. Kirche lebt nicht für sich selbst, sondern bezeugt allen Menschen Gottes Liebe. Deshalb sucht sie der Stadt Bestes (Jeremia). Mit der Diakonie rückt die Gesellschaft und all das, was darin Not macht, in den Blick. Neben Krankheit und Behinderung werden so auch Armut, Gerechtigkeit, Teilhabe, Krieg und Frieden, die Ökologie und vieles mehr zum Thema. Wie Gesellschaft sein soll und was dafür getan werden kann sind wichtige Themen für die KA.

- Diakonie ermöglicht Helfen. Sie bietet Einsatzorte und Unterstützung, so dass erlebt werden kann, wie man selbst einen sinnvollen Beitrag leistet. Damit bringt Diakonie Menschen, die Hilfe brauchen zusammen mit Menschen, die helfen können. Diakonie wendet sich den Menschen in Not vor Ort zu und baut die entsprechenden notwendigen Strukturen auf. Entsprechend gibt es nicht überall alle Arten von diakonischen Einrichtungen. Gleichwohl ist jeder Gemeinde aufgetragen, für ihren Lebensraum zu prüfen, was Not tut und dafür zu sorgen, dass Hilfe möglich wird. Das kann und soll auch zu einer gemeinsamen Aufgabe mit den Konfirmand/innen gemacht werden, indem Ausschau nach nötigen Projekten gehalten wird.

- Diakonie erinnert an Grenzen des Lebens. In der Begegnung mit Menschen in Not nehmen Konfirmand/innen Einschränkungen und Grenzen wahr. Behinderungen, Krankheiten, Armut, … Zugleich ist es Aufgabe der KA, deutlich werden zu lassen, dass solche Grenzen allen Menschen – also auch den Konfirmand/innen – gesetzt sind. Das wird Unbehagen, vielleicht sogar Angst auslösen, ist aber im Blick auf die vielfach traumartigen Lebensvorstellungen der Jugendlicher von großer Bedeutung. Wichtig werden kann da der Glaubenssatz, dass Gott alle Menschen gleich liebt – unabhängig davon, ob sie unter Einschränkungen oder Defiziten leiden. Da öffnen sich ein Fenster zur Frage nach dem, was Leben lebenswert macht, ein Fenster zur Theodizee, aber auch zu den Wundergeschichten, den Zeichen des Gottesreiches und zur Vision aus Offenbarung 21.

- Diakonie rückt den ganzen Menschen in den Blick. Der Mensch wird wahrgenommen als ein Wesen mit Leib und Seele, mit Körper und Geist. Und es zeigt sich, dass der Glaube es auch mit dem ganzen Menschen zu tun hat. Seelenheil und körperliches Wohlergehen sind sicherlich auch Themen der Jugendlichen.

Damit geht es beim Thema »Diakonie« darum, den Jugendlichen Erfahrungen mit sich selbst angesichts von Menschen in Not zu ermöglichen. Reine Informationsveranstaltungen über die Diakonie oder eine Bearbeitung der biblischen Quellen allein reichen also nicht aus.

Die so ermöglichten Erfahrungen und Begegnungen sollen dann noch einmal Thema der KA werden und mit Kirche und Glauben in Beziehung gesetzt werden. Es braucht eine Vor- und eine Nachbereitung der diakonischen Aktionen.

Diakonie vor Ort, ↗ S. 49, ◎ S. 65
Neue Schritte auf alten Pfaden, ◎ S. 74

Cornelia Krause und Ute Fassel

Diakonie vor Ort

Einleitung

Jeden Montagnachmittag um 15 Uhr geht Jochen ins Haus am Weinberg zum Spaziergangstreff. Für eine Stunde begleitet er zusammen mit anderen Ehrenamtlichen eine Gruppe rollstuhlfahrender Bewohner/innen. Jochen kann sich vorstellen Sanitäter zu werden, in der Pflege einen Beruf zu erlernen oder zumindest dort seinen Zivildienst zu machen. Kennen gelernt hat Jochen das Haus im Rahmen des Diakonie-Projektes, das seine Konfirmandengruppe im Oktober 2004 durchgeführt hat.

Das Haus am Weinberg in Stuttgart-Obertürkheim ist eine Einrichtung des Wohlfahrtwerkes Baden-Württemberg, in der etwa 130 alte oder behinderte Menschen wohnen und Betreuung und Pflege in Anspruch nehmen können. Auch durch Kurzzeitpflege, Tagespflege und weitere mobile Dienste vor Ort ist das Haus mit dem Stadtteil Obertürkheim verbunden.

Wir legen Wert darauf, dass die Konfirmand/innen in ihrem Diakonie-Projekt eine Einrichtung vor Ort kennen lernen und Kontakt zu Bewohner/innen und Mitarbeitenden aufnehmen. Dabei ist uns die Nähe der Einrichtung zu den Menschen im Stadtteil wichtiger als die Zugehörigkeit des Trägers zur Diakonie. Die Einrichtung pflegt eine gute und offene Kooperation mit den Kirchengemeinden. Das Engagement vieler Haupt- und Ehrenamtlicher – z. B. in der Hospizgruppe und im Besuchsdienst – ist von einer christlichen Haltung getragen, hat aber keinen konfessionellen Charakter.

Die räumliche Nähe kann bei den Jugendlichen zu der Einsicht führen, dass wir den Dienst am Menschen nicht an Spezialisten delegieren müssen, sondern uns selbst dafür einsetzen können, ganz gleich, ob wir einen sozialen Beruf ausüben oder nicht. Die Begegnungen während der Hospitation sowie die Präsentation tragen dazu bei, dass sich die Menschen in den Einrichtungen integriert fühlen. Befindet sich die Einrichtung am Ort, kann der Kontakt weiter gepflegt oder noch verstärkt werden – zum Beispiel, wenn die Konfirmand/innen den Stand des Hauses auf dem Weihnachtsmarkt entdecken oder den Bewohner/innen mit einem Klavierschülervorspiel eine Freude machen.

Dass Menschen sich einander zuwenden und sich als zusammengehörig erkennen (Lisa: »Hallo Frau I., ich kenne Sie, Sie haben doch bei uns nebenan gewohnt«) ist ein wichtiger Schritt zu einer Diakonie, die Kennzeichen der Gemeinde sein will. Insofern kann das Diakonie-Projekt im Konfirmandenunterricht mit dem Thema »Kirchengemeinde/Gemeindeleben« verknüpft werden. Als Lerntext aus dem Katechismus wird das Doppelgebot der Liebe mit dem Diakonie-Projekt zusammengebracht. In Bezug auf den Gottesdienstablauf lernen die Konfirmandinnen und Konfirmanden, dass in der Fürbitte und bei der Bitte um das Opfer die christliche Gemeinde regelmäßig für hilfebedürftige Menschen betet, über ihre Situation informiert und für sie gespendet wird.

Es bietet sich an, das Diakonie-Projekt auch im Gemeindebrief ausführlich zu berücksichtigen, etwa im Zusammenhang mit der Woche der Diakonie. Dadurch wird die Konfirmandengruppe und ihr Projekt öffentlich gewürdigt; gleichzeitig werden die Anliegen der überörtlichen Diakonie und der tätigen Nächstenliebe am Ort miteinander verknüpft. Die Ehrenamtsbeauftragte des Hauses am Weinberg erstellte für uns eine Fotodokumentation, die am Tag der offenen Tür und später beim Gottesdienst zu sehen war. So wurde das Konfi-Projekt zum Gesprächsanlass für Gemeindeglieder (»War euer Christian auch mit im Haus am Weinberg? Was hat er gemacht?«) und Hausbewohnern (»Die Kleine von Schmids war da, die hab ich schon im Kinderwagen gesehen.«).

Eltern meldeten zurück, dass das Diakonie-Projekt zu den Themen der Konfirmandenarbeit gehört habe, über das ihre Kinder am ausführlichsten erzählt hätten. Auch bei den Konfirmandeneltern-Besuchen wurde die Pfarrerin häufig auf das Projekt angesprochen. Familienerfahrungen mit Behinderung, Alter, Krankheit und Heimaufenthalt kamen dabei zur Sprache. Das Diakonie-Projekt vor Ort stärkte auf diese Weise auch die Seelsorgebeziehungen zwischen Pfarrerin und den Familien der Konfirmand/innen.

Das Projekt wurde von Ute Fassel, Sozialpädagogin und Ehrenamtsbeauftragte im Haus am Weinberg, in Zusammenarbeit mit Cornelia Krause, Pfarrerin der evangelischen Kirchengemeinde Obertürkheim, entwickelt und mit zwei Konfirmandenjahrgängen erprobt. Es hat eine gute und große Resonanz bei den Jugendlichen, in der Kirchengemeinde und in der Einrichtung gefunden.

Baustein 1
»Ach so sieht es hier aus« – ein erster Halbtag in der Einrichtung (Samstag, 3 Stunden)

Ziele: Die Konfirmand/innen lernen eine Einrichtung vor Ort, eine Mitarbeiterin und eine Bewohnerin kennen. Sie werden sensibilisiert für einen achtsamen Umgang mit bedürftigen Menschen. Sie fassen die Möglichkeit eigener Mitwirkung und Begegnung in dieser Einrichtung für sich ins Auge.

- Kennen lernen der Ehrenamtsbeauftragten und einer Bewohnerin (30 Min.)
- Spiel zur Aufmerksamkeitsübung (30 Min.)
- Kennen lernen der Einrichtung (75 Min., einschl. einer Pause)
- Verteilung der Hospitations- und Mitwirkungsmöglichkeiten (45 Min.)

Baustein 2
»Da bin ich dabei« – Hospitation und Mitwirkung bei einer Aktivität der Einrichtung (im Zeitraum von ca. drei Wochen)

Ziele: Die Konfirmand/innen machen die Erfahrung eigener Mitwirkung in der Einrichtung.

Baustein 3
»Helfen find' ich gut« – ein zweiter Halbtag in den Räumen der Kirchengemeinde (Samstag, 3 Stunden)

Ziele: Die Konfirmand/innen reflektieren ihre Erfahrungen im Rahmen des Nächstenliebegebotes oder anderer biblischer Texte. Sie üben, sich in einen Menschen in völlig anderer Lebenslage hineinzufühlen. Sie lernen durch Spiele, dass siegt, wer das Schwache schützt und wer als »Behinderter« mit anderen gut kooperieren kann. Sie kennen das Doppelgebot der Liebe auswendig.

- Auswertung der Erfahrungen im Diakonie-Projekt (30 Min.)
- Empathieübung mit Sprechblasen:
  a) Was denkt ein alter Mensch?
  b) Was bekommt er zu hören? (45 Min.)
- Spiele zum Umgang mit Schwächen (Schwache Maus, Der Blinde und die Lahme) (30 Min., einschließlich Pause)
- Das Doppelgebot der Liebe:
  a) Vertraut werden mit Lukas 10,25–37
  b) Sprechmotette dazu
  c) Glaube mit Hand und Fuß zu Hebräer 4,14–16 (75 Min.)

Baustein 4
»Wir können was erzählen« Mitwirkung im Gottesdienst, Präsentation der Erfahrungen

Baustein 1
»Ach so sieht es hier aus« – ein erster Halbtag in der Einrichtung (ca. 3 Stunden)

Begrüßung der Konfirmand/innen durch die Pfarrerin und die Ehrenamtsbeauftragte im Clubraum der Einrichtung. Dort hat sich eine der Heimbewohnerinnen und Vorsitzende des Heimbeirates eingefunden. Die Gruppe sitzt in einem Stuhlkreis. Die Mitte ist mit einem Tuch und Gegenständen aus dem Alltag von Bewohner/innen gestaltet.

Schritt 1: Kennen lernen

Vorstellungsrunde mit der Frage: *»Wer hat dieses Haus schon einmal betreten? Wer kennt andere ähnliche Einrichtungen?«*
Für mehr als die Hälfte der Jugendlichen ist dies der erste Besuch einer sozialen Einrichtung. Die Heimbewohnerin stellt sich ebenfalls vor und ermutigt die Jugendlichen Fragen zu stellen. Sie kündigt an, dass die Gruppe später ihre Wohnung besichtigen darf.

Runde mit Gegenständen
Ansage: *»Die Gegenstände in der Mitte stammen aus dem Alltag von Bewohner/innen. Nehmt euch einen Gegenstand, der euch an eine eigene Erfahrung mit einem alten Menschen erinnert, und erzählt uns davon. Oder ihr sprecht über einen Gegenstand, den ihr mit einer Hoffnung oder Befürchtung im Blick auf alte Menschen verbindet.«* Die Erzählrunde soll nicht durch anhaltende Diskussionen oder Kommentare unterbrochen werden.

Schritt 2: Spiel

Die Gruppe stellt sich im Kreis auf.. *»Ich werfe dir jetzt einen Tennisball zu und sage deinen Namen, Anja. Du wirfst den Ball weiter an einen von uns und nennst ihren/seinen Namen. Jede und jeder soll einmal drankommen.«* Die Heimbewohnerin beteiligt sich aus ihrem Rollstuhl heraus ebenfalls an dem Spiel. Nach der ersten

Runde: *»Wir machen nun eine zweite Runde. Ich bitte euch die Reihenfolge vom ersten Mal genau zu wiederholen.«*

Nach der zweiten Runde: *»Wir wiederholen die Runde und ich nehme jetzt noch einen zweiten und einen dritten Tennisball hinzu.«*

Dann werden die Tennisbälle wieder eingesammelt und ein rohes Ei hervorgeholt. Die Gruppe reagiert überwiegend mit Bestürzung und Ablehnung: »Das ist nicht Ihr Ernst!«

Aufgabenstellung: *»Wir machen das Gleiche wie vorher nun mit diesem rohen Ei.«* In der Regel fällt das Ei irgendwann herunter. Ein Eimer und ein paar Küchentücher zum Aufwischen müssen bereitstehen. *»Wir machen einen neuen Versuch mit einem zweiten Ei. Was können wir tun, damit das Ei nicht herunterfällt?«* Die Äußerungen auf diese Frage machen bewusst, worauf es ankommt. Meist gelingt mindestens eine Spielrunde mit dem rohen Ei.

Voraussetzungen und Material

- Gegenstände aus dem Alltag von Bewohner/innen (u.a. Pflegehilfsmittel wie Schnabelbecher)
- 3 Tennisbälle
- mindestens 2 rohe Eier
- Eimer, Lappen, Küchentücher
- ein Raum mit einem leicht aufwischbaren Boden
- eventuell Fragebogen für Hauserkundung
- Plan mit abgesprochenen Hospitations- und Mitwirkungsmöglichkeiten in der Einrichtung

Auswertung im Stuhlkreis: *»Wie ist es euch ergangen?«* Eventuell genau nachfragen: *»Was hat sich durch das Ei im Spiel verändert?«* Erfahrungen aus der Erprobung sind etwa: »Die Gruppe rückte unwillkürlich enger zusammen. Aufmerksamkeit und Konzentration beim Spiel waren sehr hoch. Alle Gruppenmitglieder waren sehr präsent, jeder passte auf und versuchte beim Zuspiel auf seinen Nächsten zu achten. Manche waren übervorsichtig und haben das Ei der Mitspielerin in die Hand gelegt. Manche waren mutig, aber alle sind erschrocken, als das Ei kaputt ging.«

Mit der Fragestellung: *»Was brauchen wir im Umgang mit alten und hilfebedürftigen Menschen?«* kann eine Übertragung vom Spiel auf den Alltag im Heim versucht werden.

Schritt 3: Die Hauserkundung

Sie kann entweder in der Gruppe oder einzeln geschehen. Die **gemeinsame Hausführung** beginnt auf dem Dach. Die Konfirmand/innen werden durch Schätzfragen miteinbezogen (Wie viele Bewohner? Wie viele Ehrenamtliche? usw.). Interessant sind z. B.:

- das Pflegebad – dort kann evtl. ein Badewannenlift ausprobiert werden;
- der Andachtsraum – hier kann die Kooperation mit der Kirchengemeinde angesprochen werden (wöchentliche Andachten, einmal jährlich ökumenischer Gemeindegottesdienst, Hospizgruppe);
- der Speisesaal und die Cafeteria – hier gibt es einen kleinen Snack;
- der Ergotherapieraum;
- Wochenpläne, Fotos von Aktivitäten der Heimbewohner;
- Rollstühle – sie dürfen vor dem Haus ausprobiert werden (schieben, geschoben werden, sich selbst fortbewegen).

Am Schluss der Führung wird ein Gruppenfoto aufgenommen.

Vorteile dieser Variante: Die Konfirmand/innen bekommen Räume von besonderem Interesse zu sehen; die Begegnungen mit den Bewohner/innen können begleitet und eventuell entschärft werden.

Bei der **Hauserkundung auf eigene Faust** lernen die Konfirmand/innen das Haus je zu zweit kennen. Dabei ist ein nach örtlichen Begebenheiten formulierter Fragebogen hilfreich. So haben sie die Möglichkeit, Bewohner/innen oder Mitarbeiter/innen anzusprechen.

Vorteile dieser Variante: Mehr Spontanität; die Konfirmand/innen sind in Bewegung; spielerischer Charakter.

Wohnungsbesichtigung: Eine Heimbewohnerin berichtet aus ihrem Alltag. Dabei stellt sie auch die Geräte vor, die ihr den Alltag erleichtern: Pflegebett, Leselupe, E-Rolli etc.

Schritt 4: Verteilung der Hospitations- und Mitwirkungsmöglichkeiten

Zurück in der Gruppe stellt die Ehrenamtsbeauftragte die Hospitations- und Mitwirkungsmöglichkeiten in den kommenden Wochen vor. Für die Verteilung sollten mindestens 45 Min. einplant werden, da diese nicht nur der Organisation dient, sondern ausschlaggebend ist für die Motivation und Haltung der Konfirmand/innen gegenüber dem Projekt. Mit der Auswahl oder Zuteilung ist zugleich das aktive Heraustreten des Einzelnen aus der Gruppe verbunden, das die Voraussetzung für jedes soziale Engagement ist. Deshalb ist die Verteilung ein ganz wichtiger Punkt für die oft erstmalige Erfahrung in diesem Bereich. Die Konfirmand/innen brauchen hier Sicherheit: Mit wem gehe ich hin? Was erwartet mich? Was muss ich tun?

Ansage: *»Ihr könnt euch zu zweit zusammentun, je nachdem, welche Nachmittage in eurem Stundenplan frei sind. Dann überlegt euch, welches Angebot euren Interessen und Fähigkeiten entspricht. Es gibt keine Gewinner und Verlierer bei der Verteilung, vielmehr müsst ihr herausfinden, was am besten zu euch passt.«*

Die einzelnen Möglichkeiten sind im Raum verteilt auf Zetteln ausgehängt. *»Stellt euch bitte zu der Aktivität eurer Wahl.«*
»Warum ist dieser Nachmittag von niemandem gewählt worden?«

Gegebenenfalls für die Aktivitäten werben, die zeitlichen Verpflichtungen genau klären und genügend Geduld und Beharrlichkeit für diesen Schritt mitbringen! Wenn die Verteilung gelungen ist, wird mit jeder Gruppe geklärt, ob sie weiß, was sie erwartet, was sie mitbringen, wo und bei wem sie sich melden soll.

Baustein 2: »Da bin ich dabei« – Hospitation und Mitwirkung bei einer Aktivität der Einrichtung

Beispiele aus der Erprobung siehe Kasten (rechts oben). Die notwendigen Absprachen mit den ehrenamtlichen oder hauptamtlichen Leiter/innen der Kreise und Nachmittage sollten im Vorfeld getroffen werden. Die Jugendlichen werden jeweils 10 Min. vor Beginn der Aktivität an den Empfang des Hauses bestellt und dort abgeholt.

Mögliche Aktivitäten

- **Spaziergangstreff**
  Montags, 15.00 bis 16.00 Uhr
  nur wenn es nicht regnet
  Aufgabe: mit einer Gruppe Rollstuhlfahrer und Ehrenamtlichen zusammen einen Spaziergang machen – Frischluft tanken – Rollstuhl schieben.
  4 Personen
- **Nachmittag für Demenzkranke**
  Dienstag oder Mittwoch, 14.00 bis 17.00 Uhr
  Aufgabe: Bunter Nachmittag für Menschen mit Demenz. Kaffeetrinken, Singen, Rätsel, Bewegungsspiele und anderes, mit dabei sein, helfen, wo nötig.
  1 Person pro Nachmittag
- **Bastelkreis**
  Freitags, 14.30 bis 16.00 Uhr
  Aufgabe: mit Bewohnern und zwei Ehrenamtlichen zusammen basteln, z. B. ausschneiden, kleben usw.
  Hergestellt werden Dinge zur Hausdekoration beim Herbstfest.
  2 Personen
- **Gemütliches Kaffeetrinken**
  Freitags, 14.00 bis 16.00 Uhr
  Aufgabe: Zuhause einen Kuchen für die Kaffeerunde backen und diesen mitbringen. Zur Gestaltung des Nachmittags etwas einbringen, z. B. Musik, Vorlesen, kleine einfache Bastelei oder anderes.
  2–3 Personen
- **Zeitungsleserunde**
  Freitags, 15.00 bis 16.00 Uhr
  Aufgabe: dabei sein, vorlesen, zuhören, sich mit Bewohnern über Ereignisse austauschen, eventuell etwas Interessantes mitbringen.

Baustein 3: »Helfen find' ich gut ...« – ein zweiter Halbtag in den Räumen der Kirchengemeinde (Samstag, 3 Stunden)

Für diesen Halbtag ist es sinnvoll, mindestens zwei ehrenamtliche Konfi-Team-Mitarbeiter/innen einzubeziehen.

Schritt 1:

Ankommen im Stuhlkreis um die gestaltete Mitte. Ein ehrenamtlicher Mitarbeiter probiert mit den Konfirmand/innen die Trommeln aus. Begrüßung und Ansage des Themas: *»Wir wollen heute von euren Begegnungen im Diakonie-Projekt hören, eine Geschichte Jesu zur Nächstenliebe kennen lernen und den Gottesdienst morgen miteinander vorbereiten.«*

Schritt 2: Andacht im Stuhlkreis/Stehkreis:

- Lied EG 646,1–5 (Aus Gottes guten Händen).
- Gebet mit Bewegungen: Ich stehe Gott vor dir (siehe *anknüpfen Praxisideen*, Jesus Christus von der Auferstehung her gesehen, Baustein 2, Schritt 1, ↗ S. 183, ◎ S. 436), dieses Gebet ist ein Ritual, das die Gemeinschaft und Offenheit in der Gruppe stärkt.

- ▶ Vaterunser
- ▶ Lied EG 650,1–3 (Liebe ist nicht nur ein Wort) Dieses Lied wird neu eingeführt und im Gottesdienst am darauf folgenden Sonntag gesungen.

Schritt 3:

Die Konfirmand/innen erhalten eine kurze Rückmeldung der Ehrenamtsbeauftragten zu ihrem Projekt. Ansage: »Wir möchten euch bitten, uns und euch gegenseitig zu erzählen, woran ihr teilgenommen und was ihr erlebt habt. Ich habe zur Unterstützung einige Fragen aufgeschrieben (**M 1**). Heiko, bitte lies die Fragen.«

»Setzt euch nun so zusammen, wie ihr die Aktivitäten besucht habt, und erzählt gemeinsam davon.«

Beispiele aus der Erprobung:
»Die Frau, die ich geschoben hab', die hat immer gelacht, das war voll gut«.

»Bei uns, die eine, die hat's überhaupt nicht gecheckt – und meine Mutter hat gesagt, sie hat die gekannt, die war ganz normal früher«.

»Ich habe meinen Hund zum gemütlichen Kaffeemittag mitgebracht, Frau Fassel hat es erlaubt, und das war toll, alle wollten ihn streicheln und viele haben von ihren Tieren von früher erzählt«.

Schritt 4: Vertiefung I

Empathieübung in drei Gruppen.

Ansage im Plenum: »Ihr habt Menschen in einer hilfsbedürftigen Lebenslage kennen gelernt. Schaut euch nun dieses Bild (**M 2a**) eines alten Menschen an. –

Überlegt:
- Was tut ihm gut?
- Wie kann man ihm helfen?
- Was wünscht er sich vom Leben?
- Was kann er nicht leiden?
- Was wünscht er sich, wie Menschen mit ihm umgehen?

Formuliert die Wünsche und Erwartungen des Menschen in wörtlicher Rede und schreibt sie auf Sprechblasen, die ihr aus dem hellblauen Papier ausschneidet.

Überlegt in einer zweiten Runde:
- Was könnte seine Pflegerin zu ihm sagen?
- Was könnte sein Enkel zu ihm sagen?
- Was könnten seine Tochter oder andere Verwandte zu ihm sagen?
- Wie verhält sich sein Arzt zu ihm?
- Was bekommt er von seinen Nachbarn zu hören?

Formuliert die Aussagen und Ansichten der Menschen, die mit diesem Mann zu tun haben, in wörtlicher Rede und schreibt sie auf Sprechblasen, die ihr aus dem hellrosa Papier ausschneidet.

Die Konfirmandinnen und Konfirmanden führen die Aufgabe in Tischgruppen und mit Unterstützung der Mitarbeiter/innen aus.

Schritt 5: Vertiefung II

Plenum im Stuhlkreis.
Ansage: »Ich stelle hier einen Stuhl her und brauche jetzt jemanden, der bereit ist, hier als dieser alte Mann zu sitzen. – Nun bitte ich jeweils eine oder einen aus jeder Gruppe, dass ihr die blauen Sprechblasen mitnehmt, euch hinter den Stuhl des alten Mannes stellt und seine Wünsche formuliert.«

»Danke. In einer zweiten Runde hören wir uns an, was dieser alte Mann von seiner Umgebung alles zu hören bekommt. Das machen wir so, dass jede und jeder von euch einen Kommentar oder eine Äußerung übernimmt.«

Zu dem Konfirmanden in der Mitte. »Wie geht es unserem alten Mann? Wie fandest du das, was du gehört hast?« »An alle: Was ist euch aufgefallen? Was war schwierig?«

Schritt 6:

»Nehmt nun die weißen Zettel mit und geht noch einmal in eure Gruppen. Überlegt, was Gott zu diesem alten Mann sagt oder was dieser alte Mensch zu Gott sagt. Schreibt es auf. Klebt dann alle eure Sprechblasen auf euer Bildplakat und hängt es hier im Raum auf.«

Pause mit Getränken. Nach der Pause folgen verschiedene Spiele, die das Thema der Hilfe und Unterstützung spielerisch aufnehmen.

a) Schwache Maus
Vorgaben: Spielfeldbegrenzung bei länglichem Spielfeld.

Eine »Katze« wird ausgewählt und von der Gruppe abgesondert. Sie hat die Aufgabe, die »schwache Maus« zu fangen – zunächst ohne zu wissen, wer das ist. Die Gruppe legt heimlich fest, wer die »schwache Maus« ist, informiert die Mitarbeiter/innen und versucht die »schwache Maus« so gut zu schützen, dass sie als letztes übrig bleibt. Katze und Gruppe stellen sich auf den gegenüberliegenden Seiten des Spielfeldes

Material und Vorbereitung:

Raum: Stuhlkreis mit gestalteter Mitte (Blumen, Tücher, Trommeln) sowie Tischgruppen.

Material

- EG, Gitarre oder Klavier
- Plakat (**M 1**) mit Fragen
- Flipchart oder Tafel und Kreide
- 3 Bildplakate (**M 2a**)
- 3 hellblaue, 3 hellrosa DIN-A4-Blätter zum Ausschneiden von Sprechblasen, Scheren
- Pinnwand oder Magnettafel, Pins oder Tesakrepp
- Blatt mit Bibeltext Lukas 10,25–37 oder Bibeln
- Textblatt mit Doppelgebot der Liebe im Großdruck (**M 3**)
- Buntstifte, Klebstoff
- Tücher in der halben Anzahl der Gruppenmitglieder für das Spiel

auf und starten nach einem Signal, um auf die andere Seite zu gelangen bzw. die Mäuse zu fangen. Die gefangenen Gruppenmitglieder scheiden aus.

b) Der Blinde und die Lahme
Vorgaben: Tücher in der halben Anzahl der Gruppenmitglieder. Spielfeldbegrenzung bei länglichem Spielfeld.

Die Konfirmand/innen finden sich zu zweit zusammen. Sie vereinbaren, wer beim Spiel der/die Blinde, wer der/die Lahme ist. Die Blinden und Lahmen stellen sich an den gegenüberliegenden Seiten des Spielfeldes auf. Den Blinden werden die Augen verbunden. Es ist nun die Aufgabe der Lahmen, ihren jeweils blinden Partner zu sich zu dirigieren; dann müssen die Blinden ihre Lahmen huckepack nehmen. Gewonnen hat das blind-lahme Paar, das zuerst am Ausgangspunkt der Blinden wieder angekommen ist.

Nach der Pause und den Spielen wird mit den weiteren Schritten der Gottesdienst vorbereitet, ggf. auch in mehreren Gruppen.

Zur Vorbereitung des Gottesdienstes:

Schritt 7:

Wir lesen gemeinsam Lukas 10,25–37 (Predigttext des Sonntags). In Gruppen besprechen wir den Text mit folgenden Fragen:
»Welche Frage stellt der Schriftgelehrte an Jesus?
Wie antwortet Jesus?
Passt die Antwort zur Frage?«

Impuls: *»Auf die Frage ›wer ist mein Nächster?‹, erzählt Jesus eine Geschichte. Was meinst du, warum Jesus die Geschichte erzählt? Was will er damit sagen? – Was gefällt dir daran?«* – Dieses Gespräch dient zugleich als Vorbereitung auf die Predigt.

Schritt 8:
Sprachgestaltung zum Doppelgebot der Liebe

Mit dem Textblatt **M 3** geht die Gruppe in den Kirchenraum und stellt sich in einer Reihe im Altarraum auf. Zunächst wird dreimal chorisch das Doppelgebot der Liebe gesprochen. Dann wird das Blatt weggelegt und der Text auswendig gesprochen. Es folgen verschiedene Experimente mit dem Text.

Frage: *»Wie könnte man die Betonung verändern? Wer hat eine Idee?«* Mit solchen Impulsen entwickelt sich ein Rap, bei dem beispielsweise die Worte »du sollst deinen Nächsten lieben wie dich selbst« ständig wiederholt werden. Das Sprechen kann mit Bewegungsformen verbunden werden: die Gruppe teilt sich, zieht durch die Kirche, trifft sich wieder. Eine Sprachgestaltung, die immer leiser wird und in der lautlosen Bewegung der Lippen endet, veranschaulicht beispielsweise das Innewerden des Gebotes. Die Sprachgestaltung kann im Gottesdienst gezeigt, in die Predigt eingebaut und bei der Konfirmation wieder aufgenommen werden.

Baustein 4: »Wir können was erzählen« – Mitwirkung im Gottesdienst, Präsentation der Erfahrungen

Ideen für die Gottesdienstgestaltung:

1) Empathieübung
In den Altarraum wird ein Stuhl gestellt, von dem aus die Äußerungen des alten Menschen vorgetragen werden. Mit Rollenschildern (Enkel, Ärztin, Nachbarin usw.) werden dann die Äußerungen der Umwelt laut. Den Abschluss bilden die Ideen, was Gott sagen könnte. Dazu können auch die entstandenen Plakate gezeigt oder im Gottesdienstraum aufgehängt werden.
2) Rap zum Doppelgebot der Liebe
3) Die Konfirmand/innen formulieren Fürbitten.
4) Das Opfer wird für die Arbeit der Hospizgruppe erbeten. Die Abkündigung des Opfers wird mit einer Information über die Arbeit verbunden und von zwei Konfirmand/innen übernommen.
5) Bei einem Stehempfang im Anschluss an den Gottesdienst kann eine Fotodokumentation des gesamten Diakonie-Projektes gezeigt werden.

Als Textalternative kann für den Gottesdienst auch mit Hebräer 4,14–16 gearbeitet werden:

Glaube mit Hand und Fuß, eine kreative Lesung von Hebräer 4,14–16: Jede/jeder darf ein Wort oder eine Wendung aus dem Text herausgreifen und laut lesen. Es ist darauf zu achten, dass alle zu Wort kommen und die Übung nicht zu viel Tempo bekommt. Das kreative Lesen schließt den Text auf und macht ihn plastisch.

Ansage: »Im Text gibt es zwei Selbstaufforderungen: ›lasst uns festhalten‹, dafür soll diese Hand stehen, und ›lasst uns hinzutreten zum Thron der Gnade‹, dafür soll dieser Fuß stehen. Der Glaube bringt Menschen zum Handeln, dass sie festhalten, was ihnen wichtig ist und dass sie dafür auch eintreten und hervortreten. Besonders in der Nächstenliebe, im Umgang mit anderen Menschen, bekommt der Glaube Hand und Fuß. Ihr sollt nun überlegen, wie euer Glaube Hand und Fuß bekommen kann. Was ihr festhalten, wofür ihr eintreten wollt. Schneidet dafür die Umrisse eurer Hände und Füße aus (farbiges Papier) und schreibt jeweils eine Äußerung auf die Hand bzw. den Fuß.«

Im Gottesdienst: Papierstreifen mit dem Schriftzug »wenn mein Glaube Hand und Fuß bekommt« schreiben und auf Plakatständer heften. Röllchen aus Tesakrepp vorbereiten. Moderation durch Pfarrerin, dann treten Konfirmanden einzeln ans Mikrofon und sagen, was sie festhalten und wofür sie eintreten wollen. Nach ihren Äußerungen heften die Konfirmand/innen die ausgeschnittenen Hände und Füße an die Plakatständer. *(Idee nach Claudia Hofrichter u. a., Ich glaube. Jugendbuch zur Firmvorbereitung, Kösel-Verlag 1994, S. 113 ff)*

Materialien zu diesem Beitrag auf CD-ROM

M 1 **BEOBACHTUNGEN BEIM BESUCH DER DIAKONISCHEN EINRICHTUNG** | Diakonie vor Ort

- Woran hast du teilgenommen?
- Welchen Leuten bist du begegnet?
- Was hast du beobachtet?
- Wie ging alles vor sich?
- Was hat dir gut gefallen?
- Was würdest du verbessern?

M 3 **TEXTBLATT** | Diakonie vor Ort

Jesus sagt:
Du sollst den Herrn, deinen Gott,
lieben von ganzem Herzen,
von ganzer Seele und
von ganzem Gemüt.
Dies ist das höchste und größte Gebot.
Das andere aber ist dem gleich:
Du sollst deinen Nächsten lieben wie dich selbst.

Matthäus 22,37–39

M 2a **BILDER** | Diakonie vor Ort

M 2b **BILDER** | Diakonie vor Ort

Bei Durchführung des Diakoniepraktikums in einer Behinderteneinrichtung kann Bild M 2b verwendet werden. Mit freundlicher Genehmigung des © Diakonischen Werks der EKD.

Die Konfirmand/innen, ihre Identität, Lebenswelt und Lebensthemen

Jugendliche leben nicht in der Kirche, sie leben in ihren Lebenswelten. Und oft genug erscheinen ihnen der Mittwochnachmittag und der Sonntag als eine Sonderwelt des Glaubens, die mit ihren Welten wenig zu tun hat. Zugleich ist es Überzeugung und Anliegen der Konfirmandenarbeit, dass der Glaube seine Bedeutsamkeit und Hilfe gerade in den jeweiligen Lebenssituationen der Jugendlichen entfaltet.

Jungen und Mädchen befinden sich während der Konfi-Zeit in einer herausragenden Phase der Persönlichkeitsentwicklung. Sie sind nicht mehr Kind und noch nicht Erwachsene. Das ist für die Jugendlichen ebenso wie für die Eltern und alle, die mit den Jugendlichen zu tun haben keine leichte Zeit (»Eigentlich bin ich ganz anders«, ↗ S. 269, S. 762; Elternabend: »... wenn Eltern in ein schwieriges Alter kommen«, S. 756). In diese – sich immer mehr ausdehnende – Zwischenzeit der Jugend fallen zentrale entwicklungsbezogene Herausforderungen, die wir unter der Überschrift »Pubertät« zusammenfassen:

Die Jugendlichen müssen eine Beziehung zum eigenen, sich verändernden Körper aufbauen, in die eigene Geschlechterrolle hineinfinden, Selbstwertgefühl und Selbstbewusstsein ausbilden, Ihren Ort in der Gesellschaft erkunden, lernen, für das eigene Handeln Verantwortung zu übernehmen, ein persönliches Wertesystem aufbauen, einen eigenen Standpunkt behaupten und zugleich Gegenmeinungen aushalten können.

Sie müssen diese Herausforderungen in verschiedenen Lebensbereichen annehmen, nämlich in der Familie, der Schule, der Peergroup, anderen Gruppen, Vereine und in der Gesellschaft insgesamt.

Und sie müssen sich diesen Herausforderungen in ganz verschiedenen Lebenslagen stellen, die unter anderem bestimmt werden durch die sozialen und wirtschaftlichen Verhältnisse, die Art der besuchten Schule, die kulturelle Herkunft, das Milieu, dem die Jugendlichen entstammen und dem Lifestyle, der gerade angesagt ist.

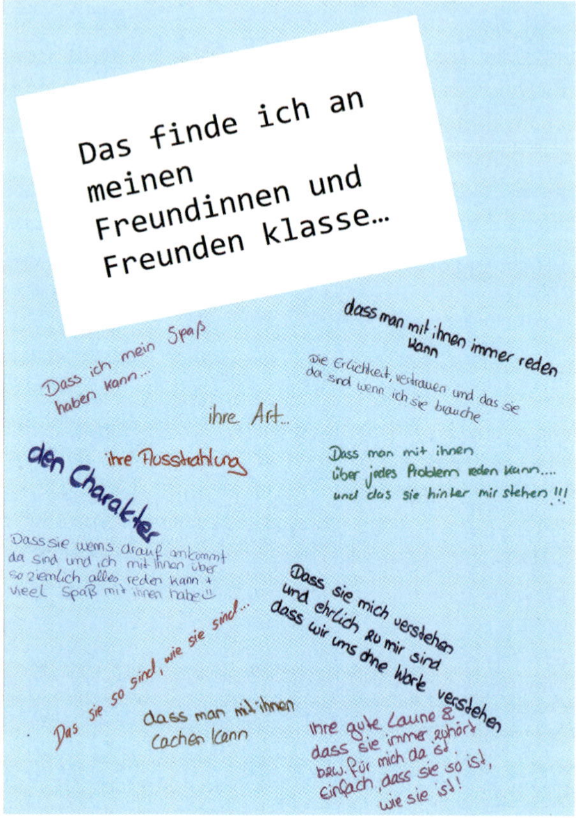

Für die Jugendlichen geht es in all dem darum, sich selbst und ihren Platz in der Welt zu entdecken und zu bestimmen.

Damit sind folgende elementare Fragen angesprochen:

- Wer bin ich? Wer will ich sein?
- Zu wem gehöre ich? Wo gehöre ich dazu? Wer hält zu mir?
- Was soll ich auf dieser Welt? Wo ist mein Platz? Was kann ich?
- Wie gelingt mir das Leben? Was ist Glück? Was ist Erfolg?
- Was ist mir wichtig/heilig? Worauf kommt es an im Leben?

Pädagogische und theologische Gesichtspunkte

Luthers Erklärung zum ersten Artikel des Glaubensbekenntnisses (»Ich glaube, dass Gott mich geschaffen hat … und noch erhält; mich mit allem, was not tut für Leib und Leben reichlich und täglich versorgt, in allen Gefahren beschirmt und vor allem Übel behütet und bewahrt; und das alles aus lauter väterlicher, göttlicher Güte und Barmherzigkeit ohn all mein Verdienst und Würdigkeit«) hält eine Reihe von Antwortperspektiven auf die elementaren Fragen bereit, die mit dem Thema der Identität und der Lebenswelt angesprochen sind. Besondere Bedeutsamkeit könnte für die Jugendlichen bekommen, dass unsere Identität in Gottes Schöpfungsakt begründet ist und durch Gottes erlösendes und vollendendes Handeln bewahrt wird. Das kann entlasten und die Freiheit geben, sich den einstellenden Herausforderungen zuzuwenden. Dazu aber muss diese Einsicht zu einem persönlichen Glaubenssatz werden.

Für die Konfirmandenarbeit bedeutet das zweierlei: (a) Sie muss zeigen, dass ihre Glaubensthemen etwas beitragen können zur Suche der Jugendlichen nach sich und ihrem Platz in der Welt. (b) Sie muss zeigen, dass Alltagsthemen auch Themen des Glaubens sind und deshalb Raum haben im Unterricht.

Die Inhalte des christlichen Glaubens und die Themen der Jugendlichen sind deshalb in einem offenen Suchprozess miteinander zu verschränken mit dem Ziel, sowohl den Glauben wie auch das Leben tiefer zu erfassen. So kann z. B. im Rahmen der Taufe das Thema der Identität aufgegriffen werden (Wer sagt mir, wer ich bin?, ↗ S. 224, ◉ S. 562), oder aber im Rahmen eines Alltagsthemas Grundaussagen des Glaubens eingespielt werden (Freundschaft: Marcel und Tina oder »Das 1 x 1 der Liebe«, ◉ S. 152; Inklusion: Drinnen oder draußen?, ◉ S. 850).

Dabei ist es egal, ob die biblisch-kirchliche Tradition oder die Alltagswelt der Jugendlichen den Ausgangspunkt bilden. Wesentlich ist, dass es zu einem Prozess des Erkundens der Beziehung beider kommt, in dem die Jugendlichen zusammen mit den Unterrichtenden Spuren der Lebensrelevanz des Glaubens entdecken und sich an diesen abarbeiten bzw. sie selbst erproben können. Es geht also darum, miteinander nach Antworten darauf zu suchen, wie Gott in dieser Welt am Werke ist und wie wir entsprechend leben können und sollen (Polizei hautnah, ◉ S. 248).

Die Jugendlichen beteiligen sich damit an der schon Jahrhunderte währenden Aufgabe, sich die Konsequenzen und Möglichkeiten des Glaubens für ihr eigenes Leben je neu zu erarbeiten. Eine Aufgabe, der sich jede Generation neu zu stellen hat. Denn die bislang gefundenen Antworten sind nicht der Weisheit letzter Schluss und sie sind eben auch nicht die eigenen Antworten. Die Lebensrelevanz des Glaubens ist aber etwas, was je für die Persönlichkeit und die eigene Lebenswelt erkundet werden muss.

Zwei sind besser als einer allein!, ↗ S. 58, ◉ S. 78

Gewinnen und verlieren – Biblische Erzählungen zur Genderfrage, ↗ S. 67, ◉ S. 121

Unverkennbar »ICH« – Was zu mir gehört!, ◉ S. 136

Aufgeben gilt nicht, ◉ S. 147

Marcel und Tina oder »Das 1x1 der Liebe«, ◉ S. 152

Schönheit, ◉ S. 166

Gottesdienste

»Eigentlich bin ich ganz anders, ich komm nur viel zu selten dazu«, ↗ S. 269, ◉ S. 762

Elternarbeit

»… wenn Eltern in ein schwieriges Alter kommen«, ◉ S. 756

Taufe

Wer sagt mir, wer ich bin?, ↗ S. 224, ◉ S. 562

Freundschaft

Marcel und Tina oder »Das 1x1 der Liebe«, ◉ S. 152

Inklusion

Drinnen oder draußen?, ◉ S. 850

Stefan Kammerer

Zwei sind besser als einer allein!

Freundschaft als Konfi-Thema

Fragt man Konfirmand/innen nach den Themen, die im Konfi eine Rolle spielen sollen, wird als erstes das Thema »Freundschaft« genannt. Dass dies für 13-Jährige ein zentrales Thema ist, wird keinem verborgen bleiben, der im Konfirmandenunterricht tätig ist. Ebenso wenig bleibt aber verborgen, dass es zu diesem Thema kaum adäquates Material gibt.

Woran mag das liegen? Ist das Thema für Erwachsene nicht oder nicht mehr wichtig? Kommt es in der Bibel nicht vor? Ist es im Konfi nicht relevant? Alle Fragen können m. E. mit nein beantwortet werden – insofern hindert nichts, »Freundschaft« im Konfi zu thematisieren. Auch wenn Freundschaft kein Katechismus-Thema ist: Mit der Bibel umgehen lernen, einen Gottesdienst gestalten und feiern, eigene elementare Fragen in die Kirche einbringen – das sind Dinge, die für Konfirmandenarbeit zentral sind. Die hier vorgeschlagene Einheit möchte zeigen, dass das Thema Freundschaft es leisten kann, diese zentralen Anliegen aufzunehmen und auszugestalten.

Die Einheit ist folgendermaßen angelegt: In einer ersten Phase wird ein sog. Kommunikationsbild angefertigt, das in Wort und Bild die Einstellungen der Konfirmand/innen zum Thema ausdrückt. Als Kommunikationsbild wird hier ein Bild auf einer möglichst langen Papierbahn bezeichnet, das dadurch zustande kommt, dass die Konfirmand/innen in ihm einen Kommunikationsprozess abbilden: Sie ordnen sich selbst einander und den ausgelegten Papierstreifen zu, sie nehmen eine Haltung ein, die für sie dem Thema Freundschaft entspricht und übertragen diese Haltung auf das Bild. Schließlich kommentieren sie ihr Bild durch die Hinzufügung ihres Namens und ihrer »Freundschaftsweisheit«.

Die zweite Phase bringt eine mehrstufige Auseinandersetzung mit Freundschaftssprüchen aus der Weisheitsliteratur des Alten Testaments. Die erste Stufe dient dem Wahrnehmen und der Vorstellung der Sprüche. Die zweite und dritte Stufe vertiefen die Auseinandersetzung und generieren jeweils ein Produkt (Standbild, Rap/Sprechgesang). Der Baustein ist darauf angelegt, in einen Gottesdienst zu münden. Dieser Gottesdienst bildet eine dritte Phase der Einheit.

Wichtig scheint es mir, das Thema Freundschaft Konfi-gemäß und nicht schulförmig zu behandeln, es in seiner ganzen Bandbreite und Offenheit wahrzunehmen und es nicht vorschnell lebensweltlich oder theologisch zu verengen auf Liebe/Sexualität, Freundschaft mit Gott oder Gemeinschaft. Erfahrungsgemäß wird das Thema »Freundschaft« so zu einem Feld, auf dem die Werte individueller Ethik zur Sprache kommen: Was ist der höchste Wert des Zusammenlebens? Was muss ich tun und wie muss ich sein, dass es mir gelingt, Freund/in eines anderen Menschen zu sein? Diese elementaren Fragen machen es auch möglich, das Thema Freundschaft beispielsweise mit der Taufe zu verknüpfen: Dort geht es darum, zu wem ich gehöre und wie sich das äußert – die Überschneidungen zu den Freundschaftswerten liegen auf der Hand. Auch mit dem Abendmahl kann das Thema verknüpft werden: Was sind Jesu Grundsätze und Werte, die der Mahlgemeinschaft mit anderen zugrunde liegen? Inwiefern können die Jünger als Freunde Jesu betrachtet werden?

Ziele: Die Konfirmand/innen benennen den für sie höchsten Wert der Freundschaft bzw. des Zusammenlebens. Sie verleihen ihren Freundschaftswerten künstlerisch und gemeinschaftlich Ausdruck.
Sie setzen sich mit biblischen Weisheiten und Werten des Zusammenlebens auseinander und eignen sich ausgewählte Worte an.
Sie präsentieren sich, ihre Werte und die biblischen Worte, die sie sich angeeignet haben, in einem Gottesdienst der Öffentlichkeit.

Organisation und Durchführung: Der Baustein ist für einen Konfi-Tag, alternativ aber auch für zwei 90-minütige Konfi-Nachmittage geeignet. In letzterem Falle ist darauf zu achten, das Kommunikationsbild aus Phase 1 sehr gut vorzubereiten und straff zu erarbeiten.
Die beigegebenen Arbeitsblätter (**M 1–4**) sind nicht nur für die Benutzung im Konfi gedacht, sondern haben zwei weitere wesentliche Funktionen: Zum einen dienen sie der Vorbereitung und Durchführung des Themas im Team; deshalb sind alle wesentlichen Impulse abgedruckt, sozusagen als Kurzfassung der didaktischen Erläuterung. Zum anderen machen sie den Konfi-Ordner zu einer Art Lese- und Erinnerungsbuch zum Thema, aber auch zum selbst erlebten Konfi; deshalb gibt es Leerräume für Fotos. Der Baustein passt m.E. eher in die Mitte oder an das Ende der Konfizeit, wenn davon auszugehen ist, dass die Konfis miteinander vertraut sind.

Vorbereitung

Bereits im Zuge der Vorbereitung ist zu bedenken, wie das Kommunikationsbild später – etwa im Gottesdienstraum – zu präsentieren ist. Die Länge und die Art der Aufhängung muss darauf abgestimmt werden. Die Papierstreifen sollten aber auf jeden Fall so lang wie möglich sein.

Wenn man will, kann man auf den Papierstreifen die unteren 20 cm durch einen Strich kennzeichnen (siehe Fotos): Sie bleiben von Umrissen und Ausgestaltung frei und dienen dazu, den Namen und die Freundschaftsweisheit der Konfis einzutragen. Es ist aber auch möglich, Namen und Weisheiten anders in das Bild zu integrieren und sie um die Umrisse herum zu schreiben.

Zu planen ist auch die Methode der Aufhängung. Bewährt hat sich, den oberen Rand des Papierstreifens rückseitig mit einem 5 cm breiten Kartonstreifen zu verstärken, diesen zu lochen und die Löcher als Aufnahmepunkte für Bilderhaken zu benutzen.

Der Konfi-Raum sollte komplett für die Erstellung des Kommunikationsbildes vorbereitet sein: Man kann z. B. die Zeichenpapierstreifen entlang der Wände auf den Boden legen und in der Raummitte einen großen Tisch aufbauen, auf dem alle benötigten Materialien für die Anfertigung und Ausgestaltung des Kommunikationsbildes liegen.

Es ist sinnvoll, diesen Baustein gemeinsam mit Teamern durchzuführen. Zur Vorbereitung rate ich, die Einheit im Schnelldurchlauf mit allen Teamern zu machen. Das macht Spaß und schafft zugleich Klarheit über das, was getan werden muss.

Überblick

Phase 1: Ein Kommunikationsbild von Freunden

Intention: Freundschaft(swerte) in Konfi-Optik darstellen (90–120 Min.), mehrschrittige Erstellung eines Kommunikationsbilds

Phase 2: Thema Freundschaft: … und die Bibel hat auch Recht

Intention: Biblische Freundschaftsweisheiten in den Dialog mit den Konfis bringen (60–90 Min.), mehrschrittige Aneignung und Umsetzung biblischer Weisheitssprüche

Phase 3: Gottesdienst

Intention: »Freundschaftsbotschaften« in kirchlicher Öffentlichkeit ausrichten (45–60 Min.), Gottesdienst mit den Produkten aus Phase 1 und 2

Zu klären ist:

- Wer zeichnet die Umrisse?
- Wer gibt die Impulse?
- Wer bereitet das Material vor und erklärt es den Konfis?
- Wie umgeht man mögliche Stolperfallen:
  - Was mache ich, wenn eine/r aus der Gruppe keinen Freund hat?
  - Was mache ich, wenn eine/r keine Gestaltungsidee hat?
  - Was mache ich, wenn Jugendliche mit Einschränkung in der Gruppe sind?
- Wie sehen die Übergänge aus, was kommt wann, wie ausführlich und warum?

Material

Für das Kommunikationsbild:

- Ölpastellkreiden; besonders zahlreiche schwarze (für die Umrisse)
- Zeichenpapierrolle 120 g, erhältlich in Rollen zu 10 m x 1 m. Ich rechne pro Person mit 50 cm Papierlänge, bei einer Gruppengröße von 20 Jugendlichen braucht man also 10 m Papier.
- Es empfiehlt sich, unter den Zeichenpapierstreifen eine Lage 1,5 m breiten Malerkrepp (erhältlich im Baumarkt) zu legen, um den Boden zu schützen.
- möglichst vielfältiges Material zum Ausfüllen der Umrisse: verschiedene Farben (Wachsstifte, Ölpastelle, Wasserfarben), Glitterpulver, Klebstoffe, Stoffe und Bänder, Glanzpapier, Krepppapier, Wolle, Watte und andere Materialien, mit denen die Umrisse ausgefüllt und beklebt werden können; außerdem Zeitungen und Illustrierte als Material für Collagen.
- Bezugsquelle für Zeichenpapier und Ölpastelle: www.boesner.com; Streumaterial (bei Konfis besonders beliebt: »Glitter/Glimmer«) bekommt man in Bastelgeschäften (manchmal auch in 1-Euro-Läden oder bei ebay).

Für die Begegnung mit den biblischen Weisheits-/Freundschaftssprüchen:

- Die laminierten biblischen Weisheitsprüche zum Thema Freundschaft in DIN A4 (**M 5**)

Für den Freundschafts-Rap:

- Es empfiehlt sich, die Ideen zur Umformung der ausgewählten Sprüche sofort auf einem großen Plakat zu notieren. Dieses kann – gehalten von einem Teamer – dann zum Einstudieren des Raps verwendet werden.

M 1 – M 4: Arbeitsblätter für den Konfi-Ordner

M 5: Druckvorlagen bibl. Weisheitssprüche zum Thema Freundschaft

Die Arbeitsblätter **M 1 – M 4** helfen dabei, denn sie können nicht nur den Ordner der Konfis schmücken, sondern auch als theologische »Anspurung« des Themas (**M 1 – M 2**) und als technische Merkzettel für die Verantwortlichen bei der Durchführung des Bausteins (**M 3 – M 4**) dienen.

1. Phase: Ein Kommunikationsbild von Freunden (90–120 Min.)

Der Baustein beginnt mit der Herstellung des Kommunikationsbilds im dafür hergerichteten Konfi-Raum.

Die Impulse sind bewusst offen formuliert. Beim ersten Impuls sind 30 Sekunden Konfi-Ratlosigkeit einzukalkulieren und höchstens durch die Wiederholung des Anfangsimpulses zu begrenzen (zur Reihenfolge der Arbeitsschritte siehe auch **M 3**). Wichtig ist in dieser Phase: Jeder Schritt sollte für alle und von allen beendet sein, bevor der nächste Schritt beginnt!

1. *»Stellt euch entlang des Papierstreifens so auf, dass es zum Thema Freundschaft passt.«*
2. *»Nehmt eine Haltung ein, die zum Thema Freundschaft passt.«*
   Die Konfirmand/innen überlegen sich in einer Art stummer Kommunikation eine passende Haltung, umarmen sich, reichen sich die Hände, stehen eng nebeneinander, … Manchmal tun sie das schon beim ersten Impuls.
3. *»Legt euch mit dieser Haltung auf die Papierbahn.«*
   Mit diesem Schritt wird die Kommunikation zum Kommunikationsbild. Es ist ggf. darauf hinzuweisen, dass die Köpfe der Konfis auf dem Papier liegen müssen (s. Foto).

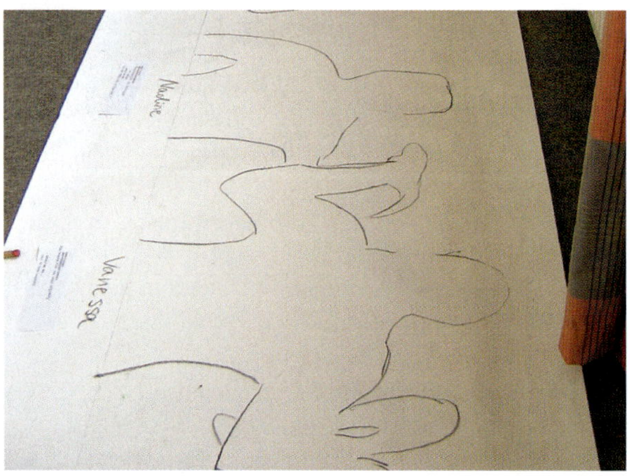

4. Die Teamer zeichnen mit einem schwarzen Stift oder Ölpastellkreide die Umrisse der Konfirmand/innen nach.

5. *»Schreibt euren Namen zu eurem Umriss.«*
Die Konfirmand/innen schreiben zu bzw. unter ihren Umriss ihren Namen. Dafür nimmt man am besten einige der bereitliegenden Ölpastellkreiden. Falls die Papierbahn mit einem Beschriftungsfeld präpariert wurde, ist darauf zu achten, dass die Namen nicht zu groß geschrieben werden, damit Platz für Schritt 7 bleibt.

6. *»Nun füllt euren Umriss so aus, dass es zum Thema Freundschaft passt.«*
Die Konfirmand/innen gestalten ihren Umriss aus – dafür stehen die Materialien auf dem mittigen Tisch bereit. Der Impuls ist wie die vorherigen Impulse bewusst unbestimmt gehalten, damit die Kreativität der Konfirmand/innen nicht eingeengt wird. Dieser Schritt braucht Zeit, ist aber notwendig, weil das Ausgestalten implizit eine starke inhaltliche Komponente hat: Welche Farben, Symbole, Materialien, Bilder, Worte benutze ich für mich? Welche Farben benutzt meine Nachbarin? Wie machen wir klar, dass wir befreundet sind? Wie gehen wir mit den Grenzen und Übergängen um? Wie auf den Beispielfotos zu sehen ist, stehen die in Schritt 7 entstehenden Freundschaftsweisheiten in engem Zusammenhang mit der Bildgestaltung, sind aber auch nur ein Extrakt der künstlerischen Gestaltung der Umrisse, die wesentlich mehr Aspekte als die verbal ausgedrückten beinhalten.

7. *»Überlegt: Was ist eure persönliche ›Freundschafts-Weisheit‹? Was ist der Spruch, der für euch am besten zum Thema Freundschaft passt? Schreibt euren Spruch in euren Umriss oder zu eurem Namen auf das untere Feld.«*
Die Konfirmand/innen schreiben unter ihren Namen ihre »Freundschaftsweisheit« – ihren Spruch darüber, was für eine Freundschaft am wichtigsten ist. Dieser Schritt erzeugt einen »Extrakt« aus dem bisher Gemachten und ist gleichzeitig das Verbindungsglied zu Phase 2 des Bausteins, wo weitere Weisheitssprüche ins Spiel kommen.

Erfahrungsgemäß bilden sich mit dem Einnehmen der »freundschaftsmäßigen« Haltung kleine Grüppchen unter den nebeneinander an der Papierbahn stehenden Konfirmand/innen, die meist auch die Keimzelle einer kohärenten künstlerischen Gestaltung eines Bildabschnittes bilden. Das gehört zur Momentaufnahme des Themas Freundschaft dazu und kann auch thematisiert werden, etwa vor oder nach dem Ausstellungsrundgang nach der Anfertigung des Bildes. Außerdem ist meist ein kreativer Umgang der Konfis mit dem Bild zu beobachten und zu unterstützen, die sich näher kommen, indem sie sich kopfüber und kopfunter im Wechsel hinlegen.

Diese Phase endet mit einem Ausstellungsrundgang, bei dem die Konfirmand/innen das Kommunikationsbild betrachten und wahrnehmen. Es kann sich eine Runde anschließen, in der kurz thematisiert wird, was jedem aufgefallen ist, oder die jeweiligen Freundschaftsweisheiten vorgestellt werden. Wenn genug Platz ist, kann das Kommunikationsbild im

Konfi-Raum verbleiben. In den meisten Fällen wird es allerdings besser sein, es hier schon an seinem endgültig vorgesehenen Platz aufzuhängen.

2. Phase: Thema Freundschaft: … und die Bibel hat auch Recht (60–90 Min.)

Die zweite Phase des Bausteins bringt die Konfirmand/innen und ihre Weisheiten in den Dialog mit den Weisheiten der Bibel. Damit wird ein Konfi unterstützt, der die Begegnung mit der Bibel nicht auf eine eigene Unterrichtseinheit beschränkt, sondern biblische Texte mit vielen Themen und Gelegenheiten in der Konfirmandenzeit verknüpft. Hier bieten sich Sprüche aus der Weisheitsliteratur an, nicht nur wegen ihrer guten Verwendbarkeit in Schritt 3, sondern auch wegen ihrer Verständlichkeit und Lebensnähe – Kennzeichen, von denen ich möchte, dass sie nicht nur in unserem hauptamtlichen Blickwinkel, sondern auch in den Augen der Konfis Kennzeichen der Bibel sind.

Nach der Wahrnehmung der Sprüche (Schritt 1) werden Standbilder zu einer Auswahl der Sprüche gestellt (Schritt 2) sowie nach einer weiteren Auswahl ein Sprechgesang oder Rap zu den »besten« drei Sprüchen erarbeitet (Schritt 3).

Schritt 1:

Die Freundschaftssprüche aus dem Buch der Sprüche werden im Raum ausgelegt und von den Konfirmand/innen wahrgenommen (**M 5**). Dabei werden mindestens so viele Sprüche benötigt, wie Konfirmand/innen in der Gruppe sind.

Ein Freund steht allezeit zu dir, auch in Notzeiten hilft er dir wie ein Bruder.
Sprüche 17,17

Wer Freundschaft halten will, verzeiht Unrecht; wer es immer wieder auftischt, zerstört sie.
Sprüche 17,9

Wohl dem, der einen Freund fand und der zu Ohren sprechen darf, die hören.
Sirach 25,8

Eine offene, ehrliche Antwort ist ein Zeichen von wahrer Freundschaft.
Sprüche 24,26

Impuls: *»Nicht nur ihr habt eure Vorstellung von Freundschaft in einen Spruch gegossen – das haben vor euch schon andere versucht. Freundschaft ist eben schon immer ein wichtiges Thema gewesen, auch für die Bibel. Darin gibt es Bücher voller Sprichwörter und Weisheiten. Daraus habe ich euch die Freundschaftsweisheiten mitgebracht. Ich verteile sie jetzt im Raum auf dem Boden. Geht herum und lest die Sprüche durch. Auf mein Signal hin nehmt ihr den Spruch, der euch am nächsten liegt, in die Hand.«*

Jede/r Konfirmand/in nimmt zufällig einen der in der Nähe liegenden Sprüche und liest ihn im großen Kreis ohne Kommentierung vor; nur bei Unklarheiten kann nachgefragt werden.

Wenn die Konfigruppe nicht zu groß ist, kann man nach dem Vorlesen der Sprüche auch direkt fragen, was den Jugendlichen auffällt.

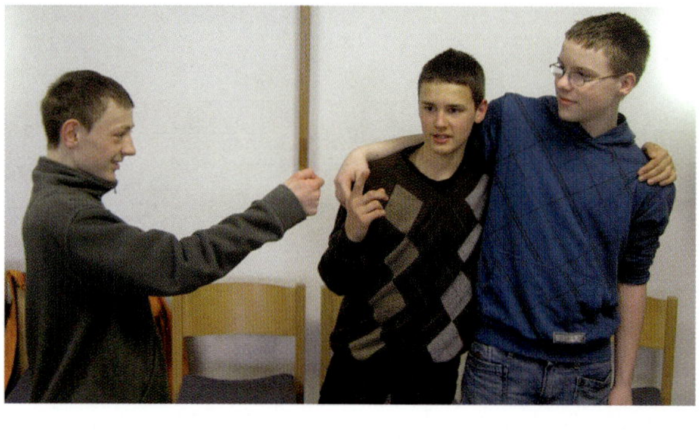

Meiner Erfahrung nach tauchen einige Grundeindrücke von Jugendlichen, immer wieder auf:

- Ich habe verstanden, was ich gelesen habe.
- Meine Werte und Einsichten zum Thema Freundschaft werden in der Bibel geteilt. Ich finde mich wieder (die Bibel hat auch, nicht nur doch Recht; sie muss mir nicht notwendigerweise widersprechen).
- Manches reizt mich zum Widerspruch und zum Weiterdiskutieren (z. B. Sprüche 13,20; 14,20). Kann das stimmen? Und warum steht das in der Bibel?

Diese Eindrücke bieten die Gelegenheit, mit den Konfis weiter zu exegesieren (s.u. die weiteren Alternativen und biblischen Texte) – auch über die Diskussion hinaus, die mit den folgenden Schritten angebahnt wird.

Schritt 2:

Es werden Zweier- oder Dreiergruppen gebildet. Jede Gruppe bekommt folgenden Auftrag: *»Wählt aus den Sprüchen, die ihr jetzt in der Hand habt, den besten aus.«*

Nach (!) Erledigung dieses Auftrags folgt der Impuls: *»Überlegt nun, wie ihr aus diesem Spruch ein Standbild machen könnt. Versucht, den Spruch in einem gestellten Bild ›einzufrieren‹ und ihn darzustellen. Vielleicht müsst ihr euch dabei auf einen Gedanken oder ein Bild dieses Spruchs beschränken.«*

Die Trennung der beiden Impulse hat den Zweck zu verhindern, dass die Kleingruppen einen Spruch nur im Hinblick auf dessen leichte Umsetzbarkeit als Standbild aussuchen.

Damit wird zum einen erreicht, dass über die biblischen Texte eine Diskussion innerhalb der Kleingruppen geführt wird: Was ist der »beste« Spruch – das heißt: Welcher biblische Text ist für mich relevant, wahr, verständlich, berührend, des Weitergebens wert? Zum anderen erzwingt die Umsetzung in ein Standbild die konzentrierte Auseinandersetzung mit dem ausgewählten Spruch: Was ist daran das Prägende, Deutliche, Weitergebenswerte? Ein Standbild gibt meist einen Aspekt eines Spruches wieder – insofern müssen die Konfirmand/innen nach der Essenz suchen, um sie darstellen zu können.

Um dies zu ermöglichen, sind die Kleingruppen räumlich möglichst weit auseinanderzuziehen, damit sie in Ruhe lesen, überlegen und probieren können. Die Standbilder werden anschließend vor einem Unterrichtenden in einer »Foto-Ecke« oder »Standbild-Ecke« dargestellt und mit einer Digitalkamera fotografiert. So werden Erarbeitungs- und Aufführungsphase (nach Schritt 3) getrennt, was die Möglichkeit zu Korrekturen offen lässt.

Schritt 3:

Nun werden die in Schritt 2 ausgewählten Sprüche in eine Reihe auf den Boden gelegt.

Impuls: *»Lest alle übrig gebliebenen Freundschaftsweisheiten noch einmal ganz genau. Wenn ihr alle gelesen habt, stellt euch zu dem Spruch, den ihr für den besten haltet. Die Top-3-Sprüche werden durch Abzählen der gestellten Konfis herausgefiltert, drei ist dabei die Minimalzahl für einen Rap – es können natürlich auch mehr Sprüche verwendet werden.«*

Nun wird den Konfirmand/innen eröffnet, was mit den ausgewählten Sprüchen gemacht wird: ein Freundschafts-Rap.[1]

Zur Erarbeitung des Raps hat sich (in Gruppen bis zu 30 Konfirmand/innen) folgendes Setting bewährt: Die Konfigruppe sitzt im Kreis. Zuerst wird der Rhythmus eingeführt, der mit den Händen oder auf die Knie geklatscht wird. Es bietet sich der bekannte Rhythmus aus dem Queen-Song »We will rock you« an. Wenn der Rhythmus sitzt, wird die Aufgabe erklärt: *»Wir machen aus unseren Top-3-Bibel-Freundschaftssprüchen einen Rap. Dazu machen wir aus jedem Spruch einen Zweizeiler, der sich reimt. Wir nehmen zuerst den Spruch xx und probieren es einmal aus …«*

Es folgt eine gemeinschaftliche Probierphase, in der zunächst der erste Spruch ver-rapt (das Resultat gleich notieren!) und dann gleich geprobt wird. Danach folgt der zweite Spruch usw. Der Rap muss jeweils gut und überzeugend geübt werden.

1 Zur Arbeit mit Raps empfehlenswert: Michael Landgraf und Peter Bubmann, Musik in Schule und Gemeinde, Stuttgart 2006.

In größeren Gruppen kann eine Erarbeitungsphase in Kleingruppen vorgeschaltet werden: Jede Kleingruppe bekommt einen Spruch und muss ihn zu einem Rap-Zweizeiler umdichten. Die Erarbeitung und »Tauglichkeitsprüfung« findet also in der Kleingruppe unter Leitung eines Teamers statt. Dann trifft sich die Gesamtgruppe im großen Kreis. Alle klatschen den Rhythmus, während die einzelnen Kleingruppen aufstehen und ihren Bibelvers rappen. Wie der Rap dann letztlich aufgeführt wird, ist individuell zu entscheiden.

Beim Rap ist immer darauf zu achten, dass genau vereinbart wird, wie viel Zeit (also wie viele Takte Rhythmus) vor Beginn der ersten und zwischen den einzelnen Strophen ist. Außerdem braucht es einen guten Abschluss des Rap, der nicht sang- und klanglos versickern, sondern mit einem starken Schlusspunkt enden soll. Bewährt hat sich z. B. das laut und im Tempo des Rap gerufene Wort »Freundschaft«, das nach dem letzten Klatschen angehängt wird – verbunden mit einer starken Geste wie nach oben gestreckten Händen.

Die Erarbeitung eines Raps im Konfi ist ein kalkuliertes Risiko, man bedenke aber: no risk – no fun ...

Der kritische Punkt, besonders bei der Erarbeitung in einer großen Gruppe, ist die Umsetzung des ersten Bibelverses. Erfahrungsgemäß kommt der Text von den Unterrichtenden. Aber dann gilt: Spontaneität ist erforderlich, Herumprobieren erlaubt, Scheitern nicht völlig ausgeschlossen. In der Praxis habe ich noch nie erlebt, dass es nicht funktioniert hat. Der zweite und dritte Vers kommt eigentlich immer von den Konfirmand/innen, die hier von erstaunlicher sprachlicher Kreativität sind.

Die zweite Phase des Bausteins endet mit dem Betrachten der Standbilder, die am besten an einem herausgehobenen Ort im Gemeindehaus oder in der Kirche mittels Beamer präsentiert werden. Darauf folgt am gleichen Ort noch einmal der Freundschafts-Rap.

Beispiele für Verse von Konfirmand/innen:

Schlägt dich ein Freund,
dann hat er's gut gemeint.
Küsst dich ein Feind,
dann hat er dich geleimt.

Unechte Freunde
könn' dich ruinier'n,
bei echten kannst du
Geheimnisse platzier'n.

3. Phase: Gottesdienst

Der Baustein bildet eine Steilvorlage für einen Gottesdienst, der die entstandenen Produkte benutzt. Der Baustein ist ohne Gottesdienst nicht komplett, weil dieser noch einmal den Bogen vom Anfang, den Bildern und Meinungen der Konfis, bis zum Schluss, den Weisheitssprüchen aus dem Alten Testament, schlägt. Der Gottesdienst ist also Bündelung und Zusammenfassung des Bausteins.

Wesentliche gottesdienstliche Elemente kommen unmittelbar aus dem Konfi, bedürfen also keiner gesonderten Vorbereitung mehr:

- Das Kommunikationsbild kann aufgehängt oder ausgelegt und von Konfis vorgestellt werden, z. B. durch Vorlesen ihrer Freundschaftsweisheiten.
- Die Standbilder können mittels Beamer oder Folie projiziert werden. Dazu wird von Konfis der zugehörige Spruch vorgelesen. Damit ist die Schriftlesung komplett.
- Der Rap/Sprechgesang wird im Gottesdienst aufgeführt.

Weitere Elemente sind mit geringem Aufwand anzuschließen:

- Pfarrer/in und Konfi-Teamer können »ihre« biblischen Freundschafts-Weisheits-Favoriten aussuchen und darüber predigen.
- Der Einzug der Konfirmand/innen kann passend zum Thema inszeniert werden, z. B. durch paarweisen Einzug, Begegnung vor dem Altar mit einer typischen Freundschaftsgeste und der so erfolgenden Aufstellung der ganzen Konfi-Gruppe.
- Es können weitere Elemente gesucht werden, die dem Gottesdienst einen roten Faden geben (Giveaway, Dekoration).
- In der Konfi-Gruppe eingeübte Gottesdienstkultur (z. B. das Zusammenspiel einer Band) kann für einen solchen Gottesdienst abgerufen werden.
- Konfi-Kleingruppen können weitere Elemente des Gottesdienstes formulieren oder aussuchen (Gebete, Lieder).

Die Gestaltung eines entsprechenden Gottesdienstes ist sehr verschieden denkbar – von einer kleinen Form als Abschluss eines Konfi-Tages über einen Gottesdienst am Sonntagvormittag bis hin zur größtmöglichen Form als Gottesdienst der Konfirmanden am Ende der Konfizeit.

Gottesdienstablauf

Beispiel für einen Gottesdienstablauf, der mit Ausnahme einer einstündigen Probe ohne weitere Vorbereitung am Sonntag nach dem Konfi-Tag gefeiert wurde:

Einzug der Konfirmand/innen in Paaren (von verschiedenen Stellen der Kirche aus; Treffen mit verschiedenem typischem Begrüßungsritual vor dem Altar; dann Gruppenaufstellung) – dazu Musik (Konfi-Band)
Begrüßung/Votum (Konfirmand/in)
Lied (Konfi-Band)
Thema: Eins plus eins ist mehr als zwei – Ein Gottesdienst zum Thema Freundschaft (Pfarrer/in)
Eingangsgebet/Meditation (Wenn ich alleine bin – Wenn wir zu zweit sind) (Konfirmand/innen)
Anspurung (Pfarrer/in)
Meine Freundschaftsweisheit. Kommunikationsbild als Ausstellungsobjekt; Vorstellung ausgewählter Sprüche der Konfis durch diese selbst: »Das ist mein Spruch …« »Er ist mir wichtig, weil …« (Konfirmand/innen)
Freundschafts-Rap Teil I (alle Konfirmand/innen).
Biblische Freundschaftsweisheiten: Freundschaftssprüche aus der Weisheit als Standbilder vorgestellt (Projektion mit Beamer; Lesung durch Konfirmand/in von der Kanzel aus)
Freundschafts-Rap Teil II
Lied (Konfi-Band)
Bündelung/Dialog mit den Weisheiten der Bibel und der Konfis / Ansprache zur Freundschaftstheologie der Weisheit / … (eigene Auswahl) (Pfarrer/in)
Gebet mit Kerzen und Freundschaftsband (s. Foto) (alle Besucher);

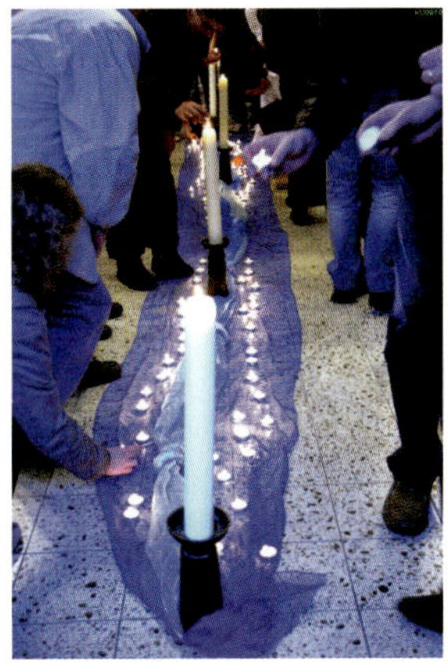

Ein-/Anleitung: Jede/r möge ein leises Dankgebet für die/en beste/n Freund/in sprechen, dabei eine Kerze entzünden und diese auf das blaue Band der Freundschaft stellen. Danach stellen sich die Gottesdienstbesucher im großen Kreis in der Kirche auf.
Vaterunser im Kreis
Lied (Konfi-Band); im Kreis gesungen; z. B. Kanon »Das wünsch ich sehr …«
Segen
Schlussmusik (Konfi-Band)

Materialien zu diesem Beitrag auf CD-ROM

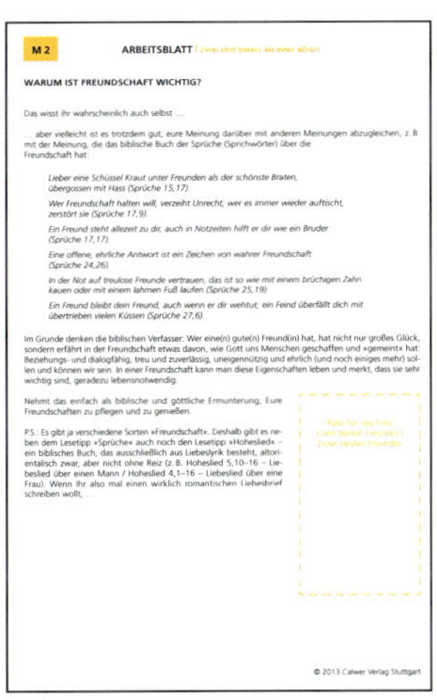

Materialien zu diesem Beitrag auf CD-ROM

Ein Freund steht allezeit zu dir,
auch in Notzeiten hilft er dir
wie ein Bruder.
Sprüche 17,17

Ein tückischer Mensch erregt Streit,
ein Verleumder entzweit Freunde.
Sprüche 16,28

Salböl und Weihrauch erfreuen
das Herz, die Herzlichkeit eines
Freundes erfreut mehr als
duftendes Holz.
Sprüche 27,9

Gut gemeint sind die Schläge
eines Freundes, doch trügerisch die
Küsse eines Feindes.
Sprüche 27,6

Rechtschaffene Menschen lassen
sich von ihren Freunden
den Weg zeigen, aber alle,
die das Unrecht lieben,
gehen in die Irre.
Sprüche 12,26

Wer sich zu Klugen gesellt,
wird klug; wer sich mit
Dummköpfen befreundet,
ist am Ende selbst der
Dumme.
Sprüche 13,20

Den Armen mag niemand,
nicht einmal sein Nachbar;
aber die Reichen haben
viele Freunde.
Sprüche 14,20

Lieber eine Schüssel Kraut unter
Freunden als der schönste Braten,
übergossen mit Hass.
Sprüche 15,17

Ein verbrecherischer Mensch
stiftet seinen Freund zu Verbrechen
an und führt ihn auf einen
todbringenden Weg.
Sprüche 16,29

Wer Freundschaft halten will,
verzeiht Unrecht; wer es immer
wieder auftischt, zerstört sie.
Sprüche 17,9

So genannte Freunde können
dich ruinieren; aber ein echter
Freund hält fester zu dir als
ein Bruder.
Sprüche 18,24

Reichtum vermehrt die Zahl
der Freunde; aber der Arme
wird von seinem Freund
im Stich gelassen.
Sprüche 19,4

Der Einflussreiche ist von
vielen Schmeichlern umgeben;
wer Geschenke verteilt,
hat alle Welt zum Freund.
Sprüche 19,6

Nimm keinen Jähzornigen
zum Freund und verkehre nicht
mit jemand, der sich nicht
beherrschen kann.
Sprüche 22,24

Sei nicht neidisch auf das Glück
schlechter Menschen;
suche nicht ihre Freundschaft!
Sprüche 24,1

Eine offene, ehrliche Antwort
ist ein Zeichen von wahrer
Freundschaft.
Sprüche 24,26

In der Not auf treulose Freunde
vertrauen, das ist so wie mit
einem brüchigen Zahn kauen
oder mit einem lahmen Fuß
laufen.
Sprüche 25,19

Jeder Freund sagt:
Ich bin dein Freund.
Doch mancher Freund ist
nur dem Namen nach
Freund.
Sirach 37,1

Ein guter Freund
kämpft mit dem Feind,
er hält den Schild gegen
den Widersacher.
Sirach 37,5

Wer Geheimes verrät,
zerstört das Vertrauen,
er findet keinen Freund,
der zu ihm steht.
Sirach 27,16

Drei Dinge gefallen mir, sie sind Gott
und den Menschen angenehm:
Eintracht unter Brüdern,
Liebe zwischen Freunden,
Mann und Frau,
die einander verstehen.
Sirach 25,1

Wohl dem,
der einen Freund fand
und der zu Ohren sprechen darf,
die hören.
Sirach 25,8

Sanfte Rede erwirbt viele Freunde,
freundliche Lippen sind willkommen.
Sirach 6,5

Willst du einen Freund gewinnen,
so gewinne ihn durch Erprobung,
schenk ihm nicht zu schnell
dein Vertrauen.
Sirach 6,7

Mancher ist Freund als Gast am Tisch,
am Tag des Unheils ist er
nicht zu finden.
In deinem Glück ist er eins mit dir,
in deinem Unglück trennt
er sich von dir.
Sirach 6,10–11

Ein treuer Freund
ist wie ein festes Zelt;
wer einen solchen findet,
hat einen Schatz gefunden.
Sirach 6,14

Für einen treuen Freund
gibt es keinen Preis,
nichts wiegt seinen Wert auf.
Sirach 6,15

Wer Gott fürchtet,
hält rechte Freundschaft,
wie er selbst,
so ist auch sein Freund.
Sirach 6,17

Zwei sind besser als einer allein,
denn wenn sie hinfallen,
richtet einer den anderen auf.
Prediger 4,9–10

Wenn jemand auch
einen einzelnen überwältigt,
zwei sind ihm gewachsen,
und eine dreifache Schnur
reißt nicht so schnell.
Prediger 4,12

Esther Manz und Stefan Brückner

Gewinnen und verlieren

Biblische Erzählungen zur Genderfrage

Einleitung

Die beiden Bausteine wurden als Bausteine einer mehrteiligen Reihe zum Thema »Gewinnen – verlieren« konzipiert. Dazu wählten wir biblische Erzählungen mit männlichen Hauptpersonen und mit weiblichen Hauptpersonen aus: darunter Davids Kampf gegen Goliath sowie die Erzählung von den mutigen Hebammen Schifra und Pua. Jede dieser Geschichten stellt auf ihre Weise unser Verständnis von Schwäche und Stärke, von Sieg und Niederlage infrage: Worin besteht überhaupt Stärke? Kann auch Stärke sein, was wie Schwäche aussieht? Gewinnt tatsächlich immer der Stärkere? Woher beziehe ich meine Stärke in schwierigen Situationen?

Jugendliche kennen beide Rollen oder Zuschreibungen aus eigener Erfahrung: die des »Winners« und die des »Losers«. Sie haben ihr (geschlechtsspezifisch geprägtes) Verständnis von Stärke und Schwäche und wissen, was von Gleichaltrigen für Stärke oder Schwäche gehalten wird.

Durch die Auseinandersetzung mit den oben genannten biblischen Erzählungen kann hier etwas in Bewegung kommen. Die vorliegenden Bausteine stellen eine Situation vor Augen, in der die Macht sehr ungleich verteilt ist. Der Starke fordert von den Schwächeren ein bestimmtes Verhalten. Diesem Druck sind Jugendliche immer wieder ausgesetzt.

Organisation und Durchführung

Die beiden Bausteine eignen sich am besten für einen KU-Halbtag. Die Mädchen arbeiten an der Erzählung von Schifra und Pua, während die Jungen sich mit David und Goliath beschäftigen. Für die Durchführung sind mehrere Räume erforderlich. Die Arbeitsgruppen sollten 4–6 Jugendliche umfassen und genügend Ruhe und Raum für die Arbeit haben. Grundsätzlich ist es aber auch möglich, dass nur ein Baustein durchgeführt wird. Dann arbeiten Jungen und Mädchen zusammen. Für diese Version sind etwa zwei Zeitstunden zu veranschlagen.

Die Aufgaben sind so formuliert, dass auch ohne die ständige Anwesenheit einer/eines Erwachsenen gearbeitet werden kann. Einfacher geht es, vor allem bei größeren Konfirmandengruppen, wenn mehrere Ansprechpartner/innen (Teamer) da sind.

Baustein 1
»Du kannst stark sein!« – Schifra und Pua: Zwei Frauen kämpfen für das Leben (Esther Manz)

Ziele / Absichten:

- Die Jugendlichen erkennen Autoritätskonflikte. Sie werden ermutigt, auch gegen Druck von außen ihren eigenen Weg zu suchen und zu gehen.
- Sie machen sich bewusst, wer und was ihnen den Rücken stärkt.
- Sie erkennen, dass Gott Menschen den Rücken stärkt, die nach seinem Willen fragen.

Material

Phase 1: Textblätter mit 2. Mose 1,6–17a (**M 1**); farbige Tücher; bunte Holzbausteine (z. B. aus dem Kindergarten);

Phase 2: Schreibpapier; Stifte;

Phase 3: Textblätter mit 2. Mose 1,17b–21 (**M 2**); leere Karten; Stifte;

Phase 4: Karten mit dem Satzanfang: »Du kannst stark sein, weil …«; Papier; Stifte.

Vorbereitung

Für die Schifra- und Pua-Gruppe/n die erste Phase in den verschiedenen Räumen oder Raumecken vorbereiten. Die weiteren Phasen (Aufgaben) werden von dem/der Unterrichtenden »eingeläutet«. Der Phasenwechsel in den Gruppe muss nicht gleichzeitig geschehen. Im Gegenteil: Die Gruppen sollen in dem ihnen eigenen Tempo arbeiten können.

Gemeinsamer Beginn (nach der Gruppenaufteilung)

- Hinführung zum Thema (siehe Ziele).
- Falls alle Jugendlichen an der Erzählung von Schifra und Pua arbeiten, den ersten Teil des Bibeltextes gemeinsam lesen.
- Beginn der Phase 1 für alle erklären (danach Auseinandergehen in die Gruppen).

Schritt 1: Bodenbild

Material

▶ Bibeltext 2. Mose 1,6–17a; farbige Tücher; bunte Holzbausteine (z. B. aus dem Kindergarten).

Arbeitsanweisung: »Stellt mit Hilfe der Bauklötze die Situation dar, in der sich die beiden Hebammen befinden.

Überlegt dazu zuerst, welche Personen und Gruppen an der Geschichte beteiligt sind. Sucht für sie unterschiedliche Bausteine aus: Welche Form, Farbe, Größe sollen sie haben? Wie viele davon braucht ihr?

Überlegt weiter: In welcher Beziehung stehen die Personen oder Gruppen zueinander? Sind sie überlegen/unterlegen? Sind sie viele/wenige? Sind sie Freunde/Gegner …?

Baut jetzt ein Bodenbild: Wer soll wo stehen, damit die Situation in eurem Bild deutlich wird?«

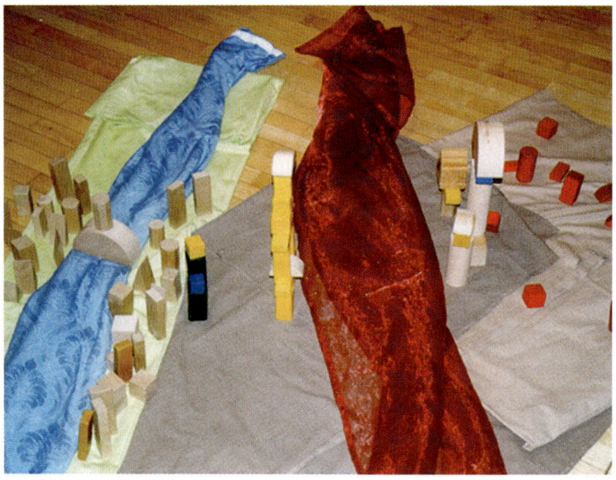

Bodenbild aus Phase 1

Schritt 2: Gespräch der beiden Hebammen

Material

▶ Schreibpapier; Stifte.

Arbeitsanweisung: »Die beiden Hebammen haben das Glück, in dieser Situation zu zweit zu sein. Sie beraten sich miteinander. Sie überlegen, welche Möglichkeiten sie haben. Was sollen sie tun?

Schreibt ein Gespräch zwischen Schifra und Pua auf!«

Schritt 3: Was den Hebammen Mut macht

Material

▶ Bibeltext 2. Mose 1,17b–21 (**M 2**); leere Karten; Stifte.

Arbeitsanweisung:

a) »Lest zuerst die Fortsetzung der Geschichte.«

b) »Die Hebammen haben einen Weg für sich gefunden. Überlegt, was ihnen den Mut gegeben hat, nach ihrer Überzeugung zu handeln. Schreibt das, was sie bestärkt hat, jeweils auf eine Karte.
Legt die Karten um die Hebammen auf eurem Bodenbild.«

Schritt 4: Was uns Mut macht

Material

▶ Karten mit dem Satzanfang: »Du kannst stark sein, weil …«; Papier; Stifte.

Arbeitsanweisung:

a) »Ihr kennt ähnliche Situationen. Ihr seid dem Druck ausgesetzt, dass ihr etwas tun sollt, was ihr nicht tun wollt oder was eurer Überzeugung widerspricht.
Überlegt euch solche Situationen.«

b) »Was stärkt euch, das zu tun, was ihr für richtig haltet? Sammelt es und haltet die Stichwörter auf einem Papier fest.«

c) »Formuliert aus eurer Sammlung ›Stärkungssätze‹ (möglichst so viele, wie Personen in der Gruppe sind! Wenn ihr mehr findet, umso besser!). Verwendet dazu die Karten mit dem Satzanfang ›Du kannst stark sein, weil …‹«

d) »Probiert nun aus, wie es ist, wenn euch der Rücken gestärkt wird:
Bildet einen Kreis. Eine steht in der Mitte. Die anderen kommen der Reihe nach zu ihr, legen ihr die Hand auf die Schultern und sprechen ihr einen ›Stärkungssatz‹ zu.
Tauscht die Positionen!«

Schritt 5: Vorbereitung der Präsentation

Material

- Alle bisherigen Ergebnisse.

Diese Phase ist sinnvoll, falls nur ein Teil der Jugendlichen an der Geschichte von Schifra und Pua gearbeitet hat.

Arbeitsanweisung: »Bereitet euch darauf vor, wie ihr nachher den anderen Konfirmand/innen etwas von euren Gedanken zur Geschichte von Schifra und Pua weitergeben könnt.

Zum Beispiel:

1. Ihr fordert die anderen auf, euer Bodenbild zu kommentieren. Sie sollen vermuten, worum es in dieser dargestellten Situation gehen könnte.
2. Ihr lest oder erzählt für die anderen den ersten Teil der Geschichte und erklärt euer Bodenbild« (siehe Schritt 1).
3. »Zwei von euch tragen das Gespräch zwischen Schifra und Pua vor, das ihr euch ausgedacht habt« (siehe Schritt 2).
4. »Ihr lest oder erzählt den zweiten Teil der Geschichte. Dann werden die Karten mit dem, was den Hebammen Mut gemacht hat, vorgelesen« (siehe Schritt 3).
5. »Ihr ladet alle ein, sich im Kreis aufzustellen. Jede/r legt die rechte Hand auf die linke Schulter seiner Nachbarin. Ihr sprecht den anderen eure Stärkungs-Sätze zu.«
6. Alle singen gemeinsam: »Du, Gott, stützt mich«; Nr. 24 in: Die Kerze brennt …

Liturgische Stücke, kurze musikalische Bausteine und einfache Lieder für den Gottesdienst mit Kindern und Erwachsenen; Menschenskinderlieder (ehemals: Beratungsstelle für Gestaltung von Gottesdiensten), Zentrum Verkündigung der EKHN, Markgrafenstr. 14, 60487 Frankfurt a.M.

Baustein 2: »Der ungleiche Zweikampf – David und Goliath« (Stefan Brückner)

Ziele / Absichten:

- Die Jugendlichen erkennen, dass es ungleiche Kräfteverhältnisse gibt.
- Sie lernen genau hinzusehen und werden zum Nachdenken gebracht: Was erscheint stark, was erscheint schwach, woher bekomme ich Selbstsicherheit?
- Sie werden ermutigt, nach Hilfe von außen zu suchen und nicht nur der eigenen Kraft zu vertrauen.
- Sie hören und können (spielerisch) nachvollziehen, wie Gott Menschen den Rücken stärkt, die wie David nach seinem Willen fragen.

Material

Im Anfangsplenum:

- Eigenschaftskarten **M 3** zu David und Goliath

An den Stationen (M 4,1–4,7):

An allen Stationen (bis auf Station 1) müssen Papier und Stifte bereitliegen

- **Station 1:**
  - Einen Satz schwarze und weiße Schachfiguren oder große Legosteine/figuren (Duplo) oder bunte Holzbausteine (z. B. aus dem Kindergarten)
  - farbige Tücher
  - sonstiges Material für Landschaftsgestaltung
- **Station 2:**
  - Arbeitsblatt Station 2: »Begriffsdefinition Gewinner / Verlierer«
- **Station 3:**
  - Arbeitsblatt Station 3: »Alternative Fortsetzungsgeschichte«
- **Station 4:**
  - Arbeitsblatt Station 4
  - Kassettenrecorder mit leerer Kassette
- **Station 5:**
  - Arbeitsblatt Station 5: »Schlachtrufe«
- **Station 6:**
  - Arbeitsblatt Station 6: »Der ungleiche Zweikampf«
  - ein Paar rutschige Überzieh-Socken
- **Station 7:**
  - Arbeitsanweisung Station 7: »Elternbrief«

Im Schlussplenum:

- 3–4 Seitenwände von großen Kartons oder kartoniertes Papier (ca. 50 x 70 cm), mit Schnur zum Umhängen (als Brustpanzer)
- Filzstifte oder Wachskreiden zum Beschriften
- Beschriftbare Kieselsteine

Der vorliegende Baustein zu der Erzählung von David und Goliath stellt eine Situation vor Augen, in der die Stärke ungleich verteilt ist. Der Schwächere fordert den Stärkeren heraus, nachdem der Stärkere den Schwächeren provoziert hat. Im Hintergrund stehen die »Zuschauer«, die mit Spannung das Ereignis verfolgen. Dieser Situation sind Jugendliche immer wieder ausgesetzt.

Vorbereitung

Auslegen der Eigenschaftskarten **M 3** im Raum.

Die Stationen müssen bereits vor Beginn aufgebaut sein. Die Stationen 1, 2, 3 und 7 eignen sich zur Verteilung innerhalb eines großen Raumes. Station 4 (Hörspielaufnahme) braucht einen eigenen Raum. Die Stationen 5 und 6 kann man notfalls auch in einem Raum gleichzeitig durchführen.

Schritt 1: Gemeinsamer Beginn im Plenum

Impuls: »*In der Bibel gibt es viele Geschichten über das Verhalten von Menschen, die sich von Gott beeinflussen und sogar leiten lassen. Oft kommen darin Dinge vor, die sich leicht in die Gegenwart übertragen lassen. In einer ähnlichen Situation merkt man, wie einem eine biblische Geschichte weiterhelfen kann. Mit einer solchen Geschichte werden wir uns heute befassen.*«

Es folgt eine Hinführung zur Situation der Israeliten in ihrer Auseinandersetzung mit den Philistern, sowie eine kurze Beschreibung von König Saul und dem Hirtenjungen David.

Dann wird aus der Bibel der Bibeltext vorgelesen.

Impuls: »Hier im Raum liegen Blätter, auf denen verschiedene Eigenschaftswörter stehen. Stellt euch zu dem, das eurer Meinung nach am besten zu Goliath passt.«

Jeder stellt sich zu einem Eigenschaftswort. Es folgt eine kurze Auswertung der häufigsten Standorte.

Impuls: »Ein ganz anderer Typ ist auf den ersten Blick der kleine David. Welche Eigenschaften passen am ehesten zu ihm? Stellt euch noch einmal entsprechend auf.«

Falls es sich aus der Aufstellung ergibt, kann bei der Auswertung auf die paradoxe Situation hingewiesen werden, dass der vermeintlich schwächere David eigentlich stärker und mutiger als Goliath war.

Schritt 2: Gruppenarbeit an sieben Stationen

Impuls: »*In unserem Gemeindehaus sind nun verschiedene Stationen vorbereitet, an denen ihr Aufgaben findet. Bittet teilt euch für die jeweiligen Aufgaben in Gruppen ein. Jede Gruppe arbeitet an einer Station. Ihr habt für eure Aufgabe maximal 20 Minuten Zeit.*«

Kurze Beschreibung der sieben Aufgabenstellungen und Einteilung der Gruppen.

Achtung: Für Station 4 werden mindestens vier Personen benötigt.

Schritt 3: Präsentation

Die Konfirmandinnen und Konfirmanden kommen wieder im Plenum, am besten in einem großen Kreis, zusammen. Die Präsentation erfolgt in der Reihenfolge der Stationen. Besonders zu beachten ist: Stationen nach Präsentationsreihenfolge nummerieren; und jeder Station einen Namen geben

Als erstes wird das Bodenbild von Station 1 betrachtet (Dazu müssen alle aus dem Kreis heraus zum Bodenbild gehen). Rückfragen und Änderungsvorschläge können erörtert werden.

Dann folgen die Station 5 und die Station 3. Bei Station 3 kann nach Alternativen gefragt werden, die im Gruppenprozess verworfen wurden.

Bei Station 6 wird der ungleiche Kampf mit Stärkungsmöglichkeiten vorgeführt; so kann beispielsweise ein oder mehrere Gruppenmitglieder den Kämpfer mit den Socken von hinten abstützen. Von der Station 5 bekommen die Kämpfer entsprechende Schlachtrufe zugejubelt.

Dann werden die Inhalte der unsichtbaren Rüstung vorgelesen. Im Plenum werden weitere gesucht und auf Pappkarton geschrieben (z. B. Gottvertrauen, Glaube, Gemeinschaft im Gottesvolk).

Zum Schluss erhält jeder einen Kieselstein, auf den er das Wort aus der unsichtbaren Rüstung schreibt, das für ihn die größte Bedeutung hat. Diesen ganz persönlichen ›Davidkieselstein‹ darf jeder mit nach Hause nehmen.

Der **Abschluss** erfolgt mit dem Lied: »Du, Gott, stützt mich …« (EG 630) sowie einem Segensspruch für Starke und Schwache (z. B. ›Wenn ich schwach bin, steht Gott mir bei.‹).

In den Gottesdienst mit Beteiligung der Konfirmanden lassen sich am besten die Ergebnisse der Stationen darstellen:

- Hörspiel
- Unsichtbare Rüstungen des David als Pappkarton-Umhänger
- Kondolenzbrief an die Eltern von Goliath einbringen.

Materialien zu diesem Beitrag auf CD-ROM

M 1 TEXTBLATT 2. MOSE 1,6–17 | Gewinnen und verlieren

1,6 Als nun (a) Josef gestorben war und alle seine Brüder und alle, die zu der Zeit gelebt hatten,
1,7 (a) wuchsen die Nachkommen Israels und zeugten Kinder und mehrten sich und wurden überaus stark, so dass von ihnen das Land voll ward.
1,8 Da kam ein neuer König auf in Ägypten, der wusste nichts von Josef
1,9 und sprach zu seinem Volk: Siehe, das Volk Israel ist mehr und stärker als wir.
1,10 Wohlan, wir wollen sie mit List niederhalten, dass sie nicht noch mehr werden. Denn wenn ein Krieg ausbräche, könnten sie sich auch zu unsern Feinden schlagen und gegen uns kämpfen und aus dem Lande ausziehen.
1,11 Und man setzte Fronvögte über sie, die sie mit (a) Zwangsarbeit bedrücken sollten. Und sie bauten dem Pharao die Städte Pitom und (b) Ramses als Vorratsstädte.
1,12 Aber je mehr sie das Volk bedrückten, desto stärker mehrte es sich und breitete sich aus. Und es kam sie ein Grauen an vor Israel.
1,13 Da (a) zwangen die Ägypter die Israeliten unbarmherzig zum Dienst
1,14 und machten ihnen ihr Leben sauer mit schwerer Arbeit in Ton und Ziegeln und mit mancherlei Frondienst auf dem Felde, mit all ihrer Arbeit, die sie ihnen auflegten ohne Erbarmen.
1,15 Und der König von Ägypten sprach zu den hebräischen Hebammen, von denen die eine Schifra hieß und die andere Pua:
1,16 Wenn ihr den hebräischen Frauen helft und bei der Geburt seht, dass es ein Sohn ist, so tötet ihn; ist's aber eine Tochter, so lasst sie leben.
1,17 Aber die Hebammen fürchteten Gott und taten nicht, wie der König von Ägypten ihnen gesagt hatte, sondern ließen die Kinder leben.

M 2 TEXTBLATT 2. MOSE 1,17–21

M 3 EIGENSCHAFTSKARTEN

groß	mutig
muskulös	dumm
geschmeidig	klein
angeberisch	mächtig
flink	intelligent
frech	selbstsicher
gottesfürchtig	zäh
zart	feige
schön	eingebildet
stolz	

M 4/1 STATION 1

M 4/2 STATION 2

M 4/3 STATION 3

M 4/4 STATION 4

M 4/5 STATION 5

M 4/6 STATION 6

M 4/7 STATION 7 | Gewinnen und verlieren

Schreibt einen Brief an die Eltern von Goliath, der so beginnt:

Liebe Eltern,
wir haben vom tragischen Tod Ihres Sohnes Goliath gehört. Es tut uns sehr Leid, obwohl wir Israeliten sind. Sie waren sicher stolz auf Ihren Sohn. Aber …

Die Konfirmand/innen und das Gebet

Beten Jugendliche heute noch? Wer die Probe aufs Exempel machen möchte, kann in einer ruhigen Minute seine Konfirmand/innen einmal fragen, wie sie es mit dem Beten halten. Ich war in den vergangenen Jahren immer wieder erstaunt, wie viele Jugendliche mit »ja« antworteten. Für sie ist offensichtlich immer noch das Gebet, auch und gerade das persönliche, stille Gebet, die Kommunikationsform mit Gott. Dies ist umso überraschender, weil die Zahl der Konfirmand/innen abnimmt, mit denen als Kind in großer Selbstverständlichkeit vor dem Einschlafen gebetet wurde. Übers Beten spricht man nicht. Das gilt für Erwachsene und Jugendliche gleichermaßen. In der bundesrepublikanischen Gesellschaft gilt Beten als etwas sehr Intimes und die Frage danach ist »bestenfalls Demoskopen erlaubt«. Andererseits gibt es dazu, wie bei anderen intimen Geschehnissen auch, eine mediale Gegenbewegung, die vom betenden Papst in der Tagesschau über die »Praying-Kultur« in amerikanischen Kinofilmen bis zu betenden Teens und Twens in den Vorabend-Soaps reicht. An dieser Stelle muss auch die »Renaissance« des Gebets im RU genannt werden.

Insgesamt gilt: Das Gebet als wesentliche Dimension des religiösen Lebens von Kindern und Jugendlichen wird neu entdeckt und wahrgenommen. Aber was können Jugendliche überhaupt beim Thema Beten jenseits systematisch-kognitiver Unterscheidungen lernen? Für die Konfirmand/innen sind die Unterrichtenden, ob Pfarrer oder Ehrenamtliche, in einem ganz elementaren Sinne Vorbeter und Vorbeterinnen. »Mit welchen Worten sprechen die Erwachsenen zu Gott? Welche Haltung nehmen sie dabei ein? Welchen Stellenwert hat das Gebet in ihrem Leben? Ist es für Sie von existenzieller Bedeutung oder nur ein Ritual?« Die Frage nach der Authentizität der unterrichtenden Personen ist evident. Ich kann mit »meinen« Konfirmand/innen nur dann Wege in die Stille gehen, wenn dieser Weg auch Teil meiner eigenen Frömmigkeit ist. Schon aus diesem Grund ist es wichtig, auch wenn es für den Unterrichtsablauf nicht notwendig sein sollte, ehrenamtliche Mitarbeiter/innen einzubeziehen, die bereit sind über ihre persönliche Gebetspraxis auch mit Jugendlichen zu sprechen.

Elementare Fragen der Konfirmand/innen im Kontext des Betens lauten: Im Blick auf sich selbst

- Wo kann ich ehrlich mir selbst gegenüber sein, ohne in Schamgefühlen zu versinken?
- Wo und wie kann ich aussprechen, was mich im Innersten bewegt?

Im Blick auf ein Gegenüber

- Wer hört mir zu?
- Wem kann ich mich schwach zeigen, ohne Stärke zu provozieren?
- Ist da einer, der wirklich helfen kann?
- Was bringt's zu beten?

Hinter diesen Fragen erscheint das Gebet für Jugendliche vor allem als geschützter Raum, der der sozialen Kontrolle entzogen ist. Im Wandlungs- und Entwicklungsprozess der Adoleszenz kann das Gebet für die Jugendlichen ein Ort der Vergewisserung sein:

- Im Dank (z. B. für das gute Miteinander in der Clique oder eine gelungene Konfliktbewältigung in Schule oder Elternhaus) wird Bestätigung erfahren.
- In der Bitte und Fürbitte kommen eigene Defizite und Grenzen – aber auch die Defizite anderer und der Gesellschaft – zur Sprache und werden vor Gott in das richtige Verhältnis von Tun und Lassen gesetzt.

Zudem darf nicht übersehen werden, dass das Gebet entgegen der oben beschriebenen aktuellen Zuschreibung als privat und intim eine verbindende, gemeinschaftsstiftende und gemeinschaftsstärkende Kraft hat. Im gemeinsamen Sprechen z. B. des Vaterunsers richten sich unterschiedliche Menschen gemeinsam auf den einen Gott hin aus und werden als Kinder dieses Vaters einander zu Brüdern und Schwestern.

Und oft ist das Gebet – in seiner Vorgeprägtheit und vorgegebenen Sprache – Hilfe, die eigene Sprachlosigkeit angesichts eigenen Erlebens zu überwinden. Manchmal bleibt nur das Einstimmen in von anderen geliehene Worte. Und in diesem Einstimmen stellen sich die Betenden in einen breiten Strom von Frauen und Männern, die zuvor diese Worte geliehen haben. Das verbindet und das mag manchmal auch ein Trost sein. Für Jugendliche, die auf dem Weg sind, eigene Persönlichkeiten zu werden und selbstbestimmt zu sein, mag dieser letzte Aspekt in Konflikt mit der angestrebten Autonomie geraten. Gerade aber das könnte lohnendes Thema des Unterrichts sein.

Das Gebet ist nicht ein religiöser Akt neben anderen, sondern in ihm ist die ganze Gottesfrage konzentriert. Und zwar nicht in einem theoretischen Sinne als ein Nachdenken über Gott oder eines Sinnierens über die ethischen Konsequenzen des Glaubens, sondern als die Form elementarer Gottesbegegnung schlechthin.

Der Leib, die körperliche Haltung ist zentraler Bestandteil des Betens. Wer z. B. einen Gottesdienst schwarzer, nordamerikanischer Christen besucht, wird feststellen, dass Beten nicht nur in wohlgesetzten Worten, sondern auch im Rufen und Stöhnen geschieht, während in der mystischen Tradition das schweigende Gebet überhaupt darauf zielt, die Achtsamkeit für Gottes Gegenwart zu entwickeln. Hier müssen Körper und Seele erst einmal zur Ruhe kommen, bevor tiefere spirituelle Erfahrungen gemacht werden können. Allen Formen des Betens ist die Hinwendung der ganzen Person zu Gott gemeinsam und das Innewerden seiner Gegenwart – im privaten wie im öffentlichen Raum, verbal wie nonverbal. Dies alles zeigt, dass wir mit dem Gebet »nah dran« sind an dem, was Konfirmandenunterricht gelingen lässt: nah dran an den Konfirmand/innen und nah dran an Gott.

Nah dran an der Gegenwart Gottes vor und jenseits aller Überlegungen und ausgearbeiteter Formulierungen. Das Gebet ist ein grundlegender Modus christlicher Existenz, in dem sich die Betenden mit Gott verbunden wissen. Die einzelnen Gebete und Frömmigkeitsakte sind Formen und Ausdruck davon; das Gebet geht darin aber nicht auf. Wenn man will, kann man an dieser Stelle auch den Begriff der »Spirtualität« anführen. Es geht anlässlich des Themas »Gebet« um die geistliche, also spirituelle, Dimension des Lebens.

Im Gebet verbindet sich der Betende mit Gott und so kommt die Perspektive Gottes hinein ins Leben der Betenden. So kommt Gott hinein in das Leben der Betenden. Und Lob, Dank, Bitte, Fürbitte und Klage werden zu Kommunikationsformen der eigenen Existenz.

Gebete bieten Sprache für eigenes Erleben. Und mit der Sprache auch Wahrnehmungs- und Deutedimensionen für das Leben: eben Dank und Bitte, Lob und Klage. Die Konfirmand/innen können mit Gebeten ihrem eigenen Erleben genauer auf die Spur kommen, indem sie dafür Sprache finden und ihr Leben in der Verbundenheit mit Gott betrachten.

Dabei ist der Frage nach Gottes Erhören von Gebeten nicht auszuweichen, sondern standzuhalten. Denn für viele Jugendliche ist das der zentraler Punkt im Blick auf das Gebet: Hilft Gott, wenn ich bete? Warum wird mein Gebet nicht erhört?

Mit Psalm 23 und dem Vaterunser sind zwei Gebete in der Konfirmandenzeit zugleich verbindlicher Lerntext. Neben dem Erlernen des Wortlautes kommt es dabei besonders darauf an, eine Vertrautheit mit diesen beiden Gebeten zu entwickeln, bei der zur Kenntnis auch emotionale Verbundenheit tritt. Die Jugendlichen sollen Umgang mit diesen beiden Gebeten bekommen und so ihre eigene Geschichte mit diesen Texten beginnen.

Das gilt insgesamt für die Konfi-Zeit: Gebet sollte nicht nur Thema, sondern als durchgehende Praxis des KUs erscheinen, z. B. als festes Element des Anfangsrituals.

Gebet sollte also mehr als ein Thema der KA sein. In der regelmäßigen Praxis, vielleicht gar im bewussten Einüben (Hausaufgabe Beten, ↗ S. 79, ◎ S. 181), können die Jugendlichen eigene Erfahrungen mit dem Beten machen. In der Erarbeitung des Vaterunsers (Ein Lebensbegleiter – das Vaterunser, ↗ S. 74, ◎ S. 176) bekommen die Jugendlichen einen Zugang zu einem der wesentlichen Gebetstexte unserer Kirche. Jugendliche lernen das Gebet in seinen unterschiedlichen Formen kennen (In jeder Lage zu Gott beten, ↗ S. 81, ◎ S. 187) und erproben es als Sprachhilfe für ihr eigenes Erleben (»Himmelhoch jauchzend, zu Tode betrübt«, ◎ S. 196). Neben dem Gebet erkunden sie noch weitere und andere Formen von Spiritualität und versuchen für sich stimmige Formen zu finden (Die »Spirikiste« – Marke Eigenbau, ↗ S. 205, ◎ S. 513).

Ein Lebensbegleiter – das Vaterunser, ↗ S. 74, ◎ S. 176

Hausaufgabe Beten, ↗ S. 79, ◎ S. 181

In jeder Lage zu Gott beten, ↗ S. 81, ◎ S. 187

»Himmelhoch jauchzend, zu Tode betrübt«, ◎ S. 196

Gebetsräume schaffen, ◎ S. 202

Spiritualität / Rituale

Die »Spirikiste« – Marke Eigenbau, ↗ S. 205, ◎ S. 513

Bernd Wildermuth und Jörg Conrad

Ein Lebensbegleiter – das Vaterunser

(125–145 Min.)

Das Vaterunser ist das Gebet der Christenheit. Seine Bedeutung hat es durch Jesus selbst gewonnen und ist deshalb konstitutiver Bestandteil jedes Gottesdienstes, einschließlich der Kasualien und wohl der allermeisten Andachten, die zu den unterschiedlichsten Anlässen gehalten werden. Wenn nichts mehr gesagt werden kann, kann wenigstens das Vaterunser noch gemeinsam gesprochen und gebetet werden. Das Vaterunser begleitet auch heute Christen auf ihrem Lebensweg. Dieser lebensbegleitende Charakter wird im Baustein sichtbar, indem das Vaterunser biografisch als ein immer wiederkehrender Ausdruck des christlichen Glaubens und der eigenen Identität verortet wird.

Die Konfirmand/innen sehen im wahrsten Sinne des Wortes das Vaterunser als einen Teil ihrer Lebensgeschichte. Es hat viele Konfirmand/innen an Schnittstellen ihres Lebens und bei Familienfesten begleitet. Im nächsten Schritt wird der Blick auf die einzelnen Bitten, die Anrede und den Lobpreis gelenkt.

Die Klarheit oder Interpretationsbedürftigkeit einzelner Bitten wird von den Konfirmand/innen verbalisiert. Ihre Eindrücke, Fragen und Kommentare bilden das Arbeitsmaterial für die weitere Auseinandersetzung und kreative Gestaltung des Vaterunsers. Im Material der »Bodenbilder« bzw. im »Mobile« wird der biografische und lebensbegleitende Charakter des Vaterunsers wieder aufgenommen, denn genau wie die Playmobilfiguren, Legosteine oder Stofftiere hat auch das Gebet Jesu die Konfirmand/innen über viele Jahre begleitet. Schließlich wird das Vaterunser noch einmal ins Leben geholt und mit Menschen und Situationen verbunden, bevor es abschließend gemeinsam gebetet wird.

Die Bodenbilder im Rahmen einer Ausstellung der Gemeinde zu präsentieren, ist nicht nur eine Wertschätzung der Arbeit der Konfirmand/innen, sondern bietet auch die Möglichkeit Eltern, Mitarbeiter/innen und Kirchengemeinderäte zwanglos zusammenzuführen und miteinander ins Gespräch zu bringen. Ein Freitagabend oder ein Samstagnachmittag sind dafür geeignete Termine. Als Alternative zu den Bodenbildern kann auch ein großes Mobile mit Textvarianten zum Vaterunser gestaltet werden. Die Schritte eins und zwei werden nicht verändert. Lohnenswert ist auch, die Bodenbilder zu fotografieren und als Vaterunser-Plakat zu gestalten.

Ziele

Die Konfirmand/innen erkennen das Vaterunser als das ihr Leben begleitende Gebet.

- Sie nehmen Stellung zu den Möglichkeiten des Gebets.
- Sie nehmen den Aufbau des Vaterunsers wahr und beziehen Position zu den sieben Bitten, der Anrede und dem Lobpreis des Vaterunsers.
- Sie setzen sich mit den Anfragen und Haltungen ihrer Konfirmandengruppe zu einer Bitte des Vaterunser exemplarisch auseinander und gestalten ein Bodenbild mit den Spielmaterialien ihrer Kindheit.
- Sie verknüpfen das Vaterunser mit konkreten Menschen und Situationen und holen das Gebet so in den Alltag.

Material: 8 bis 16 m langes Seil; verschiedenfarbig (für Eltern, Kindergarten, Grundschule, Weiterführende Schulen) beschriftete und weiße Papierstreifen; mit dem Vaterunser bedruckte hellblaue DIN-A6-Karten; Lebensalterkarten von 1–15; entsprechend der Anzahl der Mädchen und Jungen schwarze und blaue Eddingstifte; Spielzeug wie Playmobil, Lego, Holzbaukästen, Tier- und Menschenfiguren, Puppen, Stofftiere, Spielzeugautos usw.; Wachsmalkreiden und Eddingstifte; Fotos von Menschen in unterschiedlichen Situationen; Gedankenblasen.

1. Liturgischer Beginn (5 Min.):

Es ist nahe liegend, den KU mit einem liturgischen Beginn zu starten, in dessen Rahmen auch das Vaterunser schon einmal miteinander gesprochen wird.

2. Impuls ins Thema – Beten macht ihr das? Und mit welcher Erwartung? (10 Min.)

Impuls: Wir haben gerade ein Gebet gesprochen. Mit Gott geredet ... macht ihr das denn manchmal?

Stellt euch hier eine Linie vor. An diesem Ende steht »oft« und an diesem »nie«. Wo ist euer Platz, stellt euch mal dahin. [Die Konfirmand/innen nehmen ihren Platz ein.]

Impuls: Schaut euch einfach mal um. Nehmt einander wahr und wo jeder und jede steht.

Ich habe noch eine Frage: Beten, das ist ein Reden mit Gott, so sagen wir in der Kirche – hört er uns denn? ... Hier oben können sich die hinstellen, die meinen »ja« und an diesem Ende unserer Linie nehmen die Aufstellung, die meinen »nein«. [Die Konfirmand/innen nehmen ihren Platz ein.]

Impuls: Jetzt bin ich neugierig! Ihr sagt, Gott hört mein Gebet. Habt ihr eine Vorstellung, ein Bild, wie Gott das macht? [3–4 Konfirmand/innen werden befragt].

Ich habe noch einen Satz, zu dem ich eure Stellungnahme möchte: Beten hat Folgen, denn es verändert die Welt. Hier oben bleibt weiterhin der Ort für die Zustimmung, also das »Ja« und hier unten der Ort für das »Nein«. *[Die Konfirmand/innen nehmen Aufstellung]* Das interessiert mich jetzt natürlich auch, was euch bewogen hat, euch hier oder dort hinzustellen. Wir machen das einmal so: Die, die sich zum Nein gestellt haben bekommen jetzt eine Minute, um die anderen von ihrer Position zu überzeugen. Danach bekommen die »Ja-Leute« ebenfalls eine Minute, um für ihre Position zu werben. Los geht's …

3. Biografisches Verorten des Vaterunsers (20 Min.)

Impuls: Egal, wie ihr zum Gebet steht. Wahrscheinlich habt ihr in eurem Leben schon viele Gebete mitbekommen: »Müde bin ich, geh zur Ruh …«, »Komm Herr Jesu, sei unser Gast …« »Vater unser im Himmel …« Und wahrscheinlich ist es gerade das Vaterunser, das immer wieder in eurem Leben vorgekommen ist. Schaut einmal hierher in die Mitte.

In die Mitte des Raumes wird ein Seil gelegt *(pro Lebensjahr der Konfirmand/innen zwischen einem halben und einem Meter, je nach Raumangebot).* In gleich bleibenden Abständen wird das Seil mit Jahreszahlen von 0–15 markiert. Die Konfirmand/innen stehen oder sitzen je nach den örtlichen Möglichkeiten im Kreis oder Halbkreis darum herum. Eine Einteilung der Lebensabschnitte (bei den Eltern 1–3, Kindergarten 3–6, Grundschule 6–10, weiterführende Schulen 10–?) liegt auf farbigen Papierstreifen bereit und wird während des Impulses neben die Lebenslinie gelegt.

Impuls: Das Seil markiert eure bisherige Lebenslinie. Es beginnt bei eurer Geburt und ist nach vorne offen. Wenn ihr euer bisheriges Leben betrachtet, gibt es Abschnitte, die für alle gleich oder doch sehr ähnlich waren. Dazu gehört sicherlich die Zeit bei eurer Mutter oder den Eltern (Streifen hinlegen), dann werden die meisten von euch in einem Kindergarten gewesen sein (hinlegen) und alle (auf Förderschüler/innen bei der Formulierung achten!) in der Grundschule. Wenn ihr jetzt diese Lebenslinie anschaut, seht ihr, was ihr (fast) gemeinsam erlebt habt, wenn auch zum Teil an verschiedenen Orten und verschiedenen Schulen. Daneben gibt es besondere Feste, Ereignisse, die nur ihr oder einige von euch in ihrem Leben in ihrer Familie erlebt haben.« Die Konfirmand/innen nennen Feste und Ereignisse aus der Familie wie Geburt, Taufe oder Konfirmation von Geschwistern, Hochzeiten im weiteren familiären Umfeld und natürlich auch Beerdigungen von nahen Angehörigen oder andere einschneidende Ereignisse wie etwa Unfälle, Krankheiten oder die Trennung der Eltern. Diese Ereignisse werden auf weiße Papierstreifen geschrieben und mit etwas Abstand an die Lebenslinie gelegt. Mehrere gleiche Ereignisse werden exemplarisch ein- bis zweimal aufgeschrieben. Impuls: »Versucht euch einmal zu erinnern, bei welchen Ereignissen und Lebensstationen überall das Vaterunser gebetet wurde. Das muss nicht immer in einer Kirche gewesen sein.« Zu jedem Ereignis oder der Lebensphase (z. B. Kindergarten), die ein/e Konfirmand/in nennt, legt sie/er eine Vaterunser-Karte. Impuls: »Ihr seht, das Vaterunser ist das Gebet, das uns durch unser Leben begleitet. Was meint ihr, warum wird bei so vielen und so unterschiedlichen Gelegenheiten das Vaterunser gebetet?« Die Konfirmand/innen äußern ihre Vermutungen.

4. Fragen, Gedanken und Bilder der Gruppe (20 Min.)

Impuls: Wir haben bis jetzt das Vaterunser als Ganzes betrachtet. Nun wollen wir uns die einzelnen Elemente anschauen. Lässt man die Anrede »Vater unser im Himmel« und den Lobpreis am Schluss »denn dein ist das Reich und die Kraft und die Herrlichkeit in Ewigkeit‹ einmal weg, bleiben 7 Bitten von ›geheiligt werde dein Name‹ bis zu ›Und führe uns nicht in Versuchung, sondern erlöse uns von dem Bösen.‹ Ich habe alle Bitten, die Anrede und den Lobpreis auf

Flipchartblätter geschrieben. Ihr habt schon gesehen, sie hängen hier an den Wänden des Gemeindesaals. Ihr geht zu jeder Station und schreibt zu jedem Satz des Vaterunser eure Gedanken, Fragen und Phantasien auf. Das kann sich auch nur auf ein Wort im Satz beziehen, z. B. ›Name – es ist wichtig einen guten Namen zu haben.‹ Oder ›Reich – hat das was mit Reichtum zu tun?‹ Es geht nur um eure Ideen. Sie sind nachher wichtige Informations- und Arbeitsgrundlagen.

Deshalb gelten für diese Aktion folgende Regeln: (1) Es darf nicht einfach wiederholt werden, was schon jemand anderes geschrieben oder gezeichnet hat. (2) Es dürfen höchstens zwei (drei, je nach Gruppengröße) gleichzeitig an einer Station stehen! (3) Während der ganzen Aktion wird nicht gesprochen.

> Auf die Einhaltung der Regeln ist zu achten; notfalls muss die Aktion noch einmal unterbrochen und neu gestartet werden. Wahrscheinlich müssen die Jugendlichen über die Zeit hinweg auch mehrmals zum Gang durch die Bitten und zum Aufschreiben ihrer Assoziationen motiviert werden. Aber diese Plakate sind eine wichtige Arbeitsgrundlage für den nächsten Schritt.

5. Bodenbild gestalten (30–50 Min.)

Impuls: »Sucht euch allein oder zu zweit (bei Gruppen bis zu 18 Konfirmand/innen, bei mehr als 18 Konfirmand/innen zwei oder drei Konfirmand/innen zusammen) ein Element des Vaterunsers heraus, mit dem ihr euch einmal eingehender beschäftigen wollt. Jedes Paar bzw. jede Person bearbeitet eines der neun Elemente des Vaterunsers, indem zu dem jeweiligen Text ein Bodenbild auf einem weißen Flipchartblatt gestaltet wird. Wenn wir nachher alle Bilder zusammenfügen, haben wir eine komplette Bilderreihe zum Gebet Jesu. Für die Gestaltung stehen euch diese Materialien zur Verfügung, die ihr alle vermutlich noch aus eurer Kindheit kennt, wie Playmobil, Lego, Holzbaukästen, Tier- und Menschenfiguren, Puppen, Stofftiere, Spielzeugautos usw., aber auch Wachsmalkreiden, Wasserfarben und Eddingstifte. Den entsprechenden Textteil des Vaterunsers bekommt ihr ausgedruckt von mir. Er wird als Bildüberschrift unter oder neben das fertige Bodenbild gelegt. Die beschriebenen Flipchartblätter zu eurem Text erhaltet ihr als Ideengeber für die Gestaltung eures Bodenbildes. Ihr könnt Fragen, Zeichnungen oder Kommentare als Anregung aufnehmen und in euer Bild einbauen, müsst es aber nicht. Ihr könnt euer Bodenbild allein oder zu zweit gestalten.«

> Es folgen präzise Anweisungen, wo jede/r ihr/sein Bodenbild aufbaut. Da auf dem Boden gearbeitet wird, ist es gut, wenn die Konfirmand/innen Decken oder Gymnastikmatten zum Sitzen oder Liegen bekommen. Es entsteht dadurch eine Atmosphäre des »vergangenen Kinderzimmers«, wo das Spielzeug ausgekippt wurde und ganz selbstvergessen gebaut und gespielt wurde. Je nach Gruppe kann auch eine ruhige Hintergrundsmusik helfen, ins Bauen zu kommen.

6. Präsentation in der Gruppe (20 Min.)

Wenn alle ihr Bodenbild vollendet haben, würdigt die Gesamtgruppe bei einem Rundgang jedes Bodenbild. Der/die Künstler/in erklärt, was sein/ihr Leitgedanke bei der Gestaltung des Bodenbildes war. Die Gruppe kann und darf Rückfragen stellen. Die Gruppe erzählt, was sie in dem Bild vermutet. Auf eine Wertschätzung am Ende jeder Betrachtung, etwa durch Applaus, ist unbedingt zu achten! Man kann auch den umgekehrten Weg gehen und die Gruppe zunächst befragen: »Was seht ihr? Was nehmt ihr auf dem Bodenbild wahr und was wollen eure Mitkonfirmand/innen damit zum Ausdruck bringen?«

7. Lebensweltliche Kontrastierung – das Gebet im Alltag (20 Min.)

Impuls: Das Vaterunser habe ich vielleicht schon 1000 mal gebetet. Wahrscheinlich betet es gerade jetzt irgendjemand irgendwo auf der Welt. Es ist immer der gleiche Text und doch sind es über die Zeit hinweg verschiedene Menschen in verschiedenen Situationen, die immer wieder andere Sätze besonders intensiv sprechen. Und es stellen sich auch immer wieder andere Gedanken ein, Geistesblitze, innere Bilder. Das wechselt von Mensch zu Mensch und von Situation zu Situation.

Ich lege euch nun einige Bilder aus, auf denen ihr Menschen in ganz verschiedenen Situationen sehen könnt. Versucht, euch in diese Menschen und Situationen hineinzudenken und hineinzufühlen. Dann nehmt euch ein Bild, von dem ihr das Gefühl habt, die Situation und diesen Menschen kann ich verstehen.

Konfirmand/innen schauen sich die Fotos an. Gut ist es, wenn es von jedem Bild mehrere Kopien gibt und wenn es mindestens so viel verschiedene Bilder sind wie Jugendliche in der Gruppe.

Ihr habt ein Bild gewählt. Nun stellen wir uns einmal vor, dass all diese Menschen das Vaterunser beten. Was geht eurer Person dabei besonders durch den Kopf? An welcher Bitte des Vaterunsers wird er oder sie wohl hängen bleiben oder diese Bitte besonders ernsthaft und intensiv beten? Überlegt einmal und legt euer Bild dann zur entsprechenden Station. [Die Konfirmand/innen legen ihre Bilder zu den Bodenbildstationen der einzelnen Bitten.]

»Alles, was uns sonst noch bewegt, das schließen wir ein in das Gebet, das Jesus uns gelehrt hat …« – so heißt es oft im Gottesdienst. Alles, was uns bewegt … was bewegt wohl die Beter auf euren Bildern? Was geht den Menschen im Kopf herum? Woran denken sie? Oder an wen? Es liegen hier Gedankenblasen aus. Nehmt euch eine oder zwei und schreibt hinein, was eure Person beim Gebet denkt. Und dann legt die Gedankenblase zu eurem Foto. [Konfirmand/innen schreiben ein oder zwei Gedanken auf und legen sie zu den Bildern].

Nun schaut euch einmal um. So viele Menschen, die sich irgendwie im Vaterunser mit ihren Gedanken und Anliegen unterbringen. Das Vaterunser begleitet sie in den Situationen, in denen sie stecken. Es ist so etwas wie ein Lebensbegleiter. Immer wieder und immer wieder mit einem anderen Schwerpunkt und in einer anderen Stimmung.

Wir wollen nun zum Abschluss auch miteinander das Vaterunser beten. Was ist wohl heute eure Bitte, die euch besonders am Herzen liegt? Wo bleibt ihr heute wohl mit euren Gedanken besonders hängen? Vielleicht können wir es so machen: Ihr überlegt das jetzt einmal für euch. Und wenn wir dann miteinander beten, dann sprecht doch einfach diesen Satz, der heute für euch besonders wichtig ist mit einer lauteren Stimme als die anderen Sätze.

Und nun lasst uns beten: Vaterunser …

8. Weiterarbeit und Alternativen

Es gibt grundsätzlich zwei verschiedene Formen der öffentlichen Präsentation: unmittelbar als Ausstellung und mittelbar durch Digitalfoto vor allem im Gottesdienst.

a) Ausstellung in Verbindung mit einem Konfirmandentag

Aufgrund der raumgreifenden Darstellungsweise ist es sinnvoll, die Ausstellung unmittelbar nach der Fertigstellung der Bilder stattfinden zu lassen. Wählt man diese Form der Präsentation, ist es sinnvoll, den Baustein als KU-Tag an einem Freitagnachmittag oder an einem Samstag durchzuführen: Die Ausstellung kann dann am Freitagabend oder am Samstagvormittag als Vernissage (Laudatio, Sektempfang, Häppchen) gestaltet werden. Einladungskarten, vielleicht mit dem Vaterunser darauf und von den Konfirmand/innen entworfen, sind in diesem Fall vorher an die Eltern, Kirchengemeinderäte und Mitarbeiter/innen der Kirchengemeinde zu verschicken. Wählt man den Samstag als KU-Tag, kann auch der Rahmen von den Konfirmand/innen nach dem Mittagessen vorbereitet werden, am Freitag wird man aus Zeitgründen auf Mithilfe aus der Gemeinde angewiesen sein. Nach der Ausstellungseröffnung stehen die Künstler und Künstlerinnen an ihren Bildern, um über Entstehung und Inhalt Auskunft zu geben. Die Ausstellung wird mit Fotos und Interviews für den Gemeindebrief und/oder die örtliche Presse dokumentiert!

b) Gottesdienst – Präsentation

Die Bodenbilder werden mit der Digitalkamera fotografiert und die Fotos werden im Gottesdienst mittels Beamer zur oder anstelle der Schriftlesung gezeigt. Zu ihren Bildern lesen die Konfirmand/innen eine kleine selbstformulierte Einleitung und/oder ausgewählte Texte des Flipchartblattes vor.

Alternative: Ein Vaterunser-Mobile als Alternative zum Ausdrucksmedium Bodenbild

Material: 10 weiße Flipchartblätter, 5 Pappkartons in Flipchartgröße, Klebstoff, Besenstiele, Schnur nach Bedarf.

Der Ablauf bis zum Punkt 2 ist identisch. Die Konfirmand/innen werden gebeten, sich in fünf Gruppen aufzuteilen. In die Mitte werden sechs Themenblätter gelegt »Krieg und Frieden«; »Umwelt«; »Liebe«;

»Wohlstand und Elend«; »Menschlichkeit und Egoismus«; »Wissenschaft und Verantwortung«.

Arbeitsanweisung: »Das Vaterunser kennt jeder. Es ist sozusagen das Mustergebet für jeden Christen. Es hilft uns Worte, aber auch einen Rhythmus für unsere eigenen Gedanken und Worte zu finden. Ihr kennt vermutlich alle irgendwelche Verballhornungen vom Vaterunser (Bsp.). Man kann aber genauso den Stil des Vaterunsers dazu nutzen, neue Bitten zu formulieren, so wie man eine alte Melodie mit einem neuen Text versehen kann. Sechs Themen liegen hier in der Mitte. Jede Gruppe soll zu einem Thema ein Gebet im Stile des Vaterunsers formulieren. Keine Verballhornung, sondern ein richtiges Gebet im Stile des Vaterunsers. Ihr werdet merken, das ist wesentlich leichter als man im ersten Moment denkt. Jede Gruppe sucht sich ein Thema aus.«

Hat eine Gruppe ihren Text fertig, wird sie gebeten, ihn auf ein weißes Flipchartblatt zu schreiben und den Text mit passenden Bildern und Symbolen zu umrahmen. Auf ein zweites Blatt wird der Vaterunser-Text geschrieben. Die Blätter werden anschließend zur Stabilisierung auf die Vorder- und Rückseite einer dickeren Pappe geklebt. Elektrogeräteverpackungen sind sehr gut geeignet und leicht bei entsprechenden Händlern zu bekommen. Ein einfaches Mobile kann nun aus drei Besenstielen und entsprechender Schnur zusammengefügt werden und je nach Möglichkeit in der Kirche oder im Gemeindehaus aufgehängt werden. Eine Präsentation kann, wie bei den Bodenbildern, im Gottesdienst erfolgen. Allerdings besteht beim Mobile die Möglichkeit, das Werk über eine längere Zeit der Gemeinde vor Augen zu führen.

Vater unser im Himmel

Our Father in heaven

Notre Père
qui es aux cieux

Padre nuestro
que estás en los cielos

Padre nostro
che sei nei cieli

Отче наш
сущий на небесах

أَبَانَا
ٱلَّذِي فِي ٱلسَّمٰوَاتِ

Dieter Kern

Hausaufgabe Beten

Gebetsübungen als Wochenaufgabe in der Konfirmandenzeit

1. Einleitung

Der Grundgedanke, der diesem Konzept zugrunde liegt, ist folgender: Wenn ich möchte, dass etwas hängen bleibt (modern gesagt: nachhaltig ist), muss ich es einüben. Das Beten lässt sich nicht an einem oder an zwei Nachmittagen erlernen. Es braucht regelmäßige Wiederholung – Einübung ist vielleicht das bessere Wort.

Die Gebetsübungen sind ein Angebot an diejenigen, die innerlich suchend und lebendig sind. Diesen Jugendlichen möchte ich etwas anbieten, das sie weiterbringt auf ihrem Weg mit und zu Gott. Die folgenden Gebetsübungen sind im Lauf mehrerer Jahre entstanden. Ich habe sie zunächst selber ausprobiert und erst dann gemeinsam mit den Konfirmandinnen und Konfirmanden praktiziert. Ich war unsicher, ob sie sich darauf einlassen würden, war dann aber überrascht, wie regelmäßig sie diese Übungen machten.

Die Übungen sind sehr unterschiedlich. So kann jede und jeder etwas für sich finden, das ihm oder ihr am ehesten entspricht.

Es ist von Vorteil, dass diese Übungen aus dem Mittwochnachmittag ausgelagert sind. Zuhause kann man sich ungestört und ohne Gruppenzwang mit dem Glauben beschäftigen. Außerdem wird die Konfirmandenzeit so zu einer Zeit, die nicht nur aus zwei Stunden Pflichtunterricht besteht, sondern sich durch die ganze Woche zieht.

Dieser Ansatz erfordert von den Konfirmandinnen und Konfirmanden allerdings eine gewisse Selbstständigkeit. Sie müssen selber etwas tun. Dazu sind nicht immer alle bereit. Insofern ist die Stärke dieses Ansatzes auch zugleich seine Schwäche. Momentan habe ich z. B. eine Gruppe, die innerlich wenig interessiert ist. Umso wichtiger ist es, die Gebetsübungen im Unterricht gut und motivierend einzuführen.

2. Organisation und Durchführung

Bevor ich die Gebetsübung als Hausaufgabe aufgebe, besprechen wir sie im Unterricht und praktizieren sie einmal durch. In der Regel praktizieren in der ersten Woche eine Reihe der Konfirmandinnen und Konfirmanden die Übung nicht regelmäßig.. Ich nutze dies, um nach Schwierigkeiten und Motivationsproblemen zu fragen, die die Übung verhindert haben, und wir versuchen, einander Anregungen zu geben, wie die Übung regelmäßig praktiziert werden kann. Die Übungen müssen also länger als die erste Woche gemacht werden. Bei mir hat sich die Dauer auf drei Wochen eingependelt. Es folgt eine Woche Pause. Erst dann schließt sich die nächste Übung an.

Wenn alle Übungen praktiziert wurden, machen wir einen zweiten Durchgang. Abschließend suchen sich alle ihre Lieblingsübung aus und praktizieren diese.

Ich beginne mit dem »Zehn-Finger-Dankgebet«. Das Gebet »Hörendes Gebet« führe ich erst im letzten Drittel der Konfirmandenzeit ein. Bewährt hat sich diese Reihenfolge:

1. Zehn-Finger-Dankgebet (**M 1**)
2. Fürbitte (**M 2**)
3. Abendgebet »Tagesschau« (**M 3**)
4. Sich bekreuzigen (**M 4**)
5. Und bittet für eure Feinde (**M 5**)
6. Hörendes Gebet (**M 6**)

Die 7. Übung »Psalm 23 persönlich« (**M 7**) ist eine einmalige Übung, die man als Hausaufgabe geben oder im Unterricht praktizieren kann.

3. Möglicher Verlauf

Schritt 1: Einführung in die Gebetsübung als Wochenaufgabe

Ich beginne mit dem »Zehn-Finger-Dankgebet«. Jeder malt die Umrisse seiner Hand auf ein leeres Blatt Papier und schreibt in jeden Finger etwas, wofür er dankbar ist. Ich erkläre den Konfirmandinnen und Konfirmanden, dass sie nun einmal eine Woche lang dieses »Zehn-Finger-Dankgebet« vor dem Schlafengehen beten sollen. Es handelt sich um eine Art Hausaufgabe – um die Wochenaufgabe. Und ich weise darauf hin, dass wir in der nächsten Konfi-Stunde einander berichten werden, wie es uns bei der Gebetsübung ergangen ist.

Schritt 2: Durchführung

Die Wochenaufgabe wird von den Konfirmandinnen und Konfirmanden praktiziert.

Schritt 3: Auswertung zu Unterrichtsbeginn

Zu Unterrichtsbeginn findet eine Gesprächsrunde statt. Wir tauschen uns über die Erlebnisse beim Beten aus. Reihum erzählt jeder etwas: Wie lief es? Wie oft habe ich gebetet? Tageszeit/Ort? Wo hat es gehakt? Was hat sich verändert durch das Beten? Was ist mir aufgefallen?

Einzelne Voten greife ich auf, unterstreiche, ermutige oder gebe eine kleine Hilfestellung.

Ein Beispiel: Jemand sagt:« Mir fällt beim 10-Finger-Gebet nach dem 5. Finger nichts mehr ein.« Darauf entgegne ich: »Das ist völlig normal. Vielen Menschen geht das so. Warte das nächste Mal einfach eine Weile (eine Minute), dann kommt in der Regel von alleine noch mehr.«

Oder wir sprechen über Störungen und wie wir damit umgehen können. Oder wir beraten uns gegenseitig, wenn uns bei der Fürbitte nichts einfällt, was wir für den anderen beten sollen.

Diese Runden schließe ich mit der Aufforderung ab, die Gebetsübung in der nächsten Woche (nochmals) regelmäßig zu praktizieren.

Materialien zu diesem Beitrag auf CD-ROM

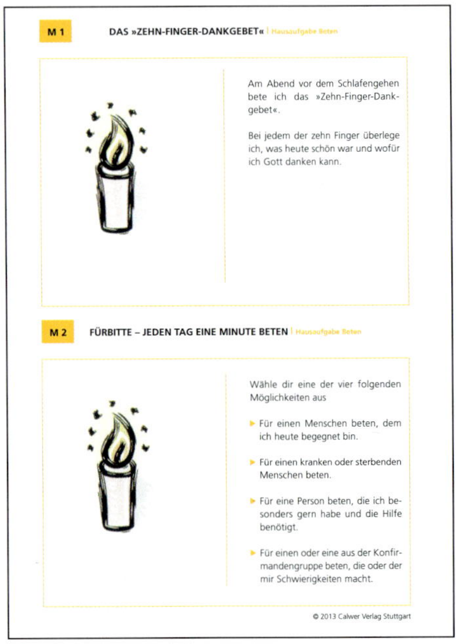
M 1 DAS »ZEHN-FINGER-DANKGEBET« | Hausaufgabe Beten

Am Abend vor dem Schlafengehen bete ich das »Zehn-Finger-Dankgebet«.

Bei jedem der zehn Finger überlege ich, was heute schön war und wofür ich Gott danken kann.

M 2 FÜRBITTE – JEDEN TAG EINE MINUTE BETEN | Hausaufgabe Beten

Wähle dir eine der vier folgenden Möglichkeiten aus

- Für einen Menschen beten, dem ich heute begegnet bin.
- Für einen kranken oder sterbenden Menschen beten.
- Für eine Person beten, die ich besonders gern habe und die Hilfe benötigt.
- Für einen oder eine aus der Konfirmandengruppe beten, die oder der mir Schwierigkeiten macht.

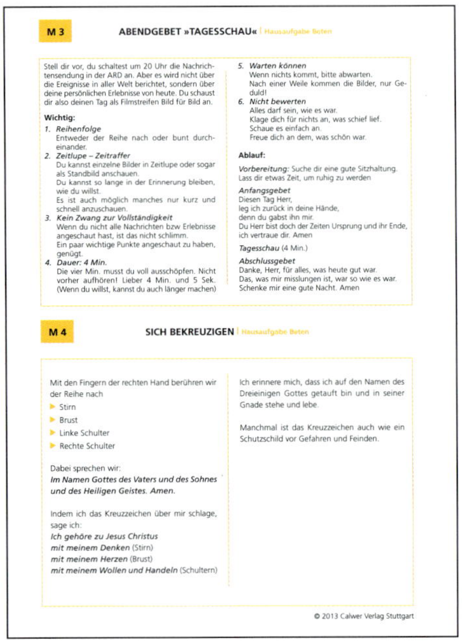
M 3 ABENDGEBET »TAGESSCHAU« | Hausaufgabe Beten

Stell dir vor, du schaltest um 20 Uhr die Nachrichtensendung in der ARD an. Aber es wird nicht über die Ereignisse in aller Welt berichtet, sondern über deine persönlichen Erlebnisse von heute. Du schaust dir also deinen Tag als Filmstreifen Bild für Bild an.

Wichtig:

1. *Reihenfolge*
   Entweder der Reihe nach oder bunt durcheinander.
2. *Zeitlupe – Zeitraffer*
   Du kannst einzelne Bilder in Zeitlupe oder sogar als Standbild anschauen.
   Du kannst so lange in der Erinnerung bleiben, wie du willst.
   Es ist auch möglich manches nur kurz und schnell anzuschauen.
3. *Kein Zwang zur Vollständigkeit*
   Wenn du nicht alle Nachrichten bzw Erlebnisse angeschaut hast, ist das nicht schlimm.
   Ein paar wichtige Punkte angeschaut zu haben, genügt.
4. *Dauer: 4 Min.*
   Die vier Min. musst du voll ausschöpfen. Nicht vorher aufhören! Lieber 4 Min. und 5 Sek. (Wenn du willst, kannst du auch länger machen)
5. *Warten können*
   Wenn nichts kommt, bitte abwarten.
   Nach einer Weile kommen die Bilder, nur Geduld!
6. *Nicht bewerten*
   Alles darf sein, wie es war.
   Klage dich für nichts an, was schief lief.
   Schaue es einfach an.
   Freue dich an dem, was schön war.

Ablauf:

Vorbereitung: Suche dir eine gute Sitzhaltung. Lass dir etwas Zeit, um ruhig zu werden

Anfangsgebet
Diesen Tag Herr,
leg ich zurück in deine Hände,
denn du gabst ihn mir.
Du Herr bist doch der Zeiten Ursprung und ihr Ende,
ich vertraue dir. Amen

Tagesschau (4 Min.)

Abschlussgebet
Danke, Herr, für alles, was heute gut war.
Das, was mir misslungen ist, war so wie es war.
Schenke mir eine gute Nacht. Amen

M 4 SICH BEKREUZIGEN | Hausaufgabe Beten

Mit den Fingern der rechten Hand berühren wir der Reihe nach

- Stirn
- Brust
- Linke Schulter
- Rechte Schulter

Dabei sprechen wir:
Im Namen Gottes des Vaters und des Sohnes und des Heiligen Geistes. Amen.

Indem ich das Kreuzzeichen über mir schlage, sage ich:
Ich gehöre zu Jesus Christus
mit meinem Denken (Stirn)
mit meinem Herzen (Brust)
mit meinem Wollen und Handeln (Schultern)

Ich erinnere mich, dass ich auf den Namen des Dreieinigen Gottes getauft bin und in seiner Gnade stehe und lebe.

Manchmal ist das Kreuzzeichen auch wie ein Schutzschild vor Gefahren und Feinden.

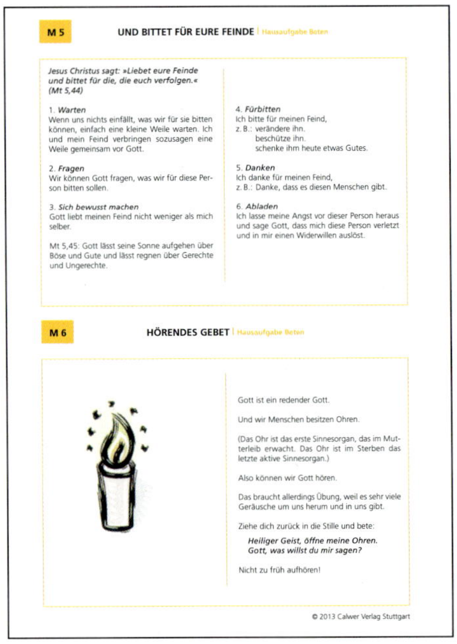
M 5 UND BITTET FÜR EURE FEINDE | Hausaufgabe Beten

Jesus Christus sagt: »Liebet eure Feinde und bittet für die, die euch verfolgen.« (Mt 5,44)

1. *Warten*
Wenn uns nichts einfällt, was wir für sie bitten können, einfach eine kleine Weile warten. Ich und mein Feind verbringen sozusagen eine Weile gemeinsam vor Gott.

2. *Fragen*
Wir können Gott fragen, was wir für diese Person bitten sollen.

3. *Sich bewusst machen*
Gott liebt meinen Feind nicht weniger als mich selber.

Mt 5,45: Gott lässt seine Sonne aufgehen über Böse und Gute und lässt regnen über Gerechte und Ungerechte.

4. *Fürbitten*
Ich bitte für meinen Feind,
z. B.: verändere ihn.
beschütze ihn.
schenke ihm heute etwas Gutes.

5. *Danken*
Ich danke für meinen Feind,
z. B.: Danke, dass es diesen Menschen gibt.

6. *Abladen*
Ich lasse meine Angst vor dieser Person heraus und sage Gott, dass mich diese Person verletzt und in mir einen Widerwillen auslöst.

M 6 HÖRENDES GEBET | Hausaufgabe Beten

Gott ist ein redender Gott.

Und wir Menschen besitzen Ohren.

(Das Ohr ist das erste Sinnesorgan, das im Mutterleib erwacht. Das Ohr ist im Sterben das letzte aktive Sinnesorgan.)

Also können wir Gott hören.

Das braucht allerdings Übung, weil es sehr viele Geräusche um uns herum und in uns gibt.

Ziehe dich zurück in die Stille und bete:

Heiliger Geist, öffne meine Ohren.
Gott, was willst du mir sagen?

Nicht zu früh aufhören!

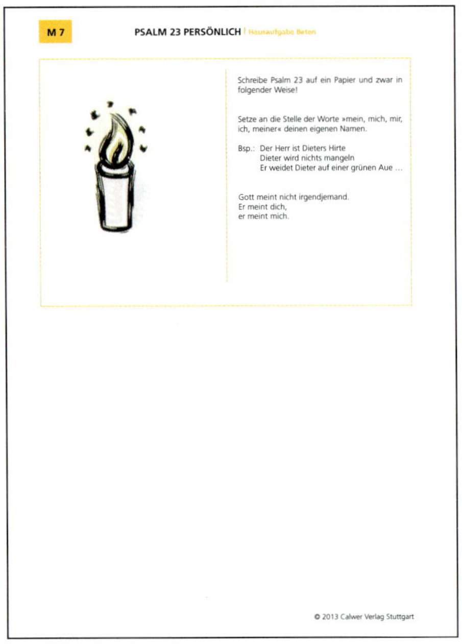
M 7 PSALM 23 PERSÖNLICH | Hausaufgabe Beten

Schreibe Psalm 23 auf ein Papier und zwar in folgender Weise!

Setze an die Stelle der Worte »mein, mich, mir, ich, meiner« deinen eigenen Namen.

Bsp.: Der Herr ist Dieters Hirte
Dieter wird nichts mangeln
Er weidet Dieter auf einer grünen Aue …

Gott meint nicht irgendjemand.
Er meint dich,
er meint mich.

Thomas Ebinger

In jeder Lage zu Gott beten

Sprachübungen für Anfänger/innen

Einführung

Der Schwerpunkt dieser Bausteine liegt auf der Einübung persönlicher und öffentlicher Formen des Gebets. Angeregt durch vorformulierte Gebete finden die Konfirmand/innen eigene Worte für das Reden mit Gott.

Beten kann man nicht erzwingen. Es ist nur sinnvoll, wenn der/die Betende auch an einen Gott glaubt, der Gebete hört. Die Gottesfrage steht deshalb am Anfang der Einheit. So wird deutlich, dass der Glaube an Gott nicht selbstverständlich ist, keine allgemeine Wahrheit, die in der Kirche einfach vorausgesetzt ist. Doch auch wer zu der Überzeugung gelangt, Gott sei nur eine menschliche Erfindung, kann sich einmal probeweise darauf einlassen, zu diesem Gott zu beten. Vielleicht wird die Erfahrung, die er dabei macht, auch seine Einstellung gegenüber Gott verändern.

Es gibt viele Gebetsformen. Den Jugendlichen am nächsten liegen die Formen der persönlichen Bitte bzw. Klage. Sie werden in der Einheit am Bild der Klagemauer veranschaulicht. Anschließend führt dieser Baustein in die Formen Lob, Dank und Fürbitte ein. Eine längere meditative Phase gibt Anregungen für das persönliche Gebet. Die Vorbereitung eines Gemeindegottesdienstes zum Thema Gebet macht die öffentliche Dimension des Gebets bewusst.

Zur Durchführung

Der Baustein wurde in der vorliegenden Form auf einem Konfi-Wochenende erprobt und mit einem Gemeindegottesdienst abgeschlossen. Er eignet sich ebenso für einen Blocktag. Einzelne Elemente lassen sich durchaus in kürzere Einheiten am Mittwochnachmittag integrieren. Am ersten Nachmittag werden dann von Baustein 1 die Schritte 1 oder 2 plus Schritt 3 und der Baustein 3 zusammengefasst; am zweiten Nachmittag die Bausteine 2 und 4.

Baustein 1
Eine körperbezogene Hinführung und ein religionskritischer Einstieg

Ziel: Die Konfirmand/innen kommen in der Gruppe an und setzen sich mit der Verknüpfung von Gebet und Gottesfrage auseinander.

- Wetterbericht
- Assoziationsplakate
- Kurzfilm

Baustein 2
Die Klagemauer als Ort des Gebets und eine meditative Gebetszeit

Ziel: Die Konfirmand/innen entwickeln eine eigene Gebetspraxis.

- Klagemauer
- meditative Gebetszeit

Baustein 3
Die fünf Arten des Gebets

Ziel: Die Konfirmand/innen lernen verschiedene Arten des Gebets kennen und üben Formulierungen.

- Vorstellung der fünf Arten des Gebets
- Gruppenarbeit
- Präsentation

Baustein 4
Vorbereitung und Durchführung eines Gottesdienstes zum Thema »Gebet« in Gruppenarbeit

Ziel: Die Konfirmand/innen tragen ihre Gebetspraxis in das Gemeindeleben ein.

- Anspiel zum bittenden Freund
- Formulierung eines Eingangsgebetes
- Fürbitten nach der Zeitung

Baustein 1
Eine körperbezogene Hinführung und ein religionskritischer Einstieg

Intentionen:

- Ein »Wetterbericht« macht verschiedene, auch im Leben vorkommende, Wetterlagen körperlich erfahrbar. Er erleichtert das Ankommen in der Gruppe und stärkt die Wahrnehmung füreinander.
- Die beiden Assoziationsplakate helfen, sich die eigenen Erfahrungen und Gedanken zum Thema Gebet klar zu machen. Gleichzeitig lässt sich so von den Mitarbeiter/innen und der Gruppe wahrnehmen, welche Vorerfahrungen und Einstellungen zum Thema Gebet in der Gruppe vorhanden sind.
- Die Auseinandersetzung mit dem Kurzfilm macht die enge Verknüpfung des Gebets mit der Gottesfrage deutlich. Jugendliche, die mit dem Glauben an Gott (noch oder wieder) nichts anfangen können, werden mit ihrer Skepsis und ihren Zweifeln ernst genommen und haben die Möglichkeit, sich zu äußern.

Material: 2 mit »+« und »–« beschriftete Papierbögen (DIN A2), Eddings oder Wachsmalkreiden, Kurzfilm »Der Engel auf dem Schiff« (Best.-Nr. bei der Evang. Medienzentrale Stuttgart: KF223), Filmprojektor.

Schritt 1: Wetterbericht (10 Min.)

Die im Kreis sitzende Gruppe wird gebeten aufzustehen und sich um 90° zu drehen, so dass jeder den Rücken seines Nachbarn vor sich hat. Die Gruppe wird aufgefordert, die Bewegungen, die der/die Leiter/in vorführt, nachzumachen. Er/Sie beginnt einen Wetter-Tageslauf zu erzählen: vom Nebel, der über den taugetränkten Wiesen schwebt, über die aufgehende Sonne mit ihren ersten zarten Strahlen, ein heftiger werdendes Gewitter, einen sanften Regenbogen, ..., bis hin zum Untergang der Sonne und einer friedlichen Nacht. Während der Erzählung macht er/sie zum jeweiligen Wetter passende Bewegungen auf dem Rücken des Vordermanns bzw. der Vorderfrau, etwa ein sanftes Streicheln, ein leichtes Kitzeln, ein kräftiges Hämmern ...

Der Wetterbericht endet mit einem kurzen Impuls: »Auch im Leben gibt es verschiedene Wetterlagen. Mal herrscht eitel Sonnenschein, mal meint man, dass die Gewitterwolken sich gar nicht mehr verziehen wollen oder dass gleich der Blitz einschlagen wird. Das Beten zu Gott, mit dem wir uns heute beschäftigen wollen, ist etwas für alle Situationen des Lebens, für gute und für schlechte Zeiten, für Zeiten, in denen man allein ist und für Zeiten, in denen man mit anderen zusammen Gemeinschaft erlebt.«

Schritt 2: Assoziationsplakate (10 Min.)

Zwei große Papierbögen werden in die Mitte gelegt, auf denen bereits ein großes »+« bzw. ein großes »–« steht. Die Konfirmand/innen werden aufgefordert, mindestens einen Gedanken, der ihnen als erstes zum Thema Gebet einfällt, aufzuschreiben. Es wird ausdrücklich darauf hingewiesen, dass diese Gedanken später nicht kommentiert werden. Die positiven Assoziationen (z. B. »da ist einer, der mich hört«) kommen auf das Plakat mit dem »+«, die negativen (z. B. »Beten hat mir noch nie etwas genützt«) auf das Plakat mit dem »–«. Die Plakate bleiben in der Mitte des Stuhlkreises liegen.

Schritt 3: Ein Kurzfilm: Gibt es Gott eigentlich wirklich oder macht sich jeder den Gott, den er braucht? (40 Min.)

Impuls: »Wir sehen uns jetzt einen Film an, der etwas mit dem Gebet zu tun hat und besonders mit der Frage, ob beten wirklich hilft.« Der Kurzfilm »Der Engel auf dem Schiff« (Regie: Jiri Skarvan, Deutschland 1991, 14 Min., FWU) wird gezeigt. Der Film hat folgenden Inhalt: Drei Überlebende einer Sturmkatastrophe machen die Galionsfigur ihres hilflos im Meer treibenden Schiffes zu ihrem neuen Gott, den sie um Rettung anflehen. Ihre Gebete werden zu Schuldbekenntnissen. Als man am Horizont ein Schiff zu erkennen glaubt, schlägt die Stimmung um und der ›Engel‹ wird wieder vom Mast entfernt.

Kurz bevor im Film die Rettung naht, wird die Vorführung unterbrochen. Dreiergruppen tauschen sich kurz darüber aus, ob und in welcher Form das Gebet den Schiffbrüchigen hilft, indem sie sich eine mögliche Fortsetzung ausdenken und sie den anderen Gruppen mitteilen. Impuls: »Drei Menschen allein mit sich, ihrer Geschichte und ihren Erinnerungen auf dem Meer. Das Trinkwasser ist verbraucht, die Sonne scheint unerbittlich. Was meint ihr, warum fangen die drei an zu beten? In welcher Weise hilft ihnen das Beten? Und wie könnte der Film weitergehen? Setzt euch zu dritt zusammen und tauscht euch darüber aus!«

Der Film wird zu Ende gezeigt. Es bleibt offen, ob tatsächlich ein rettendes Schiff kommt oder ob die Schiffbrüchigen sich das nur einbilden. Mit folgenden Fragen wird eine »religionskritische« Sicht des Gebets erarbeitet, die die Erhörung von Gebeten genauso für Einbildung hält wie die Existenz von Göttern, die Gebete erhören können:

- »Was haltet ihr von dem Schluss des Filmes? Hättet ihr gedacht, dass er so ausgeht?
- Wurden die Schiffbrüchigen am Ende eigentlich gerettet oder nicht?

- Weshalb haben sie ihren selbst gemachten Gott wieder an den alten Platz zurückgebracht?
- Welche alltäglichen Erfahrungen tauchen in der Extremsituation, die der Film beschreibt, wieder auf?
- Was denkt ihr ist die Botschaft des Films in einem Satz?«

Abschließend folgt der wichtige Hinweis, dass Gebet nur dann sinnvoll ist, wenn man an den Gott glaubt, zu dem man betet. Nicht alle Konfirmand/innen werden den Satz »Ich glaube an Gott« so für sich sagen können. Ihnen gilt der besondere Hinweis, dass sie die Gebetsübungen, die folgen werden, einmal so mitmachen sollen, »als ob« es Gott auch für sie gäbe. Niemand soll zu einer religiösen Handlung gezwungen werden, mit der er oder sie nichts anfangen kann. Aber einmal zu beten, »als ob …«, darauf kann ein/e Konfirmand/in sich einlassen – und wird dabei vielleicht merken, dass mehr dahinter steckt, als er/sie zunächst dachte.

Baustein 2
Die Klagemauer als Ort des Gebets und eine meditative Gebetszeit

Intentionen:

- Die beiden Schritte dieses Bausteins versuchen den Grundsatz »Beten lernt man nur durch beten« ernst zu nehmen. Die Klagemauer zeigt bildlich, was das Gebet sein kann: ein Ort, an dem ich belastende und leidvolle Erfahrungen aussprechen und loslassen kann. Gleichzeitig wird eine jüdische Gebetstradition vorgestellt.
- Die meditative Gebetszeit ist ein Kernstück dieses Entwurfs und führt die Konfirmand/innen behutsam an eine selbstständige Gebetspraxis heran. Dabei ist besondere Sorgfalt auf die Rahmenbedingungen zu verwenden, vor allem dann, wenn man diesen Teil in einem nüchternen Gemeindehaus und nicht in einer Kirche durchführt.

  Differenzierte Handlungsanweisungen gewähren bewusst den Freiraum, der im Bereich der Spiritualität zu wahren ist, und erlauben es den Konfirmand/innen, sich auch mit einer distanzierteren Haltung zu beteiligen.

Material: 4 Overhead-Folien oder Dias mit Aufnahmen der Klagemauer (Die Bilder finden sich auf der CD-ROM. Sie können mit einem Farbdrucker auf bedruckbare Folien gedruckt werden oder man zeigt sie per Beamer oder OHP, 1 großer Bogen weißes Papier als Leinwand, Eddingstifte, eine Gebetssammlung für jeden Jugendlichen auf die Vorder- und Rückseite eines DIN-A4-Blattes kopiert, 1 leeres Blatt Papier.

Für die Raumgestaltung: großes Kreuz, Kerzen, Teelichter mit Untersetzern, bunte Tücher, jugendgemäße Meditations- bzw. Anbetungsmusik, Musikanlage, evtl. Buntstifte zum Abmalen der Klagemauer.

*Anregungen für geeignete Gebete finden sich in: Bundesleitung der Kath. Jugend (Hg.), Beten durch die Schallmauer, 11. überarbeitete Aufl., Neuss 2000; Treibstoff: zündende Gebete zu brennenden Fragen, Stephan Sigg, Tyrolia [4]2010. Gebete von Jugendlichen aus aller Welt, in: Oliviero Toscani, Beten, München 2000 sowie **anknüpfen – Meine Konfirmation**, S. 26 f.*

Schritt 1: Die Klagemauer (10 Min.)

Der Raum muss bereits mit den angegebenen Materialien gestaltet sein und eine angenehme, warme Atmosphäre ausstrahlen, wenn die Gruppe ihn betritt. Nach Möglichkeit sollte der Fußboden mit Teppichen oder Teppichboden ausgelegt sein.

Jede/r Konfirmand/in hat einen Stift dabei und sucht sich ihren/seinen Platz beim Betreten des Raumes selbst. (Hinweis: Auf einer Freizeit kann der Raum auch von der Gruppe in einem Extra-Schritt gestaltet werden.)

Zunächst werden die vier Bilder von der Klagemauer gezeigt. Das letzte Bild, auf dem man die Gebetszettel zwischen den Ritzen der Steine stecken sieht, bleibt den ganzen Baustein über auf der Leinwand aus Papier stehen. Dazu gibt man einige grundlegende Informationen zur Klagemauer (Westmauer des Tempels in Jerusalem, wichtigster Ort für Juden auf der ganzen Welt, Formen des jüdischen Gebets, Trennung in Männer und Frauen, …).

Schritt 2: Die meditative Gebetszeit (25 Min.)

Impuls: »Jeder braucht eine Klagemauer. Klagen heißt, meinen Frust nicht für mich zu behalten, sondern ihn vor Gott auszusprechen. In der jetzt folgenden Gebetszeit kann jeder seine Klagen oder andere Gebetsanliegen an die Klagemauer schreiben. Ihr bekommt ein Blatt mit vielen verschiedenen Gebeten. Lest es euch durch. Ihr könnt danach …

- … das gefundene Lieblingsgebet auf einen der ausgeteilten Zettel schreiben.
- … ein eigenes Gebet schreiben; dieses muss später nicht vorgelesen werden.
- … für euch meditieren, der Musik lauschen und zu Gott beten.
- … oder, wie gesagt, etwas auf die Klagemauer schreiben.

Die Gebetszeit beginnt, wenn die Musik erklingt. Bitte steht nur ganz leise auf, wenn ihr etwas auf die Klagemauer schreiben möchtet. Die Gebetszeit dauert insgesamt eine Viertelstunde.« Je nach Stimmung in der Gruppe endet die Gebetszeit nach etwa 15 Min., indem die Musik wieder leise gedreht wird und gemeinsam ein Vaterunser gesprochen wird.

Falls die Klagemauer nicht nur einmalig im Gottesdienst zum Einsatz kommen soll, sondern in der Kirche als Gebetswand verbleibt, können jetzt oder zu einem späteren Zeitpunkt Klagemauern erstellt werden, indem das Dia mit Buntstiften auf das weiße Plakat übertragen wird.

Baustein 3
Die fünf Arten des Gebets (45 Min.)

Intentionen: Die Konfirmand/innen lernen die verschiedenen Arten des Gebets kennen und bekommen durch die Formulierungsübung Anregungen für eine eigene Gebetspraxis im Alltag.

Material: Tuch, Blumen, Kerzen oder anderes Material für eine »gestaltete Mitte«; Bildkartei mit emotional ansprechenden Bildern von Menschen in verschiedenen Situationen und Gefühlslagen (etwa 10 mehr als die Gruppe Mitglieder hat), neben Fotos aus Illustrierten und Zeitschriften findet sich im Internet Bildmaterial z. B. unter www.agefotostock.com und commons.wikimedia.org; DIN-A5-Blätter mit kopierter Sprechblase; 5 Blätter DIN A2 oder Flipchartgröße für je eine Gebetsart, die mit großer Schrift darauf steht; Klebstoff.

Schritt 1: Vorstellung der fünf Arten des Gebets (5 Min.)

Die Konfirmand/innen sitzen im Stuhlkreis. Die Mitte ist gestaltet. Zu Anfang stellt jede/r Mitarbeiter/in eine Art des Gebets vor – mit eigenen Worten oder mit folgenden Formulierungen:

- Bitte heißt: Ich vertraue mich Gott an mit dem, was ich brauche.
- Fürbitte heißt: Ich übernehme vor Gott Verantwortung für andere Menschen und für die Welt.
- Klage heißt: Ich spreche Trauer, Wut, Zweifel und Schuld vor Gott aus.
- Lob/Anbetung heißt: Ich wende mich hin zu Gott, dem Schöpfer und Erlöser, ich staune über seine Größe und Barmherzigkeit.
- Dank heißt: Ich begreife das Leben als Geschenk Gottes.

Etwas ausführlicher sind die 5 Arten des Gebets auf S. 24f erklärt, dort jeweils mit einem Vers aus den Psalmen als Beispiel. Auch diese Texte können verwendet werden.

Schritt 2: Gruppenarbeit (30 Min.)

Die Konfirmand/innen werden in fünf Gruppen eingeteilt. Die Gebetsarten mit dem entsprechenden Plakat werden den Gruppen zugeteilt. Anleitung: *»Sucht euch ein zu eurer Gebetsart passendes Bild und schreibt in die Sprech- oder auch Gedankenblase ein Gebet, das diese Person im Moment beten könnte! Klebt anschließend das Bild mit der Sprechblase auf das Plakat und vergesst nicht die Überschrift: Lob, Bitte, Dank, Fürbitte oder Klage.«* So entsteht zu allen Arten des Gebets ein Plakat. Es wird darauf hingewiesen, dass die Ergebnisse später im Gottesdienst präsentiert werden.

Schritt 3: Präsentation (10 Min.)

Die Gruppen legen ihre Arbeitsergebnisse um die gestaltete Mitte herum aus. Jede Gruppe stellt sich zunächst vor ihre Gebete, dann geht man langsam einmal im Kreis herum, so dass alle die Gebete der anderen lesen können.

Baustein 4
Vorbereitung und Durchführung eines Gottesdienstes zum Thema »Gebet« in Gruppenarbeit (30–40 Min.)

Intentionen: Die von den Konfirmand/innen formulierten Gebete bekommen im Gottesdienst den Charakter einer öffentlichen Rede. Durch die Formulierung von Fürbitten anhand von Zeitungsnachrichten wird die gesellschaftliche Verantwortung der Christen bewusst. Das Anspiel zum bittenden Freund übt die leidenschaftliche und »unverschämte« Gebetshaltung ein, die in verschiedenen Gleichnissen zum Ausdruck kommt. Sprachgewandte Konfirmand/innen können sich am Eingangsgebet versuchen.

Material: Viele Zeitungen und Zeitschriften der letzten Zeit; eine Tür oder Material, um eine Tür zu bauen (Pappe).

Die Konfirmand/innen teilen sich in Gruppen zur Vorbereitung des Gottesdienstes auf.

Gruppe 1:
Anspiel zum bittenden Freund nach Lukas 11,5–13

Die Gruppe hat die Aufgabe, mit Hilfe einer Tür das Gleichnis nachzuspielen. Alle Passagen des Bibeltextes, die nicht gespielt werden können, werden dabei vorgelesen. Es ist darauf zu achten, dass die Unverschämtheit der Bitte gut zum Ausdruck kommt.

Gruppe 2:
Formulierung eines Eingangsgebets

Unter qualifizierter Begleitung bereitet eine Gruppe das Eingangsgebet vor. Es hilft, wenn der Gruppe Beispiele von Eingangsgebeten zur Verfügung stehen.

Gruppe 3:
Fürbitten nach der Zeitung

Mit einer gleichbleibenden Einleitungsformel (z. B. Guter Gott, in der Zeitung lesen wir … / Wir bitten dich für … / Wir bitten dich, dass …) werden Zeitungsartikel knapp zusammengefasst und mit einer Fürbitte verbunden.

Aus einer größeren Zahl von Fürbitten werden am Ende die interessantesten und besten ausgewählt. Bei einer größeren Zahl von Konfirmand/innen empfiehlt es sich, zwei Teilgruppen zu bilden.

Die Elemente der Konfirmand/innen im Gottesdienst

Die vorbereiteten Elemente (Eingangsgebet, Anspiel, Fürbittengebet) werden von den Konfirmand/innen in den Gottesdienst eingebracht. Die zu den Bildern in Sprechblasen formulierten Gebete werden im Kirchenraum verteilt aufgehängt, die Klagemauer wird aufgehängt. Die Bilder von der Klagemauer werden vor der Predigt mit einführenden Bemerkungen gezeigt. Es schließt sich eine offene Phase an, in der die Gemeindeglieder zu meditativer Musik im Kirchenraum umhergehen können, selbst etwas auf die Klagemauer schreiben und sich die Gebete der Konfirmand/innen durchlesen können. Wichtig ist die Ankündigung, dass man die Zeit auch betend auf seinem Platz verbringen kann.

Der Predigttext »Der bittende Freund« (Lukas 11, 5–13) wird durch das Anspiel der Konfirmand/innen eingebracht.

Materialien zu diesem Beitrag auf CD-ROM

Gebote

Die Konfirmand/innen und die Zehn Gebote

»Was ist Ihnen als Eltern am Konfirmandenunterricht ihrer Kinder inhaltlich wichtig?« Bei der Antwort auf diese, bei Konfirmandenanmeldungen und Elternabenden häufig gestellten Frage, stehen die »Zehn Gebote« ganz oben. Sie sind im Bewusstsein der Volkskirche so etwas wie der Mörtel zwischen Kirche und Alltagsleben. Das liegt einmal daran, dass im allgemeinen Bewusstsein die Zehn Gebote als das »ethische Manifest des christlichen Glaubens« verstanden werden und »der gesunde Menschenverstand« hier allgemeingültige Normen vorfindet, die ein Zusammenleben ermöglichen und Vertrauen schaffen. Das ist der klassische Verstehenskontext der Elterngeneration, der an die nächste Generation weitergegeben werden soll. Und sicherlich sind den meisten Konfirmand/innen in der Schule die Zehn Gebote schon begegnet.

Mit den Zehn Geboten wird die ethische Orientierung des Glaubens zum Thema. Ein Thema das für die Jugendlichen seine Aktualität darin hat, dass sie gerade dabei sind, zunehmend mehr Verantwortung zu übernehmen und für ihr Handeln auch als verantwortlich in Anspruch genommen zu werden. Zu den Herausforderungen des Jugendalters gehört das Übernehmen von Verantwortung und dazu braucht es die Verpflichtung auf bestimmte Werte und Normen. Allerdings haben sich im Hinblick auf die Lebenswelt der Konfirmand/innen dramatische Veränderungen ergeben. Die meisten Jugendlichen werden kaum noch eine bindende Verbindlichkeit der Zehn Gebote erleben, sondern vielmehr deren Aufweichung und Anpassung an den »sittlichen Zeitgeist«.

Mit dem Leitbild der individuellen Entfaltung und Entscheidungsfreiheit verbindet sich heute zudem die Erwartung, dass jeder Mann und jede Frau eigene Werte und Normen entwickelt und nach diesen lebt und handelt. Traditionelle Wertekanons werden nicht mehr als Lebensnormen, an denen man sich abarbeiten muss, angesehen und kommuniziert, sondern als großes »Stofflager«, aus denen man das für sich passende Werte- und Normenkostüm zu schneidern hat. Mit der Freiheit geht natürlich in gleicher Weise das Risiko einher, für sich auch die richtige Wahl getroffen zu haben. (Sonntagsarbeit in Karlsdorf, ↗ S. 97, S. 228)

Das erste Gebot	Ich bin der Herr, dein Gott, du sollst keine anderen Götter haben neben mir.
Das zweite Gebot	Du sollst den Namen des Herrn, deines Gottes, nicht missbrauchen.
Das dritte Gebot	Du sollst den Feiertag heiligen.
Das vierte Gebot	Du sollst deinen Vater und deine Mutter ehren, auf dass dir's wohlgehe und du lange lebest auf Erden.
Das fünfte Gebot	Du sollst nicht töten.
Das sechste Gebot	Du sollst nicht ehebrechen.
Das siebte Gebot	Du sollst nicht stehlen.
Das achte Gebot	Du sollst nicht falsch Zeugnis reden wider deinen Nächsten.
Das neunte Gebot	Du sollst nicht begehren deines Nächsten Haus.
Das zehnte Gebot	Du sollst nicht begehren deines Nächsten Weib, Knecht, Magd, Vieh, noch alles, was sein ist.
	2. Mose 20; 5. Mose 5

Durch die fortschreitende Individualisierung, die Überführung von normsetzenden, gesellschaftlichen Größen wie Kirchen oder Gewerkschaften zu Anbietern auf einem großen Weltanschauungsmarkt und die wirtschaftliche Dauerkrise wird der Selektionsdruck enorm verschärft. Dazu gehört auch die Erkenntnis, dass Jugend- und Erwachsenenwelt durch die Ausdehnung und Biografisierung der Jugendzeit nicht mehr messerscharf voneinander zu trennen sind. In dieser Wirklichkeit müssen sich Konfirmand/innen orientieren und vor diesem Hintergrund stellen sie ihre elementaren Fragen:

- Welche Normen und Werte kann ich mir, kann sich die Gesellschaft (noch) leisten?
- Was gilt?
- Woran soll ich mich halten?
- Wer schützt mich?

Theologische Überlegungen

»Homo homini lupus«, der Mensch ist dem Menschen ein Wolf. Mit diesem Satz beschrieb Thomas Hobbes vor fast 500 Jahren das Leben der Menschen untereinander. Sie sind der Ordnung und des Rechts bedürftig, um nicht übereinander herzufallen. In der Sprache der theologischen Dogmatik ist das der »usus politicus« des Gesetzes. Insgesamt drei Funktionen des Gesetzes unterscheidet die Theologie, und die Zehn Gebote können dementsprechend verstanden und interpretiert werden:

- als Schutz vor dem Einbruch zerstörerischer Kräfte oder »usus politicus«, der dem menschlichen Handeln die für ein gedeihliches Zusammenleben notwendigen Grenzen setzt,
- als Spiegel, den Gott den Menschen vorhält und in dem er sich als Sünder erkennt oder »usus elenchticus«, der den Menschen in seinem Herzen trifft und zur Vergebung und Umkehr ruft,
- als Hinweis auf ein rechtes und erfülltes Leben oder »tertius usus« als dem Glauben entsprechende Lebensform, wo Wollen, Sollen und Handeln ineinander fallen.

In seinen Erklärungen zu den Geboten verweist Luther zunächst auf Gott, indem er jeder näheren Geboterläuterung das »Wir sollen Gott fürchten und lieben« voranstellt. Damit wird die lebenserhaltende Funktion des Gesetzes und die der Sündenerkenntnis unmittelbar an Gott rückgebunden. Das Gesetz vermag das Böse zwar nicht zu überwinden, aber es dämmt das Böse ein. Gott hat die Welt nicht nur erschaffen (creatio ex nihilo), er erhält sie auch durch das Gesetz (creatio continua). War es vor dreißig Jahren der »Ruf in die Freiheit«, ein »mehr Demokratie wagen« mit dem sich die Menschen eine Sicherung und Entwicklung humaner Lebensverhältnisse erhofften, so ist es heute der Ruf nach »Verbindlichkeit«, nach Recht. Das gilt auf der staatlichen und gesellschaftlichen Ebene, man denke nur an die Auseinandersetzungen um den Internationalen Strafgerichtshof, die Fortschreibung des Kyoto-Protokolls oder verbindliche Mindeslöhne, wie auf der Ebene der einzelnen Individuen deren »Wahlmöglichkeiten« mit jeder Deregulierung steigen.

»Der Einzelne muss mehr Eigenverantwortung übernehmen«, klingt es nahezu unisono aus Politik und Medien. Demgegenüber gilt es, Freiheit nicht als beliebige Wahlfreiheit anhand gesetzter gesellschaftlicher Wettbewerbsszenarien zu entfalten, sondern als Entfaltungs- und Entwicklungsmöglichkeit der von Gott geschenkten Gaben. Der Lebens- und Schutzraum, der diese Entwicklung ermöglicht, wird durch Gottes Gebote konstituiert und verspricht Sicherheit. Die Gebote sind deshalb auch nicht als negierende und einschränkende Setzungen Gottes zu verstehen (provokativ formuliert: »Ich, Gott, beschneide dich, Mensch, in deinen Möglichkeiten«), sondern als Leben und Gemeinschaft ermöglichende Strukturierung eines Lebensraumes. Auch dort, wo der »usus politicus« des Gesetzes im Vordergrund zu stehen scheint, schimmert der »tertius usus« als Horizont erfüllten und gelingenden Lebens immer durch.

Die Zehn Gebote mit ihren beiden Tafeln betreffen das Gottesverhältnis ebenso wie das Verhältnis der Menschen untereinander. Beide Aspekte sollten Raum haben. Für Jesus lässt sich das Ganze im Doppelgebot der Liebe (Lukas 10,27) zusammenfassen. Die Begründung der Gebote liegt in Gottes befreiendem Rettungshandeln, das zum Leben führt. Zu einem Leben, das gefährdet ist und der Sicherung bedarf. Dem dienen die Gebote. Gottes Gebote sind damit als Möglichkeitsraum guten Handelns wahrnehmbar und als solche kann für sie werbend eingetreten werden. Allerdings müssen die Jugendlichen erkunden und erleben können, inwiefern die Zehn Gebote wirklich eine Hilfe zum Leben sind. (Gebote – Räume der Freiheit, ↗ S. 88, S. 215)

Die Zehn Gebote verdanken sich damit der Aufgabe, das Leben in Freiheit zu schützen, zu bewahren und zu gestalten. Dazu braucht es Regeln für die Gottesbeziehung ebenso wie für das Miteinander der Menschen. Die Jugendlichen sollen erkennen, dass es einen tieferen Sinn der Gebote gibt. Und dass dieser Sinn es ist, der die Verbindlichkeit der Gebote begründet. Zugleich kann der Sinn, das Leben in Freiheit zu nutzen, zum Kriterium dafür werden, wenn es gilt, die Gebote anzuwenden bzw. für neue Situationen nach Regeln zu suchen (vgl. Jesu Umgang mit dem Sabbathgebot).

Den Jugendlichen ist in besonderer Weise eine genaue Beobachtung der Übereinstimmung von Wort und Tat zu eigen. Damit gerät die Kirche, die Gemeinde und die einzelnen Unterrichtenden in die Situation für die Lebensdienlichkeit der Gebote und für deren Verbindlichkeit als Zeugen in besonderer Weise unter Beobachtung zu sein. Gemeinsam mit den Jugendlichen kann darum gerungen werden, zu welchem Handeln oder auch Nicht-Handeln die Zehn Gebote heute auffordern. (Sonntagsarbeit in Karlsdorf, ↗ S. 97, S. 228).

Gebote – Räume der Freiheit, ↗ S. 88, S. 215
Sonntagsarbeit in Karlsdorf, ↗ S. 97, S. 228
Liebestraum und Treueschwur – ein Baustein zum 6. Gebot, ↗ S. 99, S. 234
»Absprachen sind nötig«, S. 239
Polizei hautnah, S. 248
Lernstraße Gebote, S. 250

Ralf Brennecke

Gebote – Räume der Freiheit

Einleitung

Gebote sind Gottes Lebensordnung für den Menschen. Sie regeln ein gutes Zusammenleben. Sie haben in ihrer besonderen Gestalt für mich die Form von Grund-Regeln, die Handlungsräume eröffnen und schützen. Daran möchte ich im Fragen der Jugendlichen ansetzen.

Jugendliche begegnen überall Regeln: In der Familie, in der Schule, im Verein, sogar im Freundeskreis. Regeln prägen ihr Leben, Regel prägen das Leben ganz allgemein. Versucht wird, den Kanon der Zehn Gebote in die Welt der Jugendlichen hineinzunehmen und die Jugendlichen zugleich auf der Suche danach zu begleiten, was ihnen die Zehn Gebote ermöglichen.

Junge Menschen erlebe ich mit einem großen Willen zur persönlichen Freiheit und zugleich mit einem starken Gefühl von (Un-)Gerechtigkeit und der jeweiligen Verantwortung dafür. Der Raum zwischen persönlicher Freiheit und der eigenen Verantwortlichkeit soll mit diesen Bausteinen als ein zu regelndes Wechselverhältnis in den Blick genommen werden.

Intention

Die Konfirmand/innen erkennen, dass sie viele Regeln für das Zusammenleben kennen und kommunizieren können. Sie erkennen, dass die Bibel zehn fundamentale Regeln für das Zusammenleben bereit hält. Sie vertiefen ihre Erfahrung, dass Regeln Freiheitsräume ermöglichen und zugleich, dass Regelbrüche Konsequenzen haben.

Regeln sichern die Räume persönlicher Freiheit und sie markieren die eigene Verantwortung für das gemeinsame Leben. Ziel ist, Gebote erfahrbar werden zu lassen als geregelte Grenzen eigener Freiheit im Blick auf die Freiheit anderer: Grenzen, die Räume der Freiheit eröffnen.

Organisation und Durchführung

Die beiden vorgestellten Bausteine bilden zusammen die Einheit zu den Zehn Geboten. Beide Bausteine sind auf je 90 Min. angelegt und können gut im Konfirmationsunterricht am Mittwochnachmittag durchgeführt werden.

Für die Durchführung des ersten Bausteins werden mindestens 5 Räume benötigt. Das Gemeindehaus sollte also mit mehreren Räumen zur Verfügung stehen und eine gemütliche Atmosphäre ausstrahlen. Hierzu werden einzelne Räume bewusst gestaltet:

- Ein Raum wird mit Sofas, Matten und Decken ausgelegt, eine Hängematte hängt und die Fenster sind leicht abgedunkelt (Ruhe-Raum).
- Ein weiterer Raum hat zwei gemütliche Sitzecken mit Sesseln und Stühlen, es läuft Musik in Zimmerlautstärke, kleine Knabbereien stehen bereit (Bistro-Atmosphäre).
- Ein kleiner Raum erinnert an eine Lesestube, mit Büchern und Comics, kurzen Texten auf Karton aufgedruckt, leeren Blättern und Stiften.
- Der Jugendraum des Gemeindehauses wartet mit Tischkicker, Sofa und Spielecke (Uno u.a.).
- Dazu braucht es noch einen »Gruppenraum« für den Anfang und die eingeschobenen Unterrichtssequenzen.

Das Thema »Gebote« wird im vorliegenden Entwurf im Januar, also nach den Weihnachtsferien, behandelt. Es ist eine Ankommenssituation im neuen Jahr, mit dem Wunsch der Jugendlichen nach Austausch untereinander (zu Weihnachtsgeschenken, Ferien, Schulanfang …). Deshalb wird der Unterricht so gestaltet, dass die Jugendlichen selbst entscheiden können, was sie machen wollen. Diese Phasen stehen in der Planung und Durchführung im Vordergrund, die kurzen Unterrichtssequenzen (jeweils fünf Min.) bilden einen Einschub.

Baustein 1
Räume der Freiheit

Leitfragen und Ziele: In der KU-Stunde wird anschaulich erfahren, dass Freiheiten gestaltet werden müssen und damit Grenzen in den Blick kommen. Als Leitfragen sind zu nennen: Welche Regeln machen Sinn? Welche Regeln finde ich wichtig? Woran möchte ich mich orientieren?

Material

- Playmobilfiguren in genügender Anzahl (als Platzhalter für die Raumbelegung)
- Stifte und Papier
- Große Uhr/Wecker
- Unterschiedliche Bücher zur Auswahl, z. B. »Ich, der andere oder was sonst noch zählt«, Comics von R. Pfeffer oder Calvin & Hobbes, D. Bonhoeffer »Widerstand und Ergebung«, »So will ich diese Tage mit euch leben«
- Musik-CDs (aktuelle Charts unterschiedlicher Couleur)
- **M 1** »Raum-Schilder« DIN A3 als Türschilder und für den Gruppenraum als Belegungsplan
- **M 2** »Zehn Finger« DIN A5 (zwei Mal pro Konfirmand/in)
- **M 3** »Zwei Hände« (ein Mal pro Konfirmand/in)
- Buch *anknüpfen – Meine Konfirmation*, S. 29 (oder **M 4** mit den Zehn Geboten)

Vorbereitung

Die Räume müssen vorbereitet und mit einem Schild versehen werden:

- **Raum 1:** mit Sitzgelegenheit und leiser Hintergrundmusik
- **Raum 2:** mit Tischen, Papier, Bibelworten und Büchern
- **Raum 3:** am besten ein Jugendraum mit Kicker und anderen Spielen, ebenfalls leise Musik im Hintergrund
- **Raum 4:** ein ruhiger Raum, mit Couch, Matratze und/oder Hängematte (im Sommer auch draußen im Schatten).
- Im üblichen Gruppenraum (kann z. B. auch Raum 1 oder 2 sein) wird ein Stuhlkreis gestellt, eine Kerze steht in der Mitte (übliches Anfangsritual) und vier Schilder (Raum 1 bis 4) liegen in der Mitte.

Schritt 1: Begrüßung und Andacht (15 Min.)

Impuls: *»Herzlich willkommen, liebe Konfis, zu unserer ersten Stunde im neuen Jahr. Heute möchte ich mit euch etwas ganz besonderes machen. Es geht dabei um Regeln. Was es genau wird, das erfahrt ihr nach der Andacht. NN hat das Lied und den Psalm herausgesucht. Was dürfen wir aufschlagen?«*

Kurzes Predigtgespräch über Regelverstöße und Folgen nach 2. Samuel 11,1–7 (David und Bathseba). Dabei lesen die Konfis den Text versweise, überdenken im Stillen eine Minute lang das Gehörte und antworten alle in einem kurzen Satz (was ich nicht verstehe, was ich gut finde, womit ich Probleme habe oder was der Text sagen möchte).

Hinweise: Die Jugendlichen äußern zum Beispiel: »Mich regt auf, dass der König seine Macht ausnutzt.« / »Man darf niemand betrügen.« / »Dass der Krieger keine Extrarolle will, finde ich gut.« / »Und was sagt die Frau dazu? Das finde ich gemein.«

Der Pfarrer/die Pfarrerin sammelt die Fragen, geht evtl. kurz auf Fragen ein und schließt mit einem Satz ab. Die Andacht endet mit dem gemeinsam gesprochenen Vaterunser.

Schritt 2: Einführung in den Nachmittag (5 Min.)

Impuls: *»Nach den Ferien habt ihr sicherlich das Bedürfnis, miteinander zu sprechen und euch wiederzusehen. Deshalb gibt es heute keine Pause, sondern statt einer einzigen Pause ganz viele Freiräume. Ihr dürft heute nachmittag 3 x 15 Min. frei machen: euch unterhalten, miteinander etwas spielen, Gedanken nachhängen oder einfach die Augen schließen und ein bisschen zur Ruhe kommen. Dafür habe ich vier Räume vorbereitet. Der 1. Raum ist hier und dient dem »Kontakten« (Austausch miteinander). Der 2. Raum ist nebenan und dient dem »Denken« (nachdenken, sich anregen lassen). Der 3. Raum ist unten zum Spielen und Kickern. Der 4. Raum ist ebenfalls unten: dort habe ich eine Matratze hingelegt, eine Hängematte und eine Couch aufgestellt. Dort könnt ihr euch ausruhen. Im 4. Raum bitte ich euch, nicht zu sprechen.*

Bitte gestaltet diese drei Stationen mit Achtung vor euch selbst und den anderen. Nutzt die Zeit für das, was euch jetzt interessiert und gut tut. Stört niemanden, der etwas machen möchte. Ihr geht höchstens zwei Mal in den gleichen Raum.

Bei aller Freiheit, die ihr heute habt und gestaltet, gibt es allerdings auch eine einzuhaltende Regel. Die Regel ist, dass ihr pünktlich wieder hier im Raum sein müsst. Wir vereinbaren Uhrzeiten. Wer nicht pünktlich hier ist, geht nach Hause.«

Hinweis: Die letzte Regel in ihrer Härte ist bewusst gestellt. Sie soll deutlich machen: Bei aller Freiheit hat mein Handeln Konsequenzen. In der bisherigen Durchführung war zu beobachten, dass die Jugendlichen sich gegenseitig ermahnen. Sind in der Gruppe aber Jugendliche, die sich schwer tun mit Regeln, dann muss hier vielleicht eine eigene Form gefunden werden. Bei den letzten Versuchen hat es (u.a. durch eine lang angebahnte Gruppenfindung um die Sommerferien) keine Probleme gegeben.

»Habt ihr noch Fragen?«

Arbeitsanweisung: *»Bitte sucht euch eine Playmobil-Figur aus.«* Eine kurze Zeit wird abgewartet.

»Wenn ihr euch für einen Raum entschieden habt, stellt die Figur auf das Schild. Wir sehen uns wieder in 15 Min.«

Schritt 3: Freiräume erkunden und genießen (15 Min.)

Die Konfirmand/innen stellen ihre Figur auf ein Schild (**M 1**) und gehen in einen der vier Räume.

Hinweise:

- Der/die Unterrichtende besucht behutsam die vier Räume, im »Kontaktraum« kann das Gespräch gesucht werden.
- Nach ca. 10 Min. verteilt der/die Unterrichtende auf jeden Platz ein Blatt A5 »Zehn Finger« (**M 2**) und setzt sich in den Stuhlkreis.

Schritt 4: 10 Regeln, die einem persönlich wichtig sind (5 Min.)

Wenn die 15 Min. um sind, treffen sich alle wieder im Stuhlkreis. Die Vollständigkeit wird verbal festgestellt.

»Wir haben zehn Finger. Mit jedem können wir etwas abzählen. Bitte notiert auf euer Blatt Regeln, die ihr wichtig und sinnvoll findet. Geordnet von 1 nach 10. Dafür habt ihr fünf Minuten Zeit. Erledigt die Aufgabe in Einzelarbeit.«

Die Konfirmand/innen notieren sich ihre Gedanken zu sinnvollen Regeln.

Nach fast fünf Min. sagt der Unterrichtende: *»Bitte notiert euren Namen auf das Blatt und lasst es an eurem Platz liegen. Wer noch nicht ganz fertig ist, es aber fertig machen möchte, kann dies gerne noch tun. Jetzt beginnen die nächsten 15 Min. Stellt eure Figur auf den Raum, den ihr wählt.«*

Hinweis: Eventuell nochmals an die Pünktlichkeitsregel, die Ruheregel für Raum 4, sowie an die Regel, dass jeder Raum maximal zweimal besucht werden darf, erinnern.

Schritt 5: Freiräume erkunden und genießen (15 Min.)

Die Konfirmand/innen stellen ihre Figur auf ein Schild (**M 1**) und gehen in einen der vier Räume.

Hinweise:

- Der Unterrichtende besucht behutsam die vier Räume, im »Kontaktraum« kann das Gespräch gesucht werden.
- Nach ca. 10 Min. verteilt der Unterrichtende nochmals auf jeden Platz ein Blatt »Zehn Finger« (**M 2**) und setzt sich in den Stuhlkreis.

Schritt 6: Die Zehn Gebote in eigener Reihenfolge (5 Min.)

Wenn die 15 Min. um sind, treffen sich alle wieder im Stuhlkreis. Die Vollständigkeit wird verbal festgestellt.

»Wir haben zehn Finger. Mit jedem können wir uns an etwas erinnern. Auch in der Bibel gibt es Regeln – allen voran die Zehn Gebote, an die wir uns heute erinnern. Schlagt euer Buch (anknüpfen – Meine Konfirmation) auf S. 29 auf. Bitte erstellt euch ein Ranking/eine Hitliste der Zehn Gebote. Notiert auf euer Blatt die Zehn Gebote in der Reihenfolge, wie sie euch wichtig und sinnvoll erscheinen. Geordnet von 1 nach 10. Dafür habt ihr fünf Minuten Zeit. Erledigt die Aufgabe in Einzelarbeit.«

Hinweis: Wenn mit *anknüpfen – Meine Konfirmation* gearbeitet wird, kann einfach auf die entsprechende Buchseite zurückgegriffen werden, auf der die Zehn Gebote mit Zählung abgedruckt sind. Ansonsten ist **M 4** entsprechend zu fotokopieren.

Die Konfirmand/innen notieren sich ihre Gedanken zu der persönlichen Gewichtung der Zehn Gebote.

Nach fast fünf Minuten sagt der/die Unterrichtende: *»Bitte notiert euren Namen auf das Blatt und lasst es an eurem Platz liegen. Wer noch nicht ganz fertig ist, es aber fertig machen möchte, kann dies gerne noch tun. Jetzt beginnen die letzten 15 Min. Stellt eure Figur auf den Raum, den ihr wählt.«*

Schritt 7: Freiheitsräume erkunden und genießen (15 Min.)

Die Konfirmand/innen stellen ihre Figur auf ein Schild **M 1** und gehen in einen der vier Räume.

Hinweis:

- Der Unterrichtende besucht behutsam die vier Räume, im »Kontaktraum« kann das Gespräch gesucht werden.

Schritt 8: Gemeinsam Regeln finden (10 Min.)

Wenn die 15 Min. um sind, treffen sich alle wieder im Stuhlkreis. Die Vollständigkeit wird verbal festgestellt.

*»Ihr habt euch eure Gedanken gemacht. Aber Regeln müssen diskutiert werden. Nicht alle haben da die gleichen Vorstellungen, nicht allen ist das Gleiche wichtig. Deshalb geht jetzt in drei gleich große Gruppen (z.B. 3 x 5) und besprecht eure eigenen Gedanken. Jede Gruppe erhält ein Blatt (**M 3**), auf dem ihr eure Ergebnisse festhaltet. Einigt euch: für die linke Hand auf die fünf wichtigsten eigenen Regeln, für die rechte Hand auf die fünf wichtigsten Gebote der Bibel. Dafür habt ihr zehn Minuten Zeit.«*

Die Konfirmand/innen bilden Gruppen (evtl. muss geholfen werden), diskutieren und notieren sich ihre Gedanken zu der gemeinsamen Gewichtung der Zehn Gebote und eigener Regeln.

Schritt 9: Auswertung (10 Min.)

Hinweis: Der Zeitrahmen von 90 Min. erlaubt an dieser Stelle nur eine kurze Vorstellung der Ergebnisse. Ebenso bleibt für eine Reflexion des eigenen Erlebens in den von Regeln umrahmten Freiheitsräumen kaum Zeit. Im Folgenden wird notiert, wie die Stunde bei mir zu Ende geht.

Im Anschluss daran findet sich eine Alternative, die bei einem größeren Zeitbudget auszuprobieren wäre.

»Notiert eure Namen auf das gemeinsame Blatt. Stellt den anderen kurz eure Ergebnisse vor – heute bitte nur die linke Hand.«

Die Konfirmanden präsentieren Regeln, die sie als sinnvoll erachten. Dazu gehören Beiträge wie: »Keine Gewalt«, »Gleichberechtigung«, »kein Ausgrenzen«, »Aufeinander achten«, »Nett zueinander sein«. Jede Gruppe hat für die Präsentation ca. 2 bis 3 Min.

Danach schließt der Unterrichtende ab: *»Herzlichen Dank für eure Beteiligung. Regeln, die euch wichtig sind. Wie habt ihr diesen Nachmittag erlebt?«* Antworten abwarten.

»Was war dabei ein Freiraum, was die Grenze?« Wieder Antworten abwarten, evtl. sortieren.

»Was diese Freiräume mit den Zehn Geboten zu tun haben, erarbeiten wir das nächste Mal.«

Evtl. ist noch Raum für kurze organisatorische Ansagen.

Ein Schlussritual beendet die Stunde.

Alternative Schlussrunde

Nach der Präsentation der Hitliste der persönlich wichtigen Regeln wird mit Hilfe eines Bodenbildes der Nachmittag visualisiert. Dazu legt der/die Unterrichtende zunächst die Kerze (für die Andacht), dann eines der Raumschilder (für die Phase der freien Zeit), dann **M 2**, dann wieder ein Raumschild, erneut **M 2**, wieder ein Raumschild und zum Abschluss **M 3** so auf den Boden, dass der Gang des Nachmittages nochmals deutlich wird.

Hinweis

- Neben den Türschildern und einem Satz der Arbeitsblätter (**M 2** 2x, **M 3** 1x) braucht es noch drei DIN-A3-Blätter und einen Edding.

Impuls: *»Schaut noch einmal auf den Nachmittag. Wir haben mit der Andacht begonnen. David, Bethseba, Uria. Dann ging es los mit den Räumen, die ihr erkunden und genießen konntet. 15 Min. nachdenken, spielen, plaudern, oder einfach ausruhen. Pünktlich ging es hier weiter: Zehn Regeln, die ihr persönlich wichtig findet, habt ihr auf eurem Arbeitsblatt notiert. Und dann wieder 15 Min. Freiheit. Die Zehn Gebote in der Reihenfolge, wie ihr sie für wichtig haltet. Und dann nochmals 15 Min. für euch. Und zum Abschluss so etwas wie eine Hitliste: Fünf der Zehn Gebote und fünf Regeln, die euch persönlich in der Gruppe wichtig sind. Erinnert euch einmal, wo ihr euch heute am wohlsten gefühlt habt …«*

Einzelne Jugendliche geben Auskunft.

»Wenn wir diesen Mittag wiederholen würden, auf was könnte man eurer Meinung nach verzichten.«

Einzelne Jugendliche geben Auskunft.

Die ganze Gruppe wird dann jeweils dazu befragt. Dabei wird sicherlich eine der Regeln des Nachmittags (Pünktlichkeitsregel, Schweigeregel oder auch die Regel, dass jeder Raum maximal zweimal besucht werden darf) angesprochen werden. Das nimmt der/die Unterrichtende auf und versucht mit der Gruppe durchzuspielen, wie der Nachmittag dann aussehen würde. Dazu legt er/sie drei DIN-A3-Papiere zum Bodenbild dazu, auf denen die drei Regeln des Nachmittags stehen (Schweigeregel im Ruheraum, Pünktlichkeitsregel, Maximal-2-Besuche-Regel).

»Wir nehmen mal eine der Regeln weg. Welche ist eurer Meinung nach überflüssig oder hat gar gestört?«

Jugendliche geben Auskunft.
»Also, ich nehme diese Regeln einmal weg. Wie wäre es dann gewesen heute Nachmittag?«

Einzelne Jugendliche äußern sich.
»Lasst uns mal überlegen, wobei die Regel stört, aber auch, was die Regel hilft bzw. möglich macht.«

Jugendliche äußern sich.
»Wir haben einerseits Freiräume und die Regel, pünktlich wieder hier zu sein, um gemeinsam zu arbeiten. Was meint ihr: Wie gehören Freiheit und Regeln zusammen? Nehmt die Erfahrungen von heute Nachmittag zu Hilfe, um eine Antwort auf diese Frage zu überlegen …«

Einzelne Jugendliche äußern sich.
»Wir werden an diesem Punkt das nächste Mal weitermachen. Ich möchte mit euch erkunden, welche Freiheitsräume die Regeln Gottes aufschließen. Aber das dann nächste Woche.«

Baustein 2
Gebote auf den Kopf gestellt

Leitfragen und Ziele: In dieser KU-Stunde geht es darum, den eröffneten Freiheitsraum wahrzunehmen, der sich durch die Grenzen der Gebote Gottes den Menschen bietet. Ziel ist es, dabei die Blickrichtung einmal zu ändern und weniger darauf zu achten, was die Gebote verhindern/verbieten, sondern vielmehr das in den Blick zu bekommen, was durch das Einhalten der Gebote möglich wird. Dazu sollen die Gebote auf den Kopf gestellt werden. Leitfragen sind: Was machen Gebote möglich? Was schützen Gebote? Was wäre, wenn alle Menschen die Gebote einhalten würden?

Material

- **M 1**, **M 2** und **M 3** aus Baustein 1 für das Bodenbild
- Arbeitsblatt **M 3** der Jugendlichen aus der letzten Stunde
- Tafel/Flipchart oder Plakate
- Flipchartpapier bzw. Plakate (eines für jede Gruppe und zwei für die Leitung)
- Eddings
- Papier
- Tonpapier mindestens DIN A3 – eventuell Gold- und Silberstifte. »Die Visions-Plakate« sollten aus hochwertigem Material sein, also dickem Tonpapier oder Ähnlichem in fröhlichen Farben, um so die Jugendlichen zu einem sorgfältigen Arbeiten zu verführen.

Vorbereitung

- Im Gruppenraum wird erneut das Bodenbild vorbereitet, das in der »alternativen« Schlussrunde am Ende von Baustein 1 entstanden ist.
- Ein Plakat für die Aktion »Gebote auf den Kopf gestellt« wird vorbereitet (siehe Schritt 4).
- Der Hilfestellungs-Satz »Weil Gott sagt, dass [hier kommt das jeweilige Gebot], deshalb kann ich …« (siehe Schritt 4) wird so notiert, dass die Jugendlichen ihn später wahrnehmen können.

Schritt 1: Andacht (10 Min.)

Wird in der Andacht ein Bibeltext gelesen, bietet sich die Erzählung an, wie Mose die Zehn Gebote von Gott bekam, (eine Nacherzählung von) Ex 19–20.

Schritt 2: Anknüpfen an die letzte Stunde (5 Min.)

Der/die Unterrichtende legt erneut das Bodenbild, das den Gang des letzten Nachmittages erinnert, in der Mitte.

Impuls: *»Ihr erinnert euch sicher wieder. Regeln und Freiheitsräume standen im Mittelpunkt des letzten Nachmittages. Ihr hattet dreimal Zeit, das zu tun, was ihr wolltet. Und dazwischen, wie ein Rahmen, habt ihr allein und miteinander überlegt, welche wichtigen Regeln es für euch gibt. Wir haben versucht, uns zu erklären, wie Freiheit und Regeln miteinander zusammenhängen. An was erinnert ihr euch noch davon?«*

Einige Jugendliche äußern sich.

»Ich habe euch angekündigt, dass wir heute einmal erkunden wollen, welche Freiheiten die Regeln Gottes möglich machen. Dazu stellen wir die Gebote heute ›auf den Kopf‹. Oft kommen Gebote und Regeln als Verbote daher. Als etwas, das uns etwas verbietet, nicht erlaubt. Das wollen wir heute mal anders angehen, auf den Kopf stellen und herausfinden, was so ein Gebot möglich macht, wenn alle sich daran halten.«

Arbeitsauftrag: *»Geht noch einmal in die Gruppen zusammen, in denen ihr letzte Woche am Ende der Stunde gemeinsam die Hitliste der Gebote aufgestellt habt.«*

Die Jugendlichen setzen sich entsprechend um.

»Nun nehmt euer Arbeitsblatt hervor und erinnert euch, welche Gebote ihr auf die ersten 5 Plätze notiert habt; stellt das kurz einander vor.«

Die Jugendlichen lesen ihre Hitlisten vor.

Schritt 3: Hitliste der Gebote Gottes (5 Min.)

Impuls: *»Wir versuchen, eure Ergebnisse zu einer gemeinsamen Hitliste zusammenzufügen. Das machen wir so: Ein Gebot, das auf dem ersten Platz gelandet ist, bekommt 5 Punkte; auf dem zweiten gibt es noch 4, auf dem 3. Platz 3 Punkte, auf dem 4. Platz gibt es 2, und ein Gebot auf dem 5. Platz bekommt noch einen Punkt. Notiert das kurz auf eurem Arbeitsblatt.«*

»Nun fängt Gruppe 1 an mit ihrer Hitliste. Und alle, die das Gebot, das gleich benannt wird, auch in ihrer Hitliste haben, sagen, wie viele Punkte es bekommt. Ich sammle das hier vorne an der Tafel/Flipchart.«

So werden die Gruppen durchgegangen, bis alle von den Jugendlichen notierten Gebote vorgekommen und bepunktet wurden. Die gemeinsame Hitliste wird am Ende nochmals in Reihenfolge gebracht und aufgeschrieben.

Schritt 4: Ein Gebot Gottes auf den Kopf stellen (20 Min.)

Hinweis:

- In diesem Schritt wird gemeinsam mit der Gruppe ein Gebot auf den Kopf gestellt. Vorbereitend dazu wird – wie gewohnt – das formuliert, was das Gebot verbietet.
- Im Folgenden wird dazu das Gebot »Du sollst nicht falsch Zeugnis reden wider deinen Nächsten« als Beispiel genommen. Genauso gut kann jedes andere der Gebote aufgegriffen werden. Denkbar ist auch, die Gruppe entscheiden zu lassen bzw. deren Nummer 1 auf der Hitliste zu nehmen – das bedarf dann allerdings einer gewissen Flexibilität der Unterrichtenden.
- Wichtig an diesem Schritt ist, dass die Blickrichtung von den Grenzen auf den dadurch entstehenden Raum gelenkt wird. Das soll durch die Visualisierung an Tafel/Flipchart/Plakat möglich werden. Dazu müssen die »Grenzsätze« der Jugendlichen als Seiten eines Viereckes notiert werden, so dass eine freie Fläche entsteht.

Impuls: *»Gebote setzen Grenzen. Sie sagen einem, was man nicht tun soll. Nehmen wir z.B. mal das Gebot ›Du sollst nicht falsch Zeugnis reden wider deinen Nächsten‹. Was fällt da alles darunter, was man nicht tun soll? Was könnten wir dazu konkret aufschreiben?«*

Die Jugendlichen machen Vorschläge.

Der/die Unterrichtende nimmt die Vorschläge auf und schreibt sie so auf die Tafel/Flipchart/Plakat, dass die einzelnen Vorschläge die Seiten eines Viereckes werden und somit einen Innenraum umgrenzen.

»Ihr seht, dass da so einiges zusammenkommt, was man nicht tun soll. Und ihr seht, dass ich eure Vorschläge auf eine besondere Weise aufgeschrieben habe. Wir haben nun nämlich Grenzen benannt, und durch die Grenzen ist ein Raum entstanden – ein Freiraum, behaupte ich. Ein Raum, in dem etwas Bestimmtes möglich ist – ein Möglichkeitsraum. Was ist das, was in diesem Raum möglich ist?«

Gemeinsam mit den Jugendlichen wird überlegt, was möglich ist, wenn sich alle an das Gebot halten. Beispiele sind: Zeugenaussagen kann vertraut werden, Menschen können frei sein von Angst/Misstrauen, verleumdet/gedisst zu werden u.v.a.m.

Arbeitsauftrag

»Nun überlegt, welches Gebot aus unserer Hitliste ihr gerne auf den Kopf stellen würdet.« Die Jugendlichen wählen für sich eines der Gebote aus der Hitliste. *»Nun geht ihr in Gruppen zusammen, diejenigen die am gleichen Gebot arbeiten wollen. Falls das mehr als drei Leute sind, teilt ihr euch noch mal.«*

Die Jugendliche gehen in Gruppen zusammen.

»Ihr bekommt ein Plakat/eine Flipchartseite und Eddings. Schreibt zunächst oben die Formulierung des Gebotes hin, das ihr gewählt habt. Dann zeichnet ihr ein großes Viereck auf das Plakat, so dass ihr viel Platz habt, um darin zu notieren, was das Gebot möglich macht. Denn das sollt ihr nun miteinander herausbekommen.«

»Wenn euch nicht gleich etwas einfällt, könnt ihr zweierlei probieren. Entweder schreibt ihr erst noch einmal auf, welche Grenzen das Gebot setzt – was es also verbietet. Das gehört dann außerhalb des Viereckes auf die Linien. Oder aber ihr vollendet den folgenden Satz: ›Weil Gott sagt, dass [hier das jeweilige Gebot zitieren], *deshalb kann ich …‹«*

Hinweis:

- Es ist gut, ein Plakat vorbereitet zu haben (s.o.), damit die Jugendlichen sehen, wie das Viereck und ihr Gebot darauf Platz finden sollen.
- Als Hilfestellung dient ein Satz zum Vollenden, der als Vorlage entweder aufgeschrieben steht oder kopiert wird: Weil Gott sagt, dass [hier das jeweilige Gebot zitieren], deshalb kann ich …

Beispielhaft seien hier zwei Ergebnisse wiedergegeben:

»Ich kann mir sicher sein, dass ich mein Leben so leben kann, wie ich will! Ich habe ein Recht auf Leben, und keiner hat das Recht, auch nur einen kleinen Teil von mir zu töten (auch nicht meinen Ruf). Und so mache ich es auch mit anderen. Denn Gott sagt uns im 5. Gebot ›DU SOLLST NICHT TÖTEN‹.« Bianca

»Ich darf an meinem freien Tag tun, wozu ich Lust habe, was mir Spaß macht, und mich ausruhen von den anstrengenden Arbeitstagen. Als Arbeitgeber gebe ich den Menschen hierfür frei, dass wir uns ausruhen können und vom Arbeitsstress runter kommen. Denn Gott sagt uns im 3. Gebot: ›DU SOLLST DEN FEIERTAG HEILIGEN‹.« Rebekka und Lorenz

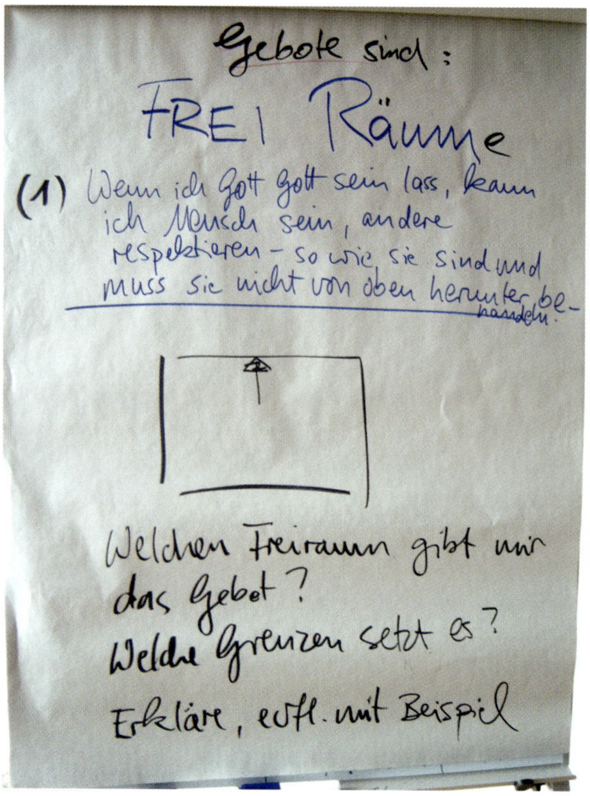

Schritt 5: Stationengespräch (20 Min.)

Die Plakate der Jugendlichen werden ausgelegt/aufgehängt. Die Jugendlichen verteilen sich an den Plakaten so, dass an allen Plakaten gleich viele Jugendliche stehen. An jedem Plakat machen die Jugendlichen aus, welche von ihnen auf ein Zeichen hin nach rechts weitergehen und welche nach links. Die Laufrichtung wird das ganze Stationengespräch über beibehalten.

Arbeitsauftrag

»Ihr seht hier nun die reich gefüllten Freiheitsräume der Gebote Gottes. Verteilt euch auf die verschiedenen Plakate so, dass überall gleich viele stehen. An welchem Plakat ihr steht, ist eigentlich egal, weil ihr gleich alle Plakate sehen werdet, die die anderen erarbeitet haben. Das machen wir so: Auf mein Zeichen hin geht die Hälfte von euch nach rechts zum nächsten Plakat und die andere Hälfte nach links. Dort trefft ihr andere, mit denen gemeinsam ihr das Plakat anschaut. Nach 3 Min. hört ihr mein Signal und dann geht ihr wieder ein Plakat weiter. Die, die nach rechts gingen, gehen wieder nach rechts; die, die nach links gegangen sind, wieder nach links. Und so weiter. Ist meine Erklärung zu verstehen gewesen?« Nachfragen der Jugendlichen abwarten und eventuell Stationengespräch nochmals erklären.

»In den 3 Min., die ihr jeweils an einem Plakat habt, sollt ihr zunächst lesen, was die anderen geschrieben haben. Dann gemeinsam überlegen, was euch einleuchtet, ihr vielleicht auch selbst geschrieben hättet. Und dann überlegt noch, ob ihr auch noch eine Idee habt. Die notiert ihr anschließend auf ein extra Blatt und klebt es neben das Plakat.

Wenn es keine Rückfragen gibt, legen wir los.«

Hinweis:

- Die Wahrnehmung der Plakate kann natürlich auch anders gestaltet werden. Der Vorteil des Stationengesprächs ist, dass alle Jugendliche alle Plakate wahrnehmen, und das in wechselnden Gruppen. So werden manche Automatismen, die sich ergeben, wenn eine Gruppe zu lange beieinander ist, unterbrochen. Das kann die Wahrnehmungsfähigkeit erhöhen und zu mehr Kreativität und weiteren Ideen führen.
- Die Wahrnehmungsphase bleibt ohne Auswertung. Sie dient dem intensiven Wahrnehmen und ist Vorbereitung für die Entscheidung, an welchem Gebot die Jugendlichen weiterarbeiten wollen.

Schritt 6: Erarbeitung einer »Vision« (10 Min.)

Impuls: *»Ihr habt nun alle Plakate wahrgenommen und gesehen, was möglich ist, wenn Gottes Gebote eingehalten werden. Vielleicht habt ihr auch noch einige eigene Ideen gehabt, und die Fülle der Möglichkeiten ist noch gewachsen. Ihr bekommt nun noch einmal Zeit, euch mit dem Gebot zu beschäftigen, das euch gerade am meisten anspricht. Und ich bitte euch einmal etwas zu träumen, zu schwärmen, zu staunen, was alles geht, wenn dieses Gebot einen Raum der Freiheit eröffnet. Beginnt so: ›Ich habe den Traum, dass eines Tages alle Menschen das Gebot* [Entsprechendes einfügen] *befolgen werden. Dann werden wir …‹*

Auf was werden wir uns freuen, über was werden wir dann staunen. Eure Aufgabe ist nun, so eine »Vision« zu schreiben. Notiert eure Ideen zunächst stichpunktartig und schreibt sie dann auf die Plakate, die hier vorne liegen, ins Reine.«

Hinweis: In Absprache mit den Jugendlichen können die so entstandenen Visionen in einen Gottesdienst einfließen oder als Element für den Katechismusgottesdienst dienen.

Ein Element bei der Konfirmation könnte folgenden Text zur Einleitung haben:

WEGWEISER
Kernstücke des Glaubens – Die Zehn Gebote

Pfarrer/in: *»Wo Menschen zusammenleben, braucht es gewisse Regeln. Das gilt im Straßenverkehr, das gilt für Gruppen und auch im Sport. Ohne Regeln, Gebote und Verbote geht es nicht.*

Wie aber denken Jugendliche selbst über Regeln? Ns Meinung hören wir jetzt:«

N: …

Pfarrer/in: *»Gebote sind Freiräume – sie wollen mich nicht einsperren, sondern ganz im Gegenteil: sie eröffnen mir Möglichkeiten. So haben wir im Januar das Thema Gebote auf den Kopf gestellt. Nicht eng, sondern weit. Ihr habt euch Gedanken dazu gemacht, welche Freiräume die Gebote für einen selbst bewirken.*

Die Zehn Gebote sind grundlegend für das menschliche Miteinander. Sie ziehen nämlich genau dort eine Grenze, wo ich die Freiheit des anderen einschränke oder wo ich mich selbst an die Stelle Gottes setze. ›Bis hierher und nicht weiter‹, empfiehlt uns Gott in seinen zehn Lebensregeln. Und wer dennoch diese Grenzen überschreitet, der tut seinen Mitmenschen unrecht, verletzt und enttäuscht sie.

Es ist also gut, die Zehn Gebote heute mit euren neuen Auslegungen zu hören.«

Schritt 7: Liturgische Verlesung der »Visionen« (10 Min.)

Hinweis: In diesem letzten Schritt geht es darum, den Visionen der Jugendlichen und damit den Freiheitsräumen der Gebote nochmals einen feierlichen Rahmen und Raum zu geben. Falls es in der Gruppe ein Schlussritual gibt, kann dieser Schritt auch darin eingebaut werden. Ansonsten empfiehlt sich eine eigene kurze liturgische Gestaltung.

Möglicher Ablauf: »Meine Hoffnung und meine Freude« (EG 576)

Impuls: *»Visionen haben wir entwickelt. Miteinander geträumt, wie es sein könnte, wenn alle Menschen Gottes Gebote hielten. Wir wollen uns nun noch einmal auf diese Visionen einlassen und uns von ihnen Mut machen lassen, schon jetzt im Raum der Freiheit zu leben. Dazu sagen wir uns laut, was wir aufgeschrieben haben, und entzünden für jede Vision ein Licht, das wir dann auf den Altar/Taufstein/Boden stellen.«*

Lesung der »Visionen« und Entzünden der Kerzen

Abschluss

»So hell kann es werden in der Welt. So hell möge es werden in uns, damit wir Mut bekommen und Kraft und Hoffnung haben, in den Räumen der Freiheit unsere Wege mit Gott zu gehen. Lasst uns diesen Konfi-Nachmittag abschließen und gemeinsam das Vaterunser beten.
Vater Unser … Amen.«

Materialien zu diesem Beitrag auf CD-ROM

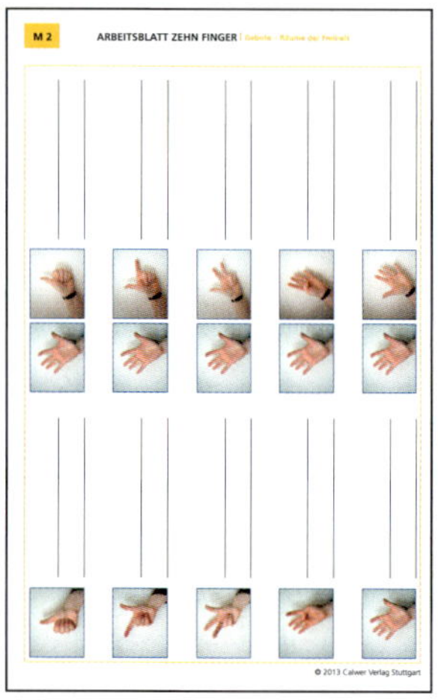

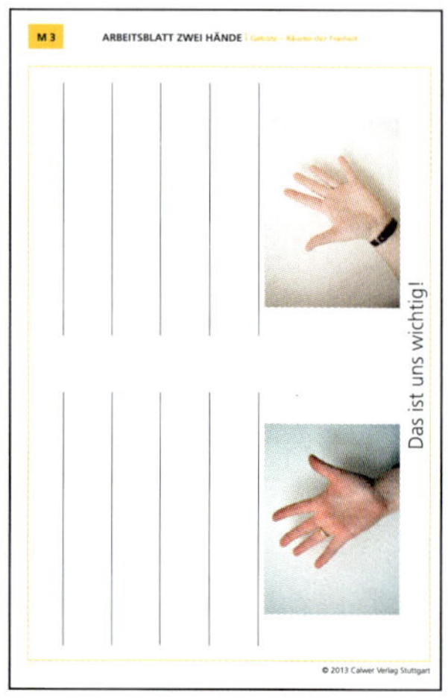

Thomas Ebinger

Sonntagsarbeit in Karlsdorf

»Das Planspiel arbeitet genau mit der auf S. 30 des Begleitbuches vorgestellten Idee, dass Menschen Regeln brauchen und dass das Miteinander am besten funktioniert, wenn alle Beteiligten den Sinn der Regeln einsehen. Die Texte auf dieser Seite können vor oder nach dem Planspiel gemeinsam gelesen werden.«

Die beliebte Methode, christliche Ethik anhand der 10 Gebote vorzustellen und mit den Konfirmand/innen darüber ins Gespräch zu kommen, bewirkt oft genau das Gegenteil von dem, was intendiert war: Die Konfirmand/innen lernen die 10 Gebote auswendig und meinen damit ein imperativ zu verstehendes Regelwerk zu kennen, bei dessen Befolgung man sich als Christ bezeichnen darf.

Das hat seinen Grund: Viele Konfirmand/innen sind in ihrer Entwicklung noch nicht so weit, dass man mit ihnen abstrakt über ethisch-moralische Themen reden könnte. Im Alter von 13–14 Jahren beginnen sich gerade erst die Gehirnstrukturen auszubilden, die solche Abstraktionen auf dem Gebiet der Ethik erlauben *(vgl. Manfred Spitzer, Lernen. Gehirnforschung und die Schule des Lebens, Heidelberg/Berlin 2002, S. 351–359).*

Christliche Ethik ist aber etwas anderes als die Übernahme vorformulierter Regeln, die aus einer präskriptiv verstandenen »heiligen Schrift« stammen. Gerade Jesu Kritik am zeitgenössischen Verständnis des Sabbatgebots ist hier vorbildlich. Denn: »Der Sabbat ist um des Menschen willen gemacht und nicht der Mensch um des Sabbats willen.« (Markus 2, 27)

Eine hilfreiche Methode, sich mit ethischen Themen auseinanderzusetzen, ist das Planspiel. Es leistet ein Mehrfaches:

- Die 10 Gebote in ihrer klaren apodiktischen Sprache werden auf eine konkrete Lebenssituation angewandt und so differenziert ausgelegt.
- Die Konfirmand/innen sind bei einem Planspiel gezwungen, sich in verschiedene Personen hineinzuversetzen und deren Motivationen, Haltungen und Grundanschauungen miteinander ins Gespräch zu bringen.
- Durch die ausgetragenen Interessenkonflikte und die starke Identifizierung der Konfirmand/innen mit ihrer zugeteilten Rolle macht ein Planspiel einfach Spaß.

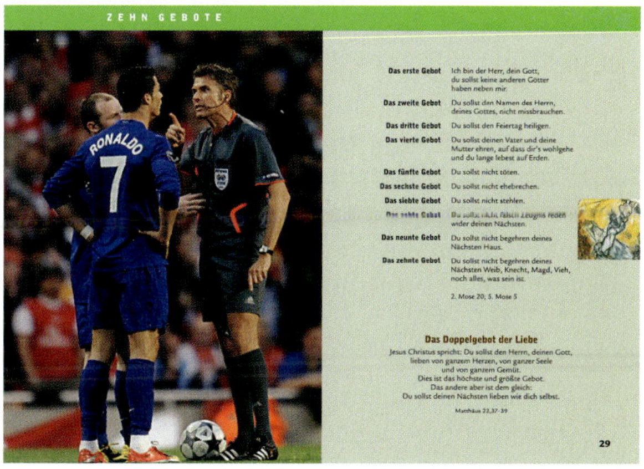

ZEHN GEBOTE

Das erste Gebot	Ich bin der Herr, dein Gott, du sollst keine anderen Götter haben neben mir.
Das zweite Gebot	Du sollst den Namen des Herrn, deines Gottes, nicht missbrauchen.
Das dritte Gebot	Du sollst den Feiertag heiligen.
Das vierte Gebot	Du sollst deinen Vater und deine Mutter ehren, auf dass dir's wohlgehe und du lange lebest auf Erden.
Das fünfte Gebot	Du sollst nicht töten.
Das sechste Gebot	Du sollst nicht ehebrechen.
Das siebte Gebot	Du sollst nicht stehlen.
[illegible]	[illegible] Zeugnis reden wider deinen Nächsten.
Das neunte Gebot	Du sollst nicht begehren deines Nächsten Haus.
Das zehnte Gebot	Du sollst nicht begehren deines Nächsten Weib, Knecht, Magd, Vieh, noch alles, was sein ist.

2. Mose 20; 5. Mose 5

Das Doppelgebot der Liebe

Jesus Christus spricht: Du sollst den Herrn, deinen Gott, lieben von ganzem Herzen, von ganzer Seele und von ganzem Gemüt.
Dies ist das höchste und größte Gebot.
Das andere aber ist dem gleich:
Du sollst deinen Nächsten lieben wie dich selbst.

Matthäus 22,37-39

29

Ohne Regeln geht es nicht

Menschen brauchen Regeln, wenn sie zusammenleben wollen. Leider werden Regeln oft nur eingehalten, wenn es Strafen gibt. Viel besser ist es aber, wenn man einsieht, warum bestimmte Regeln notwendig sind. Deshalb ist es gut, immer wieder über den Sinn einer Regel nachzudenken und darüber zu diskutieren: Brauchen wir diese Regel überhaupt oder finden wir eine bessere, durch die wir sie ersetzen können? Denn Regeln können auch überflüssig oder sogar ungerecht sein. Trotzdem: Ohne Gebote und Regeln geht es nicht.

Stell dir einmal vor, es gäbe in einer Gruppe wie eurer Konfirmandengruppe keine Regeln, die sagen, wie man sich benehmen soll. Jeder macht einfach, was er oder sie für richtig hält. Wäre das die absolute Freiheit? Wahrscheinlich wäre es eher Chaos pur. Ihr könntet kein Gespräch führen, weil keiner dem andern zuhören würde. Ihr könntet nie anfangen, weil nie alle gleichzeitig da wären. Und die Schwächeren müssten sich von den Stärkeren alles gefallen lassen.

30 Zehn Gebote

Für viele Menschen, selbst für solche, die nicht an Gott glauben, sind die **Zehn Gebote** die knappste Zusammenfassung der Regeln, die ein Mensch beachten sollte. Sie sind an zwei Händen abzählbar und bilden die Grundlage unseres Zusammenlebens. Gott hat uns diese Gebote gegeben, damit wir mit ihm und miteinander auskommen.

Das erste Gebot

»Ich bin der Herr, dein Gott, du sollst keine anderen Götter haben neben mir.« Als Christen glauben wir, dass es einen Gott gibt, der für jeden einzelnen Menschen da ist und zu dem man beten kann.

Woran du dein Herz hängst, das ist dein Gott.

Wer und was ist dir im Leben das Wichtigste? Gibt es einen Menschen, einen Gegenstand, ein Hobby, von dem du alles im Leben erwartest? Das kann zu deinem »Gott« werden. Wir aber sollen freie Menschen sein, von niemand und nichts abhängig, weil es nur einen Gott gibt.

Woran hängst du dein Herz?

Das Planspiel habe ich in dieser Form zweimal mit gutem Erfolg durchgeführt. Ich halte es für wichtig, in der folgenden Stunde eine kleine Auswertung zu machen, wenn die Konfirmand/innen sich wieder von ihrer Rolle gelöst haben, was nach meiner Erfahrung im unmittelbaren Anschluss an das Planspiel nicht gelingt. Es kann noch einmal nachgefragt werden, ob die Haltung der Konfirmand/innen zur Sonntagsarbeit außerhalb der Rolle die gleiche ist wie die im Planspiel vertretene und der ganze Prozess kann noch einmal nachvollzogen werden. Anschließend bietet es sich an, das Doppelgebot der Liebe zu thematisieren, in dem die Gottes- und Nächstenliebe als Zusammenfassung und Maßstab der anderen Gebote vorgestellt wird.

Hinweise zur Vorbereitung und Durchführung des Planspiels

Zeitbedarf: Insgesamt etwa 2 Zeitstunden,
15 Min. Einführung und Gruppenbildung,
75 Min. in getrennten Gruppen,
30 Min. Bürgerversammlung

Raumbedarf: 6 Gruppenräume, jeder Raum wird mit einem Schild gekennzeichnet.

Material (pro Gruppe!): ca. 40 kopierte Briefbögen (**M 4**, weitere Vorlagen unter www.anknuepfen.de) sowie Ersatzpapier, das Infoblatt **M 3**, Stifte, die ausführliche Rollenbeschreibung (nur die Rolle für die jeweilige Gruppe wird aus **M 2** ausgeschnitten).

Gruppengröße: mindestens 10, max. 30 Konfirmand/innen (bei kleineren Gruppen kann auf die Rolle der Frau Frommer verzichtet werden).

Gruppeneinteilung: Man kann die Konfirmand/innen selbst wählen lassen oder die Gruppen nach dem Zufallsprinzip (abzählen) bilden. Auf jeden Fall ist darauf zu achten, dass die Bürgermeistergruppe arbeitsfähig und arbeitswillig ist. Die Gruppen dürfen ihren Raum nur für vorher vereinbarte Gespräche verlassen. Sie sollten nicht selbst Postbote spielen. Diese Aufgabe übernehmen die Mitarbeiter/innen.

Mitarbeiterbedarf: mindestens 6, pro Gruppe eine Person.

Aufgaben der Mitarbeiter/innen: Die Mitarbeiter/innen sollen den Gruppen die Räume zeigen, die Briefe zustellen, die Einladungen zu einem Gespräch organisieren und protokollieren, bei Bedarf inhaltliche Impulse geben und insgesamt darauf achten, dass die Situation realistisch bleibt. Sie unterstützen die Gruppen, wenn es Verständnisprobleme gibt oder einer Gruppe die Ideen ausgehen. Für die Protokollierung hat sich ein »Leitungsbüro« als hilfreich erwiesen. Hier geht sämtliche Post ein, wird mit Uhrzeit notiert und nach Eingang weitergeleitet. Später kann auf diese Weise der gesamte Planspielprozess rekonstruiert werden. Hier werden auch die Anträge auf »bilaterale Gespräche« bearbeitet und arrangiert.

Ablauf: Anhand der Einführung (**M 1**) wird das Planspiel den Konfirmand/innen vorgestellt. Evtl. muss man die verschiedenen Gremien (Gemeinderat, Kirchengemeinderat, Betriebsrat) etwas ausführlicher vorstellen. Zu beachten ist, dass der Gesamtgruppe nur holzschnittartig die beteiligten Personen vorgestellt werden (**M 1**). Die Rollenkarten (**M 2**) dürfen nur von der jeweiligen Gruppe benutzt werden.

Das Planspiel endet mit einer Bürgerversammlung. Der Bürgermeister übernimmt die Moderation und lässt alle Gruppen noch einmal ihre Position vortragen. Nach einer Phase der Diskussion wird per Abstimmung ein Beschluss gefasst, ob die Genehmigung für die Sonntagsarbeit erteilt wird. Die Bürgermeistergruppe ist vor dieser Bürgerversammlung besonders auf ihre Moderationsaufgabe vorzubereiten. Die Mitarbeiter/innen bekommen das Einführungsblatt (**M 1**) sowie alle Rollenbeschreibungen (**M 2**) ausgehändigt, sie müssen diese aber vor den Konfirmand/innen geheim halten. Auf der Rollenbeschreibung für den Bürgermeister muss noch die Zeit für die Bürgerversammlung eingetragen werden.

Materialien zu diesem Beitrag auf CD-ROM

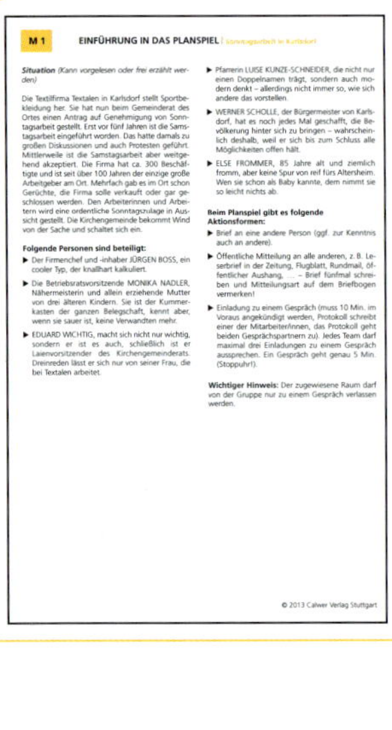

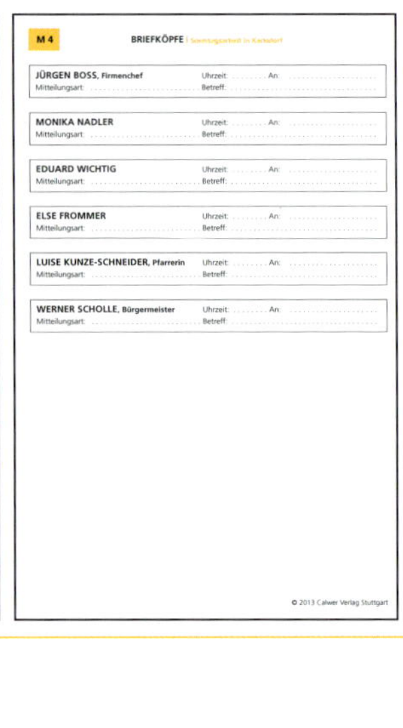

Bernd Wildermuth

Liebestraum und Treueschwur – ein Baustein zum 6. Gebot

Einleitung

Das ›andere Geschlecht‹ ist das Gesprächsthema unter vierzehnjährigen Mädchen und Jungen. »Wer findet wen wie toll? Und wer will, sollte, könnte oder möchte gern mit wem gehen?« Das sind die entscheidenden Fragen. Bei kaum einem anderen Thema ist die Ausgangslage der Jugendlichen so unterschiedlich wie bei diesem. Manche Konfirmand/innen, vor allem Mädchen, haben schon über längere Zeit einen ›festen Freund‹ während andere, vor allem Jungen, nur davon träumen. Die Vorbildbeziehung der Jugendlichen im wirklichen Leben ist die der Eltern oder die momentane Partnerschaft ihrer Mutter bzw. ihres Vaters. Hier wird man die Unterschiedlichkeit der Erfahrungen innerhalb der Konfirmandengruppe kaum überschätzen können. Sie kann und wird von glücklich vorgelebter Ehe bis zu Dauerstreit mit Gewaltexzessen reichen. Als Unterrichtende/r muss man sich auf jeden Fall darüber im Klaren sein, dass das Thema »Ehebruch« für die einen Gedankenspiele, für die anderen reale Erfahrungen, eventuell mit Scheidungsfolgen, in der Ehe ihrer Eltern sind. Darum bietet es sich an, mit Bildern und Geschichten zu arbeiten, die die Möglichkeit der Distanz bieten. Die Konfirmand/innen können so selbst bestimmen, wie viel sie und was sie aus ihrer eigenen Biografie eintragen möchten. Nur in der Distanz, in fremden Bildern und Geschichten, haben sie im unterrichtlichen Geschehen die Möglichkeit, ihre familiären Erfahrungen in einem anderen Licht zu beleuchten und sich mit den Stimmen der Akteure (Batseba-Geschichte) auseinanderzusetzen. Für diesen Baustein braucht man mindestens eine/n weitere/n Mitarbeiter/in vom jeweils anderen Geschlecht. Ideal für die Vorbereitung und Durchführung ist ein Team. Der Zeitrahmen von eineinhalb Stunden am Nachmittag ist besonders bei einer größeren Gruppe eng. Zwei volle Stunden sind ideal. Somit eignet sich dieser Baustein auch sehr gut für einen KU-Halbtag am Samstag, was meistens den ehrenamtlichen Mitarbeiter/innen entgegenkommt.

Ziele

- Die Konfirmand/innen werden hinsichtlich ihrer Vorstellung eines/r Partner/in und einer Mann/Frau-Beziehung sprachfähig.
- Sie erkennen, dass Beziehungen immer gefährdet sind und können Gründe dafür benennen.
- Sie lernen anhand der Batseba-Geschichte Motive, Haltungen und Gefühle der in einen Ehebruch verwickelten Personen zu hinterfragen.
- Sie gewinnen für sich eine Haltung zum 6. Gebot.

Material: Bilderkartei mit »Paarfotos«, Flipchart, Heiratsanzeigen, ›Papierpfeile‹, Batseba-Geschichte, Namensschilder, Rolleninterviews **M 1**, weißes Papier.

Schritt 1: Beziehungsbilder (15–20 Min.)

Die Konfirmand/innen sitzen im Stuhlkreis. Viele Fotos, auf denen Paare in unterschiedlichsten Situationen abgebildet sind, liegen außerhalb des Kreises auf Tischen aus. Um eine wirkliche Auswahl zu gewährleisten, sollte das Verhältnis von Fotos zu Konfirmand/innen mindestens 2:1 betragen. Solche Fotos lassen sich mühelos in Zeitschriften und Illustrierten, vor allem in Werbeanzeigen, finden. Am besten schneidet man das »Paar« aus, klebt es auf schwarzes Papier oder schwarzen Karton und laminiert das Bild. Die Fotos können unterschiedliche Formate von DIN A4 bis DIN A6 haben. Arbeitsanweisung: »Wie sollen Mann und Frau zusammen sein, zusammen leben? Ich denke jede/r von euch hat da sein eigenes Bild im Kopf. Ganz verschiedene Bilder liegen dort auf den Tischen aus. Welches Foto, welches Beziehungsbild spricht dich an? Geht umher, schaut euch die Bilder in aller Ruhe an und wählt das Bild aus, von dem ihr sagt: ›Das drückt aus oder zeigt, wie eine Beziehung sein soll!‹ Nehmt das Foto und kommt dann zurück in den Stuhlkreis.« Wenn die Konfirmand/innen wieder im Stuhlkreis sitzen, erhalten alle zwei weiße Zettel.

Arbeitsanweisung: »Was spricht dich an deinem Bild an? Was gehört für dich unbedingt zu einer guten Beziehung zwischen Mann und Frau? Schreib deine Antwort bitte mit ein oder zwei Stichwörtern auf einen weißen Zettel!«

Die Konfirmand/innen notieren ihre Stichworte. Anweisung: »Stellt eure Bilder und eure Ideale kurz vor und legt sie dann zusammen mit euren Stichwörtern hier in die Mitte.«

Schritt 2: Das Bild vom Partner/von der Partnerin (30–35 Min.)

Impuls: »Es ist ja gar nicht so einfach, den Richtigen oder die Richtige für eine Partnerschaft zu finden. Eine Möglichkeit, die sich heute gerade durch das Internet immer weiter verbreitet, ist eine Partnerschaftsanzeige aufzugeben. Ich habe hier einmal ein paar Beispiele mitgebracht.« Vier Beispiele (zwei von Männern und zwei von Frauen z. B. aus ›Fit for Fun‹, der ›Zeit‹, Wochenblättern usw.) werden vorgelesen. »Wie würdet ihr euren Wunschpartner/eure Wunschpartnerin beschreiben? Sucht euch einen Partner, eine Partnerin (Mädchen/Mädchen und Junge/Junge!) und formuliert gemeinsam eine Anzeige unter der Überschrift ›Wunschpartner/Wunschpartnerin gesucht‹. Dafür habt ihr 15 Min. Zeit.« Danach wird der Stuhlkreis aufgelöst und in zwei sich gegenüberliegende Sitzreihen umgestellt. Haben alle ihre Anzeigen formuliert, setzen sich Mädchen und Jungen gegenüber.

Die Anzeigen werden wechselseitig konfrontativ vorgestellt. (Auf ›Mädchen gesucht‹ folgt ›Junge gesucht‹ oder umgekehrt. Mit dem Geschlecht beginnen, das zahlreicher vertreten ist!) Ein Gespräch über die gegenseitigen Erwartungen schließt sich an.

Impulsfragen in dem Gespräch können sein:

- »Wie empfindet ihr die Erwartungen der Mädchen/der Jungen an euch?
- Sind euch Unterschiede zwischen Wunschmädchen und Wunschjungen aufgefallen?
- Gibt es Eigenschaften, Wünsche die sich in fast allen Anzeigen wiederfinden?
- Normalerweise kennt man ja den Absender einer Anzeige nicht. Entwickelt sich anhand der Formulierung ein Bild vom Absender?
- Wenn ihr jetzt die Wünsche hört, macht euch das eher Mut, euch auf eine Anzeige zu melden, oder denkt ihr eher, da habe ich bestimmt keine Chance?«

Für die letzten beiden Fragen ist es sinnvoll, in geschlechtshomogene Gruppen zu gehen. Dort werden auch zu den ersten Fragen oft noch ›Dinge nachgeschoben‹.

Schritt 3: Beziehungen sind immer gefährdet (10–15 Min.)

Impuls: »Stellt euch vor, ihr habt nicht nur eine Anzeige aufgegeben, sondern sogar einen Partner/eine Partnerin nach euren Vorstellungen gefunden. Toll, denkt ihr! Und gleichzeitig hämmert es in eurem Kopf ›Wird die Partnerschaft auch halten?‹ Was meint ihr: Wodurch wird eine Partnerschaft, eine Beziehung und später dann eine Ehe gefährdet?« Die Konfirmand/innen nennen die Gefährdungen. Der/die Unterrichtende schreibt sie auf die bereitliegenden Pfeile. Sie werden an das Bodenbild gelegt und weisen von den ›Traumpaaren‹ weg.

Schritt 4: Ehebruch als Trennungsgrund (20–25 Min.)

Der/die Unterrichtende greift das Ehebruchmotiv heraus: »Eine der Ursachen für das Scheitern von Beziehungen und Ehen ist Untreue bzw. Ehebruch. Was denkt ihr, warum Treue so wichtig ist, und Untreue häufig zum Bruch und zum Ende einer Partnerschaft führt?« Die von den Konfirmand/innen genannten Gründe werden auf Flipchart gesammelt.

Nach den Äußerungen der Konfirmand/innen leitet der/die Unterrichtende über: »Es gibt eine sehr alte Geschichte (2. Samuel 11 ›David und Batseba‹), in der es um das 6. Gebot geht. N. N. (Name des/der Mitarbeiter/in) wird euch die Geschichte nicht in einem Stück, sondern abschnittsweise erzählen. Nach jedem Abschnitt tun wir so, als könnten wir heute die beteiligten Personen noch einmal nach ihrem Verhalten befragen. Wir ›beamen‹ sie uns einfach her. Dazu stehen vorne drei ›heiße Stühle‹, die mit den betreffenden Namen versehen werden. Ich werde einige von euch bitten, bei den Interviews in die jeweilige Rolle zu schlüpfen. Das heißt: Wenn ihr auf diesem Stuhl sitzt, dann seid ihr David oder Batseba, Uria oder Joab. Ihr nehmt die Rolle ein, die auf dem Stuhl steht, und sprecht in der Ich-Form. Um die Geschichte zu verstehen, muss man wissen, dass Ehebruch damals nicht nur eine private Angelegenheit war, sondern dass erwiesener Ehebruch von den Richtern schwer bestraft wurde.« Die Konfirmand/innen bilden mit ihren Stühlen einen Dreiviertelkreis. An der offenen Seite werden drei ›Rollen – Stühle‹ (unbesetzt lassen) aufgestellt. Die Stühle sollten so aufgestellt sein, dass die Interviewten keinen Blickkontakt zueinander haben. Zu den Interviews werden die Namensschilder für alle sichtbar vor die Stühle gelegt. In jeder Runde werden die Rollen neu besetzt, insgesamt können neun Konfirmanden einen Rolleneinsatz bekommen. Es ist durchaus möglich, eine Männerrolle mit einer Konfirmandin zu besetzen und umgekehrt. Es ergeben sich dadruch noch einmal ganz andere Perpektiven für die beteiligten Jugendlichen im Blick auf ihr eigenens Rollenverständnis als angehende Frau bzw. Mann.

Unbedingt beachten: Erzähler/in der Batseba-Geschichte und Interviewer/in sollten zwei verschiedene Personen sein. Nur so kann der Interviewer sich ganz auf die zu interviewenden Protagonisten der Geschichte einlassen und ist von der Rolle des/der Sachwalters/in der Geschichte entbunden.

Die Geschichte wird vorgelesen und an den entsprechenden Stellen (siehe **M 1**) durch Rolleninterviews (**M 1**) unterbrochen. Für die Interviews ist es wichtig, die Personen direkt in ihrer Rolle mit Vornamen anzusprechen, (»David, wie konnte …«) und die Antworten der Konfirmand/innen zum Anlass für weitere Fragen zu nehmen.

Eine direkte und engagierte Interviewform ist für das Hineinfinden der Jugendlichen in ihre Rolle notwendig. Es empfiehlt sich, bei Fragen in die Hocke auf Augenhöhe der Konfirmand/innen zu gehen. Engagiertes Fragen schützt sie auch vor »Entdeckungen« der anderen Konfirmand/innen, wenn sie in ihre Rolle Teile ihrer eigenen Familiengeschichte eintragen.

Schritt 5: Reflexionsrunde (15–25 Min.)

Am Ende der Geschichte werden zunächst die Eindrücke und Erkenntnisse der Konfirmand/innen, die sich auf eine Rolle eingelassen haben, gesammelt.

Wie ist es dir als David, Batseba bzw. Uria und Joab ergangen? Was fiel dir an dieser Rolle leicht, was war schwer nachvollziehbar?

Oft ergibt sich an dieser Stelle eine intensive Gesprächsrunde, die die Geschichte in die Gegenwart überträgt. Ausgangspunkt ist die Rolle der Batseba und das dahinter stehende Frauenbild. Batseba wird von den Konfirmandinnen mal als schicksals- und autoritätsergebene Frau gespielt, mal als eine Persönlichkeit, die die Fäden in der Hand hat.

Drei Flipchartblätter werden nebeneinander an die Wand gehängt. Oben werden die Namnschilder von David, Batseba und Uria hingeklebt. Impuls: »Welche Eigenschaften und Werte leiten sie in dieser Geschichte?« Die Antworten der Konfirmanden werden in schwarz auf die Flipchart geschrieben, so dass über, neben oder unter dem Begriff noch Platz für andere Begriffe ist.

Weiterer Impuls: »Welche dieser Werte, Haltungen und Eigenschaften ist denn bei den einzlennen Personen maßgeblich dafür verantwortlich, dass es zu diesem Ehebruch kommt?« Die Jugendlichen diskutieren diese Frage sehr rege. Schnell sind Schuldzuschreibungen da. Es kommt nicht immer zu eindeutigen Meinungsbildungen in der Gruppe. Dann ist es hilfreich, wenn der/die Unterrrichtende den Focus auf eine Person lenkt und zunächst Uria in den Blick nimmt: »Schauen wir uns einmal Uria an. Was hätte er im Vorfeld tun können und welche Eigenschaften, Haltungen wären dafür notwendig gewesen, damit es gar nicht erst zum Ehebruch kommt?« Von seinem Verhalten in der Geschichte schließen die Jugendlichen auf sein »Vorverhalten«. »Pflichtbewusst«, »stur«, »heldenhaft« u.Ä. steht meist schon an der Flipchart. Fast unisono antworten Mädchen und Jungen »er hätte sich mehr um seine Frau kümmern müssen«, »Interesse an ihr zeigen«, »sagen, dass er sie liebt«. Eines davon, z. B. »Interesse und Liebe zeigen« wird in grüner Farbe neben, über oder unter einen Begriff wie »stur« geschreiben. In ähnlich fokussierter Weise werden anschließend David und Batseba betrachtet.

In einer Blitzlichtrunde hat jeder Konfirmand, jede Konfirmandin am Schluss noch einmal die Möglichkeit, den Erkenntnisgewinn zu formulieren. Impuls: »Wir haben in dieser Ehebruchgeschichte erlebt, welche unterschiedlichen Sichtweisen, Haltungen, Werte und Gefühle in einer Beziehung aufeinander treffen. Was ist dir heute an dieser Geschichte deutlich geworden? Jede/r sagt einen Satz, der beginnt: ›Mir ist heute deutlich geworden, dass …‹.«

Wenn genügend Mitarbeiter zur Verfügung stehen, die Einheit zum Beispiel an einem Konfitag oder auf einer Freizeit gemacht wird, ist es sehr lohnenswert, die Geschichte getrenntgeschlechtlich auszuwerten und in einer Schlussrunde die »Jungenergebnisse« mit den »Mädchenergebnissen« zu konfrontieren und miteinander ins Gespräch zu bringen. Gibt es einen Jungen- und einen Mädchenblick? Sind für Jungen und Mädchen andere Werte und Haltungen wichtig?

Materialien zu diesem Beitrag auf CD-ROM

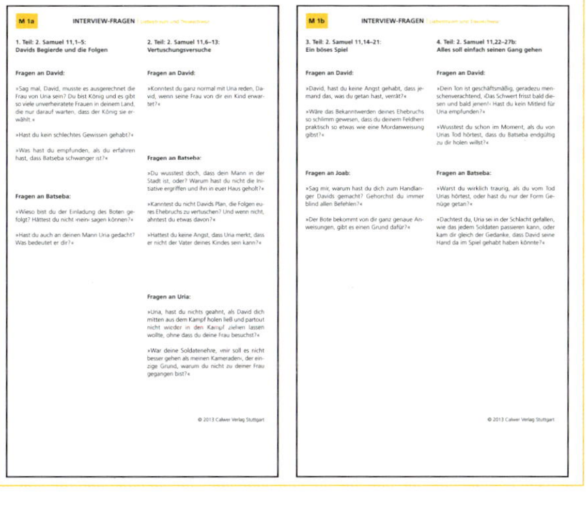

Die Konfirmand/innen und die Gemeinde

Die Konfirmandenzeit ist eine intensive Begegnung von Jugendlichen mit Kirche, die in der Regel ein Jahr dauert. Welch eine Chance und Herausforderung zugleich für die Kirche mit ihren jungen Mitgliedern in Kontakt zu kommen. Chance, weil es wohl keine Organisation gibt, der es gelingt, fast 100 % ihrer Mitglieder über solch eine lange Zeit hinweg kontinuierlich zu begleiten. Und Herausforderung, weil die Konfirmandenzeit just in die Zeit der Pubertät fällt und jeder auch weiß, wie »schwierig« das sein kann.

Mit der Taufe von Kindern übernimmt die Gemeinde die Verpflichtung, die Heranwachsenden in die Überlieferung des Glaubens einzuführen und sie zu einem eigenständigen christlichen Leben zu ermutigen. Die Konfirmandenarbeit ist der Ort, an dem dies geschehen soll. Das kann aber nur dann gelingen, wenn die Fragen und Interessen von Jugendlichen auf- und ernstgenommen werden und sich die Konfirmandenarbeit auf die Lebenswelt der Jugendlichen einlässt und sie an der Auslegung des Evangeliums auch beteiligt und einbezieht.

Entscheidend für die Konfirmandenarbeit ist der *»Lernort Gemeinde«*. Er richtet sich nicht nur an Pfarrerinnen und Pfarrer, sondern an Kirchengemeinderäte/innen, ehren- und hauptamtliche Mitarbeiter/innen und Eltern. Alle sind gefragt, die Konfirmandenarbeit mitzugestalten. In der Begegnung mit Personen und Gruppen, die sich in der Gemeinde engagieren und ihren Glauben leben, wird der Leib Christi sichtbar und erfahrbar. Und umgekehrt entdeckt die Gemeinde, dass Kinder und Jugendliche eine eigenständige Gruppe und bereits Glieder der Gemeinde sind, die die »Erwachsenen«-Gemeinde bereichern kann.

Die Bilder von Christsein und Gemeinde, die während der Konfirmandenzeit entstehen, sind für Jugendliche prägend. An diesen Eindrücken machen sie unter anderem fest, ob der christliche Glaube für sie bedeutsam wird und ob sie sich auch nach der Konfirmation ein Leben in der Gemeinde/Kirche vorstellen können. Jugendliche wollen Glauben und Gemeinde konkret erfahren. Sie prüfen, ob Kirche für sie interessant ist und ob die erlebten Personen echt sind.

Es gibt viele Formen und Möglichkeiten, die den »Lernort Gemeinde« in der Konfirmandenzeit sicht- und erlebbar machen.

▶ KU im Team

Die Unterrichtspersonen sind im Konfirmandenunterricht von entscheidender Bedeutung. Es empfiehlt sich daher ein Team von Haupt- und Ehrenamtlichen, die die KA begleitet und mitgestaltet. Die Arbeit profitiert von neuen Ideen, wird methodisch vielseitiger und die Motivation steigt für alle Beteiligten.

▶ Verknüpfung von Konfirmanden- und Jugendarbeit

Der Jugendarbeit kommt eine besondere Rolle zu, da die Mitarbeiter/innen eine große Nähe zu den Konfirmanden/innen haben. Es gilt Mitarbeiter/innen zu motivieren aktiv im Konfirmandenunterricht mitzuarbeiten, bei Seminartagen, Freizeiten, Projekten, Festen und Gottesdiensten

▶ Gemeindepraktikum

In Gemeindepraktika lernen die Konfirmanden/innen weitere Angebote und Dienste der Gemeinde kennen und erfahren, dass sie gebraucht werden und Verantwortung übernehmen können. Sie arbeiten für bestimmte Zeit mit in der Diakonie, Kindergarten, Jungschar, Kinderkirche, Kinderbibelwoche, etc. Und umgekehrt können sich die Konfirmanden/innen auch mit eigenen Ideen einbringen.

▶ Mentoren-/Begleitmodelle

Durch erwachsene Mentoren erfahren die Konfirmanden/innen, dass sie als Einzelne wertgeschätzt und wahrgenommen werden. Pro Monat findet mindestens ein Kontakt zwischen den Jugendlichen und ihren Mentoren statt.

▶ Gottesdienst

Was »Kirche« ist, wird wesentlich im Gottesdienst erfahren und ist das Bild, das Konfirmanden/innen von Kirche haben. Wenn Konfirmanden/innen am Gottesdienst beteiligt werden und Gottesdienste mit/von/für Konfirmanden/innen gestaltet werden, können sie den Gottesdienst als zentrale Äußerung von Christsein erleben.

Konfirmand/innen fragen – Gottesdienstbesucher/innen antworten, ↗ S. 104, S. 272

Gemeindepraktikum im Überblick, ↗ S. 108, S. 277

Die Kirchen-Entdecker-Tour – ein Konfisamstag zum Auftakt der Konfirmandenarbeit, S. 282

Gabriele Conrad und Martin Kreuser nach einer Idee von Ralf Brennecke

Konfirmand/innen fragen – Gottesdienstbesucher/innen antworten

Eine Fragenaktion im Vorstellungsgottesdienst

Einleitung

Bei dieser Aktion wurden Fragen gesammelt, die die Konfirmanden und Konfirmandinnen hinsichtlich des Themas Gott/Glaube/Kirche beschäftigten und auf die sie gerne während des Konfirmandenjahres eine Antwort bekommen wollten. Die Fragen wurden von Besuchern des Vorstellungsgottesdienstes der Konfirmanden und Konfirmandinnen beantwortet.

Dabei gingen wir von der Annahme aus, dass sich Jugendliche immer schon ihre eigenen Gedanken über Gott/Glaube/Kirche machen und durchaus Fragen mitbringen, auch wenn diese Gedanken und Fragen vielleicht nicht der Grund sind, weshalb sie sich zur Konfirmation anmelden. Es war uns wichtig, den Konfirmanden und Konfirmandinnen im Laufe des Jahres nicht nur unsere Themen zu präsentieren, sondern sie als Subjekte mit ihren Fragen ernst zu nehmen und zur Geltung kommen zu lassen.

Zugleich wollten wir die erwachsenen Gemeindeglieder gemäß dem Priestertum aller Gläubigen als mündige Theologen und Theologinnen ernst nehmen, indem wir ihnen die Beantwortung der Fragen zudachten.

Durch die Aktion sollte darüber hinaus eine Verbindung zwischen der Gruppe der Konfirmanden und Konfirmandinnen und den sonntäglichen Gottesdienstbesuchern geschaffen werden. Alle beteiligten Gemeindeglieder sollten sich so als eine aus ganz unterschiedlichen Menschen und Auffassungen bestehende Gemeinschaft erfahren können, die gemeinsam über Gott/Glaube/Kirche nachsinnt, sich Fragen stellt, Antworten erprobt und miteinander auf dem Weg ist.

Intention und Ziele

Die Fragenaktion ermöglicht es, mit geringem zeitlichem, organisatorischem und materialtechnischem Aufwand eine kommunikative Verbindung zwischen den Konfirmanden und Konfirmandinnen und einigen den Sonntagsgottesdienst besuchenden Gemeindegliedern zu schaffen. Diese Verbindung ist aus der Perspektive der Konfirmanden und Konfirmandinnen nicht nur punktuell, sondern erstreckt sich durch die Verteilung der Antworten auf mehrere Unterrichtsstunden über viele Wochen und nimmt die Gemeinde in ihrer religiösen und theologischen Mündigkeit ernst.

Die Konfirmanden und Konfirmandinnen werden so nicht nur mit ihren Fragen ernst genommen, sondern bekommen auch gehaltvolle Antworten, die ihnen bei der Weiterentwicklung ihres Glaubens helfen können.

Voraussetzung für das Projekt von Seiten der Pfarrperson ist, dass man eine gewisse Offenheit für die religiösen/theologischen Überzeugungen seiner Gemeindeglieder mitbringt und die eigene nicht für die einzig wahre Theologie hält.

Baustein
Konfirmandinnen und Konfirmanden fragen – Gottesdienstbesucher/innen antworten

Material

- Postkarten oder Karteikarten DIN A6
- Kugelschreiber

Material für Varianten

- Kugelschreiber (bei Adressangabe im Gottesdienst)
- Brief **M 1** (bei Zusendung nach dem Gottesdienst)

Schritt 1: Das Sammeln der Fragen im KU (10 Min.)

Die Fragen wurden in einer der ersten Unterrichtsstunden des Konfirmandenjahres von den Konfirmanden und Konfirmandinnen auf Postkarten geschrieben. Die Einleitung dazu umfasste nicht viel mehr als den Auftrag, ihren Namen und eine Frage, auf die sie gerne während des Konfirmandenjahres eine Antwort bekämen, auf eine Postkarte zu schreiben. Dabei taten sich die Konfirmanden und Konfirmandinnen zum Teil zu zweit zusammen, zum Teil formulierten sie ihre Frage allein.

Impuls: *»In dem Jahr, das vor uns liegt, soll Zeit sein für Gedanken, die ihr euch über Gott, den Glauben, die Kirche macht. Ich nehme an, ihr habt auch Fragen zum Thema Gott, Glaube, Kirche. Diese Fragen interessieren uns und wir fänden es schön, wenn ihr darauf im Laufe des Jahres eine Antwort bekämt.*

Ihr bekommt jetzt jeder eine Postkarte. Auf die schreibt ihr euren Namen und eure Frage. Ihr könnt euch auch zu zweit zusammentun.

Die Antworten müsst ihr nicht selbst erarbeiten. Ihr werdet sie von ganz verschiedenen Leuten bekommen, denn wir verteilen die Fragen bei eurem Vorstellungsgottesdienst an die Gottesdienstbesucherinnen und -besucher.«

Variante: Die Konfirmanden und Konfirmandinnen bekommen als Hausaufgabe den Auftrag, sich eine Frage zu überlegen.

Inhaltlich reichten die Fragen von »Warum trägt der Pfarrer im Gottesdienst schwarz, wo doch schwarz die Farbe der Trauer ist?« und »Warum gehen Leute sonntags in den Gottesdienst« über »Kommen Tiere in den Himmel?« bis zur Frage »Wieso lässt Gott so viel Leid zu?« und »Wie kann ich mir die leibliche Auferstehung vorstellen?«

Schritt 2: Die Vorstellung und Verteilung der Fragen im Gottesdienst (10–15 Min.)

Die Vorstellung und Verteilung der Fragen erfolgte im Vorstellungsgottesdienst der Konfirmanden und Konfirmandinnen. Nach einer kurzen Einleitung, die das Projekt den Gottesdienstbesucher/innen erklärte, wurden je drei Fragen durch den Pfarrer verlesen. Anschließend wurden »Paten und Patinnen« für jede der drei Fragen gesucht, bevor die nächsten drei Fragen verlesen wurden. Die Paten und Patinnen bekamen die Fragen sofort ausgehändigt.

Obwohl diese Vorgehensweise spontane Bereitschaft verlangte und den Mut, sich öffentlich als kompetent einzuschätzen, fanden sich für alle Fragen rasch Paten und Patinnen. Ein bisschen »anpreisendes« Talent des Pfarrers/der Pfarrerin ist bei der Vergabe der Fragen von Vorteil.

Impuls: *»Unsere Konfirmanden und Konfirmandinnen bringen Fragen ins Konfirmandenjahr mit. Es sind Fragen, die Gott, den Glauben, die Kirche betreffen. Sie werden die Fragen gleich hören.*

Und unsere Konfirmanden und Konfirmandinnen wünschen sich Antworten auf diese Fragen – Antworten aus der Gemeinde! Das heißt von Ihnen, die Sie heute diesen Gottesdienst besuchen.

Dabei soll es nicht darum gehen, möglichst umfassende, wissenschaftlich korrekte Antworten zu liefern, sondern darum, Auskunft zu geben, welche Antwort man für sich selbst gefunden hat. Also nur Mut, es geht nicht um richtig oder um falsch! Es geht darum, den Konfirmanden und Konfirmandinnen bei ihren Fragen Unterstützung zu bieten und mit der Antwort ein kleines Stückchen ein Wegbegleiter im Konfirmandenjahr zu sein.

Sie können Ihre Antwort auf die Postkarte schreiben und ans Pfarramt senden. Sie können aber auch selbst in den Konfirmandenunterricht kommen, um die Frage der Gruppe zu beantworten oder den fragenden Konfirmanden / die fragende Konfirmandin zu sich einzuladen. Ihrer Phantasie bei der Beantwortung sind keine Grenzen gesetzt.

Also, Freiwillige vor, hier kommen die ersten drei Fragen für drei Beantworter oder Beantworterinnen.«

Varianten

- Die Konfirmanden und Konfirmandinnen stellen ihre Fragen selbst vor.
- Die Konfirmanden und Konfirmandinnen gehen durch die Reihen und geben ihre Fragekarte irgendjemand aus der Gemeinde.
- Die Fragekarten werden ausgelegt und die Gottesdienstbesucher/innen können sich nach dem Gottesdienst eine Karte mitnehmen.
- Die Gottesdienstbesucher/innen schreiben zunächst nur ihre Adresse auf die Postkarte. Die

Karte wird ihnen dann nach Ablauf weniger Wochen (bis zu Beginn der Sommerferien) zugesandt zusammen mit einem Brief, der sie nochmals an das Projekt erinnert und für die Mitarbeit in der Konfirmandenarbeit dankt.

Schritt 3: Der Eingang der Antworten in den Konfirmandenunterricht

Der Rücklauf der Antworten lag sowohl im Fall der direkten Übergabe der Postkarten im Gottesdienst als auf im Fall der späteren Zusendung bei annähernd einhundert Prozent.

Mehrheitlich wurde von der Möglichkeit der schriftlichen Beantwortung Gebrauch gemacht, aber auch von der Besuchsmöglichkeit und der persönlichen Beantwortung im Unterricht.

Jeweils eine Antwort wurde in der Eingangssequenz des Unterrichts nach der Andacht aufgegriffen. Wenn die Antwort schriftlich vorlag, wurde sie nach der Andacht dem/der Absender/in überreicht und von ihr/ihm vorgelesen. Der/die Absender/in konnte danach Auskunft geben, ob die Frage für sie zufrieden stellend beantwortet ist. War dies nicht der Fall, versuchten wir gemeinsam, eine weiterführende Antwort zu finden.

Auch wenn die Antworten stoßweise zurückkamen und zu Beginn einer Unterrichtsstunde zum Teil drei bis vier Antworten vorlagen, ist es sinnvoll, pro Unterrichtseinheit nur eine Frage und ihre Antwort zu behandeln. Damit erstrecken sich die Antworten über Wochen, aber darin liegt auch der Reiz der Aktion. Die Verbindung der Konfirmanden und Konfirmandinnen mit anderen Gemeindgliedern bleibt damit über Wochen präsent und prägt den Konfirmandenunterricht.

Am eindrücklichsten waren allerdings die persönlich überbrachten Antworten. Die Antwortenden gaben der Konfirmandengruppe Einblick in ihren Glauben. Sie ließen sich von den Konfirmanden und Konfirmandinnen herausfordern und standen ihnen mit ihrem Glauben und ihrem Zweifel, ihren Antworten und ihren eigenen Fragen Rede und Antwort.

Der Zeitpunkt des Besuchs im Konfirmandenunterricht wurde kurzfristig mit dem Pfarrer vereinbart.

Fragen der Konfirmandinnen und Konfirmanden

- Wie sieht Gott aus?
- Woraus besteht Gott?
- Was nützt es einem, sonntags in die Kirche zu gehen?
- Muss man alle Verbotsschilder beachten, z. B. Rasen betreten verboten?
- Warum gibt es Krankheiten?
- Warum ist die Kirche (= Kreuzkirche) nach einem Gegenstand benannt, den man früher für Hinrichtungen verwendet hat?
- Warum ist man so sicher, dass Gott ein Mann ist?
- Warum glauben so viele an Jesus?
- Wieso glauben so viele Menschen an Gott? Ich finde, dass viele Leute sonntags in die Kirche gehen.
- Wie alt ist die Kreuzkirche?
- Haben Tiere eine Seele?
- Woraus besteht Gott?
- Warum tauft man mit Wasser?
- Warum ist der Himmel eigentlich blau?
- Ist Jesus wirklich auferstanden?
- Warum heißt Gott Gott?
- Warum sagt man, dass Jesus Gottes Sohn ist, obwohl er der Sohn von Maria und Josef ist?
- Gibt es ein Ende im Universum?
- Warum ist Gott unsichtbar?
- Warum glauben wir an verschiedene Götter?
- Warum heißen die zwei ersten Menschen »Adam« und »Eva«?
- Warum kann man Wolken nicht anfassen?
- Stimmt es, dass der Himmel irgendwann aufhört?
- Wie entstand Gott?
- Warum trägt der evangelische Pfarrer nicht das Gleiche wie der Pfarrer in der katholischen Kirche?
- Kommen Hunde auch in den Himmel?

Materialien zu diesem Beitrag auf CD-ROM

M 1 **BRIEF – FRAGEN DER KONFIRMANDINNEN UND KONFIRMANDEN**
| Konfirmand/innen fragen – Gottesdienstbesucher/innen antworten

Liebe ....

Sicherlich ist Ihnen noch der Vorstellungsgottesdienst unserer Konfirmanden und Konfirmandinnen in Erinnerung. Die Konfirmanden und Konfirmandinnen hatten dafür alle eine Frage formuliert, die ihnen wichtig ist.

Eine dieser Fragen wurde Ihnen gestellt.

Am Ende des Matthäusevangeliums gibt Jesus seinen Jüngern den Auftrag: »Gehet hin und machet zu Jüngern alle Völker, taufet sie auf den Namen des Vaters und des Sohnes und des Heiligen Geistes und lehret sie halten alles, was ich euch befohlen habe – und siehe, ich bin bei euch alle Tage, bis an der Welt Ende.«
Dieser Auftrag der Lehre und Begleitung gilt allen getauften Christen. Als Gemeinde Jesu Christi stehen wir in der Verantwortung gerade den Kindern und Jugendlichen gegenüber.

Ich möchte Sie bitten, sich mit der Frage auseinanderzusetzen und eine Antwort darauf zu suchen. Das wird einmal leichter und einmal schwieriger sein. Die Konfirmanden und Konfirmandinnen sind jedenfalls gespannt auf Ihre Antwort! Es ist schön für sie zu merken, dass sie mit ihren Fragen ernst genommen werden und wir als Gemeinde um eine Antwort bemüht sind.

Bitte notieren Sie Ihre Antwort auf die beigefügte Karte (oder, wenn der Umfang der Antwort zu groß ist, auf ein extra Blatt) und werfen Sie die Antwort bis zum ______________ im Pfarramt in den Briefkasten.

Vielen Dank für Ihr Engagement und die Mitarbeit in der Konfirmandenarbeit!

Herzliche Grüße

Jens Keil und Thomas Ebinger

Gemeindepraktikum im Überblick

Ablauf und Durchführung

Das Praxisfeld »Gemeindepraktikum« (GP) ist in den vergangenen Jahren in zahlreichen Gemeinden zu einer selbstverständlichen Einrichtung der Konfirmandenarbeit geworden. Auch die neue Rahmenordnung unterstützt das GP als eine Möglichkeit, damit die Gemeinde für die Konfirmandinnen und Konfirmanden als Lernort »konkret erfahrbar« wird.

Die Durchführbarkeit eines GP hängt entscheidend von der jeweiligen Gemeindesituation ab. Folgende Personen, kirchliche Einrichtungen und Gemeindegruppen können in den meisten Gemeinden in ein GP eingebunden werden: Bezirksjugendwerk, Diakon, Gemeindeschwester, Gesprächskreise, Hauskreise, Jungscharen, Katholische Kirchengemeinde, Kindergarten, Kinderkirche, Kirchengemeinderat, Kirchenpflege/Pfarrbüro, Mesner, Seelsorgegruppen. Bevor mit der Durchführung begonnen werden kann, müssen auf jeden Fall alle beteiligten Personen motiviert und in geeigneter Weise in den Gesamtverlauf des GP eingebunden werden.

Wichtig ist, dass sich ein GP konzeptionell nicht allein auf die Erkundungsphase vor Ort beschränkt. Erst eine intensive Erarbeitungsphase mit anschließender Präsentation lässt ein Praktikum für die Jugendlichen gewinnbringend werden. Werden Erarbeitungs- und Vertiefungsphase vernachlässigt, droht das Praktikum zu einer Veranstaltung zu werden, die zwar Spaß macht, deren Lerneffekt jedoch gering ist. Im Folgenden wird checklistenartig der mögliche Ablauf eines GP skizziert und die notwendigen Arbeitsschritte zusammengestellt. Dabei sind die Erläuterungen und Zieldefinitionen zu den einzelnen Arbeitsschritten bewusst allgemein formuliert, weil die Konzeption eines jeden GP der Situation vor Ort angepasst werden muss.

Zentral bei der Planung eines GP ist der Zeitfaktor. Werden alle im Folgenden dargestellten Arbeitsschritte umgesetzt, muss mit mindestens 8 Arbeitseinheiten gerechnet werden (d.h. ca. 6–8 Wochen im Konfirmandenjahr). Die mit einem * bezeichneten Teile sollten u. E. auf jeden Fall vorkommen. Lässt man die nicht bezeichneten Teile weg, sind ca. vier Arbeitseinheiten einzuplanen. Allen Formen eines GP sollten jedoch die drei nachstehend beschriebenen Arbeitsphasen »Vorbereitung«, »Erarbeitung« und »Auswertung« zu Grunde liegen.

Für die Einstiegsphase kann es hilfreich sein, Präsentationsergebnisse eines früheren Jahrgangs zu zeigen, etwa einen Gemeindebrief, in dem die Berichte veröffentlicht wurden.

Sinnvoll ist es, eine auf die eigene Gemeinde angepasste Anleitung zum Gemeindepraktikum mit allen Telefonnummern und Terminen schriftlich sowohl an die Konfirmand/innen als auch an die Ansprechpartner in den Praktikumsfeldern herauszugeben, das spart viele Nachfragen und schafft für alle Beteiligten Klarheit. Auf der CD findet sich eine Word-Datei mit der Anleitung **M 1** und eine Beispielliste für Praktikumsfelder, die sich auf Ihre örtlichen Verhältnisse anpassen lässt (**M 2**).

Der Text auf S. 8 und das Bild auf S. 8/9 des Begleitbuches zeigen, dass viele Menschen und Gruppen das Ganze einer Kirchengemeinde bilden.

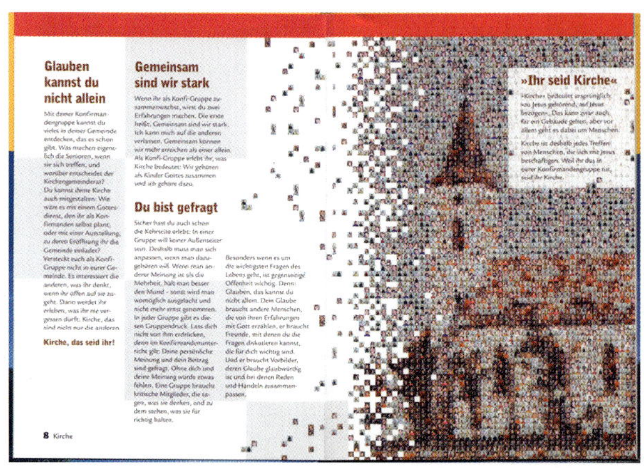

Materialien zu diesem Beitrag auf CD-ROM

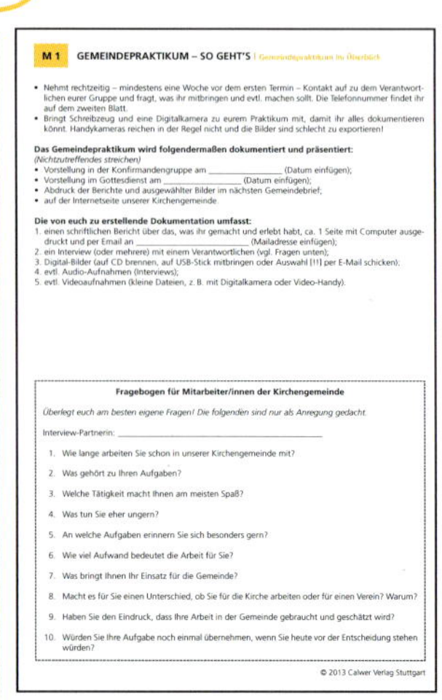

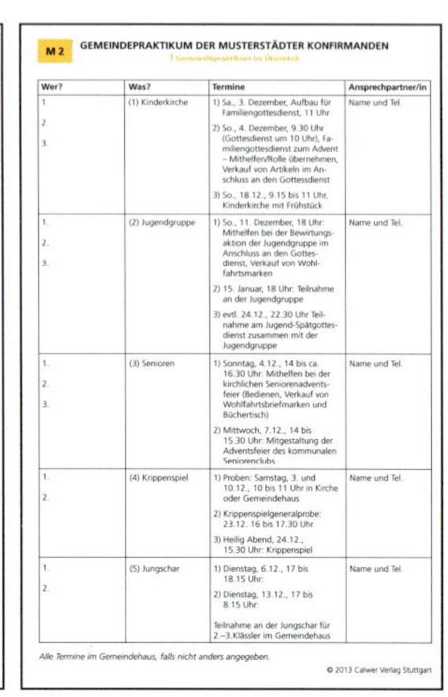

1. Entscheidungsphase

Verlauf	*Klärungen*
Der Pfarrer/die Pfarrerin bzw. das Vorbreitungsteam entscheiden sich für das Praxisfeld und die Arbeitsform des GP.	Bei der Entscheidungsfindung sind folgende Fragen zu bedenken: ▶ Verortung im Jahresverlauf und Klärung, wie viel Zeit für das GP aufgewandt werden soll bzw. kann. ▶ Klärung des eigenen Zeitbudgets (i.d.R. mehr Arbeitsaufwand für die Beteiligten). ▶ Präzise Zielformulierung: Welcher Leitgedanke soll das GP begleiten?

2. Vorbereitungsphase ✶

Verlauf	*Klärungen*
In der Vorbereitungsphase sind alle Arbeitsschritte zu durchdenken und vorzubereiten. Dabei sollen Alternativen bedacht werden, um im Zuge des Perspektivenwechsels den Jugendlichen möglichst große Eigenbeteiligung zu ermöglichen.	Folgende Vorbereitungen sind zu treffen: ▶ Welche Praxisfelder bzw. Gruppen und Personen sollen Teil des GP sein? ▶ Kontaktaufnahme vor Ort und Abklärung der Rahmenbedingungen sowie des Erwartungshorizontes im Blick auf die Kontaktpersonen und Konfirmandinnen und Konfirmanden (sollen sie mitarbeiten oder nur zuschauen?). ▶ Für jedes Praxisfeld ist Material zusammenzustellen, damit sich die Konfirmandinnen und Konfirmanden einarbeiten können (vgl. Erarbeitungsphase).

3. Erarbeitungsphase

Phase	*Verlauf*	*Methoden*	*Beispiele*
Einstiegsphase ✶	▶ **Einstieg**: Die Konfirmandinnen und Konfirmanden bekommen einen ersten Einblick in das Gesamtthema. ▶ **Wahl**: Die Stationen werden vorgestellt (z. B. durch Kontaktpersonen). Die Jugendlichen wählen sich ihre Station. ▶ Klärung der **Präsentationsform** am Schluss des Praktikums.	Impuls durch den Unterrichtenden Eigene Meinungen, Fragen und Vorerfahrungen bewusst machen und formulieren Strukturiertes Festhalten von Reaktionen der Jugendlichen	▶ Positionsspiele ▶ Schreibdiskussion zu einer provozierenden These zur Kirchengemeinde ▶ Spaziergang durch die Kirchengemeinde ▶ Kirchengemeinde-Quiz. ▶ Jugendliche interviewen Menschen auf der Straße, was sie von der Gemeinde wissen, und werten die Antworten aus.
Vorbereitungsphase ✶	Die Konfirmandinnen und Konfirmanden arbeiten sich in ihr jeweiliges Praxisfeld ein. Ziel der Einarbeitung ist, sich der eigenen Vorerfahrungen bewusst zu werden sowie Fragen für das Interview der Kontaktperson zu erarbeiten. Die Einarbeitung eines Vorwissens lässt die Praxisphase gewinnbringend werden, weil so zum einen gezielter vorgegangen wird und zum andern die spätere Erfahrung besser eingeordnet werden kann.	Textarbeit in Kleingruppen Erstellung eines Fragenkatalogs	▶ Textstudium: 1. Korinther 12 ▶ Infobroschüren der Praxisfelder ▶ Gemeindebrief ▶ Das »Leitbild« eines Evangelischen Kindergartens bietet eine gute Grundlage, um Fragen an die Erzieherinnen zu erarbeiten.

3. Erarbeitungsphase

Phase	*Verlauf*	*Methoden*	*Beispiele*
Erkundungs-phase ✶	Die Jugendlichen machen eigene Erfahrungen in einem Praxisfeld der Kirchgengemeinde. Dabei lernen sie Menschen kennen, die versuchen, in der Welt ihren Glauben in aller Unvollkommenheit zu leben. Sie machen selbst Erfahrungen, was es heißt, Glauben zu leben.	Die Arbeit vor Ort kann aus zwei Teilen bestehen: 1. Interview der Kontaktperson (auch mit Foto- und Videoaufnahmen), 2. Mitarbeit im Praxisfeld.	Praktikum in der Jugendarbeit, im Mesnerdienst, in der Diakoniestation, im Altenpflegeheim, je nach Möglichkeit. Der Pfarrer bzw. das Vorbereitungsteam sind dabei ständige Ansprechpartner.

4. Auswertungsphase

a) Sammlung der Arbeits-ergebnisse	In der Auswertungsphase sollen die Jugendlichen ihre Erfahrungen reflektieren und in einen Gesamtzusammenhang bringen. Ein Überblick über die Erfahrungen der Arbeitsgruppen soll gewonnen werden.	Gegenseitige Präsentation der Ergebnisse durch die Jugendlichen. Entscheidung, ob die jeweilige Arbeitsgruppe nachrecherchieren muss. Evtl. Beschluss, welches der Praxisfelder vertieft werden soll.	Im Stile einer »Redaktionssitzung« berichten die Jugendlichen aus ihrer Perspektive. Der Pfarrer/die Pfarrerin hat als »Chefredakteur/-redakteurin« die Möglichkeit einer gewissen Steuerung.
b) Vertiefung der Arbeits-ergebnisse	Das eigene Handeln sowie das der Kirchengemeinde soll reflektiert und in das kirchliche Gesamtgeschehen eingeordnet werden. Der biblische Bezug des jeweiligen Praxisfeldes soll erkannt werden.	Formen und Methoden des Schulunterrichts. Besuche im Praxisfeld und Gespräche mit beteiligten Personen.	▶ Rollenspiele (z. B. Kirchengemeinderat oder aus einem diakonischen Arbeitszweig) ▶ Besuch einer Station mit der Gesamtgruppe ▶ Bibelarbeit ▶ Die Kontaktperson wird eingeladen ▶ Erarbeitung von Hintergrundwissen
c) Präsentation und deren Vorbereitung ✶	Die Jugendlichen bringen ihre Sichtweise der Kirchengemeinde gestalterisch auf den Punkt. Sie lernen, Öffentlichkeit herzustellen sowie ihre Meinung und sich selbst in der Öffentlichkeit zu präsentieren. Gleichzeitig erfolgt eine erneute Durchdringung des Erarbeiteten.	Öffentliche Präsentation der Arbeitsergebnisse. Gemeinsames Auftreten der Konfirmandinnen und Konfirmanden bei der Projektvorstellung.	Formen der Präsentation: ▶ Gottesdienst ▶ Plakatausstellung im Gemeindehaus oder der örtlichen Sparkasse ▶ (Sonder-)Ausgabe eines Gemeindebriefs ▶ Homepage ▶ Erstellung eines Gemeindevideos

Die Konfirmand/innen und das Glaubensbekenntnis

Wer Konfirmand/innen fragt, was sie noch von den Inhalten der Konfirmandenzeit behalten haben, wird neben dem Vaterunser sicher häufig »das Glaubensbekenntnis« zur Antwort erhalten. Gemeinsam mit dem Gebet des Herrn gehört es für die Jugendlichen zu den vertrautesten Stücken des evangelischen Sonntagsgottesdienstes. Das persönliche Bekennen, zur eigenen Überzeugung stehen, hat in der evangelischen Kirche schon immer einen hohen Stellenwert besessen. Für Konfirmand/innen ist die Frage »Wozu stehst du?« auf das Engste mit der Frage nach ihrer Identität verbunden. Sie müssen sich in der gegenwärtigen Kultur selbst entwerfen und inszenieren. Dabei kann das morgendliche Anziehen schon zum Bekenntnisakt geraten. Wie viel Individualität und wie viel »Mainstream« präsentiere ich öffentlich, in der Schule, in der Clique, im Verein, und was darf nur in meiner Phantasie und in meinen Träumen leben? Wo möchte ich Zugehörigkeit zu anderen ausdrücken und wo Distanz? Hinter einem, im ersten Moment banalen Satz wie: »Der oder die ist doof!« steckt immer auch »So möchte ich nicht sein!« und »So möchte ich auch nicht wahrgenommen werden!«

In der Feier der Konfirmation bekommen Jugendliche und das Bekenntnis der Kirche einen gemeinsamen Sitz im Leben. In der neuen Agende der VELKD und der EKU ist zwar vorsichtig vom »Einstimmen der Jugendlichen in das Bekenntnis der Kirche« die Rede und davon, dass die »Jugendlichen das Bekenntnis, das Eltern und Paten bei der Taufe gesprochen haben, aufnehmen«; dennoch ist der Rahmen der gottesdienstlichen Feier das »Vornestehen und vor der Gemeinde Sprechen« durchaus ein Bekenntnisakt. Nirgendwo sonst werden sie mehr öffentlich nach ihrem Glauben befragt werden.

Dies geschieht als öffentliches Bekenntnis, gemeinsam in der Gruppe mit den anderen Konfirmandinnen und Konfirmanden. Dabei steht das eigene Bekennen immer im Zusammenhang mit dem Bekenntnis der Gemeinde an den christlichen Glauben, wie es im Credo gesprochen wird. Die VELKD-Agende hat für das Bekenntnis der Konfirmand/innen drei unterschiedliche Formen vorgesehen, wie dies geschehen kann (VELKD 2001, S. 158):

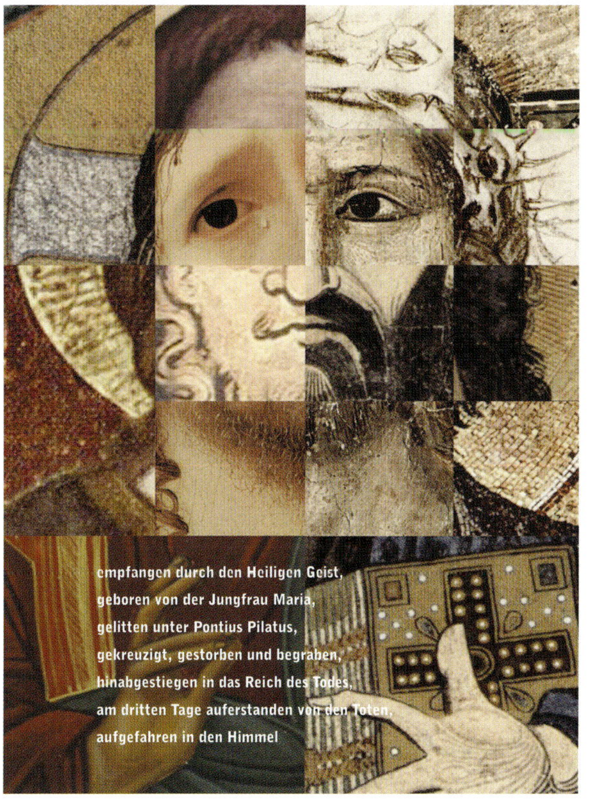

- Als Frage an die Konfirmand/innen: Ihr habt mit uns den Glauben bekannt und nun frage ich euch: Wollt ihr in diesem Glauben bleiben und wachsen?
- Als Erklärung: Wir haben gemeinsam das Glaubensbekenntnis gesprochen und damit ja zu unserer Taufe gesagt. (Danach folgen eigene Formulierungen der Konfirmand/innen, die im Unterricht erarbeitet wurden)
- Als Zuspruch: Ihr habt den Glauben der Kirche bekannt und damit ja zu eurer Taufe gesagt. Der gnädige Gott helfe euch, dabei zu bleiben. Er stärke euren Glauben.

Vermutlich steht das Bekenntnis aber nicht im Zentrum der Jugendlichen bei der Konfirmation. Diese Sätze zu sprechen »kostet« nichts. Das Bewusstsein zu schärfen, dass sie dennoch nicht beliebig sind, sondern Bedeutung haben oder im Laufe des Lebens erlangen können, ist die Aufgabe der Konfirmandenarbeit.

Theologische Hinführung

Sowohl Entstehung als auch Legitimation der lutherischen sowie der anderen protestantischen Kirchen ist auf das Engste mit dem persönlichen Bekenntnisakt Martin Luthers vor dem Reichstag zu Worms verbunden. Sein »Hier stehe ich, ich kann nicht anders!« – historisch belegbar oder nicht – avancierte nicht nur zum allgegenwärtigen geflügelten Wort, wenn es darum ging, dem Widerstand eines Einzelnen gegenüber staatlicher Macht Nachdruck und Legitimität zu verleihen, es ist auch ein Schlüsselwort evangelischer Identität: »Es gilt ein frei Geständnis in dieser unsrer Zeit, ein offenes Bekenntnis bei allem Widerstreit« (EG 136,4). Wird ein Christ irgendwo auf der Welt gefragt »Sag mir, woran glaubst du?« können er und sie guten Gewissens mit dem Apostolischen Glaubensbekenntnis antworten. Es gibt auf elementare Fragen – Wer ist Gott? Was hat es mit Jesus auf sich? Was folgt aus dem Glauben? – ebenso elementare Antworten und verbindet so Christen unterschiedlicher Konfessionen. Schon in der Formulierung »Ich bekenne mich zu …« wird deutlich, dass Bekennen ein selbstreflexiver Akt ist. Ein Bekennerschreiben identifiziert den Täter mit seiner Tat, ein Bekenntnis den, der es ausspricht, mit einer Haltung. Deshalb hat Bekennen es immer mit Authentizität zu tun.

Das Glaubensbekenntnis ist eine Antwort auf das zuvor geschehene Bekenntnis Gottes zu den Menschen: Antwort der Kirche durch die Jahrhunderte hindurch, aber auch persönliche Antwort jedes Glaubenden, der sich im Bekenntnis Gottes zu ihm vorfindet. Es ist das Anerkennen dessen, was einen ausmacht und bewegt.

Bei jedem Bekenntnis müssen zwei Momente unterschieden werden: Der Bekenntnisakt und die Bekenntnisformel, die fides qua creditur und die fides quae creditur. Den Bekenntnisakt, der mit dem »Herzen« vollzogen wird, kann es auch ohne die mit dem Mund zu sprechende Bekenntnisformel geben, aber nicht umgekehrt. Damit das Bekenntnis auch ausgesprochen wird, braucht es eine Bekenntnissituation, in der eine Auskunft über das, was geglaubt wird, erbeten oder erzwungen wird.

Noch komplizierter wird das Bekennen, wenn der Einzelne, ohne sich zu verleugnen, in ein vorformuliertes Bekenntnis einstimmt, wie es im Konfirmandenunterricht in der Regel geschieht. Um sich darüber klar zu werden, was dadurch erreicht werden soll und was nicht, hilft es, sich die sechsfache Funktion von Bekenntnissen klarzumachen:

- *Funktion der Selbstdefinition:* Der Einzelne erklärt sein Selbstverständnis in Übereinstimmung mit der Selbstdefinition einer Gruppe.
- *Gemeinschaftsfunktion:* Eine Gruppe definiert sich als zusammengehörige Gemeinschaft.
- *Abgrenzungsfunktion:* Dadurch grenzt sie sich von anderen Gruppen ab, die sich anders definieren.
- *Kerygmatische Funktion:* Andere werden zur Einstimmung in die eigene Selbstdefinition eingeladen.
- *Doxologische Funktion:* Im Gottesdienst wird das Bekenntnis zum Lob auf den, der die gemeinsame Identität begründet.
- *Katechetische Funktion:* Die gefundene Selbstdefinition dient als Leitfaden für die Heranführung nachwachsender Gruppenmitglieder an das Selbstverständnis der Gruppe.

Für die Jugendlichen stellt sich damit eine doppelte Aufgabe:

(1) Sie müssen für sich erkunden, was sie glauben und zu was sie sich bekennen können/wollen.
(2) Sie müssen erkunden und für sich klären, inwieweit sie in das gemeinsame Bekenntnis einstimen können/wollen.

Das ist weit mehr als ein intellektueller Akt, das ist eben auch die Frage nach Zugehörigkeit, Gemeinschaft und Loyalität und damit die Frage nach dem, was einen ausmacht und wozu er sich hält. Durch diese Dimension der Zugehörigkeit bzw. Loyalität kommt nun auch noch die Gruppe in den Blick: die Konfi-Gruppe und die Peergroup der Jugendlichen. So wird das Bekenntnis ausgespannt sein in dem Dreieck zwischen persönlichen Überzeugungen, Meinungen/Haltungen der Gruppe und dem Bekenntnis der Kirche. Zuweilen kann das für Jugendliche ein schwieriger Akt des Ausbalancierens sein.

Dabei steht das Apostolische Glaubensbekenntnis einer Reihe von individuellen Bekenntnissen, aber natürlich auch den Bekenntnissen anderer Glaubensgemeinschaften und Weltanschauungen gegenüber. Für die Jugendlichen gilt es, sich in dieser Pluralität selbst zu positionieren. Damit stellt sich die »Wahrheitsfrage« und die Frage nach dem Umgang mit unterschiedlichen Wahrheitsansprüchen. Für die Jugendlichen geht es dabei auch darum, sich im Umgang mit Pluralität und Unterschiedlichkeit einzuüben: den eigenen Standpunkt zu vertreten und zugleich im Dialog mit anderen Positionen zu bleiben.

Dazu stehe ich!, ↗ S. 113, ◉ S. 287
Dein Glaube – unverwechselbar und wertvoll, ↗ S. 120, ◉ S. 303

Bernd Wildermuth unter Mitarbeit von Martin Hinderer

Dazu stehe ich!

Einleitung

Lebensbekenntnisse werden – heute mehr denn je – körperlich inszeniert und weniger durch Worte kundgetan. Man fällt aus dem jugendlichen Mainstream nicht durch eine bestimmte Meinung, sondern durch den falschen Habitus, das falsche Outfit. Kleidung, Haltung, Bewegung, Gestik etc. bilden ein Inszenierungskonglomerat. Sie entscheiden darüber, wer zu wem gehört. Ein ausformuliertes Bekenntnis zu Gott in seiner tradierten Form des gemeinsamen Sprechens eines generalisierten und gleichzeitig hoch differenzierten und der Auslegung bedürftigen Textes, hat in dieser Lebenswelt keinen direkten Anknüpfungspunkt mehr.

Baustein 1 greift diese Wahrnehmungsperspektive der Jugendlichen auf und führt über diese Perspektive hinausgehend in die Lebensauslegung mittels Worten, und zwar von Gott zugesprochener Worte, ein. Was hier im ersten Moment nach einem kulturellen Verlust aussieht, entpuppt sich auf den zweiten Blick als eine ungeheure Chance, denn gerade durch die Fremdheit des gesamten »Genres«, kann das Glaubensbekenntnis ganz neu wahrgenommen, ja entdeckt werden. Es wird interessant, weil es im Blick auf das eigene Leben fremd und kontrastierend wirkt.

Neue, nicht tradierte Formen der Aneignung, wie etwa in Baustein 2, ermöglichen persönliche Zugänge. Gleichzeitig wird durch die vielfältigen Formen des gegenseitigen Wahrnehmens erfahren: Bei einem Bekenntnis geht es nicht nur um mich, um meinen Standpunkt. Es geht genauso um Gemeinschaft und Gemeinsamkeit und die elementare Erfahrung, dass ich mit meinem Leben und meinem Glauben in der Gemeinde im doppelten Sinne aufgehoben bin.

Aus diesen Überlegungen heraus wird auch der Bekenntnischarakter der Konfirmation ernst genommen und aufgewertet. Persönlicher Glaube und traditionelle Formen des Bekennens werden hier wieder auf neue Weise zusammengeführt.

Die Protokoll- bzw. Tagebuchnotizen am Ende der Bausteine 2 und 3 zeigen gleichzeitig an: Es geht um Momentaufnahmen auf einem Weg, nicht um Fotos, die etwas für alle Zukunft fixieren wollen.

Die folgenden Bausteine sind für drei Nachmittage konzipiert. Baustein 1 und 2 können für einen Konfirmandenhalbtag am Freitagnachmittag oder Samstagvormittag zusammengefasst werden und Baustein 3 kann auch aus der Einheit herausgenommen und unmittelbar zur Konfirmationsvorbereitung genutzt werden.

Baustein 1:
Die Konfirmand/innen ...

- ▶ stehen zu ihren Stärken und Schwächen und setzen sich mit Rollenbildern auseinander.

Baustein 2:
Die Konfirmand/innen ...

- ▶ setzen sich mit verschiedenen Glaubensbekenntnissen auseinander und gestalten Glaubensskulpturen.

Baustein 3:
Die Konfirmand/innen ...

- ▶ erkennen die Bekenntnissituation der Konfirmation und formulieren ein eigenes Bekenntnis.

Baustein 1 (ca. 90 Min.)

Ziele

Die Konfirmand/innen …

- stehen zu ihren Stärken und Schwächen,
- werden in ihrem Selbstwertgefühl gestärkt,
- setzen sich mit Rollenbildern und dem Verhältnis von Outfit und Persönlichkeit auseinander.

Material

- **M 1–5**; Glaubensbekenntnis in DIN A3 für jede Kleingruppe; verschiedenfarbige DIN-A6-Blätter, Kamera.

»Ich bin wie ich bin – und das ist gut so!« Eine Fotoaktion

Die Konfirmand/innen sitzen im Stuhlkreis. In der Mitte liegt eine DIN-A3-Kopie (besser noch größer!) des Mädchen-Fotos (**M 1**) oder vier bis fünf DIN-A4-Kopien, die so ausgelegt werden, dass jede/r ein Bild anschauen kann. Eddingstifte und Papierstreifen (DIN A4 längs geteilt) liegen bereit.

Impuls zur Bildbetrachtung: *»Schaut euch einmal das Foto des Mädchens genauer an! Was vermutet ihr, dass sie denkt, was geht ihr durch den Kopf? Wie fühlt sie sich? Wie ist sie drauf? Was denkt sie über sich selbst? Was vermutet ihr?«*

Die Antworten der Konfirmand/innen werden auf weiße Papierstreifen geschrieben und in die Mitte um das Bild gelegt. (Erwartete Antworten: stark; locker; fröhlich; ich habe Power; … Kraft; … Energie; ich steh zu mir)

»Das ist ja eine starke Geste (vormachen), die in Worte gefasst ›Dazu stehe ich!‹ (betonen!) lauten könnte. Wozu steht sie denn eurer Meinung nach?« Die Antworten der Konfirmand/innen werden auf farbige Papierstreifen geschrieben und in die Mitte um das Bild gelegt.

Erwartete Antworten: zu sich selbst; zu ihrer Art; zu ihrem Aussehen; ihren Tattoos; ihrem Piercing.

Der/die Unterrichtende legt über die Bilder des Mädchens gleich große weiße Blätter auf denen in großer Schrift »ICH« zu lesen ist. Falls vorhanden, können Fotos der Konfirmandengruppe dazugelegt werden.

Impuls: *»Angenommen, ihr solltet euch unter der Überschrift ›Dazu stehe ich!‹ vorstellen. Mit welcher Körperhaltung, mit welchem Gesichtsausdruck und mit welcher Gestik würdet ihr das tun?«*

An einer geeigneten Stelle im Unterrichtsraum werden die Worte »Dazu stehe ich!« in etwa 2 m Höhe an der Wand angebracht. Wer die Fotos in Studiomanier gestalten will, kann unter dem Schriftzug als Hintergrund ein großes, einfarbiges Tuch spannen.

Arbeitaufgabe: *»Hier ist unser in aller Schnelle aufgebautes Fotostudio. Jede und jeder wird fotografiert. Überlegt noch einmal, wie ihr euch zeigen wollt. Aber bevor es losgeht noch eine kleine ›Trockenübung‹!«*

Als Vorbereitung zur Fotoaktion werden die Haltungen und Gesten der Jugendlichen der Gruppe vorgeführt und von dieser gespiegelt. Dazu steht die Gruppe im Kreis, so dass alle einander gut sehen können. Die Vorstellungen können nach dem Schema »Ich heiße (Vorname), und dazu stehe ich (Haltung und Gestik wird vorgeführt!)«, erfolgen. Die Gesamtgruppe spiegelt gemeinsam Wortlaut und Verhalten wieder. Die Übung lässt sich auch in Paarform durchführen. Sie ist dann deutlich kürzer. Wichtig: Manche Gruppen kommen nur in Gang, wenn die Leitung die Übung vormacht!

Die Konfirmand/innen werden nacheinander fotografiert, am besten mit einer Digitalkamera. Die Fotos kommen in Baustein 3 wieder zum Einsatz!

Dazu stehe ich – Stationen in meinem Leben

Impuls: *»›Ja, dazu stehe ich!‹ Dieses ›zu sich stehen‹ geschieht ja in den seltensten Fällen von heute auf morgen. Meist hat es eine längere, oft sogar eine lange und auch wechselvolle Geschichte. Das sieht in jedem Lebensabschnitt anders aus: im Kindergarten, in der Grundschule oder eben jetzt die letzten Jahre. Manches liegt auch im Erinnerungsdunkel der ersten Lebensjahre. Sie kennen wir nur aus den Erzählungen der anderen. Geh in Gedanken einmal dein Leben durch. An welche Ereignisse und Erlebnisse mit anderen kannst du dich noch gut erinnern? Die Erzählungen anderer über eure ersten Lebensjahre bezieht ruhig mit ein.*

*Um ein wenig Ordnung in eure Erinnerung hineinzubringen, bekommt ihr ein vorbereitetes DIN-A4-Blatt (**M 2**).*

- *Überlegt zuerst: Gibt es ein, zwei oder auch drei Ereignisse, Erlebnisse – die müssen gar nicht spektakulär sein –, an die ihr euch erinnert und von denen ihr sagt: die haben mich geprägt oder die sind typisch für mich?*
- *Die zweite Aufgabe ist etwas schwieriger: Versucht euch einmal zu erinnern, welche Fragen euch wann beschäftigt haben, z.B. im Kindergarten ›Warum spielt die Luise nicht mit mir?‹*

- *Und drittens: Wenn ihr euch erinnert an die Zeiten im Kindergarten, in der Grundschule, mit welchen Gefühlen ist diese Zeit verbunden: ›Gut, dass sie vorbei sind, denn ich hatte immer so Angst vor …‹ oder ›Schade, das war eine schöne Zeit, weil …‹?*
- *Zum Schluss: Siehst du so etwas wie einen roten Faden in deiner Geschichte, etwas, das immer wieder mal auftaucht?*

*Tragt eure Erinnerungen in **M 2** ein. Macht – zur besseren Übersicht – um eure ›konkreten Erinnerungen‹ Rechtecke, um eure ›Fragen‹ Kreise oder Ellipsen und um eure ›Gefühle‹ Wolken. Ihr habt jetzt 15 Minuten dafür Zeit.«*

Nach 15 Minuten kommen die Konfirmand/innen wieder im Stuhlkreis zusammen: »Wer möchte, kann jetzt seine Erinnerungen einmal vorstellen!« Es empfiehlt sich, die Aussagen der Konfirmand/innen so stehen zu lassen und wenn, nur ganz behutsam nachzufragen.

Impuls: *»Erinnerungen, Fragen, Gefühle. Es fällt uns nicht immer leicht, das alles in Worte zu fassen oder in einem Gebet vor Gott auszusprechen. Eine Hilfestellung dazu sind die Psalmen. Hier haben Menschen vor einigen tausend Jahren ihre Ängste und Sorgen, ihre Liebe, ihren Dank und ihre Hoffnungen ausgesprochen. Ich lege sie jetzt aus. (**M 3** in DIN-A4-Format) Schaut sie euch an und wählt zwei oder drei aus, von denen ihr sagt: ›Ja, so lassen sich meine Erinnerungen, Fragen und Gefühle in Worte fassen!‹ Schreibt sie auf euer Erinnerungsblatt.«*

Anschließend wird das Erinnerungsblatt eingeheftet oder in das Konfirmandentagebuch geklebt.

Zur Einheit und Differenzierung von Rolle und Person oder: Kleider machen Leute

Arbeitsanweisung: *»Vom Äußeren schließen wir oft auf das Innere einer Person. Manche Menschen gestalten ihr Äußeres so, weil sie es wollen, andere, weil es ihr Beruf erfordert oder es von ihrem Glauben her klare Kleidervorschriften dafür gibt. Schaut euch die Bilder (**M 4**) auf dem Blatt in aller Ruhe an. (Die Fotos können auch auf Folie kopiert auf eine Leinwand projiziert werden!) Stellt euch bei jeder Person auf dem Foto in Gedanken Passanten, gerade anwesende oder vorübergehende Menschen vor:*

- *Was sehen sie in den abgebildeten Personen?*
- *Welche Eigenschaften oder gar Eigenheiten werden sie ihnen zumindest in Gedanken zuschreiben?«*

Während die Konfirmand/innen nachdenken und ihre Überlegungen zu Papier bringen, werden fünf Flipchartblätter im Raum aufgehängt oder, wo das nicht möglich ist, in die Mitte des Stuhlkreises gelegt. Auf ihnen sollen die Vermutungen der Konfirmand/innen gesammelt werden.

Arbeitsanweisung: *»Hier hängen die Flipchartblätter zusammen mit den Fotos. Schreibt bitte die Gedanken, die bei euch Passanten oder andere anwesende Personen über die umrandete Person auf dem Foto haben, auf das Flipchartblatt.«*

Anschließend versammelt sich die Gruppe vor jedem (bzw. exemplarisch vor zwei oder drei Blättern) Blatt bzw. setzt sich im Halbkreis um das Blatt herum.

Arbeitsanweisung: *»Lest die Eigenschaften, Eigenheiten, die andere den Personen zusprechen. Welche, denkt ihr, würde die Person gerne übernehmen (sie werden mit Edding grün unterstrichen) und welche würde sie wohl gerne zurückweisen (sie werden rot unterstrichen)?«*

Impuls: *»Von den Eigenschaften, die jetzt rot unterstrichen sind, gibt es da welche, von denen ihr sagt: ›Ja, das würde die Person zwar gerne zurückweisen, aber das gehört einfach dazu, wenn man (Soldat, Punkerin, Tätowierter, …) ist.‹«?*

Geschichte zweier Jugendlicher / Erkennbare Christen

Impuls: *»Das waren jetzt Erwachsene, wie sie uns mehr oder weniger im Alltag begegnen, die zu bestimmten Dingen stehen müssen, weil sie eben Soldat, Punker etc. sind. Bei Maya und Dieter sieht das etwas anders aus. Lest einmal deren kleine Geschichte und versucht, die darunter stehenden Fragen zu beantworten. Ihr habt 10 Minuten Zeit.«*

Den Konfirmand/innen wird **M 5** ausgeteilt. Im darauf folgenden Unterrichtsgespräch werden mögliche Beweggründe für Mayas und Dieters Verhalten benannt und die Unterschiede zwischen beiden herausgearbeitet.

Weiterführender Impuls: *»Ihr seht einen Mann auf dem Blatt, wie man ihn selten zu Gesicht bekommt. Er ist Mitglied bei der Heilsarmee geworden, weil er seinen Glauben entschieden leben will. Er trägt deshalb auch eine Uniform. Siehst du Ähnlichkeiten zu Dieter und Maya oder ist das etwas ganz anderes?«*

Weitere mögliche Gesprächsimpulse:

- *»In der katholischen und der evangelischen Kirche gibt es Mönche, Nonnen, Schwestern, die in Klöstern leben. Sie heiraten nicht, um ihr Leben ganz Gott zu widmen. Auch sie tragen eine besondere, oft sehr einfache Kleidung!*
- *Soll die innere Haltung eines Menschen an seiner Kleidung erkennbar sein? Was spricht dafür und was eventuell auch dagegen?«*

Baustein 2 (ca. 80 Min.)

Ziele

Die Konfirmand/innen …

- setzen ihre Persönlichkeit mit dem Glaubensbekenntnis in Beziehung,
- setzen sich exemplarisch mit einem persönlichen Glaubensbekenntnis auseinander,
- nehmen die Vielschichtigkeit und Interpretationsfähigkeit persönlicher Bekenntnisse wahr,
- gestalten Glaubensskulpturen.

Material

- **M 6–7**; Flipchartblätter; CD »Immer« von Beatbetrieb – Label Polydor (Universal), Erscheinungsdatum 17.03.2003, Musikbase ID 2948; Materialien zur Kreativarbeit wie Spielzeug, getrocknetes Naturmaterial, alte Haushaltsgegenstände etc., Kamera.

Woran glaubst du?

Anhören des Liedes »Woran glaubst du?« von Beatbetrieb.

Impuls: *»Ein Lied, das einen nachdenklich werden lässt und viele Fragen aufwirft. Jede und jeder von uns verhält sich anders zu diesen Fragen ›Was glaubst du?‹ und ›Was bleibt?‹. Manche ignorieren sie einfach irgendwie, andere suchen, zweifeln aber immer wieder an ihren Antworten. Wie sieht eure Antwort aus? Auf den Tischen stehen verschiedene Kisten mit den unterschiedlichsten Materialien: Spielzeug, getrocknetes Naturmaterial, alte Haushaltsgegenstände. Dinge, die man auf dem Flohmarkt finden kann. Vielleicht helfen sie euren Antworten, euren Gedanken und Ideen Gestalt zu geben. Vielleicht inspirieren sie euch jetzt, wo die Frage gestellt ist, zu ganz neuen Überlegungen. In jeder Ecke liegt ein weißes Flipchartblatt. Das ist die Baufläche. Daneben liegt noch ein weißes DIN-A4-Blatt. Darauf schreibt ihr bitte die Überschrift, die über eurer Glaubensskulptur stehen soll. Ihr könnt diese Glaubensskulptur gemeinsam bauen, ihr könnt aber auch die Flipchartfläche aufteilen und jeder baut seine eigene kleine Glaubensskulptur bzw. hat seinen eigenen Gegenstand.«* Die Aufgabe ist einfach, wenn jede/r nur einen Gegenstand als Glaubenssymbol heraussucht.

Die Gruppe teilt sich zunächst nach Mädchen und Jungen auf. Mädchen oder Jungen verlassen den gemeinsamen Unterrichtssaal und gehen in »ihren Raum«. Die jeweiligen geschlechtsspezifischen Kleingruppen bleiben aber jeweils in einem Raum zusammen. Keine Kleingruppe sollte mehr als vier Jungen oder Mädchen haben. Je nachdem benötigt man deshalb auch unbedingt noch eine/n weibliche/männlichen Mitarbeiter/in. Nicht nur den Mädchen, auch den Jungen fällt es in einer geschlechtshomogenen Gruppe leichter, zu ihren innersten Überzeugungen zu stehen und der Profilierungsdruck ist deutlich reduziert.

Anschließend erklären in einem Rundgang (Mädchen und Jungen bleiben weiter für sich!) die Kleingruppen sich gegenseitig ihre Glaubenslandschaften/Glaubenssymbole und würdigen sie. Der/die Unterrichtende sollte sie mittels einer Kamera dokumentieren.

Die Gruppen kommen wieder im Stuhlkreis zusammen.

Überleitung: *»Der Schlagzeuger und Komponist von Beatbetrieb ist schon häufig gefragt worden, woran er denn glaube, wenn er schon ein solches Lied komponiert habe? Den Liedtext und seine Antwort (**M 6**), gebe ich euch jetzt zum Lesen.«*

Impulse für das anschließende Gespräch:

- *»Wie sieht seine Antwort auf die Frage ›Woran glaubst du?‹ aus?*
- *Findet ihr etwas wieder von dem, was ihr in euren Glaubensskulpturen gebaut habt?*
- *Wo könnt ihr euch Tobias anschließen?«*

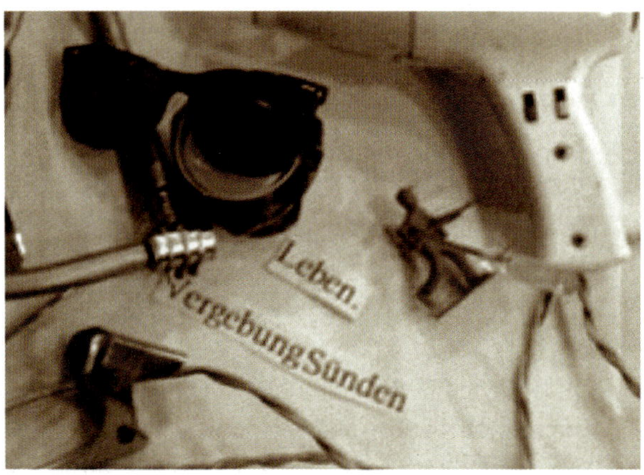

Am Ende des Gesprächs leitet der/die Unterrichtende über: »Das Apostolische Glaubensbekenntnis hat in unserem Gottesdienst einen festen Platz und wird fast ausschließlich gemeinsam gesprochen. Das Glaubensbekenntnis ist das Ergebnis eines langen Diskussionsprozesses in der Kirche der ersten Jahrhunderte, an was Christen glauben. Die Worte und Sätze sind, bevor sie hier aufgeschrieben wurden, buchstäblich auf die Goldwaage gelegt worden.«

Mögliche Ergänzung: Bildbetrachtung des Bildes S. 34, siehe Beitrag »Abendmahl und Glaubensbekenntnis« (↗ S. 34, ◎ S. 34).

Gemeinsames Sprechen des Glaubensbekenntnisses

Arbeitsanweisung: *»Eine interessante Frage ist ja jetzt: Wie ›passt‹ dieses Glaubensbekenntnis, bzw. Teile oder Sätze daraus mit euren Glaubenslandschaften/Glaubenssymbolen zusammen, wie passt es zu den Dingen, zu denen ihr in eurem Leben steht? Geht das überhaupt? Und wenn ja, wie und in welcher Weise?«*

Jede Gruppe erhält ein Glaubensbekenntnis in Großformat. »Welcher Satz, welche Sätze könnt ihr in eure Skulpturen im wahrsten Sinne des Wortes einbauen? Bevor ihr schneidet, überlegt und diskutiert in eurer Gruppe, was ihr einbauen könnt und wollt. In 15 Minuten stellen wir uns gegenseitig die veränderten Landschaften vor.«

Während dieser Phase empfiehlt es sich, dass auf jeden Fall der/die Unterrichtende für die Konfirmand/innen ansprechbar ist, besser noch: mehrere Mitarbeiter/innen!

In einem Rundgang erklären die Konfirmand/innen, noch immer nach Geschlechtern getrennt, sich gegenseitig ihre veränderten Glaubensskulpturen und würdigen sie. Der/die Unterrichtende sollte diese wieder mittels einer Kamera festhalten.

Anschließend bleiben die Glaubensskulpturen liegen wie sie sind. Mädchen und Jungen tauschen die Räume und nehmen die Arbeiten des andern Geschlechts wahr, überlegen, was sie ausdrücken sollen und wie diese Skulpturen auf sie wirken.

Präsentation

Nachdem die Skulpturen mit einer Digitalkamera aufgenommen wurden, kann die Präsentation nach einer kurzen Pause mittels Beamer und Laptop vorgenommen werden.

- Das Bild wird gezeigt.
- Die Meinungen und Vermutungen der anderen Gruppe werden genannt.
- Die Gruppe bzw. die jeweiligen Einzelpersonen erläutern ihre Skulptur.
- Möglichkeit für Rückfragen.

Weitere Präsentationsmöglichkeit: Die Skulpturen werden im Gottesdienst von den Konfirmand/innen vorgestellt. Dazu werden entweder die Skulpturen neu im Kirchenraum aufgebaut oder die Digitalfotos werden wieder mittels Beamer auf eine Leinwand projiziert. Im zweiten Fall können die Glaubensskulpturen im Gemeinderaum im Anschluss an den Gottesdienst von den Gemeindemitgliedern besichtigt werden.

Alternative zum Bau einer Glaubensskulptur

Als Antwort auf das Lied von Beatbetrieb einen Rap mit dem Titel »Daran glauben wir« dichten. Als Rhythmus- und Gestaltungs-Vorgabe könnte der Rap »MfG« von den »Fantastischen Vier« dienen.

Glauben hat Konsequenzen

Die Konfirmand/innen versammeln sich noch einmal im Stuhlkreis: »Ihr habt ganz unterschiedliche Bekenntnisse zu eurem Leben und zu eurem Glauben an Gott vertreten. Die Grundfrage ist: Sage ich ›ja‹ oder ›nein‹? Und: Was für Konsequenzen ergeben sich daraus für mein Leben? Was heißt es, ein Leben mit oder ein Leben ohne Glauben zu führen? Verhält man sich z.B. in bestimmten Lebenssituationen anders? Oder geht man anders mit Menschen um? Versucht einmal in Stichworten solche Konsequenzen und Unterschiede festzuhalten.« (M 7)

Baustein 3 (ca. 90 Min.)

Ziele

Die Konfirmand/innen …

- erkennen in ihrer Konfirmation auch eine Bekenntnissituation,
- nehmen im Rollenspiel andere Haltungen wahr und setzen sich mit ihnen auseinander,
- formulieren ein eigenes Konfirmationsbekenntnis.

Material

- **M 8–9**; Konfirmationskerze (wenn vorhanden) oder Teelichte; Vorbereitete Karten mit der Aufschrift »Wozu sage ich ›ja‹?«; Stifte; Fotos aus Baustein 1.

I. Konfirmationsbegründungen

a) Rollenspiel (20–25 Min.)

Die Konfirmand/innen sitzen im Stuhlkreis.

Impuls und Arbeitsanweisung: *»Stellt euch einmal folgende Situation vor: Die Konfirmation ist vorbei, am nächsten Tag werden Bilder in der Pausenstunde der Klasse 8 in Neuhausen ausgetauscht. 12 der 25 Schülerinnen und Schüler hatten am Vortag Konfirmation in unterschiedlichen Gemeinden. Alle wollen die Bilder sehen, stehen zusammen und kommen ins Gespräch. Bildet kleine Arbeitsgruppen (max. 4 Personen, getrennt nach Jungen und Mädchen), versetzt euch in die Person auf der Rollenkarte (**M 8**), die ihr gleich von mir bekommen werdet, und sucht Argumente für das anschließende Gespräch. Wenn wir nachher hier in der Mitte die Situation nachspielen, übernimmt eine/r aus jeder Gruppe die Rolle, die ihr gemeinsam in der Gruppe anhand der Rollenkarte ausgearbeitet habt. Im Spiel seid ihr natürlich frei und handelt – so gut es geht – im Sinne der Person, die ihr darstellt. Die anderen aus der Gruppe dürfen einspringen, wenn sie merken, dass ihm bzw. ihr die Argumente ausgehen.«*

b) Arbeitsgruppen (20–25 Min.)

Nach dem Rollenspiel werden Arbeitsgruppen gebildet.

Arbeitsanweisung: *»Bildet Arbeitsgruppen zu max. drei Personen. Tauscht Argumente aus und schreibt unter der Überschrift: ›Ich lasse mich konfirmieren, weil …‹ eure Gründe und Begründungen auf.«*

Im Plenum werden die Sätze vorgestellt und besprochen. U. U. kann aus diesen Bekenntnissätzen ein Text zusammengefügt werden, der an der Konfirmation von mehreren Jugendlichen vorgelesen wird.

II. Wozu sagen die Jugendlichen ihr »Ja«? An der Konfirmation bekenne ich mich

Es ist eine Überforderung, wollte man die Konfirmandinnen und Konfirmanden selbst die Worte aus der Agende aussuchen lassen, die sie sprechen sollen. D.h. das Konfi-Team legt unter Berücksichtigung der Gruppe und der Konfirmandenarbeit vor Ort den Text fest, den die Konfirmand/innen an der Konfirmation sprechen werden. Allerdings brauchen die Jugendlichen die Möglichkeit, sich mit diesem Text auseinanderzusetzen, um ihn nicht erstmalig an der Konfirmation zu hören.

Da bekennen immer etwas mit »hinstehen«, für eine Sache »eintreten« zu tun hat, wird im Folgenden eine liturgische Übung vorgeschlagen, um sich mit dem Text und dem entsprechenden Verhalten auseinanderzusetzen.

Der geeignete Ort für diese (liturgische) Übung ist, wie an der Konfirmation selbst, die Kirche.

Arbeitsanweisung: *»Ihr geht alleine und ohne zu reden in die Kirche und sucht euch einen Sitzplatz aus.*

(Wenn alle an ihrem Platz sitzen:) Steht bitte auf und sprecht mit mir gemeinsam das Glaubensbekenntnis.«

»Kommt bitte nach vorne und setzt euch nebeneinander in die ersten Bankreihen. Wir sprechen nochmals gemeinsam das Glaubensbekenntnis«.

Es schließt sich eine kurze Gesprächsrunde an. Impulsfragen:

- *Macht es einen Unterschied, ob man allein oder beieinander sitzt?*
- *Könnt ihr die unterschiedliche Befindlichkeit beschreiben, so dicht nebeneinander oder eher allein in der Bank?*
- *Meint ihr, dass sich mit der Form des Sprechens auch etwas am Sinn und der Bedeutung des Glaubensbekenntnisses ändert?*

Arbeitsanweisung nach der Gesprächsrunde: »Ihr kommt nacheinander nach vorne an den Altar. Ihr zündet eure selbstgefertigten Konfirmationskerzen (alternativ ein Teelicht) an und bildet vor dem Altar einen Halbkreis.«

Impuls: *»An eurer Konfirmation werdet ihr als Konfirmandinnen und Konfirmanden gefragt, ob ihr das mit eurer Taufe gesetzte Ja an den christlichen Glauben auch selbst bekennen wollt. Dann wird das Bekenntnis gesprochen und ihr antwortet: ›Ja, mit Gottes Hilfe‹.«*

Alle erhalten ein Kärtchen, Stift und die Konfirmationskerze (alternativ: ein Teelicht) und gehen an einen Ort in der Kirche für sich allein und beantworten die Frage, die auf dem Kärtchen steht: Wozu sage ich ja?

Wenn alle wieder in den vorderen Bankreihen sitzen, lesen die Konfirmand/innen ihre Antwort vor. Zwischendrin, ungefähr nach jeweils vier Lesungen, wird »Laudate omnes gentes« angestimmt.

Anschließend wird nochmals das Bekenntnis aus der Konfirmationsagende vorgelesen und mit dem verglichen, was die Konfirmand/innen gehört und geantwortet haben.

Bündelung der Einheit

Die Konfirmand/innen gehen zurück in das Gemeindehaus und setzen sich noch einmal in den Stuhlkreis. Der/die Unterrichtende teilt ihnen **M 9** und Ausdrucke der Digitalfotos aus Baustein 1 aus: »Drei Nachmittage haben wir uns mit dem Thema ›Dazu stehe ich! – Bekenntnisse in meinem Leben und in meinem Glauben‹ beschäftigt. Jetzt soll noch einmal alles zusammenfließen.

Wozu steht ihr gerade? Es ist wie das Bild eine Momentaufnahme. Klebt das Bild in die Mitte und füllt dann nach und nach die einzelnen Rubriken aus und heftet das Blatt in den Konfi-Ordner (klebt das Blatt in euer Konfi-Tagebuch). Als Bibelwort könnt ihr eines der Psalmworte, aber natürlich auch jeden anderen Bibelvers nehmen.«

Als Abschlussritual können entweder von allen oder exemplarisch jedem/r Zweiten bzw. Dritten das aufgeschriebene Bibelwort vorgelesen werden.

Materialien zu diesem Beitrag auf CD-ROM

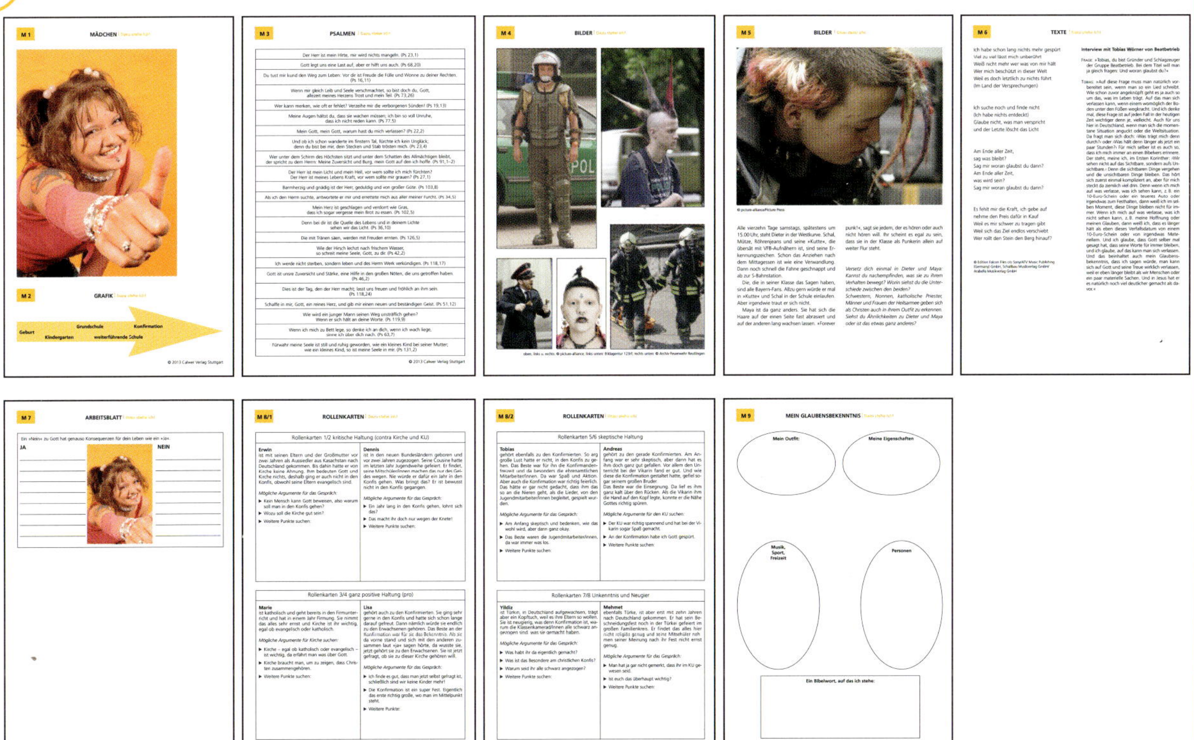

Gerald Jetter

Dein Glaube – unverwechselbar und wertvoll

Zu Beginn: Ein kurzer Ausblick auf das Ergebnis

»Ich glaube an Gott. Ich weiß nicht, wo er ist, wie er aussieht. Aber ich weiß, dass es ihn gibt. Er lenkt uns. Er hilft uns, schwierige Situationen durchzustehen. Ich glaube daran, dass Gott mir beistehen wird, bis zu meinem Lebensende – und darüber hinaus vielleicht auch.«

Mit diesen Worten gibt Benjamin sich Rechenschaft darüber, was das für ihn konkret bedeutet: an Gott zu glauben. Seine Zuversicht und seine Hoffnung, seine Erfahrung und seine Unsicherheiten – alles, was sein Leben ausmacht, gehört selbstverständlich mit dazu. Und findet darum Platz in seinem selbst formulierten Glaubensbekenntnis.

Benjamin ist Konfirmand. Im KU hat er das Apostolische Glaubensbekenntnis kennen gelernt. Und auch einige andere Glaubensbekenntnisse, geschrieben von Menschen unserer Zeit. Die haben den Glauben an den dreieinigen Gott verwoben mit ihren eigenen Nöten und Zweifeln, mit ihrer ganz eigenen Hoffnung und Zuversicht. Das hat Benjamin ermutigt, selber von dem zu schreiben, was ihm wichtig ist im Glauben.

Herr Ehlert, Frührentner und Kirchengemeinderat, antwortet auf Benjamins Glaubensbekenntnis. Er schreibt: *»Lieber Benjamin, Deine Worte klingen hoffnungsvoll, ehrlich, nicht abgeschlossen wie ein Dogma, eher offen wie ein neugieriges Kind. Ich möchte Dich auf diesem Weg ermutigen. Ich wünsche Dir, dass Dein Glaube sich in den Erfahrungen des Lebens bestätigt und umschlossen wird von Gottes wunderbarer Kraft.«*

Benjamin und Herr Ehlert. Sie gehören zur selben Gemeinde ohne einander zu kennen. Und dennoch wissen sie sich miteinander verbunden auf dem Weg des Glaubens. Und das macht beiden Mut.

Zur Konzeption des Projekts

Konfirmand/innen haben zu Glaubensdingen einiges zu sagen. Der folgende Unterrichtsentwurf spricht sie auf ihre bereits mitgebrachten Glaubensvorstellungen und -erfahrungen an und nimmt sie damit als getaufte Christen ernst. Die vier Bausteine sollen ihnen ermöglichen, ihren Glauben zu reflektieren und weiterzuentwickeln. In der Auseinandersetzung mit biblischen und kirchlichen Traditionen können sprachliche Unbeholfenheiten überwunden und neue Perspektiven gewonnen werden. In der Begegnung mit engagierten Gemeindegliedern geben sie einander Anteil am Reichtum des Glaubens und erfahren so Weggenossenschaft und Ermutigung.

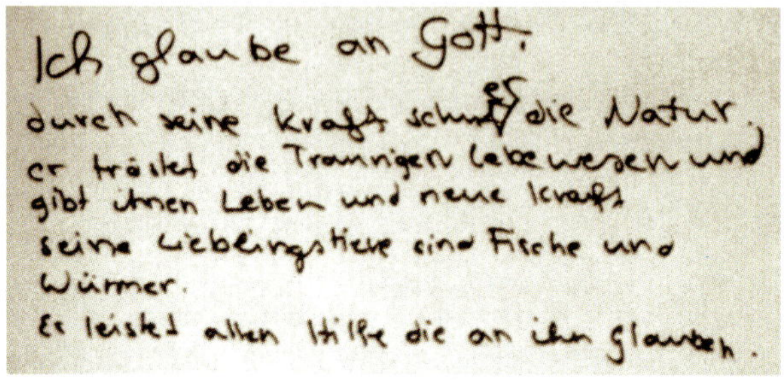
Ich glaube an Gott.
durch seine kraft schuf er die Natur.
er tröstet die Traurigen Lebewesen und
gibt ihnen Leben und neue kraft
seine Lieblingstiere sind Fische und
Würmer.
Er leistet allen Hilfe die an ihn glauben.

Das Credo-Projekt: Ziel und Überblick

Leitziel: Die Konfirmand/innen sollen dazu befähigt werden, den eigenen Glauben zur Sprache und dann ins Gespräch zu bringen.
Dazu stellen die Bausteine 1–3 Methoden vor, mit deren Hilfe Jugendliche ihren eigenen Glauben klären und verbalisieren können.

Baustein 4 zeigt, wie mit den zuvor erarbeiteten Glaubensbekenntnissen ein innergemeindlicher Kommunikationsprozess angestoßen werden kann.

Baustein 1
Die Konfirmand/innen begegnen zeitgenössischen Glaubensbekenntnissen und entdecken, dass jedes Bekenntnis (inhaltlich wie auch sprachlich) die biographische Situation seines Verfassers erkennen lässt.

Baustein 2
Die Konfirmand/innen werden mit den Aussagen des Apostolischen Glaubensbekenntnisses bekannt gemacht und lernen dabei wesentliche christliche Glaubensinhalte kennen.

Baustein 3
Die Konfirmand/innen schreiben ihr eigenes Glaubensbekenntnis.

Baustein 4
Gemeindeglieder antworten auf diese Bekenntnisse und ermutigen damit Konfirmand/innen auf ihrem Glaubensweg.

Baustein 1
Zeitgenössischen Glaubensbekenntnissen begegnen (ca. 70 Min.)

Material und Vorbereitung

- Vier Arbeitsräume oder abgetrennte Arbeitsecken
- Vier Figuren und acht Sprechblasen, ausgeschnitten aus buntem DIN-A2-Karton (je eine Figur und zwei Sprechblasen von einer Farbe); an die Ränder von vier Sprechblasen werden ausgewählte Begriffe geschrieben (siehe unten)
- Eine weitere Figur, ausgeschnitten aus DIN-A2-Karton
- Papierstreifen, auf denen Hinweise zum Profil der Verfasser des Apostolicums stehen (etwa: lebten etwa im 4. Jh. n. Chr. / waren wichtige Vertreter der christlichen Gemeinden / waren philosophisch und religiös hoch gebildete Männer / wünschten sich ein Bekenntnis, dem alle Christ/innen zustimmen konnten)
- Bibeln
- Vier Eddings, Stifte
- Genügend Symbolkarten ✓, ⚡, ? (**M 2a–c**)

Die Konfirmand/innen sitzen im Stuhlkreis. In der Mitte liegen als Bodenbild vier Figuren samt Sprechblasen.

Arbeitsauftrag für die erste Gruppenarbeit: »Auf den Sprechblasen, die hier in unserer Mitte liegen, könnt ihr verschiedene Glaubensbekenntnisse lesen. Menschen unserer Zeit haben sie geschrieben. Wir kennen diese Menschen nicht. Aber in ihren Bekenntnissen verraten sie uns einiges über sich. Was genau, das werden die jeweiligen Gruppen überlegen.

- Zunächst: Lest das Bekenntnis in der Gruppe sorgfältig. Besprecht miteinander, was der Verfasser sagen will. Was ist ihm besonders wichtig? Was hat er weggelassen? Stehen die Aussagen in einer bestimmten Reihenfolge?
- Überlegt gemeinsam: Was für ein Mensch könnte so ein Bekenntnis geschrieben haben? Wie für einen Detektiv, so ist auch für euch alles wichtig: Geschlecht, Alter, Beruf, Interessen, Religiosität ... Versucht, ihn euch so konkret wie möglich vorzustellen. Für manches findet ihr Anhaltspunkte im Text, anderes könnt ihr vielleicht fantasieren.
- Eure Vermutungen schreibt auf die Figur. Können andere, die euer fantasiertes Verfasserprofil lesen, sich ein Bild von diesem Menschen machen?
- Wenn ihr damit fertig seid, kommt wieder zurück in den Stuhlkreis. Ihr habt 15 Min. Zeit.«

Die Gruppen ziehen sich mitsamt Material (je eine Figur inkl. gleichfarbiger Sprechblase mit Bekenntnis, 1 Edding) in die Gruppenräume zurück.

Zurück im Plenum, tauschen die Gruppen ihre (nun beschrifteten) Figuren (nicht jedoch die dazugehörigen Bekenntnisse!) untereinander aus.

Arbeitsauftrag für die zweite Gruppenarbeit: »Auf den Figuren, die ihr nun bekommen habt, findet ihr einige Hinweise zur Person.

- Lest sie in der Gruppe sorgfältig und versucht gemeinsam, euch ein Bild von diesem Menschen zu machen.
- Überlegt: Was würde dieser Mensch wohl über seinen Glauben sagen? Was würde er über Gott – Vater, Sohn und Heiliger Geist – sagen? Und was über sich selber? Hätten auch Zweifel Platz?
- Eure Vermutungen (das fantasierte Glaubensbekenntnis) schreibt in die Sprechblase. Am Rand eurer Sprechblase stehen einzelne Begriffe, die euch beim Formulieren des Glaubensbekenntnisses helfen.
- Wenn ihr damit fertig seid, kommt wieder zurück in den Stuhlkreis. Ihr habt 20 Min. Zeit.«

Die Gruppen ziehen sich erneut mitsamt Material (wie bei ›Material und Vorbereitung‹ beschrieben: am Rand beschriebener Sprechblase, 1 Edding) in die Gruppenräume zurück.

Ausgewählte Begriffe (die auf den Rand der Sprechblase geschrieben werden):

- Zu **M 1a**
heilen – gleichberechtigte Menschen – Liebe – Gerechtigkeit & Frieden küssen sich – die Schönheit des Einfachen – Tod – Jesus Christus – Waffen – neue Erde – Frieden.
- Zu **M 1b**
mein Weg durchs Leben – ich hoffe – zuhören – glaube ich? – Kraft geben – tragen – nicht mehr weiter wissen – bei mir – ? – fliegen.

▶ zu **M 1c**
Urliebe – lebendig – die Mitte – Freude – Ursprung und Ziel – fließen – Trauer – schenken – in mir – durchdringen.

▶ zu **M 1d**
Du – meine Liebe – Begegnungen erleben – zärtlich – Sonnenuntergang – Gottes Liebe – barmherzig – Blumen – sich freuen – von allen Seiten.

Zurück im Plenum präsentiert jede Gruppe das von ihr erarbeitete Glaubensbekenntnis. Sie stellt erstens das ihr vorgegebene Verfasserprofil vor, liest zweitens das von ihr daraus erarbeitete Bekenntnis vor und erläutert drittens, wie sie vom vorgegebenen Verfasserprofil zu den jeweiligen Bekenntnisaussagen gekommen ist. Anschließend liest die Gruppe, die das diesem Glaubensbekenntnis zugrunde liegende Verfasserprofil erarbeitet hat, den ursprünglichen Wortlaut des Bekenntnisses vor.

Eröffnender Gesprächsimpuls für den Austausch: »Wo gab's Übereinstimmungen, wo bedeutende Unterschiede? Wie lassen die sich erklären?« (ca. 15 Min.)

Abschließend werden alle Figuren samt Sprechblasen als *Ausstellung* im KU-Raum aufgehängt. Vielleicht können die Arbeiten der Konfirmand/innen später im Rahmen eines Konfi-Gottesdienstes oder eines thematischen Elternabends nochmals Verwendung finden.

Baustein 2
Das Apostolische Glaubensbekenntnis verstehen lernen (ca. 70 Min.)

Material

▶ Wie bei Baustein 1

▶ Aussagen des Apostolicums (**M 3a**)

▶ Verfasserprofil (**M 3b**)

▶ Fragebogen und Lösungen (**M 3c**)

Die Konfirmand/innen sitzen im Stuhlkreis, in der Mitte liegt eine weitere Figur.

Impuls: »Auch das Glaubensbekenntnis, das wir sonntags im Gottesdienst sprechen, ist nicht einfach vom Himmel gefallen. Viele Menschen aus mehreren Jahrhunderten haben daran geschrieben, haben überlegt und wieder verworfen, gestrichen und verändert. Bis es dann vor gut 1500 Jahren so war, wie wir's heute kennen: das Apostolische Glaubensbekenntnis.«

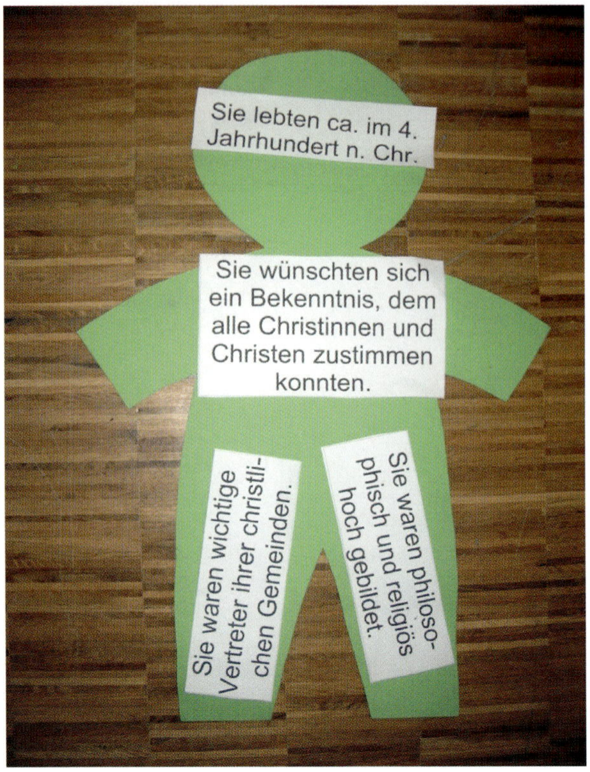

Die Konfirmand/innen lesen die an sie ausgeteilten Papierstreifen mit dem Profil der Verfasser des Apostolicums (siehe **M 3 b**) vor und kleben diese auf die Figur (ca. 10 Min.).

Von einem Rednerpult o.Ä. aus: »Hört her, Christinnen und Christen von Rom! Die Leute auf den Gassen spotten über uns. Und vielleicht haben sie ja gar nicht so unrecht mit ihrem Spott. Haben wir's doch nicht geschafft, ihnen eine Vorstellung davon zu geben, was das heißt: ein Christ sein. ›Der eine glaubt dies, der andere das.‹ – so spotten sie über uns – ›bei den Christen scheint alles beliebig, alles egal‹. Es ist wahr: Jede Gemeinde spricht ihr ganz eigenes Glaubensbekenntnis. Und es ist ja auch gut so, dass es Vielfalt gibt im Glauben. Aber über alle Vielfalt haben wir es nicht geschafft, gemeinsam zu sagen, was für uns alle das Wesentliche, das Entscheidende ist im Glauben. Das, worauf es ankommt. Darum, Christinnen und Christen von Rom, wurde eine ›Arbeitsgemeinschaft für Glaubensfragen‹ einberufen, um das Wesentliche des christlichen Glaubens festzuschreiben. So wurde ein Bekenntnis formuliert, das von allen Christinnen und Christen weltweit gesprochen werden kann. Alles Notwendige ist darin gesagt – und doch auch nicht mehr als nötig. Nicht zu wenig, nicht zu viel. Was meint nun ihr, Christinnen und Christen von Rom: Ob das, was dort erarbeitet wurde, wirklich von allen geglaubt wird? Schaut her und urteilt selbst!«

Die auf Papierstreifen geschriebenen Aussagen des Apostolicums (siehe **M 3 a**) werden vorgelesen und neben die Figur auf den Boden gelegt (ca. 10 Min.).

Mit Hilfe kleiner Symbolkarten (**M 2**, 3 x 3 pro Person) signalisieren die Konfirmand/innen:

✓ was ihre Zustimmung findet,

⚡ was auf Ablehnung stößt und

? was unverständlich ist.

Gemeinsam wird das Ergebnis betrachtet und sich ausgetauscht. Anfangsimpuls zur Resonanzrunde: »Was fällt euch auf?«

Weitere strukturierende Impulsfragen: »Was macht euch die Aussagen wichtig, denen ihr zugestimmt habt? Warum lehnt ihr bestimmte Aussagen ab? Wo gibt es Informationsbedarf?« (ca. 20 Min.).

Erneuter Impuls vom Rednerpult o.Ä. aus: »Aber stimmt denn das, was die ›Arbeitsgemeinschaft für Glaubensfragen‹ erarbeitet hat, auch mit dem überein, was die Bibel über den Glauben sagt? Lasst euch nicht täuschen, Christinnen und Christen von Rom, und prüft selbst nach!«

In Gruppenarbeit wird der Fragebogen (siehe **M 3c**) bearbeitet (Lösungen auf **M 3d**). Dabei müssen die dort aufgeführten zentralen biblischen Texte jeweils nachgeschlagen und den Bekenntnisaussagen zugeordnet werden (ca. 20 Min.). Die Schlussrunde vergleicht die Ergebnisse und klärt letzte offene Fragen.

Baustein 3
Das eigene Glaubensbekenntnis schreiben
(ca. 45 Min.)

Meditativer Anfangsimpuls: »Was dir für deinen Glauben wichtig ist, das kann dir niemand vorschreiben. Dein Glaube ist eine Sache zwischen dir und Gott. Dein Glaube ist lebendig, er wird sich immer wieder verwandeln. Manchmal werden dir die Gedanken anderer wichtig werden, die mit auf dem Weg sind: ein biblisches Wort, eine Liedstrophe, ein Gespräch. Manchmal wirst du alleine sein mit dem, was du glaubst. Aber vergiss nicht: Wie du selbst, so ist auch dein Glaube unverwechselbar und wertvoll. Nimm dir ausreichend Zeit, das festzuhalten, was dir heute wichtig ist – wichtig für deinen Glauben, wichtig für dein Leben.«

Die Konfirmand/innen bekommen ausreichend Zeit, ihr eigenes Glaubensbekenntnis an einem ruhigen Ort zu Papier zu bringen. Für die Formulierung gibt es keinerlei Vorgaben und Regeln. V. a. für die weniger Sprachgewandten kann es jedoch hilfreich sein, auf die in Phase 1 und 2 bearbeiteten Bekenntnisse zurückgreifen zu können.

Die angefertigten Glaubensbekenntnisse werden nach ca. 30 bis 40 Min. eingesammelt. Um der Vertraulichkeit willen wird an den Bekenntnissen nicht weitergearbeitet. Wer will, kann deshalb auch statt seines Namens ein Pseudonym unter sein Bekenntnis setzen.

Baustein 4
Den eigenen Glauben ins Gespräch bringen

Material

- ▶ Wie bei Baustein 1 und 2
- ▶ Arbeitsblatt: Schriftliche Anfrage (**M 4a**)
- ▶ Exemplarisches Glaubensgespräch (**M 4b**)

Bereits im Vorfeld des Projektes müssen Gemeindeglieder gefunden werden, die bereit sind, auf eines der Konfirmand/innen-Bekenntnisse schriftlich zu antworten (siehe **M 4a**). Dabei empfiehlt es sich, die Intention des Projektes – Wegbegleitung, Würdigung, Ermutigung – klar herauszustellen und der Anfrage zur Orientierung ein exemplarisches Glaubensgespräch beizufügen (siehe **M 4b**).

Nach Abschluss der KU-Einheit zum Glaubensbekenntnis werden die Bekenntnisse der Konfirmand/innen abgetippt und (evtl. anonymisiert oder mit Pseudonym) an die Gemeindeglieder versendet. Deren Antwortbriefe werden ebenfalls abgetippt und an die Konfirmand/innen weitergeleitet. Ein tolles Gefühl für Jugendliche, die es nicht mehr gewohnt sind (evtl. handgeschriebene) Post zu bekommen …

Die gesammelten Glaubensgespräche können zu einem kleinen Heft zusammengestellt werden und eignen sich als Konfirmationsgeschenk für alle am Projekt Beteiligten.

Materialien zu diesem Beitrag auf CD-ROM

M 1a DAS CREDO VON SEOUL

| Dein Glaube – unverwechselbar und wertvoll

Wir glauben an Gott, der die Liebe ist,
und der die Erde allen Menschen
geschenkt hat.
Wir glauben nicht an das Recht
des Stärkeren,
an die Stärke der Waffen,
an die Macht der Unterdrückung.
Wir glauben an Jesus Christus,
der gekommen ist, uns zu heilen,
und der uns aus allen tödlichen
Abhängigkeiten befreit.
Wir glauben nicht,
dass Kriege unvermeidbar sind,
dass Friede unerreichbar ist.
Wir glauben an die Gemeinschaft
der Heiligen,
die berufen ist, im Dienst aller Menschen
zu stehen.
Wir glauben nicht, dass Leiden umsonst
sein muss,
dass der Tod das Ende ist,
dass Gott die Zerstörung der Erde
gewollt hat.
Wir glauben, dass Gott für die Welt
eine Ordnung will,
die auf Gerechtigkeit und Liebe gründet,
und dass alle Männer und Frauen
gleichberechtigte Menschen sind.
Wir glauben an Gottes Verheißung,
Gerechtigkeit und Frieden für die ganze
Menschheit zu errichten.
Wir glauben an Gottes Verheißung eines
neuen Himmels
und einer neuen Erde,
wo Gerechtigkeit und Frieden sich küssen.
Wir glauben an die Schönheit des Ein-
fachen,
an die Liebe mit offenen Händen,
an den Frieden auf Erden.
Amen

Nach der Weltversammlung der Christen Seoul 1990, Bekenntnis zu Frieden und Gerechtigkeit. Eingesandt von Gertrud Breuer, Buxtehude, aus: Mein Credo III, S. 161f

M 1b BEKENNTNIS ERHOFFTER GEBORGENHEIT

| Dein Glaube – unverwechselbar und wertvoll

Ich glaube!
Ich glaube?
Was bedeutet das eigentlich?
Ich meine,
dass es etwas oder jemanden gibt,
der immer bei mir ist,
der mir zuhört,
wenn ich reden will,
der mich tröstet,
wenn ich traurig bin,
der mir hilft,
wenn ich Hilfe brauche,
der mir Kraft gibt,
wenn ich mich schwach fühle,
der mir den Weg weist,
wenn ich nicht mehr weiter weiß.

Wie der Fisch, der durch das Wasser
schwimmt,
wie der Vogel, der durch die Luft fliegt,
wie der Wurm, der durch das Erdreich
kriecht,
so ist auch Gott allezeit um mich
und mit mir.

Er lässt mich leben, wie das Wasser den
Fisch.
Er trägt mich, wie die Luft den Vogel.
Wie der Wurm sich seinen Weg
durch das Erdreich bahnt,
so hilft mir Gott, meinen Weg durchs Leben
zu finden,
und so hilft er nicht nur mir, sondern allen
Menschen,

das hoffe ich – das glaube ich!

Aber was, wenn es nicht so ist?

aus: Harald Pawlowski (Hg.), Mein Credo II, S. 117, Publik-Forum, Oberursel 2000

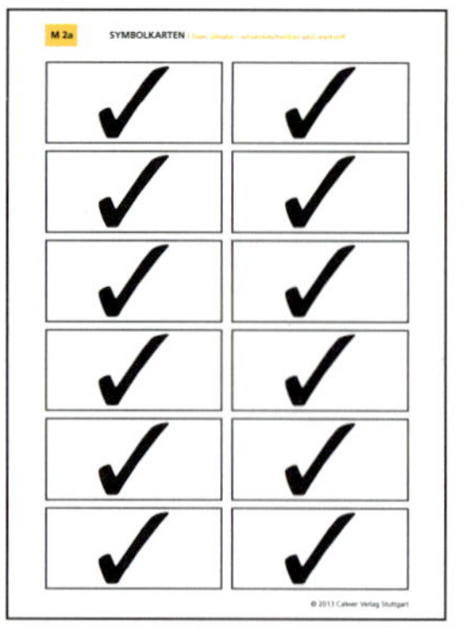

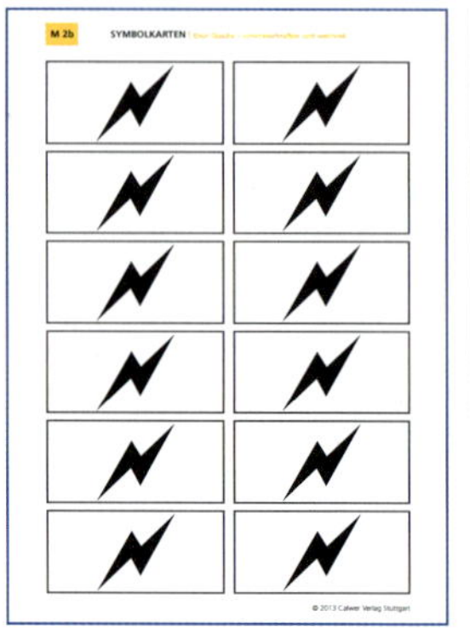

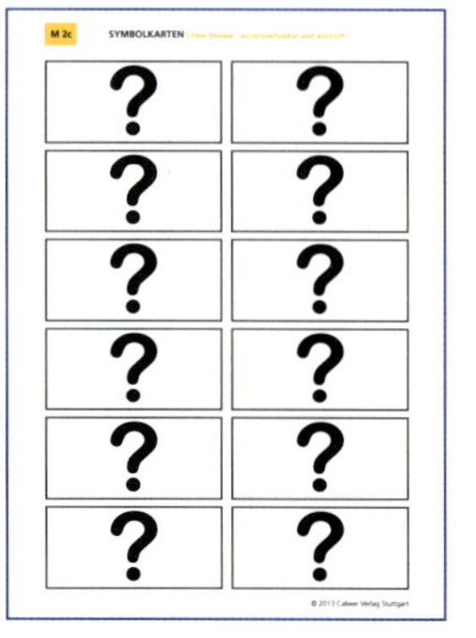

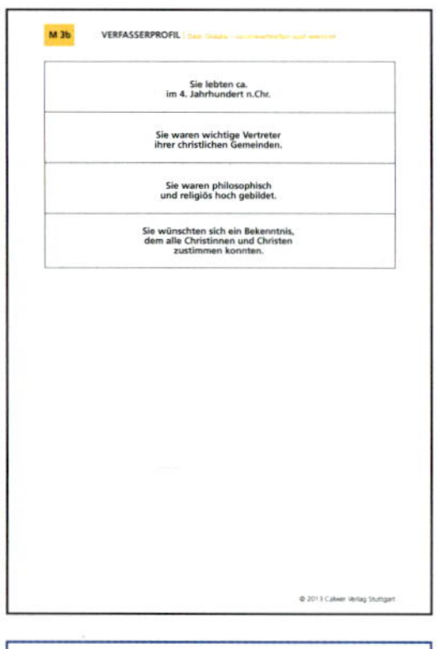

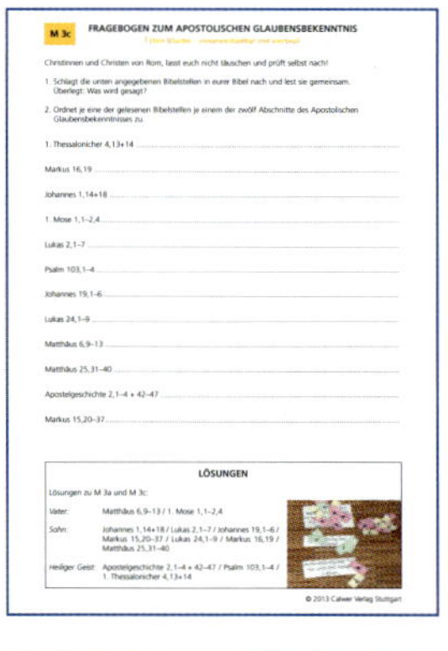

M 4b EXEMPLARISCHES GLAUBENSGESPRÄCH

| Dein Glaube – unverwechselbar und wertvoll

Ich glaube an Gott und an Jesus Christus. Ich glaube aber nicht, dass sie uns helfen können; das Einzige was uns hilft ist unser Glaube. Unser Glaube an Gottes Kraft und Beistand – und das ist auch gut. Denn ohne Gott, ohne Bibel und ohne Glauben wäre jeder von uns eine wilde Bestie. Wir wachsen mit dem Glauben auf, dem Glauben an Gott.
Mit dem Glauben gibt man sich selbst Kraft und Hoffnung.

»Arnold Schwarzenegger«

Lieber »Arnold Schwarzenegger«,

vielen Dank für Dein Glaubensbekenntnis. Es war sicher nicht so einfach, einfach aufzuschreiben, an was Du glaubst. Meist fällt es ja ziemlich schwer, zu formulieren, was uns wichtig ist an Religion, Kirche – am Glauben.

Du schreibst, dass Dir der Glaube am wichtigsten ist, der Glaube an Gott und Jesus Christus. Das finde ich schön, denn ich glaube auch, dass der Glaube Kraft und Hoffnung gibt. Manchmal allerdings kann es passieren, dass es sehr schwer ist – oder dass es uns egal ist, weiter an Gott und Jesus zu glauben. Und da glaube ich, dass auch in solchen Krisen Gott bei uns ist und uns begleitet. Möglicherweise kann es da auch gut sein, ein bisschen in der Bibel zu lesen und darin von Erfahrungen zu lesen, die andere Menschen mit dem Glauben hatten?! Gott ist bei uns, weil er uns in Jesus nahe gekommen ist und immer nahe bleibt. Manchmal helfen da auch andere Menschen weiter, die für uns und unsere Fragen und Zweifel ein Ohr haben.

Es ist schön, dass Du an Gottes Kraft und Beistand glaubst. Gott ermutigt uns immer wieder, dass wir Neues wagen, dass wir Vertrauen haben können, hoffen können. Dieser Glaube ermutigt uns auch an Gottes Liebe, Gerechtigkeit und Barmherzigkeit zu denken. Wenn mir das verloren geht, dann wird mein Leben ein bisschen ärmer. Vielleicht meinst Du das mit der »wilden Bestie«?

So oft brauchen wir diesen Beistand – und oftmals spüren wir ihn gar nicht. Manchmal weiß man ja gar nicht richtig, wie dieser Beistand überhaupt aussehen könnte. Wenn Du in solche Zeiten kommst – und ich merke, dass mir das immer wieder auch passiert – dann wünsche ich Dir, dass Du das Vertrauen in Gott und in seine Begleitung nicht verlierst und immer wieder neu entdecken kannst.

Es ist schön, wenn wir von Kind an den Glauben »beigebracht« bekommen, deswegen warst Du ja auch im Konfirmandenunterricht. Der Glaube braucht es, dass wir Mut haben, uns mit Menschen über ihn zu unterhalten, dass wir ihn mit anderen Menschen teilen und dass er weitergegeben wird. Und so wie wir wachsen, so wächst auch der Glaube weiter: Manchmal ist er ganz stark, dann wieder zweifeln wir, dann hat sich der Glaube versteckt – und mal ist er wieder ganz lebendig und hat sich weiterentwickelt.

Ich wünsche Dir, dass Du Dich in Deinem Leben auf diesen Glauben an Gott immer wieder einlassen kannst, dass dieser Glaube Dich froh macht und ermutigt – und dass Du Gottes Beistand spürst und ihm vertrauen kannst – auch in Zeiten, in denen dies vielleicht schwieriger wird. Ich wünsche Dir alles Gute und dass Du einen schönen Konfirmationstag hast!

Deine A. J.

Die Konfirmand/innen und Gott

Wer bezweifelt, dass »Gott« für Jugendliche eine Rolle in dieser Welt spielt, wird von den Ergebnissen der 16. Shell Jugendstudie aus dem Jahre 2010 vermutlich überrascht sein. Knapp 50 % der befragten evangelischen Jugendlichen rechnen mit einer überirdischen Macht bzw. einem pesönlichen Gott. Die Gottesfrage, im Sinne einer Transzendierung dieser Welt und einer eingreifenden Macht, ist für Jugendliche im Konfirmandenalter eine zentrale Frage.

Je nach persönlicher Entwicklung und religiöser Sozialisation haben die Konfirmand/innen unterschiedliche Vorstellungen von Gott.

Bei den einen ist die für den Übergang von der Kindheit zum Jugendalter typische stärkere Abstraktion des Gottesbildes zu beobachten. Sie verorten Gott nicht mehr räumlich, sondern beschreiben ihn mit Begriffen wie »Liebe« oder »Frieden«. Die Erfahrungen, wie in Familie, Schule und Gemeinde von Gott geredet wird, fördern dabei die Auseinandersetzung mit der Frage nach Gott. Das Gottesbild erhält zunehmend persönliche, stärker individuell gefärbte Züge.

Bei den anderen stehen demgegenüber noch eher (sinnlich-)konkrete Fragen im Vordergrund: Gibt es Gott überhaupt, wenn man ihn doch nicht sehen kann? Wie existiert Gott? Wie kann er auf die Welt einwirken? Wie verhalten sich naturwissenschaftliche Erkenntnisse, die in der Schule immer wichtiger werden, zum eigenen Kinderglauben, der langsam in die Krise gerät, und zum Glauben der Eltern, der seine Vorbildfunktion zunehmend verliert?

So stellt sich die Gottesfrage für die Jugendlichen auf zwei Ebenen:

- Als Frage, wie sich die Annahme eines Gottes als Welterklärung zu den anderen Welterklärungen verhält, denen sie begegnen.

Diese erste Frage stellt sich vielfach in Auseinandersetzung mit naturwissenschaftlichen Welterklärungen.

- Als Frage, ob dieser Gott in ihrem Leben eine Rolle spielt, also ob er in dieses Leben eingreift bzw. an dieses Leben zu beachtende Forderungen stellt.

Diese zweite Frage konkretisiert sich vielfach im Blick auf das Gebet. Im Gebet wird Gott als ein Gegenüber erfahren, mit dem Kontakt möglich ist und der mein Beten hört. Zugleich gehört dazu auch die Erfahrung der Einsamkeit, wenn das Gefühl entsteht, mein Beten würde nicht erhört. Beide Erfahrungen prägen die Vorstellungen und das Bild von Gott und stellen damit die Frage nach der Wirksamkeit Gottes im eigenen Leben.

Im Konfirmandenunterricht wird es deshalb darum gehen, die Jugendlichen in ihrer Suche und in ihrem Fragen nach Gott ernst zu nehmen. Nicht vorgefertigte und allgemeingültige Antworten, nicht dogmatische Lehren sind für die Jugendlichen bedeutsam, sondern vielmehr sind ihre Ausdrucks- und Erkenntnismöglichkeiten entscheidend, weil es um ihre Gottesbeziehung geht.

In Verbindung mit dem KU und der Konfirmationsfeier stellen sich dabei aus Sicht der Jugendlichen elementare Fragen:

- Worauf kann ich unbedingt vertrauen?
- Was gibt meinem Leben Halt?
- Gibt es Gott überhaupt?
- Wie kann ich etwas von ihm wahrnehmen, spüren, erfahren oder erleben?
- Was für Konsequenzen für meinen Alltag hat es, wenn es Gott wirklich gibt?
- Was hat Gott mit meinem Leben zu tun?
- Wie sicher muss ich mir sein, wenn ich ein Bekenntnis zu Gott ablege; darf ich auch zweifeln?
- Was ist, wenn ich glauben will, es aber nicht kann?
- Warum sieht die Welt nicht anders aus, wenn es Gott gibt?

Theologische Überlegungen

Die Selbstverständlichkeit, mit der jahrtausendelang davon ausgegangen wurde, dass es Götter, transzendente Kräfte oder den einen jüdisch-christlichen Gott gibt, ist in der Neuzeit immer fraglicher geworden. Die traditionellen Gottesbeweise wurden von Immanuel Kant erkenntnistheoretisch ad absurdum geführt und der Siegeszug der Naturwissenschaften machte Gott als Hypothese zur Erklärung der Welt scheinbar überflüssig. Auch die Notwendigkeit Gottes zur Begründung einer Moral, die Kant noch betont hatte, ist von Denkern wie Nietzsche oder Sartre als unnötig markiert worden.

Die Theologie, die sich seit der Reformation immer stärker als Anthropologie verstanden hatte, konnte sich mit philosophischen Mitteln nicht mehr gegen den Vorwurf einer bloßen Projektion menschlicher Vorstellungen in einen idealen Himmel wehren. Auf diese Krise hat die Theologie unterschiedlich reagiert: Einerseits gab es den Versuch der dialektischen Theologie, »senkrecht von oben« wieder mit dem Reden von Gott zu beginnen, andererseits versuchte die Theologie, über die Betonung der existentiellen Bedeutung Gottes gesprächsfähig mit dem Wirklichkeitsverständnis der Gegenwart zu bleiben. Neben dem kurzlebigen Versuch einer Gott-ist-tot-Theologie gab es auch Versuche, eine klassische Metaphysik wiederzugewinnen. Schaut man auf die Relevanz dieser »neueren« theologischen Denkansätze des vergangenen Jahrhunderst im öffentlichen wie im wissenschaftlichen Diskurs, so ist man mit dem Attest der Erfolglosigkeit schnell bei der Hand. Die Welt nimmt in allen Bereichen des Lebens ihren Lauf, »etsi deus non daretur«, als ob es Gott nicht gäbe. Kirche, Gott, Religion erschienen bis in das letzte Jahrzehnt des 20. Jahrhunderts als eher lästige Relikte längst vergangener Zeiten. Jetzt, wo der Entzauberungsprozess der Welt im westlichen Europa an sein Ende kommt, geraten mit einem Male die Verluste dieses Prozesses in den Blick. Wer soll sich den menschengemachten Ideologien in den Weg stellen, die vorgeben, das wahre Wesen der Welt und des Menschen erkannt zu haben, wenn Gott als Garant des Geheimnisses der Welt, und damit einer letztlichen Unverfügbarkeit, verloren gegangenen ist?

Die Gesellschaft und ihre intellektuellen Exponenten machen sich also wieder auf die Suche. Die Theologie wird ihre Rolle bei dieser Suche neu finden müssen und ihre Rede von Gott zwischen einem fundamentalen »Deus dixit«, Gott hat gesprochen, und einem in der Immanenz dieser Welt aufgehenden Gott neu im Diskurs formulieren müssen. Jeder sollte für sich klären, wo er, wo sie sich dabei verortet.

Die Frage nach Gott und dem Bild von Gott ist eine persönlich zu beantwortende Frage. Gerade im Jugendalter besteht zudem die Aufgabe darin, die bisherigen (kindlichen) Bilder von Gott so zu überarbeiten, dass sie mit den neuen in der Pubertät erarbeiteten Positionen erneut kompatibel werden. Der »Kindergott« muss sich so entwickeln, dass er für das Leben und die Erfahrungen von Jugendlichen Bedeutsamkeit erhalten kann. So wird es im Unterricht darauf ankommen, den Jugendlichen Raum und Freiheit zur eigenen Beantwortung zu bieten. (Von der Black-Box zum Altar, ↗ S. 128, S. 321) Für diese Antwort sind sie zugleich auf authentische Gesprächspartner und die Schätze der Tradition angewiesen, um mögliche Antworten kennen zu lernen und auszuloten.

Zugleich ist die Frage nach Gott und dem Bild von Gott eine, an der sich die Zugehörigkeit zur Gemeinschaft der Glaubenden entscheidet und die ihre Beantwortung im gemeinsam gesprochenen Glaubensbekenntnis findet. Deshalb müssen die persönlichen Konturen der Gottesbilder zum christlich-biblischen Gottesbild von Vater, Sohn und Heiliger Geist in ein Verhältnis gesetzt werden. (Dazu stehe ich!, ↗ S. 113, S. 287; Dein Glaube – unverwechselbar und wertvoll, ↗ S. 120, S. 303)

Zweifel an der christlichen Rede vom lebendigen Gott, der Himmel und Erde gemacht hat und noch erhält, wie sie sich in der Frage der Theodizee und der Gebetserhörung aussprechen sind ernst zu nehmen und gemeinsam mit den Jugendlichen zu bearbeiten. (»Shit happens«, ↗ S. 232, S. 602)

Die Rede von Gott, dem Vater, der Himmel und Erde geschaffen hat, verweist auf die Schöpfung. Damit ist eine Antwort auf die Frage nach dem Woher und Wohin der Welt und des eigenen Lebens gegeben. Zugleich aber auch das Thema der Bewahrung der Schöpfung und der individuellen und kollektiven Verantwortlichkeit für diese Welt angesprochen. Über die Rede von der Gottesebenbildlichkeit ist neben der Natur auch der Mitmensch als Geschöpf Gottes, besonders benannt und damit das Thema des Umgangs unter Menschen. (»Was ist der Mensch, dass du seiner gedenkst?«, S. 486; Ich danke dir dafür, dass ich wunderbar gemacht bin, ↗ S. 194, S. 468)

Die Rede von Gott, dem Sohn, der uns Menschen zugute auf diese Welt gekommen ist, verweist auf Jesus Christus. Christlicher Glaube erblickt in diesem Jesus Christus Gott selbst und so stellt sich eben genau hier auch die Gottesfrage und die Frage danach, wie sich die Jugendlichen zu Jesus in ein Verhältnis setzen. (»Wie soll ich dich empfangen und wie begegn' ich dir …«, ↗ S. 174, S. 423)

Die Rede von Gott, dem Heiligen Geist verweist auf die Kraft Gottes in dieser Welt und im Leben der Einzelnen. Für die Jugendlichen stellt sich das als Frage nach dem, was sie in ihrem Leben bestimmt, was ihnen Kraft und Orientierung gibt. (Die apokalyptischen Reiter oder Geister gibt es überall, ↗ S. 169, S. 418)

Von der Black-Box zum Altar, ↗ S. 128, S. 321

Andere glauben anders – (k)ein Grund, sich zu streiten?, ↗ S. 136, S. 339

Glaubensbekenntnis

Dazu stehe ich!, ↗ S. 113, S. 287

Dein Glaube – unverwechselbar und wertvoll, ↗ S. 120, S. 303

Theodizee

»Shit happens«, ↗ S. 232, S. 602

Schöpfung

Ich danke dir dafür, dass ich wunderbar gemacht bin, ↗ S. 194, S. 468

»Was ist der Mensch, dass du seiner gedenkst?«, S. 486

Jesus Christus

»Wie soll ich dich empfangen und wie begegn' ich dir …«, ↗ S. 174, S. 423

Heiliger Geist

Die apokalyptischen Reiter oder Geister gibt es überall, ↗ S. 169, S. 418

Bernd Wildermuth und Martin Hinderer

Von der Black-Box zum Altar

Neue Wege der Gotteserkenntnis

Einleitung

Gibt es Gott? Wo wohnt er? Wie ist er? Was tut er? Greift er in mein, in unser Leben ein? Die Liste der Fragen ließe sich noch weiter präzisieren und verlängern. Die Frage nach Gott ist für die Konfirmand/innen, und damit für die gesamte Konfirmandenarbeit, die Frage schlechthin. An ihr hängt die Relevanz aller anderen Unterrichtsthemen und Fragen.

Die Gottesfrage wird und wurde nie jenseits aller Erfahrungen und gesellschaftlichen Realitäten gestellt. Sie setzen gleichsam das Vorzeichen vor die Gottesfrage, konnotieren sie positiv (wie etwa in den 50er Jahren) oder negativ (wie in den Jahren nach 1968).

Doch wie auch immer die Vorzeichen gerade gestellt sind und wie die Plausibilitäten von Aussagen zu dieser Frage gewichtet werden, an der prinzipiellen Unentscheidbarkeit der Gottesfrage ändern sie nichts. Jeder Versuch eines »Gottesbeweises« läuft ebenso ins Leere wie der Versuch des Beweises der Nichtexistenz Gottes.

Baustein 1
Annäherung an die Vielfältigkeit Gottes

Ziel: Die Konfirmand/innen setzen sich mit ihrer Gottesvorstellung auseinander und erkennen die Vielfältigkeit unserer Gottesbilder.

▶ Black-Box

Baustein 2
Arbeit am Gottesbegriff

Ziel: Die Konfirmand/innen nehmen unterschiedliche Gottesbilder in den Gleichnissen wahr.

▶ Standbilder

Baustein 3
Gott in meinem Leben

Ziel: Die Konfirmand/innen fragen nach dem Wirken Gottes und entwickeln – nach der Auseinandersetzung mit dem Film »Spin« – eine eigene Sichtweise.

▶ Kurzfilm »Spin«

Deshalb hat die Einheit zum Thema Gott auch die »Black-Box« als eine sich durch die Einheit ziehende Inszenierung der Gottesfrage gewählt. Sie versinnbildlicht, bei allen Antwortbemühungen, die grundsätzliche Offenheit der Gottesfrage. Die »Black-Box« bildet somit den einen Pol dieser Unterrichtseinheit. Der andere wird durch die Umkehrung des Leitmotivs der Aufklärung »etsi Deus non daretur – auch wenn es Gott nicht gäbe«! markiert: Als »Gehen wir einmal davon aus, dass es Gott gibt!« Die Perspektive des »etsi deus non daretur!« ist für die Jugendlichen eine selbstverständliche Alltagserfahrung. Ein neuer Horizont, ein neuer Blick auf ihr Leben wird deshalb gerade durch die Umkehrung dieser Alltagserfahrung möglich.

Die bergende Kraft Gottes soll nun aber nicht durch die »Präsentation« eines möglichst monolithischen und eindimensional geglätteten Gottesbildes erfahren werden, sondern in der Vielfalt und Unfassbarkeit Gottes aufleuchten. Auch das symbolisiert die Black-Box. Am Ende eines jeden Bausteins steht deshalb alles andere als zufällig die Doxologie: »etsi deus daretur, summa gloria dei! – wenn es Gott gibt, dann ist es das Größte ihn zu loben!«

Baustein 1
Annäherung an die Vielfältigkeit Gottes über eine »Black-Box-Inszenierung«
(90 Min.)

Ziel: Die Konfirmand/innen …

▶ setzen sich mit ihrer Gottesvorstellung und der Begrifflichkeit des 1. Artikels auseinander.

▶ erkennen die Vielschichtigkeit und Erfahrungsabhängigkeit unserer Gottesbilder.

Material

▶ Paket oder Karton; schwarze Klebefolie; Bibel; Kreuz; Kerze; Kerzenständer.

▶ **M 1–3**

▶ **M 4** (Glaubensartikel auf Papierstreifen)

▶ verschiedenfarbige DIN-A6-Zettel; CD mit meditativer Musik (z. B. Music for Healing Vol. 1); Gesangbücher.

Vorbereitung: Zunächst wird, falls nicht vorhanden, eine »Black-Box« (schwarze Kiste in mittlerer Postpaketgröße) hergestellt. Dazu wird ein Paket oder Karton mit schwarzer Kunststofffolie beklebt (Wichtig: Der Karton muss weiterhin zu öffnen sein!) Das ist nicht nur einfacher und »sauberer« als anmalen, es erhöht auch die Haltbarkeit der Kiste.

In der Kiste werden die Altargegenstände (Bibel, Kreuz, Kerze mit Ständer) so verpackt (Knüllpapier), dass sie auch beim Hochheben und Schütteln der Kiste nicht hörbar aneinander schlagen.

Die Black-Box wird in die Mitte des Stuhlkreises als stummer Impuls gestellt (eventuell auf DIN-A3-Blatt die Frage »Was ist das?« dazulegen).

1. Begegnung mit der Black-Box

Die Konfirmand/innen betreten den Raum. In der Mitte des Stuhlkreises liegt der große schwarze Karton. Eine Phase der Verwunderung mit Fragen wie »Was ist denn das?« wird ausgehalten und weitere Fragen werden ignoriert. Gleichzeitig wird verhindert, dass ein/e Konfirmand/in die Box in die Hand nimmt.

Der/die Unterrichtende ergreift nach einer kurzen, aber bewusst eingehaltenen Schweigephase das Wort und kann sich dabei (vermutlich) auf die im Raum stehende Frage beziehen: »Ja, was ist das in der Mitte? Was könnte sich denn eurer Meinung nach in der schwarzen Kiste verbergen? Aber nicht anfassen oder schütteln!«

Die Konfirmand/innen äußern ihre Vermutungen.

Nach (vermutlich) vergeblichen Ratebemühungen ergeht folgender Impuls: *»In der Kiste ist Gott! – Ja, ihr habt richtig gehört! Was wird da zum Vorschein kommen? Was denkt ihr?«*

Die Konfirmand/innen äußern weiter ihre Vermutungen. Der/die Unterrichtende gibt aber auch bei einer »richtigen« Antwort das Geheimnis nicht preis, um den Spannungsbogen aufrecht zu halten!

*»Manch eine oder einer von euch mag jetzt denken ›Blödsinn! Gott ist doch ganz anders!‹ Aber wie ist er? Und wie oder was ist er nicht? Ich vermute, jeder von euch hat eine Vorstellung, vielleicht sogar ein inneres Bild von Gott. Ihr bekommt ein Blatt (**M 1**), mit dessen Hilfe ihr eure Gedanken und Bilder zu Gott ordnen könnt. Ihr zieht euch für 10 Minuten hier im Raum an einen Ort zurück, wo ihr ganz für euch seid. Anschließend kommt ihr wieder in den Stuhlkreis!«*

Bei kleinen Konfirmandengruppen (bis zehn oder elf Konfirmand/innen) bleibt die Gruppe zusammen und stellt sich gegenseitig ihre Gottesbilder und gedanken vor. Ansonsten werden Kleingruppen gebildet. Jede Kleingruppe sollte eine/n ehrenamtliche/n Mitarbeiter/in als Leitung haben. Werden die Gottessteckbriefe in der Gesamtgruppe vorgestellt, so werden sie nach einer Vorstellung an die »Black-Box« gelegt.

»Jede und jeder von uns hat eine andere Vorstellung von Gott. Bei dem einen hat Gott diese Eigenschaften, bei der anderen jene. Das hat viel mit unseren Lebenserfahrungen zu tun und mit den Erfahrungen, die wir dabei mit Gott gemacht haben. Das hat aber auch damit zu tun, dass wir nie das Ganze von Gott sehen können. Wir nehmen immer nur einen Teil Gottes wahr und manches bleibt uns auch einfach verborgen.«

[Wer möchte, kann an dieser Stelle eine Wahrnehmungsübung machen: Vier Konfirmand/innen werden die Augen verbunden, sie befühlen an verschiedenen Stellen einen Gegenstand (z. B. Teile eines zerlegten Fahrrades, eine Stehlampe, einen Hochdruckreiniger etc.): *»Was ist das? Beschreibt einmal, was ihr fühlt!«*]

»Da kann es uns vielleicht so gehen, wie den Menschen in der folgenden Geschichte:«

Die Geschichte vom Elefanten (M 2) wird frei erzählt oder vorgelesen.

2. Gottesvorstellungen werden auf den Tisch gelegt

Der 1. Artikel des Glaubensbekenntnisses (**M 4**) wird als Schriftzug in die Mitte des Stuhlkreises gelegt. Die Wörter »Vater«, »allmächtig« und »Schöpfer« sind fett gedruckt und als ganze Worte herauszunehmen. Um der Lesbarkeit willen kann man auch den Schriftzug, oder zumindest die Wörter »Vater«, »allmächtig« und »Schöpfer« zweimal in die Mitte legen.
Impuls: »Ihr habt an euren Vorstellungen, Gedanken und Bildern gemerkt: Es gibt nicht die Vorstellung, den Gedanken oder das Bild von Gott. Aber auch: manche Vorstellungen ähneln sich, lassen sich in einem Bild in einem Begriff zusammenfassen. In der Geschichte vom Elefanten sind es drei verschiedene Beschreibungen, die jeweils die andere auszuschließen scheinen. Wie kann man Gott zusammenfassend beschreiben, ohne bestimmte Sichtweisen oder Erfahrungen anderer Menschen auszublenden? Ein Text, ihr kennt ihn alle, denn er wird bei vielen Gelegenheiten im Gottesdienst gesprochen, hat solche Aussagen und Bilder zusammengefasst und gebündelt. Der Text lautet (während des Sprechens auslegen!):

»Ich glaube an Gott den Vater, den Allmächtigen, den Schöpfer des Himmels und der Erde. ›Vater‹, ›allmächtig‹

und ›Schöpfer‹ sind die drei Bezeichnungen bzw. Eigenschaften mit denen unser Glaubensbekenntnis von Gott redet.

- Wo zeigt sich Gott wie ein Vater?
- Wo erscheint er allmächtig?
- Wo wirkt er als Schöpfer?

Geht zu zweit zusammen und diskutiert miteinander diese drei Fragen. Eure Antworten notiert bitte auf den hier in drei Farben bereitliegenden DIN-A6-Zetteln (hellblau ~ Vater; rosa ~ allmächtig; hellgrün ~ Schöpfer). Ihr habt dafür 10 Minuten Zeit.«

Sitzen die Konfirmand/innen wieder im Stuhlkreis, ergeht folgende Arbeitsanweisung: *»Bitte stellt den anderen eure Ergebnisse vor. Das machen wir in drei Durchgängen. Zuerst eure Überlegungen zu Gott, dem Vater, dann zu Gottes Allmacht und schließlich zu Gott, dem Schöpfer. Nach dem Vorstellen legt eure Zettel genau wie eure Steckbriefe an die Black-Box.«*

Die gegliederte Vorstellung ist wichtig, damit die Konfirmand/innen auch die Vielfalt, die allein schon in einer Gottesaussage steckt, erfassen können.

Liturgischer Abschluss

Impuls: Wir haben viel über unsere Vorstellungen und die von anderen Menschen von Gott nachgedacht. Ich hatte ja zu Beginn des Nachmittags gesagt ›Hier in der Kiste ist Gott!‹ und jetzt wird das Geheimnis ein wenig gelüftet. Der Gegenstand sagt eine Menge über Gott aus. Er beleuchtet noch einmal die drei Eigenschaften, mit denen wir uns gerade beschäftigt haben, und lässt sie für uns in einem neuen Licht erscheinen. (Eine Kerze mit Ständer wird herausgeholt, auf die Black-Box gestellt und angezündet.) Gott ist das Licht der Welt! Alle unsere Bilder und Vorstellungen von ihm bekommen in diesem Licht ihren Glanz.

In der Bibel wird Gott auf ganz vielfältige und verschiedene Weise vorgestellt. Die Bibelworte, die ich jetzt um die Mitte herum auslege, stammen vorwiegend aus den Psalmen. Schaut Sie euch in aller Ruhe an. Sucht euch dann einen Vers aus, von dem ihr sagt, dass er gut zu euren Erfahrungen und Vorstellungen von Gott passt.

Die Psalmverse (**M 3/1** und **M 3/2**) werden ausgelegt. Solange die Konfirmand/innen sich ein Wort aussuchen, kann leise Musik (z. B. Music for Healing Vol. 1) gespielt werden.

Nachdem alle ihr Wort ausgesucht haben, bildet die Gruppe im Stehen einen Kreis. Wenn drei oder vier Konfirmand/innen ihr Bibelwort vorgelesen und in die Mitte an die »Black-Box« gelegt haben, kann ein Liedvers gesungen werden, z. B. EGwü 646 »Aus Gottes guten Händen« oder auch »Gelobet sei der Herr« (EG 139).

Es ist darauf zu achten, dass nicht schon gelesen wird, während jemand noch seinen Textvers in die Mitte legt. Die Worte können nur dann bei den Beteiligten nachklingen, wenn es zwischen den Lesungen eine kurze Pause gibt.

Zum Abschluss eignet sich das **Lied:** »Ich lobe meinen Gott von ganzem Herzen« (EG 272).

Baustein 2
»Arbeit am Gottesbegriff« (90 Min.)

Ziel: Die Konfirmand/innen …

- nehmen unterschiedliche Gottesbilder in den Gleichnissen wahr,
- setzen sich mit ihnen auseinander,
- bringen sie in Kontakt mit ihrer eigenen Persönlichkeit.

Material: Rote und grüne DIN-A6-Zettel; **M 5**; Gesangbücher; Black-Box; Kerze; Bibel.

1. Ein Leben mit Einfluss

In der Mitte steht die Black-Box (die Kerze wird erst später aufgestellt). Um die Kiste herum werden entweder als Zettel oder in Bildform folgende Begriffe gelegt:

- Lehrer,
- Eltern,
- Geschwister,
- Freunde,
- Trainer.

Impuls: »Ihr seht rings um die Kiste lauter Personen versammelt, die allen von euch bekannt sind. Sie alle nehmen Einfluss auf euer Leben, greifen mehr oder weniger darin ein.

Wie wünscht ihr euch, dass Mutter, Vater, Lehrer, Geschwister, Trainer Einfluss auf euer Leben nehmen und wie wünscht ihr es euch gerade nicht? Beantwortet diese Fragen einmal in Bezug auf jede dieser Personen gesondert. Schreibt eure Wünsche auf grüne Zettel und das, was ihr nicht wünscht, auf rote Zettel.« Nach einer etwa fünfminütigen Schreibphase werden die Aussagen der Konfirmand/innen gesammelt und an die entsprechenden Zettel bzw. Bilder gelegt.

2. Wie greift Gott ein? – Antworten anhand von Gleichnissen

Impuls: »Euch nahestehende Menschen, Personen, mit denen ihr täglich oder wöchentlich zu tun habt, nehmen Einfluss auf euer Leben – im Guten wie im Bösen. Wie und in welcher Weise nimmt Gott Einfluss? Wie begegnet er euch? ›Er ist Vater, er ist allmächtig, er ist der Schöpfer‹, so spricht der 1. Artikel des Glaubensbekenntnisses von Gott. Und was bedeutet das für mich?

Martin Luther hat in seiner Erklärung zu diesem Artikel geschrieben ›Ich glaube, dass mich Gott geschaffen hat … [mich] reichlich und täglich versorgt, in allen Gefahren beschirmt und vor allem Übel behütet und bewahrt; und das alles aus lauter väterlicher Güte und Barmherzigkeit …‹ Wenn das so ist, dann kann man ja fragen: Wie macht Gott das? Wie greift er in mein Leben ein? Und wonach richtet er sich dabei, nach meinen oder nach seinen Vorstellungen?

Jesus hat viele Geschichten erzählt, in denen er versucht, mit alltäglichen Geschehnissen oder Bildern den Menschen Gottes Handeln zu erklären. Gleichnisse werden diese besondere Form von Geschichten genannt. Einige kennt ihr ganz bestimmt aus dem Religionsunterricht. Drei Gleichnisse habe ich ausgesucht, um der Frage nach dem Handeln Gottes in meinem Leben nachzugehen.«

Es werden drei Gruppen nach dem Überlaufprinzip gebildet. Jede Gruppe erhält ein Gleichnis zur Bearbeitung (**M 5a–c**). Will man die Gleichnisse als Standbild präsentieren, sind Mitarbeiter/innen zur Begleitung der Gruppe unerlässlich, um das Gespräch zu koordinieren und das Standbild anzuleiten. Wenn man keine Mitarbeiter/innen zur Verfügung hat, kann man auch mehrere Standbilder von unterschiedlichen Personen bauen lassen. Es sollten nicht mehr als acht Personen pro Standbild mitspielen. Die Gruppenphase sollte ca. 45 Min. betragen.

Anschließend erfolgt die Präsentation der Standbilder im Plenum in Form eines Interviews, das jemand der Mitarbeiter/innen führt.

Wie ein Standbild erarbeitet wird: Siehe die »Anleitung zum Standbild« auf der folgenden Seite.

Mögliche Rollen in den Gleichnissen:

1. *Vom verlorenen Sohn:*
   Vater; jüngerer Sohn; älterer Sohn; das Geld; das Fest; der Abschiedsschmerz des Vaters; die Sehnsucht des Sohnes.

2. *Von den anvertrauten Pfunden:*
   Fürst; der erste Knecht; der zweite Knecht; der dritte Knecht; die 10 Pfund; die Angst.

3. *Von den Arbeitern im Weinberg:*
   Der Hausherr; der Silbergroschen; der Weinberg; die zuerst angestellten Arbeiter; die zur Mittagszeit angestellten Arbeiter; die zuletzt angestellten Arbeiter; die Gerechtigkeit.

Nach der Kleingruppenarbeit erfolgt in der Gesamtgruppe die Vorstellung der Standbilder. Zu der Form des Interviews siehe die Anregungen im Kasten »Anleitung zum Standbild«.

Liturgischer Abschluss

In der Mitte des Stuhlkreises liegt die »Black-Box«. Die Kerze aus dem ersten Baustein wird angezündet und als weiterer Gegenstand wird die Bibel aus der Black-Box geholt: »Wer ist Gott? Auf welch unterschiedliche Art und Weise Gott mit uns umgehen kann, wie er unser Leben beeinflussen und darin eingreifen kann, ist in der Bibel aufgeschrieben. Wir haben in den drei Gleichnissen ganz Unterschiedliches über das Eingreifen Gottes gehört. Deshalb lege ich heute als zweiten Gegenstand die Bibel in unsere Mitte. In ihr werden Geschichten von Menschen erzählt, die etwas von Gottes Eingreifen berichten. Wie wirkt Gott? Wie geht er mit mir um? Ihr habt viel gehört. Was nehmt ihr mit? Jede und jeder überlegt sich jetzt bitte einen Satz, der etwa diese Form haben könnte: ›Gott ist für mich … (Beispiele: wie ein Trainer / wie der Vater aus der Geschichte vom verlorenen Sohn), denn er …‹ (zeigt mir, was richtig und was falsch ist in meinem Leben / hat mich immer mit offenen Armen empfangen, egal was ich gemacht habe).«

Nach einer Phase der Besinnung (ein bis zwei Minuten, auch hier kann, um den Körper zu beruhigen und die Gedanken zu sammeln, Musik wie in Baustein 1 eingespielt werden) wird reihum der Satz gesagt. Nach fünf bis sechs Sätzen kann als Liedvers »Ich lobe meinen Gott von ganzem Herzen …« (EG 272) gesungen werden. Mit dem Vaterunser wird die Runde beendet. Das Gebet kann so eingeleitet werden: »Ein Bild von Gott hat Jesus uns ganz besonders nahe gebracht: Das Bild von Gott als Vater! Im Gleichnis vom verlorenen Sohn und in dem Gebet, das Jesus seinen Jüngern und uns gelehrt hat: Vater unser …«

Lied zum Abschluss: »Geh unter der Gnade …« (EG 543).

Anleitung zum Standbild

Beim Standbild wird (im Unterschied zum Rollenspiel) keine Sequenz gespielt, sondern es werden Haltungen, Gefühle und Beziehungen dargestellt. Auf diese Weise wird eine Geschichte körperlich erlebt und vor allem wird das Beziehungsgeflecht der Personen in der Geschichte sichtbar. Im Standbild können neben Personen auch Gefühle (wie z. B. Angst) und Gegenstände (wie z. B. ein Geldstück) als Rolle besetzt werden. Es hat eine gewisse Nähe zum Bibliodrama.

Rahmenbedingungen:
Alles, was man dazu braucht, ist eine freie Fläche ohne Stühle und Tische und Personen, die sich auf diese Form des Arbeitens einlassen.

Die Gruppengröße für das Standbild sollte acht Personen nicht übersteigen. Wenn die Gruppe größer ist, kann man manche Rolle doppeln und der Rest der Teilnehmer/innen ist in diesem Fall Beobachter und kann u. U. ein zweites Standbild bauen.

Warming-up:
Da es um Haltungen und Gefühle geht, macht es Sinn, mit einer kleinen Warm-up-Übung anzufangen. Es werden verschiedene Gefühle benannt und jede/r muss sich blitzschnell überlegen, wie er oder sie das in einer Körperhaltung ausdrücken will. Welche Haltung nehme ich ein, wenn ich freundlich oder ärgerlich, überrascht oder gelangweilt bin?

Bauphase

Es braucht eine Person aus der Konfirmandengruppe, die den oder die Erbauer/in spielt. Er oder sie wird unterstützt von dem/der Pfarrer/in oder Teamer/in. Der/die Erbauer/in darf laut denken und seine/ihre Handlung begründen. Die anderen Personen dürfen die Haltung zwar kommentieren, aber nicht verändern oder nur mit Genehmigung des Erbauers bzw. der Erbauerin.

Es kommt darauf an, idealtypische Haltungen für die jeweiligen Rollen/Personen herauszufinden und sie so prägnant darzustellen, dass erkennbar wird, worum es geht. Gibt es eine typische Geste, Handbewegung, Körperhaltung? Ist jemand interessiert, gelangweilt, freundlich oder ärgerlich? In welcher Beziehung stehen die Personen untereinander, ganz nah oder distanziert, berühren sie sich, schauen sie sich an? Steht, liegt oder geht jemand? Dazu werden den verschiedene Positionen ausprobiert. Erst ganz am Ende, wenn alle Personen stehen, wird nochmals eine Feinjustierung vorgenommen: Wohin geht der Blick, wer berührt wen, stimmen Nähe und Distanz? Dann macht der/die Leiter/in einen Schnitt und das Standbild wird »eingefroren«.

Interview

Personen werden in ihren Rollen interviewt:

- Wie geht es dir in deiner Rolle z. B. als verlorener Sohn?
- Was fühlst und denkst du?

Weiter nach Beziehungen fragen und Beobachtungen verbalisieren:

- Wie ist das denn, wenn der Vater dich so freundlich empfängt und umarmt?
- Hast du auch deinen Bruder gesehen?

Jedes Einzelinterview wird abgeschlossen mit der Frage: Wenn du einen Satz zu deiner Befindlichkeit sagen könntest, wie würde der lauten?

Baustein 3
Gott in meinem Leben

Ziele: Die Konfirmamandinnen ...

- fragen nach dem Wirken Gottes in dieser Welt und in ihrem Leben
- entwickeln anhand des Films »Spin« eine Haltung zu der These »Diese Welt ist die Beste aller möglichen Welten«
- können für sich eine Antwort nach dem Wirken Gottes formulieren

Material: Film auf You Tube unter: http://www.youtube.com/watch?v=oP59tQf_njc; **M 6**; **M 7**

Soziometrische Übung mit Interviews
(ca. 25 Min.)

Arbeitsanweisung: *Denkt euch eine lange diagonale Linie quer durch den Raum. Entlang dieser Linie gibt es verschieden Positionen zu dem Bekenntnis: Ich glaube an Gott. An dem einen Ende steht die Position ›Ich bin mir ziemlich sicher, dass es Gott gibt!‹ am anderen Ende lautet die Position ›Nein, Gott gibt es nicht wirklich!‹ Und natürlich gibt es auch dazwischen Positionen [Leiter/in stellt sich in die Mitte der imaginären Linie]. Glaube und Unglaube halten sich bei mir die Waage. Manchmal denke ich: ›Ja Gott gibt es!‹ und dann wieder ›Nein, das kann nicht sein!‹ Bitte ordnet euch entsprechend eurer Position auf dieser Linie ein.*
Die Konfirmand/innen stellen sich.

Interviewphase: Grundsätzlich ist es sinnvoll, sowohl hinsichtlich der Positionen als auch der Geschlechter zu wechseln. Beim Interview ist es für die Kommunikation in der Gruppe hilfreich, sich neben und nicht vor die/den interviewte Konfirmandin/en zu stellen. So spricht die/der Konfirmand/in zur Gruppe und sucht auch Augenkontakt zur Gruppe und nicht zum Interviewer. Vier bis fünf Jugendliche werden pro ›Stellrunde‹ interviewt. Entscheidend ist es, Gesprächsanstöße zu geben und offene Frage zu stellen. Die Interviews leben von der Atmosphäre ›alles sagen zu können‹. Folgende Passagen sind nach dem ›Interview‹ aus dem Gedächtnis aufgeschrieben worden. Die Antworten der Konfirmanden waren jeweils deutlich länger:

INTERVIEWER: »Rieke, du stehst ja eher bei ›Gott gibt es‹! Kannst du uns sagen, was dich hier stehen lässt und nicht auf der anderen Seite?«

RIEKE: »Ich kann mir das gar nicht anders denken, also das steht für mich eigentlich außer Frage. Gott ist da.«

INTERVIEWER: »Ist das mit dem Glauben an Gott bei dir immer gleich, oder gibt es da Unterschiede?«

RIEKE: »Also wenn es mir gut geht, dann denke ich auch, Gott ist da und passt auf dich auf.«

INTERVIEWER: »Holger, du stehst auf der anderen Seite. Was spricht für dich denn gegen Gott.«

HOLGER: »Also, ich stehe hier, weil die Frage war ja ›gibt es Gott?‹ Und da denke ich, Gott gibt es nicht an sich. Es gibt ihn nur als Gedanken der Menschen.«

INTERVIEWER: »Heißt das für dich, wenn es keine Menschen mehr gibt, dann gibt es auch keinen Gott mehr?«

HOLGER: »Genau, wenn es keine Menschen mehr gibt, die an ihn denken, dann existiert er auch nicht mehr. Das Weltall, die Natur und so, das bleibt natürlich trotzdem bestehen.«

Arbeitsanweisung: *Die »Linie« bleibt, nur die Aussage, zu der ihr euch positioniert, ändert sich. Sie lautet: »Gott greift in mein Leben und in das Geschehen dieser Welt ein.« An dem einen Ende steht die Position ›Ja, Gott greift immer und überall in mein Leben und auch in das Leben anderer ein!‹ Am anderen Ende ›Nein, Gott greift überhaupt nicht ein. Alles was ich tue, bestimme ich selbst bzw. andere Menschen!‹*

INTERVIEWER: »Sophie, so wie du dich positioniert hast, bedeutet das: Du stehst zu dem Satz ›Gott greift in mein Leben ein!‹«

SOPHIE: »Ja, schon. Also Gott ist nicht nur einfach da. Er tut auch was.«

INTERVIEWER: »Und du hast das schon erlebt, dass er etwas für dich tut?«

SOPHIE: »Ja, wir hatten mal einen Autounfall, weil mein Vater nicht aufgepasst hat, und wir sind alle heil aus dem Auto ausgestiegen, obwohl wir von der Fahrbahn abgekommen sind. Da hätte viel mehr passieren können. Ja, und dann gibt es noch private Sachen.« [Privatsphäre wahren, nicht nachbohren!]

INTERVIEWER: »Ich höre raus, dass du Gottes Wirken vor allem dann spürst, wenn es nicht so gut läuft!«

SOPHIE: »Beim Unfall war das anders, da haben wir im Auto alle noch gelacht. Da war richtig gute Stimmung. Und dann ist der Unfall passiert und wir sind gerettet worden!«

INTERVIEWER: »Und wenn es dir schlecht geht? Bittest du Gott dann darum, dass er in dein Leben eingreift?«

SOPHIE: »Schon. Und machmal ist das dann auch so, dass sich etwas verändert!«

INTERVIEWER: »Peter, so wie du dich positioniert hast, denkst du vermutlich nicht, dass Gott in dein Leben eingreift, oder?«

PETER: »Nein. Aber ich mache das manchmal auch zu Gott reden, obwohl ich weiß, dass es ihn nicht wirklich gibt und nur wir selbst etwas verändern können.«

INTERVIEWER: »Und warum machst du das?«

PETER: »Weil es mir irgendwie hilft. Es geht mir dann besser.«

Film anschauen (10 Min.)

Impuls: *»Greift Gott ein? Und lässt er sich durch unser Beten dazu bewegen, einzugreifen? Wir sehen jetzt einen Film, der genau diese Frage zum Thema hat. Zwei Kisten und ein junger Mann scheinen vom Himmel zu fallen. Er geht eine Straße entlang und kommt zu einem Platz. Dort baut er seine Turntables auf. An diesem Ort ist gerade ein Radfahrer verunglückt. Andere, ganz unterschiedliche Menschen kommen dazu. Jede/r von Euch konzentriert sich auf eine Person bzw. eine Personengruppe. Dazu bekommt ihr Beobachtungskarten.* (**M 6** wird an die Konfirmanden ausgeteilt.)

[Die zentrale »Figur« ist sicherlich der DJ. Er durchlebt ein Wechselbad der Haltungen und Gefühle während des Films. Eng damit verbunden ist die Frage nach dem »Wesen« dieser Person. Ist es ein Engel, womöglich ein gefallener Engel (Abwischen des Lippenstiftes ganz zu Beginn des Films!)?

Ist es Gott selbst in jugendlicher Gestalt? Die beteiligten Personen zeigen in den verschiedenen Variationen und »Neugestaltungen« der Unfallszene ganz unterschiedliche Züge ihres Charakters. Die Botschaft des Films ist klar: es gibt sowohl negative wie positive »Screwball-Effekte«, die auch entsprechende Verhaltensweisen und Einstellungen ›wach-

rufen‹. Dies gilt es durch die differenzierten Beobachtungsaufgaben herauszuarbeiten. Je nach Gruppengröße sollte man einzelne Beobachtungsaufgaben an mehrere Jugendliche verteilen, insbesondere die Karte des DJ.]

Der Film wird angeschaut.

Einzelarbeit »Meine Beobachtungen« (5 Min.)

Arbeitsanweisung: *»Lasst den Film vor eurem inneren Auge noch einmal ablaufen und notiert eure Beobachtungen!«* [Auf Stille und Konzentration achten!]

Austausch der Beobachtungen in Kleingruppen (10 Min.)

Jede/r von uns hat zwar denselben Film gesehen, aber wir haben ganz unterschiedliche Beobachtungen und Eindrücke. Eure Beobachtungen und Eindrücke tauscht bitte anhand eurer Notizen in vier Kleingruppen miteinander aus:

- Gruppe 1 (alle mit Karte 1): DJ-Gruppe
- Gruppe 2 (alle mit Karten 2 und 8): Ehepaar und telefonierender Mann im Anzug
- Gruppe 3 (alle mit Karten 3 und 4): Mutter/Tochter und Gang
- Gruppe 4 (alle mit Karten 5–7): Dealer, Akrobat und Frau mit Hund/junger Mann mit Handy

Auswertungsgespräch (20 Min.)

Impuls: *»Wer oder was ist der DJ in diesem Film? Wie ist er euch vorgekommen? Bevor wir die Beobachtungsgruppe ›DJ‹ dazu hören, sagen einmal die anderen, wer oder was der DJ in ihren Augen ist?«*

Antworten der Konfirmanden sammeln *[Gott selbst, Jesus, Engel, »Beauftragter Gottes« sind zu erwartende Antworten]*

»Hören wir nun die DJ-Gruppe. Aber zunächst einmal: Was habt ihr am DJ wahrgenommen? Wie tritt er auf?«

Die DJ-Gruppe äußert sich.

Was spricht denn eurer Meinung nach für welche Deutung. Was ist typisch »Engel« und was wäre typisch »Gott«? [Erwartete Antworten: Für »Engel« spricht nach Aussage von den Konfirmanden, dass er vom Himmel fällt und dass er eine Aufgabe hat, die er erfüllen muss, deshalb läuft er auch am Schluss weg, Gott läuft nicht weg. Für Gott spricht, dass er ›Dinge‹ verändern und Menschen retten kann (Für manche Konfirmand/innen ist das auch ein Beleg dafür, dass es Jesus ist, weil er auch Menschen geholfen hat!)]

Weitere Impulsfragen für das Auswertungsgespräch:

- *»Kennt ihr Engel in der Bibel und was ist denn eine ›typische Engelaufgabe‹?«*
- *»Wie verändert der DJ das Leben der Menschen Was ist sein Ziel?«*
- *»Weiß der DJ im Voraus, was passieren wird?«*
- *»Was macht der DJ und was machen die Personen im Film selber? Wie wirkte zum Beispiel das Mädchen auf die »Gang-Gruppe« ein?«*

Impuls: *»Wie ist das für euch? Greift Gott in unser Leben ein, verändert er Lebensabläufe?«*

Weitere Impulse: *Lässt Gott sich dazu bewegen, etwas in meinem Leben zu verändern, das sonst vielleicht anders abgelaufen wäre?«*
»Wie verändert Gott etwas? Im Film ist er selbst gekommen bzw. hat einen Engel geschickt. Wie geschieht das im wirklichen Leben?«

Abschluss: Er sollte je nach den Äußerungen unterschiedlich gestaltet werden. Nach Möglichkeit sollten Äußerungen der Konfirmanden für ein »Schlussvotum« genutzt werden.

Überleitung: »Nicht nur wir hier, auch sogenannte berühmte Menschen machen sich Gedanke über den Sinn des Lebens, über Gott und was er bzw. sein Wirken bedeuten könnte. [Karten **M 7** aus der Black-Box holen. Auf der Vorderseite sind die Sätze abgedruckt, auf der Rückseite, wer sie gesprochen hat und was diese Person in ihrem Leben gemacht hat bzw. was sie geleistet hat] Ich lege diese Karten hier im Raum aus und bitte euch in einem kleinen Spaziergang euch die Karten durchzulesen und am Schluss dort zum Stehen zu kommen wo ihr sagt: Den Satz finde ich auch gut!«

Die Konfirmanden begeben sich auf den Textspaziergang. Stehen alle Konfirmand/innen an »ihrem« Zitat, erhalten sie die Erlaubnis, das Zitateblatt umzudrehen und zu lesen, von wem dieser Satz stammt.

Der die Unterrichtende geht zu einzelnen Konfirmand/innen und interviewt sie: Mögliche Fragen:

- »Was hat dich an diesem Satz angesprochen?«

- »Kennst du die Person von der dieser Satz stammt?«
- »Vermutest du, dass ihre Meinung/Haltung etwas mit den Erfahrungen in ihrem Leben zu tun hat?«

Mögliches Schlussvotum: »Gott ist immer derselbe und zeigt sich in jedem Leben anders. Wir wollen ihn erkennen und fassen, aber irgendetwas fehlt immer. Deshalb stand diese »Black-Box« die letzten Nachmittage in unserer Mitte. Es ist etwas drin, es kommt etwas heraus und es bleibt ein Geheimnis, wie er uns begegnet. *[Karten wieder einsammeln und in die Black-Box legen und Bibel herausnehmen]*. Was wir haben, ist sein Wort. Und mit seinen Worten können wir zu ihm sprechen. Wir beten gemeinsam: Vater unser …«

Materialien zu diesem Beitrag auf CD-ROM

M 1 MEIN GOTT

M 2 DIE BLINDEN UND DER ELEFANT

M 3/1 PSALMVERSE

Der Herr ist mein Hirte, mir wird nichts mangeln.

Der Herr, mein Fels, meine Burg, mein Erretter.

Du bist mein Fels und meine Burg.

Siehe, des Herren Auge achtet auf alle, die ihn fürchten.

Denn bei dir ist die Quelle des Lebens und in deinem Lichte sehen wir das Licht.

Gott ist unsere Zuversicht und Stärke, eine Hilfe in großen Nöten.

Der Herr, der Allerhöchste, ist heilig, ein großer König über die ganze Erde.

Gott selbst ist Richter.

Wo ist so ein mächtiger Gott, wie du, Gott?

M 3/2 PSALMVERSE

Gott, der Herr, ist Sonne und Schild.

Gott, meine Zuversicht und Burg, mein Gott, auf den ich hoffe.

Der Herr ist freundlich und seine Güte währet ewiglich.

Wie sich ein Vater über Kinder erbarmt, so erbarmt sich der Herr über die, die ihn fürchten.

Von allen Seiten umgibst du mich und hältst deine Hand über mir.

Gott, meine Hilfe und meine Burg, mein Schutz und Erretter, mein Schild auf den ich traue.

Du bist mein Schirm, du wirst mich vor Angst behüten.

Ich will euch trösten, wie einen seine Mutter tröstet.

M 4 GLAUBENSARTIKEL

Ich glaube an Gott, den **Vater**, den **Allmächtigen**, den **Schöpfer** des Himmels und der Erde. Ich glaube an Jesus Christus, seinen eingeborenen Sohn, unsern Herrn, empfangen durch den Heiligen Geist, geboren von der Jungfrau Maria, gelitten unter Pontius Pilatus, gekreuzigt, gestorben und begraben, hinabgestiegen in das Reich des Todes, auferstanden von den Toten, aufgefahren in den Himmel; er sitzt zur Rechten Gottes, des allmächtigen Vaters; von dort wird er kommen, zu richten die Lebenden und die Toten. Ich glaube an den Heiligen Geist, die heilige christliche Kirche, Gemeinschaft der Heiligen, Vergebung der Sünden, Auferstehung der Toten und das ewige Leben. Amen

M 5a ARBEITSBLATT ZUM GLEICHNIS VOM VERLORENEN SOHN

M 5b ARBEITSBLATT ZUM GLEICHNIS VON DEN ANVERTRAUTEN PFUNDEN

M 5c ARBEITSBLATT ZUM GLEICHNIS VON DEN ARBEITERN IM WEINBERG

M 6 BEOBACHTUNGSKARTEN

M 7 ZITATE FÜR TEXTSPAZIERGANG

Thomas Ebinger

Andere glauben anders – (k)ein Grund, sich zu streiten?

Andere Religionen sind ein Thema für Konfirmand/innen. In der Schule sind sie befreundet mit Muslimen, erleben aber auch, dass diese nicht am Religionsunterricht teilnehmen, sondern – wenn sie ihre Religion ernst nehmen – in den Koranunterricht gehen oder sogar in den in einigen Bundesländern erst vor kurzem eingeführten schulischen islamischen Religionsunterricht. In den Medien werden andere Religionen regelmäßig erwähnt, allerdings leider häufig in einem Problem-Kontext von Radikalismus und Gewalt. Erst 2010 hat ein Bundespräsident zum ersten Mal deutlich ausgesprochen, was viele Jugendliche erleben: Der Islam gehört zu Deutschland. Viele Versatzstücke aus anderen Religionen, etwa die Reinkarnation, wandern ein in die Vorstellungen der Jugendlichen von Glaube und Religion. Meist ohne es zu wissen leben viele heute eine Patchwork-Religion, in der die »kirchliche Orthodoxie« praktisch keine Rolle mehr spielt. Es ist nur noch entscheidend, welche Vorstellung und Überzeugungen man sympathisch findet.

Andere Religionen sind bisher praktisch kein Thema für die Konfirmandenarbeit. Während in der Schule andere Religionen Pflichtthema für die Bildungspläne sind, spielen sie in der Konfirmandenarbeit vor Ort und in den veröffentlichten Unterrichtswerken fast keine Rolle, ein Mangel, den auch die empirische Studie zur Konfirmandenarbeit festgestellt hat.[1] Will man die Konfirmandenarbeit bewusst freihalten von der Herausforderung und Anfechtung, dass andere anders glauben? Ist es nur Bequemlichkeit? Und lässt man die Konfirmand/innen, die sich bei ihrer Konfirmation mit dem inhaltsreichen apostolischen Glaubensbekenntnis zum christlichen Gott bekennen, damit nicht allein bei den Gesprächen mit Andersgläubigen?

Eine Erfahrung aus dem heute auf vielen Ebenen gepflegten Dialog mit anderen Religionen ist, dass das Bewusstsein für das eigene Profil nicht verwischt, sondern geschärft wird. Gleichzeitig erlebt man, dass trotz verschiedener Überzeugungen Verständnis füreinander entwickelt wird und die jeweiligen Gesprächspartner sensibel miteinander umgehen. Das hat auch seinen Grund. Alle Religionen kennen neben der Mission auch die Liebe und den Respekt vor dem Fremden und dem Andersgläubigen. Dieser hat vielleicht Einsichten in Wahrheiten, die einem selbst bisher verschlossen blieben oder eine religiöse Praxis, die auch für das eigene Glaubensleben Impulse geben kann.

Wenn andere Religionen im Rahmen der Konfirmandenarbeit vorkommen, muss die Beschäftigung mit ihnen einen anderen Schwerpunkt haben als im schulischen Umfeld. Es kann nicht um Religionskunde, um das Wissen über andere Religionen gehen. Dieses Wissen ist vorauszusetzen bzw. vorher zu erfragen. In der Konfirmandenarbeit geht es im Rahmen der Vorbereitung auf einen Bekenntnisakt im Konfirmationsgottesdienst darum, in einer multireligösen Gesellschaft auskunfts- und gesprächsfähig zu werden.

Der Film »Denk an Sevda« eignet sich für dieses Anliegen in besonderer Weise, weil er nicht religions-

1 Wolfgang Ilg / Friedrich Schweitzer, Volker Elsenbast in Verbindung mit Matthias Otte, Konfirmandenarbeit in Deutschland, Gütersloh 2009, 106: »Eine weitere Beobachtung betrifft die Herausforderungen der religiösen und weltanschaulichen Pluralität. Diese scheinen den Konfirmanden und den Ehrenamtlichen weit deutlicher vor Augen zu stehen als den Pfarrern.« Die genauen Zahlen stehen in der Tabelle auf S. 106.

kundlich angelegt ist, sondern von Anfang an Jugendliche aus ihrer Lebenswelt heraus zur Sprache kommen lässt und sie mit ihren selbst geschriebenen Geschichten zu Schauspielern von ihnen bestens vertrauten Rollen macht. Wo es vor Ort schwierig ist, muslimische Gesprächspartner zu finden, bringt er wenigstens eine medial vermittelte Authentizität in das Thema hinein.

Zur eigenen Vorbereitung und der Mitarbeiter/innen auf das Thema eignen sich drei Werke besonders: »Was jeder vom Islam wissen muß«, Gütersloh ^{6}2001, der vom Evangelischen Missionswerk in Deutschland herausgegebenen und dort bestellbare Glaubenskurs »Christsein angesichts des Islams«. Schließlich die beiden umfangreichen Arbeitshilfen zu dem Projekt der drei großen Religionen in Deutschland »Weißt du, wer ich bin?«, die auch als PDF auf der DVD »Denk an Sevda« enthalten sind.[2]

Herzlich danke ich dem Islambeauftragten der Evangelischen Landeskirche in Württemberg, Heinrich Georg Rothe, für die fachliche Beratung, die Literaturtipps sowie die Mitgestaltung und -organisation der Jugendbegegnung in einer Ludwigsburger Moschee. Wo es sie gibt, können auch Bezirksbeauftragte für den christlich-islamischen Dialog wertvolle Hinweise für Begegnungsmögichkeiten und Gesprächspartner geben.

Organisation und Durchführung: Der Baustein ist auf zwei Nachmittage angelegt. Der Begegnungstag mit muslimischen Jugendlichen liegt als Konfi-Samstag idealerweise dazwischen, kann sich aber auch anschließen. Ein Schwerpunkt auf dem Thema »andere Religionen« empfiehlt sich dort, wo es einen hohen Anteil an Andersgläubigen gibt.

Ziele

- Die Konfirmand/innen erfahren und erleben, dass es Jugendliche gibt, die von den Glaubenswahrheiten einer anderen Religion überzeugt sind. Sie entdecken, wie spannend und bereichernd es für die eigene Glaubenspraxis ist, sich mit den Religionen der Jugendlichen um sie herum zu beschäftigen.
- Sie üben sich darin, ihr Glaubensbekenntnis zu formulieren und ins Gespräch zu bringen.
- Sie lernen, anderen in einem gewaltfreien Dialog zu begegnen, in dem besonders die Fähigkeit zum Zuhören eingeübt wird.

Baustein 1
Christen und Muslime leben zusammen

Material

- DVD »Denk an Sevda«
- Leinwand und Beamer
- Laptop für Excel-Datei[3]
- farbige A5-Zettel für Themensammlung

Schritt 1: Paarübung »Öffne die Faust«[4] (ca. 15 Min.)

Die Anweisungen werden von den Konfirmand/innen jeweils ausgeführt.

Impuls: *»Unsere Hände kann man ganz verschieden einsetzen. Es gibt die offene, flache Hand. Probiert es mal aus. Und die geballte Faust. Wenn ich die flachen Hände aufeinanderschlage, klatscht es. Wenn meine geballten Fäuste aufeinandertreffen, tut es vor allem weh. Besser auszuhalten ist es, wenn die Faust auf eine flache Hand trifft. Wenn ich kalte Hände habe, kann ich sie aneinander reiben, bis mir warm wird. Mit einer offenen Hand kann ich jemand begrüßen. Übrigens ein altes Zeichen dafür: Ich habe keine Waffe in der Hand und begegne dir friedlich. Zwei abwehrende Hände können aber auch deutlich signalisieren: Stopp, hier geht es nicht weiter.*

Und jetzt seid ihr dran: Wählt euch eine/n Partner/in, setzt euch gegenüber und einigt euch darauf, wer zuerst aktiv und wer passiv ist. Der Passive schließt die Augen und macht eine Faust, der Aktive versucht ihn ohne Gewalt dazu zu bewegen, die Faust zu öffnen. In der ersten Runde ist Sprechen nicht erlaubt, berühren schon.«

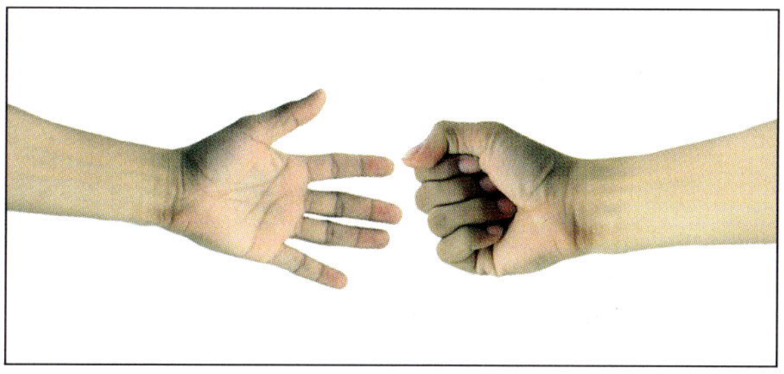

Nach drei Minuten gibt man ein Signal zum Rollentausch. Dann sucht sich jeder eine/n neue/n Partner/in. In der zweiten Runde bleiben die Augen geöffnet und Sprechen ist erlaubt.

2 Bestellung der Materialhilfen bei der Arbeitsgemeinschaft Christlicher Kirchen in Deutschland (ACK), Ludolfusstr. 2–4, 60487 Frankfurt, Tel. 069/247027-10.
3 Beziehbar über das Pfarramt für Bildung und Ökumene in Groß-Gerau, Pfarrer Wolfgang Prawitz, Tel. 06152/187414. Die Excel-Datei findet sich auf der CD-ROM (Zusatzmaterialien).
4 Nach dem Spiel N. 3 »Die Faust öffnen« aus der empfehlenswerten Koppelsberger Spielekartei.

Eine kurze Auswertung schließt sich an:
»Was habt ihr versucht, um die Faust zu öffnen? Was hat zum Erfolg geführt? Hätte ich am liebsten doch irgendwann Gewalt angewendet? Was war anders als man sprechen und sich anschauen durfte? Welche Gedanken hattet ihr, als ihr die Faust geballt habt? Kennt ihr Situationen in eurem Leben, wo ihr euch zurückzieht und anderen verschlossen und feindselig begegnet?«

Impuls: *»Solange es Menschen gibt, gibt es leider auch Streit und Konflikte. Und besonders gern entzündet er sich da, wo andere anders sind. Mädchen gegen Jungen, Alte gegen Junge, Gymnasiasten gegen Realschüler. Und leider oft auch die Religionen untereinander.*

Es ist noch gar nicht lange her, dass evangelische und katholische Christen sich gegenseitig bekämpft haben. Und auch zwischen den Religionen gibt es viele Konflikte. Mit dem Verhältnis zwischen unserer christlichen Religion und anderen Religionen wollen wir uns in der nächsten Zeit beschäftigen. Dafür dürft ihr erst einmal schätzen, wie verbreitet diese Religionen bei uns in Deutschland sind.«

Mit Hilfe der Excel-Datei Religionszugehörigkeit_in_Deutschland.xls (siehe CD-ROM, Zusatzmaterialien) wird geschätzt, wie stark einzelne Religionen in Deutschland verbreitet sind. Auch die Verteilung in den einzelnen Schulklassen kann erhoben werden. Das geschätzte Ergebnis wird durch Scrollen mit den tatsächlichen Zahlen verglichen (Werte von 2009):

Evangelisch	29,58 %
Römisch-katholisch	30,45
Konfessionslos	32,42
Muslime	4,89
Orthodoxe Christen	1,55
Freikirchen / andere christl. Kirchen	0,45
Buddhisten	0,3
Juden	0,24
Hindus	0,12

Schritt 2: Film »Denk an Sevda« mit Auswertung
(Film 50 bzw. 40 Min.[5], Auswertung ca. 10 Min.)

Impuls: *»Wir sehen also, dass nach den Christen und der auffällig großen Gruppe der Konfessionslosen die Muslime mit Abstand die größte Religionsgruppe in Deutschland ist. Die meisten von ihnen haben einen türkischen Migrationshintergrund, viele kamen auch als Flüchtlinge aus Bosnien. Andere stammen aus Ländern wie Iran oder Saudi-Arabien. Und natürlich kann man auch als ganz normaler Deutscher zum Islam übertreten so wie ein Türke auch Christ werden kann.*

Wir sehen jetzt einen Film, der 2005/06 in Groß-Gerau als Projekt von Jugendlichen entstanden ist. Die Schauspieler sind keine Profis, sondern Jugendliche wie ihr. Sie haben in diesen Film ihre eigenen Erfahrungen eingebracht und spielen auch (mehr oder weniger) sich selbst. Deshalb kann man an dem Film gut sehen, wo es im Zusammenleben von Christen und Muslimen immer wieder hakt und wie man damit umgehen kann.«

Der Film wird gezeigt.

Impuls: *»Jetzt wollen wir sammeln, welche Themen im Film angesprochen wurden. Je ein Thema wird auf ein Blatt geschrieben. Thematisch Zusammengehörendes wird zueinander gelegt bzw. an eine Pinnwand geheftet.«*

Mögliche Themen: andere Sprache, andere Kultur, Vorurteile, Kopftuch, Kirche/Moschee, Taufe, Heimat, Kreuz, Liebe/Partnerschaft, Freundschaft, Gerechtigkeit, Ehrlichkeit, Kriminalität, ...

Impuls: *»Warum kommt es bei manchen dieser Themen zu Konflikten im Zusammenleben? Liegt das an der Religion? Wo kann die Religion vielleicht sogar helfen, Unterschiede zu überwinden? Welche Themen kamen im Film nicht vor und müssten aus eurer Erfahrung heraus ergänzt werden?«*

Das Gespräch kann schließen mit der Erinnerung an den mehrfach im Film vorkommenden Satz »Liebe überwindet alle Grenzen« und an die Übung mit den geöffneten Fäusten.

Als Hintergrundinformation über den Islam und zur Vorbereitung auf den Begegnungstag kann eine zusammenfassende Information über den Islam ausgegeben werden, wie sie etwa im Materialheft I von »Weißt du, wer ich bin?« auf S. 16–18 enthalten ist. Hier werden die sechs Glaubenslehren des Islams und die fünf Grundpflichten, auch Säulen genannt, zusammen mit dem geschichtlichen Hintergrund der Entstehung des Islam vorgestellt.

5 Wenn die Zeit knapp ist, kann man den Vorspann des Films, der Ismail als Kind zeigt, auch weglassen, was ca. 10 Min. spart.

Baustein 2
Ein Tag der Begegnung mit muslimischen Jugendlichen

Material

- Bibel
- Konfi-Ordner
- Konfi-Buch

Ziele: Die Konfirmand/innen sollen neugierig werden auf eine konkrete andere Religion. Sie machen erste eigene Schritte im interreligiösen Dialog. Sie lernen dabei, zu ihrem christlichen Glauben zu stehen.

Möglicher Ablauf eines Begegnungstages

- Begrüßung und Vorstellung
- Moscheeführung
- Gesprächsrunde mit Impulsen aus christlicher und muslimischer Sicht
- Pause mit dem Erlebnis von Gastfreundschaft
- Zuschauen bei einem der Moschee-Gebete

Es ist eine große Bereicherung, muslimische Jugendliche nicht nur im Film zu sehen, sondern ihnen auch tatsächlich zu begegnen und mit ihnen ins Gespräch zu kommen. Am besten gelingt dies in einer Moschee, wo sich Samstags viele Muslime treffen. Ebenfalls möglich, aber weniger eindrucksvoll ist es, muslimische Jugendliche zum Gespräch einzuladen. Dabei sollte darauf geachtet werden, dass ein kompetenter muslimischer Erwachsener mit guten Deutschkenntnissen zur Verfügung steht, damit die Begegnung auf Augenhöhe stattfindet.

Die Terminplanung für einen solchen Tag muss frühzeitig erfolgen. Kontakt zu einer Moschee bzw. einem Moscheeverein nimmt man am besten über die Bezirksbeauftragten oder über den landeskirchenlichen Islambeauftragten auf. Ohne ein Vorgespräch mit dem Hauptverantwortlichen vor Ort ist ein solcher Tag kaum durchführbar, da auch die Wünsche der muslimischen Gesprächspartner zum Ablauf der Begegnung berücksichtigt werden müssen und die räumlichen Gegebenheiten eine wichtige Rolle spielen. Evtl. könnte man auch den Film »Denk an Sevda« gemeinsam ansehen und dann ins Gespräch darüber kommen.

Da der Tag individuell geplant werden sollte, kann ich hier nur Anregungen geben und berichten, wie ich es selbst erlebt habe.

Mit zwölf Konfirmanden waren wir zur Besuch in der Ludwigsburger Haci Bayram Veli Moschee. Besonders beeindruckend war bei der Moscheeführung die Koranrezitation eines Jugendlichen, der als Hafiz den ganzen Koran auswendig konnte.

Für die Gesprächsrunde setzten wir die christlichen und muslimischen Jugendlichen, die teilweise etwas älter waren als die Konfirmand/innen, jeweils abwechselnd. Die Übungen konnten so in einer religionsgemischten Gruppe zu zweit und die Gespräche in Murmelgruppen zu viert durchgeführt werden.

Sowohl der Ein-Wort-Dialog (s.u.) als auch die Faust-Übung (s.o.) funktionierte gut. Geplant war noch eine weitere Übung: das pantomimische Erraten von Gefühlen wie Angst, Freude, Vertrauen, Misstrauen, Neugier …

Die Gesprächsgruppen bekamen Impulse für kurze Gesprächsrunden.

1. Gegenseitige Vorstellung.
2. Die Muslime erklären die Grundlagen ihres Glaubens.
3. Die Christen tun das, unterstützt durch ihre Konfi-Materialien.
4. Was bedeutet meine Religion im Alltag?
   Woran kann man erkennen, dass ich zu einer bestimmten Religion gehöre?
5. Woran muss ich mich moralisch halten?
   Welche Gebote gelten für mich?

Möglich ist es auch, sich Zeit zu nehmen für die Ausformulierung des eigenen Glaubensbekenntnisses und über dieses dann ins Gespräch zu kommen. Offene Fragen wurden im Plenum geklärt und vertieft.

Rückmeldungen der Konfirmand/innen

»Ich fand es beeindruckend, dass die Jugendlichen schon ziemlich früh anfangen, den Koran auswendig zu lernen. Etwas komisch war, dass für manche Muslime ihre Religion eine große Rolle spielt. Ich wusste davor noch nicht, dass sie freitags oder/und samstags in die Moschee gehen. Was sehr gut war, war ihre Gastfreundschaft.«

»Es gab sehr viele Spielmöglichkeiten, z.B. Billard. Essen und Trinken gab es reichlich (Sprudel, Hörnchen). Es war erstaunlich, dass jemand den Koran auswendig kann. Ihr Leiter hat einen sehr guten Beruf. Witziges Beten. Döner = gut.«

Baustein 3
Ins Gespräch kommen –
Was guten Dialog auszeichnet (90 Min.)

Leitfrage: Wie gelingt es, dass Angehörige verschiedener Religionen gut miteinander ins Gespräch kommen und lernen sich zu verstehen?

Material

- Vorbereitete Placemats mit Fragen (**M 1**)
- Vorbereitete Puzzleteile, insgesamt mindestens A3 groß
- Buntstifte
- Mehrere Konkordanzen oder Computer mit Bibelprogramm/Onlinebibel
- Vorbereitetes zentrales Puzzleteil mit Matthäus 5,9 (**M 2**)
- Puzzlevorlagen mit 12, 20 oder 30 Teilen finden sich hier: http://www.kidsweb.de/basteln/puzzleteil_vorlagen/puzzle_basteln.htm

Schritt 1: Vom Ein-Wort-Dialog[6] zum Gespräch (ca. 15 Min.)

Impuls: *»Wir wollen jetzt eine Übung miteinander machen, für die ich sechs Freiwillige benötige. In zwei Reihen sitzt ihr euch gegenüber und streitet über ein bestimmtes Thema. Aber es gibt eine besondere Regel, die ihr einhalten müsst. Ihr dürft immer nur ein Wort sagen, dann ist die andere Gruppe dran.*
Mögliche Themen: das Verhältnis von Jungen und Mädchen, Eltern und Kinder streiten über das abendliche Ausgehen, Sport ist gut oder doof, …«

Die Runde wird mehrfach durchgeführt, allerdings ist jedes Mal ein Wort mehr erlaubt.

Fragen zur Auswertung: Was habt ihr erlebt? Was ist anders bei einem solchen verkürzten Gespräch? Was gehört zu einem guten Gespräch? Ab wie vielen Worten war so etwas wie Kommunikation möglich?

Die Übung zeigt deutlich, dass ein Gespräch keinen Sinn macht und man den anderen nicht versteht, wenn man ihn nicht ausreden lässt. Ähnliches gilt auch für den interreligiösen Dialog, bei dem Zuhören und Ausredenlassen die wichtigsten Tugenden sind.

Schritt 2: Ins Gespräch kommen und sich einigen mit Hilfe einer »Placemat« (ca. 45 Min.)

Impuls: *»Menschen hatten schon immer verschiedene Ansichten und mussten sich einigen. Abstimmung ist ein bei uns verbreitetes Verfahren und die Grundlage unserer Demokratie. Allerdings hat sie den Nachteil, dass Minderheiten in der Regel überstimmt werden. Wenn es aber um eine wirkliche Einigung geht, sind Verfahren besser, bei denen man sich inhaltlich näher kommt und Anregungen von anderen aufgreifen kann.*

Mit einer solchen Methode wollen wir jetzt arbeiten. Sie heißt ›Placemat‹, weil das Papier aussieht wie ein Tischdeckchen. Wir bilden Vierergruppen. Jeder schreibt zunächst seine Meinung zu der Frage in der Mitte in

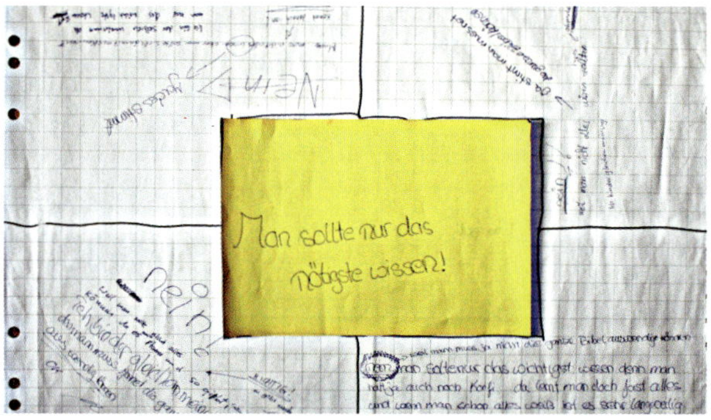

Beispiel für Placemat

6 Nach dem Spiel O.5 »Ein-Wort-Dialog« aus der Koppelsberger Spielekartei.

das Feld, das vor ihm liegt. Wenn alle fertig sind, wird einmal um 90° gedreht. Jeder kann jetzt kommentieren, was ein anderer geschrieben hat, es bestätigen oder widersprechen. Es wird noch zweimal gedreht und kommentiert. An Schluss müsst ihr euch auf eine gemeinsame Antwort einigen, die alle geäußerten Meinungen aufgreift. Diese Antwort bringt ihr dann zurück in unsere Gruppe und stellt sie den anderen vor.«[7]

Schritt 3: Den Frieden suchen – ein Friedenspuzzle gestalten (30 Min.)

Ziel: Die Konfirmanden lernen, dass Frieden ein wichtiges Anliegen des christlichen Glaubens und der Bibel ist.

Aufgabe: *»Sucht mit Hilfe einer Konkordanz eine Stelle in der Bibel, die etwas über Frieden aussagt. Dann überlegt man sich ein Beispiel, wie dieser Bibelvers in die Tat umgesetzt werden kann. Anschließend schreibt jeder einen Bibelvers auf ein Puzzleteil. Es wäre gut, wenn möglichst jeder einen eigenen Vers findet. Gestaltet dann mit eurer Idee das Puzzleteil so kreativ und schön wie möglich.«*

Zum Abschluss werden die Puzzleteile vorgelesen, die Idee erklärt, was man für den Frieden tun kann, und das Puzzle dann Stück für Stück zusammengesetzt. Als letztes wird die Seligpreisung Jesu eingefügt: »Selig sind die Friedfertigen; denn sie werden Gottes Kinder heißen. Matthäus 5,9«

Als liturgischer Abschluss eignet sich das Friedensgebet, das meist Franz von Assisi zugeschrieben wird.[8] Wer es gern »lockerer« mag, kann gut alternativ oder zusätzlich die Outtakes der DVD »Denk an Sevda« vorführen, die sehr authentisch die integrative Arbeit zeigen, die im Rahmen des Filmprojekts geleistet wurde. Erreichbar sind die Outtakes über Hauptmenü – zusätzliches Material – Hinter den Kulissen.

Als Alternative zu Schritt 3 eignet sich auch das Rollenspiel im Baustein 3 von »Dazu stehe ich!« (↗ S. 113, S. 287) von Bernd Wildermuth und Martin Hinderer, in dem mit Ayshe und Özal zwei überzeugte Muslime vorkommen.[9]

Materialien zu diesem Beitrag auf CD-ROM

M 1 ARBEITSBLATT: FRAGEN / ANREGUNGEN FÜR PLACEMAT

1 Wie sollten Angehörige verschiedener Religionen miteinander umgehen?

Für den Glauben gibt es Experten, Pfarrer, Priester, Imame, Vorbeter. Reicht es, wenn die Bescheid wissen über die Religion oder sollte jeder Gläubige selbst so viel wie möglich über seine Religion lernen?

2 Ist es in Ordnung, andere zu »missionieren«, also zu versuchen, sie vom eigenen Glauben zu überzeugen? Warum oder warum besser nicht?

5 a) Als guter Christ/Muslim muss ich mich möglichst an alle Regeln meiner Religion halten.
b) Es reicht, wenn man grundsätzlich dahinter steht. In der Religion darf es keinen Zwang geben.

3 Ist Glaube Privatsache oder gehört Religion in die Öffentlichkeit? Darf man mir ansehen, was ich glaube, oder ist es besser, wenn man mich erst fragen muss?

6 Immer mehr Menschen glauben heute gar nichts mehr, sie sind Atheisten oder Agnostiker (wissen nicht, was sie glauben sollen). Woran könnte das liegen? Ist das eine bedenkliche oder gar bedrohliche Entwicklung?

© 2013 Calwer Verlag Stuttgart

M 2 VORLAGE PUZZLE 20-TEILIG

Selig sind die Friedfertigen; denn sie werden Gottes Kinder heißen. Mt 5,9

7 Die Methode wird prägnant und kurz erklärt unter http://wiki.zum.de/Placemat. Ausführlicher hier: http://methodenpool.uni-koeln.de/download/placemat.pdf.
8 http://www.amen-online.de/gebet/friedensgebete/werkzeug.html.
9 Praxisideen für die Konfirmandenarbeit, Stuttgart 2005, S. 256ff, darin S. 270.

Die Konfirmand/innen und der Gottesdienst

Sollen wir »in die Kirche gehen« oder einen »Gottesdienst besuchen«? »Kirche« macht sich, das zeigt der Sprachgebrauch deutlich, im öffentlichen Bewusstsein am Gottesdienst fest. Er ist das Identifikationsmerkmal von Kirche. Deshalb ist auch kein Zufall, dass sich der »Erfolg« der Konfirmandenarbeit geradezu am Gottesdienstbesuch festmacht. Bleiben sie nach der Konfirmation ›hängen‹? – ist die vielfach unausgesprochene Frage in Kirchengemeinderäten und von treuen Kirchgängern. Beheimatung in der Kirche wird vielfach als Beheimatung im Gottesdienst verstanden. Die diesen Erwartungen korrespondierende Wirklichkeit spricht eine andere Sprache und das Urteil von Karl-Ernst Nipkow aus dem Jahr 1998 hat noch immer Geltung: »Der Gottesdienstbesuch [...] enttäuscht auf der ganzen Linie die vorhandenen Erwartungen [...] Man muss von einem kirchlich-gottesdienstlichen Versagen der Konfirmandenzeit sprechen. Der Gottesdienstbesuch wirkt sich als ›heimlicher Lehrplan‹ aus, als Erfahrung von Kirche, die im Gegensatz zu dem steht, was im Konfirmandenunterricht unter dem dritten Glaubensartikel von der vom Geist erfüllten Kirche gelehrt wird.« (Karl Ernst Nipkow, Bildung in einer pluralen Welt, Bd. 2 Religionspädagogik im Pluralismus, Gütersloh 1998, S. 250)

Daraus leiten sich zwingend zwei Fragen ab:

1. Macht es Sinn, Konfirmanden Sonntag für Sonntag zum Gottesdienstbesuch zu verpflichten?
2. In welcher Weise muss vor diesem Hintergrund der Gottesdienst in der Konfirmandenarbeit thematisiert werden?

Noch immer sind kognitive Zugänge zum Gottesdienst vielfach die erste Wahl. Dahinter steht die Hoffnung, dass ein »Verstehen« liturgischer Abläufe und ein »in Beziehung Setzen« der unterschiedlichen Gottesdienstelemente einen Zugang und eine innere Beteiligung der Konfirmanden am Gottesdienst schaffen wird. Doch das »Wissen über die Kernstücke des Gottesdienstes und einen möglichen Ablauf des Gottesdienstes ist [zwar] hilfreich, aber noch lange nicht ausreichend ...«, um eine solche innere Beteiligung der Konfirmandinnen und Konfirmanden zu ermöglichen (Die Sprachen des Gottesdienstes entziffern, ↗ S. 152, S. 360). Nur wenn die Konfirmanden erleben, dass sie mit ihrem Leben und Glauben im Gottesdienst vorkommen, werden sie den Gottesdienst für sich als etwas Hilfreiches, im besten Falle Heilsames entdecken. Jeder Versuch, den Konfirmanden einfach nur »nahe zu bringen«, ohne dass sie darin vorkommen, wird an diesem Ziel scheitern. Wie kann das praktisch aussehen?

- Konfirmanden erkunden, entdecken und gestalten den Kirchenraum.
- Konfirmanden entwickeln eigene Formen gemeinschaftlicher »Gottesbegegnung«. Sie klären: Was ist angemessen und was nicht? Wo liegen die Grenzen zwischen privat und öffentlich? Welche Traditionen sind dabei hilfreich?
- Konfirmanden feiern in der vertrauten Gruppe gemeinsam Gottesdienst. In kleinen überschaubaren Sequenzen üben sie liturgisches Handeln ein: Singen, Beten, chorisches Sprechen. Erkundung, Erklärung und Vollzug durchdringen und befruchten sich wechselseitig. Auf diese Weise können äußere und innere Haltung zueinander finden. Sie veranstalten keine Trockenübung, sondern erleben sich als lobende, bittende, dankende und sich vergewissernde Gemeinde, kurz als lebendigen Leib Christi.

Gelingen diese Prozesse mit den Konfirmandinnen und Konfirmanden, wird das auch die Gottesdienstkultur einer Gemeinde verändern und wieder auf die KA zurückstrahlen. Sie wird sich wandeln zu »einer Einübung in Christliche Spiritualität, eine Entdeckungsreise in die Welt gelebten und praktizierten Glaubens.« (Karl-Fritz Daiber, Pastoralsoziologische Einführung zu »Gottesdiensten mit Konfirmandinnen und Konfirmanden«, Gottesdienstpraxis Serie B, Gütersloh 1999, S. 21)

»Hier spüre ich Gott« – Gestaltungs- und Spielräume des Glaubens entdecken, ↗ S. 144, S. 349

Die Sprachen des Gottesdienstes entziffern
Ein Fragebogen zum Gottesdienst, ↗ S. 152, S. 360

»Tut mir auf die schöne Pforte …« – was ich vom Gottesdienst erwarte, ↗ S. 156, S. 365

Im »Kraftraum der Kirche« – der Altar, S. 382

»Die Kirche ist eine andere Welt, da kommt eine andere Dimension ins Leben, so von oben!«, S. 391

Der Sonntagsgottesdienst als Werkstattgottesdienst der Jugendlichen, S. 395

Martin Hinderer

»Hier spüre ich Gott« – Gestaltungs- und Spielräume des Glaubens entdecken

Kirchenpädagogische Übungen mit Konfirmandinnen und Konfirmanden[1]

Und Sonntags der Gottesdienst ...

Da sitzen sie, die Konfirmandinnen und Konfirmanden, gut sichtbar in den ersten Bankreihen. Sie wirken gelangweilt, tuscheln und kichern, das Aufstehen fällt ihnen schwer und zum richtigen Zeitpunkt sowieso. Von Mitreden oder Mitsingen keine Spur. Sie fühlen sich sichtlich unwohl in der Gruppe derer, die den Gottesdienst feiern. Für die meisten von ihnen ist der Gottesdienst eine reine Pflichtübung, weil er eben zum Konfirmandenunterricht dazugehört. Was dort geschieht, stammt für die Jugendlichen aus einer fernen, fremden Welt. Der Gottesdienst setzt Kenntnisse und Erfahrungen voraus, die ihnen nicht (mehr) vertraut sind. Sie sind unsicher, wie sie sich verhalten sollen.

So fremd der Gottesdienst für viele geworden ist, so unverzichtbar ist er für das Leben der christlichen Gemeinde. Der Glaube gewinnt hier Gestalt und Ausdrucksform von gelebter Religion. Die Feste des Kirchenjahres werden begangen, es wird getauft und konfirmiert. Wer vom Glauben oder von der Kirche spricht, meint immer auch den Sonntagsgottesdienst.

Wie aber können Zugänge zu Religion und Kirche für Jugendliche aussehen, wenn der Mitvollzug im Gottesdienst dies alleine nicht leistet? Da hilft auch nicht die Häufigkeit, etwa durch die Verpflichtung der Jugendlichen zum Gottesdienstbesuch. Nachweislich entsteht mit der Häufigkeit des Besuches allein keineswegs so etwas wie Vertrautheit.[2] Auch nicht das Verstehen der einzelnen Gottesdienstelemente, die im Unterricht gelernt werden, ist der entscheidende Zugang für die Jugendlichen.

Der folgende Ansatz geht einen anderen Weg. Er geht von der Überlegung aus, dass die Jugendlichen zuallererst ein inneres Bild, eine innere Einstellung und Haltung zur Religion und Kirche brauchen, um überhaupt nachvollziehen zu können, was da im Gottesdienst geschieht.

An dieser Stelle setzt die Kirchenpädagogik ein. Sie beschreitet einen »dritten Weg«, der über die sonst übliche Form der Einübung (im Gottesdienstvollzug) und Reflexion (im Konfirmandenunterricht) hinausgeht.

Kirchenpädagogik ist keine Kirchenführung, sondern eine »inszenierte Begegnung«[3].

Im Begehen, Erkunden, Erschließen der Kirche begegnen die Jugendlichen den Verweiszeichen der christlichen Religion. Es geht für die Konfirmandinnen und Konfirmanden um Zugänge zur christlichen Religion, die über den reinen Nachvollzug des Gottesdienstes weit hinausgehen.

Auf Spurensuche im Kirchenraum

Der Zugang geschieht an dem Ort, an dem Gottesdienst gefeiert wird: im Kirchenraum selbst. Kirchenräume wirken anziehend, sie verlocken zum Entdecken. Auch wer die Symbole nicht auf Anhieb entschlüsseln kann, spürt die Aura eines solchen »dichten« Raumes. Kirchenräume empfangen uns mit ihren Zeichen und verweisen auf die Transzendenz.

Jedes Zeichen und jede in ihr gefeierte Liturgie hat – offen oder versteckt – Spuren hinterlassen, die es zu entdecken gilt.

An diesen Spuren kann man Religion lernen. *»Kinder lernen Religion nicht hauptsächlich als Lehre, sondern als eine Art Heimatgefühl, das sie mit bestimmten Zeiten und Rhythmen, mit Orten und Ritualen verbindet. Sie lernen Religion von außen nach innen.«*[4]

Aber die Kirchenpädagogik begnügt sich nicht damit, Verweiszusammenhänge herzustellen und bei der Spurensuche christlicher Glaubensvollzüge behilflich zu sein. Sie stellt zugleich Bezüge der eigenen Religiosität zur überlieferten Religion her und fragt deshalb nach den Erfahrungen der Jugendlichen. Es geht ihr darum, Zugänge zur eigenen Religion herzustellen. Eigene (religiöse) »Gehversuche« machen den

---

1 Ausführlichere Theorie: M. Hinderer, Gestaltungs- und Spielräume des Glaubens entdecken, in: Th. Schlag, KA im säkularisierten Gesellschaft, Zürich 2009, 189–205.

2 K. Meyer, »Gottesdienst? Eigentlich nicht schlecht bis auf das Labern«, in: C. Mork (Hg.), Konfirmandenzeit als Biographiebegleitung, Arbeitshilfen KU Nr. 22, Loccum 2003, 23–37.

3 H. Rupp, Handbuch der Kirchenpädagogik, Stuttgart 2006, 14. Chr. Bizer redet von »inszenierter Begehung«.

4 F. Steffensky, Gott im Kinderzimmer, in: Glaube und Lernen, Heft 1/1998, 4.

Raum nicht nur als Handlungsort vergangener Generationen lebendig und erlebbar, sondern auch für die eigene Person.

Spielräume erproben

Religion und ihre Vollzüge sind mehr als Mitteilung und Vermittlung. Religion ist eine »Kultur des Verhaltens« zum Unverfügbaren und eröffnet und vermittelt Verhaltensweisen gegenüber dem Heiligen.[5] Dieses Verhalten geschieht in der Kirchenpädagogik auf spielerische Weise. Der experimentierende und spielerische Umgang ermöglicht den Jugendlichen »probeweise« Nähe und Distanz für sich auszutarieren. Der neuere Ansatz des »Performativen Lernens« unterstützt diese Formen, denn er geht davon aus, dass Religion sinnvoll über ihre Gestalten, Orte und Ausdrucksformen gelernt wird und nur im Modus der Inszenierung repräsentative Wirklichkeit erlangt.[6]

Inszenierungen arrangieren

Kirchenpädagogische Übungen gehören nach meinem Dafürhalten in die Anfangsphase der Konfirmandenzeit. Von Anfang an gehört der Gottesdienst zum integralen Bestandteil der Konfirmandenzeit. Daher macht es Sinn, wenn die elementaren Zugänge zur christlichen Religion, die sich durch die Kirchenpädagogik eröffnen, möglichst gleich zu Beginn erlebt werden.

Die Inszenierung kirchenpädagogischer Übungen mit Konfirmandinnen und Konfirmanden gliedere ich in *drei Phasen*. Dabei lasse ich mich vom Perspektivenwechsel leiten, der bei den Jugendlichen und ihrer Wahrnehmung beginnt (*Ich im Raum*), dann zur Entdeckung des Kirchenraums führt (*der Raum und Ich*) und sich schließlich dem nähert, wozu der Kirchenraum arrangiert ist, zur Begegnung mit der christlichen Religion und der Feier des Gottesdienstes (*der Raum für mich*).

1. Phase: Selbstwahrnehmung: *Ich im Kirchenraum*

Um die Differenz zwischen dem Raum der Alltagswelt und dem Kirchenraum deutlich zu machen, muss die Schwellensituation gut arrangiert werden. Die Konfirmandinnen und Konfirmanden werden am Eingangsbereich gesammelt. Niemand darf einfach so in die Kirche hineingehen. Der Einzug wird inszeniert, damit es zu dieser besonderen Erfahrung

kommt und spürbar wird, dass jetzt ein »anderer« Raum betreten wird.

Der Kirchenraum ist für Jugendliche mit Emotionen und Gedanken »belegt«. Nur hat sie noch nie jemand wissentlich danach gefragt, was sie dabei empfinden und denken, wenn Sie einen Kirchenraum betreten. Sie mögen Erfahrungen aus verschiedenen Anlässen in der Kirche mitbringen, die ganz positiv oder auch schwierig konnotiert sind. Sie sind präsent und begleiten sie gleichsam beim Betreten einer Kirche.

Die »Erinnerungsgeschichten«, die als erste Erprobung verortet und gegenseitig erzählt werden, machen aus der vielleicht fremden Kirche ein »Haus der lebendigen Steine«. Die Sitzplätze, an denen die Konfirmandinnen und Konfirmanden in der Kirche sitzen, sind in der Regel festgelegt. Sie sitzen an ausgewählten Plätzen, meistens sehr exponiert und weit vorne im Kirchenraum. Niemand hat sie gefragt, ob sie sich an diesem Platz überhaupt wohl fühlen oder nicht. Dabei ist es gerade in der Pubertät eine zwar unterschwellige aber höchst virulente Frage: Wo ist mein Platz?! Wichtig ist für sie zu erfahren, dass sie einen Platz in dieser Kirche haben, auch und gerade in der Gemeinschaft der Glaubenden.

All diese Dinge schwingen mit, wenn die Jugendlichen dann sonntags in den Gottesdienst gehen. Das Gefühl der Vertrautheit oder Unsicherheit hängt auch von der subjektiven Aneignung des Raumes ab.

2. Phase: Fremdwahrnehmung: *Den Kirchenraum entdecken*

Kirchen sind gebaute Theologie. Jede Kirche hat ihre ganz eigene Architektur, die Verweischarakter hat und die entschlüsselt werden will. Kirchenfenster, Ornamentik, Ausmaße der Architektur, alles lädt ein, genau wahrgenommen zu werden. Für die kirchenpäda-

---

5 B. Dressler, Die Schule entdeckt die Kirche als Ort der Religion, in: Th. Klie (Hg.), Der Religion Raum geben, Münster 1998, 78.

6 Uta Pohl-Patalong, die an dieser Stelle wiederum auf Th. Klie verweist, in: »Möglichen Lebensgewinn zeigen«, Konfirmandenunterricht im Wandel, ZPT 4/2006, 330ff.

gogischen Übungen ist eine traditionsreiche Kirche unter Umständen stärker unterstützend, aber notwendig ist dies nicht. Denn Kirchengebäude sind keine musealen Gebäude, die zur Besichtigung einladen, sondern Zeichen lebendiger und gelebter Religion, wie die sonntägliche Feier des Gottesdienstes zeigt. Alle Prinzipalstücke sind sprechende Zeichen, der Taufstein, die Kanzel, der Altar, die Liedtafeln.

Dabei spielen die eigenen Empfindungen und Emotionen der Jugendlichen eine wichtige Rolle. Wie ist die Atmosphäre im Raum? Was springt mir als erstes ins Auge, wenn ich diese Kirche betrete? Was gefällt mir besonders gut und was stört mich? Warum sind Kirchen »Krafträume«? Können die Mauern mich schützen? Wie wirkt das Licht und woher? Wie wirken die Prinzipalstücke auf mich und warum sind sie so geschaffen, wie sie sind? All diese Dinge sind längst im Empfinden vorhanden und brauchen Raum und Zeit, um darüber Klarheit zu bekommen.

3. Phase: Liturgische Stücke erproben: *Der Gottesdienstraum*

Wird der Kirchenraum auch als Ort des Gottesdienstes der Gemeinde wahrgenommen, liegt es nahe, die kirchenpädagogischen Übungen in Anlehnung an die Formen gottesdienstlicher Gestaltung zu erproben, die ja ihrerseits einer gewissen Inszenierung unterliegen.

Durch Formen, die Elemente von Liturgie und Feier aufweisen (Stille, Klänge, Rufe, Gesänge, Texte, …), und durch spielerische Aneignung von ritualisierten Inszenierungen können die Jugendlichen in eine neue Rolle schlüpfen, in der sie Handlungs- und Glaubensformen (beten, schweigen, singen, predigen, segnen, …) ausprobieren und deren Tragfähigkeit überprüfen können.

Kleine Inszenierungen einer Schriftlesung oder eines Psalms oder Gebete formulieren machen deutlich, dass es um eine gestaltete und gestaltbare Begegnung mit Gott geht. Für Jugendliche kann es von großer Bedeutung sein, selbst einmal auf der Kanzel gestanden zu sein und ein Wort, das ihnen wichtig ist, den anderen zu »predigen«. Auf diese Weise kommt es zur eigenen Auseinandersetzung mit Inhalten und Formen der Tradition. So entstehen innere Bilder, Einstellungen und Haltungen zu dem, was im Gottesdienst geschieht.

Prinzipien für kirchraumpädagogische Übungen mit Konfirmanden und Konfirmandinnen

Damit kirchenpädagogische Übungen in dem speziellen Alter der Konfirmandinnen und Konfirmanden gelingen, hilft es, einige grundsätzliche »Prinzipien«[7] zu beachten.

- **Entschleunigung**
  Die Jugendlichen sind in der Vielfältigkeit, mit der das Leben auf sie einströmt, eine hohe Taktgeschwindigkeit gewöhnt. Alles wird in kürzester Zeit »abgehakt«. Das widerspricht aber dem Tun der Kirchenpädagogik diametral. Verlangsamung hat vor allem damit zu tun, dass genaues Wahrnehmen und Nachspüren, sowie das Ausdrücken und Darstellen von Eindrücken und Einsichten Zeit brauchen. Hilfreich ist es, sich nur auf ein Detail zu konzentrieren, eine Kerze anzuzünden oder langsam und aufmerksam durch den Raum zu gehen.

- **Separierung / Individualisierung**
  Die Peergroup spielt im Konfirmandenalter eine bedeutende und manches Mal auch die beherrschende Rolle. Das eigene Tun und Lassen ist stark davon bestimmt, wie die Anderen denken und handeln. Der dauernde Blick auf die Anderen ist aber für Übungen, die die Selbstwahrnehmung im Blick haben, kontraproduktiv. Daher ist es wichtig darauf zu achten, dass die Jugendlichen einzeln den Raum betreten, ihren eigenen Sitzplatz aussuchen und ihre persönliche Meinung aufschreiben. Dies gilt insbesondere für die Anfangssituation der Schwelleninszenierung.

- **Positionierung**
  Kirchenpädagogische Übungen sind hilfreich, um Spuren und Zugänge zur christlichen Religion zu finden. Aber zugleich geht es immer auch darum, Zugänge zur eigenen Religiosität zu finden und neue Spuren zu legen. Dazu ist es hilfreich, dass Jugendliche eigene Erlebnisse und Erinnerungen wachrufen und erzählen oder »ihren« biblischen Text aussuchen, den sie vorlesen.

---

7 Siehe dazu auch H. Rupp, a.a.O., 229 ff. Was dort generell gesagt wird (u.a. zur Ganzheitlichkeit), gilt es spezifisch auf die Gruppe der Konfirmandinnen und Konfirmanden zu beziehen.

▶ **Reflexion / Sensibilisierung für das Heilige**
Jugendliche haben ein Gespür für das Transzendente, das ihnen im Kirchenraum und in den Ritualen begegnet. Aber sie haben dafür in aller Regel wenig geübte Sprache und nur vage innere Bilder und Haltungen. Deshalb werden die Übungen immer auch reflektiert, um dem Empfinden und der Erfahrung Sprache zu geben. Diese Reflexion kann Anlass sein, mit den Jugendlichen ins »Theologisieren« zu kommen. Hier gilt es auch genau hinzuhören und zu entdecken, wie in ihren Äußerungen und Fragen das »Heilige« zur Sprache kommt.

Bausteine für kirchenraumpädagogische Übungen mit Jugendlichen

Die folgenden Bausteine sind analog den oben genannten Phasen kirchenpädagogischen Handelns ausgerichtet und für eine Doppelstunde im Konfirmandenunterricht konzipiert. In dieser Form sind die Übungen schon mehrmals mit sehr positiver Resonanz im Konfirmandenunterricht erprobt worden. Alternativ kann zu Beginn von drei Unterrichtsstunden jeweils eine Phase von ca. 30 Min. als Einstieg in der Kirche gestaltet werden.

Vorbemerkung: Annäherungen (außen)

Ich beziehe die Übungen der Kirchenpädagogik im Folgenden ausschließlich auf den Innenraum. Es gibt durchaus Möglichkeiten, Übungen auch im Außenbereich zu machen. Den Außenbereich kontrastiere ich vom Innenbereich, indem ich auch methodisch anders arbeite. Die Konfirmandinnen und Konfirmanden versammeln sich vor der Kirche. Ihre Aufgabe ist es, das Kirchengebäude von außen wahrnehmen. Dazu sollen sie sich auf Entdeckungsreise machen: Wie alt, wie groß ist unsere Kirche vor Ort? Welche Besonderheiten weist sie auf?

Dazu gibt es einen Erkundungsbogen. Auf diesem sind u.a. folgende Fragen, die auszufüllen sind: Alter der Kirche, wie viele Fenster, wie hoch ist der Kirchturm, Besonderheiten, Gedenktafeln, Kunstgegenstände, …

Dieser Erkundungsbogen ist den örtlichen Gegebenheiten angepasst. Die Aufgaben werden immer zu zweit gelöst. Die Auswertung findet an Ort und Stelle im Außenbereich statt. Evtl. kann man das auch nach Zeit machen und eine Siegergruppe bestimmen. Methodisch ist dies eher erlebnispädagogisch orientiert.

Baustein 1
Ich im Kirchenraum

Vorbereitungen/Material

- Arbeitsblatt (**M 1**) kopieren und in DIN-A5-Kuvert legen
- Stifte
- Sterne (aus Plakatkarton, ebenfalls ins Kuvert legen)
- Teelichter
- CD-Player und ruhige Musik

Ziel:
Wahrnehmen, wie der Kirchenraum auf mich wirkt. Eine innere Einstellung und Haltung zum Kirchenraum gewinnen.

Impuls (vor dem Eingang der Kirche): Jeder Raum hat eine besondere Atmosphäre, je nachdem, was in diesem Raum passiert: Klassenraum, Disko, Fußballstadion, auch Kirchenräume. Was ist das Besondere an einem Kirchenraum? Ist hier Gott anwesend? Wie bereitest du dich vor, wenn du in die Kirche gehst? Wo setzt du dich hin? An was denkst du, was fällt dir ein? Was ist dir angenehm, was unangenehm?

Arbeitsanweisung
1. Jede/r geht langsam und alleine in die Kirche.
2. Niemand spricht mit den anderen.
3. Suche dir einen Platz aus, an den du dich gerne hinsetzen würdest. Lass dir dazu einen Moment Zeit, bevor du dich hinsetzt. Setze dich alleine hin, damit du ungestört bist.

Wenn du deinen Platz gefunden hast, öffne den Briefumschlag, den du mitbekommst. Alles Weitere steht im Brief. Hier sind Brief und Stift (Arbeitsblatt **M 1**).

Hinweis: In dem Briefumschlag, der am Eingang (mit einem Stift) verteilt wird, befindet sich ein Arbeitsblatt (**M 1**) und ein Stern aus Plakatkarton. Solange die Jugendlichen einzeln in die Kirche gehen, läuft im Hintergrund ruhige, meditative Musik. Drei Fragen sind auf dem Arbeitsblatt zu beantworten. Sind die Fragen beantwortet, die Sterne und Teelichter im Kirchenraum ausgelegt, setzen sich die Jugendlichen in die erste Sitzreihe. Dies ist zugleich das Signal, dass alle fertig sind mit ihren Aufgaben.

Arbeitsanweisung: Stelle dich an den Ort, an den du deinen Stern und Teelicht gestellt hast, und erzähle die Geschichte, an die du dich erinnerst hast. *(Alle erzählen ihre Geschichte von dem Ort aus, an dem ihre Sterne/Teelichter liegen).*

Zurück in den Bänken folgen zwei Austauschrunden zu den ersten beiden Fragen.

- Wie ist das, wenn du eine Kirche betrittst?
- Welchen Platz hast du warum ausgesucht?

Hinweis: An dieser Stelle ist Raum für das Gespräch mit den Jugendlichen und Zeit, ihre Fragen aufzunehmen.

Baustein 2
Den Kirchenraum entdecken

Vorbereitungen/Material

- Musik (z. B. Air von J.S. Bach) und CD-Player
- Klangschale
- Tücher zum Verbinden der Augen
- farbige Kärtchen: rote und grüne

Ziel: Den Kirchenraum bewusst wahrnehmen.

I. Blind führen und tasten

Impuls: Manches ist in einem Kirchenraum ganz offensichtlich und deutlich auch gleich zu sehen – wie etwa besondere Kirchenfenster. Anderes wiederum muss man erst entdecken – wie etwa die Verzierungen an der Kanzel. Wir gehen auf Entdeckertour, aber zunächst nicht mit den Augen. Es gibt auch ein »Sehen« mit den Händen. Wir begreifen, erspüren den Kirchenraum, indem wir uns gegenseitig blind führen.

Arbeitsanweisung: Jede/r sucht sich eine/n Partner/in, die/den er an einen interessanten Ort oder Gegenstand führt. Dann wird der Ort oder Gegenstand ertastet und man wird wieder zurückgeführt an den Ausgangsort. Dann darf die »blinde« Person raten, wo sie gewesen ist. Dann wird gewechselt. Immer zwei finden sich zu einem Paar und verbinden sich die Augen. Auf Stufen und gefährliche Unebenheiten wird hingewiesen, sonst wird nicht geredet. Wenn ihr fertig seid, kommt ihr wieder zu euren Plätzen.

Hinweis: Diese Übung ist sehr vergnüglich und »erhellend« für die Jugendlichen. Aber Vorsicht: diese Übung ist zugleich ein Vertrauensspiel, da man blind geführt wird. D.h. man muss in diese Übung gut einführen und darauf schauen, dass die Jugendlichen achtsam miteinander umgehen. Eine Person führt,

die andere legt ihre rechte Hand auf die linke Schulter der führenden Person. Damit die Übung für Jugendliche ein wenig erschwert wird, darf man die »blinde« Person zu Beginn ein wenig drehen, damit sie die Orientierung verliert.

Austausch: Wenn alle Paare fertig und am Ausgangsort wieder angekommen sind, wird (kurz) über die Erfahrung miteinander geredet.

II. Den Kirchenraum erschreiten und erkunden

Impuls: Wir haben den Kirchenraum mit unseren Händen erkundet. Das kann man auch mit den Füßen tun, indem man durch die Kirche schreitet. Wie geht man in der Kirche? Schnell, langsam, getragen? Es gibt Vieles zu entdecken in einer Kirche. Vermutlich habt ihr noch lange nicht alles entdeckt.

Arbeitsanweisung: Geht in eurer Geschwindigkeit und in eurem Rhythmus durch den Kirchenraum. Probiert verschiedene Geschwindigkeiten aus. Schaut euch die Kirche an, geht durch den ganzen Raum und verweilt dort, wo euch etwas interessant erscheint. Jede/r geht für sich alleine. Wenn die Musik zu Ende ist (ca. 4 Min.), kommt jede/r wieder an ihren/seinen Platz zurück.

Hinweis: Während die Jugendlichen in der Kirche umhergehen, läuft im Hintergrund getragene Musik, z. B. das Air von Bach. Auf diese Musik könnte man auch im »Pilgerschritt« durch die Kirche schreiten. Dies als Gruppenübung zu machen, hat sich aber mit den Jugendlichen als schwierig erwiesen. Das »freie« Gehen im Rhythmus der Musik löst dagegen sehr viel Neugier aus, sich auf den Raum einzulassen.

III. Was ich schon immer mal wissen wollte

Arbeitsanweisung: Sind euch beim Gehen und Schauen durch die Kirche Gegenstände, Bilder, etc. aufgefallen, deren Bedeutung ihr nicht versteht? Oder gibt es Dinge, die euch stören oder die ihr besonders schön findet? Jede/r erhält zwei farbige Kärtchen. Geht nochmals in der Kirche umher und legt eure Kärtchen an die Orte zu denen ihr eine Frage habt oder die ihr störend oder besonders schön empfindet. Rot legt ihr aus, was ihr störend empfindet, grün, was ihr besonders schön empfindet. Wenn die Klangschale ertönt, kommt ihr zurück an eure Plätze.

Austausch: Die farbigen Kärtchen bestimmen den anschließenden Rundgang durch die Kirche. Die Empfindungen werden geäußert und wo es Fragen gibt, gemeinsam (so möglich) beantwortet.

Hinweis: Bei Zeitknappheit kann diese Übung auch mit der Übung II verbunden oder weggelassen werden. Bei dieser Vertiefung werden die Jugendlichen aktiviert, selbst Schwerpunkte zu setzen. Sie machen die Erfahrung, dass ihre Fragen ernst genommen werden und sie den Rundgang selbst bestimmen können. Bei Großgruppen ist es ratsam, sich in Gruppen aufzuteilen.

Baustein 3
Liturgische Stücke erproben

Vorbereitungen/Material

- Kärtchen mit biblischen Sprüchen (**M 2**)
- Klangschale
- Bibel / Gesangbuch

Ziel: Auseinandersetzung mit den Inhalten und Formen der Tradition.

I. Psalmen lesen

Impuls: *Die Kirche ist der Ort, an dem Menschen zusammenkommen, um mit Gott zu reden. Wir reden mit Gott und er redet mit uns. Wie reden wir denn mit Gott und wie redet er zu uns? (Anregungen abwarten)*

Psalmen sind Beispiele, wie Menschen zu Gott reden und beten. Ursprünglich wurden diese als Lieder gesungen, aber die Noten sind uns nicht überliefert worden.

Arbeitsanweisung: *Wir lesen einen Psalm (z.B. Psalm 36) gemeinsam (alle stehen dazu auf). In welcher Situation und Stimmung ist wohl der Beter gewesen, der Psalm 36 geschrieben hat? (Kurzer Austausch.) Gibt es Dinge, die ihr nicht versteht? (Klärung.)*

Jede/r liest den Psalm laut und in seiner Geschwindigkeit, dazu gehen wir im Raum umher. Lest den Psalm so lange und laut, bis ihr einen Satz gefunden habt, der euch besonders anspricht. Dann kommt zurück in den Kreis. (Warten bis alle zurück sind.)

Ich lese den Psalm laut vor, lest leise mit und an der Stelle, an der euer ausgesuchte Satz kommt, lest laut mit.

Wie könnte man den Psalm noch sprechen? (Z. B. verteilt in Jungen und Mädchen, an unterschiedlichen Orten …)

Hinweis: Auf diese Weise nähern sich die Jugendlichen der Psalmliturgie, die zur sonntäglichen Liturgie im Gottesdienst gehört. Es ist ein Erproben und ausprobieren von Ritualen, deren Sinn den Jugendlichen bislang wenig vertraut und bedeutsam ist. Es empfiehlt sich, den geübten Psalm auch am folgenden Sonntag zu verwenden und u. U. mit den Konfirmandinnen und Konfirmanden im Wechsel zu sprechen.

II. Biblische Worte sprechen (Kanzel lesen)

Impuls: *Das Wort Gottes steht im Mittelpunkt des evangelischen Gottesdienstes. In den Kirchen gibt es weithin sichtbar (und hörbar) die Kanzel, von der die Pfarrerin/der Pfarrer sonntags die Predigt hält. Sie/er legt immer einen Abschnitt aus der Bibel aus. Jede/r von euch hat nun die Gelegenheit, selbst ein biblisches Wort auszusuchen.*

Arbeitsanweisung: Unterhalb der Kanzel findet ihr Bibelworte ausgelegt. Worte die etwas über die Bedeutung der Bibel sagen (z. B. Dein Wort ist meines Fußes Leuchte und ein Licht auf meinem Wege). Sucht euch ein Bibelwort aus, das euch anspricht, dann sucht einen Ort in der Kirche, der zu eurem Wort passen könnte. Z. B. könnte das Wort vom Licht an der Osterkerze gelesen werden.

Alle suchen ihren Ort aus und lesen in einer festgelegten Abfolge von dieser Stelle aus ihr biblisches Wort vor und sagen einen Satz, warum sie gerade an dieser Stelle ihr Wort vorlesen. Wenn alle Worte gelesen und Erklärungen abgegeben sind, werden alle Worte kommentarlos nochmals in der gleichen Reihenfolge gelesen. Dann kommt die Gruppe in den vorderen Bänken wieder zum Sitzen.

Jetzt haben drei oder vier noch die Gelegenheit ihr/sein Wort auf der Kanzel vorzulesen. Jede/r geht nacheinander auf die Kanzel, es stehen nie zwei zusammen oben.

Austauschrunde: Was war das für ein Gefühl des Sprechens im Kirchenraum und auf der Kanzel? Hat sich etwas verändert? Wie ist es euch ergangen beim Sprechen und beim Zuhören?

Diejenigen, die auf der Kanzel waren, äußern sich zuerst, dann die Gruppe, die zugehört hat.

Hinweis: In der Regel ist die Kanzel der Pfarrerin/dem Pfarrer vorbehalten, sie/er hat das »Kanzelrecht«. Daher ist es für Jugendliche »reizvoll«, selbst auf die Kanzel zu steigen und die Wirkung ihrer Rede zu erleben. Sie erleben den Unterschied in der Regel sehr deutlich. Auf der Kanzel wird es für alle gut hörbar zu einem Wort an die Anderen. Auch die Haltung der Jugendlichen ändert sich auf der Kanzel. Das gibt auch die Gelegenheit, über die Bedeutung der Predigt noch einiges einfließen zu lassen. Und sehr schön

kann auch über die Haltung gesprochen werden, die man einnimmt, wenn man vorne steht und zu den Leuten redet.

Impuls: *Zuerst war das ausgesuchte Wort »euer« ganz persönliches Wort. Auf der Kanzel war es ein Wort »für die anderen«, das ihr »gepredigt« habt. Jetzt wird das Wort zu »unserem« gemeinsamen Wort, indem wir es als Gebet sprechen.*

Arbeitsanweisung: *Nehmt euer Wort und stellt euch im Kreis vor den Altar. Immer vier sprechen nacheinander ihr Wort. Dann singen wir dazwischen einen Kehrvers (z. B. meine Hoffnung und meine Freude).*

Hinweis: Es empfiehlt sich auf jeden Fall die Stunde mit einer kleinen Liturgie abzuschließen. In der Regel wird so anschaulich und erfahrbar, was das Eigentliche ist, was im Gottesdienstraum geschieht: Gott redet zu uns und wir reden zu ihm!

Wer noch eine weitere Doppelstunde in der Kirche arbeiten möchte, der kann sehr schön mit dem Baustein »Im ›Kraftraum der Kirche‹ – der Altar« (S. 382) weiterarbeiten. Hier wird das Zentrum der christlichen Religion nochmals sehr schön und ebenfalls in kirchenpädagogischer Weise auf sehr kreative Weise erarbeitet.

Aus der Erprobung: »Hier spüre ich Gott«

Kirchenpädagogik lässt sich bei traditionellen wie modernen Kirchenräumen anwenden, sofern sie als ausgewiesene Gottesdiensträume gestaltet sind.

Die Erfahrung zeigt, dass Konfirmandinnen und Konfirmanden erstaunlich klar und deutlich über die religiöse Bedeutung eines Raumes und dessen Eindruck auf sie reden können: »Hier spüre ich Gott«, kann eine Konfirmandin sagen. Oder »die Stille beruhigt mich«, aber auch »die Stille macht mich ganz nervös«.

Das Aufschreiben ihrer Eindrücke auf ein schön gestaltetes Arbeitsblatt (**M 1**) half den meisten, ihre Wahrnehmungen zu strukturieren und zu artikulieren.

Mit der »inszenierten Begegnung und Begehung« wird die Fremdheit des Kirchenraumes und der Fremdheit dessen, was da liturgisch geschieht und im Gottesdienst gefeiert wird, sicherlich nicht einfach aufgehoben, aber zumindest zugänglich gemacht. Der Ort des Kirchenraums und die Formen der kirchenpädagogischen Inszenierungen helfen den Jugendlichen nicht nur Zugänge zur Tradition der christlichen Religion zu finden, sondern auch selbst über ihre eigene Religion nachzudenken und dafür eine Sprache zu finden.

Die gemeinsamen Reflexionen am Ende jeder Übung sind dafür beredtes Zeichen, dass die Jugendlichen durch diese Formen zum »Theologisieren« angeregt werden. Und Kolleginnen und Kollegen machen die Erfahrung, dass die Jugendlichen durch diese Übungen im Anschluss mit einer anderen inneren Einstellung und Haltung am Gottesdienst teilnehmen.

Materialien zu diesem Beitrag auf CD-ROM

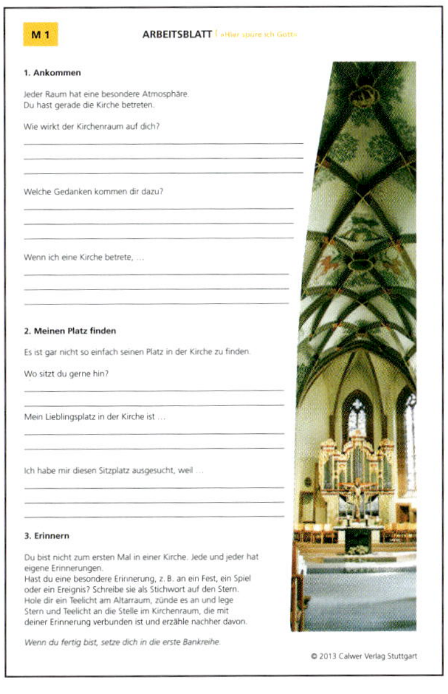
M 1 ARBEITSBLATT | »Hier spüre ich Gott«

1. Ankommen

Jeder Raum hat eine besondere Atmosphäre.
Du hast gerade die Kirche betreten.

Wie wirkt der Kirchenraum auf dich?

Welche Gedanken kommen dir dazu?

Wenn ich eine Kirche betrete, …

2. Meinen Platz finden

Es ist gar nicht so einfach seinen Platz in der Kirche zu finden.

Wo sitzt du gerne hin?

Mein Lieblingsplatz in der Kirche ist …

Ich habe mir diesen Sitzplatz ausgesucht, weil …

3. Erinnern

Du bist nicht zum ersten Mal in einer Kirche. Jede und jeder hat eigene Erinnerungen.
Hast du eine besondere Erinnerung, z. B. an ein Fest, ein Spiel oder ein Ereignis? Schreibe sie als Stichwort auf den Stern.
Hole dir ein Teelicht am Altarraum, zünde es an und lege Stern und Teelicht an die Stelle im Kirchenraum, die mit deiner Erinnerung verbunden ist und erzähle nachher davon.

Wenn du fertig bist, setze dich in die erste Bankreihe.

© 2013 Calwer Verlag Stuttgart

M 2 ARBEITSBLATT | »Hier spüre ich Gott« Seite 1

Dein Wort ist meines Fußes Leuchte und ein Licht auf meinem Wege.	Im Anfang war das Wort, und das Wort war bei Gott, und Gott war das Wort.
Es sollen wohl Berge weichen und Hügel hinfallen, aber mein Wort wird nicht weichen.	Ist mein Wort nicht wie Feuer und wie ein Hammer, der Felsen zerschmeißt?
Ich gehe oder liege, so bist du um mich und siehst alle meine Wege.	Das Wort Gottes ist lebendig und kräftig und schärfer als ein zweischneidiges Schwert.
Du verstehst meine Gedanken von ferne.	Seid Täter des Wortes, nicht Hörer allein.
Ich sitze oder stehe auf, so weißt du es.	Des Herrn Wort ist wahrhaftig und was er sagt, das hält er gewiss.
Das Gras verdorrt und die Blüte verwelkt, aber das Wort Gottes bleibt ewiglich.	Himmel und Erde vergehen, aber meine Worte werden nicht vergehen.

© 2013 Calwer Verlag Stuttgart

M 2 ARBEITSBLATT | »Hier spüre ich Gott« Seite 2

Dein Wort ist meines Herzens Freude und mein Trost.	Selig sind, die Gottes Wort hören und bewahren.
Die Worte, die ich rede, sind Geist und Leben.	Meine Seele harret und ich hoffe auf dein Wort.
Mein Wort soll nicht leer wieder zu mir zurückkommen.	Siehe, es ist kein Wort auf meiner Zunge, das du Herr nicht schon wüsstest.
Lasset uns nicht lieben mit Worten, sondern mit der Tat und mit der Wahrheit.	Alles was ihr tut mit Worten und mit Werken, das tut im Namen des Herrn Jesus Christus.
Das Reich Gottes besteht nicht nur in Worten, sondern in der Kraft.	Ein Wort, geredet zur rechten Zeit, ist wie goldene Äpfel auf silbernen Schalen.

© 2013 Calwer Verlag Stuttgart

Martin Hinderer

Die Sprachen des Gottesdienstes entziffern

Ein Fragebogen zum Gottesdienst

1. Einleitung

»Ich wollte sagen, dass ich finde, dass man in den Gottesdiensten mehr singen sollte und bitte nicht mehr ganz so hohe Lieder.« (KU-Studie, C-12, 221)

Der Besuch des Gottesdienstes gehört für die Konfirmandinnen und Konfirmanden konstitutiv zur Konfirmandenzeit dazu. Sie sind die einzigen, die zum Gottesdienst quasi verpflichtet werden. In vielen Gemeinden gibt es eine »Anwesenheitskontrolle«, um die geforderte Anwesenheit auch zu überprüfen. Für die Jugendlichen bleibt es entsprechend oft eine reine Pflichtübung, die sie dann »absitzen«. Der Gottesdienst setzt nämlich Kenntnisse und Erfahrungen voraus, die vielen nicht (mehr) vertraut sind. Entsprechend sind sie unsicher, wie sie sich verhalten sollen.

Die Liturgie des sonntäglichen Gottesdienstes hat eine Fülle von Aspekten, die ineinander greifen und einen Gesamteindruck schaffen. Wie in einem Orchester spielen verschiedene Sprachen, Begriffe, Bilder, Töne, Kleidung, Gegenstände und Räume zusammen. Nachweislich entsteht aber alleine durch die Häufigkeit des Besuches keineswegs so etwas wie Kenntnis oder Vertrautheit. Wer mit den »Sprachen des Gottesdienstes« (Volp/Bieritz) nicht vertraut ist und sie nicht entziffern kann, für den wird der Gottesdienst fremd bleiben.

Dabei ist das Wissen über die Kernstücke des Gottesdienstes und einen möglichen Ablauf des Gottesdienstes hilfreich, aber noch lange nicht ausreichend. Es geht auch darum, mit den Jugendlichen die Wahrnehmung zu schulen, Hinsehen und Hinhören zu lernen, ein Gespür zu entwickeln für das, was da im Gottesdienst und mit mir selbst geschieht.

Wie kann das geschehen? Viele Vorschläge und Ideen sind dazu in den letzten Jahren veröffentlicht worden:

- Die Kirchenpädagogik nähert sich dem Gottesdienst über den Raum und seine Gegenstände.
- In Übungen, Gesten und Haltungen werden liturgische Stücke (wie z. B. der Segen) inszeniert und so den Jugendlichen ein reflektiertes »Probehandeln« ermöglicht.
- Konfirmandinnen und Konfirmanden gestalten den Gottesdienstes mit (Schriftlesung, Anspiel zu Predigt).
- Im Konfirmandenunterricht gibt es liturgische Formen, die auf den Gottesdienst verweisen (Psalm, Gebet, Stille).
- Personen, die am Gottesdienst beteiligt sind (wie Organist, Mesner, etc.), werden interviewt.

Ziel

- Der Fragebogen soll die Wahrnehmung der Jugendlichen für die vielen »Sprachen des Gottesdienstes« schärfen.
- Die Konfirmandinnen und Konfirmanden können bestimmte, wiederkehrende Abläufe im Gottesdienst erkennen. Sie können ihre Gefühle im Gottesdienst benennen. Sie entwickeln eine eigene Haltung und Position, die sie vertreten können.

Eine – zugegebenermaßen »kleine« – Form des Zugangs zum Gottesdienst kann auch ein **Fragebogen** zum Gottesdienst sein, der die Jugendlichen anhält genau wahrzunehmen, was im Gottesdienst geschieht. Dabei geht es nicht primär um die Abläufe der liturgischen Stücke – etwa in der richtigen Reihenfolge, auch nicht um eine Disziplinierung, um die Konfis im Gottesdienst zu »beschäftigen«, sondern darum, ein Gespür für die »Sprachen« des Gottesdienstes zu gewinnen. Die genaue Wahrnehmung enthält neben dem deskriptiven immer auch schon ein reflexives Element. Daher sollte ein solcher Fragebogen mehrere Dimensionen ansprechen:

- Kognition: z. B. welcher Predigttext lag dem Gottesdienst zu Grunde?
- Emotion: z. B. welches Lied hat dich besonders angesprochen? Wie fandest du die Atmosphäre des Gottesdienstes?
- Position: z. B. Ich fand im Gottesdienst gut / nicht gut, dass …

2. Hinweise zur Durchführung

Der Fragebogen ist als eine Maßnahme im Rahmen eines ganzen Ensembles (wie Kirchenpädagogik u.a.) zur Einführung in den Gottesdienst gedacht.

Der Fragebogen wird nicht einfach ausgeteilt, sondern in einer (kurzen) Unterrichtssequenz eingeführt und seine Bedeutung deutlich gemacht. Klar definiert muss auch sein, wie oft ein solcher Fragebogen ausgefüllt wird. Soll dies mehrmals im Konfirmandenjahr geschehen oder spielt er nur am Anfang eine Rolle? Darüber hinaus gilt es zu klären, was mit den ausgefüllten Fragebögen geschieht: Werden sie eingesammelt und von der Leitung gelesen und kommentiert? Werden sie an die jeweilige Person zurückgegeben oder spielen die Beobachtungen im Unterricht eine Rolle?

3. Ablauf

Schritt 1: Einführung in den Fragebogen

Impuls: »*Zur Konfirmandenzeit gehört der (regelmäßige) Besuch des Gottesdienstes dazu. Der Gottesdienst ist unverzichtbar für das Leben der christlichen Gemeinde. Wer vom Glauben, wer von der christlichen Religion spricht, der meint auch immer den Sonntagsgottesdienst. Hier feiern wir Gottes Gegenwart. Wir loben ihn und danken ihm, wir sagen ihm, was uns bedrückt. Wir hören auf sein Wort und wir singen miteinander Lieder.*

Ihr habt schon viele oder zumindest manche Gottesdienste besucht. Vieles ist euch bekannt, manches vermutlich auch fremd oder gar störend.

Der Gottesdienst ist wie ein Orchester, da spielt alles zusammen und gehört alles zusammen: Die Instrumente, das Musikstück, der Dirigent, die Kleidung, der Raum. Man hört und sieht manches, was einen befremdet. So ist das auch im Gottesdienst.

Wir machen uns im Konfijahr auf den Weg auch um das zu verstehen, was da im Gottesdienst eigentlich geschieht. Was hilft uns dabei? Wir gehen in die Kirche (ohne Gottesdienst) und nähern uns dem Raum und den Gegenständen, die dazu notwendig sind. Wir werden Übungen machen zu den einzelnen Abläufen, die im Gottesdienst geschehen. Und wir gehen sonntags in den Gottesdienst und feiern mit. Und wir werden gut beobachten, was da geschieht.«

Arbeitsanweisung: (zwei Fragebögen (**M 1**) werden ausgegeben) »*An zwei Gottesdiensten, die ihr besucht, füllt ihr diese Fragebögen im Laufe der nächsten vier bis sechs Wochen aus.*

Nehmt euch dazu die Zeit gleich nach dem Gottesdienst. Ich werde die Bögen in der KU-Stunde danach einsammeln und in ca. sechs Wochen mit euch besprechen. Wer den Bogen ausgefüllt hat, bleibt anonym.«

Schritt 2: Gottesdienst wahrnehmen

Gottesdienstbesuch mit anschließendem Fragebogenausfüllen (2 Mal in einem Zeitraum von 4–6 Wochen).

Schritt 3: Auswertung

Zur Auswertung wird nicht jede Frage zur Sprache kommen. Aber deutlich soll nochmals ausgesprochen werden, was die Jugendlichen wahrnehmen und was ihre Position zum Gottesdienst ist. Daher auch die methodische Form, Position zu beziehen.

Impuls: »*Ich habe eure Fragebögen gelesen, herzlichen Dank! Ich möchte manches für uns alle sichtbar und hörbar machen, was euch durch den Kopf gegangen ist und was für euch schön oder schwierig war.*«

Arbeitsanweisung: »*Ich lese euch verschiedene Fragen und dazu geäußerte Meinungen zum Gottesdienst vor.*

Jede Ecke des Raumes ist einer bestimmten Meinung zugeordnet. Stellt euch bitte in die entsprechende Ecke, wenn ihr diese Meinung teilt.«

Alternative: Wenn das zu unruhig ist, können auch alle im Kreis stehen und diejenigen treten jeweils einen Schritt vor, auf die das Gesagte zutrifft.

Runde 1:
»*Sonntags in den Gottesdienst zu gehen ist für mich wie …*«
(bei den Fragen möglichst Formulierungen aus den Fragebögen aufgreifen)
- in einen Unterricht zu gehen, der mir nicht so liegt (»nicht so angenehm«),
- in ein vertrautes Gebäude zu gehen (»schön«),
- »weiß nicht so genau«,
- »eigentlich egal«.

Wenn alle sich positioniert haben, kurze Interviews führen.

Runde 2:
»*Ich weiß noch einen Satz/ein Bild/eine Geschichte aus einer Predigt der vergangenen Sonntage …*
- Ja
- Nein
- Nicht mehr so genau/Ungefähr

Nach der Positionierung kurze Interviews führen.

Runde 3:
»*Die Atmosphäre im Gottesdienst ist für mich …*«
(Formulierungen aus den Fragebögen aufgreifen)
- sehr schön,
- ganz okay,
- na ja,
- kann ich nicht beschreiben.

Nach der Positionierung kurze Interviews führen

Runde 4:
»*Was ich zum Gottesdienst schon immer mal fragen wollte …*
Konfirmand/innen schreiben Frage/n auf Zettel. Wenn alle im Kreis sitzen, werden die Zettel (laut vorlesen) in die Mitte gelegt. Ähnliche Fragen kommen zusammen. Bei Häufungen kleine Murmelgruppen bilden. Die Gruppe überlegt sich eine Antwort, die sie aufschreibt und zu der Fragegruppe legt.

Im Plenum werden die Fragen und Antworten besprochen.

Mögliche Weiterarbeit: Zum einen bietet es sich nun an, Elemente der Liturgie in den Unterricht zu holen, um diese einzuüben, so dass ein vertrauterer Umgang möglich wird. Zum anderen könnte man mit den Konfirmandinnen und Konfirmanden gemeinsam einen Gottesdienst für die Gemeinde gestalten, in dem die gemachten Erfahrungen und die geäußerten Gesichtspunkte aufgenommen werden.

Materialien zu diesem Beitrag auf CD-ROM

M 1 **FRAGEBOGEN** | Die Sprachen des Gottesdienstes entziffern

1 Sonntags in den Gottesdienst gehen ist für mich wie …

Als ich am Sonntag die Kirche betrat, dachte ich … **2**

3 Liturgische Farbe am Altar

und der »Name« des Sonntags im Kirchenjahr

4 Ein Lied, das ich schön fand …

Ein Gebet, das mit gefallen hat … **5**

6 Welcher Psalm wurde gebetet?

7 Das Thema der Predigt (ein Gedanke) …

Nicht verstanden habe ich:

8 Gefallen hat mir …

Nicht gefallen hat mir … **9**

10 Die Atmosphäre im Gottesdienst fand ich…

Was ich sonst noch sagen wollte … **11**

Jörg Conrad

»Tut mir auf die schöne Pforte …« – was ich vom Gottesdienst erwarte

Einleitung

Für die meisten Konfirmandinnen und Konfirmanden ist der Gottesdienst etwas Fremdes, zu dem es in ihrem Alltag keine Analogie gibt. Die Fremdheit liegt nicht allein in den Elementen der Liturgie, der Musik oder der Sprache, sondern im Wesen des Gottesdienstes als eine religiöse Feier.

Um einen Gottesdienst mit Gewinn mitfeiern zu können, muss diese Fremdheit bearbeitet werden. Der Ablauf und die Elemente der Liturgie müssen bekannt sein. Darüber hinaus ist eine innere Haltung nötig, die dem Geschehen des Gottesdienstes angemessen ist. Vielfach wissen die Konfirmandinnen und Konfirmanden nicht, was sie vom Gottesdienst erwarten können bzw. was der Gottesdienst eigentlich ist. Er ist nicht Schule, aber auch nicht Kino. Es geht um Gemeinschaft, aber miteinander sprechen darf man nicht. Da wird gejubelt, aber ganz anders als im Stadion …

Die folgenden beiden Bausteine sollen Konfirmandinnen und Konfirmanden helfen, einen Zugang zum Gottesdienst zu finden, indem sie einerseits Sicherheit im Ablauf der einzelnen gottesdienstlichen Elemente gewinnen und deren Bedeutung erkennen. Im zweiten Baustein wird die Frage gestellt, was Jugendliche von einem Gottesdienst erwarten können. Anhand dieser Frage arbeiten sie an einer eigenen inneren Haltung, mit der sie Gottesdienste mitfeiern.

Ziele

- Die Konfirmandinnen und Konfirmanden kennen den Ablauf des Gottesdienstes und verstehen die Funktion der unterschiedlichen liturgischen Elemente.
- Die Konfirmandinnen und Konfirmanden können die immer wiederkehrenden Elemente des Gottesdienstes im Gesangbuch finden oder auswendig mitsprechen/singen.
- Die Konfirmandinnen und Konfirmanden entwickeln eine innere Haltung zum Geschehen des Gottesdienstes, die ihnen die Teilnahme erleichtert.

Organisation und Durchführung: Die beiden Bausteine sind je für einen Mittwochnachmittag konzipiert. Gut ist es, wenn ein Gottesdienst zwischen den beiden Bausteinen liegt, an dem die Konfirmandinnen und Konfirmanden mehrheitlich teilnehmen. Für den zweiten Baustein ist neben einem Arbeitsraum der Kirchenraum für den liturgischen Abschluss wichtig.

Überblick

BAUSTEIN 1
Die Elemente des Gottesdienstes

Die Konfirmand/innen gewinnen Sicherheit im Ablauf und der Funktion der Gottesdienstelemente und entwickeln ein Gesamtbild des Gottesdienstes als Weg.

- Stellübung – Ablauf des Gottesdienstes
- Fragen an den Gottesdienst
- Stehen oder Sitzen – was sich gehört
- Der Gottesdienst als Weg – eine Orientierung mit dem Gesangbuch
- Worauf ich neugierig bin

Material

- **M 1 – M 3**
- Konfikerze oder Teelichter
- Arbeitsplakate
- Eddings

BAUSTEIN 2
Was ich mir vom Gottesdienst erwarte

Die Konfirmand/innen entwickeln eine eigene innere Haltung zum Gottesdienst, indem sie formulieren, was sie vom Gottesdienst erwarten.

- Was mir gefallen hat
- Das Gebet in der Bank
- Was andere vom Gottesdienst erwarten – eine Entdeckung im Gesangbuch
- Das können sie vom Gottesdienst erwarten – Werbeplakat für den Gottesdienst
- Das erwarte ich vom Gottesdienst – mein Gebet zum Beginn
- Liturgischer Abschluss

Material

- **M 4**
- Plakate,
- Edding
- Konfikerzen oder Teelichter

Baustein 1
Die Elemente des Gottesdienstes (90 Min.)

Leitfrage / Ziele

- Die Konfirmandinnen und Konfirmanden kennen die Elemente des Gottesdienstes und haben einen Eindruck von ihrer Funktion. Sie lernen die wiederkehrenden Elemente im Wortlaut kennen, so dass sie besser am Gottesdienst teilnehmen können.

Material

- Gesangbücher
- Die Elemente des Gottesdienstes auf foliertem Karton (**M 1**)
- Positionskarten (**M 2**)
- Wortlaut der wiederkehrenden Elemente (**M 3**)
- Arbeitsblatt (**M 4a–c**)
- Plakatvorlage (**M 5a–c**)
- Konfikerzen oder Teelichter

Vorbereitung
Den Raum leer räumen; Arbeitstische am Rand; Elemente des Gottesdienstes auf dem Boden verdeckt verteilt.

Schritt 1: Der Ablauf des Gottesdienstes (15 Min.)

Die Konfirmandinnen und Konfirmanden kommen in den vorbereiteten Raum. Auf dem Boden liegen verdeckt die auf folierten Karton gedruckten Elemente des Gottesdienstes (**M 1**).

Impuls: *»Ihr seht hier verschiedene Blätter. Auf jedem Blatt steht der Name eines Teils des Gottesdienstes. Wir werden uns das heute mal genauer ansehen: Was es da alles gibt und warum der Gottesdienst so abläuft, wie wir ihn feiern.*

Nehmt euch je ein Blatt, lest, was darauf steht. Stellt euch nun als Gruppe so hintereinander, dass ihr den Ablauf des Gottesdienstes darstellt. Ihr dürft während der Aktion nicht sprechen. In dieser Ecke ist der Beginn und in der anderen das Ende.«

Die Konfirmandinnen und Konfirmanden stellen sich der Reihe nach auf, so wie sie es für richtig halten. Gemeinsam werden die gottesdienstlichen Elemente in die richtige Reihenfolge gebracht. Entweder gibt die Leitung dabei Hilfestellung oder zwei der Konfirmandinnen und Konfirmanden erhalten eine Übersicht des Gottesdienstablaufs (Gesangbuch Nr. 684 oder ortsüblicher Ablauf) und stellen so die korrekte Reihenfolge her. Auch dabei darf nicht geredet werden.

Hinweise: Gibt es weniger Konfirmandinnen und Konfirmanden als Gottesdienstelemente, so ist eine zweite Runde notwendig. Dazu legen die Konfirmandinnen und Konfirmanden die ersten Blätter ab, nehmen ein zweites und wiederholen die Stellübung. Sind nur noch wenige Blätter übrig, können diese durch die Leitung weggenommen und im Gespräch mit der Gruppe einsortiert werden.

Der Gottesdienstablauf sollte sich an der ortsüblichen Form orientieren. Gegebenenfalls ist darauf hinzuweisen, dass der Ablauf im EG abweicht.

Schritt 2: Arbeit mit dem Gottesdienstablauf (15–25 Min.)

In mehreren Runden beschäftigen sich die Konfirmandinnen und Konfirmanden nun mit dem Gottesdienstablauf:

a) »Stehen – sitzen«:
Die einzelnen Teile des Gottesdienstes werden vorgelesen. Die Konfirmandinnen und Konfirmanden setzen oder stellen sich bei jedem Element hin, je nachdem, ob an dieser Stelle im Gottesdienst gestanden oder gesessen wird. Wichtig ist es, zu erklären, was mit Sitzen und Stehen an der entsprechenden Stelle ausgedrückt wird.

b) »Was immer wieder gleich ist ...«:
Die Konfirmandinnen und Konfirmanden identifizieren die Elemente, die in jedem Gottesdienst im gleichen Wortlaut vorkommen (**M 3**). Miteinander werden die Texte gelesen und gesprochen. Das »Ehre sei dem Vater« wird gesungen.

c) »Kenne ich nicht ... / verstehe ich nicht ...«:
Die Konfirmandinnen und Konfirmanden markieren mit Positionierungsschildern (**M 2**), die ihnen unbekannten oder erklärungsbedürftigen Elemente. Im Gespräch werden die Fragen geklärt.

Schritt 3: Der Weg des Gottesdienstes (35 Min.)

»Der Gottesdienst besteht aus vielen verschiedenen Teilen. Das haben wir jetzt gesehen. Diese Teile haben eine bestimmte Reihenfolge, die aber nicht überall gleich ist. Es gibt so etwas wie einen Weg, den der Gottesdienst abschreitet. Einen Weg, auf den der Gottesdienst, die Menschen, die ihn feiern, mitnimmt.

Dieser Weg wird in euerem Gesangbuch (EG, S. 1236) und im Begleitbuch ***anknüpfen – Meine Konfirmation*** *(S. 4/5) beschrieben. Bitte lest euch dort die entsprechenden Seiten durch.«*

Die Konfirmandinnen und Konfirmanden lesen.

»Ihr bekommt nun ein Arbeitsblatt (**M 4a–c**). *Darauf könnt ihr noch einmal lesen, wie euer Teil des Gottesdienstes beschrieben wird. Erste Aufgabe ist es, in eigenen Worten zu formulieren, was in diesem Teil des Gottesdienstes geschehen kann. Diese Formulierung übertragt ihr dann bitte auf eines der Plakate, die hier ausliegen. Es gibt für jeden Wegabschnitt ein Plakat.*

Danach wählt ihr von den verschiedenen Teilen des Gottesdienstes drei Teile aus eurem Wegabschnitt und überlegt, wie diese drei Teile/Elemente dazu helfen, dass möglich wird, was in eurem Wegabschnitt geschehen soll. Das notiert bitte ebenfalls auf dem Plakat und bereitet euch darauf vor, dass ihr der ganzen Gruppe erklären könnt, was ihr euch gedacht habt.

Zum Abschluss habt ihr noch die Aufgabe, euch auszutauschen und miteinander zu überlegen, was euch in eurem Wegabschnitt hilft. Dazu vollendet ihr den Satzanfang, der unten auf eurem Plakat steht. Ihr habt dazu 15 Min. Zeit.«

Die Konfirmandinnen und Konfirmanden gehen in drei Gruppen, formulieren den Gesangbuchtext neu, denken über drei Teile ihres Wegabschnittes nach und vollenden den Satzanfang auf dem Plakat (**M 5a–c**).

Nun haben wir Experten für die unterschiedlichen Etappen, die der Gottesdienst uns zu gehen anbietet. Hören wir mal und schauen, was die erste Gruppe uns berichten kann …

Die Konfirmand/innen stellen ihre Plakate vor. Dabei ist es Aufgabe der Unterrichtenden durch Nachfragen dafür zu sorgen, dass bei den Präsentationen eine gewisse Tiefe erreicht wird. Darüber hinaus können mit der ganzen Gruppe gemeinsam im Anschluss an jede Präsentation Überlegungen angestellt werden, wie die noch übrigen Teile des Wegabschnittes dazu helfen anzukommen/auf Gott zu hören/in den Alltag zurückzukehren.

Schritt 4: Neugierig werden (15 Min.)

Die Konfirmandinnen und Konfirmanden kommen im Stuhlkreis zusammen.

»Heute haben wir viel über den Gottesdienst erfahren und nachgedacht. Ich hoffe, es ist etwas dabei, was eure Neugier geweckt hat.

Denkt einmal an einen der nächsten Sonntage, wenn ihr auf dem Weg in den Gottesdienst seid. Auf welches Element des Gottesdienstes seid ihr nun neugierig geworden? Schaut euch die unterschiedlichen Teile noch einmal an und dann nehmt eure Konfikerze [Teelicht] und stellt sie zu dem entsprechenden Element.

Wir werden einander anschließend in einem oder zwei Sätzen sagen, warum es gerade dieses Element ist, das wir gewählt haben.«

Die Konfirmanden stellen ihre Kerze an das von ihnen gewählte Element. Das Mitteilen der jeweiligen Motivation kann entweder entlang des Gottesdienstablaufes geschehen, so dass die Leitung moderiert und jeweils diejenigen etwas zu sagen bittet, die ihre Kerzen an dasselbe Element gestellt haben. Alternativ dazu kann es den Konfirmandinnen und Konfirmanden überlassen werden, in welcher Reihenfolge sie ihre Sätze sagen. Die Leitung würde dann eine/n der Konfirmandinnen und Konfirmanden bestimmen, zu beginnen und dann zu bestimmen, wer weitermachen soll.

Baustein 2
Was ich mir vom Gottesdienst erwarte …
(90 Min.)

Ziele

- Die Konfirmandinnen und Konfirmanden setzen sich mit möglichen Erwartungen an den Gottesdienst in kreativer Weise auseinander.
- Die Konfirmandinnen und Konfirmanden drücken eigene Erwartungen an den Gottesdienst aus.
- Die Konfirmandinnen und Konfirmanden verstehen etwas vom Wesen des Gottesdienstes und können eine ihm entsprechende Haltung einnehmen.

Material

- Elemente des Gottesdienstes (**M 1** Baustein1)
- Aufgabenblätter (**M 6a–e**)
- Plakate, Edding
- Kerzen
- Blatt und Stifte

Vorbereitung: Im Arbeitsraum werden die Elemente des Gottesdienstes erneut auf dem Boden ausgelegt. Der Kirchraum muss erreichbar sein.

Schritt 1: Was mir gefallen hat … (10 Min.)

Die Konfirmandinnen und Konfirmanden kommen in den Raum, in dem erneut die Elemente des Gottesdienstes als Bodenbild ausliegen (**M 1** Baustein 1).

Impuls: *»Ihr seht noch einmal die Elemente des Gottesdienstes in der Reihenfolge, in der sie bei uns vorkommen. Letzte Woche habt ihr mit einer Kerze markiert, auf welches Element ihr neugierig wart. Wie war das nun im Gottesdienst? Lasst den Gottesdienst vom letzten Sonntag vor eurem inneren Auge vorüberziehen. Überlegt, ob ihr euch im Gottesdienst an das Element erinnert habt, das ihr ausgewählt hattet, und wie das dann war … Wer berichtet mal, was er erlebt hat?«*

Die Konfirmandinnen und Konfirmanden bekommen Gelegenheit etwas zu sagen, wenn sie möchten. »*Gab es da ein Element oder einen Moment im Gottesdienst, bei dem ihr euch wohl gefühlt habt? Und vielleicht auch eines, das euch nicht gefallen hat, bei dem ihr euch unwohl gefühlt habt? Wenn ihr euch erinnert, dann nehmt doch eure Kerze und stellt sie zum entsprechenden Element.*«

Die Konfirmandinnen und Konfirmanden positionieren ihre Kerze. »*Schauen wir uns das mal an. Wer möchte sagen, was ihn dazu veranlasst hat, seine Kerze gerade dorthin zu stellen?*«

Schritt 2: Das stille Gebet in der Bank (5 Min.)

Impuls: »*Ich möchte euch noch auf etwas hinweisen, was ihr bestimmt im Gottesdienst schon erlebt habt. Zu Beginn, wenn Menschen die Kirche zum Gottesdienst betreten und in die Bänke gehen, dann bleiben viele kurz stehen und schließen die Augen, bevor sie sich setzen ... was machen die da?*«

Konfirmand/innen äußern Vermutungen. »*Sie sprechen ein Gebet. Was genau sie sagen, das weiß ich nicht. Ich sage Gott, was ich mir vom Gottesdienst wünsche, was ich erwarte ...*«

Schritt 3: Entdeckungen mit dem Gesangbuch (25 Min.)

Impuls: »*Es gibt ja viele Leute, die freuen sich so richtig auf den Sonntag, auf den Gottesdienst. Die gehen in die Kirche und erwarten vom Gottesdienst etwas für sich. So wie ich, wenn ich ins Kino gehe, hoffe einen guten Film zu sehen und gut unterhalten zu werden. Oder wenn ich ins Stadion gehe, dass ich mit der Mannschaft mitfiebre, sie anfeuere und hoffe, dass wir gewinnen. Es gibt viele Orte und Anlässe, zu denen wir gehen und genau wissen, was wir da zu erwarten haben und was wir da wollen. In der Schule geht es ums Lernen und darum, Freunde zu treffen ... in der Disco, beim Training, ... Um was geht es eigentlich im Gottesdienst?*«

Konfirmand/innen äußern Vermutungen.

Arbeitsauftrag: »*Es gibt im Gesangbuch Lieder, in denen Menschen aufgeschrieben haben, was sie sich vom Gottesdienst erwarten. Fünf solcher Lieder habe ich herausgesucht und eure Aufgabe ist es nun herauszufinden, was sich die Liederdichter vom Gottesdienst erhoffen. Im Lied erfahrt ihr etwas darüber, was im Gottesdienst passiert oder vorkommt und was sich der Liederdichter vom Gottesdienst erhofft. Schreibt dies auf. Die Liednummer und die Fragen habe ich auf ein Aufgabenblatt (**M 6**) notiert.*

Zum Schluss entwerft ihr mit den Informationen aus dem Lied eine Werbeplakat für den Gottesdienst, so wie es in eurem Lied besungen wird.«

Die Konfirmandinnen und Konfirmanden gehen in fünf Gruppen und bearbeiten je ein Lied mit Hilfe des entsprechenden Aufgabenblattes. Sie entwerfen mit Hilfe des Erarbeiteten ein Werbeplakat für den Gottesdienst. (**M 6**, Aufgabenblätter, DIN-A3-Plakate, Eddings).

Schritt 4: Präsentation der Gruppenergebnisse und Formulierung eigener Erwartungen (30 Min.)

Die Konfirmandinnen und Konfirmanden stellen einander ihre Werbeplakate vor.

Arbeitsauftrag: Meine Erwartung an den Gottesdienst »*Nun haben wir viel gehört, was andere am Gottesdienst schätzen und von ihm erwarten. Nehmt euch nun Zeit, jeder und jede für sich allein, nehmt einen Stift und ein Blatt Papier und überlegt einmal, was ihr selbst vom Gottesdienst erwartet. Schreibt dazu Stichwörter auf. Ihr habt dazu zehn Minuten Zeit.*«

Konfirmand/innen schreiben. Nach zehn Minuten kommen alle wieder in die Runde zusammen. »*Formuliert nun bitte aus euren Stichwörtern ein Gebet, in dem ihr Gott sagt, was ihr vom Gottesdienst erwartet. Wir gehen anschließend in die Kirche und stellen uns die Gebete vor. Ihr habt dazu fünf Minuten Zeit.*«

Schritt 5: Meine Erwartung an den Gottesdienst (15–20 Min.)

Die Gruppe geht in die Kirche. Die Konfirmandinnen und Konfirmanden stehen im Kreis um den Altar und haben ihre Konfikerze [Teelicht] bei sich.

Impuls: »*Ihr habt heute überlegt, was ihr vom Gottesdienst erwartet, und habt das in einem Gebet an Gott formuliert. Wir wollen das nun Gott und einander sagen.*

Einer fängt an, nimmt seine Kerze und entzündet sie an der Altarkerze. Dann stellt er seine Kerze auf den Altar und spricht sein Gebet. Wenn er zurück in den Kreis gekommen ist, macht sein rechter Nachbar weiter. Das wird etwas dauern und vielleicht findet ihr das eine oder andere Gebet lustig oder komisch. Mir ist sehr wichtig, dass wir die Gebete der anderen nicht kommentieren und uns bemühen, die Ruhe durchzuhalten.«

Nacheinander entzünden die Konfirmandinnen und Konfirmanden ihre Kerze und stellen sie auf den Altar. Dabei sprechen sie laut ihr Gebet.

Zum **Abschluss** wird ein Segenslied gesungen.

Materialien zu diesem Beitrag auf CD-ROM

M 1 ELEMENTE DES GOTTESDIENSTES | »Tut mir auf die schöne Pforte …«

Glockenläuten	Orgelstück
Orgelvorspiel	Lied
Wochenspruch	Fürbittengebet
Begrüßung	Vater Unser
Votum	Lied
Lied	Abkündigung
Ehre sei dem Vater	Friedens-/Segensbitte
Eingangsgebet	Segen
Schriftlesung	Amen, Amen, Amen
Lied	Orgelnachspiel
Predigt	Glockenläuten

M 2 POSITIONSKARTE | »Tut mir auf die schöne Pforte …«

M 3 WAS IMMER GLEICH IST | »Tut mir auf die schöne Pforte …«

Glaubensbekenntnis

Ich glaube an Gott,
den Vater, den Allmächtigen,
den Schöpfer des Himmels und der Erde.

Und an Jesus Christus, seinen eingeborenen Sohn, unsern Herrn,
empfangen durch den Heiligen Geist,
geboren von der Jungfrau Maria,
gelitten unter Pontius Pilatus,
gekreuzigt, gestorben und begraben,
hinabgestiegen in das Reich des Todes,
am dritten Tage auferstanden von den Toten,
aufgefahren in den Himmel;
er sitzt zur Rechten Gottes,
des allmächtigen Vaters;
von dort wird er kommen,
zu richten die Lebenden und die Toten.

Ich glaube an den Heiligen Geist,
die heilige christliche Kirche,
Gemeinschaft der Heiligen,
Vergebung der Sünden,
Auferstehung der Toten
und das ewige Leben. Amen.

Ehr sei dem Vater

Ehr sei dem Vater
und dem Sohne
und dem heiligen Geist,
wie es war im Anfang
jetzt und immerdar
und von Ewigkeit
zu Ewigkeit.
Amen, Amen.

Vaterunser

Vater unser im Himmel.
Geheiligt werde dein Name.
Dein Reich komme.
Dein Wille geschehe,
wie im Himmel, so auf Erden.
Unser tägliches Brot gib uns heute.
Und vergib uns unsere Schuld,
wie auch wir vergeben unseren Schuldigern.
Und führe uns nicht in Versuchung,
sondern erlöse uns von dem Bösen.
Denn dein ist das Reich
und die Kraft
und die Herrlichkeit in Ewigkeit. Amen.

Abschluss Stilles Gebet

Meine Hoffnung
und meine Freude,
meine Stärke, mein Licht:
Christus, meine Zuversicht,
auf dich vertrau ich
und fürcht mich nicht,
auf dich vertrau ich
und fürcht mich nicht.

M 4a ARBEITSBLATT | »Tut mir auf die schöne Pforte …«

Gottesdienst
I. Der Weg in die Mitte – Ankommen
»Eröffnung und Anrufung«

◆

Gott lädt uns ein.
Wir unterbrechen unseren gewohnten Tagesablauf
und versammeln uns im Namen Jesu in seiner Gemeinde.
Wir versammeln uns und werden still,
wir öffnen uns und richten uns in Lied und Gebet auf Gottes Wort aus.
Unser Leben sehen wir in neuem Licht.

◆

A) So könnt ihr es im Gesangbuch, S. 1236, über euren Wegabschnitt lesen. Sagt einmal in euren Worten, was da geschehen soll.

Unsere Formulierung:

B) Wählt drei Teile/Elemente aus eurem Wegabschnitt und überlegt, wie diese ermöglichen, bei Gott anzukommen und uns ihm zu öffnen.

1.
2.
3.

C) Überlegt einen Moment, ob euch diese drei Elementen helfen, im Gottesdienst anzukommen und euch Gott zuzuwenden …

Vielleicht habt ihr noch eine ganz andere Erfahrung gemacht oder eine andere Idee, was helfen kann, im Gottesdienst anzukommen und sich Gott zuzuwenden. Bitte vollendet den unten stehenden Satzanfang.

Zum Öffnen und Ankommen im GD hilft mir, wenn …

D) Übertragt zum Abschluss eure Gedanken auf das Präsentationsplakat.

M 4b ARBEITSBLATT | »Tut mir auf die schöne Pforte …«

Gottesdienst
II. Die Mitte
»Verkündigung und Bekenntnis«

◆

In der Bibel hören wir Gottes Wort durch Menschen erzählt.
Geschichten, die Menschen mit Gott erlebt haben,
Geschichten von Jesus, wie er heilte und von Gott erzählte.
Durch diese Geschichten spricht uns Gott an.
Im Gottesdienst hören wir diese gute Nachricht.
Sein Wort hilft uns und gibt uns Kraft.

◆

A) So könnt ihr es im Gesangbuch, S. 1236, über euren Wegabschnitt lesen. Sagt einmal in euren Worten, was da geschehen soll.

Unsere Formulierung:

B) Wählt drei Teile/Elemente aus eurem Wegabschnitt und überlegt, wie diese ermöglichen, dass Gott zu uns spricht und er uns helfen und Kraft geben kann.

1.
2.
3.

C) Überlegt einen Moment, ob euch diese drei Elemente helfen, im Gottesdienst Gottes Stimme zu hören und von ihm Hilfe und Kraft zu bekommen …

Vielleicht habt ihr noch eine ganz andere Erfahrung gemacht oder eine andere Idee, was helfen kann, von Gott angesprochen zu werden. Bitte vollendet den unten stehenden Satzanfang.

Im Gottesdienst fühle ich mich von Gott angesprochen, wenn …

D) Übertragt zum Abschluss eure Gedanken auf das Präsentationsplakat.

M 4c ARBEITSBLATT | »Tut mir auf die schöne Pforte …«

Gottesdienst
III. Der Weg in den Alltag
»Fürbitte und Segen / Sendung«

◆

Gott achtet auf alle.
Wir sind betroffen vom Leiden der Menschen.
Wir rufen Gott um Hilfe für alle Menschen,
um Gerechtigkeit und Frieden in der Kirche und Welt.
Die Kraft des Segens begleitet uns, damit wir selbst
Verantwortung und Nächstenliebe weitergeben in unserem Alltag.

◆

A) So könnt ihr es im Gesangbuch, S. 1236, über euren Wegabschnitt lesen. Sagt einmal in euren Worten, was da geschehen soll.

Unsere Formulierung:

B) Wählt drei Teile/Elemente aus eurem Wegabschnitt und überlegt, wie diese ermöglichen, Gott anzurufen und seinen Segen zu empfangen.

1.
2.
3.

C) Überlegt einen Moment, ob euch diese drei Elemente helfen, euren Alltag vor Gott zu bringen und von ihm Segens-Kraft zu bekommen, selbst Liebe in diesen Alltag zu tragen …

Vielleicht habt ihr noch eine ganz andere Erfahrung gemacht oder eine andere Idee, was helfen kann, von Gott gestärkt in den Alltag zurückzukehren. Bitte vollendet den unten stehenden Satzanfang.

Der Gottesdienst wird mir zur Segens-Kraft, wenn …

D) Übertragt zum Abschluss eure Gedanken auf das Präsentationsplakat.

M 5a ARBEITSPLAKAT | »Tut mir auf die schöne Pforte …«

Gottesdienst
I. Der Weg in die Mitte – Ankommen
»Eröffnung und Anrufung«

◆

Gott lädt uns ein.
Wir unterbrechen unseren gewohnten Tagesablauf
und versammeln uns im Namen Jesu in seiner Gemeinde.
Wir versammeln uns und werden still,
wir öffnen uns und richten uns in Lied und Gebet auf Gottes Wort aus.
Unser Leben sehen wir in neuem Licht.

◆

▶ ***Unsere Formulierung:***

Element	So hilft es auf dem Weg des Gottesdienstes …
1)	
2)	
3)	

▶ ***Zum Öffnen und Ankommen im GD hilft mir, wenn …***

M 5b ARBEITSPLAKAT | »Tut mir auf die schöne Pforte …«

Gottesdienst
II. Die Mitte
»Verkündigung und Bekenntnis«

◆

In der Bibel hören wir Gottes Wort durch Menschen erzählt.
Geschichten, die Menschen mit Gott erlebt haben,
Geschichten von Jesus, wie er heilte und von Gott erzählte.
Durch diese Geschichten spricht uns Gott an.
Im Gottesdienst hören wir diese gute Nachricht.
Sein Wort hilft uns und gibt uns Kraft.

◆

▶ ***Unsere Formulierung:***

Element	So hilft es auf dem Weg des Gottesdienstes …
1)	
2)	
3)	

▶ ***Im GD fühle ich mich von Gott angesprochen, wenn …***

M 5c ARBEITSPLAKAT | »Tut mir auf die schöne Pforte …«

Gottesdienst
III. Der Weg in den Alltag
»Fürbitte und Segen / Sendung«

◆

Gott achtet auf alle.
Wir sind betroffen vom Leiden der Menschen.
Wir rufen Gott um Hilfe für alle Menschen,
um Gerechtigkeit und Frieden in der Kirche und Welt.
Die Kraft des Segens begleitet uns, damit wir selbst
Verantwortung und Nächstenliebe weitergeben in unserem Alltag.

◆

▶ ***Unsere Formulierung:***

Element	So hilft es auf dem Weg des Gottesdienstes …
1)	
2)	
3)	

▶ ***Der GD wird mir zur Segens-Kraft, wenn …***

M 6a AUFGABENBLATT: WAS IST DER GOTTESDIENST? | »Tut mir auf die schöne Pforte …«

Was ist der Gottesdienst?

Diese Frage ist nicht so leicht zu beantworten.

Im Gesangbuch finden wir einige Lieder, die beschreiben, was im Gottesdienst passiert und was der Liederdichter vom Gottesdienst oder im Gottesdienst erwartet. Was er erhofft.

Schlagt das **Lied 155 »Herr Jesu Christ, dich zu uns wend«** auf und lest euch den Text der vier Strophen durch. Versucht zu verstehen, was mit diesen alten Worten ausgedrückt werden soll.

▶ Beantwortet nun die beiden folgenden Fragen:

(1) Was kommt im Gottesdienst vor? Was passiert da?

(2) Was erwartet der Liederdichter vom Gottesdienst? (Was wünscht er sich? Worum bittet er?)

▶ Gestaltet nun ein Werbeplakat für den Gottesdienst im Sinne eures Liedes.

M 6b AUFGABENBLATT: WAS IST DER GOTTESDIENST? | »Tut mir auf die schöne Pforte …«

Was ist der Gottesdienst?

Diese Frage ist nicht so leicht zu beantworten.

Im Gesangbuch finden wir einige Lieder, die beschreiben, was im Gottesdienst passiert und was der Liederdichter vom Gottesdienst oder im Gottesdienst erwartet. Was er erhofft.

Schlagt das **Lied 165 »Gott ist gegenwärtig«** auf und lest euch den Text der Strophen 1.2.7.8 durch. Versucht zu verstehen, was mit diesen alten Worten ausgedrückt werden soll.

▶ Beantwortet nun die beiden folgenden Fragen:

(1) Was kommt im Gottesdienst vor? Was passiert da?

(2) Was erwartet der Liederdichter vom Gottesdienst? (Was wünscht er sich? Worum bittet er?)

▶ Gestaltet nun ein Werbeplakat für den Gottesdienst im Sinne eures Liedes.

M 6c AUFGABENBLATT: WAS IST DER GOTTESDIENST? | »Tut mir auf die schöne Pforte …«

Was ist der Gottesdienst?

Diese Frage ist nicht so leicht zu beantworten.

Im Gesangbuch finden wir einige Lieder, die beschreiben, was im Gottesdienst passiert und was der Liederdichter vom Gottesdienst oder im Gottesdienst erwartet. Was er erhofft.

Schlagt das **Lied 166 »Tut mir auf die schöne Pforte«** auf und lest euch den Text der sechs Strophen durch. Versucht zu verstehen, was mit diesen alten Worten ausgedrückt werden soll.

▶ Beantwortet nun die beiden folgenden Fragen:

(1) Was kommt im Gottesdienst vor? Was passiert da?

(2) Was erwartet der Liederdichter vom Gottesdienst? (Was wünscht er sich? Worum bittet er?)

▶ Gestaltet nun ein Werbeplakat für den Gottesdienst im Sinne eures Liedes.

M 6d AUFGABENBLATT: WAS IST DER GOTTESDIENST? | »Tut mir auf die schöne Pforte …«

Was ist der Gottesdienst?

Diese Frage ist nicht so leicht zu beantworten.

Im Gesangbuch finden wir einige Lieder, die beschreiben, was im Gottesdienst passiert und was der Liederdichter vom Gottesdienst oder im Gottesdienst erwartet. Was er erhofft.

Schlagt das **Lied 168 »Du hast uns, Herr, gerufen«** auf und lest euch den Text der sechs Strophen durch. Versucht zu verstehen, was mit diesen alten Worten ausgedrückt werden soll.

▶ Beantwortet nun die beiden folgenden Fragen:

(1) Was kommt im Gottesdienst vor? Was passiert da?

(2) Was erwartet der Liederdichter vom Gottesdienst? (Was wünscht er sich? Worum bittet er?)

▶ Gestaltet nun ein Werbeplakat für den Gottesdienst im Sinne eures Liedes.

M 6e AUFGABENBLATT: WAS IST DER GOTTESDIENST? | »Tut mir auf die schöne Pforte …«

Was ist der Gottesdienst?

Diese Frage ist nicht so leicht zu beantworten.

Im Gesangbuch finden wir einige Lieder, die beschreiben, was im Gottesdienst passiert und was der Liederdichter vom Gottesdienst oder im Gottesdienst erwartet. Was er erhofft.

Schlagt das **Lied 169 »Der Gottesdienst soll fröhlich sein«** auf und lest euch den Text der fünf Strophen durch. Versucht zu verstehen, was mit diesen alten Worten ausgedrückt werden soll.

▶ Beantwortet nun die beiden folgenden Fragen:

(1) Was kommt im Gottesdienst vor? Was passiert da?

(2) Was erwartet der Liederdichter vom Gottesdienst? (Was wünscht er sich? Worum bittet er?)

▶ Gestaltet nun ein Werbeplakat für den Gottesdienst im Sinne eures Liedes.

Die Konfirmand/innen und die Konfi-Gruppe

Die Konfirmanden-Gruppe – und wie sie laufen lernt

Wie eine Konfirmandengruppe läuft, darf nicht dem Zufall überlassen werden. Das hat zwei Gründe: 1. Konfirmandinnen und Konfirmanden sind in einem Alter, in dem sie anfangen, sich innerlich von ihren Eltern zu lösen und sich immer stärker an ihrer »Peergroup«, der Gruppe der Gleichaltrigen, zu orientieren. 2. Konfirmandinnen und Konfirmanden erleben oft zum ersten Mal und viele auch für lange Zeit zum letzten Mal Gemeinde und Kirche von innen. Das Klima in der Gruppe ist für sie real existierende Gemeinde und wird für lange Zeit ihr Bild von Glauben und Kirche prägen, positiv wie negativ.

Weil Konfirmandenarbeit im Gegensatz zur Schule sehr viel Freiraum zur Gestaltung lässt, ist es wichtig, den Einstieg klar und einladend zu gestalten. Wahrnehmungsspiele helfen den Jugendlichen, schnell miteinander vertraut zu werden und die anfängliche Unsicherheit abzulegen. Gruppendynamische Spiele geben der Gruppe ein Gefühl für sich selbst und was sie leisten kann.

Was zeichnet eine gute Gruppe aus? Fünf Aspekte lassen sich benennen:

1. Sie verfolgt gemeinsame Ziele. Sie sind der Gruppe klar vor Augen und werden von den Gruppenmitgliedern innerlich mitgetragen. Das Minimalziel, konfirmiert zu werden, reicht sicher noch nicht aus, einen einjährigen Gruppenprozess zu gestalten. Am Anfang der Konfirmandenzeit muss deshalb eine Verständigung über die gemeinsamen Ziele für diese Zeit stehen.

2. Sie hat Regeln, die von allen akzeptiert werden. Solche Regeln dürfen nicht einfach oktroyiert werden, sondern sie müssen eingebracht und ausgehandelt werden. Unausgesprochene, heimliche Regeln sind gefährlich, weil man sich gegen sie nicht wehren kann. Wenn es Konflikte gibt – zwischen Gruppenmitgliedern oder zwischen der Leitung und der Gruppe –, werden diese offen angesprochen und geklärt.

3. Sie entwickelt verschiedene Rollen, um die gestellten Aufgaben besser bewältigen zu können. Jeder hat das Gefühl, mit seiner Rolle wichtig für das Ganze der Gruppe zu sein. Weil verschiedene Aufgabe verschiedene Fähigkeiten erfordern, ist es wichtig, mit der Gruppe so zu arbeiten, dass nicht immer die gleichen Begabungen im Vordergrund stehen. Manchmal ist es für die Leitung wichtig, gezielt positive Rollenangebote zu machen, wenn Jugendliche sich selbst eine bestimmte negative Rolle gesucht haben oder sie von der Gruppe zugewiesen bekamen.

4. In ihr findet Interaktion möglichst symmetrisch statt – zwischen allen Gruppenmitgliedern. D.h. jeder hat mit jedem zu tun und die Gruppe zerfällt nicht in mehrere stabile Untergruppen.

5. Sie entwickelt ein Zusammengehörigkeitsgefühl, das sie auch nach außen darstellt und das der Gruppe ein gewisses Image verleiht. Befördert wird dies durch gemeinsame Aktionen, die der Gruppe die Chance geben, sich darzustellen – z. B. in einem Gottesdienst vor der restlichen Gemeinde – oder sich mit andern Gruppen zu messen. In einer guten Gruppe sind die Mitglieder bereit, um der Gruppe willen zu handeln und ihre individuellen Bedürfnisse zurückzustellen.

Für die Leitung ist es wichtig, mit zwei Phänomenen bewusst und sensibel umzugehen: 1. In einer Gruppe unterliegen Menschen, ob sie es wollen oder nicht, einem **Gruppendruck**. Auch wenn dieser Druck durchaus sinnvoll ist, um eine Gruppe handlungsfähig zu machen, muss doch der einzelne immer wieder vor ihm geschützt werden – besonders, wo es darum geht, eine persönliche Meinung zu finden oder für sich selbst etwas zu klären. Gerade in Glaubensfragen darf es keinen Gruppendruck geben! 2. Das zweite Phänomen ist der sog. **Risikoschub**. In Gruppen trauen Menschen sich grundsätzlich mehr zu als sie es sich allein zutrauen würden. Diesen Risikoschub gilt es zu nutzen, indem die Gruppe tatsächlich schwierige Aufgaben angeht, die auch einmal scheitern können. Um so größer ist dann aber auch das Erfolgserlebnis, wenn ein schwieriges Projekt gelingt.

Auch wenn der Gruppenprozess nicht immer gleich verläuft und in viele Unterprozesse zerfällt, hilft es, sich immer wieder einmal zu fragen, wo man mit seiner Gruppe steht. Als grobe Anhaltspunkte helfen die klassischen fünf Gruppenphasen, die sich nicht nur in der Makrostruktur eines Konfirmandenjahres zeigen, sondern oft auch in viel kleineren Einheiten, z. B. auf einem Konfi-Wochenende oder am Neubeginn nach längeren Ferien. 1. Orientierungsphase (Forming) 2. Machtkampf-/Konfliktphase (Storming) 3. Vertrautheits-/Intimitätsphase (Norming) 4. Differenzierungsphase (Performing) 5. Trennungsphase (Finishing)

Um die eigene Wahrnehmung zu unterstützen, ist es wichtig, immer wieder explizit das **Feedback** der Gruppe einzuholen. Dies kann mündlich geschehen, z. B. in Feedbackrunden oder Einzelgesprächen. Meist fällt es Konfirmandinnen und Konfirmanden aber leichter, ihr Feedback schriftlich zu geben, z. B. in Form von Fragebögen. Ein Leitungsteam bietet die Gelegenheit, verschiedene Wahrnehmungen miteinander abzugleichen und so zu einem differenzierteren Bild der Gruppensituation zu kommen. Denn wer gerade agiert, wird leicht betriebsblind für die Gruppe.

»Jetzt geht's los!«, ↗ S. 163, S. 407
Kirchenschlaf als Pflichtprogramm – Ein Bericht, S. 414

Gerhard Reich, Tobias Tränkle und Alexander Varga

»Jetzt geht's los!«

Ein Kennenlernprojekt für die ersten Stunden des Konfirmandenunterrichts

Ein erlebnis- und handlungsorientierter Einstieg

Erlebnis- und Handlungsorientierung im Konfirmandenunterricht bedeutet für uns, Prinzipien der Erlebnispädagogik zu übernehmen. Diese lassen sich durch Stichwörter wie ganzheitliches Erleben, unfertige Situation, Herausforderung und Grenzerfahrung, Gruppenerfahrung und Gemeinschaft charakterisieren. In einem spielerischen Rahmen werden die Prinzipien zielgerichtet umgesetzt. Wir arbeiten also nicht mit den klassischen, natursportlichen Medien der Erlebnispädagogik wie Klettern, Kanufahren oder Segeln, die alle spezielle Kenntnisse und einen meist hohen zeitlichen Aufwand erfordern, sondern mit erlebnis- und handlungsorientierten Projekten für den wöchentlichen Konfirmandenunterricht. Folgende Intentionen verfolgen wir dabei:

- Soziale Kompetenzen und Selbstkompetenzen der Konfirmandinnen und Konfirmanden sollen gefördert werden.
- Inhalte des Konfirmandenunterrichts sollen durch Begegnungen oder Spiele erfahrbar und nachvollziehbar gemacht werden.
- Die einzelne Konfirmandin und der einzelne Konfirmand sollen durch Gruppenarbeit, Spiele, Diskussion usw. aktiv in den Unterrichtsprozess miteinbezogen werden.
- Der Unterrichtsverlauf soll sich am aktuellen Gruppenprozess orientieren.
- Das Erfahrene soll über das Projekt hinaus »wirken« können.

Unser Kennenlernprojekt für Konfirmandinnen und Konfirmanden

Das folgenden Projekt wurde mit Konfirmandinnen und Konfirmanden der Christuskirchengemeinde in Ulm-Söflingen durchgeführt. Für das Projekt setzten wir uns folgende konkrete Ziele:

- Erste Berührungsängste und Hemmschwellen sollten abgebaut werden.
- Jede Konfirmandin und jeder Konfirmand sollte den Namen und das Gesicht der Mitkonfirmandin und des Mitkonfirmanden kennen.
- Alle Konfirmandinnen und Konfirmanden sollten die Konfirmandengruppe als aktiv und handlungsfähig erleben mit einem fairen Gruppenklima und klar definierten »Spielregeln«.
- Die Konfirmandinnen und Konfirmanden sollten einen ersten Überblick über das Kirchengebäude und die Räumlichkeiten für den Konfirmandenunterricht bekommen.

In unserem Kennenlernprojekt hatten wir es mit einer bunt gemischten, nach Mädchen und Jungen ausgeglichenen Konfirmandenschar zu tun, die sich teilweise schon kannte. Im Prinzip lässt sich das Projekt aber auf jede Gruppenkonstellation übertragen, da neben dem gegenseitigen Kennenlernen auch die räumliche Orientierung und die künftigen Themen des Konfirmandenunterrichts eine Rolle spielen. Die verschiedenen Spiel- und Gestaltungselemente können als Einzelbausteine herausgegriffen oder in ein anderes Projekt integriert werden.

In der ersten Doppelstunde führten wir ein abwechslungsreiches Aktionsspiel durch. Es bestand aus einer Hausrallye mit verschiedenen Fragen und Aufgaben für mehrere Teams. Im Anschluss daran hatte die Gesamtgruppe fünf Aufgaben und Herausforderungen zu bestehen.

In der zweiten Doppelstunde sollten die Konfirmandinnen und Konfirmanden durch mehrere Interaktionsspiele erfahren, auf was es in einer Gruppe ankommt. Vor dem Hintergrund dieser Erfahrungen formulierte die Konfirmandengruppe ihre eigenen »Spielregeln«.

Erstes Treffen der Konfirmandinnen und Konfirmanden

Die Spielidee der ersten Doppelstunde:

Gleich in den ersten Unterrichtsstunden sollen die Konfirmandinnen und Konfirmanden einen Vorgeschmack auf die Konfirmandenzeit bekommen. Im »Schnelldurchlauf« wollen wir mit den Jugendlichen den Konfirmandenunterricht auf spielerische Art und Weise durchleben und stellen ihnen die »vorzeitige« Konfirmation in Aussicht. Im Spiel stellt der Kirchturm das Ziel »Konfirmation« dar.

Der Einstieg:
Der Pfarrer begrüßt die Konfirmandinnen und Konfirmanden und stellt die weiteren Mitarbeiter vor. Es folgt eine kurze Besinnung. Anschließend schreiben alle den eigenen Namen auf ein Stück Kreppband und kleben dieses sichtbar an die Kleidung. Zum »Warm-up« geht es in zwei Kennenlernspielen darum, das Namensgedächtnis zu trainieren und eine lockere Atmosphäre herzustellen.

Kleingruppen in Aktion:
Nach der kurzen Kennenlernrunde der Gruppe geht es nun in einer Hausrallye (Spiel 1) um das Kennenlernen der Räumlichkeiten, eine intensivere Interaktion in Kleingruppen und eine erste Heranführung an Inhalte des Konfirmandenunterrichts. Die Hausrallye als flexibles Aktionsspiel hat mehrere Vorteile:

- Durch den Wettbewerbscharakter wirkt sie motivierend auf die Spieler.
- Sie eignet sich gut als Einstieg und Heranführung an verschiedenste Inhalte und Themen des Konfirmandenunterrichts.
- Anzahl, Inhalt und Charakter der Fragen und Aufgaben können ganz flexibel und individuell auf ein bestimmtes Rahmenthema oder Motto abgestimmt werden.

In die Hausrallye haben wir folgendes Element eingebaut: Für jede richtig beantwortete Frage bekommt das Team ein Zehncentstück, das später für die Gesamtgruppe in eine Zeitgutschrift von je 10 Sekunden umgewandelt wird (siehe unten »Die Gesamtgruppe in Aktion«). Am Ende der Hausrallye steht eine Siegerehrung. Der Preis für alle Konfirmandinnen und Konfirmanden ist zu deren Überraschung die persönliche Überreichung des Konfi-Ordners durch den Pfarrer. So wollen wir den Konfirmandinnen und Konfirmanden vermitteln, dass die gemeinsame Zeit im Vordergrund stehen soll.

Die Gesamtgruppe in Aktion:
Ziel ist es, in der von den Kleingruppen erspielten Zeit fünf Aufgaben zu bewältigen, um den Schlüssel zum Ziel, dem Kirchturm, zu bekommen:

- Die Gruppe muss am Haupteingang des Gemeindehauses ein Gruppenfoto von einer fremden Person machen lassen.
- Sie muss im großen Saal dem Kinderchor der Gemeinde, der sich zur selben Zeit trifft, ein Lied vorsingen.
- Sie muss eine menschliche Pyramide bauen.
- Sie muss sich einigen, wann der Unterricht künftig beginnen soll.
- Sie muss einen Kleinwagen mit allen vier Rädern vom Boden hochheben. (Dies funktioniert ab ungefähr 14 Teilnehmerinnen und Teilnehmern.)

Haben die Konfirmandinnen und Konfirmanden die Herausforderungen in der vorgegebenen Zeit geschafft, bekommen sie den Schlüssel zum Ziel und erklimmen den Kirchturm.

Was im Kleinen geht, geht auch im Großen – Reflexion und Ausblick:
Im abschließenden Gespräch werfen wir einen Blick auf die überstandenen zwei Stunden: Was haben wir in den letzten zwei Stunden erlebt? Wie haben sich die Einzelnen, die Teams, die Großgruppe verhalten? Wichtig ist für uns vor allem die Frage, welche Erfahrungen und Erlebnisse in den zwei Stunden stellvertretend für den weiteren Verlauf des Konfirmandenunterrichts stehen. So machen die Konfirmandinnen und Konfirmanden die Erfahrung, dass im Konfirmandenunterricht ganz verschiedene, interessante Themen eine Rolle spielen. Der Unterricht kann stressig und anstrengend sein. Der Konfirmandenunterricht steht aber auch für Spaß, Lust und Freude. An eigene Erfahrungen und Fähigkeiten anknüpfend, können gemeinsam neue Dimensionen von Kirche und Glauben erschlossen werden.

Erfahrungen aus dem ersten Treffen

Das vorgestellte Programm ist, ohne längere Pausen, in zwei Stunden gut durchführbar. Durch die unterschiedlichen Anforderungen kommen sich die Konfirmandinnen und Konfirmanden ganz spielerisch näher und interagieren. Spannend ist, ob die Gruppe in der erspielten Zeit die Aufgaben meistert. Bei der Aufgabe, das Auto hochzuheben, ist die Spannung dann am größten: »Reicht die Zeit noch? Schaffen wir es überhaupt, das Auto hochzuheben?«

Nachdem wir dieses Projekt bereits mit den letzten zwei Konfirmandenjahrgängen durchgeführt hatten, stellten wir nach der ersten Doppelstunde fest, dass die Gruppen das erspielte Zeitbudget bei weitem nicht aufgebraucht hatten. Die Kleingruppen agierten schneller und homogener, als wir es gedacht und sie sich selbst zugetraut hatten. In der Abschlussrunde gaben auch die meisten Konfirmandinnen und Konfirmanden zu, der Gruppe die Kraft, ein Auto hochzuheben, nicht zugetraut zu haben. So lag am Ende das Gefühl in der Luft: »Hey, wir als Konfigruppe können was losmachen, wir haben was drauf!«

Zweites Treffen der Konfirmandinnen und Konfirmanden

Der Einstieg:

Nach der Begrüßung und einer kurzen Besinnung bekommen die Konfirmand/innen Einzelfotos und das Gruppenfoto vom ersten Treffen. Diese können gleich in den Ordner eingeklebt werden. Ein Kennenlernspiel soll nun der Wiederholung der Namen dienen. Anschließend wird die Umgebung auf einer Fotorallye (Spiel 2) noch einmal genauer unter die Lupe genommen.

Auf was es in einer Gruppe ankommt – Interaktionsspiele:

Durch verschiedene Interaktionsspiele (Spiele 3 bis 5) wollen wir erreichen, dass die Konfirmandinnen und Konfirmanden sich als Gruppe erleben und gemeinsam handeln. Die Spiele sollen vor allem Spaß machen und zur Zusammenarbeit sowie alle zur Beteiligung motivieren.

Reflexion der gemeinsamen Aktionen:

Die Konfirmandinnen und Konfirmanden erhalten ein Auswertungsdiagramm, in das sie anonym ihre Wertung der vergangenen Aktionen eintragen können. Alternativ dazu wird das Diagramm auf einem großen Plakat aufgezeichnet, auf dem sich alle Jugendlichen äußern können.

Die Auswertung des Diagramms gibt uns Impulse für einen gemeinsamen Erfahrungsaustausch in der Gruppe. Folgende Fragen beschäftigen uns dabei besonders: Was fanden die Konfirmandinnen und Konfirmanden gut, was hat ihnen nicht gefallen? Warum? Wie ist die momentane Stimmungslage in der Gruppe? Wie geht es den Konfirmandinnen und Konfirmanden nach den zwei ersten Doppelstunden?

Transfer in den künftigen Konfirmandenunterricht:

Im Rückblick auf die gemeinsamen Aktionen sollen die Konfirmandinnen und Konfirmanden in Kleingruppen Regeln für ihr weiteres Zusammensein im Konfirmandenunterricht formulieren.

Zwei Leitfragen sollen die Überlegungen bestimmen: Welche Regeln sind in unserer Gruppe wichtig? Welche Verhaltensweisen erwarte und wünsche ich mir von den anderen Konfirmandinnen und Konfirmanden?

Erfahrungen nach dem zweiten Treffen:

Die Konfirmandinnen und Konfirmanden zeigen in den Spielen sehr unterschiedliche Verhaltensweisen. So erhält das Mitarbeiterteam relativ schnell einen Überblick, wer bereits zu Beginn des Konfirmandenunterrichts welche Rolle in der Gruppe übernimmt.

Die Konfirmandinnen und Konfirmanden kamen bisher in den von uns durchgeführten Projekten auf erstaunlich viele »Spielregeln«, die von »Keine Gewalt« bis hin zu »Pünktlichkeit« reichten.

Fragen zur Weiterarbeit

- Wie wird es nach diesen Auftaktstunden weitergehen?
- Wird nach solchen Highlights gleich zu Beginn der folgende normale Mittwochunterricht nicht blass wirken?
- Werden nicht die dann nicht mehr anwesenden Jugendmitarbeiter, die man ja als lockere Typen kennen gelernt hat, den Pfarrer »alt« aussehen lassen mit seinen Anliegen und der Botschaft, die er gerne als »froh« bezeichnet?

So ähnlich fragten Kolleginnen und Kollegen, denen dieses erlebnisorientierte Modell vorgestellt wurde. Dabei hatten wir doch in der Planung als Ziel vorgegeben, die Jugendlichen »aufzuschließen«, ihnen Zugang zu Kirche, Gemeinde und ihrer Botschaft zu eröffnen. Zugegeben, auch unserem Pfarrer war nach dem ersten Durchgang dieser Einstiegsphase ziemlich bange:

- Sind die Jugendlichen nach diesen zwei Doppelstunden nicht zu sehr aufgeputscht?
- Werden hier nicht Erwartungen geweckt, die er nicht erfüllen kann?
- Wurde nicht eine falsche Fährte gelegt, als ob der Mittwochnachmittag eine Spaß- und Fun-Runde sei?

Und da gab es auch zugegebenermaßen aggressive Gefühle: Lassen die Jugendmitarbeiter sich die lockere Seite des Konfirmandenunterrichts auf ihr Konto buchen, und er muss dann die Kärrnerarbeit der inhaltlichen Vermittlung leisten?

Die Bedenken erwiesen sich allenfalls insofern als begründet, als die Konfirmandinnen und Konfirmanden gelegentlich daran erinnerten, dass diese oder jene Aufgabe besser in Kleingruppen zu erledigen sei, die Cliquen eher störten und man doch wieder mal spielen sollte.

Bisher zeigten die Jugendlichen in den verschiedenen Konfirmandengruppen mit unterschiedlicher Intensität eine hohe Motivation, mittwochs zusammenzukommen. Sie waren gerne bereit, sich auch auf Fremdes einzulassen und Themen gemeinsam anzugehen. Sie waren interessiert, miteinander Aufgaben zu lösen und dabei aufeinander zu achten und einzugehen.

»Die Stärksten sollten nicht vorpreschen!«, so haben einige eine Regel für den Konfirmandenunterricht im Spiel »Elektrischer Draht« formuliert. An solche gemeinsam erstellten Regeln erinnern sich die Konfirmandinnen und Konfirmanden gegenseitig immer wieder während des ganzen Konfirmandenjahres.

Materialien zu diesem Beitrag auf CD-ROM

M 1 **SPIEL 1: HAUSRALLYE** | »Jetzt geht's los!«

Spiel 1: **Hausrallye**

Ort: drinnen und draußen

Dauer: 30–40 Min.

Spieleranzahl: 10–30 Personen

Mitarbeiteranzahl: pro Team einen Ansprechpartner

Material: Nummerierte Zettel mit Fragen oder Aufgaben, mehrere Listen mit Fragen, Aufgaben und Lösungen für die Ansprechpartner, Stifte und Papier, ca. 70–90 Zehncentstücke, Stoppuhr, Gesangbücher, Polaroidkamera oder ein anderer Fotoapparat für Einzel- und Gruppenfotos, Würfel, Konfi-Ordner, Bibeln.

Vorbereitung:
Wir bilden aus der gesamten Gruppe Teams mit jeweils ungefähr 5 Personen nach dem Zufallsprinzip, um eine Mannschaftsbildung durch bereits bestehende Cliquen zu verhindern. Jedes Team darf sich einen der Mitarbeiter als Ansprechpartner wählen.

30 durchnummerierte Zettel mit verschiedenen Fragen und Aufgaben wurden vorher in einem begrenzten Umfeld sichtbar verteilt.

Für die meisten Themen kann es sinnvoll sein, Informationsmaterial wie Bibel, Gesangbuch, Ortsplan usw. für die Konfirmandinnen und Konfirmanden bereitzustellen.

Ablauf:
Im Haus sind durchnummerierte Zettel mit verschiedenen Fragen bzw. Aufgaben aufgehängt. Diese Zettel bleiben während des gesamten Spieles immer an ihrem Platz.

Der Ansprechpartner führt das Spielprotokoll des jeweiligen Teams an einem vorher festgelegten Ort. Das Spiel beginnt, indem jedes Team bei seinem Ansprechpartner würfelt. Würfelt es beispielsweise eine 5, muss das Team den Zettel mit der Nummer 5 im Haus suchen. Das Team beantwortet bzw. löst beim jeweiligen Ansprechpartner die dort gestellte Frage oder Aufgabe.

- Wird die Frage richtig beantwortet, darf die Gruppe erneut würfeln, addiert die neue Zahl zur alten und erhält dadurch die neue Nummer des zu suchenden Zettels.
- Wird die Frage falsch beantwortet, fällt die Mannschaft um eine Frage zurück.

(*Beispiel*: Wurde Frage 5 richtig beantwortet und eine 3 gewürfelt, muss Zettel Nr. 8 gesucht werden. Wurde die Frage 5 falsch beantwortet, muss der Zettel Nr. 4 gesucht werden.)

Auf diese Weise würfeln sich alle Teams hinauf bis zur Frage bzw. Aufgabe 30 und wieder zurück bis Frage bzw. Aufgabe 1. Erwürfelt die Gruppe auf dem »Rückweg« bereits beantwortete Fragen, ermittelt der Ansprechpartner die nächste niedrigere Aufgabe. Der Ansprechpartner notiert jeden erwürfelten Schritt auf seinem Spielprotokoll.

Diejenige Gruppe, die als erste die Frage bzw. Aufgabe 1 erwürfelt, hat gewonnen.

Beispiele für Aufgaben:

- Macht mit der Kamera ein Bild von allen Teammitgliedern!
- Ihr dürft als Team den Boden nur mit 2 Händen und 10 Füßen berühren! Kontakt zu Wänden, Tischen o.Ä. ist nicht erlaubt!
- Singt oder summt ein Lied aus dem Gesangbuch!
- Was wünscht ihr euch für den Konfirmandenunterricht? Schreibt einen Wunschzettel mit 10 Wünschen!
- Geht in die Kirche und sucht …!
- Spielt die Geschichte weiter!

Beispiele für Fragen:

- Wie lauten die Zehn Gebote?
- Zähle 5 Gruppen aus der Gemeinde auf!
- Was bedeutet Konfirmation?
- Wie hoch ist der Kirchturm?
- Was bedeutet Diakonie?
- Was bedeutet das Wort Amen?
  a) Ende b) Wahrlich c) Jesus Christus
- Nennt 3 Gleichnisse!
- Was bedeutet Ökumene?

Beispiele für Rahmenthemen:

- Geschichte, Aufgaben, Prinzipien der Diakonie
- Die Kirchengemeinde – Was gehört alles zu ihr?
- Jesus Christus – Jesu Leben
- Das Alte Testament
- Unsere Kirche, ein Bauwerk mit Vergangenheit
- Rund um die 5 Weltreligionen

M 2 **SPIEL 2: FOTORALLYE** | »Jetzt geht's los!«

Spiel 2: **Fotorallye**

Ort: draußen oder drinnen

Dauer: ca. 20 Min.

Spieleranzahl: 2–30 Personen

Material: Halbierte Papprollen (z. B. vom Toilettenpapier), kleine DIN-A5-Fotokartons und Stifte

Spielintention: Orientierung, Wahrnehmung der Umgebung, Vertrauensaufbau zwischen den Mitspielenden

Ablauf:
Die Spielenden bilden Zweiergruppen und klären, wer zuerst Fotograf und wer zuerst die Kamera sein möchte. Anschließend erkunden beide die Umgebung. Derjenige, der die Aufgabe der Kamera übernommen hat, schließt die Augen.
Der Fotograf führt die »Kamera« zu einem interessanten Motiv. Hier soll die »Kamera« das Motiv mit der Papprolle vor einem Auge jeweils einmal »fotografieren«, indem sie das Auge zweimal kurz öffnet. Das andere Auge bleibt stets geschlossen. Anschließend wird das »Foto« von der »Kamera« auf einen kleinen Fotokarton grob skizziert. Danach werden die Rollen getauscht. Das auf den Skizzen Dargestellte wird abschließend in der gesamten Gruppe erraten.

M 3 **SPIEL 3: INTERAKTIONSSPIEL »MENSCHLICHER DRAHT«** | »Jetzt geht's los!«

Spiel 3: Interaktionsspiel **»Menschlicher Draht«**

Ort: draußen auf einer Wiese

Dauer: 10–20 Min.

Spieleranzahl: 6–30 Personen

Material: ca. 20 m lange dickere Schnur oder Seil

Spielintention: Kooperation, Geschicklichkeit, Abbau von Berührungsängsten

Ablauf:

Ein Seil wird in ca. 2 m Höhe über eine Länge von ca. 15 Metern gespannt. Zwei Spielende müssen einen dritten so geschickt über die Distanz tragen, dass dieser mit seinen Armen den »heißen Draht« umfassen kann, ohne ihn jedoch zu berühren.

M 4 **SPIEL 4: INTERAKTIONSSPIEL »GORDISCHER KNOTEN«** | »Jetzt geht's los!«

Spiel 4: Interaktionsspiel **»Gordischer Knoten«**

Ort: draußen oder drinnen

Dauer: 10 Min.

Spieleranzahl: 10–20 Personen

Spielintention: Kontaktaufnahme, Kooperation, behutsamer Umgang mit den Mitspielenden

Ablauf:

Alle Spielenden stehen Schulter an Schulter im Kreis, strecken die Hände nach vorne aus, schließen die Augen und gehen nun langsam aufeinander zu. Jeder sucht sich mit der rechten und linken Hand eine Hand und hält sie fest. Wenn jeder zwei Hände gefunden hat, darf er die Augen wieder öffnen. Die Spielenden müssen versuchen, den so entstandenen menschlichen Knoten langsam zu lösen. Sie dürfen dabei die Hände nicht loslassen. Mit etwas Geschick und Strategie, dazu ein bisschen Glück, können die Spielenden den Knoten lösen und bilden wieder einen Kreis.

Variante: Das Spiel insgesamt blind spielen.

M 5 **SPIEL 5: INTERAKTIONSSPIEL »ELEKTRISCHER DRAHT«** | »Jetzt geht's los!«

Spiel 5: Interaktionsspiel **»Elektrischer Draht«**

Ort: drinnen oder draußen, auf einem möglichst ebenen und weichen Untergrund

Dauer: 20–30 Min.

Spieleranzahl: 10–20 Personen

Spielintention: Problemlösung, Kooperation

Ablauf:

Eine Schnur wird in Hüfthöhe mehrere Meter weit gespannt, die alle Spielenden überqueren sollen. Dabei gelten folgende Regeln:

- Wird die Schnur von einem Spielenden berührt, müssen alle wieder von vorn beginnen.
- Unter der Schnur darf niemand durchgreifen und durchschlüpfen.
- Möglichkeiten, die Schnur zu befestigen (z. B. an Bäumen, Wänden o.ä.) dürfen nicht genutzt werden.
- »Sprünge im Alleingang« sind wegen der zu hohen Verletzungsgefahr ausgeschlossen.

Bemerkungen:

Die Spielenden merken recht schnell, dass die Lösung der Aufgabe nur möglich ist, wenn sie sich gegenseitig unterstützen und Hilfestellungen geben. Meistens wollen die »stärksten« Spielenden voreilig die »Hürde« überwinden. Dabei stellt sich im Verlauf der Aktion heraus, dass gerade diese besonders am Schluss gebraucht werden!

Vgl. Rüdiger Gilsdorf, Günter Kistner: Kooperative Abenteuerspiele, Praxishilfe für Schule und Jugendarbeit, Seelze-Velber 1995, Seite 127.

M 6 **KOPIERVORLAGE: »REFLEXIONSDIAGRAMM«** | »Jetzt geht's los!«

Wertung	Kennenlern-spiele	Dein Team bei der Hausrallye	Die 5 Aufgaben der Gesamtgruppe	Die Stimmung
4				
3				
2				
1				
0				
–1				
–2				
–3				
–4				

Heiliger Geist

Die Konfirmand/innen und der Heilige Geist

So klar die Vorstellungen der Konfirmand/innen von Gott, dem Schöpfer, und von der Geschichte Jesu Christi sind, so wenig konkret sind ihre Vorstellungen vom Heiligen Geist. Dabei sind die Themen, die sich mit den Inhalten des dritten Glaubensartikels verbinden, Themen der Jugendlichen schlechthin.

Ich glaube an den Heiligen Geist

Der Heilige Geist ist die Kraft, mit der Gott in uns Menschen wirkt. Wenn Gott Menschen verändert, dann geschieht dies durch das Wirken des Heiligen Geistes.

Die **heilige christliche Kirche** ist nicht einfach ein Ort wie jeder andere. Sie ist die sichtbare, oft auch unsichtbare Gemeinschaft aller Christen auf der Erde. Gemeinsam bilden alle Christen auf geheimnisvolle Weise den Leib Christi. Auch du bist ein Teil dieser großen Kirche, dieses Leibes. Ohne dich würde ihm etwas fehlen.

Die **Gemeinschaft der Heiligen** ist nicht eine Gruppe von auserwählten Christen, sondern meint die Gemeinschaft, die sich in der Feier des Abendmahls bildet. Sie ist heilig, weil der Heilige Geist diese Gemeinschaft von Menschen, die sich zum Teil gar nicht kennen, stiftet.

Die **Vergebung der Sünden** spricht Gott allen Menschen zu, die vor ihm eingestehen, was die Beziehung zu ihm oder zu anderen gestört hat. Das können Beleidigungen, Wut oder Hass, aber auch Nachlässigkeit und Unachtsamkeit sein.

Die **Auferstehung der Toten** verwandelt nicht verweste Leichen in eine Art Zombies, sondern überwindet in einer neuen Existenz Raum und Zeit. Jesus war der erste Auferstandene. Wer an ihn glaubt, den lässt er an der Auferstehung teilhaben. Deshalb beginnt die Auferstehung schon jetzt in diesem Leben.

Das **ewige Leben** ist keine unendlich ausgedehnte Zeit, sondern die Fülle des Lebens in Gottes Nähe. Ein Vorgeschmack dieses Lebens wird schon jetzt im Glauben erfahren.

Gott hat uns nicht gegeben den Geist der Furcht, sondern der Kraft und der Liebe und der Besonnenheit.
2. Timotheus 1,7

41

Gemeinschaft und Gemeinschaftserfahrungen:

- Wie können wir uns verstehen?
- Wie komme ich in eine Gruppe hinein?
- Was begeistert und gibt den ›Kick‹?

Lifestyle:

- Wie zeige ich mich den anderen?
- Welchen Mächten und »Geistern« bin ich ausgeliefert bzw. muss ich hinterherlaufen?
- Von welchem Geist würde ich mich in meinem Alltag gerne leiten lassen?

Zukunft:

- Welchem Leben und welcher Zukunft gehe ich entgegen?
- Worauf kann ich mich verlassen?
- Was hilft mir gegen Angst und Hoffnungslosigkeit?

Wie bei kaum einem anderen Katechismusstück stellt sich die Frage nach der methodischen Erschließung und den Anknüpfungspunkten, mit denen die Konfirmanden ihre eigenen Fragen mit der Rede vom Heiligen Geist verbinden.

Theologische Vorüberlegungen

Schon auf den ersten Blick wird am dritten Artikel des Glaubensbekenntnisses deutlich, dass der Heilige Geist als dritte Person der Trinität nicht so anschaulich zu beschreiben ist wie Gott, der Schöpfer, oder Christus, der Erlöser. Die Aussagen wirken wie ein Sammelsurium nebeneinander gestellter Glaubenssätze, als ob sie eine reine Auflistung dessen seien, was noch über den Glauben gesagt werden müsste. Klarheit und Kontur gewinnt der Glaube an den Heiligen Geist, wenn man die nachfolgenden Aussagen als eine innere Auslegung dieses Glaubens versteht:

- Der Geist Christi und die Gemeinschaft der Geheiligten in einer gefahrvollen Welt
- Die Vergebung der Sünden und das wiedergeborene Leben aufgrund der Gerechtigkeit Gottes
- Die Erhöhung und Erleuchtung in der Gemeinschaft der Lebenden und der Toten
- Die Vertrautheit mit Gott, Teilnahme an Gottes Herrlichkeit und die Freude am ewigen Leben

Geht man dem Wirken des Geistes in dieser Weise nach, so tritt die Rede vom Heiligen Geist schnell heraus aus einem »mythisch-mythologischen Nebel«, der ihn in der theologischen Diskussion häufig zu umwabern scheint. Er ist aber auch kein »Traum nach vorwärts« oder eine »große moralische Alternative, die es im Gegensatz zur Welt nun zu beschwören oder zu entdecken gilt.« Im Machtbereich Gottes gelten andere Gesetze, die man durchaus noch in der schon ein wenig abgenutzten, weil zu häufig gebrauchten Formel von »Frieden, Gerechtigkeit und Bewahrung der Schöpfung« zusammenfassen kann, »denn die Relativierung des Geistes der abendländischen Welt durch die Kraft des Geistes Gottes und die Gemeinschaft der Heiligen ist ein Faktum.«

Christen sind in den Prozess Gottes mit seiner Welt hineingestellt und werden von diesem Geist in Dienst genommen, wenn sie eines Geistes mit Christus sind (1. Korinther 6, 7). Der Geist Gottes steht in Auseinandersetzung mit dämonischen Mächten. Er agiert dabei in den unterschiedlichsten Kontexten auf verschiedene Weise, so dass es ein Mensch nicht zu fassen vermag. Deshalb bleiben Christen angewiesen auf das immer neue und fortdauernde Wirken des Geistes.

Erst im eschatologischen Auferstehungsgeschehen kommt die Gemeinschaft der Heiligen zur Vollendung: Leben, das dem Tod entzogen ist und in dem sich die Gegenwart Gottes unmittelbar widerspiegelt, aller Ungleichzeitigkeiten enthoben, wie sie Gottes Wirken unter irdischen Voraussetzungen noch kennzeichnet. Die Auferstehung des Fleisches ist der Horizont der Wiedergeborenen, den der Geist Gottes erhellt. »Dieses bestimmte Leben – ein von der geretteten Vergänglichkeit geprägtes fleischliches Leben – wird durch den Geist maßgebend und gültig und bleibt in allen relativen Zeiten und Welten.« Dadurch können zu allen Zeiten menschliche Leiber zu Tempeln des heiligen Geistes werden und Gott kann in ihnen Wohnung nehmen, wie es 1. Korinther 6, 19 und 1. Korinther 3, 16 zur Sprache bringen.

Mit dem Thema »Heiliger Geist« ist einmal angesprochen, die Art und Weise, wie Gott sich in dieser Welt bemerkbar macht, nämlich indem er seinen Geist gibt, der in alle Wahrheit leitet und dessen Früchte ein Leben als Kinder des Lichts sind.

Zum anderen ist auch die Kirche als Thema angeschnitten, nämlich die Gemeinschaft der Heiligen, in die der Geist beruft und sammelt.

Die apokalyptischen Reiter oder Geister gibt es überall, ↗ S. 169, ◉ S. 418

Bernd Wildermuth

Die apokalyptischen Reiter oder Geister gibt es überall

Lebenswelt erschließende Anknüpfungen

Menschen jeder Generation kennen Phänomene, die sie sich nicht rational erklären können. In Zeiten noch nicht gelöster naturwissenschaftlicher Fragen gehörten vor allem Naturphänomene dazu, die dann Hexen, Zauberern, guten und bösen Geistern zugeschrieben wurden. Sie hatten Macht über das Leben von Menschen. Menschen fühlten sich abhängig. Heute sind es neue Mächte, okkulte Phänomene, moderne Hexenkulte, esoterische Praktiken, wie Pendeln usw., aber auch die neuen kommunikationstechnischen Möglichkeiten, die nicht nur »Segen«, sondern auch Bedrohung sind. Jugendliche erkennen ihren Nutzen, spüren aber auch ihre Abhängigkeit davon. Darum stellen sich Jugendliche folgende Fragen: Was und wer hat Macht über mich? Bedrohen Geister mein Leben? Können Geister mein Leben bestimmen? Gibt es Alternativen für mich? Woran kann ich mich orientieren? Gibt es für mein Leben einen guten, einen heiligen Geist, auf den ich mich verlassen kann?

Theologische und pädagogische Reflexion

Jeder Junge und jedes Mädchen hat eine vage Vorstellung von Geist und Geistern, die von abstrakten Mächten bis hin zu ganz handfesten Geistervorstellungen reichen können. Viele okkulte Phänomene in der Jugendkultur belegen das. Sie wecken in Jugendlichen Neugierde, sie ziehen sie in ihren Bann. Die vermeintlichen Versprechungen, die solche Mächte machen, sind deshalb sehr anziehend. Sie werden unkritisch gehört und für die persönliche Suche nach Sinn und Lebensdeutung sowie zur Erfüllung ihrer Sehnsüchte genutzt. Gefahren sind dabei in der Regel nicht bewusst.

Wenn Jugendliche Okkultes, Übersinnliches, bestimmte Trends anziehend finden, so verbirgt sich dahinter auch ihr Wunsch nach Zufriedenheit, Glück und Orientierung für die Zukunft. Die Sehnsucht Jugendlicher nach Glück und Erfüllung zeigt sich in vielerlei Gestalt. Jugendliche suchen Antwort und zugleich Entlastung in ihrer Suche. Hier ist der Anknüpfungspunkt für den Transzendenzbegriff und für Religion.

Die Orientierung am Heiligen Geist als Kraftquelle für das eigene Leben ist Jugendlichen eher fremd.

Didaktische Konsequenzen

Zu Beginn dieses Bausteins steht eine Entdeckungsreise in die »real existierende Geisterwelt« in den Köpfen und Seelen der Jugendlichen. Welche Vorstellungen sind vorhanden? Wie wird mit Geistern umgegangen? In Märchen und in vielen Kulturen ist das Benennen der Geister schon der entscheidende Schritt zur Entdämonisierung. Auch Jesus kennt und nennt die Geister mit Namen. Über den Begriff »Macht bzw. Mächte« wird den Jugendlichen ein reflektierender Zugang zu dieser sie prägenden Welt ermöglicht.

Baustein 1
Wer und was mein Leben beeinflusst – Wer und was Macht über mich hat – Was mich in Bann zieht (90 Min.)

Leitfrage des Bausteins: Wer und was beeinflusst mein Leben? Wer und was hat Macht über mich? Was zieht mich in Bann?

- Die Konfirmand/innen entdecken und nehmen wahr, was und wer ihr Leben bewusst oder unbewusst, selbstbestimmt oder fremdbestimmt mitprägt und beeinflusst. (Schritt 1)
- Die Konfirmand/innen nehmen verschiedene Formen von Macht wahr und nehmen Gefühle, die sie in ihnen (oder anderen) auslösen können, wahr. (Schritt 2)
- Die Konfirmand/innen klären ansatzweise ihr Verhalten zu verschiedenen Formen von Macht und erkennen: Je mehr ich etwas kenne und spüren kann, umso weniger bedrohlich ist es für mich. (Schritt 3)

Benötigte Materialien:

- Ausgeschnittene Buchstaben »M«, »A«, »C«, »H«, »T« aus schwarzem Tonpapier oder Fotokarton (Buchstabenhöhe DIN A4)
- Weiße Moderationskarten
- Blaue Eddings
- Zur Weiterführung des Bausteins: Schminkutensilien, Tücher, Organzabänder …

Vorbereitungen des Unterrichtenden:

- Buchstaben ausschneiden
- »Gefühlskarten« zur Sammlung »Was hat Macht über mein Leben«: Auf jeder Karte steht ein Gefühl. Die Farbe und Form der Karte soll das Gefühlswort verstärken. (Hinweis: zu jedem Gefühl mehrere Karten herstellen, da Mehrfachwahl möglich sein muss.) Zum Beispiel: lieben – rote Karte in Herzform.
- Buchstaben »M A C H T« vor dem KU unter 5 verschiedenen Stühlen verteilen.

Verlauf:

Schritt 1: Menschen und andere Phänomene – assoziativer Zugang

Die Konfirmand/innen sitzen im Stuhlkreis. Unter 5 Stühlen liegt je ein Buchstabe des Wortes »MACHT«. Der/die Unterrichtende bittet die Konfirmand/innen, die auf den entsprechenden Stühlen sitzen, den Buchstaben zu nehmen, in die Mitte des Kreises zu kommen und aus den Buchstaben ein Wort zu bilden. Das Wort »MACHT« entsteht.

Impuls: *»Ich bin mächtig. Ich habe Macht«. – »Welche Menschen sagen von sich, dass sie Macht haben? Wer lässt euch seine Macht spüren? Wie tut er das? Wie würdet ihr seine Macht beschreiben?«*

Nach einer Gesprächsrunde (erfahrungsgemäß kommen die Antworten weniger aus dem gesellschaftlichen und politischen Umfeld, sondern mehr aus dem persönlichen Umfeld der Jugendlichen: Eltern, Lehrer, andere Jugendliche, Leute, die Druck machen, Leute, die einem ihre Meinung aufdrängen wollen) wird der Impuls erweitert. Zuvor legt der Unterrichtende weiße Moderationskarten und Stifte in die Mitte.

Impuls: *»Menschen üben Macht auf uns aus. Gibt es anderes, von dem ihr das Gefühl habt, dass es Macht über euch hat? Etwas, was gar nicht so sehr mit Menschen zu tun hat? Gibt es Dinge, die euch in ihren Bann ziehen und nicht mehr loslassen? – Schreibt auf diese Karten, was euch einfällt. Schreibt jeweils nur einen Begriff auf eine Karte. Ihr könnt euch gern mit eurem rechten oder linken Nachbarn beraten.«*

Hinweis: An dieser Stelle eventuell ein Beispiel vorgeben wie: Geld, Internet (surfen und chatten), Fernsehen (zappen), okkulte Praktiken (Pendeln, Horoskope), Glücksspiele, bestimmte Cliquen, Drogen, Idole, usw.

Anschließend werden die Karten vorgelesen und um das Wort »MACHT« gelegt.

Schritt 2: Mächtige Gefühle

Der/die Unterrichtende legt die vorbereiteten »Gefühlskarten« (z. B. sich ängstigen, wütend sein, erschauern, high sein, gierig sein, fiebern, stolz sein, lieben, ausgeliefert, neidisch sein, hassen, mächtig, ohnmächtig sein usw.) in einem großen Kreis ungeordnet um das bisher entstandene Bodenbild. Die Konfirmanden werden nun aufgefordert, die Gefühlskarten den Phänomenen zuzuordnen. (Mögliche Lösungen können z. B. sein: Geld – gierig, neidisch; Glücksspiel – sich ängstigen, fiebern; Drogen – high sein, hassen, ausgeliefert; Internet – stolz, mächtig; Idole – lieben; Cliquen – neidisch).

Alle stehen um das fertige Bodenbild. Die Konfirmand/innen haben Gelegenheit nachzufragen und zu ergänzen.

Schritt 3: Den Mächten ein Gesicht geben

Es werden Paare gebildet. Jedes Paar wählt sich eine Macht mit dem zugehörigen Gefühl bzw. den zugehörigen Gefühlen aus.

Impuls: *»Gebt der Macht ein Gesicht, das zu ihr passt. Dazu liegen Schminkutensilien, Tücher, Organzabänder und Ähnliches bereit. Jede und jeder darf den anderen schminken und zurechtmachen. Ihr habt eine halbe Stunde Zeit.«*

Der/die Unterrichtende leitet eine szenische Darstellung an und fordert ein Paar auf, ihre »Macht« darzustellen. Danach werden einzelne andere Mächte aufgefordert, dieser Macht zu »begegnen«. Durch die Identifikation und die szenischen Übungen lernen die Konfirmand/innen spielerisch mit den dargestellten Mächten umzugehen. Der/die Unterrichtende weist die Konfirmand/innen darauf hin, dass sie sich bei den Darstellungen nicht berühren dürfen.

Impuls an ein Paar: *»Welche Körperhaltung passt zu der Macht, die du dargestellt hast?*

Versuche das auszudrücken. Gehe auf eine der anderen Mächte zu.«

Impuls an einzelne Machtpaare: *»Wie möchtet ihr reagieren? Wollt ihr euch zurückziehen? Bedroht sie euch? Stellt das bitte dar.«*

Der/die Unterrichtende fasst die Einheit zusammen und geht auf die dargestellten Gefühle der Konfirmand/innen ein.

Aus der Rolle wieder herausschlüpfen: Konfirmand/innen schminken sich ab. Der/die Unterrichtende leitet zum »Deroling« eine einfache Schüttelübung an; die Rolle, die Macht wird wieder abgeschüttelt.

Der/die Unterrichtende: Es gibt Mächte und Gefühle, die möchten wir gerne festhalten, wie Liebe und Geborgenheit, und es gibt im Leben »Mächte« und Gefühle, die lassen sich meistens nicht so leicht abschütteln, wie wir das jetzt getan haben. Es ist in der Bibel immer wieder von der Macht oder der Kraft Gottes die Rede. Und es gibt Geschichten, die in eindrücklicher Weise zeigen, was die Macht Gottes bewirken kann. Die »Macht«, die diese Veränderung bewirkt, hat einen Namen: »Heiliger Geist«. Kirche und Heiliger Geist gehören ganz eng zusammen. Warum das so ist? Dazu gibt es eine Geschichte und auch ein Fest.

Die Geschichte aus der Apostelgeschichte 2,1–13 wird gemeinsam in der Konfirmandenbibel gelesen oder gehört. (Die große Hörbibel, szenisch gelesen, CD Nr. 69 Deutsche Bibelgesellschaft.)

Impuls: *Der/die Unterrichtende legt ein Blatt mit der Aufschrift »Heiliger Geist« in die Mitte. »Was bewirkt in dieser Geschichte der Heilige Geist? Versuchen wir sein Wirken möglichst genau zu beschreiben.« Die Voten der Konfirmand/innen werden gesammelt und auf Papierstreifen geschrieben und an den Heiligen Geist angelegt.* [Begriffe wie: Einigkeit, Freude, Zusammengehörigkeit u.a. werden dort stehen.] *Nach Abschluss der Sammlung werden einzelne Konfirmand/innen gebeten, den Wirkungen eine Körperhaltung oder eine Bewegung zu geben. Dabei spricht er das Wort noch einmal aus. Die Gruppe gibt ein gemeinsames Echo, indem sie die Bewegung und das Wort wiederholt.*

Der/die Unterrichtende: Das Fest, an dem der Heilige Geist gefeiert wird, ist Pfingsten. Es ist auch das Fest der Kirchengründung. Ohne den Heiligen Geist gäbe es keine Kirche. Die Farbe dieses Festes ist rot. In Rot ist an diesem Fest der Altar gekleidet. Wenn ihr euer Buch »Meine Konfirmation« auf S. 6 aufschlagt, dann seht ihr, an welchen anderen Festen Rot die Kirchenfarbe ist!

Mögliche Weiterführungen von Schritt 3, wenn ein verlängerter Nachmittag oder ein Samstag zur Verfügung steht:

Dokumentation:

- Vor dem Deroling werden die geschminkten Konfirmand/innen fotografiert. Die vergrößerten Fotos können in einer Ausstellung im Gemeindehaus, in der Kirche oder in einem anderen öffentlichen Rahmen vorgestellt werden. Zu den Fotos verfassen die Konfirmand/innen Bildunterschriften und erläuternde Texte.
- In Videosequenzen können die »Mächte« in Szene gesetzt werden (vgl. Schritt 3) und in einem öffentlichen Rahmen vorgeführt werden.
- Die erarbeiteten Szenen können als Anspiel in einem Gottesdienst der Konfirmand/innen zum Thema »Macht – Ohnmacht« integriert werden.

Die Konfirmand/innen und Jesus

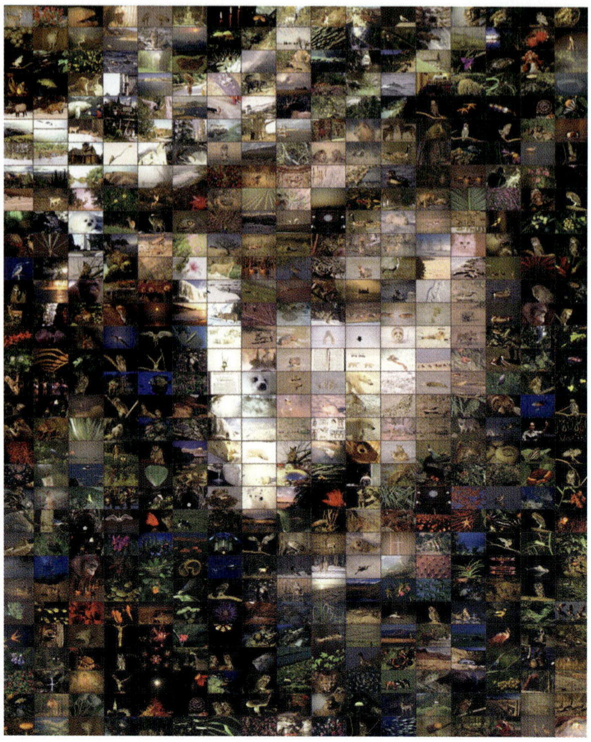

Fragt man Jugendliche nach Jesus Christus, dann erzählen sie Geschichten. In seiner Person begegnet ihnen der christliche Glaube konkret in menschlicher Gestalt. Den »Großen Drei« dieser Jesus-Geschichten (Der verlorene Sohn, Der barmherzige Samariter, Zachäus) begegnen viele Juggendlichen zum wiederholten Male. Und doch ist die Begegnung damit gerade im Jugendalter eine »neue«. Denn nun kommt es darauf an, den bisherigen kindlichen Zugang (Jesus = bester Freund, der alles kann) wahrzunehmen und weiterzuentwickeln. Dabei steht besonders Jesu Göttlichkeit und Macht auf dem Spiel, wohingegen sein Einsatz für Liebe und Frieden unstrittig bleibt. Selbst dem christlichen Glauben und der Kirche gegenüber kritisch eingestellte Jugendliche können dem Mann aus Nazareth etwas abgewinnen. Er ist noch immer das Urbild des guten Menschen, Vorbild für »Nächsten- und Feindesliebe«, gleichsam der erste in der Reihe der »Gutmenschen«, die über Franz von Assisi zu Mutter Theresa führt.

In diesem eingängigen Jesus, der Kranke heilt und die Geschichte vom barmherzigen Samariter erzählt, bildet sich für Konfirmand/innen aber auch der Lebensentwurf eines Menschen ab, der konsequent seinen Weg geht, weil er das Ziel und den Sinn seines Lebens gefunden hat. Diese Konsequenz der Lebensführung und Zuwendung, die Jugendliche bei den »real existierenden« Erwachsenen so oft vermissen, ist für Jugendliche ein existentieller Anknüpfungspunkt. Dies gilt auch in der Postmoderne, wo »nicht mehr die Weltanschauung die Regeln der Lebensführung generiert, sondern der Lebensstil bestimmt, welche Weltanschauung zu ihr passt.« In der Person Jesu Christi wird die christliche Theologie alltagsnah. Hier wird anschaulich, was Liebe und Zuwendung heißt, was eintreten für Frieden und Gerechtigkeit bedeutet. In den Worten und Taten Jesu bekommt das Gott entsprechende Leben Hand und Fuß und ein Gesicht. »What would Jesus do?« / »Was würde Jesus tun?«, das ist der Versuch in dieser Spur Jesu weitere Schritte in dieser Welt zu gehen nach seinem Vorbild und in seinem Sinne/Geist.

Dem Lebensentwurf Jesu, dessen Scheitern und Gelingen im Kreuz kulminiert, korrespondieren Lebensthemen Jugendlicher, die vielfach nicht abstrakt nach Werten, sondern konkret nach Beziehungen fragen. Ihre elementaren Fragen lauten:

- Vertrauen: Wem kann ich vertrauen? Was schafft in unserer Gruppe Vertrauen?
- Verlässlichkeit und Orientierung: Wessen Worte haben für mich noch Gewicht? Wer setzt sich für mich ein?
- Vergebung: Wer nimmt mich so wie ich bin? Wo kann ich, was mich bedrückt, abladen?

Nicht so sehr der Verkünder des Reiches Gottes steht im Mittepunkt, sondern der Jesus, der mir begegnet und mir »gut tut« oder in einer schon fast vergessenen und geradezu altmodisch anmutenden christologischen Kategorie: mein Heiland.

Theologische Vorüberlegungen

Wer ist dieser Jesus aus Nazareth – für mich, für uns? Diese Frage stellt sich nicht erst den Menschen heute. Die Schriften des Neuen Testaments sind nichts anderes als Ur-Antworten auf diese eine Frage. Um diese Frage kreist die gesamte Geschichte der alten Kirche mit ihren Spaltungen und Schismen. Dogmengeschichtlich kommt sie mit der Formulierung »wahrer Mensch und wahrer Gott« auf dem Konzil von Chalcedon zu einem »offenen« Abschluss und wird doch selbst noch einmal Anlass zum Schisma mit den Nestorianern. »Wer sagen die Leute, dass der Menschensohn sei?« (Matthäus 16, 14) Jesus selbst stellt die christologische Urfrage in den Mittelpunkt seiner Gespräche mit den Jüngern. Die Kirchen und die in ihnen aktiven Christen stellen diese Frage wieder und wieder und entdecken immer neue Seiten am Mann und Heiland aus Nazareth.

Eine Trennung von Person (Christologie) und Werk (Soteriologie) Christi ist weder nachvollziehbar noch geboten. Hinter dieser seit Schleiermacher zum Common Sense gehörenden theologischen Feststellung verbirgt sich ein gewaltiges didaktisches Problem: Die (Heils-)Wirkungen Jesu müssen dem geglaubten Christus entsprechen oder konkret ausgedrückt: Die Aussage »Jesus war Gottes Sohn, aber er kann mir nicht helfen!«, ist eine – scheinbar – unmögliche Aussage. Sie ist im Zeichen des Kreuzes im doppelten Sinne aufgehoben. Im Kreuz gehen Allmacht und Ohnmacht eine einmalige Symbiose ein. Das geschieht aber nicht dadurch, dass der Tod zum bloßen Tor ins Paradies deklariert wird, sondern Gott selbst am Kreuz stirbt. Er geht in den Tod um den Tod zu überwinden – »… oh große Not, Gott selbst ist tot«. Kreuz und Auferstehung werden fest aneinander gebunden. Der gekreuzigte Gott spricht infolgedessen auch nicht: »Da musst du durch!«, sondern »Ich gehe mit dir mit!« Gott hat mit Jesus Christus als Begleiter der Menschen einen Namen und ein Gesicht bekommen. (»Wie soll ich dich empfangen und wie begegn' ich dir …«, ↗ S. 174, ◉ S. 423)

Das Kreuz und die Auferstehung entfalten ihren vollen Sinngehalt allerdings erst, wenn das »wahrer Mensch und wahrer Gott« ernst genommen wird. Die Gottheit Jesu ist wieder stärker in den Fokus zu rücken, nachdem über Jahre hinweg das Vorbild Jesu für gutes und gerechtes Leben im Zentrum stand. Der Vorbildcharakter Jesu entspricht seinem Kommen als Künder des Gottesreiches, ja nicht nur als Künder, sondern auch als einer, der das Gottesreich mitten in der Welt hat beginnen und Wirklichkeit werden lassen. Und so können die Jugendlichen in der Auseinandersetzung mit Jesus Orientierung darüber gewinnen, was ein gottgefälliges und den Menschen wohltuendes Leben ausmacht.

Mit dem Bild, das die Jugendlichen von Jesus Christus gewinnen, bekommt auch ihr Gottesbild weitere Konturen und Farben. Diese Dimension ist bewusst zu machen: Jesus ist die Verkörperung der Zuwendung Gottes zu den Menschen, also seiner Liebe und Gerechtigkeit, die den Menschen auch im Tod nicht loslässt, sondern ihn vielmehr dem Tod entreißt und zum Leben führt. Damit ist neben dem Gottesbild auch die Frage nach Tod und Leben gestellt.

Jesus Christus ist, ebenso wie Gott, in allen Themen der Konfirmandenarbeit präsent, wie sollte es auch anders sein? Er ist es, dessen Gegenwart das Abendmahl ausmacht und der sich in der Taufe mit dem Täufling verbindet. Er ist es, der uns das Vaterunser gegeben hat und durch sein Leben, die Rede vom guten Hirten ins Bild setzt. Er ist Thema des Glaubensbekenntnisses und Trost und Hoffnung beim Thema Leiden und Tod. Er ist Vorbild bei der Frage nach dem Umgang mit anderen (Diakonie) und verbürgt Gottes gnädiges Annehmen der Menschen (Rechtfertigung).

Jesus Christus als eigenes Thema macht in besonderer Weise die Geschichte Jesu im Ganzen zum Thema und zwar als Geschichte des Gottessohnes, die ihre Bedeutsamkeit im Leben der Jugendlichen entfalten kann (Jesus Christus von der Auferstehung her gesehen, ↗ S. 180, ◉ S. 433).

»Wie soll ich dich empfangen und wie begegn' ich dir …«, ↗ S. 174, ◉ S. 423

Jesus Christus von der Auferstehung her gesehen, ↗ S. 180, ◉ S. 433

durchKREUZt, ◉ S. 449

Werbung für Jesus, ◉ S. 463

Bernd Wildermuth und Jörg Conrad

»Wie soll ich dich empfangen und wie begegn' ich dir ...«

Eine Annäherung mit Fotos und Bildern

Einleitung

Die folgenden Bausteine verbinden mehrere Erlebnisebenen. Zum einen agieren die Konfirmand/innen auf vielfältige Weise untereinander. Sie müssen wählen, wem sie ihr Foto anvertrauen. Sie präsentieren sich gegenseitig und übernehmen Leitungsfunktion, treten der Gruppe gegenüber, die auf sie reagiert. Zum andern ist dieser interaktive Gruppenprozess begleitet und vermittelt durch die Auseinandersetzung mit der Person und dem Bild Jesu. Die Konfirmand/innen müssen Nähe und Distanz austarieren. Das gilt gleichermaßen für das Geschehen in der Gruppe wie für die Begegnung mit Jesus.

Die verschiedenen Ebenen befruchten sich dabei gegenseitig. Ich nähere mich Jesus, indem ich mir Gedanken über meine/n Mitkonfirmanden/in mache und ich kann meine/n Mitkonfirmanden/in besser verstehen, wenn ich sie aus der Perspektive eines Jesusbildes beschreibe.

Ziele

- Die Konfirmand/innen erfahren, dass nicht das Wissen über, sondern die Beziehung zu Jesus Christus im Mittelpunkt der Auseinandersetzung um seine Person steht.
- Die Konfirmand/innen sehen Jesu Worte als Herausforderung und beziehen zu ihnen Stellung.
- Sie erleben Jesu Blick als sorgenden Blick auf Andere nach.

Material

- Fotos von allen Konfirmand/innen
- Eigenschaftswörter **M 1**
- eine große Auswahl an Jesusbildern
- ein großes Jesusbild oder besser ein Jesuskopf (geeignet: Pablo Picasso, Christuskopf aus dem Skizzenbuch Nr. 151 im EG S. 521)
- Seil, ca. 10–15 m lang
- Jesusworte **M 2** auf DIN-A4-Blättern gedruckt (je nach Gruppengröße: die Anzahl der Worte Jesu entspricht der der Konfirmand/innen)
- Baumkerzen, Altarkerzen, mit Sand gefüllte Schale
- Ball

Baustein 1 und 2 sind (bei straffer Leitung) gut für einen zweistündigen KU am Mittwochnachmittag geeignet, aber genauso lassen sich damit auch ein KU-Halbtag gestalten. Baustein 3 braucht nochmal ca. 90 Minuten.

Baustein 1
Begegnung zweier Bilder: »Christus und die Konfirmand/innen«

Vorbereitung: Neben einem Stuhlkreis werden zwei voneinander getrennt liegende Tischgruppen zur Auslage benötigt. Es eignet sich ein großer Gemeindesaal genauso wie mehrere kleinere Räume, auch Flure oder Foyers können einbezogen werden. Bevor die Konfirmand/innen eintreffen, sind die Tischgruppen präpariert.

▶ Tischgruppe »Wer bin ich?«:
Eigenschaftswörter **M 1** liegen auf ein bis drei Tischen, je nach Gruppengröße, verteilt. Auswahl und Anzahl von Wörtern sind auf allen Tischen identisch.

▶ Tischgruppe »Wer ist Jesus?«:
Eine große Anzahl Jesusbilder und -darstellungen liegen an anderer Stelle ebenfalls auf mehreren Tischen aus.

Schritt 1: Einander wahrnehmen mit dem Foto in der Hand

Die Konfirmand/innen kommen im Stuhlkreis zusammen. Jeder erhält ein Foto von sich.

Impuls: *»Jeder hält sein Foto in der Hand. Und jeder hat ein Bild von sich, wie er ist, wie er wirkt, was er oder sie kann. Und genauso machen sich die andern ein Bild von mir. Die Bilder, meines und das der anderen, stimmen oft, aber nicht immer überein.*

Von wem hier in der Gruppe denkt ihr, dass er bzw. sie euch gut wahrnimmt, dass er oder sie den ›richtigen‹ Blick auf euch wirft. Geht mit eurem Bild zu ihr, zu ihm und übergebt es. Jede/r darf anschließend nur ein Bild einer(s) anderen in der Hand halten.«

Die Konfirmand/innen »tauschen« die Bilder aus und sitzen anschließend wieder im Stuhlkreis.

Impuls: *»Was für ein Bild habt ihr von Jens, Martina, Heike, Oliver …? Drüben auf den Tischen liegen Eigenschaftswörter und einige Sätze verteilt. Wählt drei oder vier aus, von denen ihr sagt ›Ja, so ist Martina, das passt genau zu Oliver‹. Auf jedem der Tische liegen dieselben Wörter und Sätze aus. Schaut euch alle in Ruhe an. In 5 Min. treffen wir uns wieder hier im Stuhlkreis.«*

Während die Konfirmand/innen Eigenschaftswörter heraussuchen, werden DIN-A3-Blätter, Eddingstifte und Klebstoff für die Gruppe bereitgelegt.

Nachdem sich alle wieder im Stuhlkreis versammelt haben, wird folgende Arbeitsanweisung gegeben: »Jeder nimmt sich gleich ein DIN-A3-Blatt und faltet es so in der Mitte, wie ich das gerade tue (Falz geht von langer zu langer Seite). Ihr erhaltet zwei Seiten. Das Bild eurer Mitkonfirmand/in klebt ihr in die Mitte der oberen Seite und schreibt mit Edding die Eigenschaftswörter und -sätze von den Kärtchen drumherum in die Ecken. Die andere Hälfte des Blattes bleibt noch weiß.«

Die Konfirmand/innen gestalten die Blätter. Anschließend versammeln sich alle wieder im Stuhlkreis.

Schritt 2: Welcher Jesus passt zu dir? – Christusbilder suchen und entdecken

Impuls: *»Wie können wir heute Jesus begegnen? Und wie sieht er aus? Keiner hat ihn gezeichnet oder gemalt, geschweige denn fotografiert. Aber wenn wir an ihn denken, haben wir ein Bild von ihm im Kopf. Vielleicht ist es in unserer Phantasie entstanden oder durch einen alten Jesusfilm, durch das Hirtenbild über dem Bett der Urgroßmutter oder durch Abbildungen im Religionsbuch. Ich behaupte: All diese Bilder haben ihre Berechtigung. Jedes stellt jeweils eine oder auch zwei Seiten Jesu in den Vordergrund. Alle Seiten Jesu kann man in einem Bild gar nicht ausdrücken. Welche Seiten Jesu kennt ihr? In welchen Geschichten haben sie sich niedergeschlagen?«*

Die Konfirmand/innen nennen Aspekte und Geschichten Jesu. Erwarten kann man die Nennung des leidenden, des helfenden und heilenden Jesus, dazu den erzählenden, den auferstandenen und vielleicht auch den im Triumph einziehenden Jesus.

Impulsfortsetzung: *»In den vielen Bildern, die wir haben, kam Jesus auf jeden Fall dem Menschen nahe, der ihn gemalt oder gestaltet hat. Und in der Folge hat dieses Bild oder diese Skulptur von Jesus erzählt, hat andere beeindruckt und ihnen vielleicht auch Jesus nahegebracht.«*

Schritt 3: Welches Bild bringt euch heute Jesus nahe?

»Welcher Seite Jesu möchtet ihr begegnen? Überlegt das einmal nicht für euch selbst, sondern für die- oder denjenigen, deren Bild ihr vor euch habt. Auf den anderen Tischen liegen ganz viele Folien aus. Sucht eine heraus, von der ihr sagt ›dieser Jesus passt zu …‹ und klebt die Folie mit zwei Streifen Tesafilm auf die andere Blatthälfte und zwar so, dass beide Bilder dieselbe Ausrichtung haben und man das Blatt nicht herumdrehen muss, wenn man beide Bilder betrachten will. Kommt anschließend wieder im Stuhlkreis zusammen.«

Die Konfirmand/innen erhalten im Stuhlkreis Eddingstifte und folgende Arbeitsanweisung: »So wie ihr für eure/n Mitkonfirmand/in Eigenschaften herausgesucht habt, so sucht jetzt Eigenschaften für Jesus heraus, wie sie euch eurer Meinung nach auf dem Bild, das ihr herausgesucht habt, entgegentreten.«

Schritt 4: Präsentation

Wenn alle wieder beieinander sitzen, erteilt der/die Unterrichtende folgenden Impuls: »Ich bitte euch jetzt eure Bilder vorzustellen. Sagt zuerst etwas zur Person und den Eigenschaften und dann, warum ihr meint, dass der Jesus, den ihr ausgewählt habt, Martina, Heike, Oliver oder Jens ansprechen könnte. Die anderen dürfen gerne Rückfragen stellen. Heiko, dir werfe ich den Ball als ersten zu. Und wenn du fertig bist, überreichst du dein Bild demjenigen, den du vorgestellt hast. Anschließend spielst du den Ball jemand anders zu!«

Alle präsentieren ihre Bilder. Es ergeben sich immer Gelegenheiten des Nachfragens und der Diskussion, wie folgendes Beispiel aus einem Jahrgang zeigt: Zwischenruf: »Auf dem Bild (es war ein abstraktes) ist ja gar kein Jesus zu erkennen!«– »Ja, gerade deswegen, ich denke man braucht einen bunten Jesus. Der ist lebendiger. Außerdem weiß ja sowieso keiner, wie er aussah!« Unterrichtende/r: »Wie sehen das die anderen?« Es gab noch eine ganze Reihe von Wortmeldungen, und eine lautete: »Wenn Jesus ein Gesicht hat, dann sieht man auf jeden Fall, dass er ein Mensch war!«

Nach der Präsentation wird an einer Wand oder auf Stellwänden eine Jesusbildergalerie erstellt. Über den Titel der Ausstellung entscheidet die Konfirmandengruppe.

Nicht allen Jugendlichen ist es recht, wenn andere ihre Bilder sehen. Deshalb muss mit der Gruppe abgeklärt werden, ob die Bilder über den KU hinaus hängen bleiben sollen.

Anschließend **Pause** (sie ist schon aus Umbaugründen nötig).

Baustein 2
Stellung beziehen

Vorbereitung: Ein überdimensionierter Jesuskopf liegt in der Mitte des Raumes. Es kann eine DIN-A0-Kopie oder auch ein Gemälde – Einbezug örtlicher Hobbykünstler –, sei es auf Leinwand oder auf Betttuch, verwendet werden. Ein langes Seil oder Tau ist im Abstand von 2–4 Metern (je nach Räumlichkeit im Kreis oder Halbkreis) um das Bild gelegt. Das Seil markiert die »Linie der Volkskirchlichkeit« (»Jesus war der bedeutendste Mensch, den ich kenne, aber einen direkten Einfluss auf mein Leben hat er nicht«). Neben dem Bild liegen auf einem Stapel Worte Jesu (**M 2**), auf jedem DIN-A4-Blatt ein Jesuswort. Die Anzahl der Worte Jesu entspricht der der Konfirmand/innen.

Schritt 1: Zu Jesus in Beziehung treten

Die Konfirmand/innen werden nun aufgefordert, sich selbst in Beziehung zu Jesus zu setzen.

Impuls: *»Stell dich in der Nähe oder Distanz zu Jesus auf, wie du denkst, dass du sie im Moment hast. Ich mache euch das einmal vor. Benutzt die ›Normal-Linie‹ (›Jesus war der bedeutendste Mensch, den ich kenne, aber einen direkten Einfluss auf mein Leben hat er eigentlich nicht‹) als Orientierungshilfe. Wenn Jesus für dich eine größere Bedeutung hat, dann gehe bis zu einem großen Schritt von der Linie aus gesehen auf ihn zu. Wenn für dich Jesus nur ein berühmter Mensch unter vielen anderen Berühmtheiten ist, die für dich so gut wie keine Bedeutung haben, dann gehe noch einen Schritt hinter das Seil zurück. Stellt euch auf und nutzt dabei den gesamten Kreis/Halbkreis aus.«*

Die Konfirmand/innen stellen sich auf

Impuls: *»Jesus hat damals vor allem durch seine Worte auf die Menschen gewirkt. An dem, was er sagte, schieden sich die Geister. Hier in der Mitte neben seinem Kopf liegen Worte von ihm.*

Ihr werdet jetzt nacheinander in die Rolle Jesu schlüpfen und den Menschen um euch herum die frohe Botschaft bringen. Es sind ganz unterschiedliche Worte Jesu. Ihr sollt euch so wie die Menschen damals zu diesen Worten verhalten. Sprechen sie euch an, geht ihr einen Schritt auf Jesus zu, lehnt ihr sie ab, ärgern sie euch gar, dann tretet zurück. Ist weder das eine noch das andere richtig, bleibt einfach stehen. Nach kurzer Zeit, wenn alle die Gelegenheit hatten sich neu zu stellen, geht ihr zurück und der/die Nächste nimmt die Rolle Jesu ein.«

Die Konfirmand/innen schlüpfen nach und nach einmal in die Rolle Jesu und sprechen der Gruppe ein Wort zu bzw. entgegen. Durch das große Bild in der Mitte und die Gegenübersituation zur Gruppe identifiziert sich die »verkündigende« Konfirmand/in mit der Jesusrolle.

Schritt 2: Reden wir darüber – Auswertung

Die Auswertung erfolgt nach dem letzten Jesuswort, so wie die Gruppe am Ende steht. Das ermöglicht der/m Mitarbeiter/in direkt auf die Positionen der Konfirmand/innen Bezug zu nehmen. Die Auswertung geschieht auf zwei Ebenen.

Zum einen auf der Inhaltsebene: »Welche Worte Jesu haben dich angesprochen? Was ist für dich das wichtige oder entscheidende Jesuswort? Wie sieht ein Leben aus, dass sich an den Worten Jesu im Alltag orientiert?«

Zum anderen auf der Rollenebene: »Wie war es für dich als Jesus zu sprechen und zu sehen, dass andere auf diese Worte reagieren? Du bist Jesus ganz nahe gekommen; was bedeutet es denn für dich, auf Jesus zu hören und auf ihn zuzugehen und ihm nachzufolgen? Was störte dich an den Aussagen?«

Schritt 3: Manches lässt sich leichter im Gebet aussprechen – Liturgischer Abschluss

Die Konfirmand/innen bilden Paare. Jedes Paar sucht sich ein Jesuswort heraus und formuliert zu dem Jesuswort eine Gebetsbitte, die sich auf Gott oder auf uns in der Nachfolge beziehen kann. Einzige Bedingung ist, dass die Bitte mit der Formulierung »Herr, wir rufen zu dir« abschließt.

Die Konfirmand/innen kommen mit den Gebetsbitten im Kreis zusammen. In der Mitte steht eine mit Sand gefüllte Schale. Baumkerzen liegen in der Schale. Neben der Schale steht ein Holzkreuz und eine brennende Altarkerze aus der Kirche.

Während ein/e Konfirmand/in die Gebetsbitte spricht, entzündet der/die andere Konfirmand/in eine Baumkerze an der Altarkerze und steckt sie in die Sandschale. Auf die Gebetsbitte kann die Konfirmandengruppe entweder sprechend (»Herr, erbarme dich«) oder singend (»Kyrie eleison« z. B. EG 178.9) antworten.

Baustein 3
Jesusworte in Szene setzen (90 Min.)

Ziele

- Die Konfirmand/innen setzen Jesusworte gestalterisch in Szene, so dass neue Jesusbilder entstehen.
- Die Konfirmand/innen setzen sich mit einem Jesus-Wort kreativ auseinander.
- Die Konfirmand/innen verbinden ihre Alltagswelt mit dem Gekreuzigten.

Material

- Jesusworte aus Baustein 2 (**M 2**)
- Digitalkamera
- Kruzifix oder Bild eines Kruzifixes
- Skizzenblätter (**M 3**)
- Kopien des Kruzifixes in mehreren Größen (**M 4**)
- Scheren, Klebstoff, Stifte

Vorbereitung und Durchführung:

- Jesusworte und die Jesusbilder aus der letzten Stunde liegen sichtbar in der Mitte.
- Kruzifix oder andere Kreuzesdarstellung (Skulptur besser als Bild) in der Mitte der Jesusworte.

Schritt 1: Einleitung (10 Min.)

Jesusbilder, Jesusworte … damit sind wir letzte Woche umgegangen. Ein Jesusbild, das zu einem aus der Gruppe passt, habt ihr ausgewählt. Und Stellung zu seinen Worten bezogen. Eines dieser Jesuworte habt ihr gewählt und daraus ein Gebet gemacht. Schaut euch ein bisschen um … findet ihr das Jesusbild, dass für euch ausgewählt wurde … Und das Jesusbild, das ihr ausgewählt habt für einen anderen aus unserer Gruppe … Fallen euch die Eigenschaften noch ein, die ihr passend fandet … ob heute ein anderes Jesusbild eure Aufmerksamkeit hat … und lest nochmals in den Jesusworten … bei welchen seid ihr nähergekommen … bei welchen seid ihr zurückgewichen … Jesus-Wort-Gebete haben wir gesprochen … welches der Worte Jesus euch wohl heute begleiten wird …

Hinweis: Die Rückerinnerung an die letzte Stunde dient vor allem der individuellen Begegnung mit den Jesusbildern und -worten. So können und sollen sich die Erfahrungen und Eindrücke der ersten beiden Bausteine nochmals aktualisieren und verdichten und erneut Wirkung entfalten. Wichtig ist den Jugendlichen Zeit zu geben, Blicke und Gedanken schweifen zu lassen. Sie sollten bei sich bleiben können. Deshalb sollen die Jugendlichen die »Fragen« der Unterrichtenden auch nicht laut beantworten oder gar miteinander ins Gespräch kommen. Es handelt sich vielmehr um gelenkte Erinnerung.

Es gibt viele Bilder von Jesus. Manche zeigen ihn als Kind, manche als Erwachsenen. Manche Bilder zeigen Jesus, wie er sich den Menschen zuwendet, wie er von Gott erzählt, wie er Gutes tut. In fast allen Kirchen findet sich eine bestimmte Darstellung, Jesus als der Gekreuzigte, das Kruzifix. Was meint ihr, warum es gerade diese Darstellung von Jesus ist, die in fast allen evangelischen Kirchen zu sehen ist, und oft sogar als einzige?

Die Jugendlichen äußern Vermutungen. Deutlich werden sollte, dass am Kreuz die ganze Liebe Gottes zu den Menschen sichtbar wird, indem der Gottessohn selbst den ungerechten Tod mit den Menschen teilt und sie dadurch von der Gottverlassenheit des Todes erlöst.

Schritt 2: Die Aufgabe (5 Min.)

Auch in unserer Kirche gibt es dieses Kruzifix. Wir werden es heute nicht einfach auf dem Altar stehen lassen, sondern mitnehmen nach draußen, in die Welt. Und so einmal ausprobieren/erkunden, was es heißt, dass Jesus mitten unter uns ist. Heute soll Zeit sein, Jesusworte und Bilder und unsere alltägliche Welt miteinander in Verbindung zu bringen. Und zwar so, dass ihr diesen Jesus mitnehmt nach draußen in euren Alltag und mit diesem Jesus eine Szene gestaltet, die ihr dann fotografiert, so dass wir alle sie sehen können. Neue Jesusbilder werden heute also entstehen. Das ist es, worauf es heute ankommt: Dass ihr selbst eigene Jesusbilder gestaltet. Wir werden diese Bilder dann allen zukommen lassen, so dass ihr sehen könnt, was wem eingefallen ist. Ziel heute aber ist, dass ihr auf ein eigenes Jesusbild kommt.

Helfen sollen uns dabei die Jesuworte aus der letzten Stunde. Ich bitte euch eines dieser Worte auszuwählen. Es wird für euch heute zum Ausgangspunkt für das neue Jesusbild. Denn Aufgabe ist es später, dieses Jesuswort so in Szene zu setzen, dass ihr daraus ein Foto machen könnt. Welches der Jesusworte also reizt euch? Welches dieser Worte wollt ihr gerne genauer erkunden, in Szene setzen und so nach draußen tragen? Schaut euch um und wählt für euch, lasst die Worte aber noch liegen.

Die Jugendlichen überlegen und treffen ihre Wahl.

Nun nehmt einmal das Jesuswort, das ihr gewählt habt. Sicherlich werden mehrere von euch das gleiche Wort ausgewählt haben. Dann bildet einfach eine Gruppe.

Eure Aufgabe ist es, ein neues Jesus-Bild zu gestalten und auf einem Foto festzuhalten. Dazu müsst ihr dreierlei in ein Bild setzen: Das von euch ausgewählte Jesuswort, das Kruzifix und einen Ort in der Welt da draußen, an dem ihr das Jesus-Bild machen wollt. Wie also lässt sich euer Jesus-

wort in ein Foto übersetzen. An welchem Ort? Mit welchen Gegenständen oder Personen? Was für einen Bildausschnitt wählt ihr? Ihr müsst also überlegen, wie euer Jesuswort als Szene gestaltet werden kann, die irgendwo hier im Ort ihren Platz hat und in der das Kruzifix zu stehen kommt.

Schritt 3: Die Skizze (25 Min.)

Wir gehen jetzt so vor: Ihr geht nach draußen und schaut euch um. Macht das einmal alleine für euch. Auch wenn mehrere das gleiche Wort gewählt haben. Es ist – glaube ich – nachher ganz spannend zu sehen, wie verschiedenen oder ähnlich ihr die Szene für das Foto gestaltet.

Wählt einen Ort für eure Szene. Wo hat das von euch gewählte Jesuswort seinen Platz? Wohin passt es? Oder wo wollt ihr, dass es zur Geltung kommt? Und dann gestaltet die Szene, so dass das Jesuswort gut und kreativ umgesetzt wird. Überlegt euch, was alles auf das Bild soll? Was ist im Hintergrund? Was steht im Mittelpunkt? Sollen noch andere Menschen auf das Bild? Oder Gegenstände? Symbole? Braucht ihr für die Gestaltung Hilfe? Haltet Eure Idee als Skizze fest und gebt der Skizze einen Titel. Ihr könnt gerne mehrere Skizzen anfertigen und dadurch mehrere Ideen ausprobieren. Kommt dann wieder zurück. Wir werden hier die Ideen besprechen bevor ihr euch ein zweites Mal auf den Weg macht und die Szene wirklich aufbaut und fotografiert.

*Ich gebe euch ein paar Skizzenblätter (**M 1**) und ein Blatt mit Kopien des Kruzifixes mit, so dass ihr das in eure Skizzen an der Stelle einbauen könnt, an der nachher das echte Kruzifix stehen soll. Nehmt Schere, Stift und Klebstoff mit. Wir treffen uns in 20 Minuten wieder hier im Gruppenraum.*

Konnte ich mich soweit verständlich erklären oder habt ihr noch eine Frage?

Dann wünsche ich euch gute Ideen und eine gute Zeit mit eurem Jesuswort …

Die Jugendlichen gehen auf Ideen- und Ortssuche. Sie fertigen ihre Skizzen an.

Schritt 4: Der Plan (15 Min.)

Mit den zurückkehrenden Jugendlichen werden die Skizzen besprochen. Dabei geht es darum, dass die Jugendlichen ihre eigenen Entwürfe vertiefen. Es geht nicht darum, die Ideen der Unterrichtenden unterzubringen oder die Jugendlichen zu korrigieren. Wohl aber kann zum Ausdruck gebracht werden, dass durch die Skizze der Eindruck entsteht, wenig überlegt zu haben oder dass die Skizze das nicht zum Ausdruck bringt, was der/die Jugendliche damit ausdrücken will.

Mögliche Nachfragen:

- Wie bist du auf diese Anordnung gekommen?
- Hattest du noch andere Ideen? Was hat den Ausschlag für diese Skizze gegeben?
- Was hat für die Auswahl der Orte/Gegenstände/Anordnung den Ausschlag gegeben?
- Was willst du ins Bild setzen?
- Was bedeutet das Jesuswort an diesem Ort?
- Welchen Aspekt des Jesuswortes übersetzt du mit deiner Inszenierung?
- Ist deine Skizze umsetzbar? Was brauchst du nachher, um deine Skizze umzusetzen?
- Welche Aufgabe/Bedeutung hat das Kruzifix in der Szene?
- Können die Betrachter das Jesuswort darin wieder erkennen?

Gegebenenfalls können die Jugendlichen ermuntert werden, ihre Skizze nochmals zu überarbeiten. Wichtig ist, dass die Jugendlichen sich wirklich mit dem Jesuswort auseinandersetzen. Dazu müssen sie motiviert werden. Welches Ergebnis die Auseinandersetzung zeigt, ist offen zu lassen.

Nun muss mit der Gruppe ein Plan erstellt werden, in welcher Reihenfolge die Fotos gemacht werden. Gut ist es, wenn 2 oder 3 Kameras vorhanden sind, so dass Untergruppen gebildet werden können. Eventuell ist darauf Rücksicht zu nehmen, dass Jugendliche noch Gegenstände für ihre Szene brauchen, die besorgt werden müssen.

Schritt 5: Das Foto (25 Min.)

Der/die jeweilige Jugendliche arrangiert die Szene und macht das Foto. Die anderen Jugendlichen helfen bzw. schauen sich das ganze an und lassen sich davon inspirieren.

Schritt 6: Präsentation (10 Min.)

Nun wollen wir uns die in Bilder übersetzten Jesusworte noch einmal ansehen. Setzt euch dazu gemütlich hin. Eine ruhige Musik im Hintergrund ist gut denkbar. Schaut euch die entstandenen Bilder an. Jesus mit seinen Worten mitten in unserer Welt.

Zum Abschluss werden die Bilder in der Gruppe mit Hilfe eines Laptops (Beamer) gezeigt. Eine inhaltliche Auswertung braucht es nicht. Ziel war es ja, die

Jugendlichen zur Auseinandersetzung mit dem Jesuswort zu verführen.

Das waren viele gute Bilder. Jesus mit seinen Worten mitten in unserer Welt. Wir werden eure Fotos bis zum nächsten Mal entwickeln, so dass ihr alle diese guten Bilder voneinander bekommen könnt. Ein eigenes Jesusbuch ist so entstanden.

»Ich bin bei euch alle Tag, bis an der Welt Ende« ... das ist auch so ein Jesuswort. In dieser Gewissheit können wir heute auseinandergehen. Jesus ist bei uns alle Tage, bis an der Welt Ende.

Zur nächsten Stunde erhalten die Jugendlichen eine Broschüre mit ihren Bildern.

Möglichkeiten der Weiterarbeit:

Diese Aktion eignet sich für das Herstellen von Kalendern für den Gemeindebasar, für eine Ausstellung in den Gemeinderäumen oder auch für eine Begegnung mit einer anderen Gemeindegruppe, die sich auf die gleiche Aktion eingelassen hat.

Weitere Jesusworte (zur Auswahl):

Ich bin das Licht der Welt. Wer mir nachfolgt, der wird nicht wandeln in der Finsternis, sondern wird das Licht des Lebens haben. *Johannes 8,12*

Ich bin die Tür; wenn jemand durch mich hineingeht, wird er selig werden. *Johannes 10,9*

Ich bin der gute Hirte. Der gute Hirte lässt sein Leben für die Schafe. *Johannes 10,11*

Ich bin in die Welt gekommen als ein Licht, damit wer an mich glaubt, nicht in der Finsternis bleibe. *Johannes 12,46*

Die Gesunden bedürfen des Arztes nicht, sondern die Kranken. Ich bin gekommen, die Sünder zur Buße zu rufen und nicht die Gerechten. *Lukas 5,31f*

Kommt her zu mir, alle, die ihr mühselig und beladen seid; ich will euch erquicken. *Matthäus 11,28*

Denn wo zwei oder drei versammelt sind in meinem Namen, da bin ich mitten unter ihnen. *Matthäus 18,20*

Himmel und Erde werden vergehen; aber meine Worte werden nicht vergehen. *Matthäus 24,35*

Von nun an werdet ihr sehen den Menschensohn sitzen zur Rechten der Kraft und kommen auf den Wolken des Himmels. *Matthäus 26,64*

Mir ist gegeben alle Gewalt im Himmel und auf Erden. *Matthäus 28,18*

Und siehe, ich bin bei euch alle Tage bis an der Welt Ende. *Matthäus 28,20*

Materialien zu diesem Beitrag auf CD-ROM

M 1 EIGENSCHAFTSWÖRTER

anschmiegsam	verantwortungsvoll	zufrieden
verspielt	mutig	geduldig
spielerisch	stark	ehrlich
kreativ	sportlich	glücklich
kindlich	gut aussehend	weich
einfallsreich	schön	männlich
lustig	charmant	fraulich
aufrecht	anziehend	väterlich
aufrichtig	freundlich	mütterlich
engagiert	hilfsbereit	vertrauensvoll
wach	fröhlich	zuverlässig
fleißig	aufmerksam	friedliebend
gemütlich	schlau	locker
rassig	interessant	anregend
verständnisvoll	kumpelhaft	treu
selbstbewusst	klug	unnachahmlich
Vor dir braucht man keine Angst zu haben!	Man kann sich auf dich verlassen!	Du bist dir selbst gegenüber ehrlich!
Du kannst gut zuhören!	Du weißt eine ganze Menge!	Du kannst gut abgeben!
ausgeglichen	tolerant	höflich
ausgleichend	freigiebig	cool

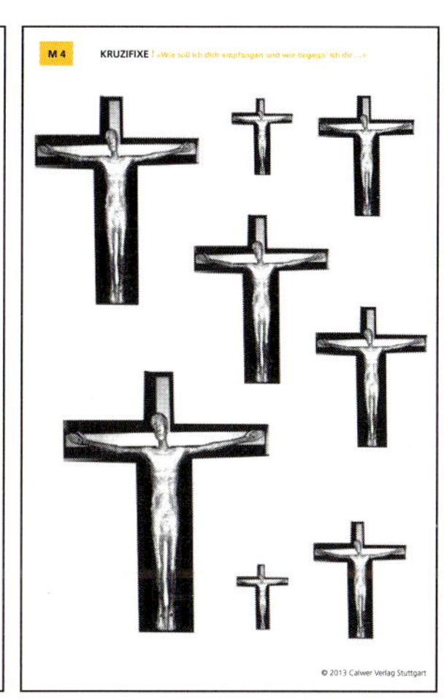

im Religionsunterricht oder in der Erwachsenenbildung Verwendung finden kann.

c) Die Konfirmand/innen schneiden selbst Kreuzesbilder aus Illustrierten aus. Dazu ist es wichtig, dass die Mitarbeiter/innen passende Zeitschriften zur Verfügung stellen.

Schritt 1: Ausstellung

In die Mitte des Stuhlkreises werden die Fotos bzw. Bilder von einer Mitarbeiter/in gelegt oder an Stellwände gepinnt. Hat man sich beim Bildersammeln für Variante a) oder c) entschieden, ist dies natürlich die Aufgabe der Konfirmand/innen.

Schritt 2: Fotosuche

Anweisung: »Bildet Paare und sucht euch gemeinsam ein Foto aus. Nehmt dazu ein DIN-A4-Blatt und zieht euch an einen ruhigen Platz zurück. Überlegt, welche Geschichte hinter dem Foto stehen könnte und schreibt die Geschichte auf.« Die Mitarbeiter/innen unterstützen die Paare beim Schreiben der Geschichte.

Nach einiger Zeit weisen sie den Paaren eine weitere Aufgabe zu: »Überlegt, warum Menschen in der Situation auf eurem Foto ausgerechnet ein Kreuz aufgestellt oder umgehängt haben. Was haben sie sich dabei gedacht oder erhofft?«
Die Aufgabe kann auch schriftlich auf einem Zettel (DIN A5) an die Konfirmand/innen gegeben werden.

Schritt 3: Zuordnung

Die Jugendlichen finden im Raum fünf verschiedenfarbige große Plakate (mindestens DIN A3) vor. Sie liegen auf dem Boden oder auf Tischen. Arbeitsanweisung: *»Legt eure Bilder und Geschichten auf das Plakat mit der Farbe, die zu den Gefühlen passt, die euer Kreuzbild auslöst. Wer fertig ist, setzt sich in den Stuhlkreis.«*

Schritt 4: Präsentation

Die Gesamtgruppe geht gemeinsam von einem Plakat zum anderen. Die einzelnen Paare stellen jeweils ihre Bilder, Geschichten und Gedanken vor. Im Gespräch ist es hilfreich nach den Gefühlen zu fragen, die ein Bild auslöst. Auch die ausgewählten Farben repräsentieren bestimmte Empfindungen. »Warum haben die Konfirmand/innen gerade diese Farbe ausgewählt? Was spüren wir, wenn wir dieses Kreuz anschauen?«

Der folgende Erwartungshorizont dient den Mitarbeiter/innen dazu, Äußerungen von Konfirmand/innen zu differenzieren und einzuordnen.

- Kreuz als Zeichen für Tod und Auferstehung
  Empfindungen: Trauer, Erschrecken, Mahnung, Hoffnung. Verantwortlich mit dem eigenen und mit anderem Leben umgehen. Sinn.

- Kreuz als Zeichen für die Größe Gottes
  Empfindungen: Gipfelerlebnis, Freiheit, Glück, Überwindung, Freude, Lob Gottes, lebendig sein. Assoziationen: Berggeschichten, Verklärung, Bergpredigt, Berg als religiöser Ort für die Nähe Gottes.

- Kreuz als Zeichen dafür, dass Jesus gegenwärtig ist
  Empfindungen: Geborgenheit, Nähe, Schutz, jemand ist bei mir – ich bin nicht allein; Schutz und Friede auch für die Gemeinschaft (z. B. im Klassenzimmer), für den Menschen, der einen Weg geht.

- Kreuz als Zeichen des Bekenntnisses
  … dafür, dass jemand zu Christus gehört.
  … dafür, dass einem Menschen Jesus Christus wichtig ist.

Schritt 5: Plakatfertigstellung

Über die Zuordnung der Bilder und Texte zu den Farbplakaten bilden sich neue Kleingruppen, die im Anschluss an die Präsentation das jeweilige Plakat fertig stellen. Sie kleben die Bilder und Geschichten auf, finden eine Überschrift für das Plakat (z. B. das Kreuz ist ein Zeichen für den Tod, die Hoffnung, den Glauben an ein neues Leben) und schreiben neben die Bilder Gefühle, Fragen, Ausrufe und Erläuterungen, die mit der jeweiligen Situation verbunden sind (z. B. »Warum?« beim Straßenkreuz).

Schritt 6: Liturgischer Abschluss

Die Plakate werden in Kreuzform auf dem Boden ausgelegt. Die Mitte bleibt frei und kann später jeweils verschieden gestaltet werden (schwarzes Tuch, Blumen, Rose von Jericho, Kerzen, Fisch). Die Gesamtgruppe versammelt sich im Stehkreis um die Mitte. Die Mitarbeiter/innen sprechen ein freies Gebet. Das Gebet könnte so lauten: »Gott, wir haben heute viele Kreuze gesehen. Oft stehen traurige Geschichten dahinter. Manchmal auch Geschichten von Sieg und Trost. Bitte sei du bei uns und bei unseren Geschichten. Amen.«

Schritt 7: Vertiefung

Die Mitarbeiter/innen haben einen großen Papierstreifen mit der Frage vorbereitet: »Warum stellen die Leute ein Kreuz – also ein Zeichen für Jesus Christus – auf?« Diese Frage wird über die Farbplakate gelegt und vorgelesen.

Die Mitarbeiter/innen kündigen an: »In den nächsten Wochen werden wir die Geschichte Jesu kennen lernen und entdecken, warum das Kreuz zum Zeichen vieler Geschichten werden kann.«

Baustein 2
Jesus, der Gekreuzigte, ist auferstanden!

Ziele

- Die Konfirmand/innen erkennen, dass die Auferstehung des gekreuzigten Jesus das zentrale Ereignis für den christlichen Glauben ist.
- Sie erleben mit dem eigenem Leib, was Aufstehen, Aufrechtstehen, zum Himmel gestreckt sein bedeutet.
- In einem – auch in den nächsten Bausteinen wiederkehrenden – Bewegungsgebet entdecken sie, dass sie mit ihrem Leib aufrecht zwischen Himmel und Erde stehen können und nehmen in einer Körperformmeditation wahr, dass ihr eigener Leib Kreuzform hat.
- Sie erkennen diese Bewegungen in dem Osterbild »Maria von Magdala am Grab« von Sieger Köder wieder und setzen den dazu gehörenden Bibeltext kreativ in Beziehung.

Material: CD oder Musikcassette »Bolero« von Ravel oder »Who Needs love« von Erasure (oder eine andere geeignete Musik je nach Musikgeschmack der Mitarbeiter/innen und der Jugendlichen); Overheadprojektor (OHP), Folienbild »Maria von Magdala am Grab« von Sieger Köder zusammen mit **M 1**; **M 2** und **M 3** für alle, Scheren, Klebstoff, rotes Tuch und rote Rose für die Gestaltung der Mitte, Fragestreifen aus Baustein 1. Eine Farbfolie kann von der farbigen Abbildung im Anhang gezogen werden.

Schritt 1: Eingangsgebet mit Bewegungen

Es erklingt rhythmische Instrumentalmusik, die zur Bewegung anregt. Der Raum muss genügend Bewegungsfreiheit ermöglichen. Eventuell kann diese Übung auch draußen durchgeführt werden. Voraussetzung dafür ist eine überschaubare Gruppe und wenig äußere Ablenkung. Mit Musik im Hintergrund leitet ein/e Mitarbeiter/in die Konfirmand/innen an:

»Geht im Raum umher … nehmt den Rhythmus der Musik auf … probiert alle Richtungen und Wege aus … nutzt den gesamten Raum … stellt euch vor, ihr seid ganz müde … plötzlich fällt euch etwas ein und ihr geht hektisch im Raum hin und her … jetzt habt ihr es vergessen, ihr seid ärgerlich … jetzt denkt ihr ›Was soll's?‹ und geht unbeschwert weiter. Macht euch ganz groß … zieht euch zusammen … ihr werdet kleiner und kleiner … langsam wachst ihr wieder zu normaler Größe … kommt alle in einem großen Kreis zum Stehen und streckt euch ein-, zweimal dem Himmel entgegen.«

Die Musik wird ausgeblendet und gemeinsam folgendes Gebet mit Bewegungen eingeübt. Das Gebet muss so oft (mindestens viermal) gesprochen werden, bis der Sinnzusammenhang von Wort und Bewegung nachvollziehbar wird. Die Mitarbeiter/innen sprechen dieses Gebet frei und sicher mit Blickkontakt zu den Jugendlichen. Die Jugendlichen sprechen das Gebet ohne schriftliche Textvorgabe mit. (nach: Liturgiegruppe Frauenspiritualität)

Ich stehe, Gott, vor dir, verbunden mit der Erde, die du liebst.

> ***Verbunden:*** *Arme nach unten, Handflächen zeigen zum Boden*

Ich stehe, Gott, vor dir, ausgestreckt zum Himmel, den du versprichst.

> ***Ausgestreckt:*** *beide Hände und Arme gehen nach oben, aufrecht, Kopf und Blick nach oben*

Ich stehe, Gott, vor dir, als Tochter/Sohn des Himmels und der Erde.

> ***Himmel:*** *rechte Hand und Blick nach oben,* ***Erde:*** *linke Hand und Blick geht nach unten (Diagonale)*

Ich stehe, Gott, vor dir, **der Erde treu** und **offen für dich.**

> *Aufrecht bleiben. Der Erde treu: Hände und Arme seitlich nach unten, offen für dich: Hände und Arme seitlich nach oben in die Körpermitte führen, Handflächen nach oben ausrichten*

Schritt 2: Die Konfirmand/innen entdecken das Auferstehungsbild »Maria von Magdala am Grab« von Sieger Köder

a) Am OHP zeigen die Mitarbeiter/innen der Gesamtgruppe das Bild in drei Stufen entsprechend den Abdeckungen 1, 2 und 3 (**M 1**), die nacheinander von der Folie genommen werden:

Entfernung von Abdeckung 1: Zunächst entdecken die Konfirmand/innen den Riss in der Friedhofsmauer als zerbrochenen Totenkopf, das Morgenrot als Beginn von etwas Neuem.

Entfernung von Abdeckung 2: Die Gruppe entdeckt Holzkreuze, die zum Himmel weisen, einen Friedhof, es ist dunkel.

Entfernung von Abdeckung 3: Sie sehen das offene Grab, den weggeschobenen Grabstein mit dem Namen Jesus von Nazareth, die roten Rosen, eine rot gekleidete Frau, die vor dem offenen Grab kniet. Auf ihrem nach oben gewandten Gesicht liegt noch die Trauer und zugleich schon der helle Schein, der vom Auferstandenen ausgeht.

Die Jugendlichen äußern sich spontan und teilen sich gegenseitig mit, was sie sehen. Die Mitarbeiter/innen unterstützen die Entdeckungen, wenn es nötig ist, durch kurze Fragen: *»Was seht ihr?« »Schaut euch die Farben an und versucht sie zu beschreiben.« »Könnt ihr in der Dunkelheit etwas erkennen?« – »Was bedeuten diese Farben und Symbole: Das Morgenrot, der Riss im Totenkopf und im Grabstein, auf dem Adam steht, das rote Kleid Marias, die roten Rosen, das offene Grab?«*

b) Die Mitarbeiter/innen erzählen Johannes 20, 1–18 frei anhand der von den Konfirmand/innen im Bild entdeckten Zeichen und Symbole. Das Bild von Sieger Köder bleibt währenddessen sichtbar.

Schritt 3: Erarbeitung einer Bild-Textcollage

Nach der Erzählung werden **M 2** (Bild) und **M 3** (Johannes 20, 1–18) ausgeteilt. In der Gesamtgruppe wird der Text versweise reihum gelesen.

Arbeitsanweisung zur Bild-Text-Collage: »Setzt euch nun zu zweit zusammen, sucht einzelne Wörter oder Sätze aus dem Textblatt **M 3** aus und ordnet sie dem Bild zu. Es können viele oder wenige Wörter sein. Betont die Worte und Bildausschnitte, die euch besonders wichtig sind. Schneidet die ausgewählten Wörter und Sätze aus und klebt sie auf das Bild.« Die Mitarbeiter/innen unterstützen die Jugendlichen bei der Erstellung der Bild-Text-Collagen.

Schritt 4: Präsentation der Collagen

Die Mitte ist mit einem roten Tuch und einer roten Rose (Symbole aus dem Sieger-Köder-Bild) gestaltet. Die Collagen werden von den Konfirmand/innen um die Mitte gelegt. Anschließend betrachtet die Gruppe die Bilder. Die Mitarbeiter/innen würdigen die Bilder, indem sie die Bild-Text-Auslegung, die

© Sieger Köder, Maria von Magdala am Grab

durch die Collagen entsteht, zur Sprache bringen. Je weniger dabei beschrieben und je mehr gedeutet wird, desto wichtiger ist das Einverständnis und die Rückfrage bei den Jugendlichen.

Beispiel: »M. hat die Wörter ›Grab‹ (7x) und ›Gott‹ (1x) ausgeschnitten. ›Gott‹ klebt (wohnt) im Himmel, das Wort ›Grab‹ ist auf dem ganzen Bild verstreut. Zwei kurze Wörter: das eine sehr oft, das andere nur einmal aufgeklebt, dafür an einer zentralen Position ganz oben in der Mitte. Das Wort ›Grab‹ ist dir sehr wichtig geworden?« Frage an alle: »Ist Grab und Gott ein Gegensatz?«

Im weiteren Verlauf ist es möglich, ähnliche Bild-Text-Auslegungen zu bündeln oder ganz andere Auslegungen gegenüberzustellen.

Beispiel: »Das Wort ›Maria!‹ hat J. in die Mitte der Maria von Magdala geklebt. Bei S. steht ›Maria!‹ ganz unten am linken Fuß. Welche Bedeutungen und Konsequenzen hat das für die beiden Collagen?«

Schritt 5: Auswertung und Verknüpfung

Mit Hilfe des Fragestreifens aus Baustein 1 erläutern die Mitarbeiter/innen in wenigen Sätzen den inhaltlichen Zusammenhang (oder sie erarbeiten diesen Zusammenhang in einem Unterrichtsgespräch).

»Wir haben heute Jesus als Auferstandenen kennen gelernt. Jesu Auferstehung ist für viele Menschen ein starker Trost, wenn ihnen der Tod begegnet. Deshalb stellen sie Kreuze auf den Friedhof. Sie erinnern daran, dass Jesus auferstanden ist. Seitdem leben Christen in der Hoffnung, dass die Toten auferstehen, weil Gott stärker ist als der Tod.«

Schritt 6: Liturgischer Abschluss

Die Konfirmand/innen stehen im Kreis (auf genügend Abstand achten!) mit Blick nach außen. Ein/e Mitarbeiter/in leitet eine Körperform-Meditation im Stehen an.

Anleitung:

»Ich stehe vor Gott, verbunden mit der Erde, die Gott liebt. Ich spüre meine Füße auf dem Boden. Fest stehe ich auf der Erde. Ich spüre die Kraft der Erde, die mich trägt. Ich bin irdisch. Ich bin ein Mensch, der zur Erde gehört.

Aber das ist nicht alles. Zugleich strecke ich mich aus zum Himmel, den Gott mir verspricht. In mir ist ein Streben ›nach oben‹, nach dem Licht, nach allem, was mich übersteigt.

Ganz aufrecht stehe ich da. Ich spüre meine Wirbelsäule, ich stelle mir vor, wie ich mich strecken kann, nach unten und nach oben, ich spüre wie ich aufrecht, senkrecht stehe zwischen Himmel und Erde.

Jetzt breite ich meine Arme aus. Ganz weit. Ich greife mit den Händen in den Raum neben mir, fasse die Luft. – Ich probiere mit den Handflächen nach außen meine Reichweite und meine Grenzen aus. Mein Körper hat die Form eines Kreuzes. – Wie ein Kreuz, das auf der Erde steht und doch zugleich zum Himmel zeigt, kann ich sein. – Meine Arme weisen hin auf die Menschen neben mir. – Im Schnittpunkt zwischen Senkrechte und Waagrechte ist mein Herz.

Ganz langsam ziehe ich meine Arme ein, ich lege meine Hände aufs Herz und drehe mich nun zur Mitte. Mein Herz schlägt in mir, zwischen Himmel und Erde. Ich kann leben – jetzt, heute, hier und sogar in Ewigkeit.

Ich spreche gemeinsam mit den anderen: ›Jesus Christus spricht: Ich bin die Auferstehung und das Leben. Wer an mich glaubt, der wird leben, auch wenn er stirbt.‹« (zweimal wiederholen)

Baustein 3
Jesus stirbt am Kreuz

Ziele

- Die Konfirmand/innen werden mit dem Kreuzestod Jesu konfrontiert. Sie äußern ihre persönliche Betroffenheit und erlangen Kenntnisse über die historischen Fakten.
- Sie lernen das biblische Deutungsmuster des »Sündenbocks« für den Kreuzestod Jesu kennen und entdecken in der Passion Jesu Hinweise darauf, dass Jesus »als Sündenbock« gestorben ist; sie erkennen im Agnus Dei (»Christe, du Lamm Gottes«) dieses Deutungsmuster wieder.
- Die Konfirmand/innen erleben einen Ritus, in dem sie eigene Schuld auf das Christuslamm übertragen können und reflektieren diesen.

Material: Plakat mit dem Schriftzug »Sündenbock«, DIN-A4-Zettel in der Anzahl der Kleingruppen (für die Bibelarbeit), Bibeln oder kopierter Bibeltext, Stifte, Gesangbücher, Musik (Orgelmusik oder Jan Garbarek: Officium). DIN-A3- oder DIN-A2-Plakat nach **M 4**, **M 4** in DIN A5 für alle, Christus-Lamm aus Pappe (Herstellung: **M 4** zweimal auf DIN A4 oder DIN A3 vergrößern und auf Pappkarton aufkleben, ausschneiden und mit zwei Tesakrepp-Streifen die beiden Teile so verbinden, dass das Lamm aufgestellt werden kann. Für die Konfirmand/innen kann der Pappkarton zugleich als Schablone dienen, siehe Alternative in Schritt 6).

Vorbemerkung: Wenn in der Kirche ein Kruzifix vorhanden ist, schlagen wir vor, sich für den Einstieg zu diesem Baustein mit der Gruppe in die Kirche zu begeben. Andernfalls kann ein Kruzifix im Gruppenraum eingebracht werden oder eines der Plakate aus Baustein 1 mit einem Kruzifix darauf verwendet werden.

Schritt 1: Liturgischer Beginn

Die Gruppe bildet einen Kreis um das Kruzifix und betet mehrmals das Bewegungsgebet aus Baustein 2.

Schritt 2: Betrachtung

Die Konfirmand/innen setzen sich um das Kruzifix und betrachten es in einer kurzen Stille. Die Mitarbeiter/innen geben den Impuls: *»Wie ist es Jesus ergangen?« (mit der Hand auf das Kreuz deuten)*

Die Konfirmand/innen bringen ihre Beobachtungen zum Kruzifix und ihr Wissen über die Kreuzigungsgeschichte ein. Sie äußern ihre Empfindungen und Fragen. Die Mitarbeiter/innen nehmen die Fragen und Aussagen der Gruppe auf und ergänzen sie durch

Informationen zur Kreuzigung im Römischen Reich und die Besonderheiten des Todes Jesu.

Überleitung zu Schritt 3: *»Es kommt vielen Menschen unvorstellbar vor, dass Gottes Sohn gekreuzigt wurde. Kann Gott so ohnmächtig werden? Welchen Sinn kann der Kreuzestod Jesu haben?«*

Schritt 3: Assoziationsplakat

Die Gruppe begibt sich mit dieser Frage im Kopf in den Unterrichtsraum. Ein Plakat mit dem Schriftzug »Sündenbock« liegt in der Mitte. Die Konfirmandinnen und Konfirmanden werden aufgefordert: »Bitte schreibt dazu auf, was euch einfällt: Wörter, Gedanken, Gefühle.« Während der Erstellung des Assoziationsplakates wird nicht gesprochen.

In einem Gruppengespräch erläutern die Konfirmand/innen ihre Stichwörter und erzählen von den dahinter stehenden Erfahrungen (»einer kriegt alles ab«). Falls niemand etwas erzählen kann, sollten die Mitarbeiter/innen eine (Schul-)geschichte einbringen können, in der ein Unschuldiger stellvertretend die ganze Strafe abbekommt (z. B. so: *In der Klasse 8 wird es in der Erdkundestunde immer lauter und lauter. Alle schwätzen. Der Lehrer droht die ersten Strafarbeiten an. Als der Geräuschpegel immer noch nicht sinkt, greift der Lehrer ein Mädchen heraus und gibt ihr eine saftige Strafarbeit. Sie protestiert und sagt zu Recht, dass sie auch nicht lauter war als die anderen. Doch der Lehrer besteht auf dieser Strafarbeit, weil er weiß, dass er jetzt ein Zeichen setzen muss).*

Zwischenergebnis des Gesprächs: *»Der Sündenbock ist unschuldig und übernimmt trotzdem die Strafe für die anderen.«* Nach dieser Feststellung wird mit dem nachfolgenden Impuls zu Schritt 4 übergeleitet: *»Warum ist das so? Was bringt es der Gemeinschaft, wenn Einzelne zum Sündenbock gemacht werden? Warum benutzen wir dieses Wort? Woher kommt es? In der Schule wie in allen Lebensbereichen gibt es immer wieder Menschen, die zu Sündenböcken gemacht werden.«*

Schritt 4: Erzählung vom Sündenbock

Die Mitarbeiter/innen erzählen vom Versöhnungstag und dem Sündenbockritus nach 3. Mose 16,1–34, bes. V. 20–22, und schreiben als stummen Impuls »Jesus?« auf das Assoziationsplakat. Wenn nötig, fragen sie weiter: *»Jesus als Sündenbock – kann das sein?«*

Im anschließenden Gespräch bringen die Konfirmand/innen ihr Jesusbild und -verständnis ein. Überleitung: *»Auch wenn wir heute die Kreuzigung Jesu als eine heilige Handlung für uns verstehen, so war es damals eine Hinrichtung.«*

Schritt 5: Jesu stellvertretender Tod

In von Mitarbeiter/innen angeleiteten Kleingruppen lesen die Jugendlichen Lukas 23,13–26.32–47.

Arbeitsanweisung: *»Sucht aus dem Bibeltext Sätze heraus, die darauf hindeuten, dass Jesus – wie ein Sündenbock – unschuldig ist und trotzdem zum Tode verurteilt wird. Schreibt diese Sätze auf.«* Jede Kleingruppe erhält ein Blatt und schreibt die entsprechenden Zitate heraus (Jesus ist unschuldig – V. 14.21.25.41 – und wird trotzdem verurteilt und gekreuzigt.)

Die Kleingruppen kehren zurück in den Stuhlkreis und legen die Blätter mit den biblischen Zitaten um das Plakat in der Mitte.

Zusammenfassung: *»Jesu Tod kann so gedeutet werden: Jesus trägt die Schuld der Welt, damit die Gemeinschaft zwischen Gott und Mensch und die Gemeinschaft zwischen Mensch und Mensch wieder heil wird. Jesus wird nicht nur als Sündenbock bezeichnet, sondern auch als Lamm Gottes, das die Sünde der Welt trägt (Johannes 1,29).«*

Die Unterrichtenden stellen ein Christus-Lamm aus Pappe auf das Assoziationsplakat. *»Bei fast jedem Abendmahl wird ein Lied gesungen, das uns an Jesu Sterben als unschuldiges Lamm Gottes erinnert.«*

Die Gruppe singt das Lied: »Christe, du Lamm Gottes« [EG 190].

Schritt 6: Schuld auf das Gotteslamm Jesus ablegen

Die Gruppe geht zurück in die Kirche. Jede und jeder erhält einen Stift und ein Blatt mit dem Christus-Lamm-Motiv (**M 4**). Auf dem Blatt steht der Satz: »Christus trägt meine Schuld. Auf ihn kann ich abladen, was mich belastet.«

(*Alternative*: Jede/r Jugendliche zeichnet mithilfe einer Vorlage aus Pappe die Umrisse des Christus-Lammes für sich selbst nach und schneidet es aus. Der nachfolgende Satz wird dann von Hand in die Lammfigur eingetragen.)

Die Konfirmand/innen suchen für sich allein einen Platz in der Kirche und schreiben auf den Zettel, was sie einem »Sündenbock« Jesus Christus zum Wegtragen auferlegen würden. Die Mitarbeiter/innen sagen den Konfirmand/innen vorher, dass niemand die Sätze, die sie aufschreiben, lesen wird. Während des Schreibens kann Musik (Orgelmusik/Garbarek) abgespielt werden.

Wenn die Jugendlichen fertig sind, finden sie sich im Altarraum oder beim Kruzifix der Kirche ein. Je nach örtlichen Gegebenheiten können die Zettel zusammengefaltet und an das Kreuz gepinnt oder mit Tesafilm aufgeklebt werden. Die Gruppe bildet einen Kreis um das Kruzifix in der Kirche.

(Alternative: Wenn die Gruppe zusammenkommt, legen die Jugendlichen ihre Zettel in das Christus-Lamm aus Pappe hinein. Die eigene Last und Schuld »verschwindet« im Christus-Lamm, das zusätzlich mit Kreppstreifen oder Schnur verschnürt werden kann.)

Eine der Mitarbeiter/innen betet ein kurzes Beichtgebet und spricht die Vergebung zu, zum Beispiel so:

»Vor dir, Gott brauche ich nicht so zu tun, als gäbe es all das Dunkle in meinem Leben nicht.

Ich habe andere Menschen gedankenlos oder absichtlich verletzt. Bei mir dreht sich oft alles nur um mich selbst. Dann bin ich ganz gefangen in mir. Dann werde ich schuldig an dir und anderen Menschen. Ich denke an das, was ich gerade aufgeschrieben habe. Es liegt bei dir.

Ich bitte dich, vergib mir. Nimm du meine Schuld auf dich. Ich danke dir, dass du jetzt trägst, was mich belastet hat. Lass mich von dieser Befreiung etwas spüren. Bleibe du bei mir, Gott. Amen.«

Als Schlusslied kann noch einmal »Christe, du Lamm Gottes« oder EG 97 »Holz auf Jesu Schulter« gesungen werden. Anschließend erfolgt eine Reflexion des erlebten Ritus.

Impulsfrage: Kann ein Ritus, wie der gerade erlebte, für eine Person bedeutsam sein? (Stichwort: Entlastung, Umgang mit Belastungen, Schuld, Freiheit). Alle Äußerungen, auch kritische, werden hinterfragt, um dem Gespräch im Plenum Tiefe zu geben.

Die Mitarbeiter/innen versprechen den Jugendlichen, die Zettel zu vernichten. Je nach den örtlichen Gegebenheiten ist auch eine gemeinsame Verbrennung der Zettel möglich. Sie können nicht zurückgegeben werden (würde als Geste nicht zur Inszenierung passen)!

Baustein 4
Jesu Kraft hilft und heilt

Ziele

- Die Konfirmand/innen fühlen sich in einen kranken Menschen ein.
- Sie lernen anhand der Wundergeschichten von der blutflüssigen Frau und der Tochter des Jairus (Markus 5,21–43) Jesus als »Heiland« kennen.
- Sie gelangen zu einer eigenen Haltung zum heilenden Jesus Christus.

Material: M 5 für alle, DIN-A5-Zettel, Stifte, Bibeln, Gesangbücher, Tafel oder Flipchart, Kreide oder Stifte für Flipchart, Kerze, **M 6**, Streichhölzer, Seil ca. 6 m lang je nach Gruppengröße.

Schritt 1: Liturgischer Beginn

Die Gruppe betet mehrmals das Bewegungsgebet aus Baustein 2. Sie nimmt anschließend im Stuhlkreis Platz.

Schritt 2: Einfühlende Bildbetrachtung

M 5 wird an alle ausgegeben.

Anweisung: *»Schaut euch das Bild an, ohne darüber zu sprechen (Zeit lassen).*

Schreibt ein Gebet auf, von dem ihr denkt, dass es dieser Mensch auf dem Bild beten könnte. Nehmt dazu einen Zettel und einen Stift und sucht euch einen Platz im Raum, an dem ihr ungestört seid.«

Die Konfirmand/innen kehren in den Stuhlkreis zurück. In der Mitte wird eine Kerze angezündet, die Bilder werden auf den Boden um die Kerze gelegt, und die Jugendlichen lesen ihre Gebete vor. Im anschließenden Unterrichtsgespräch fragen die Mitarbeiter/innen: »Habt ihr etwas bemerkt, das all euren Gebeten gemeinsam ist?« Erwartung: Ein Mensch bittet Gott heute um Rettung und Heilung.

Weiterführender Impuls: *»Stell dir vor, wir könnten noch direkt zu Jesus hingehen, weil er hier unter uns auf der Erde lebt. Was würdest du tun, wenn du ganz schwer krank wärest?«*

Es folgt ein Gespräch, das je nach Gruppe und Situation unterschiedliche Intensitätsgrade erreichen wird.

Überleitung: »Wie sind zur Zeit Jesu Menschen, die krank oder in Not waren, auf Jesus zugegangen? Wir lesen dazu mit verteilten Rollen zwei Geschichten aus der Bibel.«

Schritt 3: Erarbeitung von Markus 5,21–43

Die Gesamtgruppe liest Markus 5,21–43 mit verteilten Rollen (schon mit verteilten Rollen abgedruckt in: Dialogbibel 4 »Die gute Nachricht von Jesus Christus«, S. 37f, dt. Bibelgesellschaft Stuttgart, 1995): Erzähler/in, Jairus, kranke Frau, Jesus, Jünger (mehrere), Leute aus dem Haus des Synagogenvorstehers.

Der Bibeltext wird im Unterrichtsgespräch erarbeitet. Zur Visualisierung wird gemeinsam ein Tafelanschrieb entwickelt (Alternativ: Anschrieb auf mehreren Flipchart-Blättern oder Beschriftung einer Folie auf dem Tageslichtprojektor, je nach den technischen Möglichkeiten).

Leitfragen: »Wer sind die Menschen, die zu Jesus kommen? Woran leiden sie? Wie sind sie an Jesus herangekommen? Wie hat Jesus ihnen geholfen?«

Die Übersicht auf der folgenden Seite gibt ein Beispiel für einen solchen Tafelanschrieb.

Zusammenfassende Frage: *»Welche gemeinsame Erfahrung mit Jesus verbindet die drei Menschen?«* Erwartung: Alle drei erfahren in unterschiedlicher Weise Rettung und Heilung. Alle drei erfahren Jesus als Heiland.

Die Mitarbeiter/innen heften einen Papierstreifen mit »Jesus, der Heiland – seine Kraft hilft und heilt« über den Anschrieb.

Schritt 4: Positionsspiel

Die Mitarbeiter/innen nehmen den Papierstreifen ab und legen ihn in die mit Bildkopien und Kerze gestaltete Mitte. Die Konfirmand/innen stellen sich im Kreis darum.

Anleitung zu **M 6**: *»Wir stellen euch jetzt einige Fragen zu der Heilungsgeschichte. Anstatt darauf mit Worten zu antworten, sollt ihr euch, wenn ihr zustimmt und ja sagen könnt, ganz nah an diese Mitte heranstellen, wenn ihr widersprechen und nein sagen wollt, ganz weit weg. Wenn eure Haltung dazwischen liegt, sucht euch eine passende Position. Bei jeder Frage müsst ihr neu überlegen und euch entsprechend im Raum bewegen.«*

Die ersten fünf Aussagen dienen dazu, ins Spiel zu kommen und die Nähe oder Distanz der Gruppe zu den Personen der Geschichte wahrzunehmen. Jede Person muss für sich abgefragt werden. Die Fragen sind so gewählt, dass mal die eher kritisch-ablehnenden, mal die eher bejahend-zustimmenden Konfirmand/innen in der Mitte stehen. Ein innerer Widerstand oder Einsprüche gegen die Geschichte drücken nicht unbedingt Distanz oder gar geringe Beteiligung aus.

Je nach Gruppe und Verlauf können die Mitarbeiter/innen die eingenommenen Haltungen der Jugendlichen im Gespräch aufnehmen und eventuell Rückfragen stellen. Zum Schluss fassen sie das Spiel zusammen: *»Es gibt bei euch verschiedene Haltungen zu dieser Geschichte. Manche können sich Jesus als ›Heiland‹ besser vorstellen als andere. Die Frage, ob und wie Jesu Kraft hilft und heilt, wollen wir jetzt mit Standbildern weiterbearbeiten.«*

Schritt 5: Erarbeitung eines Standbildes

In Kleingruppen tauschen sich die Konfirmand/innen mit den Mitarbeiter/innen darüber aus, ob und wie sie sich Jesus als »Heiland« vorstellen, ob und wie Jesu Kraft hilft und heilt. Sie entwickeln dazu ein Standbild.

Ein Jugendlicher spielt eine kranke Person, die Hilfe braucht. Die Gruppe überlegt, mit welcher Geste, Körperhaltung und welchem Blick Jesus dargestellt und zu der kranken Person in Beziehung gesetzt werden könnte. Ein/e Konfirmand/in stellt die Idee vor und friert in ihrer Haltung und Bewegung kurz ein. Auch Distanz oder Hilflosigkeit können zum Ausdruck kommen. Berührungen sollten bei dieser Darstellung nur angedeutet werden. Die anderen Kleingruppen bringen anschließend ihre Vorschläge für eine Jesusdarstellung ein. Je nach Größe der Gesamtgruppe wird die Kleingruppe beauftragt, sich auf ein oder zwei »Jesusdarstellungen« zu einigen.

Schritt 6: Vertiefung

Die Gruppe trifft sich im Stuhlkreis. In der Mitte liegt das in Schritt 2 verwendete Bild. Die anderen Dinge werden weggeräumt. Um das Bild herum wird ein Seil kreisförmig so auf den Boden gelegt, dass eine Person darin bequem Platz finden kann. Die Kleingruppen stellen nun ihren helfenden Jesus auf den Kreisrand um die Mitte herum und »frieren ihn ein«. Dadurch ergibt sich ein begehbares Standbild. Dabei ist darauf zu achten, dass genügend Platz in der Mitte und zwischen den »Jesusdarstellungen« bleibt.

Die zuschauenden Konfirmand/innen werden aufgefordert, das Bild zu begehen. Sie sollen in die Mitte hineingehen.

Wer begegnet Jesus?	**Jairus**	**Die kranke Frau**	**Das todkranke Mädchen**
Was erfahren wir über Herkunft, Alter, Beruf dieser Menschen?	▶ Synagogenvorsteher ▶ »ein hohes Tier«	▶ namenlos ▶ ein »Niemand« ▶ seit 12 Jahren Blutungen → unrein*	▶ 12 Jahre alt; liegt bei der Mutter zu Hause im Sterben
Wie geht es diesen Menschen?	▶ hat große Angst um seine todkranke Tochter ▶ will, dass sie gesund wird und lebt	▶ seit 12 Jahren krank ▶ hat viel erlitten ▶ hat ihr ganzes Geld für Ärzte ausgegeben ▶ niemand konnte ihr helfen ▶ gesellschaftlich isoliert	▶ wir wissen es nicht ▶ vielleicht kann sie nicht mehr sagen, wie es ihr geht
Wie kommen sie an Jesus heran?	▶ fällt Jesus zu Füßen vor allen Leuten ▶ bittet ihn sehr	▶ drängt sich durch die Menge von hinten an Jesus heran ▶ berührt ihn heimlich ▶ glaubt, dass diese Berührung hilft	▶ ihr Vater geht stellvertretend für sie zu Jesus ▶ Jesus kommt zu ihr ▶ in dieser Zeit stirbt sie
Wie hat Jesus geholfen?	▶ Jesus geht mit ihm ▶ Jesus sagt zu ihm: »Fürchte dich nicht, glaube nur.«	▶ Jesus spürt, dass Kraft von ihm ausgeht, weil ihn jemand berührt ▶ Jesus sagt zu ihr: »Dein Glaube hat dich gesund gemacht. Geh hin in Frieden und sei gesund!«	▶ Jesus geht zu ihr, ergreift ihre Hand und spricht: »Mädchen, ich sage dir, steh auf!« ▶ Jesus sagt, dass sie etwas essen soll.

* Die sozialen Konsequenzen von 3. Mose 15,25 müssen den Jugendlichen erklärt werden.

Je nach Gruppe können die Konfirmand/innen ermutigt werden, sich auf den Boden zu kauern, und sich, wie die Frau auf dem Bild, die Hände vor die Augen zu halten, sich zu schützen, zu verschließen und nichts zu erwarten. Dann sollen sie sich öffnen und den Blick heben auf die Jesus-Standbilder, von denen sie umgeben sind.

Währenddessen kann Musik abgespielt werden. Die Konfirmand/innen, die Jesus darstellen, können von den anderen Mitgliedern ihrer Kleingruppe abgelöst werden, damit auch sie die Möglichkeit haben, das Gesamtbild zu begehen.

Anschließend setzen sich alle in den Stuhlkreis. Die Jugendlichen teilen mit, was sie in der Mitte und als »Jesus« wahrgenommen haben. Im Unterrichtsgespräch wird die Perspektive der Beziehung der Personen reflektiert. Dabei soll die Wechselseitigkeit der Jesus-Beziehungen im Standbild herausgestellt werden: Jesus sieht meine Krankheit/mein Leid (mein Kreuz) – ich sehe auf Jesus, den Gekreuzigten und Auferstandenen.

Liturgischer Abschluss: Ruhige Musik.
Lesung des Textes von Dietrich Bonhoeffer »Menschen gehen zu Gott in ihrer Not« (EG S. 185); Lied: »Kreuz, auf das ich schaue …« (EG 548).

Kreative Vertiefung der Einheit

Zum Abschluss der gesamten Einheit stellen die Konfirmand/innen ein Kreuz für sich her. Gute und provokante Anregungen dazu bieten die von Schülerinnen und Schülern gestalteten Kreuze des »Ökumenischen Kreuzweges der Jugend 2002« zum Thema

»durchgekreuzt«. Bestelladresse: www.jugendhaus-duesseldorf.de oder Telefon 0211/46 93-128/-129. Aktuellere Versionen des ökumenischen Kreuzwegs finden sich dort ebenfalls.

Ein einleitender Impuls könnte so lauten: »Wir haben gesehen, dass Menschen in verschiedenen Lebenslagen Kreuze aufstellen. Das Kreuz ist ein Zeichen für Jesus Christus. Es kann als Zeichen gedeutet werden, dass ein Mensch in seinem Leid nicht allein ist. Es ist ein Zeichen dafür, dass Christus das Leid überwunden hat, und die Menschen, die an ihn glauben, hoffen, dass Christus ihnen ebenfalls hilft, ihr Leid zu überwinden. Schließlich ist es ein Zeichen für den Tod und für die Überwindung des Todes durch die Auferstehung Jesu Christi. Also auch ein Zeichen des Sieges und der Größe.

Ihr sollt nun ein Kreuz für euch herstellen. Überlegt euch die Größe, Farbe und das Material. Überlegt euch, ob ihr auf das Kreuz etwas draufbindet, draufschreibt, ob ihr einen Hintergrund braucht usw.«

Materialien könnten sein: Holzstücke, Metallstücke, Folien, Stoffstücke, Papier, Kreppapier, Bilder aus Illustrierten, verschiedenfarbige Wolle oder Naturwolle, Ton, Naturmaterialien wie Zweige, Blüten, Efeublätter, dazu Nägel, Hammer, Klebstoff, Bast, Schnur.

Wenn die Kreuze fertiggestellt sind, werden sie in einer »Kunstausstellung« vorgestellt. Dabei deuten zunächst die Besucher, dann erst die »Künstler« die Werke. Ziel ist, den Diskurs über das Kreuz anzuregen und viele Deutungen im Blick auf das Kreuz Jesu Christi und dessen Bedeutung für das eigene Leben in Kommunikation zu bringen. Eigenständige Deutungen der Konfirmanden und solche aus der kirchlichen Tradition werden im Hinblick auf ihre Plausibilität befragt und diskutiert. Dabei soll in den Blick kommen, dass das Kreuz Jesu Christi erst von der Auferstehung her als Zeichen des Heils zu deuten war und ist.

Materialien zu diesem Beitrag auf CD-ROM

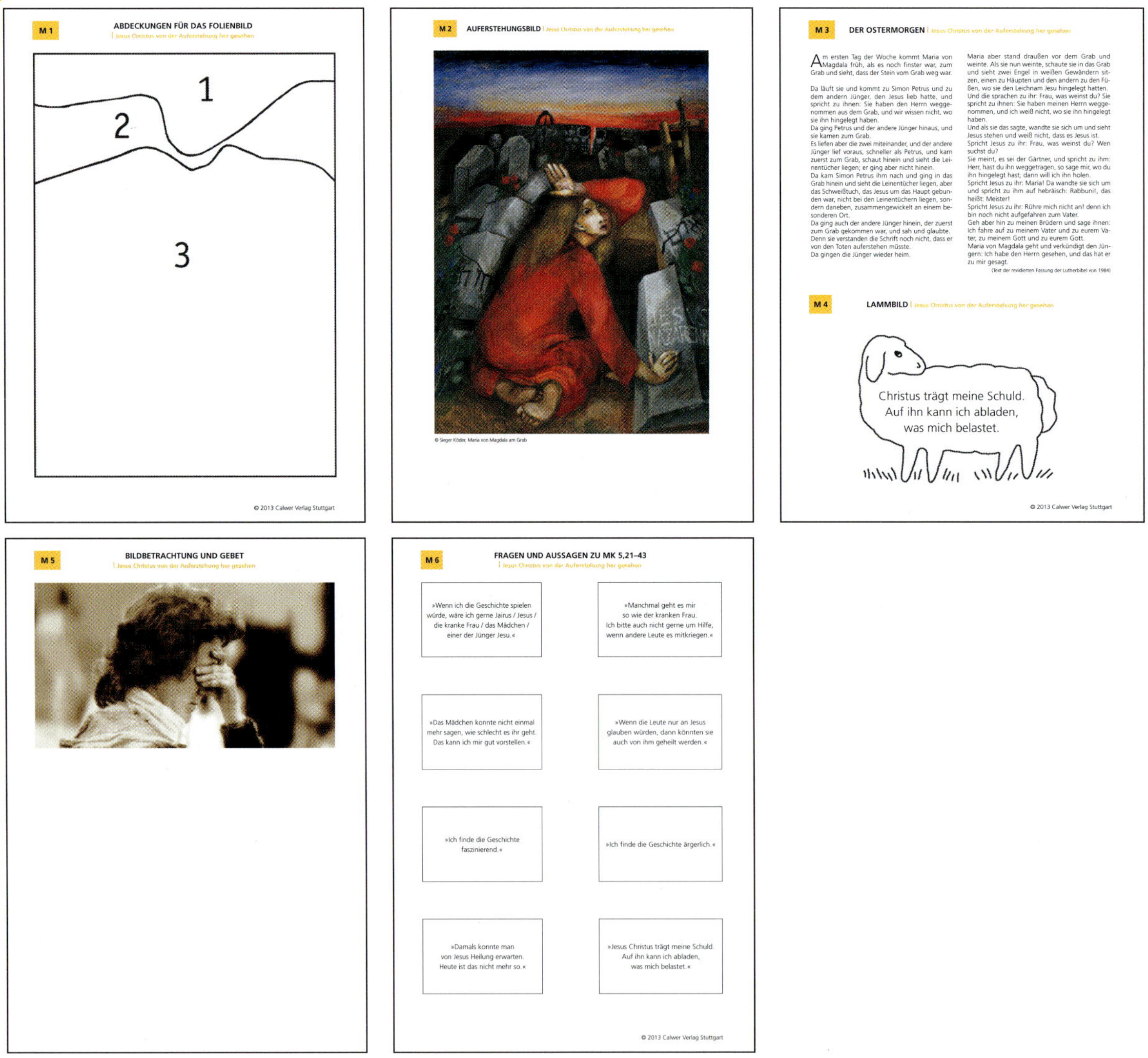

Die Konfirmand/innen und die Schöpfung

Schöpfung ist im Konfirmandenunterricht schon durch den ersten Artikel des fast überall auswendig zu lernenden Glaubensbekenntnisses ein unumgängliches Thema. Dass Gott Himmel und Erde geschaffen hat, gehört zu den Kernaussagen des jüdisch-christlichen und auch muslimischen Glaubens. Doch heutige Konfirmand/innen können mit diesem Thema oft erstaunlich wenig anfangen. In den naturwissenschaftlichen Schulfächern lernen sie etwas über Urknall und Evolution, in Religion bekamen sie bis dahin die Schöpfungsgeschichte mehr oder weniger als Tatsachenbericht erzählt, manchmal in auch schon leicht und oft über ihren Verstehenshorizont hinaus historisch-kritisch relativiert, es gibt aber – jedenfalls nach dem Bildungsplan in Baden-Württemberg – erst in der Oberstufe im Zusammenhang der Themen Glaube und Naturwissenschaft hermeneutische Hilfestellung, wie modernes Weltverständnis und Schöpfungsglaube nebeneinander bestehen und gleichzeitig für wahr gehalten werden können. Wie kann der Konfirmandenutnerricht hier Hilfestellung geben?

Eine empirische Untersuchung vor dem Hintergrund der strukturgenetischen Theorie Piagets zum Thema Weltbildentwicklung und Schöpfungsverständnis, die 1983/84 in Freiburg/Schweiz mit 60 Kindern und Jugendlichen im Alter von fünf bis 19 Jahren begonnen wurde und vier bzw. zehn Jahre später wiederholt wurde,[1] zeigte einen auffälligen Befund: Ähn-

1 Reto Luzius Fetz / Karl Helmut Reich / Peter Valentin, Weltbildentwicklung und Schöpfungsverständnis, Eine strukturgenetische Untersuchung bei Kindern und Jugendlichen, Stuttgart 2001.

lich wie bei der Entwicklung des Denkens allgemein lässt sich auch beim Schöpfungsverständnis ein Stufenmodell von vier Reflexionsstufen beschreiben, dessen innerer Logik fast alle Probanden folgten (S. 159), wenn auch in unterschiedlichem Alter:

- Stufe 1: das »nichtreflektierte Denken. Hier herrscht ein »unreflektiertes artifizialistisches Schöpfungsverständnis« vor. Artifizialismus meint dabei, dass man sich Gott als Artifex in Analogie zu einem menschlichen Baumeister vorstellt, der alles, was es gibt, gemacht hat (S. 167ff). Gott wird hier vollständig oder weitgehend anthropomorph gedacht.
- Stufe 2: das objektreflektierte Denken. Hier wird genauer darüber nachgedacht, dass es auch Artefakte gibt, die menschengemacht sind, und Naturwesen wie Tiere und Pflanzen, die quasi »von allein« entstehen, ohne dass Gott schöpferisch tätig sein muss (S. 171f). Meist beginnt in dieser Phase auch der Einfluss naturwissenschaftlicher Welterklärung auf das Denken der Kinder.
- Stufe 3: das mittelreflektierende Denken 1, auf der einzelne Vorstellungen und Begriffe reflektiert werden, die als menschliche Denkmittel durchschaut und damit relativiert werden. Entscheidend ist, dass sich »der Heranwachsende bewusst [wird], dass die Vorstellung eines anthropomorphen, vermenschlichten Gottes seine Vorstellung ist – oder war, wenn er sie überwunden hat« (S. 247). Gott wird ab dieser Stufe eher mit abstrakten Begriffen gedacht wie »Kraft«, »Energie«. Typisch sind auch viele negative Aussagen wie die Schöpfung durch Gott nicht passiert ist und gedacht werden kann, die manchmal fast den Status einer negativen Theologie erreichen können.
- Stufe 4: das mittelreflektierende Denken 2, die höchste Stufe des mittelreflektierenden Denkens, in dem »ganze Denksysteme oder menschliches Erkennen überhaupt reflektiert werden« (S. 144).

Konfirmand/innen dürften in der Regel fähig sein, Überlegungen der Stufe 3 mitzuvollziehen. Manchmal kommt es vor, dass sie nicht bereit sind ihren von Anthropomorphismen geprägten Kinderglauben preiszugeben, häufiger wird der Fall sein, dass es ihnen nicht gelingt, Schöpfung mit den Erkenntnissen der modernen Naturwissenschaft zusammenzudenken und sie deshalb meinen, vor einer sich ausschließenden Alternative zu stehen, die lautet: Glaube oder Naturwissenschaft. Manchmal kommt es sogar vor, dass sie sich wie Susi Neunmalklug im Besserwissermodus äußern (vgl. das Kinderbuch und die Internetseite http://www.susi-neunmalklug.de, wo besonders das Video sehenswert ist), meist halten sie sich aber mit ihren Zweifeln und ihrem besseren Wissen zurück und verlachen innerlich Pfarrer/in als zurückgeblieben und unkritisch.

Hilfreich kann es sein, zu zeigen, dass in der Bibel neben artifizialistischen Schöfpungsvorstellungen auch die Schöpfung durch das Wort sehr stark betont wird und die Theologie den Gedanken der Creatio ex nihilo entwickelt hat, der die völlige Andersartigkeit des göttlichen gegenüber dem menschlichen Schaffen betont. Auch die Naturwissenschaften reden ja am Anfang der Raumzeit von einer »Anfangssingularität«, deren Zustandekommen wissenschaftlich nicht mehr hinterfragt werden kann. Die ausschließliche Verwendung des hebräischen »bara«, also »erschaffen«, im Zusammenhang mit dem göttlichen Wirken im ersten Teil der Bibel macht ebenso deutlich, dass ein unreflektierter Artifizialismus nicht im Sinne der Bibel ist.

Nicht unter den Tisch fallen sollten die biblischen Aussagen zur eschatologischen Neuschöpfung, die quer stehen zu den naturwissenschaftlichen Vorhersagen eines sich selbst vernichtenden Universums und am besten im Zusammenhang von Tod und Jenseits thematisiert werden.

Welche elementaren Fragen haben Jugendliche zum Thema Schöpfung?

- Wie ist die Welt entstanden? Welcher »Geist« prägt sie? Kann man der Welt vertrauen oder ist eher Misstrauen ihr gegenüber angesagt? Ist das Handeln Gottes in der Welt nur in den menschlichen Erkenntnislücken vorstellbar (God of the gaps) oder wie wirkt er auch im Fortbestand seiner Schöpfung (creatio continua)?
- Ist meine Existenz bloßer Zufall? Was bin ich wert? Wem bin ich etwas wert? Nur mir selbst, eventuell noch meinen Eltern und denen, die ich von meinem Wert überzeugen kann? Oder auch einem mich liebenden Gott, der wollte, dass ich so bin, wie ich bin?
- Was heißt das für unseren Umgang mit der Natur? Wie stark darf man sie ausbeuten und erforschen, wo gibt es Grenzen dafür oder sogar die Pflicht, alles für die Erhaltung des Ist-Zustandes zu tun?

Drei Zugänge haben sich bewährt:

- Relativ leicht fällt der Zugang über die eigene Existenz. Jugendliche fühlen sich von dem Liedtext »Du bist du« (vgl. *anknüpfen – Meine Konfirmation* S. 14) in der Regel stark angesprochen. Auch Luther wählt im Katechismus diesen Zugang. Was heißt es, an Gott den Vater, den Allmächtigen, Schöpfer Himmels und der Erden zu glauben? Er antwortet: »Ich glaube, dass mich Gott geschaffen hat samt allen Kreaturen, mir Leib und Seele, Augen, Ohren und alle Glieder, Vernunft und alle Sinne gegeben hat und noch erhält; dazu Kleider und Schuh, Essen und Trinken, Haus und Hof, Frau und Kind, Acker, Vieh und alle Güter; mit allem, was not tut für Leib und Leben, mich reichlich und täglich versorgt, in allen Gefahren beschirmt und vor allem Übel behütet und bewahrt; und das alles aus lauter väterlicher, göttlicher Güte und Barmherzigkeit, ohne alle mein Verdienst und Würdigkeit.« Die »Welt« und die Mitgeschöpfe, die ganze kosmologische Spekulation der Theologie, wird nur eben so gestreift mit den drei dürren Worten »samt allen Kreaturen«.

Bei der Entstehung des Menschen lässt sich gut ein komplementäres Denken vorführen, dass es sich nicht ausschließt, dass wir heute naturwissenschaftlich erklären können, wie die Anlagen eines Menschen zustande kommen, und dass Gott bei der Kombination der Gene seine Hand im Spiel hat.

- Ein zweiter Zugang führt über das Naturerleben mit Gruppe, wie es etwa auf Konfi-Wochenenden möglich ist. Hier lässt sich manchmal etwas spüren und ahnen von der göttlichen Kraft und dem Zauber, der der Schöpfung innewohnt und sie zum Zeugen für die Größe Gottes macht (Psalm 19).

- Ein dritter bewährter Zugang sind konkrete Projekte zur Bewahrung der Schöpfung, etwa das gemeinsame Pflanzen eines Baumes oder der Bau von Nisthilfen für Wildbienen (Schöpfung bewahren konkret, S. 503). Hier sollte darauf geachtet werden, dass nicht einfach ein verflachter Schöpfungsbegriff verwendet wird, der bloßes Synonym für »Umwelt« ist, als müsste der Mensch und nicht Gott im Rahmen der creatio continua die Schöpfung erhalten (vgl. Gerhard Büttner RGG4 7, 981).

Sehr gelungen auf der Reflexionsebene arbeitet im letzten Teil der Baustein von Birgit Sendler-Koschel (Ich danke dir dafür, dass ich wunderbar gemacht bin, ↗ S. 194, S. 468) und gibt in der Auseinandersetzung mit dem vor allem in Amerika weit verbreiteten Kreationismus Hilfestellung, die Sprachebenen von Weltentstehungstheorien und Schöpfung auseinanderzuhalten.

Ich danke dir dafür, dass ich wunderbar gemacht bin, ↗ S. 194, S. 468

»Was ist der Mensch, dass du seiner gedenkst?«, S. 486

Kleiner Schöpfungslehrpfad, S. 500

Schöpfung bewahren konkret, S. 503

Birgit Sendler-Koschel

Ich danke dir dafür, dass ich wunderbar gemacht bin

Ich danke dir dafür, dass ich wunderbar gemacht bin; wunderbar sind deine Werke; das erkennt meine Seele

Psalm 139,14

Die folgenden Bausteine sind so geplant, dass sie an zwei bis drei neunzigminütigen Konfirmandennachmittagen oder an einem Konfirmandentag durchgeführt werden können. Der Transfer des Gelernten erfolgt in einem Abschlusskongress, der die Konfirmand/innen mit ihrem Wissen als Kongressteilnehmer/innen aktiv hineinnimmt. Die Konfirmand/innen gestalten aktiv das Unterrichtsgeschehen mit. Daher kann die benötigte Zeit je nach Konfirmandengruppe und Unterrichtenden sehr unterschiedlich sein. Die Bausteine lassen sich von einem/einer Unterrichtenden nur eingeschränkt umsetzen. Leichter für die Leitung und für die Konfirmand/innen lernintensiver wird es, wenn ehrenamtliche Teamer mitarbeiten.

Erprobt und teilweise auch entwickelt wurden diese Bausteine in Zusammenarbeit mit Jugendlichen (15–18 Jahre alt), die sich als Konfiteamer an der Planung und Durchführung der Konfirmandenarbeit beteiligten.

Das Thema »Schöpfung« sollte eher im Sommerhalbjahr platziert werden, weil zu dieser Jahreszeit die Konfirmand/innen mehr Alltagserfahrungen mit der Kraft der Schöpfung machen.

Die Konfirmand/innen …

- staunen über die Schönheit und Komplexität der Schöpfung und nehmen das eigene Leben als Geschenk Gottes wahr.
- lernen in Grundzügen gegenwärtige Weltentstehungstheorien, biblische Schöpfungsberichte und Positionen des Kreationismus kennen und können begründet Auskunft geben.

Baustein 1
Über Gottes Schöpfung staunen

Ziel ist die Erweiterung der religiösen Wahrnehmungskompetenz: In diesem Baustein nehmen die Konfirmand/innen mit mehreren Sinnen die Schönheit der Schöpfung wahr und kommen über die Schöpfung ins Staunen und ins Nachdenken.

Version A:
Schöpfung draußen erleben

1. Liturgischer Einstieg
2. Meditation
3. Kleine Schöpfungswunder entdecken
4. Schöpfungswunder wahrnehmen
5. Geländespiel
6. Segensgebet
7. Rückkehr

Version B:
Schöpfung im Gemeindehaus erleben

1. Liturgischer Einstieg
2. Über die Schönheit der Schöpfung staunen und ins Gespräch kommen
3. Phantasiereise
4. Naturquiz
5. Segensgebet

Baustein 2
Schöpfung und Weltentstehungstheorien

Ziel ist die Erweiterung religiöser Kompetenz:
Die Konfirmand/innen …

- lernen gegenwärtige Weltentstehungstheorien, biblische Schöpfungsberichte und Positionen des Kreationismus kennen und werden zur Auseinandersetzung mit den verschiedenen Positionen ermutigt.
- erkennen, dass das Bekenntnis zu Gott, dem Schöpfer der Welt, nicht in Konkurrenz zu naturwissenschaftlichen Erkenntnissen steht, sondern eine andere Perspektive in die Frage nach dem Anfang einbringt; erst beide Modi der Weltbegegnung (religiös und naturwissenschaftlich) tragen zu einer differenzierten Sicht der Schöpfung und der eigenen Person bei.
- Liturgischer Einstieg
- Stationenlauf
- Kongress
- Liturgischer Abschluss

Baustein 1
Wunderbar sind deine Werke:
Über Gottes Schöpfung staunen

Ziel: In diesem Baustein nehmen die Konfirmand/innen mit offenen Sinnen die Schönheit der Schöpfung und das Leben als Geschenk wahr und kommen über die Schöpfung ins Staunen und Nachdenken.

VERSION A:
Schöpfung draußen erleben (ca. 90 Min.)

Material: Schale mit Erde; Gesangbücher oder Lied- und Psalmblätter; Karten und Laufzettel für das Geländespiel; Segensgebet; evtl. Sitzkissen oder Decken; Preise für das Geländespiel.

Vorbereitung: Sitzkreis im Freien mit Decken oder Kissen und einer Schale mit Erde in der gestalteten Mitte; Fragen für das Geländespiel aufhängen.

An einem Frühlings- oder Sommertag trifft sich die Konfirmandengruppe.

1. Liturgischer Einstieg:

Gestaltung: Das Konfiteam hat einen Ort in der freien Natur ausgesucht, etwa eine offene Wiese oder einen Platz im Pfarrgarten, wo ein Sitzkreis aus Decken oder Kissen gelegt werden kann. Dieser Platz wird unmittelbar vor Beginn des KU hergerichtet.

Ablauf: In blinder Schlange (eine/r führt mit offenen Augen, alle anderen hängen sich mit geschlossenen Augen in die Schlange ein, indem sie ihre Hände auf die Schultern des Vordermannes legen. Dieses Vertrauensspiel fördert die Gruppengemeinschaft und bietet beim Öffnen der Augen draußen eine Art Überraschungseffekt, da man den Ort der Ankunft sehr bewusst wahrnimmt) zieht die Gruppe aus dem Gemeindehaus hinaus ins Freie. Falls der Naturplatz nicht zu weit entfernt ist, kann die blinde Schlange bis dahin zusammenbleiben. Dort, im Sitzkreis, erfolgt der liturgische Einstieg in den Tag bzw. Nachmittag:

Die Unterrichtenden nehmen ein Lied- und Gebetsblatt mit den ausgesuchten Texten mit oder lassen dieses vorher in die Konfitagebücher einkleben. Dann nehmen die Konfirmand/innen diese mit ins Freie.

- Lied: »Laudato si …« oder »Du bist du, …«
- Psalmgebet Ps 8 oder 36 oder 139
- Gebet:
  Guter Gott, danke für das Leben,
  das du geschaffen hast.
  Auch diesen Tag hast du uns geschenkt:
  Zeit zum Leben, Zeit zum Staunen.
  Hilf uns, dass wir mit offenen Augen
  durch diesen Tag gehen.
  Mit offenen Augen für die Schönheit der Schöpfung.
  Mit offenen Augen für alles Leben um uns her.
  Mit offenen Augen auch dafür, dass es ein Geschenk
  ist, leben zu dürfen.
  Amen.

2. Meditation (bei einem Feld):

Anschließend holen alle Konfirmand/innen eine Handvoll Erde aus der Schale in der Mitte oder von einem nahegelegen Feld.

Kleine Konfirmanden-Gruppen können auch direkt am Feld bleiben.

»Seht das Feld dort an (Stelle dir ein Feld vor). Samen lagen im Boden. Es regnete. Die Sonne schien. Es regnete wieder. Da begannen die Samen zu keimen. Fanden in der Erde Nahrung. Reich an Leben ist die Erde. In jeder Handvoll guter Erde leben 500 Millionen Lebewesen. Ungeheuer viel Leben hältst du da in deiner Hand. Leben, das anderes Leben fördert und erhält.

Und je mehr wir Menschen über dieses unfassbar gut durchdachte Leben auf Erden herausfinden, umso mehr beginnen wir zu staunen.

Wunderbar sind Gottes Werke.

Wie groß muss Gott sein, der dies alles erdacht und geplant hat. Der die Entwicklung lenkte, damit jeder Kubikzentimeter Erde gefüllt ist mit Leben.

Auch du lebst. Auch du gehörst zur Erde, zu Gottes wunderbarer Schöpfung. Gott gab dir Augen, um die Schönheit der Erde zu sehen. Gott gab dir Ohren und andere Sinne, um zurechtzukommen im Leben. Aber auch, um das Rauschen des Windes in den Bäumen zu hören oder den Saft einer frischen Frucht zu schmecken.

Gott gab dir Augen, um das Entfalten der Blätter im Frühling zu sehen.

Bist du ein Mensch, der Augen hat für die vielen kleinen Wunder um dich herum? …

Vielleicht dann, wenn du Zeit hast, dich wirklich umzuschauen.

Sieh dir die Erde in deiner Hand noch einmal genau an. Fühle sie. Rieche sie. Stell dir vor, wie Erde duftet nach einem warmen Sommerregen …

Bringe die Erde zurück in den Acker/zurück in die Schale.«

Das Abschlussstatement des/der Moderators/in nimmt wichtige Punkte der Diskussion in der Gruppe auf.

Gegen Ende der Zusammenfassung könnte er/sie sagen:

> Verehrte Kongressteilnehmerinnen und -teilnehmer, viele unterschiedliche Auffassungen sind heute aufeinandergeprallt. Vermutlich werden wir mit der Frage nach unseren Ursprüngen nie fertig werden.
>
> Aber erwägenswert erscheint mir doch der Gedanke, den vorher N. N. geäußert hat. Ob nicht hinter all dem, was wir durch die Wissenschaft über das Werden und den gegenwärtigen Zustand des Universums und des Lebens erfahren, doch eine Kraft steht, die dieses Universum und all das irdische Leben gewollt, gelenkt und zum Entstehen gebracht hat. Vielleicht müssten wir heute die Schöpfungsgeschichte anders schreiben, unser Wissen darin unterbringen. Wenn wir Schöpfung sagen und nicht Natur, dann betonen wir, dass wir meinen: Alles Leben, auch unser Menschenleben ist von Gott geschaffen und gewollt und nicht purer Zufall.
>
> Wissenschaftlich lässt sich das nicht beweisen. Es ist ein Bekenntnis.
>
> Aber eines, das neugierig macht auf eine Wissenschaft, die uns immer mehr staunen lässt, wie die Dimensionen und die kleinsten Teilchen ineinander greifen und Leben ermöglichen.
>
> Herzlichen Dank für Ihre Impulse, Frau Dr. Parrush, Herr Doubt und Herr Believer.
>
> Und Ihnen allen einen guten Nachhauseweg.

Liturgischer Abschluss

Im Stehkreis mit Lied oder Schöpfungssegen aus Baustein 1, S. 469.

Materialien zu diesem Beitrag auf CD-ROM

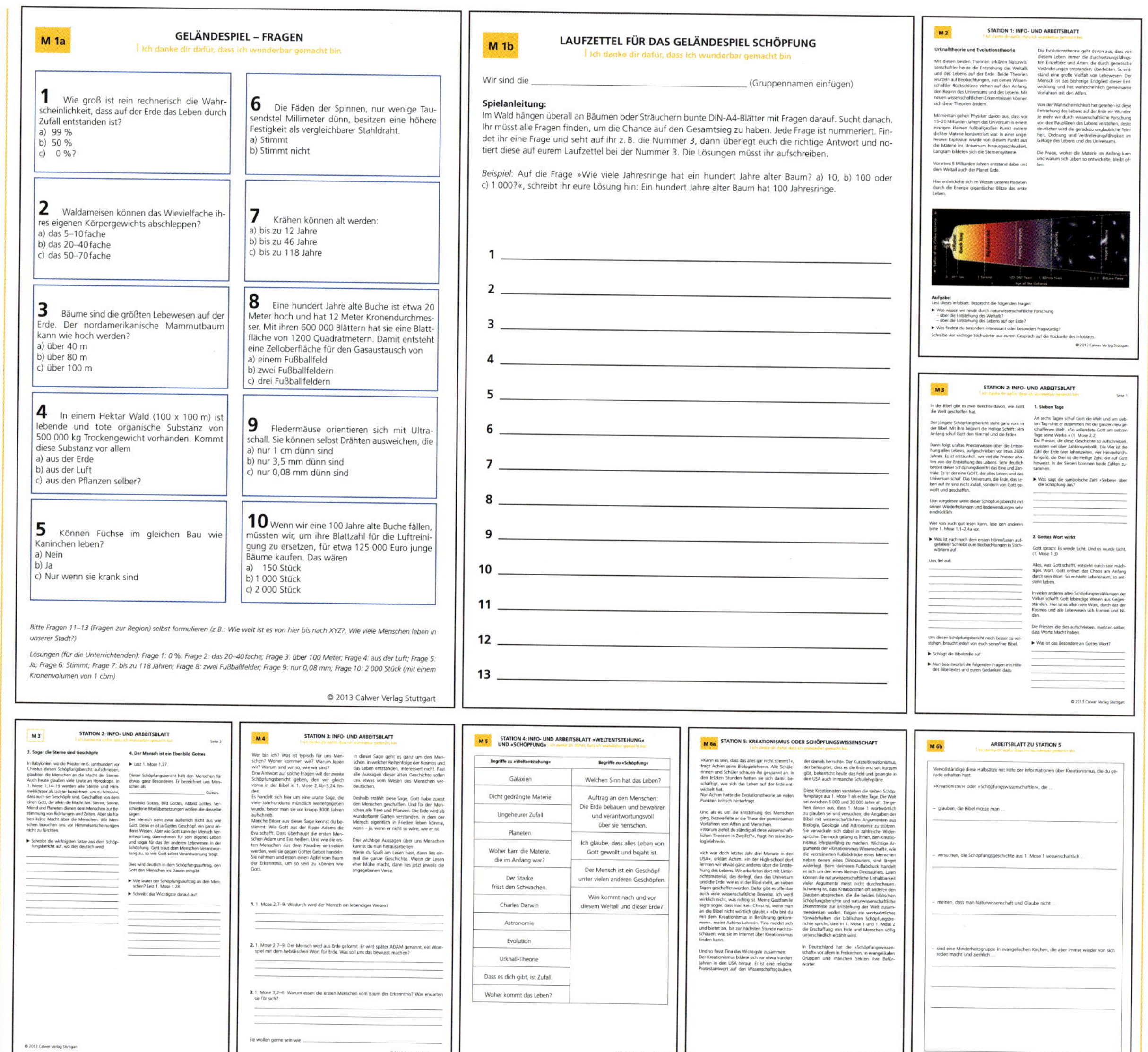

M 1a

GELÄNDESPIEL – FRAGEN

| Ich danke dir dafür, dass ich wunderbar gemacht bin

1 Wie groß ist rein rechnerisch die Wahrscheinlichkeit, dass auf der Erde das Leben durch Zufall entstanden ist?
a) 99 %
b) 50 %
c) 0 %?

2 Waldameisen können das Wievielfache ihres eigenen Körpergewichts abschleppen?
a) das 5–10fache
b) das 20–40fache
c) das 50–70fache

3 Bäume sind die größten Lebewesen auf der Erde. Der nordamerikanische Mammutbaum kann wie hoch werden?
a) über 40 m
b) über 80 m
c) über 100 m

4 In einem Hektar Wald (100 x 100 m) ist lebende und tote organische Substanz von 500 000 kg Trockengewicht vorhanden. Kommt diese Substanz vor allem
a) aus der Erde
b) aus der Luft
c) aus den Pflanzen selber?

5 Können Füchse im gleichen Bau wie Kaninchen leben?
a) Nein
b) Ja
c) Nur wenn sie krank sind

6 Die Fäden der Spinnen, nur wenige Tausendstel Millimeter dünn, besitzen eine höhere Festigkeit als vergleichbarer Stahldraht.
a) Stimmt
b) Stimmt nicht

7 Krähen können alt werden:
a) bis zu 12 Jahre
b) bis zu 46 Jahre
c) bis zu 118 Jahre

8 Eine hundert Jahre alte Buche ist etwa 20 Meter hoch und hat 12 Meter Kronendurchmesser. Mit ihren 600 000 Blättern hat sie eine Blattfläche von 1200 Quadratmetern. Damit entsteht eine Zelloberfläche für den Gasaustausch von
a) einem Fußballfeld
b) zwei Fußballfeldern
c) drei Fußballfeldern

9 Fledermäuse orientieren sich mit Ultraschall. Sie können selbst Drähten ausweichen, die
a) nur 1 cm dünn sind
b) nur 3,5 mm dünn sind
c) nur 0,08 mm dünn sind

10 Wenn wir eine 100 Jahre alte Buche fällen, müssten wir, um ihre Blattzahl für die Luftreinigung zu ersetzen, für etwa 125 000 Euro junge Bäume kaufen. Das wären
a) 150 Stück
b) 1 000 Stück
c) 2 000 Stück

Bitte Fragen 11–13 (Fragen zur Region) selbst formulieren (z. B.: Wie weit ist es von hier bis nach XYZ?, Wie viele Menschen leben in unserer Stadt?)

Lösungen (für die Unterrichtenden): Frage 1: 0 %; Frage 2: das 20–40fache; Frage 3: über 100 Meter; Frage 4: aus der Luft; Frage 5: Ja; Frage 6: Stimmt; Frage 7: bis zu 118 Jahren; Frage 8: zwei Fußballfelder; Frage 9: nur 0,08 mm; Frage 10: 2 000 Stück (mit einem Kronenvolumen von 1 cbm)

M 1b

LAUFZETTEL FÜR DAS GELÄNDESPIEL SCHÖPFUNG

| Ich danke dir dafür, dass ich wunderbar gemacht bin

Wir sind die ______________________ (Gruppennamen einfügen)

Spielanleitung:
Im Wald hängen überall an Bäumen oder Sträuchern bunte DIN-A4-Blätter mit Fragen darauf. Sucht danach. Ihr müsst alle Fragen finden, um die Chance auf den Gesamtsieg zu haben. Jede Frage ist nummeriert. Findet ihr eine Frage und seht auf ihr z. B. die Nummer 3, dann überlegt euch die richtige Antwort und notiert diese auf eurem Laufzettel bei der Nummer 3. Die Lösungen müsst ihr aufschreiben.

Beispiel: Auf die Frage »Wie viele Jahresringe hat ein hundert Jahre alter Baum? a) 10, b) 100 oder c) 1 000?«, schreibt ihr eure Lösung hin: Ein hundert Jahre alter Baum hat 100 Jahresringe.

1 ____
2 ____
3 ____
4 ____
5 ____
6 ____
7 ____
8 ____
9 ____
10 ____
11 ____
12 ____
13 ____

Die Konfirmand/innen und die Spiritualität

Spiritualität ist ein Sammelbegriff geworden für die Ahnung, Sehnsucht und Hoffnung, dass es neben und in allem Materiellen und Alltäglichen eine Dimension gibt, die gut tut und hilfreich ist. Eine Dimension, durch die der Alltag Tiefe, Bedeutsamkeit und Sinn gewinnt. Eine Dimension, durch die Menschen getroster, stärker, ruhiger und gefestigter den Alltag bewältigen können. Mit dem Stichwort »Spiritualität« verbindet sich die Sehnsucht nach einer höheren Lebensqualität, tieferer Erkenntnis, größerer Weisheit und Gelassenheit im Lebensalltag.

Spiritualität ist in. Zugleich gehört Spiritualität zum Ureigensten christlichen Glauben – nur wurde es lange nicht so genannt. Der Begriff leitet sich vom Geist ab, dem Heiligen Geist, um genau zu sein: Spiritualität spiritualis pneumatikos = auf geisterfüllte Weise!

Spiritualität ist also – zusammen mit dem Denken und dem Handeln – eine Dimension des Glaubens. Wobei das »zusammen mit« nicht genau genug ist: Spiritualität ist die Grunddimension des Glaubens, die ihrerseits dem Denken und Handeln das Maß gibt. Spiritualität, das meint doch auch, was früher Beten, Meditieren, Bibellesen, Gottesdienstfeiern usw. genannt wurde.

Die Jugendlichen und das Thema

Für viele Jugendliche ist es auch eine Sehnsucht, dass ihr Alltag Tiefe, Bedeutsamkeit und Sinn hat. Und nicht wenige sind offen für vielfältige spirituelle Formen. Zugleich sind Jugendliche für das Übersinnliche, das Außerweltliche durchaus aufgeschlossen. Vielfach begegnen sie Figuren in Film und Literatur, in Videogames und Rollenspiel, die z. B. als Druiden, Zauberer, Weise Männer und Frauen besondere Zugänge zur Wirklichkeit haben und pflegen.

Gleichwohl, das zeigen die Ergebnisse der bundesweiten Studie zur Konfirmandenarbeit, sind feste Formen und regelmäßige Übungen in christlicher Spiritualität (also Beten, Bibellesen, Gottesdienstfeiern) nichts, was die Mehrzahl der Jugendlichen praktiziert. Für Jugendliche scheinen die klassischen Formen evangelischer Spiritualität nichts zu sein, was sie selbst für sich übernehmen und praktizieren. Und doch sollte Dreierlei nicht übersehen werden:

(1) Jugendliche haben selbstverständlich auch ihre festen Formen und Orte, in denen und an denen sie mit dem umgehen, was Tag für Tag auf sie einströmt. Das mag bei der einen das Gespräch mit der Freundin sein oder die Stille des Tagebuchschreibens. Für andere ist es die Musik oder das Erleben von Körperlichkeit, wenn sie sich völlig auspowern. Andere wiederum suchen das gemeinsame Chillen oder das Abtauchen in virtuelle Welten.

(2) Spiritualität, genauer spirituelles Erleben, gilt vielfach als Erweis, dass Gott wirklich ist und wird deshalb gewollt und gesucht. Durch spirituelle Erlebnisse versuchen sich Menschen der Transzendenz zu versichern.

(3) Jugendtage, Konficamps, Jugendreisen nach Taizé sind nicht nur gut besucht, sondern werden von vielen Jugendlichen als außergewöhnliche und schöne Erfahrungen benannt. Miteinander zu leben, miteinander zu singen

Konfirmand/innen sind gerade voll dabei, mit sich und der Welt klar zu kommen. Sie müssen sich selbst entdecken und entwerfen und dabei ihren Platz in der Welt bestimmen. Alles wird kritisch getestet. Sicherlich können ihnen Orte und Formen von Spiritualität dabei eine Hilfe sein. Aber: Diese Orte und Formen müssen die Jugendlichen für sich selbst entdecken und gestalten.

Dabei geht es dann um solch elementare Fragen wie:

- Wo kann ich Kraft tanken? Wo kann ich zur Ruhe kommen?
- Wo finde ich Halt und Geborgenheit? Wem kann ich mich wie anvertrauen?
- Wie kann ich mich meines Platzes in der Welt, im Universum versichern?
- Wie finde ich eine Form, um das, was mich bewegt, mitzuteilen und loszuwerden?
- Wie kann ich Freude und Leid, Sehnsucht und Hoffnung ausdrücken?

Pädagogische Gesichtspunkte

Es geht beim Thema »Spiritualität« also darum, mit den Konfirmand/innen Orte zu erkunden, an denen die alltäglichen Eindrücke und Gott beieinander sein können. Abendmahl, Gottesdienst, Gebet und Andacht können solche Orte im Konfi-Jahr sein. Vielleicht sind es aber auch ganz andere Orte und Formen, in denen der Glaube für die Jugendlichen Gestalt gewinnen kann. Die Aufgabe ist, gemeinsam mit den Konfirmand/innen Formen auszuprobieren, weiterzuentwickeln und einzuüben (Ausgang und Eingang, S. 527; Langsam hineinwachsen, S. 52; »Himmelhoch jauchzend, zu Tode betrübt«, S. 196).

Spiritualität muss selbst entdeckt werden; sie muss zu »meiner eigenen« Spiritualität werden. Das heißt aber nicht, dass ich alles neu erfinden muss – wohl aber, dass ich das mir Entsprechende finden muss und die Schätze selbst zu entdecken habe, die sich durch die Jahrhunderte hindurch in die Tradition geformt haben (Das evangelische Gesangbuch – eine Schatzsuche, S. 532).

Für das Lehren und Lernen von Spiritualität bedeutet dies, dass die Jugendlichen selbst tätig werden müssen. Es gilt Anlässe zu schaffen und Hilfestellungen zu geben, so dass Konfirmandinnen und Konfirmanden das Eigene in den Formen entdecken können und Spiritualität selbst erleben (Die »Spirikiste« – Marke Eigenbau, ↗ S. 205, S. 513). Dazu braucht es Angebote und Zeit, diese Angebote wahrzunehmen. Es braucht Freiheit und Freiräume, eigene Formen zu entwickeln. Es braucht die Sensibilität für das, was bei den Jugendlichen dran ist und das Gespür, welche spirituelle Form sich dafür eignet. Und sicherlich ist bei alldem die gelebte Spiritualität, oder sagen wir an dieser Stelle vielleicht lieber Frömmigkeit bzw. die eigene Glaubensgestaltung, der Unterrichtenden von großer Bedeutung.

Und dann braucht es Gottes Geist, damit Spiritualität zu hilfreichen und wohltuenden Orten und Formen auf geisterfüllte Weise wird.

Die »Spirikiste« – Marke Eigenbau, ↗ S. 205, S. 513

Ausgang und Eingang, S. 527

Das evangelische Gesangbuch – eine Schatzsuche, S. 532

Abendmahl

Langsam hineinwachsen, S. 52

Gebet

»Himmelhoch jauchzend, zu Tode betrübt«, S. 196

Elke Goldmann, Jochen Maurer und Thomas Ebinger

Die »Spirikiste« – Marke Eigenbau

Einleitung

Noch immer prägt den Protestantismus und mit ihm den Konfirmandenunterricht eine starke Wortlastigkeit. Es wird viel geredet und anschließend gern geklagt, dass so wenig »hängen« bleibt. Das »Reden über« ist aber beileibe nicht ausreichend, um den Konfirmandinnen und Konfirmanden Möglichkeiten an die Hand zu geben, eine eigene Spiritualität zu entwickeln. Spiritualität braucht Erfahrungen und sie braucht Formen. Im Multimediazeitalter scheint es darum wichtiger denn je, auch konkrete Angebote zur Gestaltung einer eigenen Spiritualität zu machen. Als lebenslanger Begleiter ist die Spirikiste gedacht, in der sowohl Produkte der Konfirmandenzeit als auch persönliche Erinnerungsgegenstände einen angemessenen Platz finden sollen.

Nicht ganz einig waren wir uns im Autorenteam, welche Rolle die Spirikiste in der Gruppe spielen soll und kann. Es ist durchaus möglich, auch eine Gruppenspirikiste zu haben, die für die gemeinsamen Andachten und Gottesdienste – etwa auf einer Freizeit – eingesetzt wird. Dennoch sollte die Idee, dass Frömmigkeit etwas Individuelles und letztlich sehr Persönliches ist, dadurch nicht in den Hintergrund gedrängt werden.

Der von uns entwickelte Baustein wurde an einem gemeinsamen Konfisamstag mit drei Konfirmandengruppen erprobt.

Ziele

- Die Konfirmandinnen und Konfirmanden erproben verschiedene Formen der Spiritualität und eignen sich einige davon für den persönlichen Gebrauch an.
  Durch den Herstellungsprozess bauen sie eine Beziehung zu ihrer Spirikiste auf, die sie auch weiter durchs Leben begleiten soll.

Übersicht

- **Baustein 1:** Die Spirikiste entsteht und wird gefüllt (mindestens 3 Stunden oder ein ganzer Konfitag)
- **Baustein 2:** Einweihung der Spirikiste im Rahmen einer Andacht oder eines Gottesdienstes (mindestens 30 Min.)

Material

Baustein 1:

- Ikea-Kiste (DVD-Fach mit Deckel/Kassette 21 x 26 x 15 cm in weiß
- Serviettentechnik-Kleister
- Servietten mit spirituellen Motiven (z. B. Sterne, Engel)
- sonstiges Material je nach angebotenen Workshops

Baustein 2:

- Vorschläge **M 4a–d**

Baustein 1
Die Spirikiste entsteht und wird gefüllt
(mindestens 3 Stunden oder ganzer Konfitag)

Dieser Schritt braucht Raum und Zeit, er sollte nicht zu sehr zusammengestaucht werden, da er sonst die Idee der Spirikiste von Anfang an desavouiert. Außer der Gestaltung der Spirikiste selbst sollte man die einzelnen Workshops an die Möglichkeiten und Mitarbeiter vor Ort anpassen. Wichtig ist der Gedanke der Auswahl: Nur mit den Gegenständen, die mir schon bei der Herstellung etwas bedeutet haben, werde ich auch später etwas verbinden können.

Schritt 1: Einführung

Der Tag beginnt in großer Runde mit einem kurzen geistlichen Impuls. Dafür braucht man einige Dinge von persönlichem Wert, z. B. Familien- oder Kinderbilder; schöne Gegenstände wie Urlaubsfundstücke, ein treffendes Zitat auf einer Karte, ein Gesangbuch oder Ähnliches.

Diese Gegenstände werden im Kreis herumgezeigt. Die Konfis äußern zunächst Vermutungen, warum gerade diese Gegenstände ausgewählt wurden, was sie womöglich gemeinsam haben. Darauf sollte kurz erläutert werden, welche persönliche Bedeutung jedes Ding hat.

»All diesen Dingen ist gemeinsam, dass sie für mich eine besondere Bedeutung haben. Jedes für sich ist nichts Besonderes: Ein Kieselstein sieht aus wie unzählige andere Kieselsteine. Aber für mich ist er etwas Besonderes: weil ich ihn gefunden habe, weil ich an ihm etwas gefunden habe. Darum ist er für mich wichtig. Indem ich ihm eine Bedeutung beilege, bekommt es einen persönlichen Wert.

Einige dieser Sachen erinnern mich daran, dass ich mir vieles nicht verdiene. Ich bekomme es einfach so: Am Strand liegt ein schönes Stück Schwemmholz oder eine besondere Muschel; aus einem Bach ein Stein, der der Hand schmeichelt; oder ein Andenken von jemandem, der mich mag. Es kann auch ein Spruch sein, eine Gedichtzeile, ein Bibelwort, das mich im Herzen berührt.

Danke! Danke sagen – daran erinnern mich alle diese Dinge.

Gemeinsam ist diesen Dingen, dass verschiedene Sachen an ihnen haften:

Zeit von meinem Leben; Erinnerungen an andere Menschen; Gedanken, Einfälle, Ideen.

Heute geht es um solche schönen, wichtigen Dinge, die Bedeutung besitzen für mich persönlich.

Ihr werdet heute eine Kiste basteln, eine »Spirikiste« – eine Kiste genau für solche Dinge.«

Schritt 2: Vorstellung der Workshops

Es folgt die Vorstellung der möglichen Workshops, am besten durch die verantwortlichen Mitarbeiter/innen selbst. Pro Workshop hat man etwa 45 Minuten Zeit. Einziger Pflichtworkshop ist der, in dem die Spirikiste entsteht, evtl. auch die Perlen des Glaubens, falls man mit diesen weiterarbeiten will.

STATION 1 | Die Spirikiste entsteht

Die Ikea-Kisten werden laut beiliegender Beschreibung zusammengebaut und anschließend mit den zuvor ausgeschnittenen Motiven aus den Servietten beklebt. Dabei ist darauf zu achten, dass der Kleber sich nur unter dem Motiv befindet und nicht auf dem Rest der Schachtel, da er nach dem Trocknen glänzt. Es sollte mindestens der Deckel der Schachtel verziert werden.

STATION 2 | Tücher

Aus Pannesamtstoff werden Tücher in der Größe 50 x 50 ausgeschnitten. Die Konfirmandinnen und Konfirmanden suchen sich dabei ihre Farbe heraus. Die Tücher dienen zur Innenverzierung der Spirikiste ebenso wie später als Unterlage für die einzelnen Gegenstände bei der Meditation.

STATION 3 | Ein moderner Rosenkranz (in Anlehnung an die Perlen des Glaubens)

Oft tut es gut, sich beim Zur-Ruhe-Kommen an etwas festhalten zu können. Der Rosenkranz dient dazu als altes Beispiel. »Die Perlen des Lebens« sind so ein »moderner Rosenkranz«. Zusammensetzung und Bedeutung der »Perlen des Lebens« sind nachzulesen in dem kleinen Büchlein: Perlen des Lebens, ISBN 978-3-579-06860-2 und im Internet unter www.perlen-des-lebens.com

Die Konfirmandinnen und Konfirmanden stellen selbst einen Kranz mit »Perlen des Lebens« her. (Je nach Größe der Perlen könnte es sogar ein Armband werden.) Die Konfirmandinnen und Konfirmanden fädeln die Perlen in der richtigen Reihenfolge auf. Die Perlen befinden sich dazu in Schälchen, an denen die Konfirmandinnen und Konfirmanden vorbeigehen. An jeder Perlenschale befindet sich zudem eine kurze Erklärung zur Symbolik der jeweiligen Perle. (**M 1**) Dazu erhalten die Konfirmandinnen und Konfirmanden außerdem Fragekarten, durch die sie zu dazu angeregt werden, das Thema der einzelnen Perlen zu vertiefen. (**M 2**)

Die Perlen können relativ günstig im Bastelgeschäft erworben werden, ebenso der Nylongummi für den Kranz.
Wie man mit den Perlen des Glaubens im Konfi-Jahr weiterarbeiten kann, hat Gerlinde Feine in ihrem Artikel in update 7 beschrieben. Auf www.anknüpfen.de steht ein Perlentagebuch für Konfis zum Download.

STATION 4 | Postkartenständer

Material: Eine gestaltete Mitte (Tücher); darauf Kerzen; viele Karten mit Landschaftsbildern, Kunstmotiven, …; meditative Musik im Hintergrund.

Kerzen, eine gestaltete Mitte, ein Symbol, ein Bild, ein Spruch – das sind Dinge, die uns in den Bann ziehen. Zeit zum Betrachten, sich loseisen von den eigenen Gedanken, zur Besinnung und Ruhe finden.

Diese Station umfasst zwei Aufgaben:

1) einen Kartenhalter aus Buchenholz fertig stellen (3 x 3 x 12 cm; eine Nut ist eingefräst), mit Schmirgelpapier die Kanten zu brechen und die Oberflächen zu bearbeiten. (Siehe Abbildung »Postkartenständer« unter Baustein 2)
2) Der Nebenraum ist einladend gestaltet: Um eine gestaltete Mitte (bunte Tücher; blühende Pflanze; Naturmaterial; Kerzen) liegen ca. 50 Postkarten mit unterschiedlichen Motiven. Dazu läuft im Hintergrund meditative Musik (z. B. »Naturklänge – die Heilkraft des Wassers«).

Jeweils zu zweit können die Konfirmandinnen und Konfirmanden in aller Ruhe die Karten ansehen und sich zwei davon für die Spirikiste aussuchen.

STATION 5 | Tonstudio

Material: gutes Aufnahmegerät, Auswahl von meditativen Texten und einfachen Liedern, viele verschiedene Instrumente wie Synthesizer, Orff-Instrumente, Klangschale, Gitarre, evtl. verschiedene Klangbeispiele von Meditationsmusik

Die Konfirmand/innen dürfen ihre eigene Meditationsmusik produzieren, empfehlenswert ist, ihnen bei der Auswahl von Texten zu helfen. Es kann helfen, der Improvisation eine graphische Struktur zu geben, die auf einem Flipchart für alle sichtbar erarbeitet wird.

Ein authentisches Klangbeispiel finden Sie auf der CD-ROM (siehe Zusatzmaterialien)

STATION 6 | Holzkreuze

Material: Vierkantholz aus dem Baumarkt, Sägen und Gehrungssägehilfen, Schleifpapier und Feilen

Es werden zwei etwa 5 und 8 cm lange Holzteile abgesägt, in die Mitte des Kürzeren sägt man eine halbtiefe Aussparung, mit entsprechendem Abstand ebenso beim längeren. Wenn man sauber gearbeitet hat, kann man beide Teile zu einem schönen Kreuz zusammenstecken. Es empfiehlt sich, die Aussparung zuerst möglichst knapp auszusägen und sie dann so lange mit einer Feile zu erweitern, bis sie passt.

STATION 7 | Symbole aus Draht biegen

Material: biegbarer Draht oder Kabel in verschiedenen Farben, Zangen, Vorlage mit verschiedenen christlichen Symbolen wie Kreuz, Fisch, Regenbogen aus Taufe – meinem Leben auf der Spur, S. 213, S. 544, **M 8**

Aufgabe: Biege deinen Vornamen aus Draht und füge ein christliches Symbol hinzu. Der Schriftzug kann an einer Kette als Anhänger verwendet werden.

STATION 8 | Verheißungsvolle Steine

Material: helle Steine, schwarze Faserschreiber, Bibeln, **M 3** mit Verheißungsworten.

Aufgabe: Schreibe einen dieser Texte (evtl. reicht auch der fett gedruckte Teil) oder einen anderen Vers aus der beigelegten Bibel mit Angabe der Bibelstelle auf den Stein. Nimm dir dann Zeit für diesen Text und meditiere ihn ca. 15 Min. lang für dich allein.

Baustein 2
Einweihung der Spirikiste im Rahmen einer Andacht (mindestens 30 Min.)

Wenn alle Spirikisten gut gefüllt sind, kann man den Tag mit einer Andacht abschließen, in der möglichst viele Produkte vorkommen und ausprobiert werden sollen. Die Andacht kann thematisch an das in den Workshops Erarbeitete und Erlebte anschließen.

Dazu finden Sie unter **M 4a–d** drei Vorschläge: Thema Kreuz, Thema Steine, Thema »Moderner Rosenkranz«.

Die Spirikiste darf anschließend mit nach Hause genommen werden und findet dort hoffentlich einen besonderen Ort im Zimmer. Gedacht ist sie als eine Einladung, sich immer wieder Gedanken zu machen, Ideen zu sammeln, wichtige Erfahrungen zu identifizieren und sie in Gestalt von Symbolen zu bewahren.

Postkartenständer
Station 4

Ideen zur weiteren Verwendung der Spirikiste

Damit die Spirikiste nicht gleich für immer im Regal verschwindet, kann sie im Verlauf der Konfirmandenzeit gelegentlich wieder hervorgeholt werden. Je häufiger sie im Lauf des Konfi-Jahres noch einmal ins Spiel gebracht wird, desto nachhaltiger dürfte ihre spirituelle Wirkung sein.

Deshalb hier zum Abschluss eine kleine Liste mit Ideen, die beliebig kombiniert und erweitert werden kann:

- Vorstellung der Kisten in einem Gemeindegottesdienst zum Thema »Spiritualität – wie ich mit Gott in Kontakt bin«;
- ein symbolisches Geschenk beim Konfirmationsgottesdienst oder im abschließenden Abendmahlsgottesdienst;
- die Verknüpfung mit einem Bibelleseprojekt, z. B. »Meine acht Lieblingstexte aus der Bibel«;
- den selbst gewählten Denkspruch auf einer A6-Karte gestalten lassen als weiteres Motiv für den Postkartenhalter;
- bei der reihum verantworteten Andacht greift der jeweilige Verantwortliche auf seine Spirikiste oder die der Gruppe zurück und gestaltet damit die Mitte des Kreises, vielleicht gibt es sogar ein Symbol für die anderen Gruppenmitglieder als Fokus für das Thema der Andacht;
- Fotos vom Konfijahr am Ende den Konfirmand/innen für die Spirikiste mitgeben;
- ein Gesangbuch als Konfirmationsgeschenk für die Spirikiste mit einer Liste der »Schlager« des Konfirmandenjahrgangs;
- Spirikisten-Wichteln: Jeder besorgt ein kleines Geschenk oder formuliert einen guten Wunsch für die Zeit nach der Konfirmation.

Materialien zu diesem Beitrag auf CD-ROM

M 1a ZUM AUSLEGEN AN STATION 3 | Die »Spirikiste« – Marke Eigenbau Seite 1

Was sind die Perlen des Lebens?

Die Gottesperle · Die Perlen der Stille · Die Ich-Perle · Die Taufperle

© 2013 Calwer Verlag Stuttgart

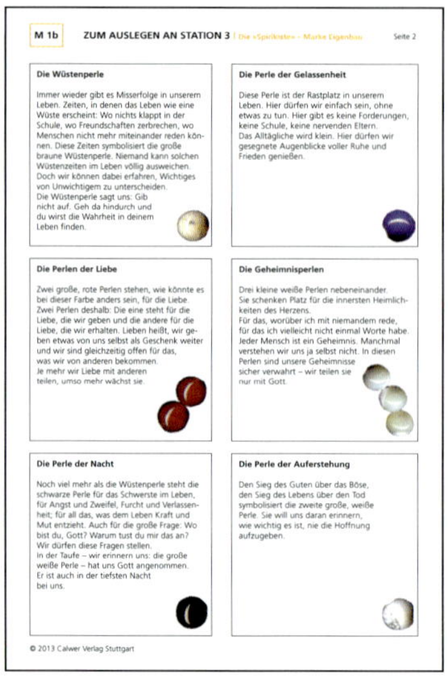
M 1b ZUM AUSLEGEN AN STATION 3 | Die »Spirikiste« – Marke Eigenbau Seite 2

Die Wüstenperle · Die Perle der Gelassenheit · Die Perlen der Liebe · Die Geheimnisperlen · Die Perle der Nacht · Die Perle der Auferstehung

© 2013 Calwer Verlag Stuttgart

M 2 FRAGEKARTEN ZU DEN PERLEN DES LEBENS | Die »Spirikiste« – Marke Eigenbau

Die Gottesperle · Die Perle der Gelassenheit · Die Perlen der Stille · Die Perlen der Liebe · Die Ich-Perle · Die Geheimnis-Perlen · Die Tauf-Perle · Die Perle der Nacht · Die Wüstenperle · Die Perle der Auferstehung

© 2013 Calwer Verlag Stuttgart

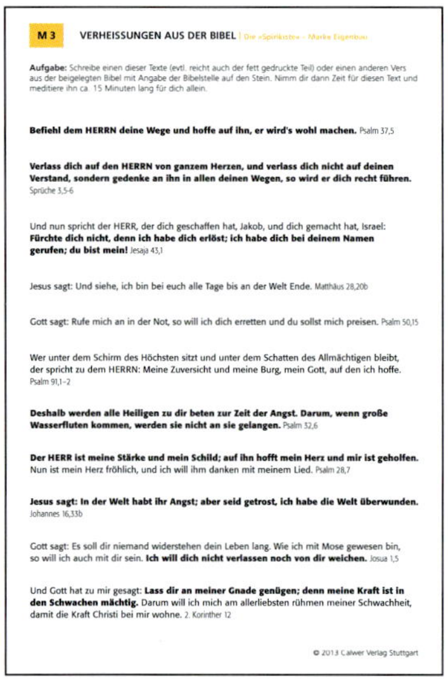
M 3 VERHEISSUNGEN AUS DER BIBEL | Die »Spirikiste« – Marke Eigenbau

© 2013 Calwer Verlag Stuttgart

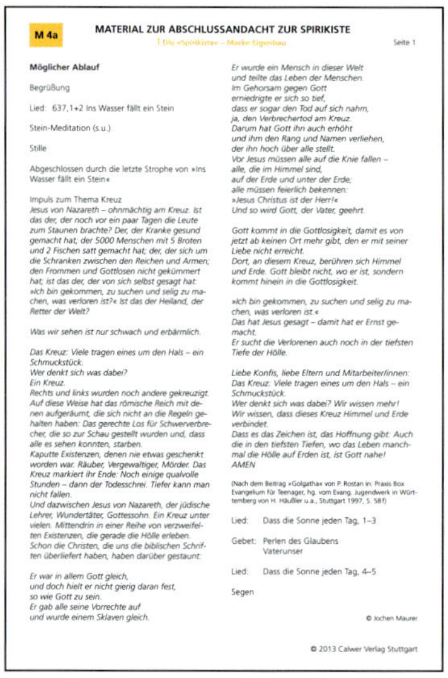
M 4a MATERIAL ZUR ABSCHLUSSANDACHT ZUR SPIRIKISTE | Die »Spirikiste« – Marke Eigenbau Seite 1

Möglicher Ablauf

© 2013 Calwer Verlag Stuttgart

M 4b MATERIAL ZUR ABSCHLUSSANDACHT ZUR SPIRIKISTE | Die »Spirikiste« – Marke Eigenbau Seite 2

Steinmeditation

© 2013 Calwer Verlag Stuttgart

M 4c MATERIAL ZUR ABSCHLUSSANDACHT ZUR SPIRIKISTE | Die »Spirikiste« – Marke Eigenbau Seite 3

Predigt über die Perlen des Lebens

© 2013 Calwer Verlag Stuttgart

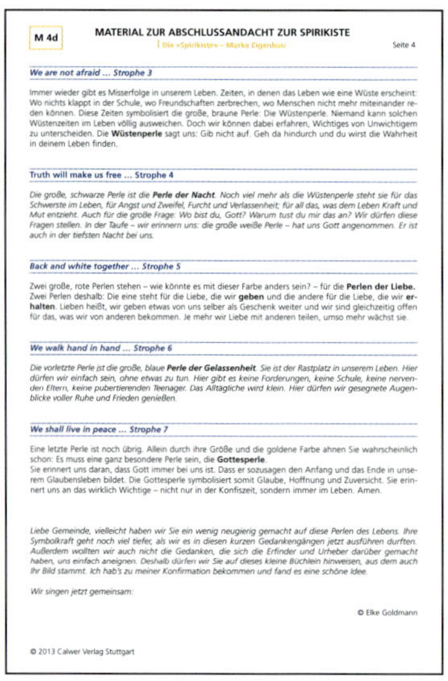
M 4d MATERIAL ZUR ABSCHLUSSANDACHT ZUR SPIRIKISTE | Die »Spirikiste« – Marke Eigenbau Seite 4

© 2013 Calwer Verlag Stuttgart

Die Konfirmand/innen und die Taufe

Noch immer kommen die allermeisten Kinder als Getaufte zur Konfirmandenanmeldung und haben in der Regel keine Erinnerung an ihre Taufe. Allerdings unterscheiden sich die getauften und ungetauften Jugendlichen einer Konfirmandengruppe nicht in ihrem Verhalten. Von ihrer Seite aus ist Taufe kein Thema. Das wird schon darin deutlich, dass sie sich bei den ersten Treffen nach Schul-, Sportvereins-, oder Dorf- bzw. Stadtteilgemeinschaft zusammenfinden. Eine Differenzierung in Getaufte und Ungetaufte wäre ohne Anweisung eines/r Mitarbeiters/in mehr als ungewöhnlich. Dabei wird der KU geradezu durch die Säuglingstaufe legitimiert und erhält seinen Charakter als nachgeholter Taufunterricht. Diese Begründung und Legitimation des KU ist durchaus bei den Eltern präsent und wird in der Volkskirche kommuniziert.

Fragt man Konfirmand/innen in der Eingangsphase nach ihrer Taufe, ist von vielen keine gesicherte Auskunft über ihre Taufe zu erhalten. »Eh, ja ich denke schon, dass ich getauft bin!« ist deshalb eine häufig zu hörende Antwort. Viele Konfirmand/innen haben aber trotzdem über Patinnen und Paten, Taufkerzen und -urkunden ein mittelbares Wissen von ihrer Taufe und haben eventuell als Cousins oder Cousinen schon an Tauffeiern teilgenommen. Ihre Taufe hat für Jugendliche kaum emotionale und lebenspraktische Bedeutsamkeit. Das steht zur Bedeutsamkeit der Taufe als Ursakrament der Kirche in Spannung. Und so ist zu fragen, durch welche Themen gewinnt die Taufe an Relevanz für die Jugendlichen?

Wandelt man die Aussagen der Taufe in Fragen, steht man vor dem Grundproblem menschlicher Existenz: Wer bin ich? Die Taufe Jesu, Vorbild aller Taufen bis auf den heutigen Tag, macht das in der Vorstellungsformel deutlich: »Du bist mein lieber Sohn, an dir habe ich Wohlgefallen.« (Markus 1, 11). Das ist die öffentliche Proklamtation der Gotteskindschaft. Neben der Identität ist deshalb der Zuspruch das zweite große Thema der Taufe.

Die elementaren Fragen lauten deshalb:

Identität:

- Wer bin ich?
- Was macht meine Person aus?
- Was bedeutet es ein Kind Gottes zu sein?
- Wer hat einen Anspruch auf mein Leben?

Zuspruch:

- Wer hält zu mir?
- Was bedeutet es, wenn sich Gott auf meine Seite stellt?
- Welche Freiheiten stecken in der Gotteskindschaft im Blick auf den Umgang mit eigenem Versagen, Scheitern, Schuld und Schwäche und im Blick auf Anfeindung durch andere?

Auch wenn die Jugend heute von den Erwachsenen als die Generation, die alles hat und alles bekommt, apostrophiert wird, sieht die Welt aus dem Blickwinkel der Jugendlichen anders aus. Sie müssen, und das unterscheidet sie von großen Teilen der Elterngeneration, ihre Identität selbst entwerfen. Keine festen Traditionen leiten sie, mehr oder weniger klar geregelt, in die Erwachsenenwelt hinüber. Das Angebot, aus dem sie wählen müssen, ist nahezu grenzenlos. Dazu werden sie von klein auf mit den Erwartungen der Leistungsgesellschaft konfrontiert. Bei vielen Kindern hat schon das »Grundschulabitur« der vierten Klasse zu tiefen Verletzungen geführt. Hinzu kommt der hohe Erwartungsdruck der Eltern. Die Erinnerung an bzw. die Vorbereitung auf die Taufe kann unter diesen Bedingungen als Entlastung, als Innehalten und Atemholen auf dem Lebensweg, sowie als

Baustein 1
Gottes Spuren in meinem Leben

Aufgabe: Die Konfirmand/innen schauen zurück auf ihren Lebensweg. Es gibt prägende Ereignisse, durch die Gott zu ihnen sprechen kann.

Gestaltung: Durch die Art seiner Gestaltung hat dieser Baustein einen stark liturgischen Charakter.

Zeitbudget: ca. eine Doppelstunde (1 1/2 Stunden) bei 15–20 Jugendlichen. Für die Gesamtdauer ist die Gesprächsintensität und -länge in den Schritten 3 und 5 entscheidend.

- Gestaltete Mitte: Spirale als Lebensweg, Erinnerung an schöne und schwierige Ereignisse (Stichwortkarten)
- Gibt es Spuren Gottes in meinem Leben? (Teelichter)
- Worte/Sprüche, durch die Gott zu uns spricht (Psalmen)
- Liturgischer Abschluss

Baustein 2
Taufzeichen und -symbole und ihre Bedeutung für mein Leben

Aufgabe: Die Konfirmand/innen suchen in den Zeichen und Symbolen der Taufe nach deren Bedeutung für ihr Leben.

Gestaltung: Dieser Baustein ist als Lernstraße gestaltet.

Zeitbudget: ca. 2 Stunden (wenn alle Stationen aufgebaut sind) bei 15–20 Jugendlichen

- Station: Name (Bedeutung meines Namens beschreiben)
- Station: Kerze (Tauferinnerungskerze basteln)
- Station: Wasser (Wasser schmecken und Wasserbild malen)
- Station: Paten (Regeln für Paten)
- Station: Tauf-/Segensspruch (Tauf-/Segensspruch gestalten)
- Station: Taufkleid

Baustein 3
Tauf(erinnerungs)gottesdienst vorbereiten

Aufgabe: Die Konfirmand/innen suchen aus den Stationen wesentliche Punkte für die Präsentation aus.

Zeitbudget ca. 30–40 Min.

- Partnerarbeit zur Präsentation der Stationen im Gottesdienst

Baustein 4
Gottesdienstvorschlag

Intention: Die Konfirmand/innen erfahren durch die Mitgestaltung des Gottesdienstes, dass der »Sitz im Leben« der Taufe der Gottesdienst ist. In der gemeinsamen Feier der Gemeinde wird das Sakrament lebendig und erfahrbar.

Bei Zeit-, Raum- oder Mitarbeitermangel kann eine »abgespeckte« Version der Lernstraße durchgeführt werden, indem jeweils nur einzelne, ausgewählte Stationen an unterschiedlichen Plätzen im Raum erarbeitet werden.

Im **dritten Baustein** wird ein Gottesdienst in Partnerarbeit vorbereitet. Da alle Konfirmand/innen sämtliche Stationen durchlaufen haben, kann die Gruppeneinteilung nach Neigung erfolgen. Jede Gruppe gestaltet eine »Präsentation« für den Gottesdienst.

Der **Gottesdienst**: Im Vorfeld ist zu klären, welchen Charakter der Gottesdienst erhält. Wir sind davon ausgegangen, dass es ein Gottesdienst ist, an dem die Tauferinnerung und -vergewisserung der Konfirmand/innen im Mittelpunkt steht und die Gemeinde einbezogen wird (siehe Aktion zur Tauferinnerung).

Werden im Gottesdienst (kleine) Kinder und/oder Konfirmand/innen getauft (wofür vieles spricht), können die erstellten »Produkte« wie Kerzen oder Bedeutung der Namen auf die jeweiligen Täuflinge bezogen werden. Die Konfirmand/innen könnten »Taufzeugen« sein, insbesondere wenn Mitkonfirmand/innen getauft werden.

Taufspirale am Elternabend

Eine sehr schöne Idee ist den ersten Baustein »Taufspirale« in Abwandlung auch am Elternabend einzusetzen. Die Eltern werden eingeladen, auf das gemeinsame Leben mit ihren Kindern zurückzublicken. Dabei wird ebenfalls die Taufspirale ausgelegt mit den Jahreszahlen 1–15. Die Eltern füllen die roten und grünen Kärtchen aus mit der Fragestellung:

Was war die letzten Jahre (ebenfalls im Jahresrhythmus) mit Ihren Jugendlichen schön (grün) und schwierig (rot)? Und haben Sie etwas von Gottes Taufzusage »gespürt«? Teelichter werden dort aufgestellt, wo Gott (nach Meinung der Eltern) zu finden oder zu spüren war.

Ergänzungen mit dem Buch »Meine Konfirmation«
Das Buch »Meine Konfirmation« bringt auf elementare Weise das Taufgeschehen und seine Bedeutung zur Sprache durch Bilder und Texte. Sie können in diese Unterrichtseinheit an unterschiedlichen Stellen eingebunden werden. Vorschläge dazu werden im Verlauf gemacht.

Baustein 1
Gottes Spuren in meinem Leben

Leitfrage: Ist die Taufzusage »ich bin bei euch alle Tage« im Leben erfahrbar? In eigenen Erlebnissen und Erfahrungen werden Gottes Spuren entdeckt.

Material

- 10–15 m langes Seil für das Legen einer Spirale
- Lebensjahre werden mit Hilfe von weißen Kärtchen mit den Zahlen 1–15 versehen und in ca. einem Meter Abstand auf die Spirale gelegt
- Rote dreieckige Kärtchen in doppelter Anzahl der Jugendlichen (für die schwierigen Zeiten) und
- grüne normale Kärtchen ebenfalls in doppelter Anzahl der Jugendlichen (für die schönen Zeiten)
- Stifte
- Teelichter
- dicke Kerze
- Wasserschale
- Plakatstreifen mit der Taufverheißung
- Arbeitsblätter mit Psalmenauswahl (**M 1**)
- Gesangbücher mit Psalmen oder Bibeln

Vorbereitung: Stuhlkreis stellen, Spirale legen: Spirale von der Mitte ausgehend in Jahresabschnitte einteilen und diese mit weißen Karten, die von 1–15 Jahre durchnummeriert sind, markieren. Weiße Plakatstreifen beschriften. Je einen Streifen mit »Ich bin«, »bei euch«, »alle Tage«, »bis ans Ende der Welt«. Teelichter um die Spirale aufstellen.

Schritt 1: Meinem Leben auf der Spur

Impuls: *»In der Mitte seht ihr eine Spirale. Die Spirale steht für euren Lebensweg. Jeder Abschnitt steht für ein Lebensjahr. In den 12/13/14 Jahren eures Lebens habt ihr viel erlebt.*

Es gab Ereignisse, die euch beeindruckt haben und die sich besonders eingeprägt haben, weil ihr dabei so etwas wie Glück erlebt habt und sagt: Es war schön.

Es gab Ereignisse, die euch betroffen gemacht, vielleicht bestürzt haben, wo ihr sagt: das war richtig schwer. Sie sind euch ebenfalls in Erinnerung.«

Arbeitsanweisung: *»Schreibt in Stichworten jeweils zwei solche Ereignisse auf. Auf die grünen Kärtchen solche, die euch in guter und angenehmer Erinnerung sind, auf die roten dreieckigen Kärtchen Ereignisse, die für euch mit schwierigen Erinnerungen verbunden sind. Ihr habt dazu 5 Min. Zeit.«*

Arbeitsanweisung: *»Legt eure Kärtchen nun zu dem Lebensjahr, indem sie euren Erinnerungen nach stattgefunden haben.«* Alle legen ihr Kärtchen gleichzeitig hin, damit eine gewisse Anonymität gewahrt wird.

Impuls: (nach einem Moment der Stille) *»Gibt es Dinge die uns beim ersten Drüberschauen besonders auffallen? (Verdichtung bei Jahreszahlen, etc.)«* Die Konfirmand/innen stellen Vermutungen an. Dann liest die Leitung die Kärtchen vor. *»Gibt es zu einem Kärtchen eine Frage?« »Möchte jemand dazu seine Geschichte erzählen?«*

Hinweis: *Manchmal ist es hilfreich, wenn die Leitung das Gespräch mit einer Nachfrage eröffnet (»auf dieser Karte lese ich … und ich frage mich …, möchte da der- oder diejenige was dazu erzählen?«).* Niemand muss antworten, aber hier ist die Möglichkeit ins Gespräch zu kommen, wenn man möchte. Eine zweite Runde kann wieder über Beobachtungen und Auffälligkeiten gehen mit der Möglichkeit der Interpretation. Hier gilt es sehr sensibel den Verlauf zu begleiten und wo nötig, zum Gespräch anzuregen oder auch abzuwehren.

Schritt 2: Wo war/ist Gott in meinem Leben?

Stummer Impuls: Schale mit Wasser in die Spiralmitte stellen.

Impuls: *»Eine Wasserschale am Anfang des Lebens?«* Konfirmand/innen stellen Vermutungen an.

Hinweis: Zeit lassen und Beiträge abwarten.

Impuls: *»Wasser ist die Quelle allen Lebens. Wasser ist ein Urelement. Ohne Wasser kein Leben. Schon im Mutterleib gibt es kein Leben ohne Wasser. Wasser kann aber auch tödlich sein. Wir können im Wasser nicht leben und Überschwemmungen führen immer wieder zu Katastrophen.*

Auch bei der Taufe hat das Wasser eine besondere Bedeutung und beide Seiten des Wassers spielen dort eine Rolle. Die meisten von euch sind als kleine Kinder getauft worden. Dort hat Gott euch das Versprechen gegeben: Ich bin bei euch alle Tage bis an der Welt Ende!«

Das Versprechen wird auf Plakatstreifen in Vergrößerung um die Wasserschale gelegt.

Arbeitsanweisung: *»Denkt darüber nach, was euch dazu aus eurem Leben einfällt. Wie kann ich dieses Versprechen Gottes in meinem Leben entdecken? Wo gibt es Spuren Gottes in meinem Leben? Welche Ereignisse, die in der Spirale liegen, bringt ihr mit Gott in Verbindung? War Gott eigentlich anwesend bei meinen schönen oder schwierigen Erlebnissen? Wie habe ich das gemerkt und gespürt?* (1 Min. Stille zum Nachdenken)

»Zündet ein Teelicht an der großen Kerze an und stellt ein Teelicht in die Spirale zu einem Ereignis, das ihr mit Gott in Verbindung bringt.« (Nach einer Pause) *»Wer möchte, kann zu seinem Teelicht etwas sagen (schöne oder traurige Ereignisse).«*

Hinweis: Wieder wird behutsam und einfühlsam die Gelegenheit zum Reden gegeben, warum die Teelichter gerade da stehen, wo sie stehen. Auch hier können Beobachtungen über Auffälligkeiten gemacht werden. Mögliche Anregungen: Warum stehen die Teelichter zumeist bei den »schönen« Erlebnissen und warum steht da eins bei einem »schwierigen« Ereignis? Wie kann man Gott spüren und erleben? Kann man im Rückblick einen Sinn in diesem Geschehen entdecken? Etwa: Michaela, wenn du heute zurückdenkst, kannst du dann für dich einen Sinn in dem Geschehen entdecken? Die Gruppe hat Gelegenheit nachzufragen und kommt über die Ereignisse und Gottes Wirken ins Gespräch.

Auf diese Gedanken und Erfahrungen kann man an anderer Stelle wieder zurückgreifen, etwa bei der Gottesfrage (»Spuren Gottes in meinem Leben«). Dann kann man diese Geschichte auch aufschreiben lassen. An dieser Stelle ist es erfahrungsgemäß zu viel, dazu nochmals was zu schreiben. Der Baustein endet hier mit einem liturgischen Abschluss.

Schritt 3: Worte finden

Impuls: *»In der Bibel gibt es Worte/Sprüche, die versuchen schöne und traurige Erfahrungen im Leben mit Gott in Verbindung zu bringen. Ein solches Wort kennt ihr sicherlich: Es ist der Psalm 23.«* (vorlesen)

Arbeitsanweisung: *»Es gibt noch viele andere Psalmen, die ganz unterschiedliche Erfahrungen mit Gott zum Ausdruck bringen. Einige schauen wir uns jetzt an und überlegen, ob sie eure Erfahrungen, die hier in der Spirale liegen, zur Sprache bringen. Entscheidet euch für einen Psalm von dem ihr sagt: ›Dieser passt zu unserer Spirale‹ und wählt einen Vers oder Abschnitt aus. Dazu gehen wir in Klein-*

*gruppen von max. 2 Personen. Eure Aufgabe steht auf dem Arbeitsblatt (**M 1**). Ihr habt etwa 5–10 Min. Zeit.«*

Die Konfirmand/innen erhalten Gesangbücher oder Bibeln. Dazu bekommt jede Kleingruppe ein Arbeitsblatt (**M 1**). Jede Kleingruppe hat andere Psalmen zur Auswahl. Als Auswahlpaare (nach dem EG) eignen sich: Ps 18 und Ps 22; Ps 13 und Ps 25; Ps 27 und Ps 126; Ps 34 und Ps 38; Ps 57 und Ps 69; Ps 121 und Ps 143. Zwei davon sollten in das Arbeitsblatt (**M 1**) eingetragen werden. Damit eine gewisse Vielfalt entsteht, kann man bei den Vorschlägen variieren.

Schritt 4: Liturgischer Schluss

Der Schluss wird als kleines Gebetsritual inszeniert. Alle Konfirmand/innen stellen sich um die Spirale mit ihrem Arbeitsblatt.

Arbeitsanweisung: *»Jede Gruppe spricht ihren Vers als kleines Gebet. Wenn drei oder vier Gruppen vorgelesen haben, wird ein Kehrvers gesungen ›Meine Hoffnung und meine Freude.‹ Wenn alle Gruppen ihren Vers gesprochen haben, beten wir gemeinsam Ps 23 (EG 711).«*

Baustein 2
Welche Bedeutung haben die Taufsymbole?

Leitfrage: Welche Bedeutung haben die Taufsymbole und -zeichen?

Material: Spirale auf dem Boden (aus Baustein 1), Taufzusage »Ich bin bei euch«, Teelichter, Laufzettel (**M 2**) auf festeres Papier kopiert.
Neu: Um die Spirale liegen Taufutensilien (Taufschale und -wasser) und weitere Gegenstände wie Taufkerze, -kissen, -kleid, Stammbuch, Registerbuch, Namensschild, Patenbrief, Füller, Blumen, Fotoapparat, Familienbilder, Goldkette, Geschenk.

Ergänzung: »Meine Konfirmation«, Thema Taufe, S. 10–15.

Vorbereitungen: Stuhlkreis stellen, Spirale legen, Plakatstreifen (»Ich bin bei Euch …«), Taufutensilien und Gegenstände um die Spirale legen. Für den Aufbau der Stationen ist es sinnvoll, dass die Mitarbeiter/innen bereits in ihre Aufgaben eingewiesen sind und wissen, welche Station sie übernehmen. Neben dem jeweiligen Material für die Station ist es wichtig, dass die Arbeitsanweisungen ausgeschnitten (wenn möglich foliert) auf den Tischen ausgebreitet sind und der Laufzettel für alle kopiert ist.

Hinweis für die Vorbereitung: Wenn der Raum groß genug ist, sind sechs Stationen mit Gegenständen belegt, noch besser sind allerdings mehrere Räume. Dazu sind Mitarbeiter/innen erforderlich, die die jeweiligen Anweisungen geben. Andernfalls können die Anleitungen nur gut sichtbar im Raum bei der jeweiligen Station liegen/aufgehängt sein. Wir stellen die Langversion vor, aus der je nach Situation und Zeit (15–30 Min., je Station, sind realistisch) auch ausgewählt werden kann. Entscheidend ist, dass in dieser Arbeitsphase konkrete Dinge entstehen, die beim Tauferinnerungsgottesdienst verwendet werden können.

Schritt 1: Erläuterung der Taufsymbole

Einstieg mit Lied: *»Vergiss es nie, dass du lebst, war keine eigene Idee …«* und/oder mit einem Bildimpuls zum Leitbild der Taufeinheit. Das Lied und Bild ist zu finden in den im Buch *Meine Konfirmation*, S. 14 (Lied) und Leitbild (S. 10).

Impuls: *»Wir hatten (in der letzten Stunde) mit Hilfe der Spirale und den Erinnerungskärtchen an gute und schwierige Zeiten darüber gesprochen, ob und wie Gott in unserem Leben erfahrbar wird. In der Taufe verspricht er uns, dass er immer mit uns geht: ›Ich bin bei dir! Ich begleite dich und lasse dich nicht alleine!‹. Durch Zeichen, Symbole und Personen kommt dies in vielfacher Weise bei der Taufe zum Ausdruck. Was gehört zu einer Taufe und was verbinden wir damit?«*

Arbeitsanweisung: *»Jede/r sucht sich einen Gegenstand aus der Mitte aus, stellt ihn den anderen vor und erläutert, welche Funktion der gewählte Gegenstand bei einer Taufe hat und welche Bedeutung ihm eurer Meinung nach zukommt.«* Nach der Austauschrunde legt jede/r die Gegenstände wieder zurück in die Mitte.

Impuls: *»Wir erinnern uns nicht mehr an unsere eigene Taufe, aber vermutlich haben alle schon einmal eine Taufe mitgefeiert. Wir werden jetzt nachspüren, welche Bedeutung die Taufe hat. Die verschiedenen Gegenstände und Symbole helfen uns dabei.«*

Ergänzend kann dazu das Buch *Meine Konfirmation* aufgeschlagen werden zum Kapitel Taufe, S. 12/13. Dort wird in sehr elementarer Weise die Taufhandlung in Wort und Bild dargestellt. Reihum können die Konfirmanden Taufhandlung und Taufsymbole abschnittsweise vorlesen und besprechen.
Die in rot gehaltenen Aufgaben (»Wenn du Pate/Patin würdest, was wäre dir wichtig?«) sind eine gute Überleitung in die Lernstraße, wo es genau diese Aufgaben zu »lösen« gilt.

Hinweis: Die Leitung greift sechs Gegenstände heraus und nimmt bei deren Vorstellung die Erläuterungen der Konfirmand/innen auf: Name (Registerbuch); Schale mit Wasser; Kerze; Patenbrief; Taufkleid; Taufspruch.

Schritt 2: Einführung in die Lernstraße zur Taufe

Arbeitsanweisung: *»Ihr findet an sechs Stellen hier im Raum (alternativ sechs Räume), bei denen es zu diesen Gegenständen etwas zu tun oder zu gestalten gibt. Ich lege sie nun an ihren jeweiligen Ort. Gestartet wird in sechs Gruppen, dann macht jede/r alleine in seiner eigenen Geschwindigkeit weiter. Achtet bitte beim Weitergehen darauf, dass ihr euch gleichmäßig verteilt. Zu den Stationen bekommt ihr einen Laufzettel (**M 2**). Die Aufgaben sind gut sichtbar ausgelegt und können euch, wenn ihr Fragen habt, von den Mitarbeiter/innen noch näher erklärt werden.«*

Hinweis: Die erste Einteilung kann nach dem Überlaufprinzip erfolgen (an jeder Station nicht mehr als 2, 3 oder 4 Personen) oder aber die Konfirmand/innen ziehen vorbereitete Kärtchen mit den entsprechenden Taufgegenständen darauf. Will man die Konfirmand/innen an den einzelnen Stationen bewusst gemischt halten und übliche Cliquenbildungen vermeiden, so kann man die Regel einführen, dass nach jeder Station jede/r sein altes Kärtchen abgibt und wieder ein neues zieht. Dafür benötigt man von jeder Station ein Zusatzkärtchen!

❑ Station/Raum 1: Name

Material: Namenslexika, Wachsstifte, kartonierte DIN-A4-Blätter in verschiedenen Farben, weiße DIN-A4-Blätter, Kohlestifte, Scheren, Klebestifte, Schnur, Wäscheklammern, Arbeitsanweisungen (**M 3 / M 4**).

Auf Tischen liegen die Arbeitsanweisungen (**M 3**). Auf dem Tisch »Was verbinde ich mit meinem Namen?« liegen zusätzlich DIN-A6-Kärtchen mit Fragen (**M 4**).

❑ Station/Raum 2: Paten

Material: Arbeitsanweisungen (**M 5**), Patenbrief (**M 6**), Umrissfigur, Filzstifte, Kleber, Papierstreifen. Auf Tischen liegen die Arbeitsanweisungen (**M 5**).

❑ Station/Raum 3: Taufkerze

Material: Wachsblättchen, Messer, Wachstuch, Gold- und Silberstifte,

Arbeitsanweisung (**M 7**), Blatt mit christlichen Symbolen (**M 8**).

Arbeitsanweisung: Die Bereitstellung von Symbolschablonen ist für die Konfirmand/innen eine große und auch zeitsparende Hilfestellung. Allerdings geht sie auf Kosten der individuellen und kreativen Gestaltung.

Alternative 1: Wenn die Konfirmand/innen bereits eine persönliche Kerze für sich gestaltet haben, kann auch eine gemeinsame Konfirmationskerze hergestellt werden. Eine große, weiße Kerze (z. B. Altarkerze) steht bereit. Jede/r Konfirmand/in sucht sich ein Symbol heraus, bringt es auf der Kerze an und schreibt mit Goldstift seinen Namen darunter. Bei größeren Gruppen kann man zwei Kerzen (nach Mädchen und Jungen geteilt) gestalten lassen.

Alternative 2: Wenn Kinder oder Mitkonfirmanden im folgenden Gottesdienst getauft werden, können entsprechend Taufkerzen gestaltet werden, die die Täuflinge bei der Taufe von den Konfirmand/innen überreicht bekommen.

❑ Station/Raum 4: Wasser

Material: Heil-, Mineral- und Tafelwasser in Flaschen, ausreichend Becher zum Probieren, Bilder von religiösen Waschungen, ein oder zwei Bögen Moderationspapier (je nach Gruppengröße), Malstifte/Plakafarben, Arbeitsanweisungen **M 9**.

Zum Thema Wasser gibt es gutes Material in der Arbeitshilfe von »Brot für die Welt« (46. Aktion 2004/2005, LebensMittel Wasser)

Tisch »Wasser ist nicht Wasser«: Auf dem Tisch stehen (verdeckt) verschiedene Flaschen mit Wasser: Sprudel, Heilwasser, Tafelwasser, Mineralwasser, Leitungswasser. Hier ist wichtig, dass ein/e Mitarbeiter/in zur Verfügung steht und die Konfirmanden probieren lässt und für den Werbespott zum Wasser motiviert.

Tisch »Wasser und Religion«: Auf dem Tisch liegt Bildmaterial zu religiösen Waschungen. Eine Mitarbeiterin sollte bereitstehen, um sachkundig Auskunft geben zu können.

Wandstation »Wasserbild«: Hilfreich kann es sein, wenn auf dem Moderationspapier so viel Kästchen aufgezeichnet sind wie Konfirmand/innen. Jede/r malt dann ihr/sein Bild in das Kästchen (Patchwork-Bild).

❑ Station/Raum 5: Tauf-/Segenssprüche

Material: Große, leere Blätter (Flipchartblock) mit der Überschrift: »Worte trennen«, »Worte verbinden«, Briefumschläge lang, weiße Doppelkarten lang, DIN-A6-Karten je Konfirmand/in einmal bedruckt mit Jesaja 43,1 (»Fürchte dich nicht, denn ich habe dich erlöst. Ich habe dich bei deinem Namen gerufen. Du bist mein«) und je einmal unbedruckt, Blatt mit Segenssprüchen, Arbeitsanweisungen **M 10**.

Tisch »Tauf-/Segensspruch«: auf dem Tisch liegen Briefumschläge mit den Namen der Konfirmand/innen. Darin befinden sich jeweils zwei DIN-A6-Kärtchen und eine Doppelkarte. Ein Kärtchen ist bedruckt mit dem Zuspruch Jesaja 43,1: Fürchte dich nicht, ich habe dich erlöst, du bist mein!«. Das andere Kärtchen ist leer.

❑ Station/Raum 6: Taufkleid

Material: Weiße T-Shirts für die Täuflinge, farbige Textilschreibstifte, Arbeitsanweisungen **M 11**.

Diese Station ist nur dann sinnvoll durchzuführen, wenn im folgenden Tauferinnerungsgottesdienst auch Taufen (insbesondere von Konfirmand/innen) stattfinden. Weiße T-Shirts fungieren als Symbol für das neue Leben und den neuen Stand der Täuflinge. Die T-Shirts sollten die richtige Größe haben. Werden Säuglinge oder Kleinkinder getauft, nimmt man entsprechende Kindergrößen. Die Konfirmand/innen konkretisieren die Rede vom geschenkten neuen Leben und erkennen, dass die Taufe mehr als ein einmaliger Aufnahmeakt ist.

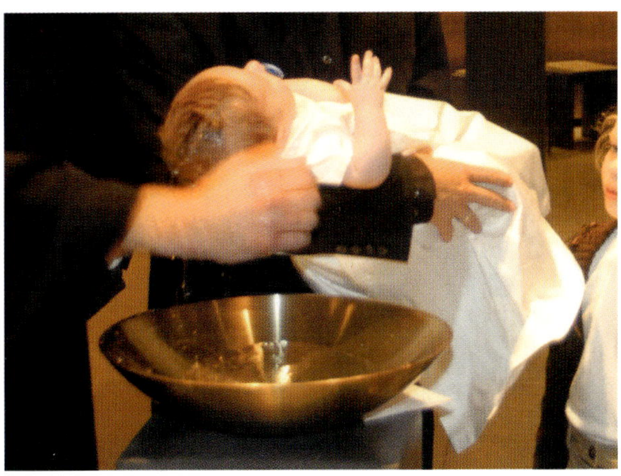

Schritt 3: Abschluss

Gemeinsam geht die Gruppe nochmals durch die Stationen (Räume), um das Entstandene zu betrachten. Einzelne können dabei Ihre Erfahrung erzählen.

Baustein 3
Gottesdienst vorbereiten

Aufgabe: Wie gelingt es, das Erarbeitete im Gottesdienst zu präsentieren?

Vorbereitung des Tauferinnerungs-Gottesdienstes

Jeweils zwei bis vier Konfirmand/innen erarbeiten aus den Ergebnissen der Stationen einen Beitrag für den Gottesdienst. Je nach gewähltem Gottesdienstschwerpunkt und Konfirmandenjahrgang kann eine Auswahl getroffen werden.

Gruppe 1: Name

Material: Schnur, erstellte Namensschilder von Station »Name«, Klammern.

Erinnerung: 1. Was bedeuten unsere Namen? **2.** Welchen Sinn hat es, dass jeder einen Namen hat? **3.** Welche Bedeutung hat der Name Gottes »Jahwe« (2. Mose 3)? **4.** Welche Bedeutung hat es, wenn Gott uns mit Namen anspricht (Jesaja 43,1)?

Impulstext für die Gruppe: Mit einem Namen bin ich ansprechbar, mit einem Namen kann ich von anderen unterschieden und verantwortlich gemacht werden.

Auch Gott hat einen Namen. Der Name Gottes steht dafür, dass Gott uns nicht allein lässt, denn JAHWE heißt nach dem Alten Testament: »Ich bin da!« (»Ich bin der, der Leben schafft und erhält«). Wenn uns dieser Gott anspricht, sollen wir erfahren, dass wir unverwechselbare Geschöpfe Gottes sind und ihm gehören (Jesaja 43,1).

Arbeitsauftrag:

- »Hängt die von euch erstellten Namensschilder an einer Schnur auf. Lest die Namen im Gottesdienst vor und erläutert ihre Bedeutung.«
- »Auch Gott hat einen Namen (Jahwe) und sein Name eine Bedeutung. Schreibt seine Bedeutung auf und berichtet darüber im Gottesdienst.«
- »Erstellt ein Schild mit dem Namen Gottes in Großbuchstaben. Im Gottesdienst hängt ihr es nach der Namensvorstellung zwischen die anderen Namen. Auf dem Schild soll stehen: JAHWE = Ich bin da.«

- Name: Die Konfirmand/innen erläutern die Namenskette und die Bedeutung der Namen, insbesondere der Täuflinge und des »JAHWE«-Namens. Der Jahwe-Name wird in die Mitte der Konfirmandennamen gehängt.

- Lied: (Tauflied)

- Taufhandlung: Der »Taufbefehl« (Mt 28,18–20) wird von den Konfirmand/innen gemeinsam gesprochen oder evtl. auch »inszeniert«, indem sie an unterschiedlichen Orten im Kirchenraum stehen und den Text in Kleingruppen sprechen:

  Gruppe 1: »Mir ist gegeben alle Gewalt im Himmel und auf Erden.«

  Gruppe 2: »Darum geht hin und machet zu Jüngern alle Völker.«

  Gruppe 3: »Taufet sie auf den Namen des Vaters, des Sohnes und des Heiligen Geistes«

  Gruppe 4: »und lehret sie halten alles, was ich euch befohlen habe«

  Refrain (alle): »und siehe, ich bin bei euch alle Tage, bis an der Welt Ende.«

  Frage an die Eltern, Paten (und Täuflinge), die nach vorne kommen (sofern ein/e Konfirmand/in getauft wird, gemeinsam mit den Konfirmand/innen).

  Credo gemeinsam mit der ganzen Gemeinde

  Taufakt

  Danach stellen sich die Konfirmandinnen im Kreis um die Tauffämilien und zünden die Kerze(n) an. Die Konfirmand/innen erläutern die erstellten Kerze(n). In der Taufe sagt Gott zu uns …

  Evtl. besondere Taufkerze an den Täufling überreichen.

- Lied: Ein Licht geht uns auf (EG 555)

- Taufspruch: Den Taufspruch des Täuflings vorlesen, evtl. mit Erklärung der Konfirmand/innen überreichen.

- Patenamt: Erläuterung über das Patenamt und drei »goldene Regeln« vorlesen. Ein Exemplar den »echten« Paten überreichen.

- Tauf-/Segenssprüche: Erläuterung über den Grund von Taufsprüchen. Die Konfirmand/innen geben ihre Taufsprüche an ihre Eltern zurück.

- Lied: Gott hat das erste Wort (EG 199)

- Taufkleid: Erläuterungen zum Taufkleid

- Aktion Tauferinnerung: Moderation des/der Liturg/in: Wir erinnern uns unserer Taufe.

  Die Konfirmand/innen stellen sich im Spalier vor dem Altar auf. Jede/r hat in der Hand ein Schälchen. Der/die Liturg/in gießt aus der Taufkanne Wasser in die Schälchen. Der/die Liturg/in spricht ein Segenswort. Die Konfirmand/innen geben die gefüllten Wasserschälchen durch die Reihen. Alle benetzen sich die Stirn mit Wasser.

- Lied: Du hast mich, Herr, gerufen (EG 210)

- Fürbittengebet: U. U. wurde dies in einer Arbeitsgruppe von den Konfirmand/innen selbst verfasst. Sonst ist dies auch eine gute Gelegenheit, dass die Mitarbeiter/innen das Fürbittengebet sprechen.

- Vaterunser

Materialien zu diesem Beitrag auf CD-ROM

M 1 **PSALMEN** | Taufe – meinem Leben auf der Spur

Lest die beiden Psalmen .... und .... aufmerksam durch.
Entscheidet euch für einen Psalm, von dem ihr sagt: »Dieser passt zu unserer Spirale.«

Wählt einen Vers oder Abschnitt aus dem Psalm, der euch in besonderer Weise anspricht. Schreibt diesen Vers hier auf. Dieser Vers wird von euch zum Abschluss im Kreis vorgelesen. (Daher bitte schön schreiben!)

M 7 **TAUFKERZE** | Taufe – meinem Leben auf der Spur

Tischkarte, Tauferinnerungskerze, oder Konfirmandengruppenkerze basteln:

Bastle dir deine eigene Tauferinnerungskerze. Suche dazu christliche Symbole aus (**M 8**), schneide sie aus den Wachsblättchen und verziere damit deine Kerze. Schreibe mit Gold- oder Silberstift deinen Namen auf die Kerze.

M 2 **STATIONENZETTEL** | Taufe – meinem Leben auf der Spur

1. **Namen** sind nicht Schall und Rauch, sondern haben eine besondere Bedeutung.
   - ▶ Mein Name bedeutet im Deutschen: ....
   - ▶ Der Name Gottes bedeutet: ....

   Im hebräischen heißt Gott »JAHWE« ....
   ....
2. **Paten** sind Wegbegleiterinnen.
   - ▶ »Pate« heißt: ....
   - ▶ Paten sollen (3 Regeln): ....
   ....
   ....
3. **Kerzen** sind Licht auf unserem Wege.
   - ▶ Was sagt dir deine Taufkerze? ....
   ....
   - ▶ Christliche Symbole sind: ....
   ....
4. **Wasser** ist notwendig zum Leben.
   - ▶ Wasser ist (*schreibe Eigenschaftswörter auf*): ....
   ....
   - ▶ Wir taufen mit Wasser, weil ....
   ....
5. **Taufsprüche** sind gute Worte auf den Weg.
   - ▶ Ich verbinde mit meinem Tauf-/Segensspruch: ....
   ....
   ....
6. Das **Taufkleid** versinnbildlicht den neuen Menschen.
   - ▶ Ein neuer Mensch ist für mich jemand, der ....
   ....
   ....

M 3 **NAME** | Taufe – meinem Leben auf der Spur

Tischkarte »Namens-Lexikon«:
Namen sind nicht Schall und Rauch, sondern Namen haben eine Bedeutung. Schlage die Bedeutung deines Namens nach und schreibe sie auf den Laufzettel.

Tischkarte »Namensschild«:
Schreibe mit Wachsstiften in schöner Schrift und großen Buchstaben deinen Vor- und Zunamen auf farbigen oder weißen Karton und verziere ihn mit Ornamenten. Befestige das fertige Schild mit einer Klammer an der Schnur.

Tischkarte »Unterschrift«:
Probiere deine persönliche Unterschrift mit dem Kohlestift in verschiedenen Formen aus (klein, groß, dick, dünn, schnell, langsam). Schneide den Schriftzug, der dir am besten gefällt, aus und klebe ihn auf die Rückseite deines Namensschildes.

Tischkarte »Gottesname«:
Auch Gott hat einen Namen. Er wird in der Geschichte von Mose am brennenden Dornbusch genannt. Lies die Geschichte 2. Mose 3, 1–15 und finde die Bedeutung des Namens Gottes heraus. Schreibe die Bedeutung in deinen Laufzettel.

Tischkarte »Was verbinde ich mit meinem Namen?«:
Nimm die Kärtchen, setze dich ungestört hin und überlege. Lass dir dazu Zeit. Wenn du möchtest, kannst du dir einen Satz in deinen Laufzettel schreiben.

M 4 **FRAGEKÄRTCHEN** | Taufe – meinem Leben auf der Spur

Wie reagiere ich, wenn jemand meinen Namen vergisst?

Warum habe ich wohl diesen Namen erhalten?

Was fühle ich, wenn jemand meinen Namen ruft?

Was tue ich, um meinem Namen Ehre zu machen?

M 5 **PATEN** | Taufe – meinem Leben auf der Spur

Tischkarte »Pate/Patin«:
Mit der Konfirmation kannst auch du Pate/Patin werden. Woher stammt der Name »Pate«? Schau im »Patenbrief«, welche Aufgabe er/sie hat, und schreibe sie in deinen Laufzettel.

Tischkarte »Goldene Patenregeln«:
Du bist Pate/Patin geworden.
Was wäre dir als Pate/Patin wichtig? Schreibe fünf »Goldene Regeln« auf.

Tischkarte »Umrissfigur«:
An der Wand hängt eine große Umrissfigur. Schreibe deine Regeln in die Umrissfigur oder ergänze, falls die gleiche Regel schon dasteht.

Tischkarte »Erfahrungen«:
Suche dir eine/n Mitkonfirmand/in und erzählt euch gegenseitig, welche Erfahrungen ihr mit euren Paten gemacht habt.

M 6 **PATENBRIEF** | Taufe – meinem Leben auf der Spur

Als christliche Gemeinde freuen wir uns mit den Eltern, dass Sie das Amt einer Patin, eines Paten übernehmen.

Sicherlich wird es auch bei Ihnen so gewesen sein, dass die Eltern des Taufkindes Sie aufgrund verwandtschaftlicher oder freundschaftlicher Beziehung gebeten haben, das Patenamt zu übernehmen. Das ist auch gut so. Das Patenamt hilft, innerhalb der Familie und des Freundeskreises gute Beziehungen zu erhalten und zu pflegen. Die Patenschaft wird Anlässe für weitere Begegnungen und für besondere Zuwendung zum Patenkind bringen. Und es wird Ihnen dabei sicher immer wieder eine Freude sein, Ihr Patenkind auf dem Lebensweg begleiten zu dürfen.

Aber das Patenamt ist mehr als freundschaftliche und verwandtschaftliche Verbundenheit. Das Wort »Pate« kommt vom lateinischen Wort »patrinus« und heißt: Bürge und Beistand. Sie sind Zeuge der Taufe und stehen den Eltern bei der christlichen Erziehung des Kindes bei. Mit Ihrer Hilfe und durch Ihr Vorbild soll das Patenkind begreifen, welcher Reichtum und welches Glück es ist, mit der Taufe in der Liebe Gottes geborgen zu sein. Sie sind mit dem Patenamt aufgefordert, Ihrem Patenkind zu helfen, an Gott zu glauben und die Gemeinschaft mit Christen in der Gemeinde zu festigen.

Menschen verändern sich im Laufe der Zeit. Sie rücken einander näher, sie können sich aber auch voneinander entfernen. Das kann auch zwischen Ihnen und Ihrem Patenkind und den Eltern geschehen. Immer aber bleiben Sie Zeuge der Taufe und können, wenn Briefe, Worte und Zeiten der Begegnung ausbleiben, für Ihr Patenkind beten.

Und nicht zuletzt, wenn Sie Ihr Patenamt im Vertrauen auf Gott auf sich nehmen, dann werden Sie immer auch etwas für sich selbst und für Ihren eigenen Glauben gewinnen.

Wir wünschen Ihnen Gottes Hilfe und Segen im Patenamt.

M 11 **TAUFKLEID** | Taufe – meinem Leben auf der Spur

Der Apostel Paulus beschreibt im 6. Kapitel seines Briefes an die Gemeinde in Rom, wie er die Taufe versteht. Sie ist für Paulus das zeichenhafte Nacherleben der Jesusgeschichte. Der Täufling »stirbt«, um mit einem neuen Leben aufzuerstehen.

Er schreibt: »*Ihr müsst euch doch alle darüber im Klaren sein, was bei der Taufe mit euch geschehen ist. Wir alle, die in Jesus Christus hinein getauft wurden, sind in seinen Tod hineingetauft, ja hineingetaucht worden. Durch diese Taufe wurden wir auch zusammen mit ihm begraben. Und wie Christus durch die Lebensmacht Gottes, des Vaters, vom Tode auferweckt wurde, so ist uns ein neues Leben geschenkt worden, in dem wir auch leben sollen!*«

Das weiße Taufkleid ist das Zeichen für den neuen Menschen.

- ▶ Schreibe ein Wort oder einen Satz auf das Taufkleid (T-Shirt), das oder der deiner Meinung nach zum Leben des neuen Menschen gehört.
- ▶ Trage es auch auf deinem Laufzettel ein.

M 8 **CHRISTLICHE SYMBOLE** | Taufe – meinem Leben auf der Spur

Christuszeichen
X und P sind die griechischen Buchstaben für Ch und R, die Anfangsbuchstaben des Christustitels. Es wurde das offizielle Zeichen der christlichen Religion, auch für Außenstehende. Liest man die Buchstaben nicht griechisch, sondern lateinisch, hat man PX, das man als PaX = Friede liest.

Fisch
Auf griechisch bilden die Anfangsbuchstaben der Worte »Jesus Christus, von Gott, der Sohn, Retter« das Wort »ICHTHYS«, zu deutsch Fisch. Es war für die ersten Christen ein Erkennungszeichen und eine geheimnisvolle Formel. Das Fischzeichen signalisierte denen, die es zu deuten wussten »Ich bin Christ und gehöre zur Gemeinde«. Heute lebt dieses Zeichen als Autoaufkleber wieder auf. Der biblische Hintergrund des Zeichens ist unter anderem das Wort Jesu an Petrus, dass er ihn zum Menschenfischer macht. Übertragen heißt das, Christen sind Menschen, die im Taufwasser schwimmen.

Kreuz
Das Kreuz ist das christliche Symbol. Es ist Zeichen für Tod und Auferstehung, und im Zusammenkommen der waagerechten und senkrechten Linie drückt es das Zusammenkommen von Himmel und Erde, von Zeit und Raum in Jesus Christus aus.

Regenbogen
Nach der Sintflut schließt Gott mit Noah einen Bund und er verspricht ihm, dass er »die Erde nicht mehr heimsuchen werde und Saat und Ernte, Frost und Hitze von nun an nicht mehr aufhören werden«. Als Zeichen und zur Besiegelung dieses Bundes setzt Gott seinen Bogen, den Regenbogen, in den Himmel. Er ist ebenso wie die Taube auch ein Zeichen des Friedens.

Schiff
Das Schiff ist ein altes Bild für die Lebensreise. Es beginnt und endet im Hafen. Dazwischen liegt die Reise über das zum Teil stürmische Meer. Das Schiff ist in Anlehnung an die Arche Noah ein Zeichen für die Kirche und die Gemeinde, die auf dem Weg ist. Die Taufe ist der Eintritt in die Gemeinde. Schon das Adventslied »Es kommt ein Schiff geladen …« drückt aus, dass Christen nicht allein auf dieser Reise sind, sondern dass Christus als »Lotse« mit an Bord ist. Darum ist auf dem Schiffssymbol auch häufig das Christuszeichen zu sehen.

Taube
Die Taube ist das Zeichen für den Heiligen Geist. Als Jesus von Johannes im Jordan getauft wurde, sah Jesus, »dass sich der Himmel auftat und der Geist wie eine Taube herabkam auf ihn«. Tauben sind auch ein Zeichen für die Unschuld und Reinheit, sowie für das auferstandene Leben im Paradies. Die Taube ist ebenso ein Symbol für den Frieden. Als das Wasser der Sintflut sank, ließ Noah aus seiner Arche eine Taube fliegen, die mit einem Olivenzweig im Schnabel zurückkehrte.

Wasser
verweist auf den Ursprung der Schöpfung. Die vernichtende Kraft des Wassers kommt in der Sintflutgeschichte zum Ausdruck. In der Rede Jesu vom »lebendigen Wasser« wird die Rettungskraft des Wassers sprichwörtlich. Es löscht den Durst und reinigt den Körper.

M 9 **WASSER** | Taufe – meinem Leben auf der Spur

Tischkarte »Wasser ist nicht Wasser«:
Auf dem Tisch stehen verschiedene Flaschen mit Wasser: Sprudel, Heilwasser, Tafelwasser, Mineralwasser, Leitungswasser. Kannst du den Unterschied zwischen den Wassern schmecken?

Tischkarte »Werbespot Wasser«:
Eine große Heilwasserfirma hat dich beauftragt, einen Werbespot für ihr Heilwasser herzustellen. Die Werbung ist im Fernsehen und auf Plakaten zu sehen und im Radio zu hören. Erfinde einen Werbespot. Du kannst texten, malen, rappen, etc. Deiner Fantasie sind keine Grenzen gesetzt. Suche dir dazu 1–2 Helfer/innen.

Tischkarte »Wasser und Religion«:
Wasser hat in allen Religionen eine große Bedeutung. Bei den Hindus ist es die Reinigung im Ganges, bei den Muslimen ist das Waschen von Händen und Gesicht Pflicht vor dem Moscheebesuch. Im Christentum geschieht die Taufe mit Wasser. Hast du angesichts der Bilder eine Vermutung über seine Bedeutung? Schreibe sie in deinen Laufzettel.

Wandstation »Wasserbild«:
Wasser gestaltet die Landschaften auf der Erde und bestimmt in vielerlei Form unser Wetter. Täglich gehen wir im Bad und im Haushalt mit Wasser um. Wasser hat viele Eigenschaften. Welche fasziniert dich? Male auf das Moderationspapier dein Wasserbild und gib ihm einen Titel. Lass genug Platz, dass deine Mitkonfirmand/innen auch noch ihr Bild malen können.

M 10 **TAUF-/SEGENSSPRÜCHE** | Taufe – meinem Leben auf der Spur

Tischkarte »Worte trennen und verletzen«, »Worte verbinden und heilen«:
Es gibt Worte, die verletzen uns, sie tun uns weh. Sie trennen uns voneinander. Schreibe solche Worte, die dich verletzten, und die Situation, in denen sie gesprochen wurden, auf den Flipchartblock.

Es gibt Worte, die tun uns gut, die hören wir gerne, die brauchen wir. Schreibe solche Worte, die jemand zu dir gesagt hat, und die Situation, in der sie gesprochen wurden, auf den Flipchartblock.

Tischkarte »Tauf-/Segensspruch«:
Trage deinen Taufspruch in das leere Kärtchen ein oder, falls du keinen Taufspruch hast, suche dir einen Segensspruch aus. Klebe den Spruch auf die Innenseite der Doppelkarte und male passend zu deinem Spruch ein Symbol auf die andere Hälfte der Doppelkarte. Auf die Vorderseite klebe den Zuspruch: »*Fürchte dich nicht, ich habe dich erlöst, ich habe dich bei deinem Namen gerufen, du bist mein!*«.

Tischkarte »Erfahrungen«:
Was verbindest du mit deinem Tauf-/Segensspruch? Erinnerst du dich an eine Situation, die zu deinem Spruch passt? Wo hat dich dein Spruch ermutigt? Oder wo sagst du im Nachhinein, dass er in dieser Situation eine Hilfe war? Notiere es auf deinem Laufzettel.

Jörg Conrad

Wer sagt mir, wer ich bin?

Identität ist eines der wesentlichen Themen im Jugendalter. Identität erscheint in vielfältigen Facetten: als Umgang mit dem eigenen Körper, dem eigenen und dem anderen Geschlecht, den zugemuteten und den erhofften Rollen, als Anfragen an die eigenen Standpunkte und Ideale, als Kritik an der Gesellschaft, der Kirche, den Eltern, als Ablösungsprozesse bisheriger Positionen und Rollen, als Ausmalen der Zukunft, als Erlernen eigener Verantwortung und so weiter. Vieles ist in Bewegung und dadurch sind sich Jugendliche ihrer selbst unsicher. Umso mehr beeinflusst sie das, was andere zu ihnen über sie selbst sagen oder anderweitig zum Ausdruck bringen. Die Fremdwahrnehmung ist in diesem Lebensalter vielleicht besonders bedeutsam, da sie sehr unmittelbar und schutzlos aufgenommen wird.

Jugendliche gehen den ganzen Tag mit Meinungen über sich, mit zugemuteten Zuschreibungen, mit freundlichen und unfreundlichen Anreden um. Und in diesen sehen sie sich selbst wie in einer Art Spiegel.

Für Jugendliche besteht eine Entwicklungsaufgabe darin, mit diesen Fremdzuschreibungen angemessen umzugehen, sie also weder pauschal abzulehnen noch sich ihnen pauschal auszuliefern. Sie müssen sich den Zuschreibungen mit einem gesunden Selbstvertrauen stellen und dabei unterscheiden lernen zwischen angemessenen und unangemessenen Zuschreibungen, seien sie angenehm oder unangenehm. Dabei hilft ein einigermaßen sicherer und persönlichkeitsstärkender Standpunkt.

Die christliche Tradition versteht von Anfang an die Taufe als einen solchen sicheren und persönlichkeitsstärkenden Standpunkt. In der Taufe verbindet sich Gott mit dem Getauften oder der Getauften und das so, dass diese verändert aus der Taufe hervorgehen. Der Täufling ist Kind Gottes, von dem Gott sagt: »Fürchte dich nicht, denn ich habe dich erlöst, ich habe dich bei deinem Namen gerufen, du bist mein!« (Jesaja 43,1) In der Taufe werden all die Zuschreibungen und die Ansprüche, die die »Welt« an den Täufling richtet, weggewaschen. Mit dem Kreuzzeichen wird der eine gültige Anspruch, der Anspruch Gottes, zeichenhaft vergegenwärtigt.

Die Jugendlichen sollen in der Auseinandersetzung mit dieser persönlichkeitsstärkenden Zusage Gottes dem Geschenk der Taufe und ihrer lebensdienlichen Bedeutung auf die Spur kommen.

Ziele

- Die Konfirmand/innen kommen dem auf die Spur, was ihnen tagtäglich an Zuschreibungen zugemutet wird.
- Die Konfirmand/innen setzen sich damit auseinander, was es mit ihnen macht, dass ihnen freundliche und unfreundliche Zuschreibungen zugemutet werden.
- Die Konfirmand/innen entdecken die Zusage Gottes als eine dieser Zuschreibungen.
- Die Konfirmand/innen erkunden die persönlichkeitsstärkende Kraft, die in der bei der Taufe gesprochenen Zusage Gottes zum Täufling steckt.

Organisation und Material

- Der Baustein ist gut und ohne großen Organisationsaufwand in 90 Min. durchzuführen. Gut ist es, wenn die Satzkarten aus der »Timgeschichte« bis zum liturgischen Abschluss im Raum bleiben können
- **M 1** Zuschreibungen aus der Geschichte von Tim
- **M 2** Gedichtanfänge zum Weiterschreiben in Gruppenstärke
- **M 3** Bonhoeffer-Gedicht »Wer bin ich?« in Gruppenstärke
- leere DIN-A4-Blätter und Eddings
- 5 Softbälle
- Kerze etc. für liturgischen Abschluss
- CD-Player und CDs

Der folgende Baustein verankert die Zusage Gottes inmitten der vielen Zuschreibungen, die Jugendliche tagtäglich erfahren, und versucht, den Jugendlichen einen Raum zu eröffnen, diese Vielfalt von der Zusage Gottes her wahrzunehmen und damit einen ehrlichen und angemessenen Umgang mit Fremdzuschreibungen zu erlernen.

Schritt 1: Was Tim so alles zu hören bekommt … (10 Min.)

Impuls: *»Ich erzähle euch heute von Tim. Tim ist 14 und geht zur Schule. Tim ist so wie die meisten Jugendlichen. Und wie die meisten Jugendlichen bekommt er über den* Tag *verteilt so einiges zu hören. Und da meine ich nun nicht Musik oder so … Aber hört selbst.«*

Hinweis: Bei der Erzählung werden die Anreden und Zuschreibungen ausgelegt, so dass sich der Boden immer weiter mit Zetteln anfüllt.

»›*Guten Morgen, Schatz!*‹ ruft Tims Mutter durchs Haus. Aber es ist doch noch so früh. Noch mal die Augen zumachen. ›*Schlafmütze, du kommst zu spät.*‹ Oh, die nervige kleine Schwester wieder. Tina mit ihrer Kreischstimme. Naja, wenigstens ist Tim jetzt wach. Schnell ins Bad und dann noch etwas essen. ›*Mann, siehst du verpennt aus.*‹ *Schon wieder diese Schwester. Tim muss los.* ›*Pass auf dich auf. Ich hab dich lieb.*‹ Mutter wuschelt Tim noch schnell übers Haar.

Dann los, zum Bus. ›*Hey Homie* [oder eine andere coole Anrede], *cooler Look. Geile Schuhe, Mann.*‹ Na, das ist ja mal eine Begrüßung. Wie Tom das macht, dass er am frühen morgen immer schon so munter ist. ›*Genug gelabert. Aus dem Weg, ihr Arschlöcher. Ich will in den Bus. Halt's Maul, Ficker.*‹ Klar, Philipp aus der Paraklasse. Der hat voll den Hass.

›*Hast du Mathe gemacht? Lass mal abschreiben.*‹ Was Tom wohl ohne Tim machen würde? ›*Ja, ausnahmsweise hab ich Mathe, dafür fehlt mir aber Deutsch und Englisch. Da, schreib ab.*‹ ›*Du kannst ganz schönen nett sein, wenn du willst.*‹

… ›*Keine Hausaufgaben gemacht. Das war ja zu erwarten. Der Herr ist sich wohl zu gut für die Schule?*‹ *Der Wolf in Englisch mal wieder. In Mathe geht es für Tim dafür anders zu. Das ist sein Lieblingsfach. Hier ist er richtig gut.* ›*Tim, Tim. Sehr schön. Du hast richtig viel Talent. Aus dir wird mal noch was.*‹

Endlich ist Pause. ›*Hey geil, Alter. Da hat der Fischer echt gestaunt. Bist ein kleiner Einstein. Jetzt biste voll cool.*‹ ›*Ach was, Einstein. Ein Schleimer bist du. Und wir alle stehen voll doof da, denn der Tim kann es ja auch. Ich hass dich voll! Hau bloß ab!*‹

In Deutsch geht es heute ausnahmsweise richtig gut los. Tim meldet sich und was er sagt, ist gut. ›*Schöner Beitrag, Tim. Das hast du sehr gut gesagt. So kenn ich dich gar nicht. Gut so. Weiter so.*‹ Aber dann die Hausaufgaben. ›*Aber damit du das weißt: Damit kommst du bei mir nicht durch. Generation Null Bock, oder was? Einmal was sagen reicht noch lange nicht, Tim. So wird gar nichts aus dir.*‹ Endlich ist die Schule um. Franzi winkt Tim noch zu. ›*Sehen wir uns heute Mittag? Hey, vergiss die Lehrer. Du bist echt in Ordnung.*‹ Das geht runter wie Öl.

Wieder im Bus: ›*Füße runter vom Sitz. Solche Bengel. Ja, die Jugend von heute, echt schlimm.*‹

Daheim: ›*Guten Tag gehabt, Schatz? Oma kommt heute. Wir holen sie nachher vom Bus ab. … Beeil dich! Immer trödelst du so herum. Wie siehst du denn aus? Zieh was Anständiges an!*‹ … ›*Wie groß du bist! Ein richtiger junger Mann! Du müsstest uns auch mal bald wieder besuchen kommen. Opa würde staunen. Wir vermissen dich.*‹ …

Tim muss los. Es ist Mittwoch. Konfirmandenunterricht. Thema Taufe. Andacht. Fürchte dich nicht. Ich habe dich bei deinen Namen gerufen, du bist mein. Gruppenarbeit. Unruhe. ›*Ich habe genug, könnt ihr denn nur stören? Euch ist wohl nichts ernst? Plagegeister.*‹

Am Abend: ›*Musst du nicht noch lernen? So geht das nicht. Ein bisschen mehr Einsatz und Fleiß, junger Mann.*‹ ›*Schlaf gut, mein Liebling.*‹«

So viel von Tim. Er bekommt über den Tag verteilt einiges zu hören. Ganz schön viel und ganz schön viel Verschiedenes, was andere über ihn denken, von ihm halten und zu ihm sagen.

Schritt 2: Was man noch so alles zu hören bekommt … (5–10 Min.)

»Manches von dem, was Tim zu hören bekommt, kennt ihr sicherlich auch. Und doch bin ich sicher, dass euch noch einiges mehr einfällt, was ihr über den Tag verteilt gesagt bekommt. Von den Eltern, den Freunden, in der Schule, unterwegs, im Verein, hier im Konfis, …

Wir sammeln, was ihr noch im Ohr habt. Das muss nichts sein, was genau zu euch gesagt wurde, sondern gerne auch etwas, das ihr aufgeschnappt habt, was andere sich anhören mussten und anhören durften. Was euch einfällt, notieren wir ebenfalls auf Zettel und legen es zu den Zetteln auf dem Boden dazu.«

Hinweis: Die Sammelrunde kann durch Nachfragen und vertiefende Gesprächsrunden unterbrochen werden. Gelegentlich mag sich eine Dynamik entwickeln, in der sich die Jugendlichen durch besonders unangenehme Sätze und Schimpfwörter übertreffen wollen. Hier ist rechtzeitig Einhalt zu gebieten. Gleichzeitig zeigt sich immer wieder, dass es besser ist, diesen einen kleinen Raum zu geben und sie in die Geschichte einzubinden.

»Wir alle haben bestimmte Vorstellungen davon, wer wir sind und wie wir sein wollen, unser Selbstbild. Aber auch andere haben ihre Vorstellungen und Bilder von uns. Wir können etwas von diesen Bildern erahnen aus dem, was sie zu uns sagen. Das ist manchmal schön und manchmal sehr unangenehm. Manche Bilder und Zuschreibungen passen sehr gut zu meinem eigenen Bild von mir, andere gar nicht. Sie ärgern mich oder ich empfinde sie als falsch und ungerecht. Und manchmal zeigen mir die anderen Bilder, die mir zwar unangenehm sind, die aber doch auch irgendwie zutreffen, wie ich bin.«

Schritt 3: Was das mit einem macht, so vieles zu hören … (10 Min.)

»Wir spielen jetzt nach, was das mit einem macht, wenn man dies oder das zu hören bekommt. Wie sich das anfühlt, wenn man den ganzen Tag über angemotzt wird. Nachspielen bedeutet, dass es eine Art Spiel oder Übung ist und deswegen nicht zu persönlich genommen werden darf. Zum Nachspielen geht einer von Euch als Tim in die Mitte. Fünf andere von euch nehmen sich einen Zettel und sagen Tim das, was auf eurem Zettel steht. Vielleicht gelingt es euch sogar, euer Stichwort durch Tonfall und Lautstärke fast wie echt klingen zu lassen.«

Hinweis: Es kostet die Jugendlichen einiges an Überwindung, ihre Sätze »echt« zu sprechen. Aber es lohnt sich, darauf zu insistieren. Wenn nötig, kann zuerst auch einmal mit der ganzen Gruppe geübt werden, wie sich ein entsprechender Satz anhört.

»In der ersten Runde geht es darum, wie es sich anfühlt, so viel gesagt zu bekommen: Ein Freiwilliger stellt sich in die Mitte. Die anderen suchen aus den ausliegenden Anreden etwas aus, das sie ihm zurufen.

Nach zwei, drei Runden mit den fünf Sätzen können folgende Fragen dazu dienen, die Perspektive des Angeredeten auszuleuchten:

Wie war das für dich, das anzuhören? Bist du, was da alles zu dir gesagt wurde? Wie lange könntest du es wohl aushalten, solche Dinge zu hören, die dir nicht gefallen? Wie könnte man sich schützen?«

Impuls: *»Egal, ob mir das jetzt angenehm oder unangenehm ist, was die anderen zu mir sagen, egal ob gerechtfertigt oder nicht, es lässt einen kaum unberührt. Denn es ist doch so, dass alle diese Bilder und Vorstellungen, die andere von mir haben, auch mein eigenes Bild beeinflussen.«*

Schritt 4: Wer bin ich? Bonhoeffer-Gedicht (15 Min.)

»Es gibt ein Gedicht von Dietrich Bonhoeffer, in dem sich alles genau um die verschiedenen Bilder von einem und die Frage ›Wer bin ich?‹ dreht. Nun interessiert uns heute weniger, wer Dietrich Bonhoeffer war, als vielmehr die Frage, wer wir eigentlich selbst sind und was die vielen Stimmen um uns her uns dazu sagen. Ich habe deshalb die Teile des Gedichtes gestrichen, in denen Bonhoeffer über sich schreibt. Übrig geblieben sind Fragen und Satzanfänge, die ihr ergänzen sollt. Und zwar so, dass ihr sie für euch passend ausfüllt.

Ich möchte, dass ihr euch dafür Zeit nehmt und es ehrlich ausfüllt. Ihr bekommt viel Zeit, nämlich 10 Min. Und wir werden eure Texte nicht besprechen. Die sind erst mal nur für euch. Gleichzeitig denke ich, dass das sehr gute und interessante Texte werden und deshalb würde ich sie gerne mit nach Hause nehmen, um sie abzutippen und in der abgetippten Fassung allen zugänglich zu machen, das Ganze natürlich ohne Namen. Wenn allerdings jemand das nicht möchte, kann er sein Gedicht einfach mit nach Hause nehmen. Gibt es noch Fragen?

Dann sucht euch jetzt einen Platz, an dem ihr für euch und ungestört arbeiten könnt. Ich werde etwas Musik laufen lassen. Gutes Gelingen.«

Hinweis: Für diese Aufgabe ist es sehr wichtig, dass die Jugendlichen ins Arbeiten kommen. Dazu dient es, dass sie nicht miteinander kommunizieren können. Sie sollten sich also großzügig im Raum verteilen. Hilfreich ist auch die Ansage, dass die zehn Minuten voll ausgeschöpft werden: Wenn also jemand früher fertig ist, bleibt er still an seinem Platz. Eine gute Musik hilft, dass keine drückende Stille entsteht.

Die Jugendlichen bekommen **M 2** und machen sich an die Arbeit.

Wer bin ich?
Sie sagen mir oft, ich dürfe dies und
jenes nicht tun.
Wer bin ich?
Sie sagen mir oft, ich müsse schneller
arbeiten können, aber auch, dass ich
gute Fortschritte mache in allen Fächern
der Schule.
Aber sie sagen mir auch, dass ich zu viele
elektronische Spiele spiele.
Wer bin ich?
Sie sagen mir des öfteren, dass ich
nerve und doof bin. Dies stimmt aber
überhaupt nicht.
Wer bin ich?
Ob ich lieb oder nervig bin, gemein
oder nett, es ist alles dasselbe, ich werde
immer von mindestens einem geliebt
GOTT, UNSER VATER.

Ein Realschüler

Schritt 5: Auswertung anhand des Bonhoeffer-Gedichts (15 Min.)

»Ihr habt darüber nachgedacht, wer ihr seid. Was ihr selbst von euch sagt und denkt und was andere von euch sagen und denken. Und ihr habt dazu einiges festgehalten. Wir werden das jetzt nicht einander vorstellen.

Ich möchte euch nun den Text von Bonhoeffer zeigen. Er hat ihn im Gefängnis geschrieben. Die Nazis haben ihn eingesperrt und zum Tode verurteilt, weil er gegen sie war.«

Hinweis: Hier sollte in der Gruppe nachgefragt werden, ob allen bekannt ist, wie es damals in Deutschland zuging und gegebenenfalls müssen einige Erläuterungen gemacht werden. Allerdings sollte an dieser Stelle weniger über das Dritte Reich als über die Situation eines zum Tode Verurteilten gesprochen werden.

»Ich glaube, dass man im Gefängnis, angesichts der Hinrichtung ganz stark damit beschäftigt ist, wer man eigentlich ist. Ich lese euch den Text vor …« (**M 3**)

Hinweis: Es ist gut, den Text mindestens zwei oder gar dreimal vorzulesen. Dabei sollte darauf geachtet werden, dass zunächst einmal alle wirklich zuhören und nicht gleich kommentieren, fragen, reagieren …

»Ich möchte nun mit euch gemeinsam überlegen, was Bonhoeffer empfunden hat, als er diesen Text geschrieben hat. Wir versuchen, das zu erkunden.

Dazu denken wir uns hier eine Linie, die durch den Raum geht. Je nach Antwort geht ihr an das eine oder andere Ende der Linie bzw. nehmt irgendwo dazwischen eure Position ein. Am besten wir legen los, dann merkt ihr schnell, wie das Ganze funktioniert.

Meine erste Frage lautet:
1) Bei Bonhoeffer passt das, was die anderen über ihn sagen, und das, was er selbst von sich weiß, nicht zusammen. Was meint ihr, wie es ihm mit den Sätzen gegangen ist, die die anderen im Gefängnis zu ihm und über ihn gesagt haben – hat ihn das froh gemacht oder eher betrübt?

Wer meint, dass Bonhoeffer sich darüber gefreut hat, geht hier oben hin. Wer meint, dass Bonhoeffer sich darüber geärgert hat oder traurig war, der geht hier unten ans andere Ende unserer Linie.«

Nun werden die Jugendlichen interviewt. Ich beginne mit denen, die meinen, dass es Bonhoeffer gut getan hat.

»Ihr steht hier ganz oben an der Linie. Es hat Bonhoeffer gut getan, meint ihr. Wie kommt ihr darauf? Was genau meint ihr, hat ihm gut getan?«

»Jetzt gehe ich noch ans andere Ende. Es hat Bonhoeffer nicht gut getan, meint ihr. Wie seid ihr auf eure Position gekommen? Was genau hat ihm nicht gut getan? Was könntet ihr den anderen sagen, um sie von eurer Position zu überzeugen?«

»Vielen Dank. Ich stelle euch noch eine zweite Frage:
2) Bonhoeffer hat eine eigene Meinung über sich gehabt und er kannte die Meinung der anderen im Gefängnis über ihn. Was meint ihr, welche der Meinungen für ihn wichtiger war: Seine eigene über sich selbst, also das, was ›ich über mich weiß‹, wie er schreibt oder die Meinung der anderen, also das, was sie ihm sagen? Wer meint, dass seine eigene Meinung für ihn wichtiger war, der geht nach hier unten. Wer meint, dass die Meinung der anderen für ihn wichtiger war, der geht nach hier oben.

Und ich erinnere daran, dass ihr euch auch auf der Linie platzieren könnt, wenn ihr meint, dass es ein bisschen von dem und ein bisschen von dem ist.«

»Ich gehe mal zu denen, die sagen, die Meinung der anderen war für Bonhoeffer wichtiger. Wie kommt ihr darauf? Woran macht ihr das fest? Ist das gut?«

»Und nun zu euch, die ihr meint, dass für Bonhoeffer seine eigene Meinung wichtiger war. Wie kommt ihr darauf? Woran macht ihr das fest? Ihr habt gehört, was die anderen gesagt haben, verändert das eure Meinung?«

Hinweis: Mit dieser zweiten Frage wird zweierlei angesprochen. Zum einen das Verhältnis von Eigen- und Fremdeinschätzung. Springen die Jugendlichen darauf an, kann das an dieser Stelle vertieft werden. Es geht dann um die Frage, wie wir damit umgehen, dass wir selbst und andere von uns ein Bild haben.

Mögliche Fragen:

- Sind das zwei Bilder, die nebeneinander stehen, oder eher ein großes Bild mit verschiedenen Farben bzw. Szenen?
- Welcher Meinung sollte man denn mehr vertrauen?
- Muss man einen Unterschied machen, wer zu einem spricht? Sollte man z. B. auf die Freundin eher hören als auf den motzenden Klassenkameraden?

Die andere Spur der obigen Frage ist es, auf Bonhoeffers Schlusssatz hinzulenken und damit die Pointe des Bausteines in den Blick zu bekommen: dass Gott einen sicheren Standpunkt bietet, um mit Selbst- und Fremdeinschätzungen umgehen zu können. Kommt dieser Aspekt nicht von den Jugendlichen, dann müssen die Unterrichtenden an dieser Stelle auf das Ende des Bonhoeffer-Textes hinweisen: Ich glaube, dass Bonhoeffer eine Hilfe gehabt hat, die verschiedenen Sichtweisen auszuhalten. Eine Hilfe dafür, dass da Nettes und Unangenehmes zugleich über ihn gesagt wird. Diese Hilfe steht im letzten Satz seines Textes. Er macht sich an Gott fest. Was könnte das bedeuten?

Schritt 6: Gottes Zusage ein tragfähiger Standpunkt? (15 Min.)

»Bonhoeffer hat Gott als einen tragfähigen Standpunkt erlebt. Ich selbst empfinde die Zusage Gottes: ›Fürchte dich nicht. Ich habe dich bei deinem Namen gerufen. Du bist mein‹ als einen solchen sicheren Standpunkt, von dem aus ich mir Gedanken machen kann, wer ich bin.

Ein sicherer Standpunkt. Ich erinnere euch an unseren Einstieg mit der Geschichte von Tim und an die Übung, die wir anschließend gemacht haben, als Tim Sätze an den Kopf geworfen wurden. Ich möchte an dieser Übung mit euch weiter denken. Kommst Du (die Person, die in der ersten Runde Tim gespielt hat) *noch einmal nach vorne? Wir haben herausbekommen, dass es eine eigene Sicht gibt auf uns und das, was andere über uns denken und sagen. Wenn das nicht zusammenpasst, dann ist das so ähnlich, wie wenn du nur noch auf einem Bein stehen kannst. Stell dich mal auf ein Bein. Und ihr fünf, die ihr vorhin diese Sätze zu Tim gesagt habt, ihr bekommt nun von mir diese Bälle* (fünf Softbälle werden verteilt). *Nun sagt ihr euren Satz noch einmal und knallt ihn Tim vor den Latz, werft ihn ihm vor die Füße. Begleitet also euren Satz damit, dass ihr versucht, Tim aus dem Gleichgewicht zu bringen. Zielt dafür mit den Bällen auf sein eines Bein, das ihm noch festen Stand gibt.«*

Hinweis: Hier ist darauf zu achten, dass die Jugendlichen wirklich nur auf das Bein werfen. Gegebenenfalls ist an dieser Stelle zu unterbrechen.

»Lieber Tim, wie ist das, so beworfen zu werden?«

An dieser Stelle kurz die Erfahrung von »Tim« aufnehmen.

»Nun habe ich gesagt, dass die Taufzusage Gottes ›Ich habe dich erlöst. Ich habe dich bei deinem Namen gerufen. Du bist mein‹ so etwas, wie ein sicherer Standpunkt sein kann. Wenn wir bei unserer Übung bleiben, wie könnten wir das einbauen? Wie könnte das Tim helfen? Geht einmal zu dritt, viert oder fünft zusammen und überlegt miteinander, wie ihr diese Taufzusage in die Übung einbauen könnt, um deutlich zu machen, dass sie hilft. Ihr habt dazu fünf Minuten Zeit. Anschließend stellt ihr uns eure Idee vor. Und zwar so, dass wir dann die Übung unter eurer Anleitung machen.«

Ergebnis-Beispiele aus der Erprobung:

- Schutzschild: Andere Jugendliche stellen sich vor »Tim« und wehren für ihn die Bälle ab.
- Stütze: Andere Jugendliche stellen sich hinter »Tim« und halten ihn fest, so dass er nicht umfallen kann.

»Wir stellen nun einander die Übungen vor. Bitte berichtet uns zuerst von eurer Idee und dann macht uns die Übung einmal vor.«

Hinweis: Wenn noch Zeit und Energie in der Gruppe ist, kann nach jeder Übung eine kurze Reflexion darüber stattfinden, wie gut die Umsetzung gelungen ist und wie hilfreich hier die Taufzusage erlebt werden kann. Abschließend könnte man noch darüber ins Gespräch kommen, ob das im Alltag wirklich etwas hilft. Ebenso möglich ist aber auch ein liturgischer Abschluss, wie er hier vorgestellt wird.

Schritt 7: Liturgischer Abschluss (5 Min.)

»Lasst uns im Kreis zusammenkommen. Ihr seht hier immer noch die vielen Sätze, die Tim gesagt wurden. Schöne Sätze, böse Sätze. Und mittendrin dieser Satz Gottes: ›Ich habe dich erlöst. Ich habe dich bei deinem Namen gerufen. Du bist mein.‹

Ich entzünde eine Kerze und stelle sie zu diesem Satz Gottes über uns.

Lasst uns darauf noch einmal hören, dass wir so gestärkt durch den Rest des Tages gehen können. Hört, was Gott zu euch sagt:

›Ich habe dich erlöst. Ich habe dich bei deinem Namen gerufen. Du bist mein.‹

Das soll euch froh und gelassen machen, euch die Angst vor den Sätzen nehmen, die andere euch manchmal an den Kopf werfen. Nichts soll dich ängsten.

Wir singen miteinander dieses Lied (EG 574).

Nichts soll euch ängsten. Geht in diesen Tag mit dem Segen unseres Gottes:

Der Herr sei mit dir,
um dir den rechten Weg zu zeigen.
Der Herr sei neben dir,
um dich in die Arme zu schließen,
um dich zu schützen vor Gefahren.
Der Herr sei hinter dir,
um dich zu bewahren vor der Heimtücke des Bösen.
Der Herr sei unter dir,
um dich aufzufangen, wenn du fällst.
Der Herr sei mit dir,
um dich zu trösten, wenn du traurig bist.
Der Herr sei um dich herum,
um dich zu verteidigen, wenn andere über dich herfallen.
Der Herr sei über dir,
um dich zu segnen.
Amen«
Irischer Segenswunsch

Materialien zu diesem Beitrag auf CD-ROM

M 1/1 ZUSCHREIBUNGEN AN TIM | Wer sagt mir, wer ich bin

Schlafmütze,
du kommst zu spät!

M 1/2 ZUSCHREIBUNGEN AN TIM | Wer sagt mir, wer ich bin

Guten Morgen,
mein Schatz!

M 1/3 ZUSCHREIBUNGEN AN TIM | Wer sagt mir, wer ich bin

Pass auf dich auf.
Ich hab' dich lieb.

M 1/4 ZUSCHREIBUNGEN AN TIM | Wer sagt mir, wer ich bin

Wie siehst du aus?
Zieh was Anständiges an.

M 1/5 ZUSCHREIBUNGEN AN TIM | Wer sagt mir, wer ich bin

Cooler Look.
Geile Schuhe.

M 1/6 ZUSCHREIBUNGEN AN TIM | Wer sagt mir, wer ich bin

Mann, siehst du
verpennt aus.

M 1/7 ZUSCHREIBUNGEN AN TIM | Wer sagt mir, wer ich bin

Keine Hausaufgaben
gemacht.
Das war ja zu
erwarten.

M 1/8 ZUSCHREIBUNGEN AN TIM | Wer sagt mir, wer ich bin

Der Herr ist sich wohl
zu gut für die Schule.

M 1/9 ZUSCHREIBUNGEN AN TIM | Wer sagt mir, wer ich bin

Aber damit du das weißt:
Damit kommst du
nicht durch.

M 1/10 ZUSCHREIBUNGEN AN TIM | Wer sagt mir, wer ich bin

Schöner Beitrag.
Das hast du sehr
gut gesagt.

M 1/11 ZUSCHREIBUNGEN AN TIM | Wer sagt mir, wer ich bin

Aus dem Weg.
Arschloch.

M 1/12 ZUSCHREIBUNGEN AN TIM | Wer sagt mir, wer ich bin

Füße vom Sitz.
Solche Bengel.

M 1/13 ZUSCHREIBUNGEN AN TIM | Wer sagt mir, wer ich bin

Ja, die Jugend von heute,
echt schlimm.

M 1/14 ZUSCHREIBUNGEN AN TIM | Wer sagt mir, wer ich bin

Aus dem wird nichts.

M 1/15 ZUSCHREIBUNGEN AN TIM | Wer sagt mir, wer ich bin

So viel Talent.
Aus dir wird mal
noch was.

M 1/16 ZUSCHREIBUNGEN AN TIM | Wer sagt mir, wer ich bin

Generation
Null Bock.

Materialien zu diesem Beitrag auf CD-ROM

M 1/17 ZUSCHREIBUNGEN AN TIM

Fürchte dich nicht,
denn ich habe
dich erlöst.

M 1/18 ZUSCHREIBUNGEN AN TIM

Ich habe dich bei
deinem Namen gerufen,
du bist mein!

M 1/19 ZUSCHREIBUNGEN AN TIM

Aus dem Weg,
ihr Arschlöcher.
Halt's Maul, Ficker.

M 1/20 ZUSCHREIBUNGEN AN TIM

Du kannst ganz
schön nett sein,
wenn du willst.

M 1/21 ZUSCHREIBUNGEN AN TIM

Jetzt bist du voll cool.

M 1/22 ZUSCHREIBUNGEN AN TIM

Ein Schleimer bist du.

M 1/23 ZUSCHREIBUNGEN AN TIM

Ich hasse dich.
Hau bloß ab.

M 1/24 ZUSCHREIBUNGEN AN TIM

Du bist echt
in Ordnung.

M 1/25 ZUSCHREIBUNGEN AN TIM

Beeil dich!
Immer trödelst
du so herum.

M 1/26 ZUSCHREIBUNGEN AN TIM

Wie groß du bist.
Ein richtig junger Mann.

M 1/27 ZUSCHREIBUNGEN AN TIM

Wir vermissen dich.

M 1/28 ZUSCHREIBUNGEN AN TIM

Könnt ihr denn
nur stören?
Plagegeister.

M 1/29 ZUSCHREIBUNGEN AN TIM

Ein bisschen mehr
Einsatz und Fleiß!

M 1/30 ZUSCHREIBUNGEN AN TIM

Schlaf gut,
mein Liebling.

M 2 ARBEITSBLATT
WER BIN ICH? – DIETRICH BONHOEFFER | Wer sagt mir, wer ich bin?

Wer bin ich? Sie sagen mir oft …

Wer bin ich? Sie sagen mir oft …

Wer bin ich? Sie sagen mir auch …

Bin ich das wirklich, was andere von mir sagen?
Oder bin ich nur das, was ich selbst von mir weiß?

Wer bin ich? Der oder jener?
Bin ich denn heute dieser und morgen ein anderer?
Bin ich beides zugleich? ______

Wer bin ich? Einsames Fragen treibt mit mir Spott.
Wer ich auch bin, ______

M 3 WER BIN ICH? – DIETRICH BONHOEFFER | Wer sagt mir, wer ich bin?

Wer bin ich? Sie sagen mir oft
ich träte aus meiner Zelle
gelassen und heiter und fest
wie ein Gutsherr aus seinem Schloss.

Wer bin ich? Sie sagen mir oft,
ich spräche mit meinen Bewachern
frei und freundlich und klar,
als hätte ich zu gebieten.

Wer bin ich? Sie sagen mir auch,
ich trüge die Tage des Unglücks
gleichmütig, lächelnd und stolz,
wie einer, der Siegen gewohnt ist.

Bin ich das wirklich, was andere von mir sagen?
Oder bin ich nur das, was ich selbst von mir weiß?

Unruhig, sehnsüchtig, krank, wie ein Vogel im Käfig,
ringend nach Lebensatem, als würgte mir einer die Kehle,
hungernd nach Farben, nach Blumen, nach Vogelstimmen,
dürstend nach guten Worten, nach menschlicher Nähe,
zitternd vor Zorn über Willkür und kleinste Kränkung,
umgetrieben vom Warten auf große Dinge,
ohnmächtig bangend um Freunde in endloser Ferne,
müde und leer zum Beten, zum Denken, zum Schaffen,
matt und bereit, von allen Abschied zu nehmen.

Wer bin ich? Der oder jener?
Bin ich denn heute dieser und morgen ein anderer?
Bin ich beides zugleich? Vor Menschen ein Heuchler und
vor mir selbst ein verächtlich wehleidiger Schwächling?
Oder gleicht, was in mir noch ist, dem geschlagenen Heer,
das in Unordnung weicht vor schon gewonnenem Sieg?

Wer bin ich? Einsames Fragen treibt mit mir Spott.
Wer ich auch bin, Du kennst mich, Dein bin ich, o Gott!

Dietrich Bonhoeffer, Widerstand und Ergebung © 1998, Gütersloher Verlagshaus, Gütersloh, in der Verlagsgruppe Randomhouse

Theodizee

Die Konfirmand/innen und die Frage »Warum lässt Gott das zu?«

»Warum lässt Gott das zu?« Jugendliche an der Schwelle zur Welt der Erwachsenen haben eine ausgeprägte Sensibilität für Ungerechtigkeit. Ihr Interesse an der Frage, wie sich Gottes Gerechtigkeit mit dem Elend in der Welt verträgt, ist auch deshalb besonders groß, weil der liebe Gott ihnen noch sehr nahe ist. Jede Ungerechtigkeit, jede Naturkatastrophe und jede Erfahrung von Leid ist ein Riss im Gottesbild, das sie als Kind getragen hat. Die Rechtfertigung Gottes im Blick auf natürliche wie moralische Übel, in der theologischen Fachsprache Theodizee genannt, ist eine Frage, die offenbar besonders eng ans Erwachsenwerden gekoppelt ist. Nicht selten markiert die Enttäuschung im Blick auf die Theodizeefrage den Ausstieg oder zumindest den Beginn einer wachsenden inneren Distanz zum christlichen Glauben. Die Theodizeefrage könnte deshalb eine religionspädagogische Schlüsselfrage sein. Sie ist »die erste und wahrscheinlich größte Schwierigkeit in der Gottesbeziehung überhaupt.«[1]

Eine gedankliche und existentielle Provokation, die Jugendliche fasziniert, aber auch abstößt.[2] Folgt man der These Nipkows, dass die Theodizee eine der zentralen Fragestellungen ist, an der sich für Jugendliche die Glaubwürdigkeit Gottes entscheidet, dann wäre zu erwarten, dass sie zu den am meisten traktierten religionspädagogischen Themen gehört. Die Theodizee müsste intensiv im Religionsunterricht, im Konfirmandenunterricht, aber auch in der kirchlichen Erwachsenenbildung bearbeitet werden. Das Lexikon für Religionspädagogik bezeichnet die Theodizeefrage und die Fragen nach den Gottesbildern im Horizont gegenwärtiger Leidenssituationen als elementare religionspädagogische Schlüsselfragen. Aber für die Bearbeitung dieser Schlüsselfragen bietet das Lexikon kein eigenes Stichwort. Es wird zwar beteuert, die Theodizeefrage sei eine Schlüsselfrage, sie wird aber nicht als Schlüssel für das Gottesbewusstsein Jugendlicher genutzt.

Wenn dich der Zweifel packt

Der Zweifel gehört zum Glauben wie die 42,195 Kilometer zum Marathonläufer: »Werde ich es schaffen? Bin ich überhaupt auf dem richtigen Weg? Wo sind die anderen [illegible] Kraft für den nächsten Schritt?«

Überraschend ist die Erfahrung, die viele in ihrem Glauben immer wieder machen: Der Glaube wächst gerade dann, wenn ich mit meiner Kraft am Ende bin. Solange ich weiß, dass Gott bei mir ist, kann ich auch Fragen ertragen, auf die es offenbar keine Antwort gibt. Und auch der Glaube der anderen kann mich tragen. Ihr Gottvertrauen kann mich aufrichten.

In solchen Erfahrungen wirkt Gott. Der Zweifel, dass Gott und die Welt auch ganz anders sein könnten, kommt dadurch nicht einfach zum Verstummen. Aber der Zweifel lässt den Glauben wachsen und reifen.

Durch Zweifeln kommen wir zum Suchen; in der Suche erfassen wir die Wahrheit.
Petrus Abaelard

42 Glaubensbekenntnis

Ich verstehe nicht, warum … aber ich glaube und hoffe doch!

- es auf der Welt so viel Leid gibt, aber ich glaube, dass Gott mir in meinem Leiden beisteht und mit allen Leidenden mitgeht!?
- der Tod nötig ist, aber ich [illegible]
- Menschen einander Böses antun, aber ich glaube, dass Gott auf der Seite der Gerechtigkeit steht und das Böse überwinden wird!?
- Gott nicht alle Krankheiten auslöscht, wenn er doch angeblich will, dass es allen gut geht, aber ich glaube, dass Gott alle Kranken und Sterbenden an die Hand nimmt und ihnen beisteht!?
- es Naturkatastrophen geben muss, aber ich glaube, dass am Ende aller Zeit auch die ganze Erde und alle Geschöpfe erlöst werden!?
- nicht alle Menschen an Gott glauben, aber ich glaube, dass Gott uns die Freiheit lässt, ja oder nein zu ihm zu sagen und wir keine Marionetten sind und er der Puppenspieler!?

andere glauben anders

Mia Sag mal was glaubst eigentlich du?
Adem Wie meinst du das?
Mia religiös :D
Adem bin Muslim, mein Name ist der Name des ersten Menschen
Mia heißt bei uns aber Adam
Adem ist doch der gleiche :)
Mia müsst ihr eigentlich den Koran auswendig lernen wie wir die Bibel
Adem klar, aber auf Arabisch
Mia kannst du das überhaupt
Adem nicht perfekt, aber man lernt es dabei
Mia der Islam ist mir schon etwas unheimlich, gibt es da nicht so viele Radikale
Adem gibt es in eurer Religion auch, ich sag nur Kreuzzüge
Mia das ist aber lang her, heute gäbs das nicht mehr
Adem ich finde wir Gläubigen sollten zusammenhalten, immerhin gibt es heute schon viele, die gar nicht mehr an Gott glauben.
Mia ich bin froh, dass ich Christ bin. Jesus bedeutet mir viel
Adem Jesus heißt bei uns Isa. Er gilt bei uns als Vorbild. Klar ist Muhammed uns wichtiger, aber Gott steht ja eh über allem
Mia genau das ist der Unterschied: Jesus ist bei uns nicht ein Prophet, sondern wir beten zu Jesus wie zu Gott.
Adem ich finde gut, dass wir uns über unsere Unterschiede so offen unterhalten können.

Das mag neben den existenziellen auch mit den gedanklichen Schwierigkeiten zu tun haben, die mit der Frage verbunden sind. Denn bei der Theodizeefrage gibt es viel zu verlieren und wenig zu gewinnen. Sie erscheint als eine Falle (F. Gruber), weil sie prinzipiell unbeantwortbar ist (Küng). Auf sie kann der Theologe nur mit Schweigen und Vertrauen reagieren (K. Rahner) oder mit dem Hinweis, dass Gott ja auch selber leidet (Moltmann). Im Übrigen trägt die weitgehende Theodizee-Abstinenz der Religionspädagogik und der wissenschaftlichen Theologie nur dazu bei, dass Jugendliche eine Antwort auf die Frage »Warum lässt Gott das zu« bei Sekten oder Kirchenkritikern suchen. Auf Dauer ist eine Strategie der Vermeidung der Theodizee-Frage weder für Jugendliche noch für Erwachsene überzeugend. Dabei erwarten nach meiner Erfahrung Jugendliche keine endgültige (lehramtliche) Antwort, sondern eine, die diskursfähig ist.

»Shit happens«, ↗ S. 232, S. 602
Warum lässt er das zu?, S. 619
Wie kann Gott das zulassen?, S. 625
Gott und das Leid, S. 636

1 K. E. Nipkow, Bildung als Lebensbegleitung und Erneuerung, 1990, 90.
2 Ausführliche theologische Impulse dazu in einem Jugendbuch: Thomas Erne, Warum lässt er das zu? Was Gott mit deinem Alltag zu tun hat, Stuttgart 2006.

Thomas Ebinger

»Shit happens«

Wie Weltreligionen und Weltanschauungen mit der Frage nach dem Leid umgehen

Das Konfirmandenalter ist für viele Jugendliche die Zeit, in der sie zum ersten Mal die Selbstverständlichkeit ihres Glaubens in Frage stellen. Zwei der großen Fragen, mit denen sich alle Religionen auseinandersetzen müssen, treten dabei existenziell ins Bewusstsein: Die Frage nach dem Leid und die Frage nach den anderen Religionen. Von zwei Seiten aus wird die Glaubwürdigkeit der eigenen, christlichen Tradition in Frage gestellt.

Einmal von außen her: Jugendliche merken, dass die christliche Lebens- und Weltdeutung kein Monopol hat. Andere Deutungen konkurrieren jetzt mit der christlichen Wahrheit, die bisher entweder als selbstverständlich angesehen wurde oder zu der noch keine ernsthafte Alternative in den Wahrnehmungshorizont getreten ist. Mit der Frage nach dem eigenen Bekenntnis, das spätestens bei der Konfirmation eine Rolle spielt, wird aber auch die Frage nach dem virulent, was andere bekennen und warum ich gerade das bekennen soll, was schon meine Eltern bekannt haben. Und da im Jugendalter noch immer eine innere Distanzierung von den Eltern stattfindet und auch stattfinden muss, sollten im Konfirmandenunterricht andere religiöse und nichtreligiöse Welt- und Lebensdeutungsangebote nicht völlig unter den Tisch fallen. Wer sich zu etwas bekennt, sollte auch wissen, wovon er sich warum distanziert.

Die zweite Anfrage an die Glaubwürdigkeit der christlichen Tradition kommt von innen her. Sie gilt von jeher als eine der schwierigsten Fragen der christlichen Theologie und des christlichen Lebensvollzugs: die Frage nach dem Leid, das nicht zu der im christlichen Glauben bekannten Güte und Allmacht Gottes zu passen scheint. Auch hier gilt: Ohne tragfähige Antworten auf die Fragen der Jugendlichen, die oft schon da sind oder nicht mehr lange auf sich

Ziele

- ▶ Die Konfirmandinnen und Konfirmanden bringen die Frage nach dem Leid mit der Frage nach Gott in Verbindung.
- ▶ Sie erfahren, wie andere Religionen mit der Frage nach dem Leid umgehen.
- ▶ Sie bringen konkrete Beispiele aus ihrer Lebenswelt ein und versuchen, Antworten des Glaubens auf sie zu finden.
- ▶ Sie lernen, die christliche Position in Auseinandersetzung mit anderen Religionen und Weltanschauungen zu vertreten.

Übersicht

Schritt 1:	Stoffsammlung zu »shit happens« auf Plakat (15 Min.)
Schritt 2:	Gruppenarbeit (45–60 Min.)
Schritt 3:	Expertengespräch der Weltreligionen (30 Min.)
Abschluss:	Song von Xavier Naidoo »Dieser Weg«

Material

- ▶ **M 1a–f** Fragen zur Vorbereitung des Expertengesprächs
- ▶ **M 2 a–f** Informationsblätter zu den Religionen
- ▶ großes Plakat
- ▶ Eddings
- ▶ Namensschilder und Kernthese (**M 3**) für die Podiumsvertreter/innen
- ▶ Song »Dieser Weg« von Xavier Naidoo

warten lassen, macht sich die Konfirmandenarbeit selbst unglaubwürdig. Wo Jugendliche mit belastenden Lebenserfahrungen und nicht beantworteten intellektuellen Zweifeln allein gelassen werden, kann kein Vertrauen entstehen.

Der hier vorgelegte Baustein fasst die zwei zentralen Anfragen an den persönlichen Glauben jedes Christen zusammen. Er eignet sich gut im Anschluss an das Thema Tod oder als Vertiefung des ersten Artikels des Glaubensbekenntnisses: »Wie verhält es sich eigentlich mit Gottes Allmacht?« Auf die Idee brachte mich die im Internet (z. B. *http://www.thejay-walker.com/pages/shit_happens.html,* siehe Material »Weitere Variationen zu ›Shit happens‹«) und auf Postkarten verbreitete »shit list«, die ich für die Zwecke dieses Entwurfs abgewandelt und ergänzt habe. Wer sich am Begriff »shit« stört, möge ihn einfach durch den seriöseren Begriff »Leid« ersetzen. »Shit happens« auf dem Plakat könnte man durch »Schlimmes, das passiert« o.ä. ersetzen.

Schritt 1: »Shit« – Was so alles passiert … (15 Min.)

Ein großes Plakat, auf dem »shit happens« steht, wird in der Mitte ausgelegt.

Impuls: *»›Shit happens‹ – leider zu viel davon. Sicher habt ihr selbst schon Dinge erlebt, die einfach übel sind, die euch fertig gemacht haben, oder ihr wisst von anderen, die mit schlimmen Dingen zurechtkommen mussten. Es gibt kleine und große Katastrophen. Schreibt alles, was euch einfällt, mit den Eddings auf dieses Plakat. Jeder soll mindestens zwei Dinge aufschreiben.«*

Zum Schluss dieser Phase lesen zwei Konfirmand/innen die aufgeschriebenen Dinge vor. Mit einer anderen Farbe wird ein großes »WARUM?« quer über das Plakat geschrieben.

»Jede Religion musste und muss sich dieser Frage stellen.«

An dieser Stelle kann man einige Beispiele von **M 3** vorstellen.

»Mit den Antworten der großen Religionen wollen wir uns jetzt beschäftigen.«

Schritt 2: Gruppenarbeit (45–60 Min.)

Jede Gruppe bekommt zwei Aufgaben:

a) Sie soll sich mit Hilfe des Informationsblattes über den Umgang mit Leid in einer bestimmten Religion oder Weltanschauung (**M 2a–f**) informieren und anschließend das Blatt mit den Fragen beantworten (**M 1a–f**).

b) Sie soll eine kurze Theaterszene vorbereiten, in der etwas Schlimmes passiert (z. B. etwas, das auf dem »shit happens«-Plakat steht).

Die Gruppengröße sollte 4–5 Personen nicht überschreiten. Bei den Weltreligionen (Christentum, Judentum, Islam, Buddhismus oder Hinduismus, Atheismus) kann man nach Belieben auswählen, es sollten aber auf jeden Fall das Christentum und möglichst auch der Atheismus neben einer weiteren Religion vertreten sein.

Schritt 3: Expertengespräch der Weltreligionen (30 Min.)

Anschließend wird eine Podiumsdiskussion inszeniert. Je ein/e Sprecher/in aus jeder Gruppe nimmt auf dem Podium Platz. Vor ihm/ihr befindet sich ein Schild mit der Religion und der Kernthese, die er/sie vertritt (**M 3**). Nachdem alle Sprecher/innen ihre Positionen zum Thema Leid vorgestellt haben, tragen die Gruppen der Reihe nach ihre Theaterszenen vor. Nach jeder Vorführung fragen die in der Szene vom Leid Betroffenen die Vertreter auf dem Podium, was sie ihnen in einer solchen Lage von ihrer Religion her sagen und erklären würden.

Die Podiumsdiskussion und die Fragerunde bedarf einer sensiblen Leitung. Manchmal wird es nötig sein, als Moderator/in auch inhaltliche Anregungen zu geben wie z. B. *»Ich könnte mir vorstellen, dass ein Muslim in dieser Lage Folgendes sagen würde …«*

Abschluss: »Dieser Weg wird kein leichter sein«

Zum Schluss wird der Song »Dieser Weg« von Xavier Naidoo eingespielt (Album »Telegramm für X«, 2005). Ein Gespräch über den Songtext oder eine kleine Andacht darüber kann Perspektiven dafür geben, dass der Lebensweg durch die Steine auf dem Weg seinen Sinn nicht verliert, sondern im Gegenteil spannend und herausfordernd werden kann.

Materialien zu diesem Beitrag auf CD-ROM

M 1a FRAGEN ZUR VORBEREITUNG DES EXPERTENGESPRÄCHS DER RELIGIONEN | »Shit happens«

CHRISTENTUM

Was denken Christen über das Leid?

Kann das Leid nach der Meinung des Christentums überwunden werden und wenn ja, wie?

Wie soll man nach der Meinung von Christen mit Menschen umgehen, die leiden?

Was kann man zu einem leidenden Menschen sagen?

Was wollt ihr von den Vertretern der anderen Religionen und Weltanschauungen wissen?

M 1b FRAGEN ZUR VORBEREITUNG DES EXPERTENGESPRÄCHS DER RELIGIONEN | »Shit happens«

ISLAM

Was denken Muslime über das Leid?

Kann das Leid nach der Meinung des Islam überwunden werden und wenn ja, wie?

Wie soll man nach der Meinung von Muslimen mit Menschen umgehen, die leiden?

Was kann man zu einem leidenden Menschen sagen?

Was wollt ihr von den Vertretern der anderen Religionen und Weltanschauungen wissen?

© 2013 Calwer Verlag Stuttgart

M 1c FRAGEN ZUR VORBEREITUNG DES EXPERTENGESPRÄCHS DER RELIGIONEN | »Shit happens«

JUDENTUM

Was denken Juden über das Leid?

Kann das Leid nach der Meinung des Judentums überwunden werden und wenn ja, wie?

Wie soll man nach der Meinung von Juden mit Menschen umgehen, die leiden?

Was kann man zu einem leidenden Menschen sagen?

Was wollt ihr von den Vertretern der anderen Religionen und Weltanschauungen wissen?

© 2013 Calwer Verlag Stuttgart

M 1d FRAGEN ZUR VORBEREITUNG DES EXPERTENGESPRÄCHS DER RELIGIONEN | »Shit happens«

BUDDHISMUS

Was denken Buddhisten über das Leid?

Kann das Leid nach der Meinung des Buddhismus überwunden werden und wenn ja, wie?

Wie soll man nach der Meinung von Buddhisten mit Menschen umgehen, die leiden?

Was kann man zu einem leidenden Menschen sagen?

Was wollt ihr von den Vertretern der anderen Religionen und Weltanschauungen wissen?

© 2013 Calwer Verlag Stuttgart

M 1e FRAGEN ZUR VORBEREITUNG DES EXPERTENGESPRÄCHS DER RELIGIONEN | »Shit happens«

HINDUISMUS

Was denken Hindus über das Leid?

Kann das Leid nach der Meinung des Hinduismus überwunden werden und wenn ja, wie?

Wie soll man nach der Meinung von Hindus mit Menschen umgehen, die leiden?

Was kann man zu einem leidenden Menschen sagen?

Was wollt ihr von den Vertretern der anderen Religionen und Weltanschauungen wissen?

© 2013 Calwer Verlag Stuttgart

M 1f FRAGEN ZUR VORBEREITUNG DES EXPERTENGESPRÄCHS DER RELIGIONEN | »Shit happens«

ATHEISMUS

Was denken Atheisten über das Leid?

Kann das Leid nach der Meinung des Atheismus überwunden werden und wenn ja, wie?

Wie soll man nach der Meinung von Atheisten mit Menschen umgehen, die leiden?

Was kann man zu einem leidenden Menschen sagen?

Was wollt ihr von den Vertretern der anderen Religionen und Weltanschauungen wissen?

© 2013 Calwer Verlag Stuttgart

M 2a CHRISTENTUM | »Shit happens«

Shit happened to Jesus too.
Auch Jesus hat Leid erfahren (und es überwunden).

Durch den Sündenfall wurde die ganze Schöpfung Gottes in Mitleidenschaft gezogen. Es gibt Leid, das sich durch die Bosheit der Menschen erklären lässt. Es gibt aber auch Leid, das kein Mensch verursacht hat. Christen glauben, dass Gott allmächtig und liebevoll zugleich ist. Deshalb fragen sie, warum Gott das Leid zulässt. Sie richten diese Frage im Klagegebet an Gott selbst und sehen sich zugleich berufen, sich neben den leidenden Menschen zu stellen.

Jesus hat mit seinem Leben und Sterben dafür ein Beispiel gegeben. Christen glauben, dass Gott in Jesus, dem Sohn Gottes, mitleidet und alles tut, um das Leid und die Ungerechtigkeit zu überwinden. Auch wer hier leiden muss oder nur ein kurzes Leben hat, kann im Vertrauen auf Gott Freude und Sinn erfahren. Nach dem Tod geht das Leben der Christen im Himmel bei Gott weiter, wo es kein Leid und keine Schmerzen mehr geben wird.

26. Dezember 2004: Ein Seebeben im Indischen Ozean vor der Insel Sumatra, das eine Magnitude von 9,3 auf der Richterskala hat – das viert- oder fünftstärkste je gemessene Beben –, löst eine der bisher schlimmsten Tsuna-…

… Als Christ schaue ich auf Jesus, den leidenden Gott am Kreuz, in dem Glauben, dass er als der auferstandene Herr »jede Träne aus ihren Augen wischen wird: der Tod wird nicht mehr sein, nicht Trauer noch Klage noch Mühsal. Denn die alte Welt ist vergangen« (Offenbarung 21,4).

M 2b ISLAM | »Shit happens«

If shit happens it is the will of Allah.
Wenn dir Leid widerfährt, ist es Allahs Wille

Das Leid hat im Islam einen doppelten Sinn: Einerseits ist es die Strafe Gottes für die Sünde der Menschen, andererseits eine Prüfung für die Gläubigen, die ihnen von Gott auferlegt ist. Sie sollen dadurch Geduld lernen – eine Haupttugend im Islam. Weil Gott barmherzig ist, darf ihm das Leid nicht vorgeworfen werden, es soll nicht geklagt werden: Denn Islam bedeutet wörtlich: »Ergebung in Gottes Willen.« Dieser Wille Gottes soll akzeptiert werden, weil Gott weiß, was gut ist für die Menschen. Gott ist nämlich letztlich barmherzig, auch wenn er die Menschen manchmal strafen muss.

26. Dezember 2004: Ein Seebeben im Indischen Ozean vor der Insel Sumatra, das eine Magnitude von 9,3 auf der Richterskala hat – das viert- oder fünftstärkste je gemessene Beben –, löst eine der bisher schlimmsten Tsuna-…

M 2c JUDENTUM | »Shit happens«

Why does this shit always happen to us?
Warum widerfährt das Leid immer uns?

Die Juden haben als Volk über die Jahrhunderte hinweg besonders viel Leid erlitten. Sie verstehen dieses Leid als von Gott geschicktes Leid, um sie von einem falschen Weg abzubringen. Zugleich machten sie aber als Volk und als Einzelne die Erfahrung, dass es viel ungerechtes Leid gibt. Gerade dann, wenn sie als das auserwählte Volk Gottes verfolgt wurden, wussten sie sich Gott besonders nahe. Hiob z. B., der seine Familie und seinen ganzen Besitz verliert, versteht sein Leid als Prüfung Gottes. Er hält Gott wie in den Klagegebeten der Psalmen sein Leid vor. Zusammenfassend könnte man die Einstellung der Juden zum Leid mit einem Vers aus den Psalmen beschreiben (Psalm 34,20): »Wer dem HERRN treu bleibt, geht durch viele Nöte, aber aus allen befreit ihn der HERR.«

26. Dezember 2004: Ein Seebeben im Indischen Ozean vor der Insel Sumatra, das eine Magnitude von 9,3 auf der Richterskala hat – das viert- oder fünftstärkste je gemessene Beben –, löst eine der bisher schlimmsten Tsuna-…

M 2d BUDDHISMUS | »Shit happens«

If shit happens it isn't really shit.
Das Leid, das dir widerfährt, ist in Wirklichkeit nur Einbildung

Der Buddhismus, der auf Siddharta Gautama, genannt Buddha (ca. 563–483 v. Chr.) zurückgeht, ist eine Weisheitslehre, die den Weg zur Erleuchtung beschreibt. Die vier »edlen Grundwahrheiten« des Buddha lauten so:
1. Alles Leben beinhaltet Leiden. Leid ist eine zentrale Erfahrung des menschlichen Lebens.
2. Dieses Leiden hat seine Ursache in Gier, Hass und Verblendung, weil man die wahre Natur der Dinge nicht erkennt.
3. Es gibt einen Weg zur Befreiung vom Leiden.
4. Der Weg aus dem Leiden ist das Befolgen des achtfachen Pfades: rechte Ansicht, rechte Gesinnung, rechte Rede, rechtes Handeln, rechter Lebenserwerb, rechte Anstrengung oder Bemühung, rechte Achtsamkeit und rechte Konzentration. Wer diesen Weg begeht kann aus dem verhängnisvollen Kreislauf von Tod und Wiedergeburt aussteigen und in das Nirvana, das Nichts, eingehen, weil er nicht mehr an der materiellen Welt hängt.
(vgl. http://de.wikipedia.org/wiki/Buddhismus)

26. Dezember 2004: Ein Seebeben im Indischen Ozean vor der Insel Sumatra, das eine Magnitude von 9,3 auf der Richterskala hat – das viert- oder fünftstärkste je gemessene Beben –, löst eine der bisher schlimmsten Tsuna-…

M 2e HINDUISMUS | »Shit happens«

This shit happened before.
Die Ursache dieses Leids liegt weit in der Vergangenheit

Der Hinduismus ist eine Religion, in der es viele Unterformen gibt. Allen gemeinsam ist die Vorstellung vom Karma: Ein Mensch sammelt sich in seinem gegenwärtigen Leben ein Karma an, die Auswirkungen seiner guten oder bösen Taten. Für böse Taten muss er in einem kommenden Leben büßen. Nur wenn er gut lebt, darf er hoffen, von der Welt loszukommen und in das Nirvana einzugehen. Menschen oder Tiere, die leiden, soll man als Hinduist rücksichtsvoll behandeln, damit sie die Gelegenheit haben, ihre vergangenen Taten zu büßen. *(vgl. http://de.wikipedia.org/wiki/Hinduismus* und *http://de.wikipedia.org/wiki/Karma)*

26. Dezember 2004: Ein Seebeben im Indischen Ozean vor der Insel Sumatra, das eine Magnitude von 9,3 auf der Richterskala hat – …

M 2f ATHEISMUS | »Shit happens«

This shit is pure coincidence.
Dieses Leid ist purer Zufall

Für eine atheistische Weltanschauung ist das Leid eine Tatsache ohne Bedeutung. Leid und Schmerzen sind zwar hilfreich für einen Menschen, um ein Problem ihres Körpers zu erkennen, aber letztlich hat Leiden keinen Sinn. Trotzdem kann und soll man mit allen medizinischen und psychologischen Mitteln versuchen, es zu verhindern oder wenigstens zu bewältigen.
Naturkatastrophen sind nur ein besonders auffälliges Beispiel für den Zufall, der überall regiert. Er nimmt keine Rücksicht auf die ebenfalls zufällig entstandenen Lebewesen.
Für die Evolution haben Krankheit und Leiden einen wichtigen Sinn, denn die schwächeren Individuen überleben nicht, bekommen weniger Nachkommen und so kommt es durch die natürliche Auslese zu einer immer besseren Anpassung einer Art an ihre Umwelt und letztlich zu einer Höherentwicklung der Menschen.

26. Dezember 2004: Ein Seebeben im Indischen Ozean vor der Insel Sumatra, das eine Magnitude von 9,3 auf der Richterskala hat – …

M 3 KERNTHESEN | »Shit happens«

Christentum:
Shit happened to Jesus too.

Islam:
If shit happens it is the will of Allah.

Judentum:
Why does this shit always happen to us?

Buddhismus:
If shit happens it isn't really shit.

Hinduismus:
This shit happened before.

Atheismus:
This shit is pure coincidence.

© 2013 Calwer Verlag Stuttgart

WEITERE VARIATIONEN ZU »SHIT HAPPENS« | »Shit happens«

Weitere Variationen zu »Shit happens«

Taoism: Shit happens.
Calvinism: Shit happens because you don't work.
Seventh Day Adventism: No shit shall happen on Saturday.
Creationism: God made all shit.
Darwinism: This shit was once food.
Capitalism: That's MY shit.
Communism: It's everybody's shit.
Feminism: Men are shit.
Chauvinism: We may be shit, but you can't live without us …
Commercialism: Let's package this shit.
Impressionism: From a distance, shit looks like a garden.
Existentialism: Shit doesn't happen; shit IS.
Stoicism: This shit is good for me.
Hedonism: There is nothing like a good shit happening!
Mormonism: God sent us this shit.
Scientology: If shit happens, see »Dianetics«, p.157.
Jehovah's Witnesses: ›Knock‹ ›Knock‹ Shit happens.
Hare Krishna: Shit happens, rama rama.
Rastafarianism: Let's smoke this shit!
Agnostic: Shit might have happened; then again, maybe not.
Nihilism: No shit.

Quelle: www.thejaywalker.com/pages/shit_happens.html

Tod und Sterben

Die Konfirmand/innen und das Thema Sterben und Tod

In der Lebenswelt der Jugendlichen ist das Thema Sterben und Tod auf unterschiedliche Weise präsent. Viele haben den Tod von Angehörigen in der Familie vor Augen und dazu ist der Tod des geliebten Haustiers gleichrangig mit dem Tod der Großeltern. Kreuze an Straßenrändern mahnen als stumme Zeugen von Verkehrsunfällen, Bilder in Zeitung und Fernsehen von Toten sind fast schon alltäglich. Und die Amokläufe an Schulen in den letzten Jahren sind im Bewusstsein der Jugendlichen präsent und damit das Wissen, wie plötzlich das Leben vorbei sein kann. Auf diese Weise haben sie vermutlich auch schon erste Erfahrungen mit Formen und Riten der Trauerbewältigung im Schulunterricht gemacht. Dennoch ist dieses Thema in vielen Familien ein Tabuthema, das selten Anlass zum Gespräch ist. So wird auch, außer vielleicht im Religionsunterricht, selten über eigene Gefühle und Vorstellungen gesprochen.

Der Konfirmandenunterricht kann da zur Sprachfähigkeit über Tod und Trauer beitragen, indem die Jugendlichen Raum bekommen, über eigene Erfahrungen mit Tod und Sterben zur reden. Im Konfirmandenunterricht bietet es sich an, sich diesem Thema nicht nur abstrakt über Reden zu nähern, sondern über einen Gang auf dem Friedhof und/oder bei einem Besuch im Bestattungsinstitut. Solche Orte strahlen eine besondere Atmosphäre aus, die Jugendliche sehr in ihren Bann ziehen. Es redet sich im Anschluss im Gemeindehaus anders über das Thema, wenn man eine Begehung und Begegnung auf dem Friedhof oder im Bestattungsinstitut hatte.

Aber ist mit dem Tod alles aus? Die Frage »Gibt es ein Leben nach dem Tod?« interessiert die Jugendlichen sehr. Viele Jugendliche glauben an ein Weiterleben nach dem Tod, auch wenn die Zahlen im Vergleich der Vorjahre stark zurückgegangen sind – auf ein Drittel (32 % West) und noch weniger in Ost (18 %) – wie etwa die 13. Shell Jugendstudie (2000, 162) zeigt. Anders sieht das bei den Konfirmandinnen und Konfirmanden aus, wie die KA-Studie (KA in Deutschland, 2009, 125) zeigt. Im Laufe des Konfirmandenjahres wächst die Zustimmung zu dieser Frage von 51 % auf 58 % und liegt damit deutlich über dem Schnitt der Jugendstudie. Das heißt aber auch, dass sich die Auseinandersetzung mit diesem Thema im Konfirmandenunterricht allemal lohnt und eine deutliche Einstellungsänderung mit sich bringt.

Allerdings spielt der christliche Auferstehungsglaube bei den Jugendlichen eine völlig nebensächliche bis gar keine Rolle. Charakteristisch dafür ist ein Mix von Deutungen und Erklärungsmustern, die von der Auferstehungshoffnung bis zur Reinkarnation gehen. Aufgabe im Konfirmandenunterricht muss es daher sein, die unterschiedlichen Vorstellungen und Symbole, die Jugendliche mitbringen, zu klären und zu deuten. Biblische Hoffnungsbilder und die Sprache von der Auferstehung sind in Verbindung zu setzen mit dem Mix an Vorstellungen, die Jugendliche mitbringen. Das kann nicht geschehen ohne die eigene Hoffnung aufzuzeigen und zu begründen. Jugendliche wollen wissen, worauf wir Erwachsene unsere Hoffnung setzen. Der Konfirmandenunterricht kann dieses Thema sehr schön zum Beispiel mit dem Gottesdienst zum Toten-/Ewigkeitssonntag in Verbindung bringen.

Hinweis: Eine sehr schöne Idee für die Bearbeitung der Frage »Gibt es ein Leben nach dem Tod« findet sich im Buch von Keßler/Nolte, Konfis auf Gottsuche (Gütersloher Verlag). Vorgeschlagen wird im Unterricht »Jenseitskisten« zu bauen, indem Jugendliche in einem leeren Karton ihre Vorstellungen vom Jenseits gestalten. Diese Kisten werden dann mit biblischen Hoffnungsbildern kontrastiert.

Wenn Steine reden ..., ↗ S. 236, S. 652
Hat Opa einen Anzug an?, ↗ S. 241, S. 658
Ich schreibe mein Testament, ↗ S. 243, S. 660
Sterbehemd und Urnengrab, ↗ S. 246, S. 671
»Unvergessen« – Gottesdienst zu Tod und Sterben, S. 681

Wolfgang Ilg und Andreas Wiedenmann

Wenn Steine reden …

Konfi-Nachmittag auf dem Friedhof

Der Friedhof unseres Ortes Dagersheim liegt zentral und ist im Prinzip jedem Jugendlichen im Ort vertraut. Manche unserer Konfirmand/innen führt sogar der tägliche Schulweg über den Friedhof. Trotzdem verspüren Jugendliche abseits der Durchgangswege auf dem Friedhof eine »heilige Scheu«, Unbehagen und Unsicherheit im Umgang mit diesem Ort des Todes. Durch einen erlebnisorientierten Zugang sollen die Jugendlichen zum eigenen Nachdenken über die Vergänglichkeit des Lebens herausgefordert werden.

Zur Durchführung

Die Bausteine 1 und 2 umfassen einen ca. dreistündigen Nachmittag für alle Konfirmand/innen.

Im Zentrum des Friedhofsbesuchs (Baustein 1) steht die Bearbeitung eines Laufzettels, der an den örtlichen Friedhof angepasst ist (siehe Beispiel S. 10). Die Erstellung des Laufzettels erfordert einen halben Tag (Fotografieren und Notizen machen) – Zeit, die gut investiert ist, weil man den Zettel mit jedem Konfirmandenjahrgang wiederverwenden kann.

Für die anschließende Vertiefung des Themas (Baustein 2) bietet es sich an, weitere Personen mit einschlägiger Erfahrung einzubeziehen. Wir haben gute Erfahrungen mit einer Kirchengemeinderätin gemacht, die ehrenamtlich in der Hospizarbeit tätig ist. Denkbar sind aber auch andere »Experten«: Friedhofsbedienstete, Organisten der Trauerfeiern oder Pflegekräfte der Diakoniestation. Vielleicht ist dieser Nachmittag eine gute Gelegenheit, den Bestatter, mit dem man sonst nur um Termine feilscht, einmal für einen inhaltlichen Beitrag in der Gemeinde zu gewinnen …?

Wichtig ist, dass die Jugendlichen rechtzeitig vor dem Friedhofsbesuch einen Informationszettel erhalten – nicht zuletzt als Information an die Eltern, weil das Thema auch in der Familie nachwirken kann. Da es für manche Bürger befremdlich wirkt, wenn eine Gruppe von Jugendlichen mit Notizblättern über den Friedhof geht, ist auch eine kurze Ankündigung der Aktion im örtlichen Mitteilungsblatt oder im Gemeindebrief hilfreich.

Ziele / Absichten

- Die Konfirmand/innen sollen zum eigenen Nachdenken und Reden über die Vergänglichkeit des Lebens herausgefordert werden.
- Die Jugendlichen sollen erkennen, welche Hilfen und Orientierungen der christliche Glaube in der Situation der Trauer bieten kann; es werden dazu christliche Symbole gemeinsam entschlüsselt und auf ihre tröstende Bedeutung hin untersucht.
- In der Kindheit erlebte Situationen auf dem Friedhof (z. B. Begräbnisse von Großeltern u.a.) können seelsorgerlich aufgearbeitet werden.
- Der individuelle Bezug zum örtlichen Friedhof als Ort christlicher Trauer und Hoffnung soll ermöglicht werden.

Zu den Rahmenbedingungen

Ein solcher Nachmittag ist nicht im 90-Minuten-Format denkbar. Wir haben uns daher entschieden, einen dreistündigen Nachmittag (von 14.30 bis 17.30 Uhr) für alle Konfirmand/innen anzusetzen. Dafür gaben wir am Mittwoch in der Vorwoche frei. Von der Jahreszeit her bietet sich ein Termin im November an, beispielsweise der Mittwoch nach dem Ewigkeitssonntag. Die Zeitplanung sollte so gestaltet werden, dass während des Friedhofsbesuchs keine Bestattung stattfindet.

Baustein 1
Friedhofsbesuch

- Friedhofsbesuch (mit Laufzettel): ca. 45 Min. + Einführung und Nachgespräch (+ Wegstrecke vom und zum Gemeindehaus)

Baustein 2
Vertiefung

- Pause mit Tee und Keksen: ca. 20 Min.
- Film »Alles hat seine Zeit – Wenn der Tod zum Abschied zwingt«: 23 Min. + evtl. Nacharbeit
- Interview mit einer Person aus der Hospizarbeit: ca. 20 Min.
- Alternativ: Kleingruppen mit Schreibgespräch: ca. 20 Min.
- Andacht und Singen: 5–20 Min.

Material / Vorbereitung

- Fotos von Grabsteinen
- Film »Alles hat seine Zeit – Wenn der Tod zum Abschied zwingt«. DVK 1090 beim Ökumenischen Medienladen in Stuttgart oder digital unter www.medienzentralen.de (Anmeldung erforderlich)
- Laufzettel für die Friedhofsbegehung (**M 1**)
- Absprache mit der Friedhofsverwaltung
- Absprachen mit Interviewpartner/in z. B. aus der Hospizarbeit
- DIN-A2- oder DIN-A3-Plakate für Schreibgespräch, Edding-Stifte

Baustein 1
Friedhofsbesuch

Der Treffpunkt für diesen Nachmittag ist am Gemeindehaus. Hier werden vor Betreten des Friedhofs Grundregeln für ein angemessenes Verhalten vorgegeben.

Schritt 1: Einführung (15 Min.)

Impuls: »*Wir gehen jetzt auf den Friedhof. Der Friedhof ist ein Ort der Stille und des Nachdenkens. Deshalb bitte ich darum, dass ihr euch dort angemessen verhaltet. Laute Gespräche, Herumrennen usw. passen nicht zu diesem Ort. Wenn Angehörige auf dem Friedhof sind, stört diese bitte nicht. Handys und Musikplayer bleiben aus. Jeder nimmt einen Kugelschreiber und eine Schreibunterlage sowie eine warme Jacke mit. Die restlichen Sachen können hier im Gemeindehaus bleiben.*«

Die Gruppe geht dann gemeinsam zum Friedhof. Auf dem Friedhof angekommen, erfolgt zunächst in der Gesamtgruppe eine Orientierung über das Gelände. Interessant ist für viele Jugendliche ein Blick in das Innere des Sakralgebäudes bzw. der weiteren Friedhofsräumlichkeiten, soweit sie öffentlich zugänglich sind. Dabei sollten die wichtigsten Abläufe des Friedhofswesens kurz erläutert werden (Aufbahrung der Toten in den Kühlkammern; Unterschied von Erdbestattung und Feuerbestattung; Kosten einer Beerdigung; Funktion des Pfarrers und des Bestatters; Ablauf einer Trauerfeier usw.).

Schritt 2: Impuls auf dem Friedhofsgelände (5 Min.)

»*Wer hat hier schon einmal eine Beerdigung miterlebt?*« Einige Konfirmand/innen werden sich bei dieser Frage melden. Wenn ein gutes Klima im Umgang mit den Konfirmand/innen herrscht, kann behutsam nachgefragt werden: »*Welche Gefühle und Erinnerungen verbindet ihr mit diesem Ort?*« (z. B. Unsicherheit, Angst, Blumen, Händeschütteln von fremden Leuten …). Vielleicht ist auch ein Gesprächsangebot hilfreich: »*Für wen es hier auf dem Friedhof innerlich zu viel wird, der kann sich bei mir melden und nachher während der Aufgaben eine Pause einlegen*«.

Schritt 3: Arbeitsanweisung (45 Min.)

»*Eure Aufgabe ist es, mit dem Laufzettel gruppenweise unseren Friedhof zu erkunden. Jeder bearbeitet seinen eigenen Laufzettel. Die Gruppen beginnen an verschiedenen Stationen. An der letzten Station angekommen, macht ihr einfach mit Station 1 weiter. Es geht nicht um Ge-*

schwindigkeit, ihr habt für diesen Laufzettel 45 Min. Zeit. Wenn eine Gruppe vor euch an der Station ist, dann wartet bitte, bis diese fertig ist. Bitte bildet jetzt Dreiergruppen und holt hier die Laufzettel ab!«

Jede Dreiergruppe beginnt an einer eigenen Station mit dem Rundgang (am besten die Startstation auf dem Laufzettel ankreuzen).

Während die Konfirmand/innen ihre Aufgaben bearbeiten, sollte man immer wieder bei einzelnen Gruppen nachfragen und helfen. Daneben ist ab und zu auf die Einhaltung der Regeln hinzuweisen; vielleicht brauchen auch irritierte Friedhofsbesucher eine kurze Erklärung, was es mit den Jugendlichen auf sich hat. Nach 45 Min. werden die Gruppen wieder zusammengeholt; es geht nun direkt weiter in das Gemeindehaus. In jedem Fall sollten die Ergebnisse der Gruppen noch gemeinsam besprochen werden – entweder auf dem Friedhof oder im Gemeindehaus.

Baustein 2
Vertiefung des Themas

Schritt 1: Pause (20 Min.)

Ein langer Nachmittag zu diesem schweren Thema ist anstrengend. Da tut eine Pause gut! Führt man den Konfirmanden-Nachmittag tatsächlich in der Zeit um den Ewigkeitssonntag durch, dürfte der Gang über den Friedhof eine kühle Sache werden. Grund genug, die Konfirmand/innen danach im Gemeindehaus mit warmem Tee und Keksen zu begrüßen. Wenn es nach der Rückkehr ins Gemeindehaus gleich mit dem Film weitergeht, sollte die Pause spätestens zwischen Film und Interview stattfinden. Schließlich gilt: Die wichtigsten Gespräche finden oft in den Pausen statt.

Schritt 2: Film (25 Min.)

»Alles hat seine Zeit – Wenn der Tod zum Abschied zwingt« heißt ein hervorragender Film aus dem Jahr 2002. Zu Wort kommen in dem 23-Minuten-Film mit deutlich schwäbischem Lokalkolorit unter anderem ein Arzt, ein Krankenhausseelsorger, eine Pfarrerin, ein Bestatter, ein Rechtsanwalt und ein Steinmetz. Einfühlsam werden Szenen einer Bestattung gezeigt. Für Konfirmand/innen ist der Film hervorragend geeignet; der Spagat zwischen Informationsvermittlung und dem Ausdruck persönlicher Betroffenheit gelingt. Der Film kann entweder vor der Friedhofsbegehung oder auch danach eingesetzt werden. Die Produktion von Silke Stürmer kann bei der Evangelischen Medienzentrale / Ökumenischer Medienladen in Stuttgart ausgeliehen werden und steht auch digital unter www.medienzentralen.de zur Verfügung (Anmeldung erforderlich).

Schritt 3: Interview (10 Min.)

Um neben den vielen steinernen Zeugnissen und den Worten aus dem Film auch etwas »live« von Betroffenen zu hören, haben wir gute Erfahrungen damit gemacht, ein Interview mit einer Person zu führen, die eigene Erfahrungen mit dem Thema Tod gemacht hat. Menschen aus dem Hospizdienst können dabei Interessantes erzählen – zugleich ist das eine gute Form der Öffentlichkeitsarbeit für diesen ansonsten oft unbemerkten Zweig diakonischer Arbeit. Vielleicht ergibt sich aus dem Interview heraus das Bedürfnis der Konfirmand/innen, selbst Fragen an die/den Interviewte/n zu stellen.

Wenn die Konfirmand/innen nach dem Film in »Kino-Bestuhlung« nach vorne gerichtet sitzen bleiben, kann das Interview direkt an den Film angeschlossen werden. Vorne werden zwei Stühle oder Sessel aufgebaut, in denen Pfarrer/in oder KU-Mitarbeiter/in den Interviewgast befragen. Mögliche Fragen hierfür:

- »Wie ging es Ihnen beim Anschauen des Films: Bekommt man überhaupt so etwas wie ›Routine‹ im Umgang mit so einem schweren Thema?«
- »Welche Erfahrungen machen Sie im Umgang mit Sterbenden / Trauernden am häufigsten?«
- »Wie kommt man dazu, sich mit solchen schweren Themen beruflich / ehrenamtlich zu befassen?«
- »Was gibt Ihnen Kraft für diese Tätigkeit?«
- »Befassen sich Jugendliche eigentlich auch schon mit dem Thema Tod?« (hier könnte anschließend in die Runde gefragt werden)
- »Wenn Sie an Ihren eigenen Tod denken: Haben Sie davor Angst? Welche Hoffnungen verbinden Sie mit dem christlichen Glauben an ein ›ewiges Leben‹?«

Je nach Interviewpartner/in und Gruppe kann das Gespräch auch für das Plenum geöffnet werden.

Schritt 4: Schreibgespräch (10 Min.)

Als Ergänzung oder Alternative zu Schritt 2 oder 3 kann ein Gespräch in Kleingruppen angestoßen werden. Da beim Thema »Tod und Auferstehung« bei vielen Jugendlichen relativ große Sprachlosigkeit herrscht, ist die Methode des Schreibgesprächs einer

echten Diskussion vorzuziehen. Dazu werden in Gruppen von fünf bis acht Konfirmand/innen große Plakate auf den Boden gelegt, die in der Mitte Impulsfragen enthalten. Die Jugendlichen sowie die Mitarbeiter/innen aus dem KU-Team (möglichst pro Kleingruppe eine/r) äußern durch geschriebene Statements dazu ihre Meinung. Dazu Filzstifte und ausreichend dicke Plakate bereitlegen. Die Ergebnisse können im Anschluss zu einer Plakatwand zusammengestellt werden.

Schritt 5: Andacht (15 Min.)

In der Andacht werden Bilder von Grabsteinen des örtlichen Friedhofes verwendet (s. links).

Beispiel-Impuls:
Wir schauen jetzt drei Grabsteine noch einmal genau an und überlegen, was sie bedeuten:

1.) das Bild von der Gotteshand, die nach der Menschenhand greift,
2.) das Bild vom Grabstein, durch den die Sonne scheint,
3.) der Stein mit »Sonnenaufgang«.

Gemeinsam mit den Konfirmand/innen wird überlegt, welche Vorstellungen von Tod und Ewigkeit sich mit diesen Bildern verbinden und welche Hoffnungen zum Ausdruck gebracht werden.

Eindrucksvoll ist auch ein Foto von einer abgeräumten Grabstelle, einem »leeren Grab« sozusagen (siehe Foto links unten): »Nun sind die letzten irdischen Reste eines Menschen weggeräumt. Kein Stein, keine Blume erinnert mehr an ihn. Ist sein Leben damit ausgelöscht? Nein, Christen hoffen auf ein Leben in einer neuen, von Gott durchdrungenen Wirklichkeit. Grund für diese Hoffnung ist ein leeres Grab, das vor 2000 Jahren den Menschen neue Hoffnung gab.« Als Bibelstellen bieten sich Texte an, die auch auf dem Friedhof immer wieder gelesen werden: Psalm 90; Römer 8,38–39; Offenbarung 21,1–5a.

Auch Lieder sollten an einem solchen Nachmittag nicht fehlen. Ob es die Klassiker des Trauergottesdienstes (»So nimm denn meine Hände«, »Jesu geh voran«, »Befiehl du deine Wege«) sein müssen, darüber werden die Geschmäcker auseinandergehen. Es gibt – zumindest im württembergischen Gesangbuch – auch singbare neue Lieder, die zum Thema passen:
EG 408: Meinem Gott gehört die Welt
EG 489: Gehe ein in deinen Frieden
EG 627: Ich werfe meine Fragen hinüber
EG 628: Meine Zeit steht in deinen Händen
EG 652: We shall overcome

Anleitung für einen Friedhofs-Laufzettel

Abgedruckt findet sich die erste Seite des Dagersheimer Laufzettels (siehe **M 1**). Wie der Zettel aussieht, wird von örtlichen Gegebenheiten abhängen. Für die Erstellung des Laufzettels haben sich folgende Leitgedanken bewährt:

- Die Aufgabenfolge sollte einer gut begehbaren Wegfolge entsprechen. Die aufzusuchenden Gräber müssen leicht zu finden sein.
- Die zu betrachtenden Grabsteine sollten eine Mischung darstellen aus auffallender christlicher Symbolik, außerchristlicher Bildsprache und Kuriositäten (im Lateinischen »neugierig machende« Phänomene).
- Die Auswahl sollte zudem eine große frömmigkeitsgeschichtliche Bandbreite aufweisen: von pietistischer Bibelfrömmigkeit (dazu gehört in manchen württembergischen Gegenden 2. Timotheus 4,7 u.ä.) über ökumenische Symbolik (Johannes 10 – »Schafe/Hirte« oder Johannes 15 – »Weinstock/Rebe«) bis hin zur neureligiösen Spiritualität (»Labyrinthe«).
- Eine gewisse Streuung landschaftstypischer Merkmale ist auch informativ (bayrischer Kruzifix-Typus aus Schmiedestahl, griechisch-klassizistische Funeraltempelchen usw).
- Die stille Frage hinter der Beobachtungsaufgabe sollte immer wieder sein: »Welche Jenseitsvorstellung und Jenseitshoffnung drückt sich durch die betrachteten Objekte aus?« – »Was sagt das Grab über den Verstorbenen und über seine Angehörigen?«

Vorschläge für konkrete Arbeitsaufgaben

- Auf fast allen Friedhöfen finden sich Soldatengräber und – in der Zeit nach dem Volkstrauertag meist frisch geschmückt! – Vermissten- bzw. Gefallenendenkmale aus den Kriegen, bei denen das Schulwissen aus den Geschichtsbüchern konkrete Namen bekommt *(»Findet unter den gefallenen Soldaten solche Nachnamen, die auch heute noch in unserem Ort häufig zu finden sind!«).*
- Auf Grabsteinen sind manchmal Bibelverse zu finden. Wir haben unseren Konfirmand/innen die Aufgabe gestellt, herauszusuchen, welchen Bibelvers sie wählen würden, wenn sie bei der Beerdigung eines Familienmitglieds mitentscheiden sollten. Über solche Fragen kann man mit dem einen oder der anderen beim Schlendern über den Friedhof gut ins Gespräch kommen.
- Besonders bedrückend, aber trotzdem »zumutbar«, sind Kindergräber. Die Konfirmand/innen werden hier möglicherweise Grabsteine antreffen, bei denen Menschen ihres eigenen Jahrgangs begraben liegen. »Wäre der nicht als Baby gestorben, ginge er jetzt zu uns in die Klasse« mag da manche/r denken. Die Frage nach dem Warum, nach der Grausamkeit des Todes und der Ferne Gottes stellt sich hier in besonderer Weise. Aber auch der eigene Tod erscheint plötzlich näher als einem lieb ist.
- Daneben sollten natürlich auch lokale Besonderheiten des Friedhofs im Laufzettel angesteuert werden (besondere Grabstätten, altehrwürdige Bäume usw.). Und nicht zuletzt sind die Aushänge des Friedhofsamtes und die ganz praktische Verwaltung des Sterbens in unserer Zeit einen Blick wert: Was kostet ein Reihengrab? Wie »funktioniert« eine Urnenbeisetzung? Und was hat es mit der neuen Begräbnisform des Kolumbariums (Urnennischengrab) auf sich?

Materialien zu diesem Beitrag auf CD-ROM

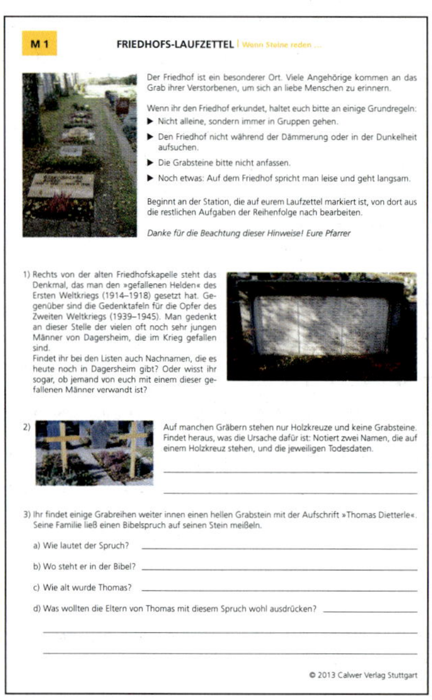

M 1 FRIEDHOFS-LAUFZETTEL I Wenn Steine reden …

Der Friedhof ist ein besonderer Ort. Viele Angehörige kommen an das Grab ihrer Verstorbenen, um sich an liebe Menschen zu erinnern.

Wenn ihr den Friedhof erkundet, haltet euch bitte an einige Grundregeln:

- Nicht alleine, sondern immer in Gruppen gehen.
- Den Friedhof nicht während der Dämmerung oder in der Dunkelheit aufsuchen.
- Die Grabsteine bitte nicht anfassen.
- Noch etwas: Auf dem Friedhof spricht man leise und geht langsam.

Beginnt an der Station, die auf eurem Laufzettel markiert ist, von dort aus die restlichen Aufgaben der Reihenfolge nach bearbeiten.

Danke für die Beachtung dieser Hinweise! Eure Pfarrer

1) Rechts von der alten Friedhofskapelle steht das Denkmal, das man den »gefallenen Helden« des Ersten Weltkriegs (1914–1918) gesetzt hat. Gegenüber sind die Gedenktafeln für die Opfer des Zweiten Weltkriegs (1939–1945). Man gedenkt an dieser Stelle der vielen oft noch sehr jungen Männer von Dagersheim, die im Krieg gefallen sind.
Findet ihr bei den Listen auch Nachnamen, die es heute noch in Dagersheim gibt? Oder wisst ihr sogar, ob jemand von euch mit einem dieser gefallenen Männer verwandt ist?

2) Auf manchen Gräbern stehen nur Holzkreuze und keine Grabsteine. Findet heraus, was die Ursache dafür ist: Notiert zwei Namen, die auf einem Holzkreuz stehen, und die jeweiligen Todesdaten.

3) Ihr findet einige Grabreihen weiter innen einen hellen Grabstein mit der Aufschrift »Thomas Dietterle«. Seine Familie ließ einen Bibelspruch auf seinen Stein meißeln.

a) Wie lautet der Spruch? ______

b) Wo steht er in der Bibel? ______

c) Wie alt wurde Thomas? ______

d) Was wollten die Eltern von Thomas mit diesem Spruch wohl ausdrücken? ______

Hilfreiche Literatur dazu

Herder Lexikon der Symbole, Freiburg 1978 (und 12 weitere Auflagen)

Erklärendes Wörterbuch zur christlichen Kunst, hg. von Hannelore Sachs, Ernst Badstübner und Helga Neumann, Hanau o.J.

Otto Betz, Das Geheimnis der Zahlen, aus der Buchreihe »Symbole«, Stuttgart 1989

Sabine Poeschel, Handbuch der Ikonographie, Darmstadt 2005

Bernd Wildermuth

Hat Opa einen Anzug an?

Ein Baustein zum Thema Tod mit einem Kinderbuch von Amelie Fried

Ich bin auf dieses Kinderbuch zufällig in der Bibliothek im Haus Birkach gestoßen und war sofort fasziniert, in welch elementarer und liebevoller Weise mit dem Thema Tod umgegangen wird. Ähnlich wie der Film Forrest Gump ermöglicht dieses Buch einen Zugang auf unterschiedlichen Ebenen, von ganz anschaulich bis hoch abstrakt. Verschiedenste Todesvorstellungen werden in der Geschichte »diskutiert«, indem geschildert wird, auf welch unterschiedliche Weise Menschen in einer Familie mit dem Tod des Opas umgehen. Die Hauptfigur ist der kleine Bruno. Er durchdenkt und »prüft« die verschiedenen Todesdeutungen in einer so elementaren Weise, dass sie von Menschen jeden Alters nachvollzogen werden können. Es ist ein gelungenes Beispiel für eine altersübergreifende Text- und Buchgestaltung und ein Unterrichtstext in leichter Sprache.

Einsatzmöglichkeit

Der Baustein lässt sich sowohl als Einstieg wie auch zur »Nachbereitung« eines Friedhofbesuches verwenden. Er dauert ca. 75 Minuten, je nach Länge und Intensität der Kleingruppenphase und ist für einen 90-minütigen KU-Nachmittag konzipiert.

Vorbereitung

Die Bilder des Buches werden auf Folie kopiert. Das Erzählen mit Folienwechsel sollte man vorher üben. Besser ist es, wenn ein/e Mitarbeiter/in die Folien auflegt. Das Lesen der Geschichte dauert, je nach Lesegeschwindigkeit, ca. 25 Minuten. Der Raum sollte leicht abgedunkelt sein. Eine Leselampe ist hilfreich.

Ablauf

Die Geschichte wird vorgelesen. Vorher ergeht folgender Impuls an die Konfirmand/innen: *»Ich lese euch eine Geschichte vor. In ihr wird erzählt, wie der kleine Bruno den Tod seines Großvaters und die Zeit danach erlebt. Natürlich tauchen auch noch andere Familienmitglieder in der Geschichte auf. Sie alle gehen auf sehr unterschiedliche Weise mit dem Tod des ›Opas‹ um. Der Tod scheint für jeden eine andere Bedeutung zu haben. Aber hört selbst!«*

Amelie Fried:
Hat Opa einen Anzug an?
Mit Illustrationen von Jacky Gleich,
Hanser Verlag 1997

Das Buch beginnt wie es endet. Bruno schaut lange auf zwei Füße, bis er endlich hochgehoben wird und mehr sehen kann. Eingangs große, mit schwarzen Schuhen bekleidete Füße, die zum Opa gehören, der jetzt im Sarg liegt. Und am Ende des Buches zwei ganz kleine, winzige Füße in weißen Söckchen, die zu einem Neugeborenen gehören. Für Bruno scheinen beide Fußpaare gleich interessant.

Und er hat viele Fragen:
Was das heißt, tot sein. Was das ist, Beerdigung und warum anschließend ein schönes Fest gefeiert wird. Wo der Opa jetzt ist. Warum er ihn einfach allein gelassen hat, obwohl er ihm doch noch das Angeln beibringen wollte. Ob er einmal vergessen haben wird, wie er ausgesehen hat, der Opa. Wann er selber sterben wird. Wie viele Seelen in den Himmel passen. Ob die Seelen in einem neuen Körper wieder auf die Welt kommen …

Fragen über Fragen und so wenig Antworten! Auch die Erwachsenen scheinen sich überhaupt nicht auszukennen. Das zeigen ihre Erklärungsversuche und Ausweichmanöver, die für Bruno alles andere als zufriedenstellend sind.

Und dann sind da auch noch die traurigen, wütenden und schmerzenden Gefühle, weil der Opa nicht mehr da ist. Auch auf sie muss Bruno seine eigenen Antworten finden. Und er findet sie. Abends im Bett und am Grab erzählt er dem Opa, was ihn bewegt. Mit der Zeit werden seine Besuche am Grab seltener. Wut und Schmerz verschwinden. Nur ein bisschen Trauer bleibt zurück. Das Leben geht weiter. Ein Mensch geht. Ein anderer kommt.

Auszug aus der Rezension von Gabriele Helmert, Münster 2002 bei buch 24

Kleingruppenarbeit (3 Gruppen, 2 Mitarbeiter/innen erforderlich!) in drei Phasen:

1. Zunächst behandelt jede Gruppe die gleiche Frage: Anweisung: »*Brunos Verhältnis zum Opa und zu dessen Tod ändert sich im Verlauf der Geschichte. Lasst uns einmal diesen Trauerweg nachgehen. An was erinnert ihr euch?*«
   Die »Stationen« werden auf Zettel geschrieben und die Mitte der Kleingruppe als Weg gelegt. Hilfreich ist es, Brunos Gefühle mit einer besonderen Farbe kenntlich zu machen.

2. Anschließend wendet sich jede Gruppe einer anderen Person aus der Geschichte und deren Umgang mit dem Tod zu, dem Bruder Xaver, der Mutter oder dem Vater. Deren Haltung wird später im Plenum den anderen Gruppen vorgestellt.

3. Ausgehend von der besprochenen Person bringen die Konfirmand/innen ihr Verständnis zum Thema Tod ein. Einstiegsimpuls kann sein: »*Könnt ihr den Umgang der Mutter mit dem Tod des Opas nachvollziehen? Stört euch etwas daran?*«

Die Kleingruppenphase kann sehr intensiv sein und durchaus 45 Minuten dauern (Gruppenleiter/innen sollten in diesem Fall miteinander kommunizieren). Die anschließende Präsentation kann dann entfallen und am folgenden Nachmittag, die Ergebnisse liegen ja schriftlich vor, als Einleitung zur Weiterarbeit am Thema genutzt werden.

Präsentation

Zunächst wird der Trauerprozess von Bruno noch einmal gemeinsam zusammengelegt. Unterschiedliche Einschätzungen werden dabei thematisiert.

Anschließend stellt jede Gruppe ihre Erkenntnisse zu den anderen Personen vor.

Aus: Hat Opa einen Anzug an? Von Amelie Fried mit Illustrationen von Jacky Gleich, Hanser Verlag 1997

Thomas Ebinger

Ich schreibe mein Testament

Der Tod wird im Konfirmandenunterricht gern als der Tod anderer thematisiert: Auf dem Friedhof liegen andere Menschen, gestorben ist im Familienkreis jemand anderes und meist sind es alte Menschen, die sterben. So wichtig es ist, den Umgang mit dem Sterben anderer zu lernen: Entscheidend beim Thema Tod ist die Auseinandersetzung mit der eigenen Sterblichkeit. Mein Tod ist der Tod, dem ich nicht entkommen werde, und anlässlich dieses Todes stellt sich die Frage, was im Leben wichtig ist bzw. war und was für mich nach dem Tod kommt.

Ich habe mit diesem sehr direkten und konfrontativen Zugang zum Thema Tod gute Erfahrungen gemacht. Besonders für Jungen, denen es oft schwerer fällt als Mädchen mit ihrer Unsicherheit und ihren Fragen zum Thema Tod umzugehen, erwies er sich als äußerst produktiv.

Der Baustein ist am besten einzusetzen nach einer ersten Hinführung zum Thema, etwa einem Friedhofsbesuch. Anschließend sollten unbedingt noch die christliche Auferstehungshoffnung und das Leben nach dem Tod in den Blick kommen. Dabei kann deutlich werden, dass der Abschied von einem verstorbenen Menschen nur ein Abschied auf Zeit ist.

Schritt 1:
Abschiede und wie man sie »üben« kann (60 Min.): Theaterszenen zu Heinz Rudolf Kunzes Lied »Abschied muss man üben«

Schritt 2:
Impuls: Auch junge Menschen sterben (5 Min.) Einspielen einer Audiodatei zum Unglück von Sölden

Schritt 3:
Einzelarbeit: Ich schreibe mein »Testament« (30–40 Min.): Ausfüllen einer Bestattungsverfügung

Schritt 4:
Gesprächsrunde in Kleingruppen (20 Min.)

Schritt 5:
Abschluss mit Segen (5 Min.)

Ziele / Absichten

- Die Konfirmand/innen erkennen, dass der Tod nicht nur der Tod anderer, sondern vor allem ihr eigener ist.
- Die Konfirmand/innen finden Beispiele für ein gut gestaltetes Abschiednehmen.
- Die Konfirmand/innen setzen sich anhand konkreter Einzelfragen mit ihrem eigenen Tod auseinander.

Material

- Das Lied »Abschied muss man üben« auf der CD »Halt« von Heinz Rudolf Kunze (Wea/Warner 2001); Hörprobe und Kaufmöglichkeit unter: *http://www.amazon.de/gp/product/B001SLZ1XQ/ref=dm_dp_trk11.* Dazu Textblatt **M 1**
- Der Bericht über den tragischen Tod jugendlicher Skifahrer aus Baden-Württemberg im österreichischen Sölden mit O-Tönen von Betroffenen (Sommer 2005); als MP3-Datei downloadbar unter *http://mp3-download.swr3.de/themen/topthemen/20050906/105615.6444s.mp3*
- Vorsorgeführer / Bestattungsplaner / Unterlagen möglichst eines lokalen Bestattungsunternehmers, in dem konkrete Wünsche für den eigenen Sterbefall festgehalten werden können. Eine Bestattungsverfügung findet sich im Internet z. B. unter: *https://www.bestattungshaus-haller.de/PDF/Vorsorge.pdf.* Übersichtliche Informationen auch unter http://www.bestattungsplanung.de. Alternativ der Bestattungsplaner **M 2**.
- Alternativ die Todesanzeige eines Jugendlichen oder das Bild eines verstorbenen Jugendlichen (wenn man kein eigenes Beispiel erzählen kann oder will).

Martin Hinderer und Thomas Binder

Sterbehemd und Urnengrab

Besuch im Bestattungsunternehmen

Eine sehr eindrückliche Form, sich dem Thema Tod und Sterben zu nähern, ist der Besuch in einem Bestattungsunternehmen. Ein solcher Ort strahlt eine besondere Atmosphäre aus, die Jugendliche sehr in ihren Bann zieht. In den Räumen des Unternehmens hat das Lernen einen anderen Realitätsbezug als beim Gespräch im Gemeindehaus.

Das Thema Tod und Sterben ist in vielen Familien ein Tabuthema, das selten Anlass zum Gespräch ist. Stirbt ein Angehöriger, so ist die Bestattungsregelung Angelegenheit der Erwachsenen. Unter normalen Bedingungen kommt ein Jugendlicher also mit einem Bestattungsunternehmen nicht in Berührung, allenfalls in einer Notsituation. Dennoch sind die Jugendlichen sehr daran interessiert, einmal hinter die Kulissen zu schauen. Und schließlich berührt es sie in der Frage nach dem eigenen Sterben. Aber vor Freunden und Freundinnen darüber zu sprechen gilt als »uncool«. So bietet der Besuch im Bestattungsunternehmen die Möglichkeit, sich einem Thema anzunähern, das sonst nur im absoluten Notfall von Belang ist.

Zur Durchführung

Um einen Besuch im Bestattungsunternehmen durchzuführen, braucht es eine gute Vorbereitung:

- im Hinblick auf die Konfirmanden/innen:
  Es ist wichtig, dass dem Besuch eine Unterrichtseinheit vorausgeht, in der in das Thema »Sterben und Tod« eingeführt wird. Im Anschluss an den Besuch muss genügend Zeit zur Verfügung stehen, den Besuch auszuwerten.
- im Hinblick auf die Eltern:
  Da der Besuch im Bestattungsunternehmen die Jugendlichen erfahrungsgemäß sehr beschäftigt, sind in den meisten Fällen auch die Familien in die Thematik einbezogen. Daher ist es wichtig, die Eltern im Vorfeld schriftlich oder bei einem Elternabend über den geplanten Besuch des Bestattungsinstitutes zu informieren.

Ziele

- Die Konfirmandinnen und Konfirmanden lernen anhand von Beerdigungsritualen die christlich-abendländische Tradition im Umgang mit Tod und Sterben kennen.
- Sie beschäftigen sich mit den Fragen und Notwendigkeiten rund um einen Trauerfall.
- Die Konfirmandinnen und Konfirmanden setzen sich mit ihrem eigenen Sterben auseinander.

Baustein 1
Vorbereitung auf den Besuch im Bestattungsunternehmen

Ziel: Auseinandersetzung mit den Vorstellungen der christlich-abendländischen Bestattungskultur

- CD: Tears in heaven (**M 1**: Liedtext mit deutscher Übersetzung)
- Bilder, Traueranzeigen
- Fragekatalog erstellen
- Friedhofsbesuch mit Erkundungsbogen (**M 2**)

Baustein 2
Besuch beim Bestattungsunternehmen

Ziel: Was müssen Angehörige bedenken, wenn sie einen Trauerfall haben?

- Besichtigung und Austausch
- Information über das Bestattungsunternehmen
- Eventuell »Probeliegen« im Sarg

Baustein 3
Nachbereitung des Besuches

Ziel: Die Konfirmand/innen setzen sich mit eigenen Sterbevorstellungen auseinander

- Feedback der Konfirmand/innen
- Auswertung (Fragen **M 3** schriftlich beantworten und anschließende Korrektur durch Musterantworten **M 4**)
- Eigenes »Sterberitual« beschreiben: Wenn ich meine Beerdigung selbst bestimmen könnte …
- Eigene Todesanzeigen schreiben

- im Hinblick auf das Bestattungsunternehmen: Für das Gelingen ist es unerlässlich, dass ein ausführliches Vorgespräch mit der Person stattfindet, die das Unternehmen vorstellt. Der-/diejenige sollte Einfühlungsvermögen in die Jugendlichen und ihre Fragen haben. Neben organisatorischen Fragen ist es wichtig, die Ziele des Besuches abzustimmen.

Sinnvoll ist es, wenn das Unternehmen über den Fragehorizont der Jugendlichen schon vor dem Besuch Bescheid weiß.

Baustein 1
Der Tod – ein Tabu? Unser Umgang mit dem Tod

Ziel: Die Konfirmandinnen und Konfirmanden lernen anhand von Beerdigungsritualen die christlich-abendländische Tradition im Umgang mit Sterben und Tod kennen.

Material

- CD-Player, CD von Eric Clapton – Tears in heaven
- Arbeitsblatt **M 1**
- Traueranzeigen, Papierstreifen, Werbung für Bestattungsunternehmen, Bilder von Grabsteinen
- Erkundungsbogen für Friedhofsbesuch **M 2**

Vorbereitung

- Stuhlkreis stellen
- Gestaltete Mitte: Traueranzeigen, Werbeanzeigen, Friedhofsbilder, Kreuz, Kerze

Schritt 1 (10 Min.):

Arbeitsanweisung: *»Versucht herauszuhören, wovon der Song von Eric Clapton handelt.«*

Das Lied »Tears in heaven« wird eingespielt. Abwarten von Spontanreaktionen.

Impuls (Hintergrund zum Song): *»1991 spielte Claptons 5-jähriger Sohn unbeaufsichtigt in der Wohnung in New York und stürzte aus dem Fenster des 30. Stockwerks zu Tode. Im Song ›Tears in heaven‹ verarbeitet Clapton seine Trauer. In der Zuversicht, seinen Sohn im Jenseits wieder zu sehen, ist sein Lied an ihn gerichtet – zugleich zeichnet er sein Bild vom Jenseits nur mit Fragen.«*

Arbeitsblatt **M 1** mit der Übersetzung des Liedes austeilen. Das Lied wird ein zweites Mal angehört.

Schritt 2 (25 Min.):

Impuls: *»Der Tod kommt plötzlich und unerwartet wie in diesem Fall, er kommt nach langer Krankheitsgeschichte, er kommt nach einem langen Leben. Er kommt fast nie gelegen oder gar erwünscht. Immer ist es für die Angehörigen schwierig und mit großer Trauer verbunden, egal wie alt ein Mensch geworden ist, bei einem Kind natürlich ganz besonders.*

Ich weiß ja nun nicht, wie stark euch dieses Thema in eurer Familie oder in eurem Freundeskreis schon berührt hat, ob ihr Erfahrungen mitbringt, dass ein geliebter Mensch oder auch ein geliebtes Tier gestorben ist.
Es gibt viele Menschen, vor allem Ältere, die in der Zeitung als erstes die Todesanzeigen aufschlagen. Wer ist gestorben? Kenne ich den oder die?
Täglich gibt es diese Anzeigen in den Zeitungen. Ich habe einige solcher Traueranzeigen dabei.«

Papierstreifen (21 x 10,5 cm) und Todesanzeigen werden ausgeteilt.

Arbeitsanweisung: *»Lest die Todesanzeigen durch. Was fällt euch besonders auf? Mit welchen Worten/Begriffen wird der Tod beschrieben? Schreibt auf die Papierstreifen Begriffe, die auffällig sind, wie z.B. ›entschlafen‹. Bildet dazu 2er- bis max. 4er-Gruppen. Ihr habt dazu 15 Min. Zeit, dann kommt bitte in den Stuhlkreis zurück.«*

Arbeitsanweisung: *»Legt eure Papierstreifen in die Mitte. Dort, wo es Gemeinsamkeiten oder Ähnlichkeiten gibt, legt diese zusammen.«*

Gemeinsam in der Gruppe werden Begriffe herausgearbeitet, die typische Bezeichnungen für den Tod sind: Schlaf, Heimat, …

Arbeitsanweisung: *»Habt ihr eine Vorstellung, warum solche Begriffe wie ›Schlaf‹ oder ›Heimat‹ für den Tod verwendet werden?«*

Mit der Gruppe besprechen, dass es gesellschaftliche Tabus gibt, die den Tod nicht als endgültige Realität anerkennen und dass deshalb von Schlaf, Heimat etc. geredet wird.

Schritt 3 (35 Min.):

Hinweis: Wo ein Friedhof in der Nähe ist, ist es sinnvoll, einen Friedhofsgang anzuschließen. (Siehe Wenn Steine reden …, ↗ S. 236, S. 652)

Impuls: *»Wie wir mit Tod und Sterben umgehen, wird in der Art und Weise deutlich, wie wir unsere Toten bestatten. In jeder Kultur ist das anders. Die Moslems haben andere Rituale als die Buddhisten und diese wiederum andere als wir Christen. Wie sehen unsere Rituale aus? Dazu werden wir zwei Orte besuchen, die dafür bezeichnend sind.*

Wir gehen zuerst auf den Friedhof, wohin wir unsere Toten bringen.«

Die Gruppe geht gemeinsam auf den Friedhof. Wichtig ist zunächst, Verhaltensregeln für den Aufenthalt zu besprechen. Jede/r Jugendliche erhält einen Erkundungsbogen (**M 2**) und beantwortet die Fragen. Zeitvorgabe: 30 Min.

Impuls: *»Wir sind jetzt auf dem Friedhof. Ich möchte euch bitten, euch ruhig und dem Ort angemessen zu verhalten. Alle bekommen einen Erkundungsbogen. Bitte lest euch die Fragen durch und sucht auf dem Friedhof nach den Antworten. Dazu habt ihr 30 Min. Zeit. Anschießend treffen wir uns im Gemeindehaus wieder.«*

Schritt 4 (10 Min.):

Nach der Friedhofserkundung folgt die Weiterarbeit im Unterrichtsraum. Der Erkundungsbogen wird gemeinsam ausgewertet. Dabei kann das Thema »Bedeutung von christlichen Zeichen und Symbolen auf Grabsteinen« vertieft werden. Der Unterrichtende hält ein Arbeitsblatt mit christlichen Grabsymbolen bereit und erarbeitet mit den Jugendlichen deren Bedeutung. Auf dem Arbeitsblatt können folgende Symbole abgebildet sein:

- Ankerkreuz,
- Christusmonogramm,
- A und O,
- Fisch,
- Öllampe,
- Siegeskrone,
- Brot und Wein,
- Lamm.

Entsprechende Bilder können selbst angefertigt oder im Internet gefunden werden.

Impuls: *»Auf manchen Grabsteinen waren Zeichen und Symbole zu sehen. Jedes Symbol hat eine besondere Bedeutung. Es gibt auch christliche Symbole. Wir wollen ein paar wichtige davon kennen lernen.«*

Schritt 5 (15 Min.):

Impuls: *»In der nächsten Stunde besuchen wir ein Bestattungsunternehmen. Wie schon gesagt, oft kommt der Tod ganz plötzlich und dann sind viele Menschen ratlos. Meistens steht man dann unter Schock. Wir sind jetzt in einer ganz anderen Situation und haben die Chance, ganz ohne diesen Druck hinter die Kulissen zu schauen.«*

Arbeitsanweisung: *»Welche Fragen würden euch interessieren und was muss man bei einer Beerdigung wissen? Setzt euch in Vierergruppen zusammen und schreibt eure Fragen auf. Ihr habt dafür 10 Min. Zeit.«*

Austausch der Fragen im Plenum. Ein Fragebogen wird erarbeitet, der dem Bestattungsunternehmen schon vorab geschickt wird. Außerdem wird abgesprochen, wer welche Fragen stellt. Falls Werbebroschüren von Bestattungsunternehmen vorhanden sind, können diese hier eingebracht werden.

Baustein 2
Besuch im Bestattungsunternehmen

Ziel: Die Konfirmandinnen und Konfirmanden beschäftigen sich mit den Fragen und Notwendigkeiten rund um einen Trauerfall.

Material

▶ Der erstellte Fragebogen aus Baustein 1

Vorbereitung: Ablauf und Ziele des Besuches sollten unbedingt im Vorfeld mit dem Bestattungsunternehmen abgesprochen werden. Dabei spielen vor allem die Fragen der Jugendlichen eine zentrale Rolle. Organisatorisch ist es sinnvoll, dass man sich zur Vorstellungsrunde in einen Stuhlkreis setzen kann.

Schritt 1 (5 Min.):

Vorstellungsrunde: Der Bestattungsunternehmer stellt sich und sein Unternehmen vor.

Schritt 2 (20 Min.):

Rundgang durch das Bestattungshaus. Die unterschiedlichen Särge, die verschiedenartigen Urnen, Spruchbänder, Sterbehemden und andere für die Bestattung wichtige Dinge werden vorgestellt. Während des Rundgangs können die Konfirmand/innen schon die ersten Fragen stellen.

Schritt 3 (20 Min.):

Zurück im Stuhlkreis, werden die Fragen der Konfirmand/innen beantwortet. Eine typische Frage lautet: *»Was kostet denn eine Beerdigung?« »Wo bewahren Sie die Toten auf?«* Dann erläutert der Bestattungsunternehmer den ganzen Vorgang vom ersten Telefonanruf bis zum Grabgang und was es dabei alles zu bedenken gilt. In der Regel kommen dann auch sehr persönliche Fragen wie: *»Wie halten Sie das denn aus, jeden Tag tote Menschen sehen zu müssen? Haben Sie denn keine Angst vor dem Tod?«*

Schritt 4 (10 Min.):

Am Ende kann das freiwillige Angebot bestehen, dass jede/r einmal in einem Sarg »probeliegen« darf. Die Erfahrung hat gezeigt, dass dies für viele Jugendliche kein skurriler Gag ist, sondern eine ganz besondere Erfahrung, die einen starken Nachhall erzeugt. Dies haben jedenfalls die Nachgespräche ergeben.

Baustein 3
Wie ich mir meine Bestattung wünsche

Ziel: Die Konfirmandinnen und Konfirmanden setzen sich mit eigenen Todesvorstellungen auseinander.

Material

- Gegenstände für die gestaltete Mitte
- Stifte und Papier
- Arbeitsblätter **M 3** und **M 4**
- Schwarz umrandete Kärtchen (ca. DIN A6) aus festerem Papier

Vorbereitung

- Stuhlkreis
- gestaltete Mitte mit den Utensilien aus der 1. Stunde und, wenn möglich, noch Gegenstände aus dem Bestattungsinstitut (evtl. sogar eine Urne).

Schritt 1 (10 Min.):

Impuls: *»Wenn ihr euch an den Besuch im Bestattungsunternehmen erinnert, was ist euch in Erinnerung geblieben und was hat euch beeindruckt?«*

Arbeitsanweisung: *»Nehmt aus der Mitte einen Gegenstand oder ein Bild (Sarg, Urne, Geldschein, etc.), der euch positiv oder negativ beeindruckt hat, und erzählt, was ihr mit diesem Gegenstand verbindet.«*

Austauschrunde: »Was hat mich beeindruckt?« Vorzeigen des Gegenstandes. Sehr häufig wurde geäußert: *»Dass eine Beerdigung so viel Geld kostet, hätte ich nie gedacht«, »Ich würde meine Beerdigung ganz anders gestalten, viel individueller und ohne Pomp und so was …«* Stark in Erinnerung blieb das Probeliegen im Sarg, denn: *»Da habe ich an meinen eigenen Tod gedacht«.*

Schritt 2 (15 Min.):

Arbeitsanweisung: *»Nun seid ihr fast schon »Experten« in Sachen Bestattung. Um zu wissen, ob ihr im Ernstfall die wichtigsten Fragen beantworten könntet, bitte ich euch folgende Fragen zu beantworten.«*

Das Arbeitsblatt **M 3** für jede Gruppe austeilen.

»Setzt euch immer zu zweit (maximal zu viert) zusammen und versucht die Fragen zu beantworten. Wir schauen dann, wer die meisten Fragen beantworten konnte.«

Schritt 3 (15 Min.):

Nach 10–15 Min. fordert der Unterrichtende die Arbeitsgruppen auf, das ausgefüllte Arbeitsblatt **M 3** an die jeweils nächste Gruppe zur Überprüfung und Ergänzung weiterzugeben. Als Hilfestellung und Ergänzung könnte das Infoblatt **M 4** dienen, auf dem alle Fragen lexikonartig beantwortet werden. Dafür werden ebenfalls 10–15 Min. veranschlagt.

Schritt 4 (10 Min.):

Austausch im Plenum. Die Gruppenergebnisse werden besprochen. Es wird festgestellt, welche Gruppe die meisten Fragen beantworten konnte und damit die »Expertengruppe« ist. Offen gebliebene Fragen werden an dieser Stelle beantwortet.

Schritt 5 (30 Min.):

Impuls: *»Viele von euch haben sich darüber gewundert, wie teuer eine Beerdigung ist und wie streng so ein Beerdigungsritual abläuft. Wenn ihr das selbst in einer Art ›Testament‹ bestimmen könntet, wie würdet ihr den Ablauf eurer Bestattung regeln?«*

Arbeitsanweisung: *»Sucht euch einen Partner / eine Partnerin und schreibt auf:*
a) Wie würde meine Todesanzeige aussehen?
b) Wie würde ich mir meine eigene Bestattungsfeier wünschen?
Dazu habt ihr 20–30 Minuten Zeit.«

Schritt 6 (10 Min.):

Austausch der Ergebnisse im Plenum. Die Todesanzeigen werden aufgehängt und evtl. ausgestellt. Die Vorstellungen für die eigene Bestattungsfeier werden vorgelesen und sofern die Bereitschaft vorhanden ist, auch miteinander diskutiert.

Im Anschluss an diese Unterrichtssequenz eignet es sich gut, mit dem Thema »Leben nach dem Tod« weiterzumachen. Eine schöne Einheit findet sich in: H.-U. Kessler / B. Nolte, Tot – und was dann?, in: Konfis auf Gottsuche, Gütersloher Verlag, 2003, S. 114 ff.

Materialien zu diesem Beitrag auf CD-ROM

M 1 TEARS IN HEAVEN | Sterbehemd und Urnengrab

Variante des deutschen Liedtextes

Wenn ich dir jetzt da oben im Himmel begegnen würde,
würdest du mich dann wiedererkennen?
Wüsstest du überhaupt noch, wie ich heiße?
Wäre dann alles wieder wie vorher?
Würdest du mir die Hand geben,
mich festhalten, mir helfen?

Ich muss halt stark sein. Weitermachen.
Weil ich nicht dahingehöre, wo du jetzt bist.
Aber ich werde es schaffen, weil ich nicht da bleiben kann,
wo du jetzt bist.

Zeit. Zeit kann dich kaputtmachen,
klein machen, brechen.
Dich in die Knie zwingen, dich so weit runterholen,
dass dein Stolz zerstört wird
und du zum ersten Mal wieder um etwas bitten kannst.

Ich stehe vor dieser Tür, und du bist dahinter.
Du – und Frieden.
Weil es im Himmel keine Tränen gibt.
Davon bin ich überzeugt.

Originaltext und deutsche Übersetzung z. B. unter www.songtexte.com oder magistrix.de

M 2 ERKUNDUNGSBOGEN FÜR DEN FRIEDHOFSBESUCH | Sterbehemd und Urnengrab

Aufgaben / Frage	Deine Ergebnisse / Antworten
Gehe zuerst einmal allein und ruhig 5 Min. spazieren und lass die Friedhofsatmosphäre auf dich wirken. Umschreibe die Atmosphäre mit drei Worten, ohne mit anderen darüber zu reden oder dich zu beraten!	
Sieh dir die verschiedenen Gräber an. Manchmal lassen sie etwas aus der Lebensgeschichte des / der Verstorbenen erkennen. Fällt dir dazu ein Grab auf?	
Es gibt Sarg- und Urnengräber. Was unterscheidet sie?	
Auf Grabsteinen finden sich Zeichen und Symbole. Welche hast du entdeckt und welche Bedeutung haben sie? Kannst du dir vorstellen, warum gerade dieses Symbol ausgesucht wurde?	
Ganz alte und ganz junge Menschen liegen auf dem Friedhof manchmal nebeneinander! Wo ist dir die größte Altersspanne aufgefallen?	
Woran erkennt man ein frisches Grab?	
Welche Grabstätte hat dir »gefallen«? Wie sollten deiner Meinung nach eine Grabstätte und ein Grabstein gestaltet sein?	

M 3 FRAGEN ZU TOD UND BESTATTUNG | Sterbehemd und Urnengrab

Erste Schritte
- ▶ Ein Angehöriger ist im Haus gestorben. Was muss ich tun?
- ▶ Wie lange darf ein Verstorbener im Haus bleiben?
- ▶ Welche Unterlagen brauchen wir für die Formalitäten mit dem Bestatter?
- ▶ Welche Unterlagen brauchen wir für das Gespräch mit dem Pfarrer / der Pfarrerin?
- ▶ Welche Aufgaben übernimmt das Bestattungsunternehmen?

Erde oder Feuer
- ▶ Welche Argumente sprechen für eine Erdbestattung, welche für eine Feuerbestattung?
- ▶ Welche Sonderformen von Bestattungen gibt es?

Friedhof
- ▶ Kann ich auf einem Friedhof meiner Wahl beerdigt werden?
- ▶ Welche Wahl habe ich bei den Gräbern?
- ▶ Muss ich auf einem Friedhof begraben werden?

Geld und Kosten
- ▶ Was kostet eine Bestattung?
- ▶ Was kostet die Grabstelle?

Ort
- ▶ Wo findet die Trauerfeier statt?
- ▶ Kann man auf eigenem Grund bestattet werden?

Zeit
- ▶ Kann ich den Zeitpunkt der Beerdigung selbst festlegen?
- ▶ Wie lange dauert die Trauerfeier?

M 4 ANTWORTEN ZU TOD UND BESTATTUNG | Sterbehemd und Urnengrab — Seite 1

Erste Schritte

▶ Ein Angehöriger ist im Haus gestorben. Was muss ich tun?
- *Einen Arzt verständigen. Er muss den Totenschein ausstellen.*
- *Verständigen Sie ein Bestattungsunternehmen.*
- *Verständigen Sie Ihren Pfarrer / Ihre Pfarrerin.*

▶ Wie lange darf ein Verstorbener im Haus bleiben?
- *Er/sie muss relativ schnell nach der Feststellung des Todes durch einen Arzt das Haus verlassen. Er/sie muss in dafür geeigneten (gekühlten) Räumen aufgebahrt werden (Leichenhalle).*

▶ Welche Unterlagen brauchen wir für die Formalitäten mit dem Bestatter?
- *Personalausweis des/der Verstorbenen, Todesbescheinigung (vom Arzt) bzw. Leichenschauschein, Geburtsurkunde, Stammbuch oder Heiratsurkunde, ggf. Versichertenkarte bzw. Krankenscheinhefte, ggf. vorhandener Bestattungsvorsorgevertrag.*

▶ Welche Unterlagen brauchen wir für das Gespräch mit dem Pfarrer / der Pfarrerin?
- *Sterbeurkunde und das Familienstammbuch*
- *Familienbibel oder ein Gesangbuch des/der Verstorbenen (enthalten oft persönliche Glaubenszeugnisse wie z.B. Taufspruch und sind für die Trauerfeier eine Hilfe), Bild des/der Verstorbenen.*

▶ Welche Aufgaben übernimmt das Bestattungsunternehmen?
- *Der Bestatter überführt den Leichnam, versorgt ihn kosmetisch und hygienisch, kleidet und bettet die/den Verstorbene/n, bespricht mit den Hinterbliebenen die Bestattungsart. Er sucht mit den Kunden einen passenden Sarg aus, regelt die Aufbahrung und den Begräbnisablauf, arrangiert Musikgruppen und Trauerredner, besorgt Blumenschmuck und veranlasst Todesanzeigen in Zeitungen.*

Erde oder Feuer

▶ Welche Argumente sprechen für eine Erdbestattung, welche für eine Feuerbestattung?
- *Für eine Feuerbestattung sprechen die meist geringeren Kosten und der in der Regel geringere Aufwand bei der Pflege der Grabstätte.*
- *Für eine Erdbestattung spricht hauptsächlich ein seelischer Aspekt. Es wird sichtbar ein Mensch im Sarg in die Erde gelegt und man kann später für die notwendige Trauerarbeit immer wieder mit der Vorstellung ans Grab gehen, dass der oder die Verstorbene wirklich dort liegt.*

▶ Welche Sonderformen von Bestattungen gibt es?
- *Anonymes Urnenfeld, Urnenhaus, Urnenwand, Seebestattung, Bestattung im Friedwald*

Friedhof

▶ Kann ich auf einem Friedhof meiner Wahl beerdigt werden?
- *Seitens der Kirche gibt es da keine Probleme. Es liegt eher an den Ordnungen der örtlichen Friedhofsverwaltungen, inwieweit sie eine Bestattung Auswärtiger zulassen.*

▶ Welche Wahl habe ich bei den Gräbern?
- *Sprechen Sie mit der Friedhofsverwaltung. Hier erfahren Sie auch die genauen Preise für Stellengebühr, Beisetzungsgebühr, Aufbahrung und Feier mit Orgelspiel.*

▶ Muss ich auf einem Friedhof begraben werden?
- *Ja, in Deutschland ist die Beisetzung auf einem Friedhof Vorschrift.*

M 4 ANTWORTEN ZU TOD UND BESTATTUNG | Sterbehemd und Urnengrab — Seite 2

Geld und Kosten

▶ Was kostet eine Bestattung?
- *Eine Bestattung ist teuer. Die Höhe der Summe hängt von Ihren Wünschen ab. Die Kosten liegen zwischen 1250,- Euro und 5.000,- Euro.*

▶ Was kostet die Grabstelle?
- *Das richtet sich nach Ihren Wünschen. Einige Beispiele: Erd-Reihengrab 939,– Euro (inkl. Beisetzung und Feier) Urnen-Reihenstelle 428,– Euro*

Ort

▶ Wo findet die Trauerfeier statt?
- *Möglichkeiten: Örtliche Kirche, Trauerhalle auf dem Friedhof, Andachtsraum im Bestattungsunternehmen oder Grabstelle auf dem Friedhof.*

▶ Kann man auf eigenem Grund bestattet werden?
- *Nein. Es gibt nur gewisse Sondergenehmigungen z.B. für Fürstenhäuser mit eigener Gruft.*

Zeit

▶ Kann ich den Zeitpunkt der Beerdigung selbst festlegen?
- *Im Prinzip Ja, aber Sie müssen die Bestattungsart und die Arbeitszeit des Friedhofes beachten.*

▶ Wie lange dauert die Trauerfeier?
- *Die Trauerfeier in der Friedhofskapelle dauert 20 Minuten. Der Weg zum Grab dann je nach Entfernung noch einmal 20 bis 30 Minuten. Die Dauer hängt auch von der Anzahl der Trauergäste und von zusätzlichen Wünschen ab.*

Übergreifende Themen

Bibel

Unterrichtsthema Bibel

Für viele Jugendliche ist die Bibel ein bekanntes aber unvertrautes Buch. Nur wenige werden bislang einen eigenen Gebrauch der Bibel gemacht haben. Inwiefern die biblischen Geschichten und zentrale Personen bekannt und vertraut sind, wird von Gruppe zu Gruppe stark variieren, je nach religiöser Sozialisation in der Familie, der Form des Religionsunterricht und der Kinderkirche.

Mit der Bibel ist das Grunddokument christlichen Glaubens im Blick. Sie ist die Sammlung derjenigen Erzählungen, Berichte und Texte, von denen die Kirche von Anfang an sagt, dass in ihnen Gott angeschaut, gehört und erfahren werden kann. Sie ist Buch des Lebens, weil sie für das Leben Hilfe und Orientierung, Hoffnung und Zuversicht, Verheißungen und Aufträge bereithält. Jeder kann sie lesen und doch ist es unverfügbares Geistwirken, dass einem ihre Wahrheit und Tiefe aufscheint.

In der Konfirmandenarbeit wird es weniger um Wissensvermittlung »über« die Bibel gehen denn um die Bedeutung »für« die Jugendlichen. Diese werden dabei als teils neugierige, teils als sehr kritische Gegenüber agieren. Viele Jugendliche haben sich von einem unkritischen »Für-Wahr-Halten« der Bibelgeschichten verabschiedet. Zu einleuchtend sind ihnen die gewonnenen naturwissenschaftlichen Erkenntnisse, zu wichtig ist ihnen ihre eigene kritische Urteilskraft und zu fern sind ihnen Sprache und Welt der biblischen Erzählungen. Hier sind die Unterrichtenden besonders gefordert, den Jugendlichen neue und andere Möglichkeiten des Zugangs zur Bibel zu zeigen. Die Kunst liegt in einem werbenden Vorstellen und wagemutigen Erkunden der Bibel gemeinsam mit den Jugendlichen.

Damit geht es um folgende elementare Fragen:

- Was für ein Buch ist die Bibel? Lexikon, Märchenbuch, Erfahrungsbericht, Roman, Heilige Schrift, ...?

- Welche Autorität/Bedeutung hat die Bibel im Konzert der Stimmen? Muss ich mich an ihr orientieren, um ein gutes Leben führen zu können? Warum gerade die Bibel und nicht der Koran oder andere Heilige Schriften? Warum eine »Heilige Schrift« und nicht die Stimme der Vernunft oder des Herzens?
- Ist die Bibel wahr? Kann ich mich auf ihre Aussagen verlassen? Halten ihre Aussagen einer kritischen Überprüfung statt?
- Was bringt mir die Bibel? Wie kann ich von der Bibel profitieren?

Pädagogische und theologische Gesichtspunkte

Die Bibel wird in der Konfirmandenarbeit unter drei ganz verschiedenen Aspekten zum Thema gemacht werden müssen:

(1) Geschichte und Aufbau der Bibel: Hierbei geht es darum, den Jugendlichen den Umgang mit der Bibel zu ermöglichen. Sie sind mit dem Aufbau der Bibel vertraut und können entsprechend Bibelstellen und Geschichten finden und verorten. Sie wissen um das Werden der Bibel und ihren Charakter als Buchsammlung. Hierher gehören Einheiten und Aktionen rund um die Gliederung der Bibel wie Streichholzbibeln, Bibelfußball, und ähnliches. Darauf sollte aber das Gewicht nicht liegen und kann nur ein Einstieg ins Thema sein.

(2) Inhalte der Bibel: Hierbei geht es darum, dass die Jugendlichen Erzählungen, Texten und Personen der Bibel begegnen. Sie sollen Geschichten hören und lesen, sie sollen Personen begleiten und über deren Erlebnisse diskutieren und sie sollen sich mit zentralen Texten als Zu- und Anspruch auseinandersetzen. Hierher gehört das Auswendiglernen ebenso wie die vielfältige Einbindungen biblischer Texte in den Unterricht und in die Liturgie. Hierher gehören Bibliolog und Rollenspiel, Bibelarbeit und Andacht, Geschichten hören und Geschichten gestalten. Und hierher gehört auch die Auswahl des Konfirmationsspruches.

(3) Hermeneutik der Bibel: Hierbei geht es darum, dass den Jugendlichen ein Verständnis des Charakters der Bibel als Gottes Wort ermöglicht wird. Die Bibel ist ja kein Roman und auch kein Lexikon, sie ist kein Geschichtsbuch und auch keine Märchen- oder Legendensammlung. Die Bibel ist Gottes Wort – sie ist Wort von Gott. Die Bibel ist Erfahrungsbericht mit der Erfahrung Gottes in der Welt. Die Bibel ist Glaubensdeutung und Glaubensdimension des Lebens und der Welt. Die Bibel ist wie ein Haus, in dem wir herumgehen können, heimisch werden, uns einrichten, um darin zu leben.

Wir haben uns dafür entschieden, keine eigenen Bausteine zur Bibel anzubieten. Sie soll als Querschnittsthema immer präsent sein. Wichtig erscheint uns dann auch wirklich mit der Bibel zu arbeiten – und nicht mit Kopien.

Dein Denkspruch lautet …, ↗ S. 253, S. 692
Bibelclouds – die Bibel aus der Vogelperspektive, S. 706
»Gib mir irgendwas, das bleibt«, S. 719
Methoden zum Umgang mit der Bibel im Konfirmandenunterricht, S. 729

Matthias Vosseler unter Mitarbeit von Thomas Ebinger

Dein Denkspruch lautet …

Der Konfirmationsdenkspruch – ein ganz besonderer Bibelvers?!

Einleitung

Der Konfirmationsdenkspruch ist ein Bibelvers, der Jugendliche ein Leben lang begleiten soll. Er ist es deshalb wert, schon während des Konfirmandenunterrichts ausführlicher zur Sprache zu kommen.

Im Folgenden soll der theologischen und liturgischen Bedeutung des Denkspruchs nachgespürt werden; außerdem werden einige Impulse gegeben, wie Konfirmandinnen und Konfirmanden sich ihren Denksprüchen annähern können.

1. Zur Theologie des Denkspruchs

Der Denkspruch ist theologisch von seinem liturgischen Ort im Konfirmationsgottesdienst her zu verstehen. Er ist Teil der Einsegnung und somit Teil des Segenshandelns Gottes an uns. In ihm soll deutlich werden, dass jeder Mensch – in Erinnerung an seine Taufe – am Tag seiner Konfirmation einen Segen zugesprochen bekommt, der ihn ein Leben lang begleitet. Als Denksprüche sind also solche Bibelverse auszusuchen, die diesen Segensraum Gottes eröffnen.

Die Gebrauch von Denksprüchen hat eine eigene Geschichte. Erst etwa acht Jahrzehnte nach Einführung der Konfirmationsfeier in Württemberg wird uns explizit von einem Denkspruch berichtet. In der neuen württembergischen Liturgie von 1809 heißt es: »Mit den Segenswünschen bei der Einsegnung kann abgewechselt werden, es kann auch dem Segenswunsch bei jedem Konfirmanden noch ein besonderer Denkspruch beigefügt werden.«

Neun Denksprüche sind in dieser Agende verzeichnet. Sie fordern zum Festhalten an Gottes Wort und vor allem (der Theologie dieser Liturgie entsprechend) zu einem tugendhaften Leben auf. Jeder Vers beginnt mit einer Aufforderung, es findet sich kein einziger Zuspruch. In der heutigen Praxis stehen Worte aus den Psalmen an erster Stelle, gefolgt von neutestamentlichen Versen.

2. Sich einen Denkspruch auswählen

Es gibt drei wesentliche Möglichkeiten zur Auswahl eines Denkspruchs:

Möglichkeit 1:
Die Pfarrerin / der Pfarrer sucht für jede/n Konfirmanden/Konfirmandin einen Denkspruch aus.

Möglichkeit 2:
Die Konfirmandin / der Konfirmand sucht sich aus der Fülle der gesamten Bibel einen Bibelspruch aus.

Möglichkeit 3:
Die Konfirmandin / der Konfirmand sucht sich aus einer vorliegenden Sammlung von geeigneten Denksprüchen einen Bibelvers aus.

Für alle drei Möglichkeiten der Auswahl eines Konfirmationsdenkspruches gilt es darauf zu achten, Bibelverse zu wählen, die dem Charakter des Denkspruches als Ausdruck der Segenshandlung Gottes entsprechen. Für den Fall, dass sich die Konfirmanden aus der Fülle der Bibeltexte einen Denkspruch selbst auswählen, ist ein Vorgespräch mit dem Pfarrer / der Pfarrerin ratsam, um den Sinn des Denkspruchs zu verdeutlichen und Tipps für die Auswahl zu geben. Aus oben genannten Gründen ziehe ich selbst die dritte Möglichkeit vor: Die Konfirmandinnen und Konfirmanden können sich aus einer theologisch verantworteten Liste selbst ihren Spruch aussuchen.

Eine aufgrund der theologischen Begründung des Denkspruchs zusammengestellte **Liste mit 111 möglichen Denksprüchen** befindet sich bei den Materialien (**M 1**).

Für die Konfirmandenarbeit folgt daraus, dass die Beschäftigung mit dem Thema ›Denkspruch‹ weiter reichen sollte als nur bis zum Austeilen einer Liste und dem anschließenden Aufschreiben der Verse.

Beim Aussuchen und beim Gespräch über einen Denkspruch können, neben Eltern oder Freunden, vor allem Konfirmanden-Begleiter/innen wichtige Gesprächspartner/innen werden/sein. Daher wäre es schön, auch diesen Mentoren Bibeltexte und Grundinformationen an die Hand zu geben.

Die Beschäftigung mit den Densprüchen kann auch in den Konfirmationsgottesdienst selbst einfließen.

Zwei Beispiele seien hier erwähnt:

- Jede Konfirmandin und jeder Konfirmand hat ihren/seinen Denkspruch graphisch gestaltet. Diese Bilder werden auf Leinwand präsentiert.
- Jede Konfirmandin und jeder Konfirmand erklären im Gottesdienst, weshalb sie sich gerade für diesen Bibelvers entschieden haben.

Bausteine zur Arbeit mit dem Denkspruch

Baustein 1 (15 Min.)

Ziel: Ziel der Stunde ist es, den Konfirmandinnen und Konfirmanden eine mögliche Bedeutung eines Denkspruchs im exemplarischen biographischen Kontext zu zeigen und ihnen vorzustellen, was ein Denkspruch im Kontext eines konkreten Lebens alles bedeuten kann. Sinnvoller Zeitpunkt dafür ist etwa acht bis zehn Wochen vor der Konfirmation.

Material

- 111 Denksprüche (**M 1**)
- Arbeitsblatt (**M 2**)

Schritt 1: Biographischer Bericht (10 Min.)

Ich bringe meinen Denkspruch in den Konfirmandenunterricht mit, zeige meine Konfirmationsurkunde und erzähle, wie ich mir damals den Bibelvers ausgesucht habe und was er mir in meinem Leben bis jetzt bedeutet hat.

Um die exemplarische Bedeutung meines eigenen Denkspruchs bildlich den Konfirmand/innen vorzustellen, können persönliche Fotos aus verschiedenen Lebensabschnitten als Kopien/Dias/Folien gezeigt werden. Zu diesen Bildern erzähle ich kurz die Lebenssituation im Zusammenhang mit meinem Denkspruch.

Die biographisch bedeutsamen Eckdaten, für die der Denkspruch Bedeutung erlangt hat, können auch als Jahreszahlen auf Kärtchen anhand eines Bodenbilds dargestellt werden. So entsteht ein Zeitstrahl von Jahreszahlen, dem parallel jeweils der Denkspruch (auch auf Kärtchen für das Bodenbild) zugeordnet wird. Die Konfirmand/innen können so bildlich nachvollziehen, dass der Denkspruch nicht nur dem Zeitpunkt der Konfirmation zugeordnet werden kann, sondern auch für spätere Lebensabschnitte Bedeutung erlangen kann.

Schritt 2: Einen Spruch auswählen (5 Min.)

Impuls: *»Auch ihr werdet an eurer Konfirmation einen Denkspruch erhalten, einen Vers aus der Bibel, der euch als Segensspruch in eurem Leben begleiten soll. Ich habe euch hier eine Liste mit möglichen Denksprüchen zusammengestellt. Schaut euch in den kommenden zwei Wochen diese Denksprüche an. Stellt euch eine Lieblingsliste zusammen mit den Bibelversen, die euch für euer Leben etwas bedeuten könnten.*

Sprecht mit euren Eltern oder Freunden darüber, am besten auch mit euren Konfirmandenbegleitern. Schaut auch einmal in der Bibel nach, in welchem Zusammenhang dieser Vers geschrieben wurde.

In zwei Wochen werden wir uns zu diesem Thema treffen; bis dahin habt ihr euch einen Spruch ausgewählt habt. Ich möchte dann von euch wissen, warum ihr euch gerade diesen Spruch ausgesucht habt.

Wer bis nächste Woche keinen Spruch findet, kann auch einen von uns (Pfarrer, Vikarin, Konfibegleiter) bitten, ihm oder ihr einen geeigneten Spruch auszusuchen. Dann werden wir begründen, warum wir für euch diesen Spruch ausgewählt haben.«

Austeilen der Liste der Denksprüche **M 1** sowie des Arbeitsblattes **M 2** an die Konfirmand/innen.

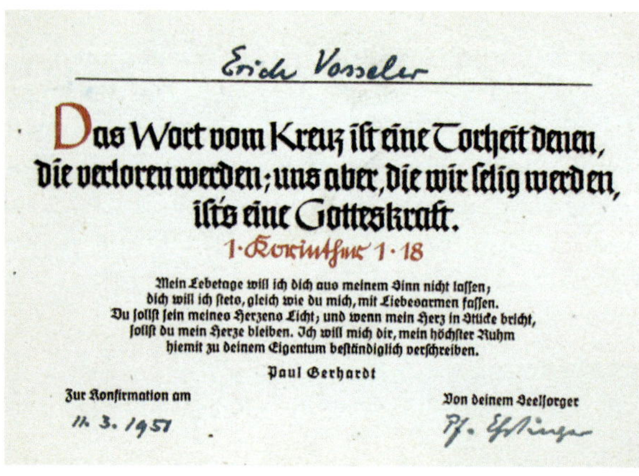

Erich Vosseler

Das Wort vom Kreuz ist eine Torheit denen, die verloren werden; uns aber, die wir selig werden, ist's eine Gotteskraft.

1. Korinther 1 · 18

Mein Lebetage will ich dich aus meinem Sinn nicht lassen,
dich will ich stets, gleich wie du mich, mit Liebesarmen fassen.
Du sollst sein meines Herzens Licht; und wenn mein Herz in Stücke bricht,
sollst du mein Herze bleiben. Ich will mich dir, mein höchster Ruhm
hiemit zu deinem Eigentum beständiglich verschreiben.

Paul Gerhardt

Zur Konfirmation am 11. 3. 1951

Von deinem Seelsorger

Baustein 2 (45 Min.)

Ziel: Ziel der Stunde ist es, dass der ausgesuchte Denkspruch jedem Konfirmanden etwas für sein Leben und seine Situation bedeutet.

Material: Papier, Malstifte

Schritt 1: Gedanken zum Denkspruch (25 Min.)

Impuls: »*Ihr habt jetzt alle einen Spruch ausgewählt und euch Gedanken dazu gemacht. An der Konfirmation werdet ihr den Segen Gottes für euer Leben empfangen.*

Zum Abschluss dieser Segenshandlung, der sogenannten Einsegnung, erhaltet ihr euren Denkspruch. Einmal in Form einer großen Urkunde, mit dem Bild unserer Kirche, die ihr auch zuhause aufhängen könnt, damit euer Spruch euch in jeden neuen Tag begleiten kann. Zum zweiten als kleine Karte, die ihr in euer Gesangbuch klebt und die euch bei jedem Gottesdienstbesuch an euren Konfirmationsgottesdienst erinnern kann.

Ich finde es wichtig, dass jeder und jede von euch sagen kann, warum ihr euch gerade für diesen Denkspruch entschieden habt.

Ihr habt jetzt 20 Min. Zeit, entweder zu schreiben oder zu malen und so auch für euch festzuhalten, warum ihr euch gerade für diesen Vers entschieden habt und was er für euch bedeutet. Nach 20 Min. dürft ihr eure Gedanken/Bilder dazu vorstellen.« (Einzelarbeit)

ZUM TAG DER KONFIRMATION

Dennoch bleibe ich stets an dir; denn du hältst mich bei meiner rechten Hand. (Psalm 73,23)

MATTHIAS VOSSELER

GEBOREN AM 5.11.1969 GETAUFT AM 7.12.1969 KONFIRMIERT AM 1.4.1984

IN Aldingen

B. [Unterschrift]

Gerda Emilie Fischer

Meister, ich will Dir folgen, wo Du hingehst! Matthäus 8, 19

Nun ist es geschehen! —
Der Herr ist mein Heil,
mein Führer auf Erden,
im Himmel mein Teil.
Er schalte und walte
mit Unglück und Glück,
so bin ich's zufrieden. —
Ich geh nicht zurück!

ZUR KONFIRMATION

am 17. März 1957

in Aldingen

von deinem Seelsorger

Pfarrer Otto Sautter.

Schritt 2: Präsentation (20 Min.)

▶ Plenum

Jede/r Konfirmand/Konfirmandin hat zu seinem Denkspruch etwas geschrieben/gemalt und erzählt davon:

Ich habe mir folgenden Vers ausgesucht: …
Ich habe mir diesen Vers ausgesucht, weil …
Besonders spricht mich an diesem Vers an, …
Für mich wünsche ich mir damit, …

Alternative: Zwei bis drei Konfirmand/innen bilden Kleingruppen, in denen jeweils ein Anspiel geschrieben werden soll (zum Beispiel als Treffen von zwei Menschen auf der Straße). In diesen Anspielen/Dialogen sollen alle zwei oder drei Denksprüche der Konfirmand/innen der jeweiligen Kleingruppe vorkommen.

▶ Abschlussimpuls

»*An eurer Konfirmation werden euch eure Konfibegleiter die Denksprüche überreichen. Ich wünsche es euch, dass dieser Spruch, den ihr euch ausgewählt habt, zu eurem Bibelvers wird und euch euer Leben lang auf die verschiedenste Art und Weise begleitet.*«

Materialien zu diesem Beitrag auf CD-ROM

M 1 **111 DENKSPRÜCHE** | Dein Denkspruch lautet — Seite 1

111 Bibelverse zur Auswahl – in der Reihenfolge der biblischen Bücher nach dem Wortlaut der Lutherbibel oder der Guten Nachricht (GN)

1 Ich will dich segnen, und du sollst ein Segen sein.
1. Mose 12,2

2 HERR, ich warte auf dein Heil.
1. Mose 49,18

3 Siehe, ich sende meinen Engel vor dir her, der dich behüte
auf dem Wege und dich bringe an den Ort, den ich bestimmt habe.
2. Mose 23,20

4 Ich will dich nicht verlassen noch von dir weichen.
Josua 1,5

5 Sei mutig und entschlossen! Hab keine Angst und lass dich durch nichts erschrecken;
denn ich der HERR, dein Gott, bin bei dir, wohin du auch gehst. (GN)
Josua 1,9

6 Ein Mensch, was vor Augen ist; der HERR aber sieht das Herz an.
1. Samuel 16,7b

7 Gott stärkt mich mit Kraft und weist mir den rechten Weg.
2. Samuel 22,33

8 Was du, HERR, segnest, das ist gesegnet ewiglich.
1. Chronik 17,27b

9 HERR, leite mich in deiner Gerechtigkeit um meiner Feinde willen;
ebne vor mir deinen Weg!
Psalm 5,9

10 Du führst mich den Weg zum Leben. In dieser Nähe finde ich ungetrübte Freude;
aus deiner Hand kommt mir ewiges Glück. (GN)
Psalm 16,11

11 Erhalte meinen Gang auf deinen Wegen, dass meine Tritte nicht gleiten.
Psalm 17,5

12 Herzlich lieb habe ich dich, HERR, meine Stärke.
Psalm 18,2

13 Der Himmel verkündet es: Gott ist groß!
Das Heer der Sterne bezeugt seine Schöpfermacht. (GN)
Psalm 19,2

M 1 **111 DENKSPRÜCHE** | Dein Denkspruch lautet — Seite 2

14 Der HERR ist mein Hirte, mir wird nichts mangeln.
Psalm 23,1

15 Leite mich in deiner Wahrheit und lehre mich!
Denn du bist der Gott, der mir hilft, täglich harre ich auf dich.
Psalm 25,54

16 Der HERR ist mein Licht und mein Heil; vor wem sollte ich mich fürchten?
Psalm 27,1

17 Der HERR ist meine Stärke und mein Schild; auf ihn hofft mein Herz
und mir ist geholfen.
Nun ist mein Herz fröhlich, und ich will ihm danken mit meinem Lied.
Psalm 28,7

18 Ich gebe mich ganz in deine Hand.
Du wirst mich retten, HERR, du treuer Gott! (GN)
Psalm 31,6

19 Gott verspricht dir: Ich sage dir, was du tun sollst, und zeige dir den richtigen Weg.
Ich lasse dich nicht aus den Augen. (GN)
Psalm 32,8

20 Ich will den HERRN loben allezeit, sein Lob soll immerdar in meinem Munde sein.
Psalm 34,2

21 Schmecket und sehet, wie freundlich der HERR ist. Wohl dem, der auf ihn trauet!
Psalm 34,9

22 Bei dir ist die Quelle des Lebens, und in deinem Lichte sehen wir das Licht.
Psalm 36,10

23 Befiehl dem HERRN deine Wege und hoffe auf ihn, er wird's wohlmachen.
Psalm 37,5

24 Wie der Hirsch lechzt nach frischem Wasser, so schreit meine Seele,
Gott, zu dir. Meine Seele dürstet nach Gott, nach dem lebendigen Gott.
Psalm 42,2+3a

25 Sende dein Licht und deine Wahrheit, dass sie mich leiten.
Psalm 43,3

26 Rufe mich an in der Not, so will ich dich erretten und du sollst mich preisen.
Psalm 50,15

27 Schaffe in mir, Gott, ein reines Herz und gib mir einen neuen, beständigen Geist.
Psalm 51,12

M 1 **111 DENKSPRÜCHE** | Dein Denkspruch lautet — Seite 3

28 Wirf dein Anliegen auf den HERRN, der wird dich versorgen
und wird den Gerechten in Ewigkeit nicht wanken lassen.
Psalm 55,23

29 Gott, du erhörst Gebet, darum kommt alles Fleisch zu dir.
Psalm 65,3

30 Gott sei uns gnädig und segne uns, er lasse uns sein Angesicht leuchten,
dass man auf Erden erkenne seinen Weg, unter allen Heiden sein Heil.
Psalm 67,2+3

31 Gelobt sei der Herr täglich. Gott legt uns eine Last auf, aber er hilft uns auch.
Psalm 68,20

32 Dennoch bleibe ich stets an dir, denn du hältst mich bei meiner rechten Hand.
Psalm 73,23

33 Aber das ist meine Freude, dass ich mich zu Gott halte und meine Zuversicht
setze auf Gott, den HERRN, dass ich verkündige all dein Tun.
Psalm 73,28

34 Weise mir, HERR, deinen Weg, dass ich wandle in deiner Wahrheit;
erhalte mein Herz bei dem einen, dass ich deinen Namen fürchte.
Psalm 86,11

35 HERR, du bist unsre Zuflucht für und für. Ehe denn die Berge wurden und die Erde
und die Welt geschaffen wurden, bist du, Gott, von Ewigkeit zu Ewigkeit.
Psalm 90,1+2

36 Wer unter dem Schirm des Höchsten sitzt und unter dem Schatten des Allmächtigen
bleibt, der spricht zu dem HERRN: Meine Zuversicht und meine Burg, mein Gott,
auf den ich hoffe.
Psalm 91,1+2

37 Denn er hat seinen Engeln befohlen, dass sie dich behüten auf allen deinen Wegen,
dass sie dich auf den Händen tragen und du deinen Fuß nicht an einen Stein stößest.
Psalm 91,11+12

38 Das ist ein köstlich Ding, dem HERRN danken und lobsingen deinem Namen,
du Höchster, des Morgens deine Gnade und des Nachts deine Wahrheit
verkündigen.
Psalm 92,2+3

39 Lobe den HERRN, meine Seele, und vergiss nicht, was er dir Gutes getan hat!
Psalm 103,2

40 Barmherzig und gnädig ist der HERR, geduldig und von großer Güte.
Psalm 103,8

M 1 **111 DENKSPRÜCHE** | Dein Denkspruch lautet — Seite 4

41 Dein Wort ist meines Fußes Leuchte und ein Licht auf meinem Wege.
Psalm 119,105

42 Der HERR behüte dich vor allem Übel, er behüte deine Seele.
Der HERR behüte deinen Ausgang und Eingang von nun an bis in Ewigkeit!
Psalm 121,7+8

43 Aus der Tiefe rufe ich, HERR, zu dir. Herr, höre meine Stimme!
Lass deine Ohren merken auf die Stimme meines Flehens!
Psalm 130,1+2

44 Ich gehe oder liege, so bist du um mich und siehst alle meine Wege.
Psalm 139,3

45 Tu mir kund den Weg, den ich gehen soll; denn mich verlangt nach dir.
Psalm 143,8

46 Lehre mich tun nach deinem Wohlgefallen, denn du bist mein Gott.
Dein guter Geist leite mich auf ebner Bahn.
(GN: Hilf mir, nach deinem Willen zu leben; denn du bist mein Gott!
Gib mir deinen guten Geist, dass er mich führe auf sicherem Grund!)
Psalm 143,10

47 Der HERR ist nahe allen, die ihn anrufen, allen, die ihn ernstlich anrufen.
Psalm 145,18

48 Verlass dich auf den HERRN von ganzem Herzen, und verlass dich nicht auf
deinen Verstand, sondern gedenke an ihn in allen deinen Wegen,
so wird er dich recht führen.
Sprüche 3,5+6

49 Ein hörendes Ohr und ein sehendes Auge, die macht beide der HERR.
Sprüche 20,12

50 Siehe, Gott ist mein Heil, ich bin sicher und fürchte mich nicht;
denn Gott der HERR ist meine Stärke und ist mein Heil.
Jesaja 12,2

51 Die auf den HERRN harren, kriegen neue Kraft, dass sie auffahren mit Flügeln
wie Adler, dass sie laufen und nicht matt werden, dass sie wandeln und nicht
müde werden.
(GN: Aber alle, die auf den HERRN vertrauen, bekommen immer wieder neue Kraft,
es wachsen ihnen Flügel wie dem Adler. Sie gehen und werden nicht müde,
sie laufen und brechen nicht zusammen.)
Jesaja 40,31

M 1 **111 DENKSPRÜCHE** | Dein Denkspruch lautet — Seite 5

52 Das geknickte Rohr wird er nicht zerbrechen und glimmenden Docht
wird er nicht auslöschen.
Jesaja 42,3

53 Fürchte dich nicht, denn ich habe dich erlöst; ich habe dich bei deinem Namen
gerufen; du bist mein!
Jesaja 43,1

54 So spricht Gott: Ich bin der HERR, dein Gott, der dich lehrt, was dir hilft,
und dich leitet auf dem Wege, den du gehst.
Jesaja 48,17

55 Es sollen wohl Berge weichen und Hügel hinfallen, aber meine Gnade soll nicht
von dir weichen, und der Bund meines Friedens soll nicht hinfallen, spricht der HERR,
dein Erbarmer.
Jesaja 54,10

56 Heile du mich, HERR, so werde ich heil; hilf du mir, so ist mir geholfen.
Jeremia 17,14

57 So spricht der HERR: Suchet mich, so werdet ihr leben.
Amos 5,4

58 Es ist dir gesagt, Mensch, was gut ist und was der HERR von dir fordert,
nämlich Gottes Wort halten und Liebe üben und demütig sein vor deinem Gott.
Micha 6,8

59 Denn der HERR, dein Gott, ist bei dir, ein starker Heiland.
Er wird sich über dich freuen und dir freundlich sein, er wird dir vergeben
in seiner Liebe und wird über dich mit Jauchzen fröhlich sein.
Zephanja 3,17

60 Selig sind, die reinen Herzens sind; denn sie werden Gott schauen.
Matthäus 5,8

61 Selig sind die Friedfertigen; denn sie werden Gottes Kinder heißen.
Matthäus 5,9

62 Trachtet zuerst nach dem Reich Gottes und nach seiner Gerechtigkeit,
so wird euch das alles zufallen.
Matthäus 6,33

63 Bittet, so wird euch gegeben; suchet, so werdet ihr finden; klopfet an,
so wird euch aufgetan.
Matthäus 7,7

64 Jesus sagt: Siehe, ich bin bei euch alle Tage bis an der Welt Ende.
Matthäus 28,20

M 1 **111 DENKSPRÜCHE** | Dein Denkspruch lautet — Seite 6

65 Was hülfe es dem Menschen, wenn er die ganze Welt gewönne
und nähme an seiner Seele Schaden?
(GN: Was hat ein Mensch davon, wenn er die ganze Welt gewinnt,
aber zuletzt sein Leben verliert?)
Markus 8,36

66 Jesus sagt: Himmel und Erde werden vergehen,
meine Worte aber werden nicht vergehen.
Markus 13,31

67 Jesus sagt: Liebt eure Feinde; tut wohl denen, die euch hassen;
segnet, die euch verfluchen; bittet für die, die euch beleidigen.
Lukas 6,27+28

68 Wer im Geringsten treu ist, der ist auch im Großen treu.
Lukas 16,10

69 Also hat Gott die Welt geliebt, dass er seinen eingeborenen Sohn gab,
damit alle, die an ihn glauben, nicht verloren werden, sondern das ewige
Leben haben.
(GN: Gott hat die Menschen so sehr geliebt, dass er seinen einzigen Sohn hergab.
Nun werden alle, die sich auf den Sohn Gottes verlassen, nicht zugrunde gehen,
sondern ewig leben.)
Johannes 3,16

70 Wer an den Sohn glaubt, der hat das ewige Leben.
Johannes 3,36

71 Jesus sagt: Ich bin das Brot des Lebens. Wer zu mir kommt, den wird nicht
hungern; und wer an mich glaubt, den wird nimmermehr dürsten.
Johannes 6,35

72 Jesus sagt: Ich bin das Licht der Welt. Wer mir nachfolgt, der wird nicht wandeln
in der Finsternis, sondern wird das Licht des Lebens haben.
Johannes 8,12

73 Jesus spricht: Ich bin die Auferstehung und das Leben.
Wer mich annimmt, wird leben, auch wenn er stirbt. (GN)
Johannes 11,25

74 Jesus sagt: Ich bin der Weg und die Wahrheit und das Leben;
niemand kommt zum Vater denn durch mich.
Johannes 14,6

75 Jesus sagt: Ich bin der Weinstock, ihr seid die Reben. Wer in mir bleibt und ich
in ihm, der bringt viel Frucht; denn ohne mich könnt ihr nichts tun.
Johannes 15,5

M 1 **111 DENKSPRÜCHE** | Dein Denkspruch lautet — Seite 7

76 In der Welt habt ihr Angst; aber seid getrost, ich habe die Welt überwunden.
Johannes 16,33b

77 Ich schäme mich des Evangeliums nicht; denn es ist eine Kraft Gottes,
die selig macht alle, die daran glauben.
Römer 1,16

78 Seine Liebe ist ja in unsere Herzen ausgegossen durch den Heiligen Geist,
den er uns geschenkt hat. (GN)
Römer 5,5b

79 Wir wissen aber, dass denen, die Gott lieben, alle Dinge zum Besten dienen.
Römer 8,28

80 Denn ich bin gewiss, dass weder Tod noch Leben, weder Engel noch Mächte
noch Gewalten, weder Gegenwärtiges noch Zukünftiges, weder Hohes noch
Tiefes noch eine andere Kreatur kann uns scheiden von der Liebe Gottes,
die in Christus Jesus ist, unserem Herrn.
Römer 8,38+39

81 Seid fröhlich in Hoffnung, geduldig in Trübsal, beharrlich im Gebet.
(GN: Seid fröhlich als Menschen der Hoffnung, bleibt standhaft in aller Bedrängnis,
lasst nicht nach im Gebet.)
Römer 12,12

82 Lass dich nicht vom Bösen überwinden, sondern überwinde das Böse mit Gutem.
Römer 12,21

83 Niemand von uns lebt für sich selbst und niemand stirbt für sich selbst.
Wenn wir leben, leben wir für den Herrn, und wenn wir sterben,
sterben wir für den Herrn. Wir gehören dem Herrn im Leben und im Tod. (GN)
Römer 14,7+8

84 Darum nehmt einander an, wie Christus euch angenommen hat zu Gottes Lob.
Römer 15,7

85 Einen andern Grund kann niemand legen als den, der gelegt ist,
welcher ist Jesus Christus.
1. Korinther 3,11

86 Die Liebe erträgt alles, sie glaubt alles, sie hofft alles, sie duldet alles.
Die Liebe hört niemals auf.
1. Korinther 13,7+8

87 Nun aber bleiben Glaube, Hoffnung, Liebe, diese drei;
aber die Liebe ist die größte unter ihnen.
1. Korinther 13,13

M 1 **111 DENKSPRÜCHE** | Dein Denkspruch lautet — Seite 8

88 Wachet, steht im Glauben, seid mutig und seid stark! Alle eure Dinge lasst in der
Liebe geschehen!
1. Korinther 16,13+14

89 Wo der Geist des Herrn ist, da ist Freiheit.
2. Korinther 3,17

90 Wenn also ein Mensch zu Christus gehört, ist er schon »neue Schöpfung«.
Was er früher war, ist vorbei; etwas ganz Neues hat begonnen. (GN)
2. Korinther 5,17

91 Lass dir an meiner Gnade genügen, denn meine Kraft ist in den Schwachen mächtig.
2. Korinther 12,9

92 Zuletzt, freuet euch, lasst euch zurechtbringen, lasst euch mahnen,
habt einerlei Sinn, haltet Frieden! So wird der Gott der Liebe und des Friedens
mit euch sein.
2. Korinther 13,11

93 Einer trage des andern Last, so werdet ihr das Gesetz Christi erfüllen.
Galater 6,2

94 Gepriesen sei unser Gott, der Gott und Vater unseres Herrn Jesus Christus!
Denn durch Christus hat er uns Anteil gegeben an der Fülle der Gaben
seines Geistes in der himmlischen Welt. (GN)
Epheser 1,3

95 Lasst uns aber wahrhaftig sein in der Liebe und wachsen in allen Stücken
zu dem hin, der das Haupt ist, Christus.
Epheser 4,15

96 Und der Friede Gottes, welcher höher ist als alle Vernunft, bewahre eure Herzen
und Sinne in Christus Jesus.
Philipper 4,7

97 Ich vermag alles durch den, der mich mächtig macht, Christus.
Philipper 4,13

98 Alles, was ihr tut, mit Worten oder mit Werken, das tut alles in dem Namen
des Herrn Jesus und dankt Gott, dem Vater, durch ihn.
Kolosser 3,17

99 Prüfet alles und das Gute behaltet.
1. Thessalonicher 5,21

100 Der Herr ist treu; der wird euch stärken und bewahren vor dem Bösen.
2. Thessalonicher 3,3

M 1 **111 DENKSPRÜCHE** | Dein Denkspruch lautet — Seite 9

101 Der Herr richte euer ganzes Denken und Wollen darauf,
dass ihr Gott liebt und standhaft zu Christus haltet. (GN)
2. Thessalonicher 3,5

102 Kämpfe den guten Kampf des Glaubens; ergreife das ewige Leben,
wozu du berufen bist und bekannt hast das gute Bekenntnis vor vielen Zeugen.
1. Timotheus 6,12

103 Gott hat uns nicht gegeben den Geist der Furcht, sondern der Kraft
und der Liebe und der Besonnenheit.
2. Timotheus 1,7

104 Und wenn jemand auch kämpft, wird er doch nicht gekrönt,
er kämpfe denn recht.
2. Timotheus 2,5

105 Dient einander, ein jeder mit der Gabe, die er empfangen hat.
1. Petrus 4,10

106 Alle eure Sorge werft auf ihn; denn er sorgt für euch.
1. Petrus 5,7

107 Seht doch, wie sehr uns der Vater geliebt hat! Seine Liebe ist so groß,
dass er uns seine Kinder nennt. Und wir sind es wirklich: Gottes Kinder! (GN)
1. Johannes 3,1

108 Dadurch ist Gottes Liebe unter uns offenbar geworden, dass er seinen einzigen
Sohn in die Welt sandte. Durch ihn wollte er uns das neue Leben schenken. (GN)
1. Johannes 4,9

109 Gott ist die Liebe; und wer in der Liebe bleibt, der bleibt in Gott und Gott in ihm.
1. Johannes 4,16

110 Wir lieben, weil Gott uns zuerst geliebt hat. (GN)
1. Johannes 4,19

111 Lasst uns aufsehen zu Jesus, dem Anfänger und Vollender des Glaubens.
Hebräer 12,2

M 2 **MEIN KONFIRMATIONSDENKSPRUCH** | Dein Denkspruch lautet

Der Konfirmationsdenkspruch soll dich dein ganzes Leben lang begleiten.
Nimm dir Zeit, ihn sorgfältig auszuwählen!

1. Lies die Liste mit Vorschlägen für einen Denkspruch durch.
   Dies ist nur eine Auswahl, auch andere Verse der Bibel dürfen nach Rücksprache gewählt werden.
2. Schlage den Bibelvers, den du dir ausgesucht hast, in der Bibel nach und lies den ganzen Abschnitt, in dem der Vers steht.
3. Prüfe mindestens zwei Alternativen.
4. Warum hast du gerade diesen Vers ausgewählt?
   Was verbindest du mit ihm, welche Erfahrungen hast du schon gemacht, die dieser Vers anspricht?
   Welche Bedeutung könnte dieser Vers für dein künftiges Leben haben?
   Wie könnte man diesen Vers bildlich oder grafisch darstellen (Rückseite)?

Gedanken zu meinem Konfirmationsspruch

Konfirmanden-Elternarbeit

I. Die Konfirmation als Anknüpfungspunkt

Die Konfirmation ist für Eltern ein wichtiges Familienfest

Die Konfirmation gehört zu den großen Festen, in denen sich die Familie konstituiert und abbildet, wie etwa bei Hochzeitsfeiern. Wo feiern wir? Wer wird eingeladen? Wie gestalten wir das Fest als Ganzes? Diese Fragen bewegen die Familien schon viele Monate vorher und die bei geschiedenen Paaren oder Alleinerziehenden nicht selten neue Konflikte heraufbeschwören. Dies gilt es sensibel wahrzunehmen. 78 % der verheirateten Eltern feiern die Konfirmation als »eines der wichtigsten Feste im Leben meines Kindes«. Bei den Alleinerziehenden (ledig, ohne feste Partnerbindung) sind es lediglich 60 %.[1]

Die Eltern der Konfirmanden spiegeln die Struktur unserer Volkskirche wider: von hoch verbunden bis distanziert oder gar ablehnend. Was sie verbindet ist allein die Konfirmation ihrer Kinder. Sie ist Motor und Antrieb elterlichen Engagements. Es soll ein schöner Festtag für die ganze Familie werden. Wer Eltern in die Konfirmandenarbeit einbeziehen will muss um diesen »Anknüpfungspunkt« wissen. Alle anderen Interessen und Ziele, die von seitens der Kirche da sind, sind für Eltern bestenfalls zweitrangig. Die Konfirmandenarbeit ist deshalb für Eltern primär »der Anmarschweg« für den Festtag der Konfirmation.

Der Konfirmationstag hat zwei Seiten, die kirchliche am Vormittag mit dem Festgottesdienst und die familiäre am Nachmittag mit der Familienfeier. Dass beide Seiten etwas miteinander zu tun haben und nicht auseinanderfallen, ist eine der zentralen Aufgabe für die Konfirmandenelternarbeit.

Die Familien sind der »Golfstrom« für gelingende Konfirmandenarbeit

Auch wenn viele über die mangelnde Unterstützung von Eltern klagen, so muss man dennoch festhalten, dass die Konfirmandenarbeit in starkem Maße auf die familiäre Unterstützung angewiesen ist. Diese äußert sich weniger in aktiven Unterstützungshandlungen als vielmehr im Bereitstellen eines Backgrounds, an den angeknüpft werden kann! Obwohl die Jugendlichen (West) nach Selbsteinschätzung überwiegend aus nicht kirchlichen Elternhäusern stammen, ist doch eine große Bereitschaft der Eltern vorhanden, das System Konfirmandenarbeit wohlwollend zu unterstützen.[2]

II. Ziele der Elternarbeit[3]

Elternarbeit um der Konfirmand/innen willen

Eltern sind zunächst einmal Vater oder Mutter ihres Kindes und als dessen Erziehungsberechtigte für dieses verantwortlich. Als »gute« Eltern fühlen sie sich verpflichtet ihren Beitrag zu leisten, dass die Konfirmandenarbeit reibungslos funktioniert und ihr Kind eine schöne Konfirmandenzeit erlebt. Deshalb haben Eltern ein Recht informiert und wo möglich oder nötig involviert zu werden. Das gilt insbesondere bei:

- Informationen über die Konfirmandenarbeit (Termine/Jahresplanung, Konzeption, Arbeitsmethoden, Freizeiten, Block-Seminartage, etc.)
- Einbeziehung in Konfliktsituationen
- Vorbereitung und Beteiligung an der Konfirmation

1 Ilg, W. / Schweitzer, F. u.a.: KA in Deutschland. Empirische Einblicke, Gütersloh 2009, 75–88.
2 Domsgen, M. / Hinderer, M.: Konfirmandenarbeit und Familie, in: KA gestalten, Gütersloh 2010, 56–68.
3 Hennig, P.: Alle reden von Elternarbeit – wir machen sie (auch nicht?), in: Arbeiten zum KU, Bd. 3, Lutherisches Verlagshaus (LVH), Hannover 1992.

Elternarbeit um der Eltern willen

Eltern stehen vor großen Herausforderungen dadurch, dass ihre Kinder mitten in der Pubertät sind. Das ist für beide Seiten eine spannungsvolle Zeit, in der die Verständigung häufig äußerst schwer fällt.

Die Konfirmandenarbeit kann die Eltern stärken und sie bei der Wegbegleitung ihrer Kinder unterstützen. So wie die Konfirmanden mit der Pubertät sind die Eltern mit Krisenerfahrungen der Lebensmitte (»Midlife-Krise«) konfrontiert. Wie kann man mit der Endlichkeit und Unvollkommenheit des Lebens umgehen, jetzt wo eine Zeit ohne Kinder immer stärker in den Blick gerät? In Glaubensdingen befinden sie sich auf einer »silent journey« (Nipkow), unsicher und ungeübt, ihrem Glauben und ihrer Frömmigkeit Ausdruck zu verleihen. So begegnen uns die Eltern in einer Mischung aus Angst vor Vereinnahmung und der Hoffnung, mit jemand über ihre offenen Fragen ins Gespräch kommen zu können. Es gilt daher:

- Eltern in ihrer persönlichen Kompetenz zu stärken und zu befähigen, mit dem »Umbruch in der Lebensmitte«, mit ihren eigenen Glaubens- und Lebensfragen umzugehen.
- Erziehungshilfen in der Pubertät (Elternabend, Erziehungsratgeber, etc.) zur Verfügung zu stellen.
- Elternabende zu Fragen der eigenen Identität, Religionsunterricht für Erwachsene, etc. anzubieten.

Elternarbeit um der Gemeinde willen

Sofern Eltern nicht aus der Kirche ausgetreten sind, sind sie Gemeindeglieder und haben ihre Erfahrungen mit Kirche gemacht. Durch die Konfirmandenzeit treten sie – wie bewusst auch immer – in eine eigene Beziehung zur Gemeinde und zum christlichen Glauben. Die Konfirmandenzeit ist für viele Eltern Anlass, sich der Kirche und dem christlichen Glauben (wieder) anzunähern. Eine gute Konfirmandenarbeit trägt wesentlich dazu bei, dass Eltern sich mit der Konfirmandenarbeit identifizieren und dann auch zu (punktueller) Mitarbeit bereit sind (KA in Deutschland, 81). Diese liegt weniger in der kontinuierlichen Mitarbeit im Unterricht (ist von Seiten der Konfirmand/innen auch nicht unbedingt erwünscht), sondern eher bei Projekten.

Sie erleben ihre Gemeinde als den Ort, an dem sie ein neues Bild von Kirche bekommen.

Immerhin fast die Hälfte der Eltern (45 %) geht in dieser Zeit häufiger als sonst in den Gottesdienst und das entgegen aller Klagen der Verantwortlichen. Und für immerhin 15 % steigt auch das Interesse an kirchlichen Themen. (KA in Deutschland, 82)

Mögliche Angebote:

- Elternkonfer: Ausgesuchte Bausteine aus der Konfirmandenarbeit sind deutungsoffen auch für Eltern
- RU für Erwachsene
- Gottesdienstgestaltungen, bei denen Eltern besonders in den Blick kommen (Begrüßungssgottesdienst)

III. Formen der Elternarbeit

Anmeldung

Wie sieht der Erstkontakt zu Eltern aus? Gibt es einen Informationsflyer oder eine freundliche Einladung zur Konfirmandenzeit, die Eltern und Jugendlichen signalisiert: Ihr seid wahrgenommen und willkommen?

Elternabende

Die klassische Form der Elternarbeit ist der Elternabend. In der Regel finden im Laufe der Konfirmandenzeit drei statt: Ein »informativer« Elternabend zu Anfang, ein »thematischer« in der Mitte und ein Abend zur Vorbereitung auf die Konfirmation gegen Ende der Konfirmandenzeit. Die Eltern kommen zu diesen Abenden, sofern sie für sich einen Bezug zur Konfirmation sehen. Ein tieferes Interesse kann entstehen, wenn Eltern merken, dass an Elternabenden nicht nur formale Dinge abgehandelt werden, sondern ihre Interessen und Fragen berücksichtigt und der Abend kommunikativ und ansprechend gestaltet ist. Wie ein anregender und gelingender Elternabend aussehen kann, finden sie in den beiden folgenden Beiträgen.

Hausbesuche

Der Hausbesuch ist ein hoher Aufwand, der sich aber in jedem Fall lohnt, da er die Möglichkeit gibt, etwas über die unterschiedlichen Milieus der Familien zu erfahren, aus denen die Konfirmand/innen kommen. Es trägt zum Gelingen bei, wenn am Elternabend deutlich und transparent wird, was der Besuch soll (Möglichkeit des Kennenlernens) und was er nicht sein will (Inspektion der Wohnung oder des Jugendzimmers). Zur Organisation ist es hilfreich, wenn am

Elternabend Listen ausliegen, in die sich Eltern eintragen können und die signalisieren, dass die Termine zeitlich begrenzt sind (max. 75 Min.), möglichst vor dem Abendessen, um damit nicht den ganzen Abend zu »blockieren«.

Mit dem Pfarrer/der Pfarrerin kommt für die Eltern die »Kirche« ins Haus, das kann Gesprächsanlass wie Hemmnis sein. Zu Beginn der Konfirmandenzeit wird eher der Unterricht das Thema sein, gegen Ende eher die Konfirmation.

Im Einzelfall kann das Gespräch auch einen seelsorgerlichen Aspekt bekommen. Die Stärke des Hausbesuchs ist aber zugleich seine Grenze, indem er allein auf eine Familie ausgerichtet ist. Umgekehrt kann es auch ganz sinnvoll sein, dass mehrere Eltern in die Privatwohnung des Pfarrers/der Pfarrerin eingeladen werden. Damit ist das Gespräch geöffnet und nicht allein auf den Pfarrer/die Pfarrerin zentriert. Und zudem erscheint der Pfarrer/die Pfarrerin als ganz »normale/r« Nachbar/in.

Elternbriefe

Wie kann man den richtigen Ton finden, der alle Eltern gleichermaßen anspricht, ob sie nun der Sache gewogen oder distanziert gegenüberstehen? Eine Möglichkeit ist der Elternbrief. Er informiert die Eltern über die anstehenden Termine und schafft so unter den Eltern ein Stück Transparenz. Zugleich ist ein Elternbrief eine Form der Kontaktpflege und stärkt das Wir-Gefühl der Gruppe der Konfirmandeneltern.

Mitarbeit der Eltern

Betont man die Verantwortung der Eltern für die Erziehung ihrer Kinder, dann liegt es nahe, sie auch in die Konfirmandenarbeit einzubeziehen. Allerdings liegt die Mitarbeit von Eltern weniger in der kontinuierlichen Mitarbeit im Unterricht (das ist auch von Seiten der Konfirmandinnen und Konfirmanden nicht unbedingt erwünscht), sondern in Projekten, Gottesdiensten und Konfirmation, bei denen Eltern einbezogen sind. Die Elterngeneration, sofern es nicht die eigenen Eltern sind, können wichtige Vorbilder und Ansprechpartner z. B. in der Mentorenarbeit sein.

- Unterrichtsprojekte, z. B. ein Thema in Kleingruppen zu Hause besprechen, handwerklich begabte Väter gestalten ein Konfirmationssymbol.
- Unterstützung der Konfirmandenarbeit in organisatorischer Hinsicht, beispielsweise bei Veranstaltungen.

Eltern und Kinder kommen ins Gespräch – ein Anmeldeabend für Konfirmand/innen und ihre Eltern, ↗ S. 260, S. 740

Elternabend zur Konfirmation, ↗ S. 263, S. 745

»Was hat Segelfliegen mit Konfirmandenarbeit zu tun?«, S. 750

»... mit Eltern einsteigen«, S. 753

»... wenn Eltern in ein schwieriges Alter kommen«, S. 756

Organisation und Planung

Einladungsschreiben, S. 885

Thomas Ebinger

Eltern und Kinder kommen ins Gespräch

Ein Anmeldeabend für Konfirmand/innen und ihre Eltern

Einleitung

Wenn man ernst nimmt, dass Konfirmation etwas mit der Mündigkeit von Jugendlichen zu tun hat, kann man nicht die Eltern allein über die Anmeldung zur Konfirmation entscheiden lassen, wie es das offizielle Formular suggeriert. Dort ist – zumindest in Baden-Württemberg – eine Unterschrift der/s Konfirmand/in nicht vorgesehen. Sinnvoller erscheint mir, mit Eltern und Konfirmand/innen gemeinsam zu beginnen. Das hat den Vorteil, dass beide gleichlautend über die Rahmenbedingungen informiert sind und gemeinsam darüber entscheiden können, ob eine Konfirmation tatsächlich gewünscht wird – eine Entscheidung, die heute nicht mehr selbstverständlich ist. Eltern können und sollen eine wichtige Rolle bei der Konfirmationsvorbereitung spielen, aber eben als Berater ihrer heranwachsenden Kinder und nicht als die, die im Zweifel das letzte Wort haben, was sie schon von der Rechtslage her nicht haben: Schließlich wird im Alter von 14 Jahren die Religionsmündigkeit erlangt!

Dieser Anmeldeabend, der von mir immer wieder so oder so ähnlich durchgeführt wurde, versucht neben ersten inhaltlichen Akzenten auch die wichtigen organisatorischen Punkte so zu klären, dass dabei möglichst wenig Zeit und Energie auf der Strecke bleiben.

Organisation und Durchführung

Ideal ist ein möglichst großer Raum mit einem Stuhlkreis in der Mitte, bei sehr großen Gruppen zwei Halbkreise hintereinander.

Ziele

- Konfirmand/innen und ihre Eltern lernen gemeinsam die Rahmenbedingungen der Konfirmandenarbeit und ihre inhaltlichen Ziele kennen.
- Sie erfahren vom besonderen Charakter der freiwilligen Verbindlichkeit der Konfirmandenarbeit, die sie grundsätzlich von der Schule unterscheidet.
- Eltern und ihre Kinder kommen ins Gespräch über wichtige Fragen des Lebens und Glaubens.

Schritt 1: »I'm not a girl, not yet woman« und Vorstellungsrunde

Ziel: Den Jugendlichen und ihren Eltern wird der besondere Schwellenstatus des Konfirmandenalters und der Entwicklung der (Glaubens)mündigkeit in dieser Lebensphase bewusst gemacht.

Material

- CD-Player
- Lied von Britney Spears »I'm not a girl, not yet woman«
- Memorykärtchen in ausreichender Zahl
- Jahresplan
- Liederbücher oder Kopien für Abschlusslied

Nach einer kurzen Begrüßung wird das Lied von Britney Spears eingespielt. Impuls: »Kein Mädchen mehr, aber noch keine Frau. Kein Junge mehr, aber noch kein Mann. Das ist doch genau die Lebensphase, in der ihr künftigen Konfirmand/innen jetzt seid. Wenn ihr einmal vollständig erwachsene Männer und Frauen seid, könnnt und müsst ihr für alles selbst Verantwortung übernehmen und auch für alles selbst geradestehen, was schief läuft. Jetzt habt ihr – hoffentlich sagt ihr dazu »Gott sei Dank!« – noch eure Eltern, die für euch geradestehen, euch versorgen und euch auch viele Entscheidungen abnehmen oder zumindest nahe legen. Konfirmation heißt, dass ihr in einer wichtigen Frage des Lebens selbst Verantwortung übernehmen und selbst entscheiden sollt: in der Frage des Glaubens, in der Frage, ob ihr zu Gott und zur Kirche gehören wollt oder nicht. Wie ihr diese Frage am Ende beantworten werdet, ist heute noch nicht abzusehen. Deshalb machen wir ja gemeinsam die Konfirmationsvorbereitung, wo ihr wie in einem Crashkurs kompakt und mit viel Praxis erfahren werdet, was Glaube und Kirche bedeutet. Ich will auch ernst nehmen, dass ihr Konfirmand/innen das entscheiden müsst. Mit 14 Jahren werdet ihr religionsmündig und könnt rechtlich selbst über eure Konfessionszugehörigkeit entscheiden. Und schon ab 12 Jahren können eure Eltern eure Konfession nur noch mit eurer Zustimmung wechseln.

Um deutlich zu machen, dass man nicht das ganze Paket auf einmal buchen muss, gibt es in unserer Gemeinde eine Schnupperphase, für die ihr euch heute

Abend anmeldet. Wenn die mit den Herbstferien endet, werde ich euch noch einmal fragen, ob ihr weitermachen wollt. Es kommt immer wieder vor, dass Konfirmand/innen aussteigen und ich finde das auch nicht schlimm, denn wer es macht, sollte es ja freiwillig und gerne machen.«

Es folgt eine Vorstellungsrunde, bei der jeder seinen Namen sagt und zu erkennen gibt, mit wem im Raum er zusammengehört.

Schritt 2: Gespräche mit wechselnden Partnern

Arbeitsanweisung: »Wenn es um Glaubens- und Lebensfragen geht, ist es wichtig, dass man miteinander ins Gespräch kommt. Und da kommen wieder die Eltern ins Spiel. Sie haben nicht nur mehr Lebensjahre auf dem Buckel, sondern eben auch mehr Lebenserfahrung. Das soll bei dem Spiel zum Ausdruck kommen, das wir jetzt machen wollen: ein Gesprächsmemory, wo die ganze Gruppe so richtig schön durchgemischt wird. Jeder bekommt jetzt ein Memorykärtchen. Sobald die Musik spielt, tauscht man mit möglichst vielen Personen sein Kärtchen. Wenn die Musik dann ausgemacht wird, sucht man den, der das gleiche Kärtchen hat und stellt sich zu ihm. Dann werde ich eine Frage stellen, über die man sich einen Moment lang unterhält.«

Hinweis für die Leitung: Die Memorykärtchen müssen vor dem Austeilen zu Paaren sortiert sein. Wenn ein Kärtchen übrig bleibt, mache ich einfach mit. Am Anfang muss man etwas zum Tauschen ermuntern. Manche versuchen auch, das Kärtchen ihres Wunschpartners zu ergattern. In diesem Fall sollte man dezent darauf hinweise, dass es bei diesem Spiel gerade darum geht, mit bisher weniger bekannten Personen ins Gespräch zu kommen. Die Zeit für die Gespräche sollte relativ kurz sein, da sich bei manchen Paaren irgendwann eine als unangenehm empfundene betretene Stille einstellt, während andere keine Ende finden; dann einfach wieder die Musik aufdrehen für die nächste Tauschrunde.

Aus den folgenden Fragen sollten drei bis vier ausgewählt werden:

- Was war bisher meine schönste Erfahrung mit Kirche?
- Wer ist mein Vorbild oder war es, als ich einmal jung war?
- Welche Erwartungen habe ich an meine Konfirmandenzeit / welche Erinnerungen habe ich daran bzw. an meine Firmung?
- Welchen Wunschtraum möchte ich gern einmal verwirklichen, sobald ich das kann?
- Welche Erfahrungen habe ich bisher mit Pfarrer/innen gemacht?
- Zur Konfirmation bekommt man oft viel Geld geschenkt. Das ist vielleicht auch eine Motivation für manche, heute hier zu sein. Welche Bedeutung hat Geld für mich? Fühle ich mich eher arm oder reich?
- Gott kann man nicht sehen, aber jeder hat verschieden Bilder von ihm. Was stelle ich mir vor, wenn ich an Gott denke?

Schritt 3: Vorstellung der Inhalte und Rahmenbedingungen

Möglichst kompakt werden in dieser Phase die wichtigsten Inhalte der Konfirmandenarbeit und die äußeren Rahmenbedingungen vorgestellt und Raum für Rückfragen gegeben. Ich teile immer auch den Terminplan aus, an Eltern und Konfirmand/in jeweils ein Exemplar.

Schritt 4: Wahl des Konfirmationstermins und Anmeldung zur Schnupperphase

Material: Anmeldeformulare **M 1**

Erfahrungsgemäß ist die Wahl der Konfirmationstermine immer ein heikler Punkt, weil hier sowohl Elterninteressen als auch Interessen der Jugendlichen, mit wem sie konfirmiert werden wollen, aufeinander stoßen. Wichtig ist es, alle Terminwünsche bis zum Anmeldeabend aufzuschieben.

Folgendes Verfahren hat sich bei mir bewährt: Ich bereite Zettel in zwei Farben mit den Konfirmationsterminen vor, aus denen sich unter Umständen auch die Gruppe ergibt. Zunächst frage ich, ob es harte Gründe für einen bestimmten Termin gibt, und vergebe dann diese Termine. Anschließend werden die Termine wahllos an die Konfirmand/innen verteilt, aber immer so, dass für jeden Termin gleich viele Zettel im Spiel sind. Dann dürfen die Konfirmand/innen – unterstützt von ihren Eltern – so lange tauschen, bis sie zufrieden sind. Findet sich kein Tauschpartner mehr, ist die Verteilung der Termine beendet. Am Schluss frage ich dann, ob alle mit dieser Verteilung leben können oder ob es vielleicht doch noch eine sinnvolle Tauschmöglichkeit gibt. Der große Vorteil dieses Verfahrens ist es, dass es zwar Wahlmöglichkeiten gibt, aber doch nur in einem bestimmten Rahmen. Jede/r Konfirmand/in schreibt dann seinen Namen auf den Zettel, meldet sich zur Schnupperphase der Konfirmandenarbeit an (**M 1**, möglichst individualisiert mit Logo der Kirchengemeinde und Namen des/r Pfarrer/in und der

Teamer), lässt seine Eltern unterschreiben und gibt beides ab.

Schritt 5: Abschluss mit Lied und Segen

Der Abend endet mit einem gemeinsam gesungenen Lied und einem Abendsegen. Anschließend können noch Einzelfragen geklärt werden. Sinnvoll ist es auch, über Listen, in die man sich eintragen kann, abzufragen, wer von den Eltern bestimmte Aufgaben übernehmen kann (Fahrdienste, Kochen, Backen …).

Die endgültige Anmeldung erfolgt erst nach der Schnupperphase mit **M 2**.

Materialien zu diesem Beitrag auf CD-ROM

M 1

ANMELDUNG ZUR SCHNUPPERPHASE

| Eltern und Kinder kommen ins Gespräch

Anmeldung zur Schnupperphase der Konfirmandenarbeit

Zur Konfirmation gehört eine bewusste Entscheidung, wie man sich zum christlichen Glauben und zur Kirche verhalten will. Diese Entscheidung solltest du ernst nehmen.

Deshalb gibt es zu Beginn der Konfirmandenzeit eine Schnupperphase, in der du den Pfarrer, die anderen Konfirmanden, den Gottesdienst, die Kirchengemeinde und erste Inhalte kennen lernen wirst. Bis zu den Herbstferien musst du dich dann endgültig entscheiden, ob du dich auf diese Zeit der Konfirmationsvorbereitung und die Konfirmation selbst einlassen willst.

Falls sich irgendwelche Probleme oder Fragen ergeben, sprich mich einfach darauf an.

Dein Pfarrer

✂ -

Ich will die Konfirmandenarbeit kennen lernen und melde mich zur Schnupperphase an:

Vorname und Name: ______________________

Telefon: ______________________

Handy: ______________________

Straße: ______________________

Ort: ______________________

E-Mail: ______________________

Facebook-Name: ______________________

Ich bin damit einverstanden, dass Bilder von mir, die im Rahmen der Konfirmandenarbeit entstehen, im Gemeindebrief oder auf der Internetseite der Kirchengemeinde veröffentlicht werden.

Ort ______________________ Datum ______________

Unterschrift Konfirmand/in: ______________________

Unterschrift Eltern: ______________________

M 2

ANMELDUNG ZUR KONFIRMATION

| Eltern und Kinder kommen ins Gespräch

Verbindliche Anmeldung zur Konfirmation

Die Schnupperphase ist nun vorbei. Du hast den Pfarrer, deine Gruppe, einen Teil der Gemeinde, den Gottesdienst und den Konfirmandenunterricht kennen gelernt. Du hast dir eine eigene Meinung über die Konfirmandenzeit gebildet. Wie abgesprochen, kannst du dir nochmals genau überlegen, ob du dich ganz darauf einlassen möchtest.

- ☐ Ich habe die Konfirmandenarbeit nun kennen gelernt und möchte mich verbindlich für die zweite Phase und die Konfirmation anmelden.
- ☐ Ich bin mir unsicher und möchte mit jemandem darüber reden.
- ☐ Ich habe die Konfirmandenarbeit nun kennen gelernt und möchte nicht weitermachen.

Ort ______________________ Datum ______________

Name: ______________________

Unterschrift: ______________________

Martin Hinderer

Elternabend zur Konfirmation

Fest der Kirche und Fest der Familie

Wenn es um die Konfirmation geht, dann steht bei den Pfarrerinnen und Pfarrern in aller Regel der Konfirmationsgottesdienst im Mittelpunkt. Darauf haben sie ein Jahr mit der Konfirmandengruppe hingearbeitet. Nun soll es ein schöner Gottesdienst werden mit den liturgischen Elementen, die eine Konfirmation ausmachen (Tauferinnerung, Bekenntnis, Segen, etc.). Denken die Eltern an die Konfirmation, dann steht bei ihnen der Konfirmationstag als Familienfest im Mittelpunkt. Er ist mit viel Vorbereitung, Arbeit und Stress verbunden. Bis der Tag steht und alle – auch auseinanderdriftenden – Erwartungen berücksichtigt sind, ist es ein weiter Weg (Wen laden wir ein? Wie gestalten wir das Fest?).

Beide Anliegen, die der Familie und die der Kirchengemeinde, sind berechtigt. Es geht darum, dass die Konfirmation nicht in zwei Teile, in den Gottesdienst am Morgen und in die Familienfeier am Nachmittag, auseinanderfallen. Beides gehört zusammen und muss ineinander wirken. Es gilt aufzuzeigen, wie und wo die Gefühle und Erwartungen der Familien im Gottesdienst verortet werden (z. B. in einem Elternvotum, im Fürbittengebet, etc.). Und es gilt aufzuzeigen, wie und wo der Gottesdienst noch in den Nachmittag hineinwirken kann (z. B. der Konfirmationsspruch auf den Tischkärtchen etc.). Im Mittelpunkt des Tages stehen aber die Konfirmand/innen. Wie kann dies gewährleistet werden in Gottesdienst und Familienfeier, so dass es ein schöner Tag für alle wird?!

Wie lade ich freundlich ein und mache neugierig?

Eine freundliche und anregende Einladung, die das Thema des Abends aufgreift, ist der erste Schritt. Sie gibt eine Vorstellung dessen, was die Eltern an diesem Abend erwartet, und macht damit Lust, der Einladung zu folgen. Das wird vor allem jenen Eltern eine Hilfe sein, die der Kirche eher fremd oder distanziert gegenüberstehen und nicht wirklich wissen, was sie erwartet. Die zentralen Fragen (z. B.: »Was wird an der Konfirmation eigentlich gefeiert?«) werden im Anschreiben aufgegriffen. Damit führt bereits die Einladung bereits thematisch in den Abend ein und informiert jene, die nicht am Elternabend teilnehmen (können).

Und ganz abgesehen von den Inhalten signalisiert und transportiert ein solches Einladungsblatt die Botschaft: Sie als Eltern sind uns wichtig und Ihre Fragen werden wahrgenommen!

▶ Einladungsblatt (**M 1**)

Wie gelingt ein anregender Elternabend?

Elternabende sind Eltern natürlich von der Schule bekannt und von daher mit positiven oder negativen Vorurteilen belegt, die häufig zu Haltungen wie »Welche Informationen muss ich mir hier merken und aufschreiben?« bis zu »Ich sitze den Abend hier ab!« gehen. Aber genau das soll durchbrochen werden. Ein anregender Elternabend lebt wesentlich davon, dass es gelingt, die Eltern zu aktivieren und ins Gespräch miteinander über ein Thema zu bringen. Eltern sollen involviert und nicht nur informiert werden. Ihre Anliegen und Ansichten, Fragen, Probleme und Vorstellungen einer gelungenen Konfirmation sind der »Stoff« des Abends. Scheuen Sie sich nicht, erfahrene Eltern berichten zu lassen, wie sie den Konfirmationstag bei Geschwisterkindern gestalteten.

Dazu ist es hilfreich, sich im Voraus zu überlegen: Wie gestalte ich die Atmosphäre des Abends? Ein wesentliches Signal ist die Raumgestaltung. Sitzt man an Tischen oder im Sitzkreis? Gibt es Getränke und Gebäck? Gibt es eine gestaltete Mitte, die das Thema aufgreift? Gibt es einen kleinen Büchertisch, der Anregungen zum Thema gibt? Wie werden die Eltern begrüßt und wie stellen sie sich gegenseitig vor? Wie gelingen aktivierende, gesprächsanregende Arbeitsmethoden? Hilfreich kann sein

- ▶ Gesprächsimpulse an Lernstationen vorzustellen. Immer zwei Personen stellen sich vor einen Gesprächsimpuls, der an der Wand angebracht ist, ca. 3 Min. Auf ein Klangzeichen hin wird gewechselt, indem eine Person nach rechts und eine nach links weitergeht.
- ▶ ein Thema in kleinen Murmelgruppen zu besprechen, bevor im Plenum darüber geredet wird.
- ▶ Gegenstände, Bilder oder Texte anzubieten, die helfen eigene Worte zu finden.

- Inge Rümmele, Konfirmation feiern: den Konfirmationstag sinnvoll planen, gestalten und erleben, GTB 2001. (Neuauflage 2011)
- Cornelia und Ulrich Mack, Konfirmation feiern. Anregungen für einen besonderen Tag, Hänssler Verlag, 2003.
- Rainer Starck, Segen für die Lebensreise, Konfernormal 23.

Materialien zu diesem Beitrag auf CD-ROM

M 1 **EINLADUNGSBRIEF** | Elternabend zur Konfirmation

Elternabend zur Konfirmation am …

Liebe Eltern,

bald ist es soweit: Ihr Kind wird konfirmiert. Die Konfirmation ist das erste große, öffentliche Fest, bei dem Ihr Kind im Mittelpunkt steht. Ein ganzes Jahr haben wir uns darauf vorbereitet und nun steht der große Moment bevor. Ein Ereignis, das wir mit einem Fest in Kirche und Familie feiern.

Die Konfirmation – ein Fest der Familie
Ein Übergang ins Erwachsenen- und Berufsleben ist die Konfirmation nicht mehr. Das hat sich gründlich geändert. Aber die Konfirmation macht uns bewusst, dass aus den Kindern nun Jugendliche geworden sind, die sich immer mehr von zu Hause lösen.
Einige Fragen haben Sie wahrscheinlich bereits zu Beginn der Unterrichtszeit gelöst: Wen laden wir ein? Feiern wir im Gasthaus oder zu Hause?
Aber vielleicht gibt es noch offene Fragen wie: Was sollen die Jugendlichen anziehen? Gibt es eine »Kleiderordnung«, an die »man« sich halten muss? Was feiern wir da eigentlich? Wie gestalten wir den Festtag, damit er in guter Erinnerung bleibt? Was können wir tun, wenn unsere Familie im Streit miteinander lebt?

Die Konfirmation – ein Fest der Kirche
Am Übergang in eine neue Lebensphase ahnen Menschen, dass ihr Leben gelingen kann, aber auch gefährdet ist. Deshalb fragen Eltern und Jugendliche in einer solchen Situation nach Gott und möchten darauf vertrauen, dass er sie behütet und begleitet.
In der Konfirmation kommt dies im SEGEN zum Ausdruck: »Gott ist Schutz und Schild in allem Argen!« Sie, liebe Eltern, merken: Ihr Kind geht nun eigene Wege. Sie können es nicht mehr so intensiv begleiten und müssen loslassen. Durch den Segen für Ihr Kind aber wissen Sie: Ich kann loslassen, weil es in Gottes Hand ist.

Der Konfirmationstag – ein Fest der Kirche und der Familie
Es wäre schön, wenn der Konfirmationstag nicht in zwei unverbundene Hälften auseinanderfiele. Beides gehört zusammen; Kirche und Familie – mit Ihrem Kind als Mittelpunkt.
Wie dies gelingen kann, dazu laden wir Sie herzlich zum Elternabend ein. Er gibt uns Gelegenheit, diese und andere Fragen miteinander zu besprechen.

Mit freundlichen Grüßen

Jörg Conrad

Tauferinnerungsgottesdienst

Ein Gottesdienst für die Konfirmand/innen

Glockenläuten

Musik zu Beginn

Begrüßung

Lied: Gut, dass wir einander haben

Psalmgebet: Psalm 36 (EG 719)

1. Lesung (Matthäus 28) am Altar

Impuls: Taufe geschieht auf den Namen des Vaters, des Sohnes, des heiligen Geistes. Gott handelt. Er sagt: Du bist gewollt. Du bist geliebt. Du bist nie allein. Du bist ein Kind Gottes.

2. Lesung (Johannes 10,10; Johannes 7,38; Römer 6) am Taufstein

Impuls: Wasser wäscht alle Ansprüche ab, die diese Welt und die Menschen in ihr auf uns haben. Das Kreuzzeichen aus Wasser sagt: Du gehörst zu Jesus. Er will sein Reich zusammen mit dir bauen. Er allein hat einen Anspruch auf dich und er meint es gut mit dir. Wer getauft ist, der ist mit Jesus verbunden.

3. Lesung (Johannes 8,12; 2. Korinther 4,6; Psalm 27,1) an der Osterkerze

Impuls: »Der Herr ist mein Licht und mein Heil; vor wem sollte ich mich fürchten?«

Und doch. Ich bin mir sicher, dass ihr das kennt: sich fürchten. Ich jedenfalls kenne es. Sich fürchten, das passiert oft dann, wenn es dunkel ist. Wenn man nicht genau sieht, was da ist. Weil wir uns dann keinen Überblick verschaffen können. Weil unsere Fantasie sich alles Mögliche ausdenkt, was da sein könnte. Weil da Böses sich unbemerkt an uns heranmachen kann. So ist das im Dunkeln.

Und so anders wird das, wenn da Licht in die Sache hineinkommt. Dann wird das Dunkel hell und wir sehen, was vor und hinter uns liegt. Wir sehen, was da ist und müssen uns nicht länger auf unsere Vermutungen und unsere Fantasie allein verlassen.

Wenn es hell wird, dann atmen wir auf. Dann kann Sicherheit in uns hochkommen.

Vorhin haben wir gehört, wie Paulus das beschreibt: »Gott, der sprach: Licht soll aus der Finsternis hervorleuchten, der hat einen hellen Schein in unsere Herzen gegeben.« Gott ist Licht im Dunkeln. Er kommt in Jesus Christus in das Dunkel der Welt, in das Dunkel unseres Lebens. In das Dunkel in uns rum und in das Dunkel in uns drin. Und er macht es hell.

Er hat das Dunkel des Bösen erhellt, als er Mensch wurde für uns und am Kreuz den Tod, das tiefste Dunkel überhaupt, überwunden hat.

Und nun ist er Licht für uns. Ein heller Schein in unserem Herzen, so ist Gott für uns da … alle Tage bis an der Welt Ende.

Jesus sagt: Ich bin das Licht der Welt. Wer mir nachfolgt, der wird nicht wandeln in der Finsternis, sondern wird das Licht des Lebens haben.

Licht des Lebens, für uns. In uns. Durch uns für die Welt.

Lied: Vergiss es nie, dass du lebst

Tauferinnerungsaktion: Die Mitfeiernden gehen einen Weg mit vier Stationen (Taufstein, Osterkerze, Alltagskreis, Altar).

(1) Wasserzeichen am Taufstein: Mitarbeitende stehen bereit, um den Mitfeiernden zur Erinnerung an die Taufe mit Wasser ein Kreuzzeichen auf die Stirn zu zeichnen. Mit den Worten: »Du bist getauft im Namen des Vaters, des Sohnes und des Heiligen Geistes.« (Konfis, die noch nicht getauft sind, wird die Hand aufgelegt und ein Segenswort zugesprochen [z. B. »Gott hat dir nicht gegeben den Geist der Furcht, sondern der Kraft und der Liebe und der Besonnenheit«].

(2) Lichtzeichen an der Osterkerze: An der großen Osterkerze entzünden die Jugendlichen ihre eigenen Konfi-Kerzen an. Die Mitarbeiter an dieser Station sprechen ihnen zu: »Christus ist das Licht der Welt. Er ist dein Licht. Er sendet dich und sagt: Ihr sind das Licht der Welt.«

(3) Alltagskreis: Ein großer Kreis ist ausgelegt und in vier Sektoren unterteilt (Familie, Freunde, Schule, Welt). »In welchem Lebensbereich wünscht du dir, dass es hell wird? … Zünde an deiner Kerze ein Teelicht an und stelle es in dein Feld.«

(4) Gemeinschaft der Gesegneten: Die Jugendlichen stellen ihre Kerze auf den Altar. Alle Getauften gehören zusammen als Kinder Gottes. Dann gehen sie zurück auf ihre Plätze.

Hinweise:

- Dieser Tauferinnerungsgottesdienst wurde zusammen mit der Firmgruppe am Ort als ökumenischer Gottesdienst gefeiert.
- Während der Erinnerungsaktion ist gute Musik ein wichtiger Faktor.
- Eine Feier am Abend unterstreicht die Symbolik von Dunkel und Licht.
- Wenn möglich bietet es sich an, nach dem Gottesdienst miteinander beieinander zu bleiben: lockerer bei Cola und Chips oder mit einem gemeinsamen Abendessen?

Fürbitte

(Die Fürbitte nimmt die vier Lebensbereiche Schule, Familie, Freunde, Welt auf)
Vaterunser

Lied: Dass du mich einstimmen lässt,
in deinen Jubel, o Herr.

Segen

Thomas Ebinger

»Eigentlich bin ich ganz anders, ich komm nur viel zu selten dazu«

Die Frage nach der eigenen Identität als Thema eines Vorstellungsgottesdienstes

Die Artikelüberschrift nach einem Song von Udo Lindenberg nach einem bekannten Zitat von Ödön von Horváth könnte aus dem Mund einer Konfirmandin stammen: In der Adoleszenz bildet sich eine stabile Identität erst aus. Spielerisch versuchen Jugendliche mal so, mal ganz anders zu sein. Im Spiegel der Reaktionen ihrer Umwelt wollen sie herausbekommen, welches Auftreten ihnen steht und was eher peinlich wirkt. Wenn sich eine Gruppe neu formiert, spielen sich solche Prozesse im Zeitraffer ab. So wichtig es ist, möglichst schnell ein Bild von den anderen zu bekommen, so ungern legen sich Konfirmand/innen selbst fest und geben Auskunft über ihre eigene Person.

Die Elemente dieses Entwurfs führen die Konfirmand/innen an das Thema Taufe heran. In der Taufe ruft Gott uns mit Namen, wobei die Frage nach unserer Identität laut wird: »Wer bin ich für mich selbst, für andere, wer in den Augen Gottes?« Die Schritte 1–4 gehen spielerisch mit der Frage nach möglichen anderen Identitäten der Jugendlichen um. Im 4. Schritt wird der vorsichtige Umgang mit zerbrechlichen Eiern zum Bild für Gottes Umgang mit uns. Die Idee für das Spiel im 4. Schritt verdanke ich dem Baustein zum Thema Diakonie (*anknüpfen update 1*, S. 52). Die Ergebnisse der Gruppenarbeit aus dem 5. Schritt fließen ein in eine kurze Mikrophon-Probe für den Vorstellungsgottesdienst. Im Vorstellungsgottesdienst kann die Predigt dann Psalm 139 sowie den Taufbefehl aufgreifen.

- **M 1** – Namen für das Warm-up-Spiel
- **M 2** – Song »Ganz anders« Udo Lindenberg sowie Songtext (Text auf http://www.udo-lindenberg.de/03_ganz_anders.60385.htm)
- **M 3** – Psalm 139

Die Anregungen dieses Entwurfs können gut mit anderen Einheiten zum Thema Taufe kombiniert werden, etwa dem Baustein »Taufe – meinem Leben auf der Spur«.

Ziele

- Die Konfirmandinnen und Konfirmanden stellen sich der Gruppe vor.
- Sie lernen spielerisch mit ihrem Aussehen und ihrer Identität umzugehen.
- Sie erleben bildhaft, dass auch zerbrechliche Existenzen unter dem Schutz Gottes stehen und lernen dies mit der Taufe zu verbinden.
- Sie erarbeiten Texte für einen Vorstellungsgottesdienst zu Psalm 139 bzw. dem Taufbefehl.

Benötigtes Material

- pro Konfirmand/in 1 Spiegelfliese, z. B. »Sörli« von Ikea
- Pappkarton 21 x 21 cm
- Schnur
- festes weißes Papier (180 g)
- festes grünes Papier (180 g) 21 x 21 cm
- Buntstifte
- Klebstoff
- Digitalkamera
- Laserpointer
- 10–15 rohe Eier
- 4 Großpackungen Plastik-Strohhalme
- 4 Tesafilmrollen

Überblick

- **Schritt 1:** Warm-up Spiel »Wer bin ich?« (**M 1** – 10 Min.)
- **Schritt 2:** Ich bin – ich wäre gern (**M 2** – 40 Min.)
- **Schritt 3:** Fotostudio: ich und mein Spiegelbild (15 Min.)
- **Schritt 4:** Zerbrechlich wie ein rohes Ei – umgeben von Gottes Güte (60 Min.)
- **Schritt 5:** Vorbereitung der Gottesdienstelemente

Schritt 1: Warm-up-Spiel »Wer bin ich?« (10 Min.)

Jede/r Konfirmand/in bekommt ein Schild mit einem Namen auf den Rücken geklebt (**M 1**). Es ist darauf zu achten, dass die Jugendlichen den Namen auf dem jeweils eigenen Schild nicht vorab lesen können.

Impuls: *»Jeder von euch hat jetzt eine andere Identität, die ihr aber erst herausbekommen müsst. Dafür dürft ihr den anderen, die wissen, wer ihr seid, Fragen stellen. Es sind nur Fragen erlaubt, die mit ›ja‹ oder ›nein‹ beantwortet werden können. Zum Beispiel: ›Bin ich ein Mann?‹ ›Lebe ich noch?‹«*

Schlussrunde: *»Wurden die Spielregeln eingehalten? Wer hat seine ›zweite Identität‹ erraten, wer nicht?«*

Schritt 2: Ich bin – ich wäre gern (40 Min.)

Impuls: *»Jeder Mensch träumt manchmal davon, jemand anderes zu sein. Doch ihr seid auch jetzt schon jemand. In einem ersten Schritt hat jeder von euch Gelegenheit nachzuschauen, wer und wie er oder sie ist.«*

Jede/r Konfirmand/in erhält nun eine Spiegelfliese und ein weißes quadratisches Blatt.

Impuls: *»Betrachtet euch jetzt einmal im Spiegel. So seht ihr im Moment aus. Gestaltet dieses Blatt mit allem, was ihr an euch wichtig findet. Dazu gehört vielleicht euer Alter, eure Hobbys, aber auch eure Einstellung zum Leben, vielleicht euer Lebensmotto. Das fertige Blatt soll möglichst gut zeigen, wer ihr jetzt seid. Lasst bitte auf dem Blatt noch Platz für ein Foto von euch, das wir später machen werden. Ihr habt dafür 10 Minuten Zeit.«*

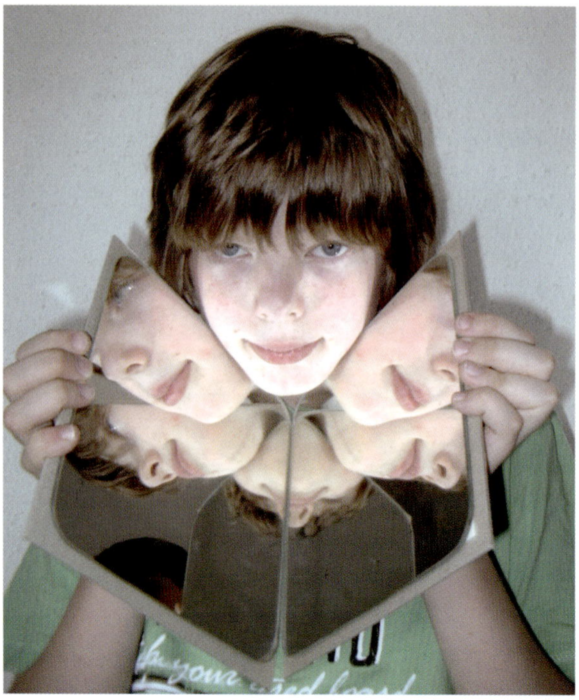

Arbeitsphase (10 Min.), dann Plenum

Impuls: *»Schaut jetzt noch einmal in euren Spiegel. Seid ihr das wirklich? Nicht einmal die Seiten sind gleich geblieben, alles ist spiegelverkehrt, also irgendwie falsch. Schon gar nicht können Spiegel unser Inneres widerspiegeln, unsere Gefühle und Träume. Aber ihr könnt einmal selbst versuchen, euch vorzustellen, wer ihr gern wärt, wie euer Spiegelbild aussehen müsste, damit ihr völlig mit euch und der Welt zufrieden wärt. Wir hören dazu das Lied ›Ganz Anders‹ von Udo Lindenberg.«*

Die Jugendlichen erhalten je ein grünes Blatt (Porträtkarte) und einen Pappkarton, außerdem den Liedtext (**M 2**).

Aufgabe: *»Jeder könnte auch jemand ganz anderes sein, zumindest in der Phantasie, vielleicht auch tatsächlich in der Zukunft. Versucht einmal, euch auf diesem grünen Blatt eine andere Identität zu geben. Wer wärt ihr gern, wenn ihr frei wählen könntet, wenn der Spiegel eine Art Zauberspiegel wäre? Gestaltet auch für diese Person eine Porträtkarte. Wenn ihr fertig seid, klebt ihr eure tatsächliche und eure erfundene Identität als Vorder- und Rückseite auf den Pappkarton. Das fertige Kunstwerk wollen wir dann in der Kirche aushängen.«*

Einige der Spiegelfliesen werden von Konfirmand/innen, die früher fertig sind, zusätzlich auf Karton geklebt, auf der Rückseite kann dann ein ermutigender Satz stehen. »Ein Mensch, den Gott liebt« – »Ebenbild Gottes« – »Solche Augen hast alleine du!« o.Ä. Die Karten werden oben und unten mit einem Loch und einer kurzen Schnur versehen und in mehreren Strängen nebeneinander gehängt. Ähnlich wie bei dem Kinderspielzeug, das sich oft auf Autobahnraststätten findet, kann man dann einzelne Karten drehen. Das Mobile kann bis zur Konfirmation in der Kirche ausgestellt werden.

Schritt 3: Fotostudio: ich und mein Spiegelbild (15 Min.)

Immer drei Konfirmand/innen tun sich mit ihren Spiegelfliesen zusammen und überlegen sich für jede Person, mit welcher Haltung der Spiegel sich ein möglichst interessantes Porträt ergibt. Dieses Bild wird mit einer Digitalkamera festgehalten und in zwei Abzügen bestellt, einmal für den Konfiordner in Originalgröße, einmal möglichst verkleinert für die Porträtkarte.

Ganz automatisch ergeben sich, wenn man den Konfirmand/innen ihr Bild auf dem Display der Kamera zeigt, Gespräche darüber, ob man sich so gefällt, wie man aussieht und warum es so schwierig ist, mit einer Momentaufnahme das einzufangen, was einen Menschen ausmacht und wie er sich selbst sieht.

Hinweis: Die Spiegelfliesen können später ebenfalls in das Mobile integriert werden. Auf der Rückseite stehen Verse aus Psalm 139 (**M 3**). Die Methode ist inspiriert von Bob Dylans Video zum »Subterranean Homesick Blues«, zu sehen unter http://youtu.be/VY4HtQ-XJQE

Schritt 4: Zerbrechlich wie ein rohes Ei – umgeben von Gottes Güte

Zunächst wirft sich die Gruppe in der immer gleichen Reihenfolge unter Nennung des Vornamens einen Ball bzw. mehrere Bälle zu, so dass jeder genau einmal drankommt. Dann wird das Gleiche mit einem rohen Ei versucht. Schafft die Gruppe eine ganze Runde, ohne dass das Ei kaputt geht?

Anschließend werden Gruppen von 4–5 Personen gebildet. Aufgabe: *»Ein Ei, das auf den Boden fällt, geht normalerweise kaputt. Aber nicht immer. Versucht einmal ein rohes Ei mit Hilfe von Strohhalmen und Tesafilm so mit einer Schutzhülle zu umgeben, dass es einen Sturz aus zwei Metern Höhe auf einen harten Steinfußboden überlebt. Aber bitte noch nicht ausprobieren, ob es klappt, das machen wir nachher gemeinsam. Ihr habt dafür etwa 10 Minuten Zeit.«*

Die Eier, die überlebt haben, werden für den Vorstellungsgottesdienst aufbewahrt, der Rest wird vom Boden aufgewischt …

Möglicher Ablauf des Gottesdienstes

- Vorspiel
- Eingangslied: Neue Lieder 51, Herr, ich komme zu dir (Albert Frey)
- Votum mit Amen
- Psalmgebet der Konfirmand/innen: Psalm 139 (EG 754) mit hochgehaltenen Begriffen auf Spiegeln
- Ehr sei dem Vater
- Gebet und stilles Gebet
- Schriftlesung: Jesaja 43,1–7
- Lied: EG 200,1–4 Ich bin getauft auf deinen Namen
- Predigt über Matthäus 28,16–20, darin: Eiwurf und Text der Konfirmand/innen
- Lied: Du bist du (Jürgen Werth), vgl. *Meine Konfirmation* S. 14
- Vorstellung der Konfirmand/innen mit Übergabe der Konfirmandenbibeln
- Fürbittengebet der Konfirmand/innen
- Vaterunser
- Lied: EG 171,1–4 Bewahre uns Gott
- Abkündigungen
- Verleih uns Frieden gnädiglich (EG 421)
- Segen mit dreifachem Amen
- Nachspiel

Schritt 5: Aufgaben für den Gottesdienst

Impuls: *»Die Erfahrungen, die wir bis jetzt miteinander gemacht haben, sollen in unseren Vorstellungsgottesdienst einfließen. Außerdem wollen wir einige Elemente des Gottesdienstes passend zum Thema aufbereiten, z.B. den Psalm.«*

Anschließend werden drei Gruppen gebildet bzw. drei Aufgaben an die bereits gebildeten Gruppen vergeben:

1. Arbeitsauftrag:
»In der Bibel gibt es einen Psalm, in dem ein Mensch auf der Flucht ist – vor Gott, wahrscheinlich auch vor sich selbst. Lest euch diesen Psalm 139 im Gesangbuch durch (Nr. 754) und wählt zehn Wörter oder kurze Aussagen aus, die öfters vorkommen und die ihr besonders passend zum Gottesdienstthema ›Eigentlich bin ich ganz anders‹ findet, z.B. ›Gedanken‹ oder ›Wege‹. Schreibt diese Wörter mit Edding auf zehn Spiegelfliesen. Probt anschließend für den Gottesdienst: Zwei lesen den Psalm abwechselnd vor (in ganzen Versen/halben Versen je nach Ortstradition). Die anderen halten immer dann, wenn das Stichwort im Text erscheint, den passenden Spiegel nach oben. Übt so lange, bis es ohne Verspätungen klappt. Im Gottesdienst wird die Gemeinde in zwei Gruppen aufgeteilt und spricht ebenfalls mit.«

2. Arbeitsauftrag:
»Am Ende jedes Gottesdienstes gibt es ein Fürbittengebet, in dem besonders an die schwachen und verletzlichen Menschen gedacht wird. Überlegt euch, wer bei uns schwach, empfindlich, verletzlich oder hilfebedürftig ist und schreibt für diese Personen mindestens acht solche Fürbitten. Beispiel: ›Gott, wir bitten dich für alle, die Außenseiter sind, die keiner leiden kann. Lass sie Freunde finden, die zu ihnen halten.‹«

3. Arbeitsauftrag:
»Im Gottesdienst werden die verpackten Eier, die den Test überlebt haben, noch einmal zu Boden geworfen. Schreibt dazu einen Text unter der Überschrift: ›Gedanken eines rohen Eis, das sich dem Boden nähert‹.

Macht vier Abschnitte:
1. *Das Ei verlässt die Hand.*
2. *Das Ei im freien Fall.*
3. *Das Ei berührt den Boden und spürt den Aufprall.*
4. *Das Ei hat überlebt.«*

AUSZÜGE AUS DER PREDIGT BEIM VORSTELLUNGSGOTTESDIENST

Als Predigttext kann der Taufbefehl oder auch Psalm 139 gewählt werden.

Anfang des 20. Jahrhunderts gab es in der Philosophie eine Richtung, die sich Existentialismus nennt. Die Existentialisten sahen den Menschen als einen, der mit roher Gewalt ins Leben geworfen wird. Geworfen hinein in eine Welt, von der keiner weiß, was er auf ihr sein oder machen soll, jeder sich selbst überlassen. Da die Existentialisten nicht an Gott glaubten, meinten sie, dass es ein blindes Schicksal ist, das uns da wirft.

Man muss kein Existentialist sein, um solche Gefühle zu kennen: »Ich falle durch mein Leben, es gibt nichts, woran ich mich wirklich festhalten kann. Da kommt etwas auf mich zu, das ich nicht beeinflussen kann. Es könnte alles auch ganz anders sein. Warum bin ich gerade so, wie ich jetzt bin?«

Auch Menschen, die an Gott glauben, kennen solche Gefühle. Ihr Konfirmanden seid in einem Alter, in dem man sich besonders viele Gedanken über sich selbst macht, wer man ist und wer man vielleicht gern wäre. Auf eurem Vorstellungsmobile habt ihr versucht, davon etwas darzustellen, was gar nicht so einfach ist. Auf der einen Seite jedes Porträts sieht man, wie ihr euch selbst seht, wer ihr seid, was euch ausmacht. Auf der anderen Seite kann man sehen, wer ihr noch sein könntet, wer ihr vielleicht gern wärt, wie ihr euch euer Leben in Zukunft vorstellt.

Wie es ist, wenn man geworfen wird, haben wir mit einem rohen Ei ausprobiert, zuerst ohne Schutzhülle, dann gut verpackt. Wir wollen das jetzt einmal demonstrieren. Dazu hören wir einen Text der Konfirmandinnen und Konfirmanden … (Konfirmand/innen werfen das rohe Ei und tragen dazu ihren Text vor.)

So dünnhäutig und empfindlich wie ein rohes Ei sind manchmal auch Menschen. Es ist leicht, jemanden in seinem Innersten zu treffen und zu verletzen, trotz des harten Äußeren, das wir uns oft zugelegt haben. Mobbing mit all seinen Spielarten hat wahrscheinlich jeder schon einmal erlebt oder sogar selbst praktiziert.

Die Taufe macht etwas mit uns, mit dieser »nackten« Existenz, die wir alle haben. Jesus selbst gibt uns im Taufbefehl das Versprechen: »Siehe, ich bin bei euch alle Tage bis an der Welt Ende« und Psalm 139 sagt uns »Von allen Seiten umgibst du mich und hältst deine Hand über mir«.

Wer an Gott glaubt, ist also nicht nur geworfen, sondern gleichzeitig beschützt und gehalten. Wie mit einem weichen Schutzmantel umgibt Gott uns mit seiner Gegenwart. Selbst der Tod führt für Christen nicht zu einem harten, finalen Aufprall, nach dem man jemand vom Boden aufkratzen kann. Der Tod muss uns als getaufte Kinder Gottes hindurchlassen in Gottes ewige Welt.

Vielleicht hilft uns das, auch im Alltag weniger empfindlich und dünnhäutig zu sein. Mein Wert als Mensch lässt sich nicht durch Worte – und seien sie noch so verletzend – ankratzen. Dass Gott bei mir ist und mich beschützt, gilt auch noch dann, wenn ich von allen Menschen verlassen bin. Selbst dann, wenn ich von allen guten Geistern verlassen bin und mich auf Irrwege begebe. »Ich bin bei dir alle Tage bis an das Ende der Welt«, sagt Gott. Was kann uns Besseres passieren?

Materialien zu diesem Beitrag auf CD-ROM

M 1/1 NAMEN FÜR DAS WARM-UP-SPIEL
Petrus

M 1/2 NAMEN FÜR DAS WARM-UP-SPIEL
Mose

M 1/3 NAMEN FÜR DAS WARM-UP-SPIEL
Maria

M 1/4 NAMEN FÜR DAS WARM-UP-SPIEL
Martin Luther

M 1/5 NAMEN FÜR DAS WARM-UP-SPIEL
Mutter Theresa

M 1/6 NAMEN FÜR DAS WARM-UP-SPIEL
Angela Merkel

M 1/7 NAMEN FÜR DAS WARM-UP-SPIEL
Papst Franziskus

M 1/8 NAMEN FÜR DAS WARM-UP-SPIEL
Joachim Löw

M 1/9 NAMEN FÜR DAS WARM-UP-SPIEL
Bill Gates

M 1/10 NAMEN FÜR DAS WARM-UP-SPIEL
Eva

M 1/11 NAMEN FÜR DAS WARM-UP-SPIEL
Adam

M 1/12 NAMEN FÜR DAS WARM-UP-SPIEL
Paulus

M 1/13 NAMEN FÜR DAS WARM-UP-SPIEL
Harry Potter

M 1/14 NAMEN FÜR DAS WARM-UP-SPIEL
Paris Hilton

M 1/15 NAMEN FÜR DAS WARM-UP-SPIEL
Heidi Klum

M 1/16 NAMEN FÜR DAS WARM-UP-SPIEL
Ursula von der Leyen

M 1/17 NAMEN FÜR DAS WARM-UP-SPIEL
Ruth (Bibel)

M 1/18 NAMEN FÜR DAS WARM-UP-SPIEL
Königin Esther (Bibel)

M 1/19 NAMEN FÜR DAS WARM-UP-SPIEL
Kleopatra

M 2 SONG »GANZ ANDERS«

Song »Ganz anders« Udo Lindenberg sowie Songtext (Text auf http://www.magistrix.de/lyrics/Udo%20Lindenberg/Ganz-Anders-273544.html

M 3 PSALM 139

Gebet eines Menschen, der auf der Flucht ist vor sich selbst und vor Gott

Wohin kann ich gehen, um dir zu entrinnen, wohin fliehen, damit du mich nicht siehst?
Steige ich hinauf in den Himmel – du bist da.
Verstecke ich mich in der Totenwelt – dort bist du auch.
Fliege ich dorthin, wo die Sonne aufgeht, oder zum Ende des Meeres,
wo sie versinkt: auch dort wird deine Hand nach mir greifen,
auch dort lässt du mich nicht los.
Sage ich: »Finsternis soll mich bedecken, rings um mich werde es Nacht«,
so hilft mir das nichts; denn auch die Finsternis ist für dich nicht dunkel
und die Nacht ist so hell wie der Tag.

aus Psalm 139, Übersetzung: Gute Nachricht

Wolfhard Schweiker

»Es ist ganz normal, verschieden zu sein« – Inklusive Konfirmandenarbeit

»Ich würde erwarten, dass ein Kind, das Teil unserer Gemeinde ist, ganz selbstverständlich auch zum Konfirmandenunterricht gehört ...« Was eine betroffene Mutter aus innerer Überzeugung einforderte, ist nun rechtskräftig geworden: Mit der im März 2009 ratifizierten UN-Konvention über die Rechte von Menschen mit Behinderung (UN-BRK) ist das Individualrecht auf »volle und wirksame Partizipation und Inklusion« (Art. 3) im Sinne einer unmittelbaren Geltung und Anwendbarkeit gestärkt. Ein Ausschluss aus der Konfirmandenarbeit vor Ort, gegen den Willen der Jugendlichen bzw. ihrer Eltern, stellt eine Diskriminierung und damit eine Verletzung des Menschenrechts auf Inklusion dar. Die Teilnahme an der Konfirmandenarbeit in der eigenen Gemeinde ist damit ein Recht, das keiner Zustimmung, wohl aber einer gegenseitigen Abstimmung bedarf.

Von der Integration zur Inklusion

Inklusion beansprucht einen grundsätzlichen Wandel der Sichtweise. »Normal ist, verschieden zu sein«, dies ist in Übereinstimmung mit dem christlichen Menschenbild die Hermeneutik der Inklusion. Die Aufmerksamkeit und Förderung gilt damit nicht nur einzelnen mit einem besonderen Handicap oder Bedürfnis, sondern jeder Person in der Gruppe. Alle gehören gedanklich von Anfang an dazu. Und im Unterschied zur Integration einzelner in die Gruppe zielt das Bestreben der Inklusion darauf, die Zugehörigkeit aller auch einzulösen und darauf zu achten, dass niemand aus der Gemeinschaft herausfällt.

Selbstanspruch und kirchliche Wirklichkeit

Die aktuelle Idee der Inklusion bzw. der sozialen Teilhabe und Aktivität in der Gemeinschaft ist nichts Neues. Sie ist im biblischen Denken fest verwurzelt und stellt neben Barmherzigkeit, Gewaltlosigkeit, Mahlgemeinschaft oder Gerechtigkeit nur eine Dimension des göttlichen Shalom dar. Der Gedanke

der Würde und Gleichheit aller Menschen ist in der schöpfungstheologischen Vorstellung der Gottebenbildlichkeit (1. Mose 1,27) überzeugend begründet und das bedingungslose Teilhaberecht in der christlichen Gemeinschaft wird von Paulus im Bild vom Leib Christi (1. Korinther 12) unvergleichlich plausibel ausgeführt. Auch das in der Gemeinde praktizierte Parochialprinzip setzt auf die Partizipation in der Heimatgemeinde. Dennoch erhalten viele Jugendliche mit Behinderungen ihren Konfirmandenunterricht nach wie vor in separaten Gruppen an der Sonderschule oder auf Bezirksebene und feiern ihre Konfirmation, das Fest der Zugehörigkeit, außerhalb ihrer Kirchengemeinde. Die Voraussetzungen, dass inklusive Konfirmandenarbeit gelingt, müssen in vielen Gemeinde noch entwickelt werden, aber dort, wo sie praktiziert wird, ist es eine Bereicherung für alle Seiten.

Bedürfnisse abklären – Beziehungen aufbauen

Eine Art Sprechstunde zur Anmeldung für alle Eltern oder für alle Jugendlichen ist ein gut geeignetes Angebot, gegenseitige Erwartung abzuklären. Dieses Angebot ist insofern inklusiv, dass alle Beteiligten mit ihren besonderen Bedürfnissen und Begabungen in den Blick kommen und berücksichtigt werden. Bei diesen Einzelgesprächen kann auch in Erfahrung gebracht werden, was jede Person mit ihren Charismen in das Konfirmandenjahr einbringen kann. Dabei

tionsrepertoire erweitern. Wenn diese Teamer dann als Jungscharmitarbeiter/innen oder Jugendcafébetreuer/innen weiterarbeiten, macht die Gemeinde die Erfahrung, dass es ihnen gelingt, nicht nur Spaß und Action für Jugendliche anzubieten, sondern auch christliche Inhalte zu vermitteln. Denn sie haben Mut zu verkündigen, Andachten selbständig vorzubereiten und füllen ihre Leiterrolle freundlich und selbstbewusst aus.

Zusammengefasst:

- Konfiteamarbeit gleicht einer Art Grundkurs im christlichen Glauben mit einer Stärkung der pädagogischen und geistlichen Kompetenz der Jugendlichen.
- Konfiteamarbeit bringt positive Impulse in die gesamte Kinder- und Jugendarbeit ein.

Wie bereite ich das Team vor?

Die Teamer übernehmen Aufgaben, die sonst der/die Pfarrer/in hat. Daher ist eine gute theologische Information für die Teamer sehr wichtig.

Schritte zur gemeinsamen Vorbereitung:

- Wir assoziieren, was alles zum Thema dieses Konfitages oder der Konfistunde gehört.
- Der/die Pfarrer/in vertieft die theologische Dimension des Themas.
- Wir überlegen gemeinsam, welche Aspekte für uns wichtig sind und welche für die Konfirmand/innen wichtig sein können.
- Wir entscheiden uns für thematische Schwerpunkte.
- Wir überlegen uns einen Ablauf, der unseren pädagogischen und gruppendynamischen Zielen entspricht und eine methodische Vielfalt an Eindruck- und Ausdrucksmedien, Spielen, meditativen und kreativen Elementen enthält. Wir bauen methodische Differenzierungen und von den Interessen der Konfirmanden bestimmte Kleingruppenphasen ein.
- Wir verteilen die Aufgaben: Jeder äußert sich, welchen Unterrichtsschritt er oder sie gerne übernehmen möchte.
- Wir sichten Material, das verwendet werden kann.
- Der/die Pfarrer/in stellt jedem Teamer zusätzliches Material zusammen und schreibt einen Informationstext mit den wichtigsten theologischen Gesichtspunkten zum jeweiligen Thema, damit jeder Teamer theologisch kompetent und verantwortlich seine Gruppe leiten kann.
- Einen oder zwei Tage vor einem Konfitag findet ein – meist telefonisches – Gespräch mit jedem Teamer statt, in dem jeder die Überlegungen zu dem von ihm übernommenen Teil darstellt, mögliche Probleme bespricht und Lösungen vorüberlegt.
- Vor einem Konfitag trifft sich das Team etwas früher, betet miteinander, legt das Material bereit, koordiniert noch einmal den Ablauf und empfängt dann gut vorbereitet und erwartungsfroh die Konfirmand/innen.

Anne Katrin Scheffbuch

Das »Konfi-Mentoren-Projekt«

Die Problemlage: Widersprüchlichkeiten in der Konfirmandenarbeit

Die Konfirmandenarbeit ist von verschiedenen Spannungen begleitet, die den »Erfolg« des gesamten Unterrichtes beeinflussen.

Die Konfirmandinnen und Konfirmanden werden von der Gemeinde nicht als Teil ihrer selbst, sondern meist als schwieriges Gegenüber betrachtet.
Dies manifestiert sich am offensichtlichsten an der sonntäglichen »Gottesdienst-Konfrontation«: hier die potentiellen Störer, denen man (nur) mit Misstrauen begegnet, dort die undurchschaubare Menge der »älteren Leute«, die nur steif zu komischer Musik in ihren Bänken sitzen und sicher auch sonst langweilig sind – eine für die Konfirmandinnen und Konfirmanden einerseits und für die (Rest-)Gemeinde andererseits gleichermaßen unangenehme Situation. Für ein mündiges Hineinwachsen der Konfirmandinnen und Konfirmanden in die Gemeinde ist dies eine schwierige Ausgangsposition.

Gemeinde und Konfirmandinnen und Konfirmanden haben keine Gelegenheit, sich kennen zu lernen und ihre jeweiligen Gaben zu entdecken.
Für mich ergibt sich dabei eine Diskrepanz zwischen einerseits meinem theologischen Kirchenverständnis, in der nicht das Amt, sondern die Gemeinde die entscheidende Größe ist, und andererseits der Beobachtung, dass die Konfirmandinnen und Konfirmanden nach einem Jahr KU zwar vielleicht eine gute persönliche Beziehung zum Pfarrer oder zur Vikarin haben, sonst aber aus der Kirchengemeinde niemanden wirklich kennen.

Für ihr Leben übertragbare Modelle christlichen Glaubens sind bei den Konfirmandinnen und Konfirmanden zwar sehr gefragt, aber die Diskrepanz vom vermeintlich »sakralen« Pfarrleben zu ihrem eigenen Lebenswandel scheint dabei oft zu groß.
Einerseits ringen die Konfirmandinnen und Konfirmanden mit den für sie interessanten und wichtigen, aber ungeklärten Fragen danach, ob der christliche Glaube trägt und wie er aussehen kann. Andererseits nehmen sie die Unterrichtenden dabei stark als »professionelle Christen« wahr. Schon allein deswegen scheint deren Lebensweise für sie oft nicht übertragbar.

Persönliche und individuelle Begleitung der Jugendlichen kann im KU nur punktuell geschehen.
Einerseits brauchen die Konfirmandinnen und Konfirmanden individuelle Zuwendung. Andererseits kann der Konfirmandenunterricht selbst diese kaum gewähren, da dort sowohl zu wenig Zeit für den Einzelnen bleibt als auch die Anwesenheit der anderen Gruppenmitglieder Einfluss auf jedes Zwiegespräch nimmt.

Das »Konfi-Mentoren-Projekt«

Zur Einbindung des Konfirmandenunterrichtes in die Gemeinde erschien mir deshalb das Konfi-Mentoren-Projekt besonders geeignet.

Von Hans Veit hatte ich von diesem Modell erfahren. Er stellt es auch unter dem Titel »Patenschaften« in seinem Buch vor *(Hans Veit, Mit Konfirmanden einsteigen. Ganzheitliche und integrierte Konfirmandenarbeit, ejw-Praxishilfen, buch & musik Stuttgart 1996).* Weil der Titel »Paten« schon zu stark belegt ist, habe ich den Hilfsbegriff »Konfi-Mentoren-Projekt« gewählt.

Das Grundprinzip des Konfi-Mentoren-Projektes ist es, während der Konfirmandenzeit jedem Konfirmanden einen Mann und jeder Konfirmandin eine Frau aus der Gemeinde als Mentor und Mentorin zuzuordnen. Die Mentoren sollen ca. 25–45jährig sein, keine »Superchristen«, sondern normale Gemeindeglieder. Die so entstandenen Paare treffen sich alle vier bis sechs Wochen an einem von ihnen vereinbarten Termin. Die Gestaltung dieser Treffen ist den beiden überlassen. Es gibt dafür keinerlei Vorgaben, keine etwa zu besprechende Themen o.Ä. Anregungen für sinnvolle Unternehmungen sind dagegen hilfreich (s.u.). Zwischen den beiden kann so im Verlauf der acht bis neun Monate eine freundschaftliche Verbindung wachsen.

Ziele

Das Konfi-Mentoren-Projekt strebt folgende Ziele an:

Die Konfirmandinnen und Konfirmanden sollen

- Gemeindeglieder unterschiedlicher Prägung kennen lernen. Dadurch bekommt *Christsein im Alltag* für sie ein Gesicht (»Lernen am Modell«). Diesen

nisse, an denen sich alle freuen können. Die Mentoren erfahren sich als Teil einer Gruppe, die Probleme und Freuden teilt und sich gemeinsam um die Jugendlichen müht.

Zur Inspiration: Ein Austausch von Ideen, die sich bewährt haben, ist sehr wichtig. Uns wurde zum Beispiel klar, welche Arten von Unternehmungen sich für die Treffen mit den Konfis eignen und welche nicht. Extrem ungeeignet sind in der Anfangsphase Aktionen wie Kaffeetrinken, bei denen man sich gegenübersitzt und in der Regel der Mentor oder die Mentorin verzweifelt den Konfirmanden oder die Konfirmandin mit Fragen bombardiert, um so das Gespräch in Gang zu bringen: Die Jugendlichen sind zunächst eher schüchtern und kommen sich schnell ausgefragt vor. Solche Treffen sind für beide Seiten frustrierend. Geeignet sind dagegen Aktionen, bei denen man zusammen etwas unternimmt und durch die man eine gemeinsame Erlebnisgrundlage erhält.

Erfolgreiche Beispiele dafür waren unter anderem:
– gemeinsames Kochen (Lieblingsessen des Konfi) – Besuch des Diakonielädles, in dem die Mentorin aushilft – Der Mentor (Hobbyorganist) besorgt den Schlüssel der großen Stadtkirchenorgel, Konfi (Keyboardspieler) spielt dort Schneewalzer – Gemeinsamer Besuch eines Handball-Bundesliga-Spiels – Spieleabend zusammen mit anderem Konfi-Mentoren-Paar – Gemeinsame Inline-Skater-Tour oder Radtour – Der Mentor macht für den Konfirmanden eine Führung durch den Betrieb, in dem er arbeitet.

6. Beteiligung der Mentorinnen und Mentoren an der Konfirmation:

Die Mentorinnen und Mentoren können auf verschiedene Weise in den Konfirmationsgottesdienst einbezogen werden. Neben gestalterischen Elementen (gemeinsames Lied oder Ähnliches) können sie auch inhaltliche Aufgaben übernehmen.

Bei uns haben die Mentorinnen und Mentoren die Auswahl der Denksprüche übernommen. Dafür wurden ihnen folgende Möglichkeiten angeboten: a) Auswahl für den Konfirmanden bzw. die Konfirmandin, b) gemeinsame Auswahl mit dem Konfirmanden bzw. der Konfirmandin, c) Übertragung der Auswahl an die Jugendlichen. Zur Erleichterung wurde den Mentoren beim Zwischentreffen eine kopierte Auswahl möglicher Sprüche an die Hand gegeben *(Hans-Martin Lübking, Kursbuch Konfirmation. Ein Praxisbuch für Unterrichtende in der Konfirmandenarbeit, S. 167f).*

WIE SIE BEGLEITET WERDEN

- Ein **Vortreffen** aller Mentorinnen und Mentoren im Sept./Okt. 1996, an dem offene Fragen besprochen werden.
- Ein **Mentoren-Konfi-Treffen** ungefähr im Febr. 1997 zum Erfahrungsaustausch.
- Ein **Auswertungstreffen** nach der Konfirmation.

Für individuelle Rückmeldungen oder persönliche Gespräche stehe ich selbstverständlich auch sonst zur Verfügung.

Sollte sich darüber hinaus noch Interesse an anderen Ebenen der Begegnung ergeben, so wäre z. B. die gemeinsame Gestaltung eines Gottesdienstes mit den Konfis oder die Teilnahme an einem unserer Konfi-Samstage denkbar.

Dies ginge aber – nur bei Ihrem Interesse – über das eigentliche Konfi-Mentoren-Programm hinaus.

Wenn Sie sich zur Teilnahme am Konfi-Mentoren-Projekt entschließen können, geben Sie mir bitte bis zum … Bescheid.

Für Rückfragen stehe ich gerne zur Verfügung.

Herzlich grüßt Sie

Ihre

Vikarin Anne Katrin Scheffbuch

Vor allem die gemeinsame Denkspruchauswahl wurde von mehreren Mentorinnen und Mentoren als wertvoller inhaltlicher Impuls gesehen. Bei der Einsegnung wurden die Denksprüche von einem Mentor und einer Mentorin vorgelesen und überreicht.

7. Nachtreffen

Aufgrund unserer intensiven inhaltlichen Auswertung beim Zwischentreffen haben wir das Nachtreffen gesellig gestaltet: Eingeladen waren alle Mentorinnen und Mentoren und Konfirmandinnen und Konfirmanden zum Grillen. Der Abend war ein schöner Abschluss des Jahres, auch wenn wegen einer zeitgleichen Schulveranstaltung (von der wir nichts wussten) einige Konfis nicht kommen konnten.

8. Dankesbrief an Mentorinnen und Mentoren

Am Schluss des Konfi-Mentoren-Projektes muss die Bereitschaft der Mentorinnen und Mentoren, sich auf eine so unwägbare Zweierkonstellation einzulassen, gewürdigt werden. Mit einem Brief habe ich mich für ihre phantasievolle und liebevolle Gestaltung des Projektes bedankt.

Beispiel für den Zeitrahmen des Konfi-Mentoren-Projektes:

Mai:	KU-Anmeldung, danach Mentorengewinnung
Juni:	Beginn KU
Juli:	Mentoren-Vortreffen
September:	Beginn Konfi-Mentoren-Projekt
Dezember:	Mentoren-Zwischentreffen
April:	Konfirmation (mit Integration der Mentorinnen und Mentoren)
Juni:	Nachtreffen mit Konfirmandinnen und Konfirmanden und Mentorinnen und Mentoren

Spezielle Erfahrungen aus der Praxis

Die Relevanz folgender Punkte stellte sich erst in der Praxis heraus:

- Manche *Konfirmandeneltern* hatten große Probleme damit, dass unbekannte Erwachsene Einfluss auf ihr Kind nehmen wollen. Eine gute Vorstellung des Projektes beim Anmeldungselternabend unter Einbeziehung eventueller Sorgen und Darstellung der Möglichkeiten des Projektes ist deshalb wichtig. Wird das Projekt mehrere Jahrgänge hintereinander durchgeführt, wirbt es vermutlich selbst für sich.
- Wir haben mit dem Projekt erst spät begonnen, weil sich durch meine als Ausbildungsvikarin eingeschränkte Kenntnis der in Frage kommenden Mitarbeiter die Mentorengewinnung verzögerte. Dadurch konnten Treffen der Paare erst ab November stattfinden (bei einem Konfirmationstermin Ende April). Dieser *Zeitplan* beeinträchtigte den Verlauf des Projektes erheblich: Wo in der Vorweihnachtszeit ein erstes Treffen nicht gelang, da kam es vereinzelt auch später nicht mehr zustande. Es ist wichtig, dass auch für Paare mit Anlaufschwierigkeiten genügend Zeit bleibt.
- Die Mentorinnen und Mentoren waren sehr empfänglich für das Signal:«Wir trauen euch zu, dass ihr Gemeinde voll vertretet!« Ich war erstaunt über die *große Bereitschaft zur Mitarbeit an diesem Projekt*: Für 18 Konfirmandinnen und Konfirmanden habe ich insgesamt nur 30 Personen angefragt. Nahezu alle Absagen waren durch äußere Umstände dieses Lebensalters (neues Kind/Haus ...) bedingt, viele haben gleichzeitig angeboten, zu einem anderen Termin mitzuarbeiten.
- Viele der Mentorinnen und Mentoren hatten erstmals Kontakt zu dieser ganz eigenen Generation junger Leute mit ihren Freuden und Nöten. Ihnen hat dieser Kontakt neue Einblicke und Verstehenshorizonte erschlossen.
- In der *Gruppe der Mentorinnen und Mentoren* gab es intensive inhaltliche Diskussionen über Fragen des Umgangs mit dieser Jugendgeneration, Fragen des Glaubens, der Glaubensvermittlung usw.

Persönliche Bilanz

Für mich ist die Idee des Konfi-Mentoren-Projektes nach wie vor faszinierend. In der Arbeit der Mentorinnen und Mentoren kommen wichtige Aspekte von Gemeinde zum Ausdruck.

Die Konfis werden mit »Gemeinde« nicht nur ihre Konfirmatorin, sondern mindestens auch ihren Mentor und ihre Mentorin verbinden. Die Intensität der 18 Paare hat ein weites Spektrum erreicht: Manche wollen sich noch weiterhin treffen, für andere Konfis bleibt mindestens in Erinnerung: »Da hat sich jemand für mich interessiert!«

Für die Mentorinnen und Mentoren war es eine Zeit, in der sie sich der Rolle, die ihr Glaube, die Gemeinde, die Kirche in ihrem Leben spielt, neu bewusst wurden. Die Bereitschaft »normaler« Gemeindeglieder zur projektweisen Übernahme von Verantwortung innerhalb eines klaren Zeitrahmens hat mich überwältigt. Vielleicht nimmt die Kirche diese Bereitschaft zu wenig wahr?

Scheitern kann das Konfi-Mentoren-Projekt eigentlich nicht – es gibt nur unterschiedliche Stufen des Gelingens.

Die Gemeinde verändert sich durch jede Vernetzung weg von der Amtskirche hin zur Kirche derer, die ihren Glauben verantwortlich und miteinander zu leben bemüht sind. So könnte sie dem Bild der Kirche als Leib Christi (1. Korinther 12) ähnlicher werden.

Martin Hinderer

Vom In- und Auswendiglernen im Konfirmandenunterricht

»Ich kam heute leider nicht dazu, den Text auswendig zu lernen, ich schreib diese Woche drei Klassenarbeiten!« »Ich hab's auch vergessen ...«, ruft eine zweite Stimme dazwischen und es folgen noch weitere »Beichten« gleich zu Beginn des Unterrichts. Dann gibt es welche, die müssen die Sprüche vom letzten Mal noch aufsagen.

So beginnt noch immer mancher Konfirmandenunterricht. Noch bevor er richtig beginnt, hat sich mit diesem Einstieg schon eine Dynamik entwickelt, die den Unterricht – zumindest atmosphärisch – von Anfang an »belastet«.

Was tun? Das Abfragen ganz lassen und darauf vertrauen, dass es am Ende doch irgendwie jede und jeder kann oder eben auch nicht? Oder so lange darauf bestehen, bis es alle können – das ist nun einmal der Preis, damit die Texte auch wirklich gelernt werden?

I. Die Bedeutung der Katechismustexte

Über Generationen hat der Katechismus den KU inhaltlich und methodisch geprägt. Der Wortlaut des Katechismus wurde memoriert und erklärt. In der Antwort auf die Frage »Was ist das?« sollte jedoch nicht nur Wissen vermittelt werden, sondern sollten Jugendliche zu eigenverantwortlicher Übernahme der Glaubenstradition angeleitet werden. Der Katechismus sollte nicht nur aufgesagt, sondern angeeignet werden, nicht nur wiederholt, sondern lebendig werden. Das Wechselspiel von Frage und Antwort im kleinen Katechismus war zugleich die Entdeckung eines Lernweges, wie man Religion lernt: im Diskurs, als dialogisches Geschehen zwischen Tradition und Gegenwart. Nicht im Bewältigen eines Stoffes, sondern im Suchen nach den tragenden Aussagen des christlichen Glaubens.

Die Kirche braucht orientierende Texte, die einen Kernbestand an Einsichten wiedergeben, die zum Glauben notwendig sind. Texte, die auf Verständigung und Vergewisserung über alle Generationen und Konfessionen hinweg angelegt sind, wie das Glaubensbekenntnis oder die Zehn Gebote. Oder sie braucht Texte, die die Verbundenheit der Christen untereinander und mit Gott bezeugen, wie Taufe und Abendmahl.

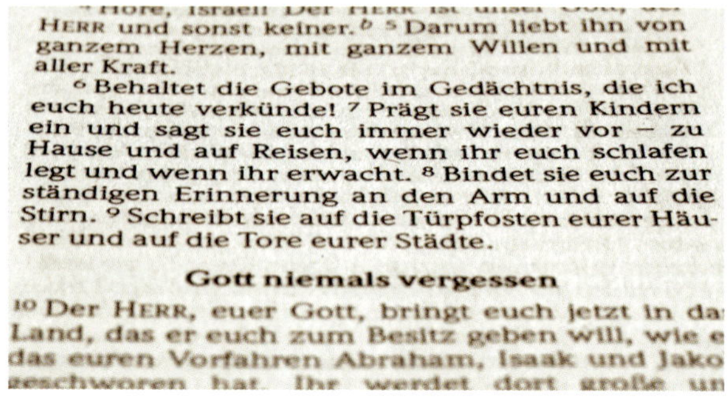
HERR und sonst keiner.b 5 Darum liebt ihn von ganzem Herzen, mit ganzem Willen und mit aller Kraft.
6 Behaltet die Gebote im Gedächtnis, die ich euch heute verkünde! 7 Prägt sie euren Kindern ein und sagt sie euch immer wieder vor – zu Hause und auf Reisen, wenn ihr euch schlafen legt und wenn ihr erwacht. 8 Bindet sie euch zur ständigen Erinnerung an den Arm und auf die Stirn. 9 Schreibt sie auf die Türpfosten eurer Häuser und auf die Tore eurer Städte.

Gott niemals vergessen

10 Der HERR, euer Gott, bringt euch jetzt in da Land, das er euch zum Besitz geben will, wie e das euren Vorfahren Abraham, Isaak und Jako geschworen hat. Ihr werdet dort große un

5. Mose 6,6–9

Und so hat das Auswendiglernen von Bibel- und Katechismustexten noch immer einen festen Platz im Konfirmandenunterricht. »Es gibt einen Kernbestand an elementaren Texten, die so wichtig sind, dass sie auswendig gelernt werden sollten«, so steht es in der Rahmenordnung für die Konfirmandenarbeit in Württemberg (S. 25). Die fünf Hauptstücke des Katechismus sind die »Summe« des Evangeliums, sie dienen als Orientierung für die Frage, was im Glauben wesentlich ist. Luthers Erklärungen sind dabei als Anleitung zu verstehen, die wesentlichen Inhalte zu durchdringen, auch wenn sie heute nicht mehr zum Pflichtstoff gehören, der auswendig gelernt werden muss.

Die meisten Texte, die gelernt werden, sind eingebunden in Lebenszusammenhänge der Gemeinde oder auch des persönlichen Lebens: das Vaterunser, das Glaubensbekenntnis, der Taufbefehl, die Abendmahlsworte, die Zehn Gebote und Psalm 23.

Auch wenn die Erklärungen Luthers heute praktisch nicht mehr zum Pflichtstoff gehören, sollte Luthers bahnbrechende Einsicht nicht in Vergessenheit geraten: Der Lernweg kann und darf nur im Diskurs gegangen werden, im Dialog mit den Konfirmandinnen und Konfirmanden. Die Bedeutung der Texte muss einsichtig und nachvollziehbar sein, auch und gerade für Konfirmand/innen. Die Frage »Was bringt's?« ist als Frage nach der Bedeutsamkeit des christlichen Glaubens für das eigene Leben zu verstehen. Die Jugendlichen müssen eine eigene Sprache finden, um die überlieferten Glaubensinhalte auch mit ihren Worten ausdrücken zu können. Und umgekehrt bleiben geprägte Worte wie das Glaubensbekenntnis oder die Einsetzungsworte als Deutungen der Tradition für den Diskurs bedeutsam.

II. Nicht das »dass«, sondern das »wie« ist die zentrale Frage

Jugendliche wissen unglaublich viel auswendig: Lieder aus ihrer Musikszene, das Fernsehprogramm ihrer Lieblingssoaps, oder die Gehaltskategorien der Fußballbundesligaprofis. Doch sie lernen dies auf eine andere Art und Weise auswendig, als es der Lernstoff für Schule oder Konfirmandenarbeit erfordert. Sie lernen auf eine Klassenarbeit oder fürs Aufsagen. Und so schnell, wie es gelernt, ist es wieder vergessen. Sie lernen mit dem Ultrakurzzeitgedächtnis, das keine Chance auf Nachhaltigkeit hat. Da hilft auch kein mechanisches Wiederholen. Lernverse, die isoliert gelernt werden, bleiben zusammenhangloses Wissen und verschwinden schnell wieder aus dem Gedächtnis. Je vernetzter dagegen Inhalte sind, je vielfältiger sie miteinander verbunden sind, desto leichter können sie erinnert und im Langzeitgedächtnis verankert werden. Dabei wird gut strukturierter Lernstoff leichter behalten als unstrukturierter. Und je mehr Sinnesdimensionen und Emotionen damit verbunden sind, desto stärker werden sie erinnert.

Texte also, mit denen intensiv gearbeitet wird, die in verschiedenen Kontexten vorkommen – auch außerhalb der Konfirmandenarbeit – und so für Jugendliche bedeutungsvoll werden, haben die Chance auf lange Lebensdauer.

Lernen hat immer mit dem ganzen Menschen zu tun: mit dem Erleben, Empfinden, Befinden und mit der Einstellung. Daher ist es auch für die Rahmenbedingungen des Lernens wichtig, dass sie möglichst positiv und lernunterstützend gestaltet sind.

Es geht nicht darum, dass das Auswendiglernen im Konfirmandenunterricht einfach abgeschafft wird. Es ist die Frage, wie die Texte sinnvoll im Unterricht vorkommen können und wie eine gute Memoriertechnik aussieht. Entscheidend ist die Verbindung, die die Lebenswelt der Texte mit der Lebenswelt der Konfirmandinnen und Konfirmanden hat. Wenn es nicht gelingt, diese Verbindung herzustellen oder plausibel zu machen, ist die Aufforderung zum Auswendiglernen kontraproduktiv.

Was muss man also beachten, wenn man mit Konfirmanden elementare Texte des christlichen Glaubens auswendig lernen will?

▶ Von der Hausaufgabe zur Unterrichtsgestaltung

Der »Lernstoff«, die Texte des Katechismus, eignet sich nicht als Hausaufgabe. In der Regel wird der Text zu Hause nicht wirklich gelernt, sondern zehn Minuten vorher gepaukt und dann aus dem Kurzzeitgedächtnis abgespult. Wenn der Sinngehalt des Textes für die Konfirmandinnen und Konfirmanden nicht verständlich ist und auch keinen Bezugspunkt zu ihrem sonstigen Wissen herstellt, ist er so schnell wieder vergessen, wie er gelernt wurde. Um den Texten aber die Bedeutung zu geben, die sie für die christliche Tradition haben, ist das Auswendiglernen eine unterrichtliche Aufgabe. Ein Teil der Unterrichtszeit sollte daher für das Memorieren verwendet werden.

▶ Sprechen im liturgischen Vollzug statt Lernkontrolle

Das Memorieren der Katechismustexte als Lernkontrolle ist (auch) ein Mittel der Disziplinierung und nimmt den Texten ihre eigentliche Funktion. Das »Abhören« benachteiligt zudem grundsätzlich die intellektuell Schwächeren. Das Aufsagenmüssen erleben viele als massiven Stress. Das erschwert nicht nur das Lernen, sondern verstellt die Sicht auf die Bedeutung der Texte. Die Texte haben aber ihren Sitz im Leben zunächst nicht im Unterricht, sondern im Zusammenhang mit dem Gottesdienst der Gemeinde. Dort werden sie gemeinsam kommuniziert. Besser ist das Memorieren der Texte daher – integriert im liturgischen Vollzug – im gemeinsamen Sprechen, z. B. im Anfangsritual oder im Gottesdienst selbst. So sind die elementaren Texte in ihrem ursprünglichen Erlebenszusammenhang verankert.

▶ Sprachräume entdecken und die Texte inszenieren

Die Texte haben eine besondere Sprachform und -gestalt, die nicht die Sprache der Jugendlichen ist. Dabei spielt nicht nur die Art und Weise, wie der Text gesprochen wird, eine besondere Rolle, sondern auch der Ort, an dem gesprochen wird. Dazu ist eine besondere Form der Inszenierung wichtig, die nicht im Abspulen von Texten bestehen kann. Jede Form des Vortragens ist ja schon eine Form der Interpretation. So entstehen durch verschiedene Formen der Inszenierung Klang- und Sprachräume ganz eigener Art. Unterschiedliche Interpretationen können ausprobiert werden, die auf diese Weise ein »lustvoller« Teil des Unterrichts werden können. Die Fremdheit der Texte kann für Jugendliche interessant, vielleicht in ihrer Fremdheit sogar anziehend wirken.

▶ Vom Lern-«Stoff« zum Lebensstoff

Alles, was im Konfirmandenunterricht auswendig gelernt werden soll, sollte – im Zusammenhang mit den Unterrichtsthemen – im Unterricht auch auf möglichst vielfältige Weise bearbeitet und besprochen werden. Es braucht einen Lernrahmen, in dem die Texte in einem einsichtigen Zusammenhang stehen. Ziel ist es, dass das Gelernte einsichtig ist und von den Konfirmanden/innen auch verstanden wird. So kann es für sie über die reine Rezeption hinaus bedeutsam werden. Und nur so hat es dann auch eine Chance ins Langzeitgedächtnis zu gelangen, weil es auch relevant für ihr Leben ist.

III. Methoden / Beispiele

Es gibt verschiedene Formen des Auswendiglernens. Wichtig ist es, dass nicht immer die gleichen Formen vorkommen, sondern eine Vielfalt angeboten wird, die auch die jeweilige Gattung berücksichtigt. Ein Gebet (wie Psalm 23) sollte man als Gebet sprechen, Lieder als Lied singen, liturgische Stücke (wie Taufe und Abendmahl) möglichst auch in einen liturgischen Vollzug einbetten.

Hilfen zum Auswendiglernen (eine Auswahl)

a) Sich dem Lerntext annähern

Je mehr Sinne an der Auseinandersetzung mit einem Text beteiligt sind und je strukturierter der Text ist, desto größer ist die Wahrscheinlichkeit des Behaltens.

▶ lesen

Unterschiedliche Lesevarianten werden ausprobiert: einzeln oder gemeinsam sprechen, chorisches nachsprechen, laut oder leise sprechen, alle sprechen durcheinander (nach jüdischem Vorbild).

▶ schreiben und visualisieren

Die Konfirmandinnen und Konfirmanden schreiben den Text in übersichtlicher Gliederung auf ein großes Plakat und hängen es für alle sichtbar im Raum auf.

▶ gliedern

Den Text in Abschnitte gliedern und Zwischenüberschriften oder Symbole dafür finden.

▶ reduzieren

Den Text auf wichtige Verben oder Substantive reduzieren und markieren.

▶ puzzeln

Einen Text in verschiedene Teile zerschneiden und in der richtigen Reihenfolge wieder zusammensetzen lassen.

b) Den Lerntext inszenieren und gestalten

Das probeweise, spielerische Auseinandersetzen mit einem Text erweitert nicht nur den Verstehenshorizont, sondern fordert auch dazu heraus, selbst Position zu beziehen. Erprobte Beispiele

Cranach-Bibel © epd-bild

▶ (spielerisch) inszenieren

a) Alle gehen in ihrem Tempo durcheinander im Raum und murmeln den Lerntext vor sich hin. Wer meint, einen festgelegten Textabschnitt auswendig zu können, stellt sich auf einen Stuhl. Alle bleiben stehen, bis derjenige auf dem Stuhl seinen Text auswendig vorgesagt hat. Dann laufen alle weiter, bis der/die Nächste auf dem Stuhl steht. (Thomas Erne, ehemals Köngen)

b) Jede/r sucht sich aus dem Lerntext einen Satz aus, z. B. einen Satz aus dem Taufbefehl, und lernt diesen auswendig. Dann wird der Gesamttext in der richtigen Reihenfolge von unterschiedlichen Konfirmanden satzweise aufgesagt, anschließend alle gemeinsam. (Conna Krause, Obertürkheim)

c) Nach mehrmaligem gemeinsamen Lesen eines Lerntextes sucht sich jede/r einen Satz aus dem Lerntext aus, der ihn/sie besonders anspricht. Dann sucht sich jede/r einen Ort in der Kirche aus, an dem er/sie glaubt, dass dieser Satz einen guten Ort hat. Zuerst spricht jede/r den Satz für sich mehrere Male leise und laut, dann werden die Sätze vom ausgewählten Ort aus reihum laut gesprochen. Anschließend trifft man sich um den Altar und spricht den ganzen Text gemeinsam. Zum Abschluss erläutert jede/r, warum sie/er sich diesen Satz und den entsprechenden Ort dazu ausgewählt hat. (Enno Knospe, Backnang)

▶ gestalten
Abschnitte aus dem Lerntext herausnehmen und als Interpretation dazu Bilder malen oder Collagen gestalten. Daraus kann unter Anleitung und mit hochwertigem Material ein gemeinsames »Kunstwerk« entstehen, das dann gut sichtbar in der Kirche (oder Gemeindehaus) platziert werden kann und eine Form der »Auslegung« ist.
(Eberhard Feucht, Leutenbach, in: *anknüpfen*, Heft 7, S. 31–35 zur Jahreslosung, übertragbar auf andere Texte)

▶ übersetzen
Die Konfirmandinnen und Konfirmanden schreiben ihre eigenen Gedanken und Assoziationen zu einem der Texte und veröffentlichen sie als Wandzeitung. Möglich ist auch, sie als Brief an eine Person (z. B. KGR) aus der Gemeinde zu schicken, um mit dieser Person darüber ins Gespräch zu kommen.

c) Den Lerntext im (liturgischen) Vollzug sprechen

Ist ein Lerntext eingebettet in den realen Kontext, so ist das ein Lernen ganz besonderer Art. Es geht letztlich nicht um eine mechanische Wiedergabe eines (fremden) Textes, sondern um eine Darstellung, die einer Positionierung gleichkommt. Es ist durch die liturgische Rahmung so etwas wie »mein« Text geworden!

▶ Liturgisches Ritual im Konfirmandenunterricht
Häufig beginnt der Konfirmandenunterricht mit einem kleinen liturgischen Ritual. Hier kann der Memoriertext eine Rolle spielen, indem er von allen zusammen gesprochen wird. Dabei lebt das Lernen von der Wiederholung, indem der gleiche Text über mehrere Wochen eine Rolle spielt.
Überdies kann der Text (z. B. ein Psalm) dann auch im Gottesdienst vorkommen und so eine Brücke zum Konfirmandenunterricht sein.

▶ Gottesdienste mitgestalten
Wird z. B. eine Taufe im Gottesdienst vollzogen (oder das Abendmahl gefeiert), so können die Konfirmandinnen und Konfirmanden mitwirken und den Taufbefehl sprechen. Dies braucht eine gute Anleitung, damit das Aufsagen im Gottesdienst auch gut gelingt. Möglich ist auch eine kleine Inszenierung: Kleine Gruppen sprechen miteinander einen Abschnitt; die gesamte Gruppe wählt einen Satz aus, den sie gemeinsam als »Refrain« spricht.

Literatur

Rainer Starck, Lernen und Auswendiglernen, KU-Praxis 38, Gütersloher Verlagshaus 1998, S. 108–111.
Hans-Martin Lübking, Auswendiglernen in der Konfirmandenarbeit, Kursbuch Konfirmation, Praxisbuch, Patmos Verlag 2006, CD-Rom
Anke Liebau, Auswendiglernen, in: Pädagogik 6/1993, S. 31–34
Ingrid Schoberth, Religionsunterricht mit Luthers Katechismus, Vandenhoeck & Ruprecht, Göttingen 2006.

Register und Verzeichnisse

Methodenregister

Das Methodenregister zeigt beispielhaft auf, wie Methoden eingesetzt werden können. Es erhebt keinen Anspruch auf Vollständigkeit.

Aktionen

- *Ich danke dir dafür, dass ich wunderbar gemacht bin,* Baustein 1: Wunderbar sind deine Werke: Über Gottes Schöpfung staunen, Version A: Schöpfung draußen erleben, 5. Geländespiel – Naturquiz, S. 197, S. 470
- *»Jetzt geht's los!«,* Hausralley (M 1), S. 411

Ankommensrunden

- *»Absprachen sind nötig«* – Einführung in den Dekalog unter besonderer Berücksichtigung der Situation von Aussiedlern, Baustein: Zehn Gebote, Schritt 2: Sich selbst und die anderen wahrnehmen: Mimwürfel, S. 241
- *Drinnen oder draußen?* – Mobbing und »Gemeinschaft der Heiligen«, Baustein 2: Ich bin heilig, Schritt 1: Komplimente im Kreis, S. 853
- *Konfirmand/innen fragen – Gottesdienstbesucher/innen antworten,* Baustein, Schritt 3: Der Eingang der Antworten in den Konfirmandenunterricht, S. 106, S. 274

Auswertungsrunden

- *Unverkennbar »ICH«,* Baustein: Unverkennbar »ICH« – Was zu mir gehört!, Schritt 7: »Festhalten«, S. 140
- *»Jetzt geht's los!«,* Kopiervorlage: »Reflexionsdiagramm« (M 6), S. 413
- *»Wie soll ich dich empfangen und wie begegn' ich dir …«,* Baustein 2: Stellung beziehen, Schritt 2: Reden wir darüber – Auswertung, S. 176, S. 425
- *»Unvergessen«* – Gottesdienst zu Tod und Sterben, S. 681

Bodenbild

- *Gewinnen und verlieren – Biblische Erzählungen zur Genderfrage,* Baustein 1: »Du kannst stark sein!« – Schifra und Pua: Zwei Frauen kämpfen für das Leben (Esther Manz), Schritt 1: Bodenbild, S. 68, S. 122
- *Gewinnen und verlieren* – Biblische Erzählungen zur Genderfrage, Baustein 2: »Der ungleiche Zweikampf – David und Goliath« (Stefan Brückner), Station 1 (M 4/1), S. 129
- *Hat Opa einen Anzug an?,* Kleingruppenarbeit in drei Phasen, Phase 1, S. 242, S. 659
- *»Tut mir auf die schöne Pforte …«* – was ich vom Gottesdienst erwarte, Baustein 1: Die Elemente des Gottesdienstes, Schritt 1: Der Ablauf des Gottesdienstes und Schritt 2: Arbeit mit dem Gottesdienstablauf, S. 157, S. 366
- *Elternabend zur Konfirmation,* S. 263, S. 745
- *Taufe – meinem Leben auf der Spur,* Baustein 1: Gottes Spuren in meinem Leben, Taufspirale, S. 216, S. 546
- *Die apokalyptischen Reiter oder Geister gibt es überall,* Baustein 1: Wer und was mein Leben beeinflusst – Wer und was Macht über mich hat – Was mich in Bann zieht, Schritt 2: Mächtige Gefühle, S. 170, S. 419

Diskussionsmethoden

- *Ich danke dir dafür, dass ich wunderbar gemacht bin,* Baustein 2: Schöpfung und Weltentstehungstheorien, 3. Der Kongress, S. 200, S. 474
- *Warum lässt er das zu?,* Baustein 2: Gott macht einen guten Job – besser geht's nicht, Schritt 1: Gerichtsspiel, S. 622

- *Gott und das Leid,* Baustein 2, Schritt 11: »fish pool«, Fishbowl, S. 639
- *»Was ist der Mensch, dass du seiner gedenkst?«* Menschenräume – ein Rundgang für Konfirmandinnen und Konfirmanden durch Aspekte menschlichen Daseins, Schritt 5: Rückblick auf und Vertiefung der »Menschenbilder«, Kugellager, S. 489

Doppeln

- *Warum lässt er das zu?,* Baustein 1: Allmacht – ein schwieriger Job, 2. Schritt, S. 620

Einstiege ins Thema

- *In jeder Lage zu Gott beten – Sprachübungen für Anfänger/innen,* Baustein 1: Eine körperbezogene Hinführung und ein religionskritischer Einstieg, Schritt 2: Assoziationsplakate, S. 82, S. 188
- *Mit Handicaps begabt* – Ein Erfahrungsparcours, »Es hätte jeden treffen können«, Baustein, S. 867
- *Ich danke dir dafür, dass ich wunderbar gemacht bin,* Baustein 1: Wunderbar sind deine Werke: Über Gottes Schöpfung staunen, Version A: Schöpfung draußen erleben, 3. Kleine Schöpfungswunder entdecken und 4. Schöpfungswunder wahrnehmen und Version B: Schöpfung im Gemeindehaus erleben, 2. Über die Schönheit der Schöpfung staunen und ins Gespräch kommen, S. 196, 197, S. 470, 471
- *»Was ist der Mensch, dass du seiner gedenkst?«* Menschenräume – ein Rundgang für Konfirmandinnen und Konfirmanden durch Aspekte menschlichen Daseins, Schritt 2: Menschenbilder finden, S. 488
- *»Hier spüre ich Gott«,* 1. Phase: Selbstwahrnehmung: Ich im Kirchenraum und 2. Phase: Fremdwahrnehmung, Den Kirchenraum entdecken, S. 145, S. 350

Elfchen

- *durchKREUZt,* Baustein 1: durchKREUZt – Der Kreuzweg wird angebahnt und angefertigt, Schritt 1: Anbahnung, S. 450

Empathieübungen/Perspektivenwechsel/ Einfühlung in Personen und Situationen

- *Diakonie vor Ort,* Baustein 3: »Helfen find ich gut …« – ein zweiter Halbtag in den Räumen der Kirchengemeinde, Schritt 4: Vertiefung I und Schritt 5: Vertiefung II und Schritt 6, S. 53, S. 69
- *In jeder Lage zu Gott beten* – Sprachübungen für Anfänger/innen, Baustein 3: Die fünf Arten des Gebets, Schritt 2: Gruppenarbeit, S. 84, S. 190
- *Dein Glaube – unverwechselbar und wertvoll,* Baustein 1: Zeitgenössischen Glaubensbekenntnissen begegnen, S. 121, S. 304

(Erlebnispädagogische) Übungen/Spiele

- *»Absprachen sind nötig«* – Einführung in den Dekalog unter besonderer Berücksichtigung der Situation von Aussiedlern, Baustein: Zehn Gebote, Schritt 7: Mit viel Zeit zum Sieg, S. 242
- *»Absprachen sind nötig«* – Einführung in den Dekalog unter besonderer Berücksichtigung der Situation von Aussiedlern, Baustein: Zehn Gebote, 9. Schritt: »Absprachen sind nötig – Bewegungsspiel »Oligo«, S. 242
- *Diakonie vor Ort,* Baustein 1: »Ach so sieht es hier aus« – ein erster Halbtag in der Einrichtung, Schritt 2: Spiel, Achtsamkeitsspiel mit rohem Ei, S. 50, S. 66
- *Diakonie vor Ort,* Baustein 3: »Helfen find ich gut …« – ein zweiter Halbtag in den Räumen der Kirchengemeinde, Schritt 6, a) Schwache Maus, S. 53, S. 69
- *Diakonie vor Ort,* Baustein 3, »Helfen find ich gut …« – ein zweiter Halbtag in den Räumen der Kirchengemeinde, b) Der Blinde und der Lahme, S. 54, S. 70
- *Ich danke dir dafür, dass ich wunderbar gemacht bin,* Baustein 1: Wunderbar sind deine Werke: Über Gottes Schöpfung staunen, Version A: Schöpfung draußen erleben, 1. Liturgischer Einstieg, »Blinde Schlange«, S. 195, S. 469
- *Gewinnen und verlieren – Biblische Erzählungen zur Genderfrage,* Baustein 2: »Der ungleiche Zweikampf – David und Goliath«, Schritt 2, Station 6 (M 4/6) »Der ungleiche Zweikampf«, S. 134

- *Drinnen oder draußen?* Mobbing und »Gemeinschaft der Heiligen«, Baustein 3: Gemeinschaft der Heiligen, Schritt 2: Gespräch, Alternative »Netzspiel«, S. 854
- *»Jetzt geht's los!«*, Spiel 2: Fotorallye (M 2), S. 412
- *»Jetzt geht's los!«*, Spiel 3: Interaktionsspiel »Menschlicher Draht« (M 3), S. 412
- *»Jetzt geht's los!«*, Spiel 4: Interaktionsspiel »Gordischer Knoten« (M 4), S. 412
- *»Jetzt geht's los!«*, Spiel 5: Interaktionsspiel »Elektrischer Draht«, S. 170, S. 413
- *»Hier spüre ich Gott«*, Baustein 2: Den Kirchenraum entdecken, I. Blind führen und tasten und II. Den Kirchenraum erschreiten und erkunden, S. 148, 149, S. 353, 354
- *Kirchenschlaf als Pflichtprogramm – Ein Bericht*, Grundgedanken der Liturgischen Nacht, S. 415

Exkursionen

- *Diakonie vor Ort*, Baustein 1: »Ach so sieht es hier aus« – ein erster Halbtag in der Einrichtung, S. 50, S. 66
- *Wenn Steine reden …*, Konfi-Nachmittag auf dem Friedhof, Baustein 1: Friedhofsbesuch, S. 237, S. 653
- *Sterbehemd und Urnengrab*, Baustein 1: Der Tod – ein Tabu? Unser Umgang mit dem Tod, Schritt 3: Friedhofsbesuch, S. 247, S. 672
- *Sterbehemd und Urnengrab*, Baustein 2: Besuch im Bestattungsunternehmen, S. 248, S. 673
- *Die Kirchen-Entdecker-Tour*, S. 282

Fantasiereisen/Meditationen

- *»Absprachen sind nötig«* – Einführung in den Dekalog unter besonderer Berücksichtigung der Situation von Aussiedlern, Baustein: Zehn Gebote, Schritt 5: Meditative Übung, S. 241
- *In jeder Lage zu Gott beten – Sprachübungen für Anfänger/innen*, Baustein 1: Eine körperbezogene Hinführung und ein religionskritischer Einstieg, Schritt 1: Wetterbericht, S. 82, S. 188
- *Ich danke dir dafür, dass ich wunderbar gemacht bin*, Baustein 1: Wunderbar sind deine Werke: Über Gottes Schöpfung staunen, Version A: Schöpfung draußen erleben, 2. Meditation (bei einem Feld), S. 195, S. 469
- *Ich danke dir dafür, dass ich wunderbar gemacht bin*, Baustein 1: Wunderbar sind deine Werke: Über Gottes Schöpfung staunen, Version B: Schöpfung im Gemeindehaus erleben, 3. Phantasiereise: Ich fliege über die Erde, S. 197, S. 471
- *Jesus Christus von der Auferstehung her gesehen*, Baustein 2: Jesus, der Gekreuzigte, ist auferstanden!, Schritt 6: Liturgischer Abschluss, Körperform-Meditation, S. 185, S. 438
- *Die »Spirikiste« – Marke Eigenbau*, Baustein 1: Die Spirikiste entsteht und wird gefüllt, Station 3: Ein moderner Rosenkranz, M 1a+b und M 2 (Perlen des Glaubens), S. 207, S. 515, 519, 520, 521

Film

- *Andere glauben anders – (k)ein Grund, sich zu streiten?*, Baustein 1: Christen und Muslime leben zusammen, Schritt 2: Film »Denk an Sevda« mit Auswertung, S. 138, S. 341
- *In jeder Lage zu Gott beten*, Sprachübungen für Anfänger/innen, Baustein 1: Eine körperbezogene Hinführung und ein religionskritischer Einstieg, Schritt 3: Ein Kurzfilm: Gibt es Gott eigentlich wirklich oder macht sich jeder den Gott, den er braucht?, S. 82, S. 188
- *Wenn Steine reden …*, Konfi-Nachmittag auf dem Friedhof, Baustein 2: Vertiefung des Themas, Schritt 2: Film, »Alles hat seine Zeit – Wenn der Tod zum Abschied zwingt«, S. 238, S. 654
- *Warum lässt er das zu?*, Baustein 1: Allmacht – ein schwieriger Job, Schritt 1: Wenn ich 24 Stunden Gott wäre …, »Bruce allmächtig«, S. 620
- *Elternabend zur Konfirmation*, 3. Phase: Konfirmation – ein Fest der Familie / der Jugendlichen, DVD »Geld oder Glaube«, S. 265, S. 747
- *Langsam hineinwachsen*, Baustein 6: Der Film »Iss und trink«, S. 57
- *»Wie soll ich dich empfangen und wie begegn' ich dir …«*, Baustein 3: Jesusworte in Szene setzen, Schritt 5: Das Foto, S. 178, S. 427

- *Von der Black-Box zum Altar,* Baustein 3: Gott in meinem Leben, »Spin«, ↗ S. 132, ◎ S. 325

Foto/Bild

- *Jesus Christus von der Auferstehung her gesehen,* Baustein 1: Menschen stellen Kreuze auf, Kreuzbilder werden zu Plakaten, ↗ S. 181, ◎ S. 434
- *In jeder Lage zu Gott beten – Sprachübungen für Anfänger/innen,* Baustein 3: Die fünf Arten des Gebets, Schritt 2: Gruppenarbeit, Gebete zu Fotos-Szenen, ↗ S. 84, ◎ S. 190
- *Diakonie vor Ort,* Baustein 3: »Helfen find ich gut …« – ein zweiter Halbtag in den Räumen der Kirchengemeinde, Schritt 4 und 5, ↗ S. 53, ◎ S. 69
- *Jesus Christus von der Auferstehung her gesehen,* Baustein 2: Jesus, der Gekreuzigte, ist auferstanden!, Schritt 2: Die Konfirmand/innen entdecken das Auferstehungsbild »Maria von Magdala am Grab« von Sieger Köder und Schritt 3: Erarbeitung einer Bild-Textcollage, ↗ S. 183, 184 ◎ S. 436, 437
- *Jesus Christus von der Auferstehung her gesehen,* Baustein 4: Jesu Kraft hilft und heilt, Schritt 2: Einfühlende Bildbetrachtung, ↗ S. 187, ◎ S. 440
- *Hat Opa einen Anzug an?,* Bilderbuch, ↗ S. 241, ◎ S. 658
- *Gott und das Leid,* Baustein 1, Schritt 1, Der Schrei von E. Munch, ◎ S. 637, 642

Fragebogen

- *Die Sprachen des Gottesdienstes entziffern,* Fragebogen (M 1), ◎ S. 364
- *Drinnen oder draußen?* – Mobbing und »Gemeinschaft der Heiligen«, ◎ S. 850

Gemeindepraktikum

- *Gemeindepraktikum im Überblick,* ↗ S. 108, ◎ S. 277

Geschichte

- *Hat Opa einen Anzug an?* (gleichnamiges Bilderbuch), ↗ S. 241, ◎ S. 658

Gesangbuch

- *»Tut mir auf die schöne Pforte …« – was ich vom Gottesdienst erwarte,* Baustein 1: Die Elemente des Gottesdienstes, Schritt 3: Der Weg des Gottesdienstes und Baustein 2: Was ich mir vom Gottesdienst erwarte … und Schritt 3: Entdeckungen mit dem Gesangbuch, ↗ S. 157–159, ◎ S. 366, 368
- *Das evangelische Gesangbuch – eine Schatzsuche,* Ideen zur Erschließung des Gesangbuches, ◎ S. 532
- *Werbung für Jesus,* ◎ S. 463

Gestaltung/Inszenierung von Bibeltexten

- *Diakonie vor Ort,* Baustein 3: »Helfen find ich gut …« – ein zweiter Halbtag in den Räumen derKirchengemeinde, Schritt 8: Sprachgestaltung zum Doppelgebot der Liebe, Matthäus 22,37–39 (Textblatt M 3), ↗ S. 54, 56, ◎ S. 70, 72
- *Diakonie vor Ort,* Baustein 4: »Wir können was erzählen« – Mitwirkung im Gottesdienst, Präsentation der Erfahrungen, Hebräer 4,14–16, ↗ S. 54, 55, ◎ S. 70, 71
- *Gewinnen und verlieren – Biblische Erzählungen zur Genderfrage,* Baustein 1: »Du kannst stark sein!« – Schifra und Pua: Zwei Frauen kämpfen für das Leben (Esther Manz), Schritt 1: Bodenbild mit Tüchern und Bauklötzen, 2. Mose 1,6–17a, ↗ S. 68, ◎ S. 122
- *Warum lässt er das zu?,* Baustein 2: Gott macht einen guten Job – besser geht's nicht, Schritt 2: Die Pyramide (mit Varianten zum Barmherzigen Samariter), Lukas 10,25–37, ◎ S. 622
- *Gott und das Leid,* Baustein 2, Schritt 10, Textpuzzle zu Psalm 13, ◎ S. 639
- *Vom In- und Auswendiglernen im Konfirmandenunterricht,* III. Methoden/ Beispiele, b) Den Lerntext inszenieren und gestalten, ↗ S. 286, ◎ S. 883
- *Aufgeben gilt nicht,* 3. Schritt: Anhang von Johannes 5,1–9 über sich selbst reden, Personencollage, ◎ S. 150
- *Die »Spirikiste« – Marke Eigenbau,* Station 7: Symbole aus Draht biegen, und Station 8: Verheißungsvolle Steine, ↗ S. 208, 209, ◎ S. 516, 517; M 3 (Verheißungen aus der Bibel), ↗ S. 210, ◎ S. 522

- *Wie kann Gott das zulassen?* Baustein 4: Der gekreuzigte Gott – Ton-Meditation, Tonen nach einem Bibeltext, S. 629

- *»Hier spüre ich Gott«,* Baustein 3: Liturgische Stücke erproben, Schritt 1: Psalmen an unterschiedlichen Orten lesen, S. 150, 151, S. 354, 355

Gruppenarbeit

- *»… mit Eltern einsteigen«* – Kleingruppen zum Anfang des Konfirmandenunterrichts 7–8, S. 753

- *Kleiner Schöpfungslehrpfad,* S. 500

- *Hat Opa einen Anzug an?,* S. 241, S. 658

Gruppeneinteilung

- *Drinnen oder draußen?* Mobbing und »Gemeinschaft der Heiligen«, Baustein 1: In die Gruppe finden, Schritt 1: Spiel Gruppeneinteilung, S. 852

Körperübungen

- *»Absprachen sind nötig«* – Einführung in den Dekalog unter besonderer Berücksichtigung der Situation von Aussiedlern, Baustein: Zehn Gebote, Schritt 5: Meditative Übung, S. 241

- *Jesus Christus von der Auferstehung her gesehen,* Baustein 2: Jesus, der Gekreuzigte, ist auferstanden!, Schritt 1: Eingangsgebet mit Bewegungen, S. 183, S. 436

- *Jesus Christus von der Auferstehung her gesehen,* Baustein 2: Jesus, der Gekreuzigte, ist auferstanden!, Schritt 6: Liturgischer Abschluss, Körperform-Meditation, S. 185, S. 438

- *durchKREUZt,* Baustein 1: durchKREUZt – Der Kreuzweg wird angebahnt und angefertigt, Schritt 1: Anbahnung, Haltung des Gekreuzigten, S. 450, 451

- *Aufgeben gilt nicht,* Schritt 1: Dem Frust eine Form geben, Frust-Skulptur, S. 148

- *Die apokalyptischen Reiter oder Geister gibt es überall,* Baustein 1: Wer und was mein Leben beeinflusst – Wer und was Macht über mich hat – Was mich in Bann zieht, Schritt 3: Den Mächten ein Gesicht geben, S. 171, S. 419

- *Andere glauben anders – (k)ein Grund, sich zu streiten?,* Baustein 1: Christen und Muslime leben zusammen, Schritt 1: Paarübung »Öffne die Faust«, S. 137, S. 340

Kontrakt/Spielregeln

- *Drinnen oder draußen?* Mobbing und »Gemeinschaft der Heiligen«, Baustein 1: In die Gruppe finden, Schritt 3: Konfi-Vertrag, S. 852

- *»Jetzt geht's los!«,* Zweites Treffen der Konfirmandinnen und Konfirmanden, S. 166, S. 409

Kreatives Gestalten

- *Im »Kraftraum der Kirche« – der Altar,* Schritt 4: Den Altar als »Kraftraum« gestalten, S. 386

- *Wie kann Gott das zulassen?* Baustein 4: Der gekreuzigte Gott – Ton-Meditation, Tonen nach einem Bibeltext, S. 629

- *Die »Spirikiste« – Marke Eigenbau,* Baustein 1: Die Spirikiste entsteht und wird gefüllt, Schritt 1: Einführung, Serviettentechnik, S. 206, S. 514

- *Taufe – meinem Leben auf der Spur,* Baustein 2: Welche Bedeutung haben die Taufsymbole?, Schritt 2: Einführung in die Lernstraße zur Taufe (Kerzen/Wasserbild), S. 218, S. 549

- *durchKREUZt,* Mit Konfirmand/innen einen Kreuzweg malen, S. 449

- *Dazu stehe ich!,* Baustein 2, Glaubensskulpturen gestalten, S. 116, S. 290

- *Schöpfung bewahren konkret,* Konfirmand/innen bauen Nisthilfe für Wildbienen, S. 503

- *Kleiner Schöpfungslehrpfad,* S. 500

KU im Gottesdienst

- *Diakonie vor Ort,* Baustein 4: »Wir können was erzählen« – Mitwirkung im Gottesdienst, Präsentation der Erfahrungen, S. 54, S. 70

- *Gebote – Räume der Freiheit,* Baustein 1: Räume der Freiheit, Schritt 6: Die Zehn Gebote in eigener Reihenfolge, S. 90, S. 217

- *durchKREUZt,* Baustein 2: durchKREUZt – Der Kreuzweg wird öffentlich präsentiert, S. 453

- *Konfirmand/innen fragen – Gottesdienstbesucher/innen antworten,* Baustein, Schritt 2: Die Vorstellung und Verteilung der Fragen im Gottesdienst, S. 105, S. 273
- *Warum lässt er das zu?,* Baustein 2: Gott macht einen guten Job – besser geht's nicht, S. 622
- *Gott und das Leid,* Baustein 2: Weitere mögliche Schritte, S. 640
- *Am Tisch des Herrn,* Baustein: Am Tisch des Herrn, Schritt 2: Erarbeitung eines Gottesdienstanspiels, S. 46, S. 46
- *Taufe – meinem Leben auf der Spur,* Baustein 3: Gottesdienst vorbereiten, S. 219, S. 550

Liturgien

- *Ich danke dir dafür, dass ich wunderbar gemacht bin,* Baustein 1: Wunderbar sind deine Werke: Über Gottes Schöpfung staunen, 1. Liturgischer Einstieg, S. 195, S. 469
- *Ausgang und Eingang,* S. 527
- *»Was ist der Mensch, dass du seiner gedenkst?«* Menschenräume – ein Rundgang für Konfirmandinnen und Konfirmanden durch Aspekte menschlichen Daseins, 6. Liturgischer Abschluss, S. 490
- *Taufe – meinem Leben auf der Spur,* Baustein 1: Gottes Spuren in meinem Leben, Schritt 4: Liturgischer Schluss, S. 217, S. 548
- *»Hier spüre ich Gott«,* 3. Phase: Liturgische Stücke erproben: Der Gottesdienstraum, S. 146, S. 351

Liturgische Elemente

- *Gebote – Räume der Freiheit,* Baustein 2: Gebote auf den Kopf gestellt, Schritt 7: Liturgische Verlesung der »Visionen«, S. 95, S. 222
- *»Absprachen sind nötig«* – Einführung in den Dekalog unter besonderer Berücksichtigung der Situation von Aussiedlern, Baustein: Zehn Gebote, Schritt 11: Meditativer Abschluss, S. 243
- *Ich danke dir dafür, dass ich wunderbar gemacht bin,* Baustein 1: Wunderbar sind deine Werke: Über Gottes Schöpfung staunen, Schritt 6: Segensgebet, S. 196, S. 470
- *Ausgang und Eingang,* Variante 5: Ausgang und Eingang – Verabschiedung mit Gottes Segen, Segenskreis, S. 531
- *»Was hat Segelfliegen mit Konfirmandenarbeit zu tun«?,* 8. Reisesegen, S. 751
- *Jesus Christus von der Auferstehung her gesehen,* Baustein 2: Jesus, der Gekreuzigte, ist auferstanden!, Schritt 1: Eingangsgebet mit Bewegungen, S. 183, S. 436
- *Jesus Christus von der Auferstehung her gesehen,* Baustein 3: Jesus stirbt am Kreuz, Schritt 6: Schuld auf das Gotteslamm Jesus ablegen, Schuldabladen, S. 186, S. 439
- *Wenn Steine reden …,* Konfi-Nachmittag auf dem Friedhof, Baustein 2: Vertiefung des Themas, Schritt 5: Andacht, S. 239, S. 655
- *Gott und das Leid,* Baustein 1, 4. Schritt, Klageliturgie und 8. Schritt, Erfahrene Hilfe, S. 637, 638
- *Gott und das Leid,* Baustein 1, 9. Schritt, Segenskreis, S. 638
- *»Was ist der Mensch, dass du seiner gedenkst?«* Menschenräume – ein Rundgang für Konfirmandinnen und Konfirmanden durch Aspekte menschlichen Daseins, 6. Liturgischer Abschluss, Körpergebet Segensbitte, S. 490
- *Aufgeben gilt nicht,* Schritt 4: Abschluss, Segensgebet, S. 150
- *»Tut mir auf die schöne Pforte …« – was ich vom Gottesdienst erwarte,* Baustein 2: Was ich mir vom Gottesdienst erwarte …, Schritt 5: Meine Erwartung an den Gottesdienst, S. 159, S. 368
- *»Wie soll ich dich empfangen und wie begegn' ich dir …«,* Baustein 2: Stellung beziehen, Schritt 3: Manches lässt sich leichter im Gebet aussprechen – Liturgischer Abschluss und Baustein 3, Jesusworte in Szene setzen, Schritt 1: Jesus-Worte-Gebete, S. 176, 177, S. 425, 426
- *Wie kann Gott das zulassen?,* Baustein 2: Dem Leid eine Sprache geben, a) Psalm 22, Assoziationsgebet zu Psalm 22, S. 627
- *»Himmelhoch jauchzend, zu Tode betrübt«,* Schritt 4: Gemeinsame Gebetsliturgie vollziehen, S. 197

Mind-Map

- *Das evangelische Gesangbuch – eine Schatzsuche,* Ideen zur Erschließung des Gesangbuches, 2. Stadt, Land, Gesangbuch, S. 533

Öffentlichkeit/Dialog mit anderen in der Gemeinde

- *durchKREUZt,* Baustein 1: durchKREUZt – Der Kreuzweg wird angebahnt und angefertigt, Ausstellung von Bildern durchKREUZTEN Lebens in der Passionszeit, S. 450, 451, 452, 453
- *Dein Glaube – unverwechselbar und wertvoll,* Baustein 4: Den eigenen Glauben ins Gespräch bringen, Gemeindeglieder antworten auf Glaubensbekenntnisse der Jugendlichen, S. 123, S. 306
- *Konfirmand/innen fragen – Gottesdienstbesucher/innen antworten* – Eine Fragenaktion im Vorstellungsgottesdienst, S. 104, S. 272
- *Gott und das Leid,* Baustein 2, weitere mögliche Schritte, S. 640

Partnerarbeit

- *Langsam hineinwachsen* – Mit Konfirmandinnen und Konfirmanden das Abendmahl einüben, S. 52

Planspiel

- *Sonntagsarbeit in Karlsdorf,* S. 97, S. 228

Podiumsdiskussion

- *»Shit happens«,* Schritt 3: Expertengespräch der Weltreligionen, S. 233, S. 603

Positionsspiele/Bewegungsspiele

- *Gewinnen und verlieren – Biblische Erzählungen zur Genderfrage,* Baustein 2: »Der ungleiche Zweikampf – David und Goliath« (Stefan Brückner), Schritt 1: Gemeinsamer Beginn im Plenum, S. 70, S. 124
- *Jesus Christus von der Auferstehung her gesehen,* Baustein 4: Jesu Kraft hilft und heilt, S. 187, S. 440
- *Dein Glaube – unverwechselbar und wertvoll,* Baustein 2: Das Apostolische Glaubensbekenntnis verstehen lernen, Symbolkarten für Zustimmung oder Ablehnung, S. 122, 123, S. 305, 306
- *»Wie soll ich dich empfangen und wie begegn' ich dir …«,* Baustein 2: Stellung beziehen, Schritt 1: Zu Jesus in Beziehung treten und Schritt 2: eden wir darüber – Auswertung, S. 176, S. 425
- *»Absprachen sind nötig«* – Einführung in den Dekalog unter besonderer Berücksichtigung der Situation von Aussiedlern, Baustein: Zehn Gebote, Schritt 9: Bewegungsspiel »Oligo«, S. 242

Präsentation

- *Der Sonntagsgottesdienst als Werkstattgottesdienst der Jugendlichen,* S. 395
- *Dein Denkspruch lautet …, Der Konfirmationsdenkspruch – ein ganz besonderer Bibelvers?!,* S. 253, S. 692

Priorisierungen/Hitlisten

- *Gebote – Räume der Freiheit,* Baustein 1: Räume der Freiheit, Schritt 6: Die Zehn Gebote in eigener Reihenfolge, S. 90, S. 217
- *Gebote – Räume der Freiheit,* Baustein 2: Gebote auf den Kopf gestellt, Schritt 3: Hitliste der Gebote Gottes, S. 93, S. 220
- *Aufgaben gilt nicht,* Schritt 2: Anhang von Johannes 5,1–9 über andere reden, S. 149

Produkte

- *Jesus Christus von der Auferstehung her gesehen,* Baustein 4: Jesu Kraft hilft und heilt, Kreative Vertiefung: Kreuze, S. 187, S. 440
- *Gebote – Räume der Freiheit,* Baustein 2: Gebote auf den Kopf gestellt, Schritt 4: Visions-Plakate, S. 93, S. 220
- *durchKREUZt,* Baustein 1: Der Kreuzweg wird angebahnt und angefertigt, Bilder durchKREUZten Lebens, S. 450, 451
- *»Was ist der Mensch, dass du seiner gedenkst?«* Menschenräume – ein Rundgang für Konfirmandinnen und Konfirmanden durch Aspekte menschlichen Daseins, 3.4: Das Lesezeichen, S. 487

- *»Tut mir auf die schöne Pforte ...« – was ich vom Gottesdienst erwarte,* Baustein 2: Was ich mir vom Gottesdienst erwarte, Schritt 3: Werbeplakate für den GD, S. 159, S. 368
- *»Wie soll ich dich empfangen und wie begegn' ich dir ...«,* Eine Annäherung mit Fotos und Bildern, Baustein 1: Jesusbilder, S. 174, S. 423
- *Taufe – meinem Leben auf der Spur,* Baustein 2: Welche Bedeutung haben die Taufsymbole?, Lernstraße (Kerzen/Wasserbild), Schritt 2: Einführung in die Lernstraße zur Taufe, S. 218, 219, S. 549, 550

Rollenspiel

- *Drinnen oder draußen?* Mobbing und »Gemeinschaft der Heiligen«, Baustein 4: Zachäus – vom Outsider zum Insider, Schritt 1: Spiel »Insider/Outsider« und Schritt 4: Rollenspiel Zachäus, S. 855, 856
- *Neue Schritte auf alten Pfaden,* Die Haussammlung, 3. Möglicher Verlauf, Schritt 2: Rollenspiel, S. 75

Schreibgespräch

- *Wenn Steine reden ..., Konfi-Nachmittag auf dem Friedhof,* Baustein 2: Vertiefung des Themas, Schritt 4: Schreibgespräch, S. 238, S. 654
- *Ein Lebensbegleiter – das Vaterunser,* S. 74, S. 176

Singen

- *»Absprachen sind nötig«* – Einführung in den Dekalog unter besonderer Berücksichtigung der Situation von Aussiedlern, Baustein: Zehn Gebote, Schritt 3: Ein neues Lied lernen, S. 241
- *Zwei sind besser als einer allein!,* 2. Phase: Thema Freundschaft: ... und die Bibel hat auch Recht, Schritt 3: Freundschafts-Rap, S. 63, S. 83

Sprachübungen

- *In jeder Lage zu Gott beten,* Sprachübungen für Anfänger/innen, S. 81, S. 187

Standbild

- *Jesus Christus von der Auferstehung her gesehen,* Baustein 4: Jesu Kraft hilft und heilt, Schritt 5: Erarbeitung eines Standbildes und Schritt 6: Vertiefung, S. 188, S. 441
- *Zwei sind besser als einer allein!* (M 4), S. 90

Stationengespräch

- *Gebote – Räume der Freiheit,* Baustein 2: Gebote auf den Kopf gestellt, S. 92, S. 219

Stationen(lernen)/Lernstraße

- *Gebote – Räume der Freiheit,* Baustein 1: Räume der Freiheit, S. 89, S. 216
- *Mit Handicaps begabt,* Ein Erfahrungsparcours, S. 866
- *Ich danke dir dafür, dass ich wunderbar gemacht bin,* Baustein 2: Schöpfung und Weltentstehungstheorien, 2. Stationenlauf, Schöpfung und Weltentstehung, S. 199, S. 473
- *Gewinnen und verlieren – Biblische Erzählungen zur Genderfrage,* Baustein 2: »Der ungleiche Zweikampf – David und Goliath« (Stefan Brückner), Schritt 2: Gruppenarbeit an sieben Stationen, S. 70, S. 124
- *»Was ist der Mensch, dass du seiner gedenkst?«* Menschenräume – ein Rundgang für Konfirmandinnen und Konfirmanden durch Aspekte menschlichen Daseins, S. 486
- *Das evangelische Gesangbuch – eine Schatzsuche,* Ideen zur Erschließung des Gesangbuches, 1. Stationenlauf, S. 532
- *Taufe – meinem Leben auf der Spur,* Baustein 2: Welche Bedeutung haben die Taufsymbole?, Schritt 2: Einführung in die Lernstraße zur Taufe, S. 218, S. 549
- *Lernstraße Gebote,* S. 250

Stille/Ruhe/Innehalten

- *»Unvergessen«,* Gottesdienst zu Tod und Sterben, S. 681

Vorbereitung Gottesdienst

- *In jeder Lage zu Gott beten,* Sprachübungen für Anfänger/innen, Baustein 4: Vorbereitung und Durchführung eines Gottesdienstes zum Thema »Gebet« in Gruppenarbeit, S. 84, S. 190

- Themenbausteine Glaubensbekenntnis: Bernd Wildermuth unter Mitarbeit von Martin Hinderer, *Dazu stehe ich!*, S. 113, S. 287
- Themenbausteine Gott: Bernd Wildermuth und Martin Hinderer, *Von der Black-Box zum Altar,* Neue Wege der Gotteserkenntnis, S. 128, S. 321
- Themenbausteine Gottesdienst: Martin Hinderer, *»Hier spüre ich Gott« – Gestaltungs- und Spielräume des Glaubens entdecken*, Kirchenpädagogische Übungen mit Konfirmandinnen und Konfirmanden, S. 144, S. 349; Martin Hinderer, *Die Sprachen des Gottesdienstes entziffern,* Ein Fragebogen zum Gottesdienst, S. 152, S. 360; Martin Hinderer, *Im »Kraftraum der Kirche« – der Altar,* S. 382
- Themenbausteine Taufe: Martin Hinderer und Theodor Tröndle, *Taufe – meinem Leben auf der Spur,* S. 213, S. 544
- Themenbausteine Tod und Sterben: Martin Hinderer und Thomas Binder, *Sterbehemd und Urnengrab,* Besuch im Bestattungsunternehmen, S. 246, S. 671; Martin Hinderer und Ralph Lang, *»Unvergessen«,* Gottesdienst zu Tod und Sterben, S. 681
- Übergreifende Themen / Elternarbeit: Martin Hinderer, *Elternabend zur Konfirmation,* S. 263, S. 745
- Übergreifende Themen / Vom In- und Auswendiglernen: Martin Hinderer, *Vom In- und Auswendiglernen im Konfirmandenunterricht,* S. 284, S. 881
- Organisation und Planung / Einladungsschreiben: Martin Hinderer, *Einladungsblatt Elternabend,* S. 887; Martin Hinderer, *Elternbriefe,* S. 888–889

Hohensteiner, Annedore
- Themenbausteine Spiritualität/Rituale: Thomas Ebinger, Annedore Hohensteiner und Gabriele Waldbaur, *Das evangelische Gesangbuch – eine Schatzsuche,* Ideen zur Erschließung des Gesangbuches, S. 532

Ilg, Wolfgang
- Themenbausteine Gruppe: Wolfgang Ilg, *Kirchenschlaf als Pflichtprogramm – Ein Bericht,* S. 414
- Themenbausteine Tod und Sterben: Wolfgang Ilg und Andreas Wiedenmann, *Wenn Steine reden …,* Konfi-Nachmittag auf dem Friedhof, S. 236, S. 652

Jetter, Gerald
- Themenbausteine Glaubensbekenntnis: Gerald Jetter, *Dein Glaube – unverwechselbar und wertvoll,* S. 120, S. 303

Jocher, Sabine
- Übergreifende Themen / Inklusion: Sabine Jocher und Wolfhard Schweiker, *Drinnen oder draußen?,* Mobbing und »Gemeinschaft der Heiligen«, S. 850

Kaltenbach, Steffen
- Übergreifende Themen / Gottesdienste: Steffen Kaltenbach, *Konfirmationsgottesdienst zum Thema »Schön, dass es dich gibt!«,* S. 806; Steffen Kaltenbach, *Konfirmationsgottesdienst zum Thema »Gemeinsam sind wir stark!«,* S. 814

Kammerer, Stefan
- Themenbausteine Freundschaft / Identität / Lebenswelt: Stefan Kammerer, *Zwei sind besser als einer allein!,* Freundschaft als Konfi Thema, S. 58, S. 78
- Themenbausteine Jesus Christus: Stefan Kammerer, *durchKREUZt,* Mit Konfirmand/innen einen Kreuzweg malen, S. 449

Keil, Jens
- Themenbausteine Gemeinde: Jens Keil und Thomas Ebinger, *Gemeindepraktikum im Überblick,* Ablauf und Durchführung, S. 108, S. 277

Kern, Dieter
- Themenbausteine Gebet: *Hausaufgabe Beten,* Gebetsübungen als Wochenaufgabe in der Konfirmandenzeit, S. 79, S. 181

Kögler, Christian
- Übergreifende Themen / Elternarbeit: Ralf Albrecht und Christian Kögler, *»Was hat Segelfliegen mit Konfirmandenarbeit zu tun?«,* Der erste Konfirmandenelternabend, S. 750

Koßmann, Ruth
- ▶ Themenbausteine Abendmahl
Sascha Flüchter und Ruth Koßmann, *»Das tut zu meinem Gedächtnis«,* Ein Konfirmandenabendmahl mit Kettmaterialien, S. 40, S. 40

Krause, Christina
- ▶ Themenbausteine Spiritualität/Rituale: Christina Krause, *Ausgang und Eingang,* Den Konfirmandenunterricht mit einem Ritual beginnen und schließen, S. 527

Krause, Cornelia
- ▶ Themenbausteine Diakonie: Cornelia Krause und Ute Fassel, *Diakonie vor Ort,* S. 49, S. 65
- ▶ Themenbausteine Jesus Christus: Birgit Sendler-Koschel und Cornelia Krause, *Jesus Christus von der Auferstehung her gesehen,* S. 180, S. 433
- ▶ Themenbausteine Schöpfung: Cornelia Krause und Martin Schmid, *Kleiner Schöpfungslehrpfad,* S. 500
- ▶ Themenbausteine Theodizee: Cornelia Krause, *Gott und das Leid,* S. 636

Krause, Roland
- ▶ Übergreifende Themen / Gottesdienste: Roland Krause, *Inspiration durch ein Leitthema – Symbole im Konfirmations-Gottesdienst,* S. 843

Kreuser, Martin
- ▶ Themenbausteine Gemeinde: Gabriele Conrad und Martin Kreuser nach einer Idee von Ralf Brennecke, *Konfirmand/innen fragen – Gottesdienstbesucher/innen antworten,* Eine Fragenaktion im Vorstellungsgottesdienst, S. 104, S. 272

Lang, Ralph
- ▶ Themenbausteine Tod und Sterben: Martin Hinderer und Ralph Lang, *»Unvergessen«,* Gottesdienst zu Tod und Sterben, S. 681

Manz, Esther
- ▶ Themenbausteine Freundschaft / Identität / Lebenswelt: Esther Manz und Stefan Brückner, *Gewinnen und verlieren,* Biblische Erzählungen zur Genderfrage, S. 67, S. 121

Marstaller, Ulrich
- ▶ Übergreifende Themen / Gottesdienste: Ulrich Marstaller, *Gottesdienst zur Taufe,* S. 823

Matthies, Susanne
- ▶ Themenbausteine Gebote: Susanne Matthies, *Polizei hautnah,* Eine Begegnung im Rahmen der Unterrichtseinheit »Zehn Gebote«, S. 248
- ▶ Themenbausteine Schöpfung: Susanne Matthies, *Schöpfung bewahren konkret,* Konfirmand/innen bauen Nisthilfen für Wildbienen, S. 503

Maurer, Jochen
- ▶ Themenbausteine Spiritualität/Rituale: Elke Goldmann, Jochen Maurer und Thomas Ebinger, *Die »Spirikiste« – Marke Eigenbau,* S. 205, S. 513

Nitschke, Elisabeth
- ▶ Übergreifende Themen / Gottesdienste: Elisabeth Nitschke, *Konfirmationsgottesdienst zum Thema »Kleider machen Leute« (Kolosser 3,9b–14),* S. 788

Oberländer, Rainer
- ▶ Themenbausteine Freundschaft / Identität / Lebenswelt: Rainer Oberländer, *Unverkennbar »ICH« – Was zu mir gehört!,* S. 136

Polster, Anne
- ▶ Organisation und Planung / Planer: Anne Polster, *Checkliste zur Erstellung eines Jahresplans,* S. 901

Quattlender, Andreas

- Themenbausteine Gebote: Andreas Quattlender, *»Absprachen sind nötig«*, Einführung in den Dekalog unter besonderer Berücksichtigung der Situation von Aussiedlern, S. 239

Reich, Gerhard

- Themenbausteine Gruppe: Gerhard Reich, Tobias Tränkle und Alexander Varga, *»Jetzt geht's los!«*, Ein Kennenlernprojekt für die ersten Stunden des Konfirmandenunterrichts, S. 163, S. 407
- Übergreifende Themen / Elternarbeit: Gerhard Reich, *»… wenn Eltern in ein schwieriges Alter kommen«*, Ein Gottesdienst von und mit Konfirmanden-Eltern, S. 756

Scheffbuch, Anne Katrin

- Übergreifende Themen / Teamer: Anne Katrin Scheffbuch, *Das »Konfi-Mentoren-Projekt«*, S. 279, S. 876

Schlumberger, Katharina

- Themenbausteine Gebet: Ralf Vogel und Katharina Schlumberger, *Gebetsräume schaffen*, S. 202

Schmid, Martin

- Themenbausteine Schöpfung: Cornelia Krause und Martin Schmid, *Kleiner Schöpfungslehrpfad*, S. 500

Schweiker, Wolfhard

- Übergreifende Themen / Inklusion: Wolfhard Schweiker, *»Es ist ganz normal, verschieden zu sein« – Inklusive Konfirmandenarbeit*, S. 275, S. 848; Sabine Jocher und Wolfhard Schweiker, *Drinnen oder draußen?*, Mobbing und »Gemeinschaft der Heiligen«, S. 850; Martina Fleig und Wolfhard Schweiker, *Ein Stück Himmel*, Ein Kooperationsprojekt der Körperbehindertenschule und der evangelischen Kirchengemeinde Mössingen, S. 862; Wolfhard Schweiker, *Mit Handicaps begabt*, Ein Erfahrungsparcours, S. 866; Wolfhard Schweiker, *Tabelle zur Inklusion*, Inklusion – Vielfalt der Formen, S. 872

Sendler-Koschel, Birgit

- Themenbausteine Gebote
  Siegfried Fischer, Birgit Sendler-Koschel, *Lernstraße Gebote*, S. 250
- Themenbausteine Jesus Christus
  Birgit Sendler-Koschel, Cornelia Krause, *Jesus Christus von der Auferstehung her gesehen*, S. 180, S. 433
- Themenbausteine Schöpfung
  Birgit Sendler-Koschel, *Ich danke dir dafür, dass ich wunderbar gemacht bin*, S. 194, S. 468; Birgit Sendler-Koschel, *»Was ist der Mensch, dass du seiner gedenkst?«*, Menschenräume – ein Rundgang für Konfirmandinnen und Konfirmanden durch Aspekte menschlichen Daseins, S. 486
- Übergreifende Themen / Teamer
  Birgit Sendler-Koschel, *Zur Arbeit mit Konfiteamern*, S. 277, S. 874
- Zusatzmaterialien
  Siegfried Fischer, Birgit Sendler-Koschel, Barbara Wenzlaff, *Das Abendmahl-Spiel*

Tränkle, Tobias

- Themenbausteine Gruppe
  Gerhard Reich, Tobias Tränkle, Alexander Varga, *»Jetzt geht's los!«*, Ein Kennenlernprojekt für die ersten Stunden des Konfirmandenunterrichts, S. 163, S. 407

Trautwein, Silvia

- Themenbausteine Gottesdienst
  Silvia Trautwein, Hans Peter Weiß-Trautwein, *Der Sonntagsgottesdienst als Werkstattgottesdienst der Jugendlichen*, S. 395

Trautwein, Thorsten

- Übergreifende Themen / Bibel
  Thorsten Trautwein, *Methoden zum Umgang mit der Bibel im Konfirmandenunterricht*, S. 729

Tröndle, Theodor

- Themenbausteine Taufe
  Martin Hinderer, Theodor Tröndle, *Taufe – meinem Leben auf der Spur*, S. 213, S. 544

Trugenberger, Martin
▶ Übergreifende Themen / Bibel
Martin Trugenberger: *»Gib mir irgendwas, das bleibt«*, Ein Weg zur Aneignung von Konfirmations- oder Denksprüchen, S. 719

Varga, Alexander
▶ Themenbausteine Gruppe
Gerhard Reich, Tobias Tränkle, Alexander Varga: *»Jetzt geht's los!«*, Ein Kennenlernprojekt für die ersten Stunden des Konfirmandenunterrichts, ↗ S. 163, S. 407

Veit, Hans
▶ Organisation und Planung / Planer
Thomas Binder, Thomas Ebinger, Hans Veit: *Alternativer Jahresplan*, S. 904; Hans Veit: *Feedbackbogen zur Selbstevaluation / Kontrakt / Probephase*, S. 907

Vogel, Ralf
▶ Themenbausteine Gebet
Ralf Vogel, Katharina Schlumberger: *Gebetsräume schaffen*, S. 202

Volz, Heike
▶ Themenbausteine Freundschaft / Identität / Lebenswelt
Heike Volz, *Aufgeben gilt nicht*, S. 147; Heike Volz, *Schönheit*, S. 166

Vosseler, Matthias
▶ Übergreifende Themen / Bibel
Matthias Vosseler unter Mitarbeit von Thomas Ebinger, *Dein Denkspruch lautet …*, Der Konfirmationsdenkspruch – ein ganz besonderer Bibelvers?!, ↗ S. 253, S. 692

Waldbaur, Gabriele
▶ Themenbausteine Spiritualität/Rituale
Thomas Ebinger, Annedore Hohensteiner, Gabriele Waldbaur: *Das evangelische Gesangbuch – eine Schatzsuche*, Ideen zur Erschließung des Gesangbuches, S. 532

Weißer, Ulrike
▶ Organisation und Planung / Planer
Ulrike Weißer, Ulrike Auffarth-Kurschat: *Fragebogen für Konfirmandeneltern*, S. 962

Weiß-Trautwein, Hans Peter
▶ Themenbausteine Gottesdienst
Silvia Trautwein, Hans Peter Weiß-Trautwein: *Der Sonntagsgottesdienst als Werkstattgottesdienst der Jugendlichen*, S. 395

Weller-Steinmetz, Sandra
▶ Themenbausteine Abendmahl
Bernd Wildermuth nach einer Idee von Sandra Weller Steinmetz: *Am Tisch des Herrn*, Konfirmanden und Konfirmandinnen erarbeiten ein Anspiel für einen Abendmahlsgottesdienst zum Abschluss einer Einheit zum Abendmahl, ↗ S. 45, S. 45

Wenzlaff, Barbara
▶ Zusatzmaterialien
Siegfried Fischer, Birgit Sendler-Koschel, Barbara Wenzlaff: *Das Abendmahl-Spiel*

Wiedenmann, Andreas
▶ Themenbausteine Tod und Sterben
Wolfgang Ilg, Andreas Wiedenmann: *Wenn Steine reden …*, Konfi-Nachmittag auf dem Friedhof, ↗ S. 236, S. 652

Wildermuth, Bernd

- Wie arbeite ich mit dem Begleitbuch *anknüpfen – Meine Konfirmation?* Bernd Wildermuth: *Abendmahl und Glaubensbekenntnis,* S. 34, S. 34
- Themenbausteine Abendmahl: Bernd Wildermuth nach einer Idee von Sandra Weller Steinmetz, *Am Tisch des Herrn,* Konfirmandinnen und Konfirmanden erarbeiten ein Anspiel für einen Abendmahlsgottesdienst zum Abschluss einer Einheit zum Abendmahl, S. 45, S. 45; *Langsam hineinwachsen,* Mit Konfirmandinnen und Konfirmanden das Abendmahl einüben, S. 52
- Themenbausteine Diakonie: *Neue Schritte auf alten Pfaden,* Die Haussammlung, S. 74
- Themenbausteine Gebet: Bernd Wildermuth und Jörg Conrad, *Ein Lebensbegleiter – das Vaterunser,* S. 74, S. 176; Martin Hinderer und Bernd Wildermuth, *»Himmelhoch jauchzend, zu Tode betrübt«,* Zwischen Klage und Lob – beten mit Psalmen, S. 196
- Themenbausteine Gebote: Bernd Wildermuth, *Liebestraum und Treueschwur – ein Baustein zum 6. Gebot,* S. 99, S. 234
- Themenbausteine Glaubensbekenntnis: Bernd Wildermuth unter Mitarbeit von Martin Hinderer, *Dazu stehe ich!,* S. 113, S. 287
- Themenbausteine Gott: Bernd Wildermuth und Martin Hinderer, *Von der Black-Box zum Altar,* Neue Wege der Gotteserkenntnis, S. 128, S. 321
- Themenbausteine Heiliger Geist: Bernd Wildermuth, *Die apokalyptischen Reiter oder Geister gibt es überall,* S. 169, S. 418
- Themenbausteine Jesus Christus: Bernd Wildermuth und Jörg Conrad, *»Wie soll ich dich empfangen und wie begegn' ich dir …,* Eine Annäherung mit Fotos und Bildern, S. 174, S. 423; Bernd Wildermuth, *Werbung für Jesus,* Ein Abschluss für die Einheit »Jesus Christus«, S. 463
- Themenbausteine Tod und Sterben: Bernd Wildermuth, *Hat Opa einen Anzug an?,* Ein Baustein zum Thema Tod mit einem Kinderbuch von Amelie Fried, S. 241, S. 658
- Übergreifende Themen / Gottesdienste: Bernd Wildermuth, *Du hast mich angesprochen,* Konfirmationsgottesdienst in der Sindelfinger Christuskirche, S. 834
- Zusatzmaterialien: Bernd Wildermuth, *Wochenendkonfirmandenfreizeit »Abendmahl«* – Übersichtsplan

Wildermuth, Birgit

- Themenbausteine Gottesdienst: Birgit Wildermuth, *»Die Kirche ist eine andere Welt, da kommt eine andere Dimension ins Leben, so von oben!«,* Den Weg durch das Konfirmandenjahr und den Gottesdienst erkunden mit *anknüpfen – Meine Konfirmation,* S. 391
- Organisation und Planung / Einladungsschreiben: Birgit Wildermuth, *Anmeldung,* S. 885; Birgit Wildermuth, *Konfirmandenfreizeit,* S. 886
- Organisation und Planung / Öffentlichkeitsarbeit: Birgit Wildermuth, Ankündigung der Konfirmation und Vorstellung der Konfirmand/innen, S. 892

Ziener, Gerhard

- Themenbausteine Theodizee: Gerhard Ziener unter Mitarbeit von Thomas Ebinger, *Wie kann Gott das zulassen?,* Baustein zur Frage nach der Theodizee, S. 625

Text- und Bildnachweis*

Textnachweis

S. 144 (M 3): aus Rainer Oberländer, Markus Röcker, Timm Ruckaberle: Mit Jungs unterwegs. Auf dem Weg zu einer starken Persönlichkeit. Verlag buch+musik, Stuttgart 2009, S. 142–145. – S. 150: nach einem Segensvers von Sabine Naegeli. – S. 78, S. 180: Vater unser im Himmel, © Bernd Angermüller. – S. 209 (M 2a): Pierre Stutz, Mein Leben kreist um Dich © 2009, Kösel-Verlag München, Verlagsgruppe Random House GmbH. – S. 209 (M 2b): nach Antoine de Saint-Exupéry, Übertragung: Artur Donges. – S. 210 (M 2c): Gute Nachricht Bibel, revidierte Fassung, durchgesehene Ausgabe © 2000 Deutsche Bibelgesellschaft, Stuttgart. – S. 210 (M 2d): Hinrich C. G. Westphal © beim Autor. S. 211 (M 3): © Inger Hermann, »Halt's Maul, jetzt kommt der Segen …«. Kinder auf der Schattenseite des Lebens fragen nach Gott, Stuttgart 10. Auflage 2011, Seite 19–22. – S. 264: Nach einer afrikanischen Sage. – S. 108, S. 277: Quelle nicht auffindbar/Bekenntnis eines Computerfreaks aus: Publik-Forum, Oberursel, Ausgabe 23/1999, S. 26. – S. 284 (M 2): Alter irischer Segensspruch. – S. 298: Liedtext © Edition Falcon Files c/o Sony/ATV Music Publishing (Germany) GmbH, Schallbau Musikverlag GmbH/Arabella Musikverlag GmbH. – S. 308 (M 1a): Nach der Weltversammlung der Christen Seoul 1990, Bekenntnis zu Frieden und Gerechtigkeit. Eingesandt von Gertrud Breuer, Buxtehude, aus Mein Credo III, S. 161 f. – S. 308 (M 1b): aus Harald Pawlowski (Hg.), Mein Credo II, S. 117, Publik-Forum, Oberursel 2000. – S. 309 (M 1c): Andreas Schade, Königswinter, aus Mein Credo II, S. 124. – S. 309 (M 1d): aus Harald Pawlowski (Hg.), Mein Credo II, S. 151, Publik-Forum, Oberursel 2000. – S. 523: Nach dem Beitrag »Golgatha« von P. Rostan in: Praxis Box Evangelium für Teenager, hg. vom Evang. Jugendwerk in Württemberg von H. Häußler u.a., Stuttgart 1997, S. 58f, © Jochen Maurer. – S. 524 (M 4b): © Elke Goldmann. – S. 600 (M 3): Dietrich Bonhoeffer, Widerstand und Ergebung, © 1998 Gütersloher Verlagshaus, Gütersloh, in der Verlagsgruppe Random House GmbH. – S. 617 (M 2f): http://www.kahl-marburg.privat.t-online.de/kahl_keingott.htm. – S. 618: © thejaywalker.com. – S. 621: aus Thomas Erne, »Warum lässt er das zu?, Was Gott mit deinem Alltag zu tun hat«, © by Gabriel Verlag (Thienemann Verlag GmbH), Stuttgart/Wien 2006, S. 36/37, www.thienemann.de. – S. 634 (M 4): Hiob 3 in Auszügen nach dem Text »Die Gute Nachricht«. – S. 663 (M 1): Text & Musik Heinz Rudolf Kunze, © 2001 by Weltverbesserer Musikverlag GmbH, Abdruck mit freundlicher Genehmigung des Verlags. – S. 676 (M 1): Liedtext Eric Clapton. – S. 724, 725 (M 1): Lutherbibel, revidierter Text 1984, durchgesehene Ausgabe, © 1999 Deutsche Bibelgesellschaft, Stuttgart.

Bildnachweis

S. 14: epd-bild. – S. 15 links: epd-bild. – S. 15 rechts: Bernd Wildermuth. – S. 26, 30: picture-alliance. – S. 29, 32: picture-alliance. – S. 34: Klick Mietstudio. – S. 35: akg-images. – S. 44: Sascha Flüchter. – S. 47 (M 1a), S. 48 (M 1b): Leonardo da Vinci, Das letzte Abendmahl, Santa Maria delle Grazie, Mailand, Foto: © Artothek. – S. 55: © Sieger Köder, Das Mahl mit den Sündern. – S. 56: Das letzte Abendmahl – Grabstein in Korb/Remstal, Foto: Martin Bregenzer, aus: Zu Tisch, bitte! CD, Calwer Verlag Stuttgart 2002. – S. 61 (M 3): www.pixelio.de, von unten: Rainer Sturm, Marco Barnebeck, Stefanie Holzschläger, berwis. – S. 47, S. 63: Werner Kuhnle. – S., S. 73 (M 2a und M 2b): Mit freundlicher Genehmigung des © Diakonischen Werks der EKD. – S. 74: Bernd Wildermuth. – S. 60, 61, 62, 63, 65, S. 80, 81, 82, 83, 85: Stefan Kammerer. – S. 68, 70, S. 122, 124: Esther Manz. – S. 138, 139: Rainer Oberländer. – S. 148, 149, 150: Heike Volz. – S. 151: aus Heike Volz, Zu mir, zu dir, zu Gott, S. 81 © 2004, buch+musik, ejw-service gmbh, Stuttgart. – S. 153–156, 158–162: Thomas Ebinger. – S. 169 links: Venus von Willendorf. – S. 169 rechts oben: Mary Tudor http://de.wikipedia.org/wiki/Maria_I._(England). – S. 169 rechts unten: Tudor Venus und Adonis (Ausschnitt) Peter Paul Rubens um 1615 www.commons.wikimedia.org. – S. 170: Marilyn Monroe © akg-images. –

* Leider war es nicht möglich, alle Urheber zu ermitteln. Betroffene Inhaber/innen von urheberrechtlichen Ansprüchen bitten wir, sich beim Verlag zu melden

S. 72, S. 174: epd-bild. – S. 75, 76, S. 177, 178: Bernd Wildermuth. – S. 78, S. 180: Vater unser im Himmel © Bernd Angermüller. – S. 79, S. 181: © KNA-Bild. – S. 192, 193, 194, 195 (M 1/1–M 1/4: Thomas Ebinger. – S. 205, 206, 207: Ralf Vogel. – S. 91, S. 218: © Max Krasnov / www.shutterstock.com. – S. 95, S. 222: Ralf Brennecke. – S. 227 (M 4): Marc Chagall, Mose empfängt die Gesetzestafel, © VG Bild-Kunst, Bonn. – S. 97, S. 228: picture-alliance. – S. 243: Andreas Quattländer. – S. 244 (M 1): © Werner Tiki Küstenmacher, Wo ist der verlorene Sohn?, 9. Auflage, S. 18 und 19, Claudius Verlag, München 1986. – S. 249: Susanne Mattheis. – S. 266 (M 6): © picture-alliance. – S. 102, S. 270: Kirchfoto © Jiri Bohdach, www.naturfoto.cz/Verfremdung Wolfgang Ilg. – S. 104, S. 272: Foto: Jens Schulze / epd-bild. – S. 106, S. 274: © Stefanie Hofschläger / www.pixelio.de. – S. 282, 283: Thomas Ebinger. – S. 111, S. 285: Bildcollage Rainer E. Rühl. – S. 117, S. 291: Himmelsstürmer, Jonathan Borofski, 1991/1992 akg-images. – S. 296 (M 4 oben): © picture-alliance. – S. 296 (M 4 unten links): © Mikhail Kusayev / 123rf.com. – S. 296 (M 4 unten Mitte): © Mathias Rosenthal / 123rf.com. – S. 296 (M 4 unten rechts): © Archiv Feuerwehr Reutlingen. – S. 297 (M 5): © picture-alliance/Picture Press. – S. 121, 122, S. 304, 305: Gerald Jetter. – S. 125, S. 318: Wolfgang Irg, Chor der Michaelskirche Schwäbisch Hall. – S. 136, S. 339: © epd-bild, Neetz. – S. 137, S. 340: www.shutterstock.com. – S. 139, 140, 141, S. 342, 343, 344: Thomas Ebinger. – S. 346 (M 2): © http://www.kidsweb.de/basteln/puzzleteil_vorlagen/puzzle_basteln.htm. Mit freundlicher Genehmigung von kidsweb.de. – S. 142, S. 347: In der Christuskirche in Fulda, Quelle: Christof Krackhardt. – S. 145, 146, 147, 148, 150, S. 350, 351, 352, 353, 355: Martin Hinderer. – S. 357 (M 1): © epd-bild. – S. 152, S. 360: epd-bild. – S. 153, S. 361: epd-bild. – S. 382: Evang. Gedächtniskirche in Speyer © epd-bild, Klaus Landry. – S. 383: Altar im Brigittenkloster Bremen, Hans Snoek / www.pixelio.de. – S. 384: Altar der Evang. Kirche Berlin-Rudow, Thomas Düsterdick / www.pixelio.de. – S. 385: Stefan Kammerer. – S. 393: Titelbild aus *anknüpfen – Meine Konfirmation*, Jump Fotoagentur, Bearbeitung: Ronald Parusel, Sigmaringen. – S. 394: aus *anknüpfen – Meine Konfirmation*, S. 4/5, © Calwer Verlag GmbH, Bücher und Medien, Stuttgart, 2., aktualisierte Auflage 2013 unter Verwendung eines Bildes von epd. – S. 397: Christina Krause. – S. 161, S. 405: Wolfhard Schweiker. – S. 414: Wolfgang Ilg. – S. 170, 171, S. 419, 420: Bernd Wildermuth. – S. 184 S. 437, 445 (M 2): © Sieger Köder, Maria von Magdala am Grab. – S. 447 (M 5): Quelle unbekannt. – S. 451, 452, 453, 454, 455: © Stefan Kammerer. – S. 458 (M 2): www.fw-augst-kaiseraugst.ch/bilder/fieses/detail/488; www.twitpic.com/4nyhle; www.kreudenstein-online.de/Helauluja/jesus_am_galgen.htm; www.mein-picdump.de/bilder.html?bild=wenn-jesus-am-galgen-gestorben-waere-2011-01-02.jpg. – S. 459 (M 3), 460 (M 4), 461 (M 5), 462 (M 6): © Stefan Kammerer . – S. 486, 487: © picture-alliance 2007. – S. 490: © Tudor Antonel Adrian / 123rf.com. – S. 491: © picture-alliance 2007. – S. 504, 505: Susanne Matthies. – S. 203, S. 511: © Chris Harvey / 123rf.com. – S. 205, 206, 207, 208, 209, S. 513, 514, 515, 516, 517: Thomas Ebinger. – S. 528, 529, 530: Christina Krause. – S. 532 oben: © Uwe Bumann / 123rf.com. – S. 532 unten: © Alena Brozova / 123rf.com. – S. 211, S. 542: Michael Fuchs. – S. 213, S. 544: epd-bild. – S. 215, 216, S. 546, 547: Martin Hinderer. – S. 219, S. 550: epd-bild. – S. 221, S. 552: © Zvonimir Atletic / 123rf.com. – S. 600 (M 3): KNA-Bild. – S. 232, S. 602: © casejustin / 123rf.com. – S. 611 (M 2a), 612 (M 2b), 613 (M 2c), 614 (M 2d), 615 (M 2e), 616 (M 2f): © picture-alliance. – S. 634 (M 4): Werner Gothein, Hiob, aus: Hiob, Ziegler, Schwenningen 1953, Hiob-Bild, Verlag Hermann Kuhn. – S. 642 (M 1a): Edvard Munch – Der Schrei, 1895, © The Munch Museum / The Munch Ellingsen Group, VG Bild-Kunst, Bonn 2007. – S. 235, 236, 239, S. 651, 652, 655, 657 (M 1): Wolfgang Ilg. – S. 241, 242, S. 658, 659: aus: Hat Opa einen Anzug an?, Von Amelie Fried mit Illustrationen von Jacky Gleich, Carl Hanser Verlag, München 1997. – S. 243, S. 660: © ginasanders / 123rf.com. – S. 244, S. 661: © pejo / 123rf.com. – S. 669 (M 3b): Bartimeus © Kees de Kort. – S. 681, 682, 683, 684, 685, 686, 687: Martin Hinderer. – S. 251, S. 690: Wolfgang Irg. – S. 254, 255, S. 693, 694: Matthias Vosseler. – S. 707: Die Grafiken sind entnommen aus Martin Wolters, Bibelclouds. Die Bibel anders sehen, © Patmos Verlag der Schwabenverlag AG, Ostfildern 2012, www.verlagsgruppe-patmos.de. – S. 720, 721, 722, 723: Martin Trugenberger. – S. 267, S. 760: epd-bild. – S. 270, 271, 272, S. 763, 764, 765: Thomas Ebinger. – S. 788: Elisabeth Nischke. – S. 823: Ulrich Marstaller. – S. 825: Christina Krause. – S. 837, 840: Thomas Erne. – S. 848, 862, 863, 864, 866: Wolfhard Schweiker. – S. 284, S. 881: Christoph Bächtle. – S. 286, S. 883: Cranach-Bibel © epd-bild.